权威·前沿·原创

皮书系列为

“十二五”“十三五”“十四五”国家重点图书出版规划项目

智库成果出版与传播平台

中国地方政府债券发展报告（2022）

ANNUAL REPORT ON DEVELOPMENT OF CHINA'S LOCAL GOVERNMENT BONDS (2022)

中诚信国际信用评级有限责任公司
主　编／毛振华　孙晓霞　闫　衍
副主编／袁海霞　王赫雷

社会科学文献出版社
SOCIAL SCIENCES ACADEMIC PRESS (CHINA)

图书在版编目(CIP)数据

中国地方政府债券发展报告．2022/毛振华，孙晓霞，闫衍主编．--北京：社会科学文献出版社，2022.5
（中国地方政府债券蓝皮书）
ISBN 978-7-5201-9873-8

Ⅰ．①中…　Ⅱ．①毛…　②孙…　③闫…　Ⅲ．①地方政府-债券发行-研究报告-中国-2022　Ⅳ．①F812.7

中国版本图书馆CIP数据核字（2022）第042898号

中国地方政府债券蓝皮书

中国地方政府债券发展报告（2022）

主　　编／毛振华　孙晓霞　闫　衍
副 主 编／袁海霞　王赫雷

出 版 人／王利民
责任编辑／王晓卿
文稿编辑／李惠惠　孙玉铖　王　娇　刘　燕
责任印制／王京美

出　　版／社会科学文献出版社·当代世界出版分社（010）59367004
　　　　　地址：北京市北三环中路甲29号院华龙大厦　邮编：100029
　　　　　网址：www.ssap.com.cn
发　　行／社会科学文献出版社（010）59367028
印　　装／三河市东方印刷有限公司

规　　格／开　本：787mm×1092mm　1/16
　　　　　印　张：41.25　字　数：687千字
版　　次／2022年5月第1版　2022年5月第1次印刷
书　　号／ISBN 978-7-5201-9873-8
定　　价／148.00元

读者服务电话：4008918866

中国地方政府债券蓝皮书编委会

主　编　毛振华　孙晓霞　闫　衍

副主编　袁海霞　王赫雷

编　委　任伟红　李玉平　王　钧　王　娟

主编简介

毛振华 中诚信集团创始人、董事长，中诚信国际信用评级有限责任公司首席经济学家。同时担任中国人民大学经济研究所所长（教授，博士生导师）、武汉大学董辅礽经济发展研究院院长（教授，博士生导师）、中国社会科学院研究生院 MBA 教育中心特聘教授。1979 年考入武汉大学经济系，先后在湖北省统计局、湖北省委政策研究室、海南省政府研究中心、国务院政策研究室等单位从事经济研究工作。1992 年创办国内首家全国性信用评级机构——中国诚信证券评估有限公司。在宏观经济、资本市场、信用评级理论方法等方面有较多研究成果，出版了《资本化企业制度论》《十年宏观、十年政策、十年理论——“中国宏观经济论坛”十周年》《“一带一路”沿线国家主权信用风险报告》《国家负债能力与主权评级研究》《企业扩张与融资》《双底线思维：中国宏观经济政策的实践和探索》《稳增长与防风险：中国经济双底线政策的形成与转换》等著作。

孙晓霞 曾任财政部金融司司长、财政部 PPP 工作领导小组副组长。毕业于东北财经大学，曾工作于财政部商贸司外贸处、金融司金融二处，是我国财政金融改革和地方政府债券市场改革的重要参与者。主要研究方向为财政金融体制改革、PPP 和地方政府债券等。

闫 衍 中诚信国际信用评级有限责任公司董事长、总裁，亚洲信用评级协会理事。同时担任中国人民大学经济研究所副所长、中国宏观经济论坛（CMF）副主席、中国社会科学院研究生院 MBA 教育中心特聘导师。毕业于中国人民大学，获经济学博士学位。主要研究方向为宏观经济和债券市场，出版了《经济发展、区际非均衡增长与债务风险》《“一带一路”沿线国家主权信用风险报告》《“债务—通缩”压力与债务风险化解》《供给侧结构性改革下的中国宏观经济》等著作。同时，作为主要作者在《宏观经济管理》《中国金融》《改革》等刊物发表了数十篇有关宏观经济、金融市场发展的学术论文。

摘　要

自2015年全面启动自发自还以来，地方债市场快速扩容，截至2021年11月，我国地方债存量规模达到29.80万亿元，在债券市场中占比达到23%，稳居我国债券市场第一大品种。近年来，地方债作为财政政策的重要工具，债券资金聚焦重点领域、重大项目，充分发挥了稳投资、补短板、惠民生、促消费、扩内需和防风险的作用。2021年，积极财政政策持续发力、地方债进一步扩容提效，专项债聚焦疫后经济发展及短板，优先支持存量项目建设，积极推进“两新一重”建设，并向惠及面广的民生项目倾斜，还持续创新应用于支持补充中小银行资本金、乡村振兴、绿色低碳等领域。与此同时，我国地方债管理制度建设趋于完善和深化，在预算管理、市场化进程、基础设施建设、风险防控等方面取得了重大进步，地方债市场的高质量发展水平明显提高。

当前，我国已进入“十四五”时期，迈向高质量发展的新阶段，处理好经济稳定增长与防范风险依然是经济发展工作的重中之重。在既往发展中，我国地方债市场仍面临资金使用效率不够高、配套市场基础设施仍有不足、借用管还流程仍待全面规范等诸多问题。2022年，地方债需更加注重高质量发展，牢扣国家战略及发展需求、兼顾经济增长与风险防范，在优化资金投向、加速完善市场基础设施、保持严监管常态化格局、提高全周期资金效率等方面更进一步，在实现自身发展的同时助力“十四五”规划落实见效，促进宏观经济稳中求进、稳中向好。

关键词： 地方债　专项债　债券管理　高质量发展

目 录

Ⅰ 总报告

Ⅱ 分报告

Ⅲ　区域篇

Ⅳ　专题篇

Ⅴ　附　录

皮书数据库阅读使用指南

总报告

General Report

B.1 2021年中国地方政府债券分析与2022年展望

袁海霞　汪苑晖　鲁　璐　刘子博*

摘　要： 地方债作为财政政策的重要工具，近年来充分发挥了稳投资、补短板、惠民生、促消费、扩内需和防风险的作用。本报告总结了2021年我国地方债政策环境的新变化，对地方债市场运行情况和存在的问题进行了系统梳理分析，并对2022年地方债的发展进行了展望。当前，我国已进入"十四五"新阶段，在稳增长和防风险背景下面临一系列新情况、新问题，2021年我国地方债在预算管理、市场化进程、风险防控等方面取得了积极进展，未来地方债将继续结构性扩容，并更加注重高质量发展，在优化资金投向、提高资金效率、完善基础设施、常态化严监管等方面更进一步。

* 袁海霞，经济学博士，高级经济师，中诚信国际研究院副院长，中国人民大学国家发展与战略研究院政府债务研究中心联席主任，主要研究领域为地方债与城投行业、宏观经济、债券市场等；汪苑晖，中诚信国际研究院助理总监，主要研究领域为宏观经济、地方债与城投行业、货币政策等；鲁璐，中诚信国际研究院研究员，主要研究领域为地方债与城投行业、财政政策等；刘子博，中诚信国际研究院助理研究员，主要研究领域为城投债等。

关键词： 地方债　专项债　稳增长　防风险

一　2021年中国地方政府债券政策环境新变化

2021年，我国地方政府债券（以下简称“地方债”）制度建设加速完善，政策环境呈现一系列新变化。在地方债配合宏观调控方面，积极财政政策基调下新增债务限额保持高位，发行节奏呈现“跨周期调节”新特征；在深化预算管理方面，创新推出了分期分批融资机制，且债务限额确定机制开始与债券资金既往使用情况挂钩；在风险防控方面，专项债绩效管理、全生命周期穿透式监测等严监管措施不断加码且趋于常态化。

（一）新增债务限额保持高位，“跨周期调节”成新动向

2021年国务院《政府工作报告》① 提出，要坚持稳中求进总基调，保持宏观政策的连续性、稳定性、可持续性，促进经济运行在合理区间。在新冠肺炎疫情相对稳定、经济较上年明显修复的背景下，扩张性财政政策有所收缩，例如赤字率回调、抗疫特别国债不再发行等，但积极财政政策基调未变，地方政府新增债务限额保持高位。2021年地方政府新增债务限额为4.47万亿元，较2020年小幅下降0.26万亿元；其中专项债3.65万亿元，虽较2020年小幅下降0.1万亿元，但仍大幅高于2019年规模。较为充足的新增地方债供给为“六稳六保”提供了重要支持，充分发挥了稳增长、稳投资、补短板的作用。值得注意的是，2021年在“跨周期调节”的宏观调控新动向下，地方债尤其是新增专项债的发行呈“前慢后快”特征，发行节奏和时点更为灵活，积极财政政策有序发力。由于2020年新增债发行结束时点较晚，出于对各地项目储备不足、难以快速衔接的考虑，2021年新增地方债额度延后下达，叠加专项债审核力度加大等影响，上半年地方债尤其是专项债发行进度偏慢；而下半年为实现“统筹做好今明两年宏观政策衔接，保持经济运

① 《2021年政府工作报告》，中国政府网，2021年3月5日，http：//www.gov.cn/guowuyuan/zfgzbg.htm。

行在合理区间”的政策意图，在“跨周期调节”的政策思想下地方债发行进度明显加快。

（二）深化地方债预算管理，完善地方政府举债融资机制

2021 年 3 月《国务院关于进一步深化预算管理制度改革的意见》[①]（以下简称“国发 5 号文”）强调，要“健全地方政府债务限额确定机制，一般债务限额与一般公共预算收入相匹配，专项债务限额与政府性基金预算收入及项目收益相匹配”，这是我国自 2015 年确立地方政府债务余额限额管理制度以来，首次以国务院文件形式对地方债预算管理和债务限额确定机制进行部署。在此纲领性政策指导下，2021 年我国地方政府举债融资机制不断完善，开始将债务限额的确定与债券资金既往使用情况挂钩。财政部于 7 月印发《地方政府专项债券项目资金绩效管理办法》[②]，提出将专项债项目资金绩效管理结果作为专项债额度分配的重要测算因素，并与有关管理措施和政策试点等挂钩；9 月印发《地方政府专项债券用途调整操作指引》[③]，提出专项债资金已安排的项目调整规模大、频次多的地区或部门，省级财政部门可适当扣减下一年度新增债额度。以上规定将完善专项债限额确定机制，引导地方政府提高资金使用效率。此外，广东省、北京市不断创新举债融资机制，分别发布预算调整方案，提出地方债分期分批发行机制，将债券发行时间、发行规模精准匹配项目建设进度和资金需求，推动实现“发行一批、建设一批、接续一批”，避免了债券资金闲置风险。

（三）地方债严监管举措常态化，风险防控力度持续增大

2021 年以来，监管层从信息披露、绩效管理、审查监督等方面加大地方

① 《国务院关于进一步深化预算管理制度改革的意见》（国发〔2021〕5 号），中国政府网，2021 年 4 月 13 日，http：//www. gov. cn/zhengce/content/2021 – 04/13/content_ 5599346. htm。

② 《关于印发〈地方政府专项债券项目资金绩效管理办法〉的通知》（财预〔2021〕61 号），财政部网站，2021 年 7 月 1 日，http：//www. mof. gov. cn/jrttts/202107/t20210702_ 3729620. htm。

③ 《广西壮族自治区财政厅转发关于地方政府专项债券用途调整操作指引的通知》，广西财政厅网站，2021 年 10 月 22 日，http：//czt. gxzf. gov. cn/xwdt/tzgg/t10510328. shtml。

债监管力度，尤其侧重于对专项债进行全生命周期的穿透式监测，严监管举措趋于常态化。在信息披露方面，2 月财政部印发《地方政府债券信息公开平台管理办法》①，要求地方财政部门须在“中国地方政府债券信息公开平台”相应栏目及时公开地方政府债务限额、余额，地方债发行、项目、还本付息、重大事项、存续期管理，以及经济社会发展指标、财政状况等相关信息。在绩效管理方面，7 月财政部出台《地方政府专项债券项目资金绩效管理办法》，从事前强化绩效评估、事中加强绩效运行监控、事后开展绩效评价管理等环节做好全链条常态化风险防控。在监督机制方面，7 月中共中央办公厅印发《关于加强地方人大对政府债务审查监督的意见》②，对推动完善政府预决算草案和报告中有关政府债务的内容、规范人大审查监督政府债务的内容和程序、加强人大对政府债务风险管控的监督、加强组织保障等做出了明确规定。在专项债穿透式监测方面，2 月监管部门要求各地通过完善信息化手段，对专项债项目实行穿透式监测，重点聚焦专项债项目建设与运营情况；10 月国家发展改革委将按月开展的专项债项目发行使用情况调度调整为按周开展，监测频率进一步提高。

二　2021年中国地方政府债券市场运行情况

2021 年我国地方政府新增债务限额保持高位，为“六稳六保”和扩大有效投资、补齐发展短板、稳定经济增长提供了重要支持。整体来看，地方债全年运行平稳有序，在一级发行中呈现供给节奏后置、发行利率市场化程度明显提高的特点；在二级交易中有交易规模同比缩小、收益率同比下降的情况；在资金使用中存在借新还旧比例大幅上升、资金主要投向存量项目的现象。

---

① 《关于印发〈地方政府债券信息公开平台管理办法〉的通知》（财预〔2021〕5 号），财政部网站，2021 年 1 月 14 日，http：//yss. mof. gov. cn/zhengceguizhang/202102/t20210209_3656874. htm。

② 《全国人大常委会预算工委负责人就〈关于加强地方人大对政府债务审查监督的意见〉答记者问》，中国人大网，2021 年 7 月 21 日，http：//www. npc. gov. cn/npc/kgfb/202107/92e8ae5d96e242a784b83b8e2b0b096e. shtml。

（一）一级发行情况：供给节奏有所后置，发行利率进一步市场化

1. 发行规模同比小幅下降，供给节奏有所后置

在疫情防控工作成效日益显著、国内经济财政稳步恢复的背景下，2021年1~9月新增地方债发行规模同比明显下降，但出于接续需要，再融资地方债发行规模同比大幅上升（见图1）。在发行节奏的把控上，为更好地实现“跨周期调节”目标，地方债尤其是新增专项债发行节奏有所后置。具体来看，1~9月地方债合计发行5.62万亿元，同比小幅下降1.12%。从债券类型看，一般债合计发行2.24万亿元，同比增长12.93%，其中新增一般债发行0.68万亿元，同比下降27.41%；再融资一般债发行1.56万亿元，同比增长49.26%。专项债合计发行3.38万亿元，同比下降8.65%，其中新增专项债发行2.37万亿元，同比下降29.69%；再融资专项债发行1.01万亿元，同比增长204.98%。从发行节奏看，由于3月初才提前下达部分新增地方债额度，第一季度地方债发行规模仅为上年同期的56%。第二季度地方债发行节奏开始加快，4月、6月发行规模同比增速均超过100%，但新增专项债发行仍然滞后，截至6月末新增专项债（包含支持中小银行发展专项债额度）年内合计发行1.01万亿元，仅占全年限额的27.79%。第三季度以来，在“跨周期调节”的政策思想下，基于拉动2021年底和2022年初经济增长的考虑，新增专项债发行节奏明显加快。截至9月末，包含支持中小银行发展专项债在内的新增专项债合计发行规模已达2.37万亿元，占全年限额的64.82%。财政部10月提出“2021年新增专项债券额度应尽量在11月底前发行完毕”，11月国务院常务会议再次提出“加快今年剩余额度发行”，政策敦促下第四季度新增专项债发行节奏进一步加快。

2. 发行期限缩短，长期限债券占比有所下滑

从发行期限看，2021年1~9月，期限在5年及以下的地方债发行规模合计9760亿元，规模占比17.38%，分别较上年同期提升3312亿元和6个百分点。此外，发行期限在15年及以上的地方债发行规模及占比分别由上年同期的2.72万亿元和47.92%下降至1.56万亿元和27.73%。细分来看，新增一般债、新增专项债、再融资一般债、再融资专项债加权平均发行期限分别为8.81年、15.06年、7.31年和10.22年，同比分别下降8.09年、0.16年、

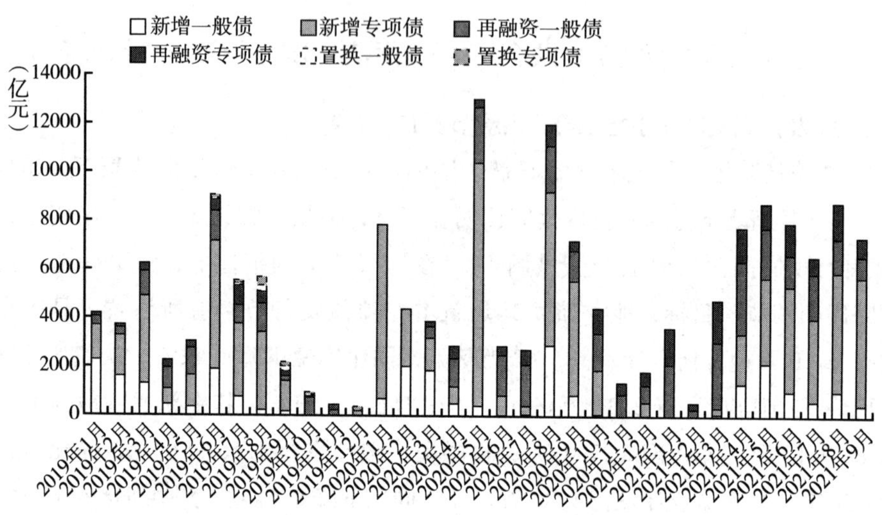

图1　2019 年 1 月至 2021 年 9 月不同类型地方债月度发行统计

资料来源：Wind 数据库，中诚信国际整理计算。

5.96 年和 2.72 年（见图 2）。

2020 年 11 月，财政部发布《关于进一步做好地方政府债券发行工作的意见》①，要求地方财政部门应当均衡一般债期限结构，年度新增一般债平均发行期限应当控制在 10 年及以下，10 年以上新增一般债发行规模应当控制在当年新增一般债发行总额的 30% 及以下，再融资一般债期限应当控制在 10 年及以下。地方财政部门还应当保障专项债期限与项目期限相匹配，新增专项债到期后原则上由地方政府安排政府性基金收入、专项收入偿还，债券与项目期限不匹配的允许在同一项目周期内接续发行，再融资专项债期限原则上与同一项目剩余期限相匹配。在政策相关限制下，2021 年地方债呈现发行期限整体缩短、长期限债券占比有所下滑的特征。

3. 发行进一步市场化，多地突破招标利率加点边界

从发行利率来看，2021 年 1 ~ 9 月地方债、一般债、专项债加权平均发行利率分别为 3.37%、3.28% 和 3.42%，与上年同期的 3.38%、3.30% 和

① 《关于进一步做好地方政府债券发行工作的意见》（财库〔2020〕36 号），中国政府网，2020 年 11 月 4 日，http://www.gov.cn/zhengce/zhengceku/2020-11/11/content_5560562.htm。

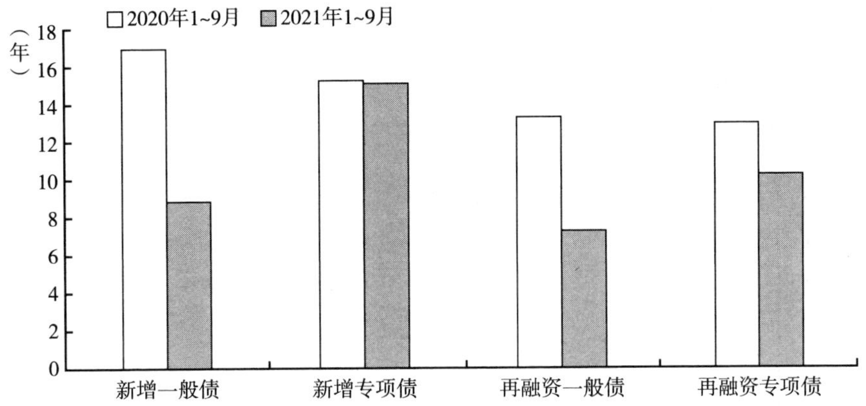

图2　2020年1~9月和2021年1~9月地方债加权平均发行期限

资料来源：Wind数据库，中诚信国际整理计算。

3.42%相比均基本持平。从月度情况看，2021年1~4月地方债发行利率稳中微升，5月以来发行利率进入下行通道，8月达到年内低点；此外，3月以来专项债发行利率持续高于一般债，利差波动走阔，或与期限较长的新增专项债不断扩容有关（见图3）。从发行利差来看，1~9月地方债加权平均发行利差为24.29BP、同比收窄0.71BP，一般债为24.76BP、同比收窄0.64BP，专项债为23.97BP、同比收窄0.83BP，地方债的发行利差已全面位于25BP之内。

财政部《关于进一步做好地方政府债券发行工作的意见》鼓励具备条件的地区参考地方债收益率曲线合理设定投标区间，不断提升地方债发行市场化水平，杜绝行政干预和窗口指导，促进地方债发行利率合理反映地区差异和项目差异。2021年6月，地方债发行市场化程度明显提升，北京、广东、江苏、浙江、河北等部分省市地方债发行利率突破“较招投标前5日同期限国债上浮25BP”的隐性限制。截至9月，31个省（区、市）均突破此限制，地方债发行利率市场化进程势头良好，也反映出地方债具有较高的市场认可度。据中诚信国际统计，2021年6~9月全国共有248只地方债招标利率加点低于20BP，从发行时间分布上看，各月分别对应19只、55只、85只和89只。从地区分布上看，山东、上海、广东招标利率加点低于20BP的地方债发行规模均超过1000亿元，此外浙江、湖北、北京、河北、江苏、湖南、天津、四川、安徽、广西、陕西、江西、山西、辽宁 14 省（区、市）也有相关债券发行（见图 4）。

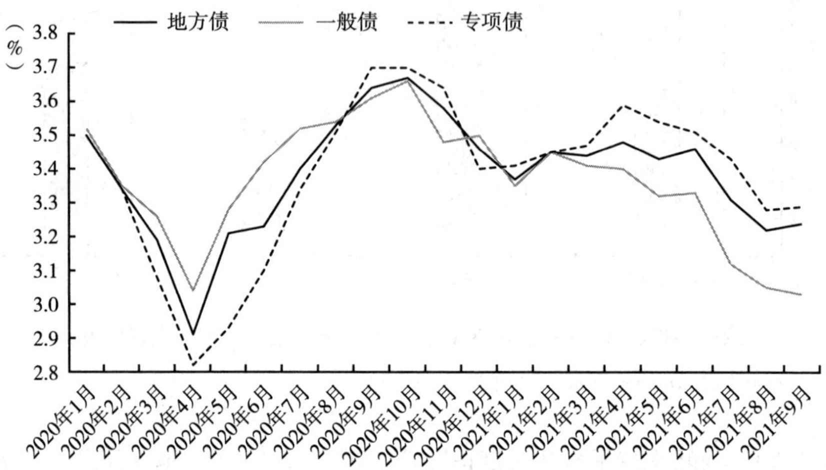

图 3　2020 年 1 月至 2021 年 9 月一般债、专项债和全部地方债加权平均发行利率走势

资料来源：Wind 数据库，中诚信国际整理计算。

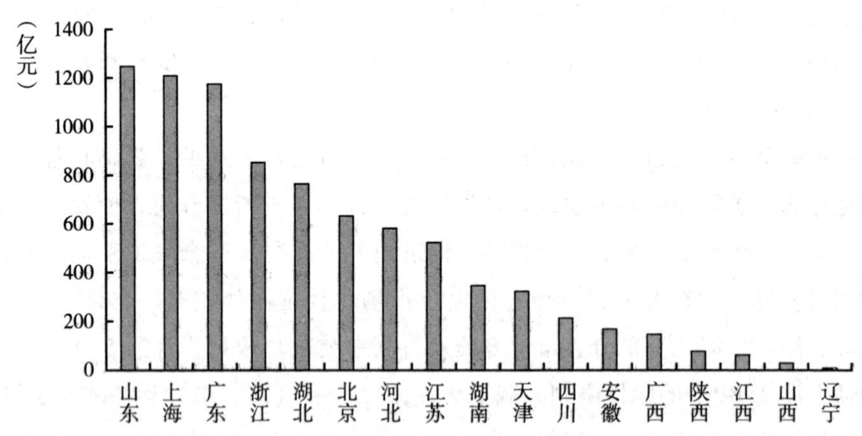

图 4　2021 年 6～9 月地方债招标利率加点低于 20BP 的省（区、市）发行规模

资料来源：Wind 数据库，中诚信国际整理计算。

4. 发行利差区域分化显著，反映区域经济财政实力与债务压力差异

在政策层面鼓励地方债市场化发行的背景下，我国 31 个省（区、市）

地方债发行利差差异较为明显，在一定程度上反映了各地经济财政实力及债务压力的差异。具体而言，2021 年 1 ~9 月，31 个省（区、市）地方债发行利差处于 19BP ~30BP 区间，有 16 个省（区、市）的地方债加权平均发行利差高于全国平均水平 24. 29BP，其中排名前 5 位的是青海、辽宁、陕西、西藏和黑龙江，发行利差在 27BP 以上，其 2020 年综合财力均小于 8000 亿元，排名全国第 15 位及以后；2020 年辽宁、青海债务率高于 100% ，排名全国第 6、7 位。有 15 个省（区、市）发行利差低于全国平均水平，排名后 5 位的是上海、北京、广东、天津、浙江，发行利差在 23BP 以下，除天津外各地区 2020 年综合财力居全国第 12 位及以前，广东、浙江、上海综合财力超万亿元；除天津外各地区 2020 年债务率居全国第 27 ~30 位，债务压力较小（见图 5）。整体来看，经济发展水平较高、综合财力较强、债务率相对较低的省份在债券市场上具有更高的信用资质，通常可以获得成本较低的融资支持。

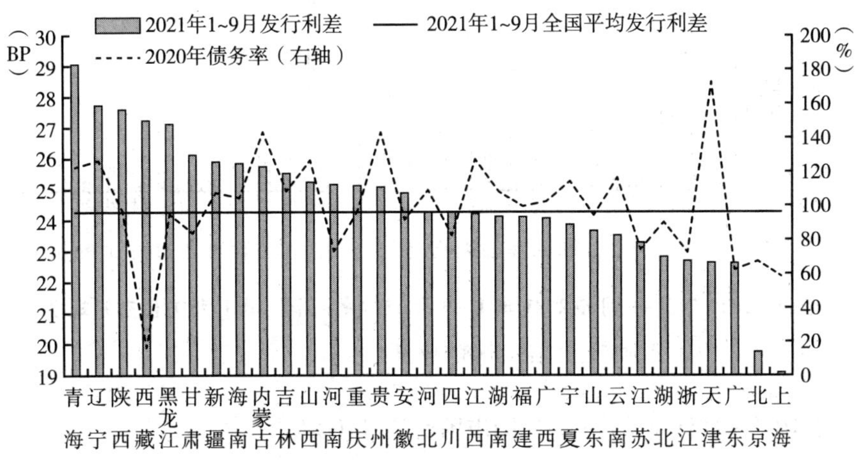

图 5　2021 年 1 ~9 月 31 个省（区、市）地方债加权平均发行利差

资料来源：Wind 数据库，中诚信国际整理计算。

（二）二级交易情况：交易规模同比缩小、收益率同比下降

1. 交易规模同比缩小，流动性有所下降

2021 年 1 ~9 月，地方债总交易规模达 5. 80 万亿元，同比下降 46. 96% ；

若以“期间交易规模/期初、期末存量地方债规模平均值”定义换手率指标，则地方债换手率由上年同期的0.53明显下降至0.21。整体来看，地方债的二级市场交易规模同比缩小，流动性同比下降趋势明显。考虑到地方债交易优势不如国债、投资者结构以银行机构为主等因素，地方债的交易规模多与同期发行规模呈正相关，2021年1~9月地方债发行规模同比有所下降、发行节奏同比有所放缓以及同期国债收益率波动较大等可能是导致地方债交易活跃度下降的重要原因。从不同省份看，2021年1~9月山东、广东、江苏地方债交易规模超过4000亿元（见图6），可能与当地地方债存量规模相对较大有关。

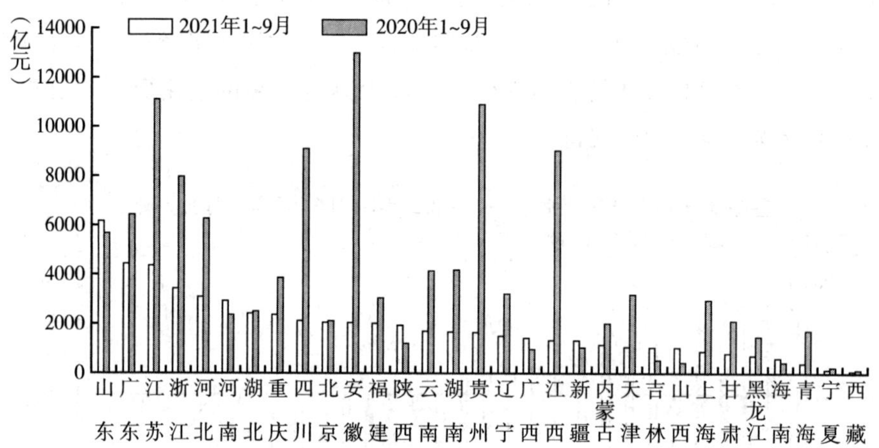

图6　2020年1~9月和2021年1~9月31个省（区、市）地方债交易规模

资料来源：Wind数据库，中诚信国际整理计算。

2. 收益率同比下降，一、二级市场利差相对较低

2021年9月30日，存量地方债中一般债按存量规模加权平均中债估价收益率为2.97%，同比下降0.32个百分点；专项债按存量规模加权平均中债估价收益率为3.07%，同比下降0.30个百分点。从交易利差看，一般债交易利差为28.10BP，同比上升0.57BP；专项债交易利差为27.32BP，同比下降1.61BP（见图7）。从一、二级市场利差对比看，在2021年1~9月发行的地方债中，一级市场招标利率加点与二级市场交易利差偏离幅度在10BP以内的规模占比达57.95%，偏离幅度在20BP以内的规模占比达40.63%，偏离幅度

在20BP以上的规模占比达1.25%。整体来看，地方债一、二级市场利差仍然相对较低，这可能与地方债的需求端以商业银行配置需求为主密切相关。

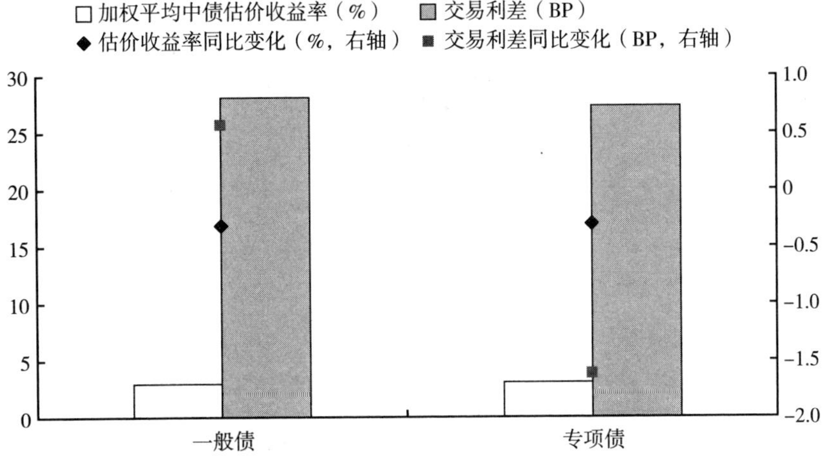

图7　截至2021年9月存量地方债收益率及交易利差

资料来源：Wind数据库，中诚信国际整理计算。

3. 投资者结构仍较单一，以商业银行为主

从地方债投资者结构上看，商业银行是最主要的持有人，截至2021年9月持有规模占比近九成（见图8）。从成因上看，商业银行的负债端成本相对较低、稳定性相对较高，并且与地方政府的关联较为密切，因此既有能力也有动力持有以机构所在地地方政府发行为主的地方债。但商业银行以持有至到期为主的投资策略在一定程度上限制了地方债的流动性，相关收益主要由票息收入贡献。

（三）募集资金使用情况：借新还旧比例攀升，新增专项债主要投向存量项目

1. 借新还旧比例大幅攀升，用于项目建设的新增债发行明显迟滞

2021年1～9月，再融资地方债发行规模达2.57万亿元，同比增长86.81%，占全部地方债发行规模的45.72%，较上年同期上升21.52个百分点；新增地方债发行规模达3.05万亿元，同比下降29.19%，占全部地方债发

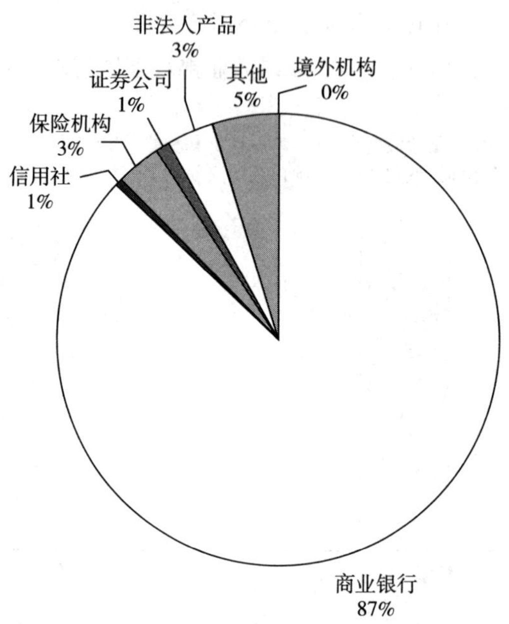

图8　截至2021年9月银行间市场地方债持有人结构

资料来源：中国债券信息网，中诚信国际整理计算。

行规模的54.28%，较上年同期下降21.52个百分点。从借新还旧比例来看，2021年1~9月地方债借新还旧比例高达110.76%，再融资地方债的发行规模已经超过同期地方债到期规模（见图9）。再融资地方债发行规模大幅增加，一方面源于自2021年起地方债进入偿债高峰期，地方债到期规模明显增大；另一方面或源于受2020年新冠肺炎疫情冲击和减税降费影响，地方政府财力有限，继而更为依赖债务滚动来还本付息。与此同时，新增债尤其是用于基建投资的新增专项债发行规模同比大幅下降，或与募投项目审核及资金管理规定趋严、发行节奏后置有关。

2. 逾七成新增专项债投向存量项目，持续聚焦稳增长及补短板领域

2021年1~9月，新增专项债共发行2.37万亿元，从募投项目上看，债券资金继续聚焦疫情发生后经济发展短板，优先支持存量项目建设，超过七成资金投向2020年及以前启动的项目，有力保障了既有项目的持续资金投入。从募投项目类型看，市政和产业园区基础设施、交通基础设施、棚改是利用新增专项债资金最多的三个领域，分别约有7000亿元、4000亿

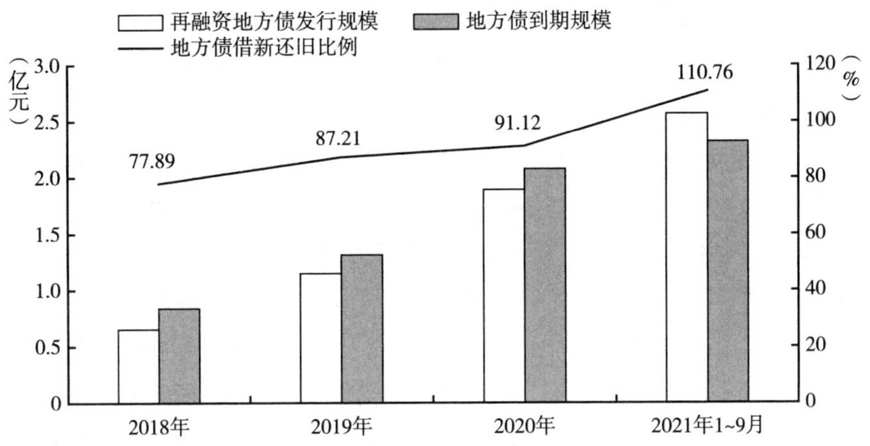

图9　2018年至2021年1~9月地方债借新还旧情况

资料来源：Wind数据库，中诚信国际整理计算。

元和3800亿元新增专项债资金被用于上述用途，占比分别达到31%、19%和17%（见图10）。

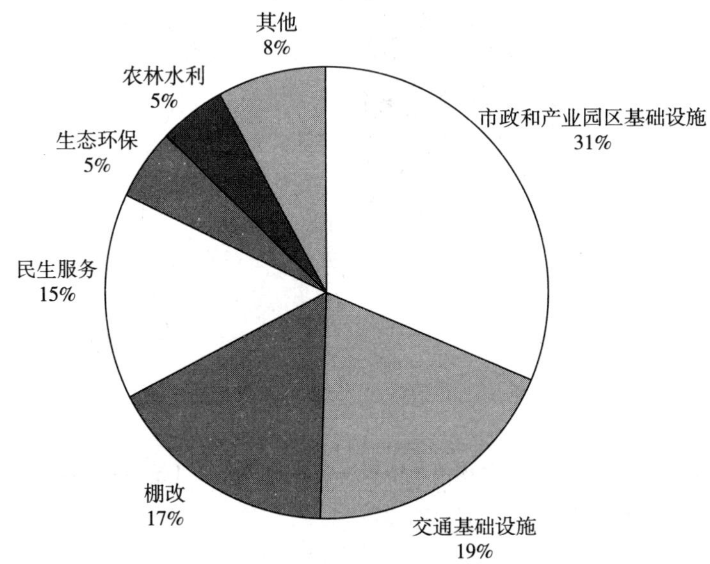

图10　2021年1~9月新增专项债募投项目分布

资料来源：Wind数据库，中诚信国际整理计算。

3. 专项债用作项目资本金比例仍较低，应用领域集中于交通基建

2019 年，中共中央办公厅、国务院办公厅印发《关于做好地方政府专项债券发行及项目配套融资工作的通知》①，提出对于专项债支持符合中央重大决策部署、具有较大示范带动效应的重大项目，主要是国家重点支持的铁路、国家高速公路和支持推进国家重大战略的地方高速公路、供电、供气项目，在评估项目收益偿还专项债本息后专项收入具备融资条件的，允许将部分专项债作为一定比例的项目资本金。2020 年，财政部规定专项债资金用于项目资本金的规模占各省（区、市）专项债规模的比例上限由 20% 提高至 25%，但在实际操作过程中，由于进行市场化融资的项目相对偏少、金融机构对资金期限与项目期限不匹配有所担忧等，专项债用作项目资本金的比例目前来看仍然偏低。2021 年 1～9 月，各省（区、市）专项债用作项目资本金比例的均值不足 10%，且超八成集中于运营收益相对较高的交通基础设施建设领域（见图 11）。

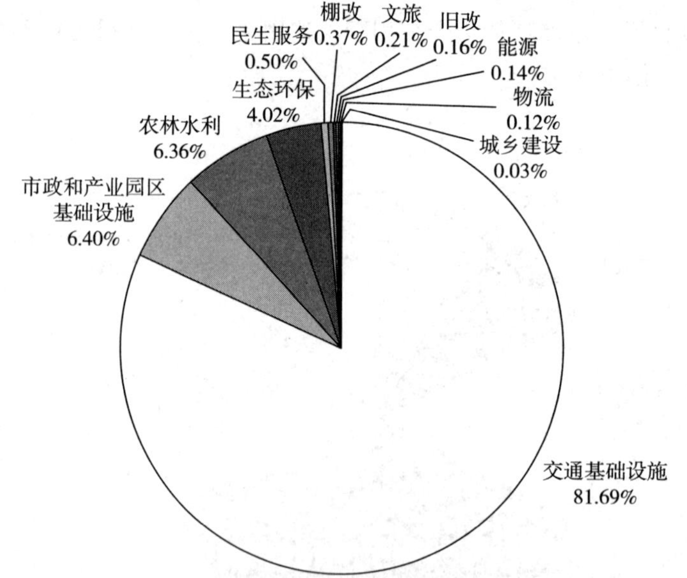

图 11　2021 年 1～9 月专项债用作资本金的项目分布（按利用资金规模）

资料来源：Wind 数据库，中诚信国际整理计算。

① 《中共中央办公厅　国务院办公厅印发〈关于做好地方政府专项债券发行及项目配套融资工作的通知〉》，中国政府网，2019 年 6 月 10 日，http：//www.gov.cn/zhengce/2019－06/10/content_ 5398949.htm。

三　当前中国地方政府债券市场发展面临的问题

2021 年，在我国经济面临下行压力、新冠肺炎疫情反复扰动复苏进程的背景下，较为充足的地方债资金供应对于平衡地方财政收支、稳定地方经济增长、优化资源配置发挥了重要作用，市场化程度的提升和风险监管机制的强化对于地方债市场高质量发展具有积极意义。然而，在创新发展的同时，我国地方债市场仍面临资金使用效率不够高、配套市场基础设施仍有不足、“借用管还”流程仍待全面规范等问题。

（一）持续大幅扩容，资金使用效率仍存提升空间

2015 年全面“自发自还”以来，我国地方债持续大幅扩容，截至 2021 年 10 月余额为 29.34 万亿元，占债券市场比重为 23.22%，稳居我国债券市场第一大品种，是宏观调控、政府债务管理的重要工具。虽然地方债规模具备一定优势，但各地普遍存在“重发行、轻管理”的现象。中诚信国际整理各省（区、市）2020 年《预算执行和其他财政收支的审计工作报告》发现，部分地区存在地方债资金闲置、挪用、违规使用等问题，如河南、四川和广西等地部分市县均有项目资金闲置超过 1 年，广东和福建有项目资金闲置超过 2 年；山东部分市县将债券资金出借给乡镇、企业等周转使用，甚至被用于购买理财产品或其他项目建设；河南部分市县项目将债券资金用于支付涉企财政补贴、棚户区拆迁补偿等与债券项目无关的支出等。值得注意的是，专项债资金使用效率偏低的问题更为严重。根据《国务院关于 2020 年度中央预算执行和其他财政收支的审计工作报告》[①] 公布的数据，截至 2020 年，审计署重点调查的 55 个地区专项债余额 1.27 万亿元中有 413.21 亿元（占 3.25%）未严格按用途使用，其中有 5 个地区将 204.67 亿元投向无收益或年收入不足本息支出的项目，偿债能力堪忧。据中诚信国际统计，在收益测算方式较为宽松的情况下，2021 年 1～9 月有超过七成新增专项债项目本息覆盖倍数不足 2 倍，少数项目不足 1 倍，项目收益能力整体偏

① 《国务院关于 2020 年度中央预算执行和其他财政收支的审计工作报告》，中国人大网，2021 年 6 月 7 日，http://www.npc.gov.cn/npc/c30834/202106/05e15184af5d4675a6be575258a2e0ec.shtml。

低；且部分专项债的偿债来源依赖土地出让收入，在当前地产严监管、土地财政弱化的趋势下，未来依赖土地财政的专项债项目和模式将受到更多挑战，亟须着力提高专项债的资金使用效率，提升专项债项目质量和收益能力。

（二）进一步市场化，配套市场基础设施仍有不足

2021 年，我国地方债发行利率市场化进程取得重要突破，地方债市场规范化、市场化水平持续提升，相关配套市场基础设施进一步健全，然而仍存在诸多不足之处。第一，发行机制有待进一步完善。地方债资金使用过程中存在资金闲置、“钱等项目”的问题，除了资金使用环节本身的低效以外，债券发行机制也有待改进。目前的模式是地方政府按募投项目整体周期来估算债券融资需求总量，容易导致资金到位时间与使用时间的错配。第二，投资者结构仍较单一。地方债在一级市场发行时主要面向商业银行，而商业银行在二级市场的地方债持有量占地方债总量的近九成，远高于成熟市场水平。理论上来看，债券市场的发展本身是对传统商业银行信贷业务的替代，商业银行不会也不应成为债券市场的主要投资者，商业银行持债比例过高将导致地方债流动性受阻，不利于市场化水平的提高。第三，对外开放程度仍较低。近年来我国债券市场对外开放进程有序推进，地方债却鲜有外资机构问津。截至 2021 年 9 月，境外机构持有的地方债规模仅为 111 亿元，占外资持有我国银行间债券规模总量的 0.29%。随着 2021 年离岸人民币地方债的首创发行，未来我国地方债在走向国际市场和引入境外投资者方面均有较大的进步空间。第四，信息披露机制有待继续完善。当前我国地方债信息披露机制已有规可循，发行环节的信息披露较为及时和完备，但项目存续期信息公开频率较低、披露相对简略，难以使投资者充分掌握项目具体进展与变动情况。

（三）债务风险不容忽视，“借用管还”流程仍待全面规范

“国发 5 号文”强调，要加强政府债务和中长期支出事项管理，牢牢守住不发生系统性风险的底线。对于地方债尤其是专项债而言，“借用管还”各环节均存在一定的风险隐患，其流程仍待全面规范。在举借环节，专项债项目储备、筛选、申报机制欠完善。长期以来，我国专项债项目收益能力整体偏低，一个重要原因在于地方政府优质项目储备不足，在筛选时对收益预测过于乐

观，从而导致项目本身质量不够高。在2021年专项债项目审核趋严的背景下，地方政府优质项目储备不足的问题更加凸显，尤其是对于基层政府而言，缺乏专业且完备的专项债项目储备、筛选、申报机制。在使用环节，债券资金使用效率不够高。各省（区、市）2020年《预算执行和其他财政收支的审计工作报告》显示，超过30%的省份存在专项债资金闲置问题，另外部分省份存在资金拨付不及时、挪用等现象，不仅导致专项债资金使用效率偏低，还可能影响项目进展。此外，专项债用作项目资本金比例较低，未充分发挥撬动投资的作用。在监管环节，政策密集出台后有待进一步落实和细化。2021年，监管层加大对债务风险的管控力度，推出了专项债项目穿透式监测、专项债券项目资金绩效管理办法，加强了地方政府债券信息公开平台管理，提高了专项债项目发行使用情况调度频率。尽管严监管政策已密集出台，但部分地方政府还未能及时出台配套细则和实施方案，在执行环节仍存在不规范、不严格现象。在偿还环节，省级“自发自还”模式下市县政府偿债责任不清晰，且偿债资金收入来源质量有待提高。“自发自还”模式下，地方债的债务人为省级政府，而资金使用方为市县各级地方政府，省级政府为市县各级地方政府承担了一定的隐性担保责任，可能造成市县各级地方政府的市场意识和偿债责任意识不足。此外，我国地方债偿还环节还存在两点风险隐患，一是再融资债规模大、占比高，人为将化债压力后移，将导致债券付息成本显著增加，且未来可能面临利率风险，将引发偿债不确定性；二是专项债项目收益水平偏低，还本付息对土地出让收入依赖度较高，在房地产持续严监管、土地财政模式弱化的背景下，依赖土地财政的专项债偿还风险增大。

四 2022年中国地方政府债券发展展望

2021年是“十四五”规划开局之年，也是我国迈向2035年远景目标的新起点。“十四五”规划明确提出要健全政府债务管理制度，“国发5号文”也对地方政府债务限额确定机制、专项债管理机制、风险评估指标体系、信息公开及披露机制等做出了重要部署。展望未来，全球经济形势依然复杂严峻，国内经济面临下行压力，新冠肺炎疫情或将长期与人类共存，不断扰动各地复苏进程。在均衡稳增长和防风险政策目标的前提下，我国地方债市场将继续结构性扩容，并在“十四五”规划与“国发5号文”指引下，优化资金投向、加速完善市场基础设施、保持严监管常态化格局、提高全周期资金效率，继而发挥好稳投资、补短板、惠民生、促消费、扩内需和防风险的作用，在实现自身高质量发展的同时，助力“十四五”规划开好局、起好步。

（一）结构性扩容，兼顾经济增长与风险防范

我国地方债的发行规模受经济增长与债务风险防范两方面因素的影响和制约，在需求收缩、供给冲击、预期转弱三重经济压力下，2022年地方债尤其是专项债新增额度保持高位，地方债持续扩容。从经济增长的角度看，新冠疫情反复冲击下我国宏观经济下行压力逐步显现，而美联储货币政策进入紧缩周期或对国内货币政策的宽松形成一定制约，财政政策将在拉动经济增长中发挥更为重要的作用。2022年《政府工作报告》[①] 提出积极的财政政策要提升效能，更加注重精准、可持续，全年新增专项债额度3.65万亿元，与2021年持平，新增一般债额度0.72万亿元，较上年仅小幅下降0.1万亿元；同时，在政策发力靠前的要求下，专项债发行节奏有望明显“前置”，确保重大项目建设尽早落地。从风险防范的角度看，当前地方政府普遍处于财政紧平衡状态、收支矛盾较为突出，财力薄弱地区面临较大的偿债压力，这可能在一定程度上限制未来地方债的扩容。在两方面因素作用下，我国将更加注重稳增长与防风险政策目标的均衡，在地方债持续扩容的同时积极做好风险防范措施，进一步提升政府债务形成资产的效率，尤其关注资产的质量及收益性，切实提高政府举债投资的有效性。

（二）投向精准，牢扣国家战略及发展需求

伴随总量继续扩容，地方债尤其是专项债将继续侧重于党中央、国务院确定的重点领域和国家重大战略，并结合国家宏观政策变化和社会发展需求而持续创新、精准投放。第一，投向“十四五”规划倡导的领域及国家重大战略项目。具体来看，继续支持既促消费、惠民生，又调结构、增后劲的“两新一重”领域，如“十四五”规划中提出的数字经济领域，搭配新型城镇化双轮驱动的乡

---

① 《政府工作报告》，中国政府网，http://www.gov.cn/premier/2022-03/12/content_5678750.htm。

村振兴领域和城市更新领域，以及惠及面广的民生领域，或在“双碳”目标驱动下投向绿色低碳领域。第二，更多投向新开工项目。当前土储领域仍未完全放开募投限制，此前存量规模较大的棚改领域占比或进一步下降，且2021年第三季度以来经济数据持续走弱、基建托底经济的预期更为确定，稳增长需要用更多的新开工项目来支撑基建、托底经济，2022年新开工项目占比或将有所上升。第三，结合我国社会发展需求，创新募投领域。截至2021年9月，我国首批2100亿元用于补充中小银行资本金的专项债已经发完，预计未来有继续扩容的空间，同时实施方案细则及配套管理机制或陆续出台，并建立市场化的到期退出机制，在助力化解中小企业经营风险的同时防范金融风险累积。此外，“十四五”规划强调加快落实乡村振兴战略，2021年乡村振兴专项债发行规模已超过2018~2020年总和，但总量仍较小，未来发行规模有望持续扩大。

（三）改革提速，市场基础设施进一步健全

2021年，我国地方债市场基础设施不断完善，在发行机制、对外开放、信息披露、信用评级等方面均更加健全，未来地方债市场基础设施仍有持续进步的空间。第一，地方债定价机制将进一步完善。发行方面，续发行机制继续推进，地方债碎片化现象将不断改善；分期分批发行机制有望得到推广，或使债券资金到位时间与项目需求更加匹配，债券资金使用效率得以提升。定价方面，2021年地方债发行利率打破了“较同期限国债收益率高出25BP”的隐性限制，与国债利差收窄，预计未来地方债的发行定价将更为市场化。第二，地方债国际化水平有望上新台阶。2021年深圳市、广东省分别在港、澳发行离岸人民币地方债，未来离岸人民币地方债市场有望不断发展壮大，促进建立地方债评级、发行、交易的国际化规则体系，地方债透明度、开放度与市场化水平将不断提升。第三，地方债信息披露将更加透明全面。当前，地方政府对债券信息、项目信息及地方经济社会发展指标、财政状况等的披露越发规范，未来或将更为具体、更加及时，并在离岸人民币地方债的信息披露中逐步与国际标准接轨。此外，随着专项债项目资金绩效管理的有效开展，绩效信息也将开始披露，为投资者提供更有价值的参考。第四，地方债评级体系将更加科学健全。随着多项规范文件的出台，未来地方债评级行业市场秩序、业务程序、行业监管等将不断规范。在市场秩序方面，恶意价格竞争、评级级别竞争等方式

将失去生存空间，评级费用标准的设定将更为合理；在业务程序方面，各评级公司的地方债评级方法、工作程序、指标体系将更为完备透明，评级将根据一般债、专项债的特点反映出合理差异性；在行业监管方面，监管部门和自律组织协同管理，守信联合激励和失信联合惩戒机制将不断完善。

（四）监管加码，全周期资金效率持续提升

2021 年，专项债项目穿透式监测、专项债绩效管理、强化地方人大监督等政策密集出台，国常会也多次部署完善专项债管理和资金使用工作，随着监管措施不断加码，未来地方债尤其是专项债的资金使用效率将持续提升。第一，严审核下专项债项目质量有望全面提高。2021 年以来专项债项目审核趋严，新增专项债项目本息覆盖倍数均值较 2020 年明显提升。对地方政府而言，为确保严审核模式下债券的顺利发行，将更加重视专项债前期准备工作，建立规范的储备和筛选机制，加强事前绩效评估，专项债项目质量有望从源头处全面提高，资金投向不合理、不必要项目的现象或明显减少。第二，地方政府债务管理信息系统不断健全，专项债穿透式监测将落实落细。当前，各省（区、市）财政部门正在加快建设覆盖本地区的预算管理一体化系统并与中央财政对接，预计 2022 年底前全面运行。随着各地数字财政水平的提高，对专项债项目准备、建设、运营和收入情况的全生命周期穿透式监测将真正落实落细。第三，专项债项目资金绩效评价结果或将得到充分应用，形成激励约束机制。随着专项债资金绩效管理工作逐步规范成熟、绩效信息如期披露，绩效评价结果将充分发挥激励约束作用。一方面，项目主管部门和项目单位将根据绩效评价结果及时整改问题，对于偏离绩效目标的项目停止拨款、变更用途，严防债券资金浪费；另一方面，绩效评价结果将成为专项债额度分配的重要测算因素，引导专项债资金向更有效率的地区与项目倾斜。第四，地方债监督机制将进一步完善。在财政部门、项目主管部门和项目单位积极开展绩效管理的基础上，未来地方债的监督机制也将得以明确和完善。一方面，地方人大对政府债务的管理主体责任逐步被压实，将加强对地方债的全过程审核和对地方债风险防范的监督，推动提高债券资金的配置效益和使用效率；另一方面，专业咨询机构、资产评估机构、科研院所等第三方机构可在财政部门的组织下独立开展专项债项目资金绩效评估，积极发挥监督作用。

分报告

Topical Reports

B.2
2021年交通基础设施类地方政府项目收益专项债分析报告

王　璇*

摘　要： 交通基础设施类地方政府项目收益专项债投资领域由收费公路逐渐扩展到铁路、轨道交通等大型交通基础设施，发行期限呈长期化特征，项目收益对融资本息覆盖情况良好，但应关注区域性信用风险。通过作为资本金的方式，交通基础设施类地方政府项目收益专项债在撬动投资和稳增长方面发挥了积极作用。此外，监管层对专项债使用、管理等环节进行细化规范，未来专项债券资金使用效率将提高。

关键词： 地方债　专项债　交通基础设施

* 王璇，中诚信国际评级技术与标准部高级分析师，主要研究领域为基础设施投融资平台、交通、评级方法与模型研究等。

2020 年为应对新冠肺炎疫情影响，地方政府新增债务限额较 2019 年大幅增加。2020 年 12 月中央经济工作会议指出，2021 年宏观政策要保持连续性、稳定性和可持续性，政策操作上不急转弯，积极的财政政策要提质增效、更可持续。2021 年积极财政政策基调仍未改变，专项债作为基础设施建设的重要资金来源，仍然是疫情防控常态化时期补短板、调结构、稳投资的重要着力点。2021 年全年地方政府新增债务限额为 4.47 万亿元，其中专项债 3.65 万亿元，仅较 2020 年小幅下降 0.1 万亿元，仍大幅高于 2019 年规模。

2021 年 3 月，《政府工作报告》① 中指出 2021 年要优化债券资金使用，优先支持在建工程，推进“两新一重”建设，实施一批交通、能源、水利等重大工程项目。在《交通强国建设纲要》②《国家综合立体交通网规划纲要》③《交通运输部关于推动交通运输领域新型基础设施建设的指导意见》④等文件基础上，2021 年 8 月，交通运输部印发《交通运输领域新型基础设施建设行动方案（2021—2025 年）》⑤，明确到 2025 年要打造一批交通新基建重点工程，促进交通基础设施网与运输服务网、信息网、能源网融合发展。交通新基建将体现在智慧公路、智慧航道、智慧港口、智慧枢纽、综合交通运输“数据大脑”等几乎所有的传统交通基建领域。未来专项债或进一步支持与新技术相结合的新型交通设施建设项目，先进信息技术将深度赋能原有的交通基础设施，助力形成交通基建的全新生态。

---

① 《政府工作报告》，中国政府网，2021 年 3 月 12 日，http：//www.gov.cn/premier/2021 - 03/12/content_ 5592671.htm。

② 《中共中央　国务院印发〈交通强国建设纲要〉》，交通运输部网站，2019 年 9 月 19 日，http：//xxgk.mot.gov.cn/jigou/zcyjs/201909/t20190920_ 3273715.html。

③ 《中共中央　国务院印发〈国家综合立体交通网规划纲要〉》，中国政府网，2021 年 2 月 24 日，http：//www.gov.cn/zhengce/2021 - 02/24/content_ 5588654.htm。

④ 《交通运输部关于推动交通运输领域新型基础设施建设的指导意见》（交规划发〔2020〕75 号），交通运输部网站，2020 年 8 月 6 日，http：//xxgk.mot.gov.cn/2020/jigou/zhghs/202008/t20200806_ 3448021.html。

⑤ 《交通运输部关于印发〈交通运输领域新型基础设施建设行动方案（2021—2025 年）〉的通知》（交规划发〔2021〕82 号），交通运输部网站，2021 年 9 月 23 日，https：//xxgk.mot.gov.cn/2020/jigou/zhghs/202109/t20210923_ 3619709.html。

一　交通基础设施类地方政府项目收益专项债发行特点分析

根据财政部发布的《关于试点发展项目收益与融资自求平衡的地方政府专项债券品种的通知》①，加快按照地方政府性基金收入项目分类发行专项债的步伐，发挥政府规范举债、促进经济社会发展的积极作用。2017年，优先选择土地储备、政府收费公路两个领域在全国范围内开展试点。收费公路类项目收益专项债作为交通基础设施类地方政府项目收益专项债（以下简称“交通基础设施类专项债”）的一个重要投资领域，从2017年开始登上历史舞台。从发行规模来看，2017～2020年交通基础设施类专项债的规模逐年攀升，由于疫情防控常态化时期宽松的财政政策，2020年交通基础设施类专项债规模较2019年实现翻番；2021年随着经济逐渐恢复以及专项债新增额度下达偏晚、审核趋严等影响，2021年1～9月交通基础设施类专项债规模有所回落，但仍高于2019年全年规模（见图1）。

（一）发行规模有所回落，发行利率小幅回升，发行期限以中长期为主

2020年，在新冠肺炎疫情冲击、经济下行压力加大的背景下，作为积极财政的重要抓手，地方政府债券持续大幅扩容。在此背景下，2020年交通基础设施类专项债的发行规模大幅高于2019年规模。2021年，积极财政政策基调未变，专项债新增额度仍维持高位，发行节奏前慢后快，1～9月发行规模已达到上年同期的90%。据不完全统计，2021年1～9月交通基础设施类专项债规模为4616.27亿元。从发行利率来看，受益于政策面的宽松，2017～2019年发行利率呈下降趋势，2020年以来发行利率虽有小幅回升，但仍然远低于2017年、2018年水平，为专项债的发行提供了有利的

① 《关于试点发展项目收益与融资自求平衡的地方政府专项债券品种的通知》（财预〔2017〕89号），财政部网站，2017年7月21日，http：//yss. mof. gov. cn/zhuantilanmu/dfzgl/zcfg/201707/t20170724_ 2656632. htm。

环境。从发行期限来看，为了匹配多样化的交通基础设施项目投资规模大、投资回收期限长的特征，专项债的发行期限近年来呈现长期化特征。2017年交通基础设施类专项债发行期限多为5年、7年和10年，2021年1~9月发行期限多为15年、20年和30年（见图2）。这些长期债券多用于收费公路、铁路、轨道交通等大型交通基础设施领域，以满足其投资回收期限长的项目特点。

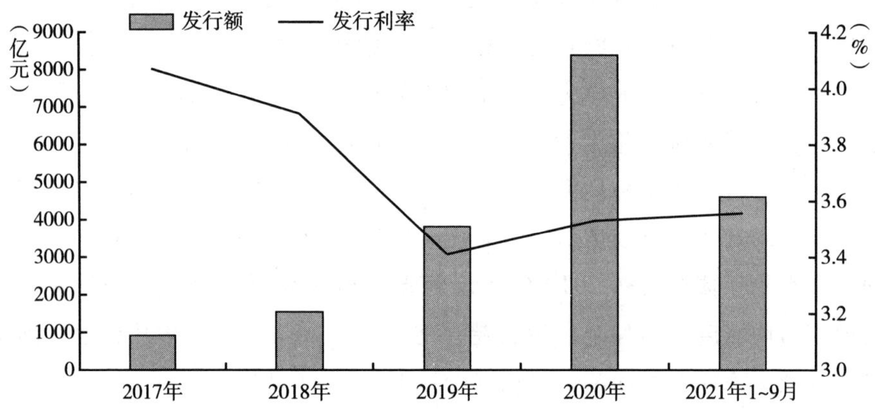

图1　2017年~2021年9月交通基础设施类专项债发行规模

资料来源：Wind数据库，中诚信国际整理计算。

（二）区域分化明显，地市级项目占比最高

从分布区域来看，2021年1~9月，广东、重庆、浙江、江苏和福建交通基础设施类专项债发行规模位居前5，这5个省（市）的发行规模占当期全国发行规模的46.21%，其中广东、浙江、江苏为传统经济强省，发行的交通基础设施类专项债规模位居全国前列，2021年1~9月广东发行规模近700亿元，远远大于其他省（区、市）（见图3）。福建位于东南沿海，山地、丘陵面积较大；重庆地处我国内陆西南部，是国务院批复确定的西南地区综合交通枢纽。为拉动经济增长，完善交通基础设施建设，福建和重庆在交通基础设施领域发行的项目收益专项债规模也较大。

从行政层级来看，2021年1~9月，地市级对于交通基础设施类项目投资

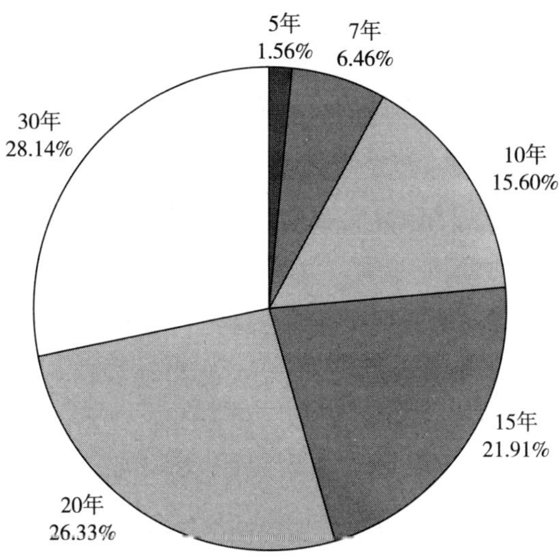

图 2　2021 年 1～9 月交通基础设施类专项债发行期限结构

资料来源：Wind 数据库，中诚信国际整理。

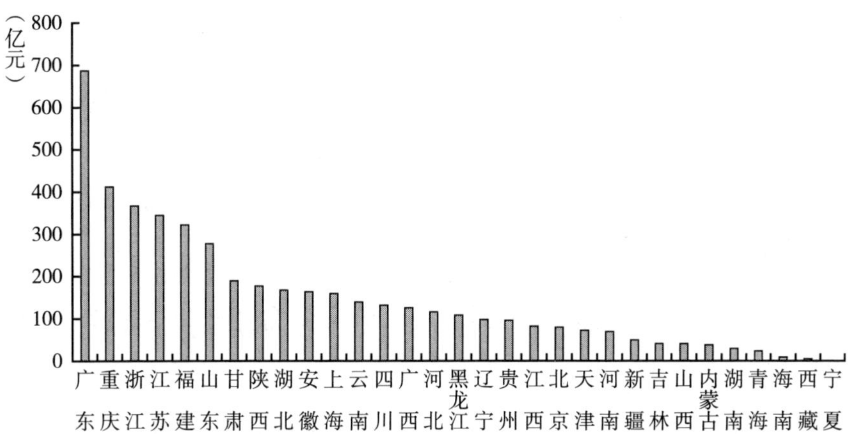

图 3　2021 年 1～9 月全国 31 个省（区、市）交通基础设施类专项债发行规模

资料来源：Wind 数据库，中诚信国际整理计算。

需求最为旺盛，该类项目多为地市级重点项目，其次为区县级和省级重点项目，地市级、区县级和省级项目规模占比约为5.6∶2.4∶2.0。

二　交通基础设施类地方政府项目收益专项债募投项目特点分析

（一）募投项目多样化，2021年1~9月轨道交通类项目收益专项债发行规模最大

2017 年开展全国试点以来，收费公路类一直是交通基础设施类专项债主要的募投项目，2021 年 1 ~9 月，收费公路类项目收益专项债发行规模为 972. 27 亿元。轨道交通类项目收益专项债在 2017 ~2018 年是除收费公路类项目之外交通基础设施类专项债募投的有益尝试，2018 年国家发改委集中通过一批城市轨道交通类项目批复，各地的城市轨道交通建设进入加速期，轨道交通类项目收益专项债呈现快速增长趋势，2021 年 1 ~ 9 月发行规模为 1228. 59 亿元，发行规模超过收费公路类项目收益专项债，居于当期交通基础设施类专项债发行规模之首。城际高速铁路和城际轨道交通为“两新一重”的新基建领域，2020 年开始发力，2021 年 1 ~9 月其发行规模达到 700. 30 亿元。此外，2021 年 1 ~9 月，一般铁路类项目收益专项债规模为 561. 94 亿元。2021 年 1 ~9 月，城市停车场、综合交通枢纽、高铁站、机场、港口、其他公路等类项目收益专项债合计发行规模达到 1153. 17 亿元（见图 4），成为交通基础设施类专项债的重要补充。整体来看，随着地方政府债券市场的扩容，交通基础设施类专项债募投项目呈现多元化。

（二）募投项目资本金比例较高，募投资金用于项目资本金的比例亦较高

根据 2021 年 1 ~9 月发行统计，在项目资金来源方面，募投项目资本金比例在 25% 以上的项目约占当期发行规模的 76%①，资本金占比较高，资本金主

① 如无特别说明，本报告中引用的专项债募投项目的相关数据均来自地方政府新增专项债信息披露文件，并由中诚信国际整理计算。由于数据的获取问题，数据可能来自不同募投项目文件、项目实施方案、信息披露模板等，这可能导致数据分析出现一定偏差，但不会对分析结论产生实质上的影响。

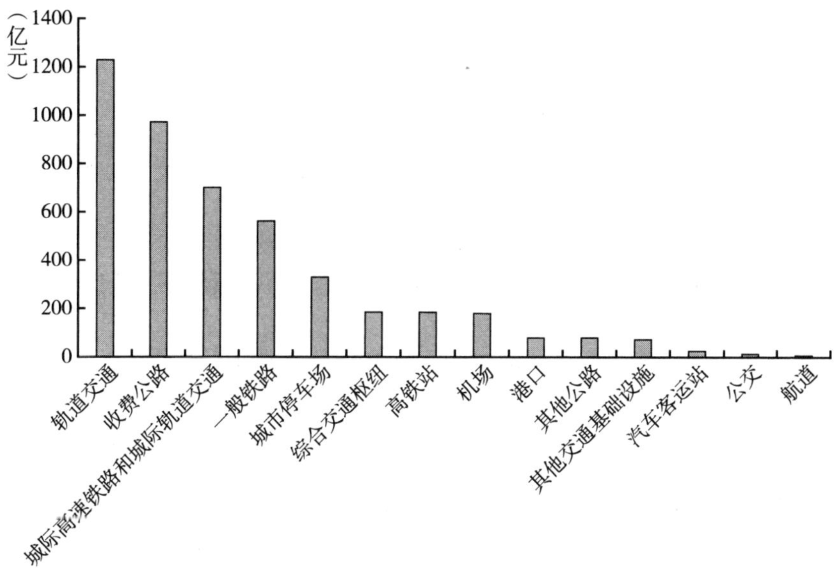

图 4　2021 年 1 ~ 9 月交通基础设施类专项债募投项目分类

资料来源：Wind 数据库，中诚信国际整理计算。

要来自财政资金、项目自筹，剩余配套资金通过融资方式解决。在专项债资金用作资本金方面，2019 年 9 月，国务院常务会议中明确重点投向的重大基础设施领域可使用地方政府项目收益专项债为项目资本金，以省为单位，专项债资金用于项目资本金的规模占该省份专项债规模的比例为 20% 左右。2020 年 3 月，每省专项债可作为资本金的比例提高至 25%。据不完全统计，2021 年 1 ~ 9 月，用于项目资本金的交通基础设施类项目收益专项债规模约为 1150.63 亿元，占当期交通基础设施类专项债规模的 24.93%，接近 25% 的比例上限，交通基础设施类专项债在撬动基建投资和稳增长方面发挥了积极作用。

三　交通基础设施类地方政府项目收益专项债信用特点分析

项目收益专项债具有第一偿债来源为项目本身对应的收益这一个信用特

点，地方政府作为债券的最终信用提供方，其区域信用也是重要考量因素。在考虑项目收益专项债信用风险时，首先衡量募投项目的收益与融资平衡情况，其次综合衡量地方政府信用状况。2021 年既是经济修复之年，也是“十四五”规划开局起步之年，随着交通新基建重点工程的逐步推进，交通基础设施类专项债募投项目将继续保持较高的抗风险能力。

（一）偿债资金以项目收益为主，融资本息覆盖情况较好

在募投项目收益与融资平衡方面，对于交通基础设施类地方政府项目，其偿债资金首先来自项目运营收入和财政补贴收入（若有），当运营收入无法覆盖项目投资成本时，多依靠配套的土地出让收入实现项目收益自平衡。对于收费公路类项目收益专项债，其偿债资金来源主要为车辆通行费、广告收入、服务区经营收入及财政补贴收入等。对于一般铁路和轨道交通类项目收益专项债，其偿债资金来源主要为票款收入、财政补贴收入、土地开发收入等。从项目收益对融资本息覆盖倍数来看，覆盖倍数为 1 ~2 倍的占比约为 79%，其余覆盖倍数大多在 2 倍以上，覆盖情况良好。

（二）31个省（区、市）经济、财政实力呈现区域性分化，债务压力各不相同

在地方政府信用状况方面，发行地方政府专项债的主体为省级政府，31 个省（区、市）经济、财政实力呈现区域性分化特点，应关注区域性信用风险。发行交通基础设施类专项债较多的前 5 个省（区、市）中，东部地区经济、财政实力较强的广东、浙江和江苏债务率均控制在 75% 以下①，债务压力尚可；东南沿海的福建以及西南地区的重庆债务率分别为 99. 41% 和 96. 33%，尚处于可控水平；部分省（区、市）债务率达到了 120% 以上（见图 5）。31 个省（区、市）经济、财政实力分化较明显，债务压力差异也较大。

① 如无特别说明，本报告中引用的宏观经济数据和财政相关数据均来自地方《国民经济和社会发展统计公报》和财政预算执行及决算报告，并由中诚信国际整理计算。

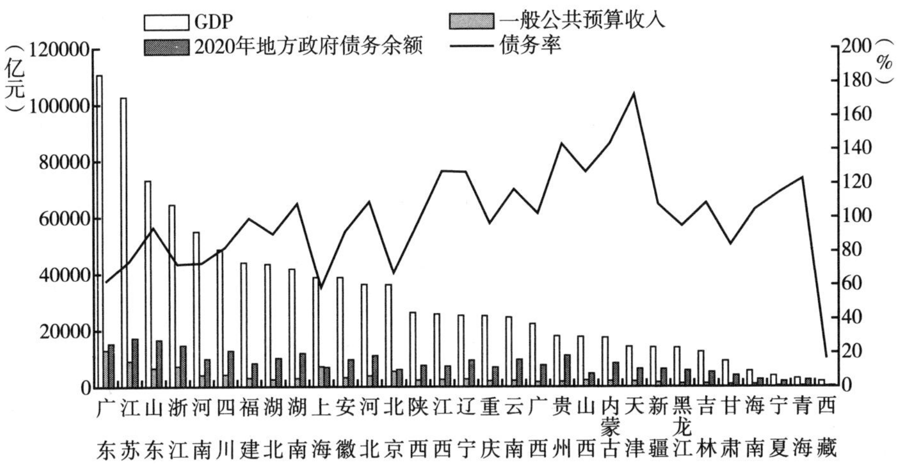

图5　2020 年全国 31 个省（区、市）经济、财政和债务率概况

资料来源：Wind 数据库，中诚信国际整理计算。

四　案例分析——2021年湖北省政府专项债券（三期）

本报告挑选了已发行的 2021 年湖北省政府专项债券（三期）进行分析。

（一）债券及项目基本情况介绍

2021 年湖北省政府专项债券（三期）（以下简称“21 湖北债 07”）发行总规模为 25 亿元，发行期限为 20 年，票面利率为 3.95%。其募集的专项资金用于武汉市轨道交通 7 号线北延线（前川线）工程和武汉市轨道交通 19 号线工程项目，项目建设期为 4 ~5 年，运营期限能覆盖债券存续期。

（二）项目评价

在资金平衡方面，该期专项债券募投项目为武汉市轨道交通 7 号线北延线（前川线）工程和武汉市轨道交通 19 号线工程项目，投资估算总额为 317.93 亿元，拟申请专项债券资金为 190.00 亿元，2020 年已发行专项债券 27.00 亿元，2021 年计划申请专项债券资金 48.00 亿元，2022 年和 2023 年分别拟申请专项债券资金为 56.00 亿元和 59.00 亿元。

在偿债资金来源及收益平衡方面，该期专项债券的偿债来源为地铁轨道交通运营票务收入、商业出租出售、停车位出租出售以及政府补贴等。按照募投项目可行性研究方案，债券存续期内项目总收益可达到371.62亿元，假设融资利率为3.95%，武汉市轨道交通7号线北延线（前川线）工程项目和武汉市轨道交通19号线工程项目融资本息覆盖倍数分别为1.12倍和1.13倍（见表1），覆盖情况良好。

表1　“21湖北债07”募投项目情况

单位：亿元，倍

项目名称	建设期	项目总投资	专项债券融资	债券存续期内项目总收益	项目融资本息覆盖倍数
武汉市轨道交通7号线北延线(前川线)工程	2020～2023年	171.03	102.00	197.96	1.12
武汉市轨道交通19号线工程	2020～2024年	146.90	88.00	173.66	1.13

资料来源：湖北省地方政府新增专项债信息披露文件，中诚信国际整理计算。

五　交通基础设施类地方政府项目收益专项债发展建议

项目收益专项债在我国起步较晚，但发展较快。2017年以来，交通基础设施类专项债募投项目从收费公路逐渐扩展至一般铁路、轨道交通、城际高速铁路和城际轨道交通、综合交通枢纽、机场、城市停车场等，呈现多元化，债券发行期限亦随着项目的多元化而呈现长期化特征，项目收益对于债务本息的覆盖情况良好。

2019年6月，中共中央办公厅、国务院办公厅印发《关于做好地方政府专项债券发行及项目配套融资工作的通知》①，允许将专项债作为符合条件的

① 《中共中央办公厅　国务院办公厅印发〈关于做好地方政府专项债券发行及项目配套融资工作的通知〉》（厅字〔2019〕33号），中国政府网，2019年6月10日，http://www.gov.cn/zhengce/2019-06/10/content_5398949.htm。

重大项目资本金，主要是国家重点支持的铁路、国家高速公路和支持推进国家重大战略的地方高速公路、供电、供气项目，多渠道筹集重大项目资本金，允许各地将财政建设补助资金、中央预算内的投资资金作为重大项目资本金，鼓励将发行地方政府债券后剩余的财力作为重大项目资本金。2021 年 1 ~ 9 月，用于项目资本金的交通基础设施类专项债占比较高，在撬动投资和稳增长方面的积极作用进一步加大，但需要关注在专项债作为项目资本金的情况下，项目自平衡压力加大的可能性。

长期以来，地方政府对专项债“重发行、轻管理”，各地普遍存在资金闲置或挪用、项目建设进度滞后、收益质量偏低等问题。2021 年 3 月，《国务院关于进一步深化预算管理制度改革的意见》① 要求建立健全专项债券项目全生命周期收支平衡机制、加强政府债务风险评估预警结果应用、健全信息公开及债券信息披露机制；2021 年 7 月，财政部印发《地方政府专项债券项目资金绩效管理办法》②，从事前强化绩效评估、事中加强绩效运行监控、事后开展绩效评价管理等环节做好债券及项目全链条常态化风险防控。随着专项债常态化管控措施的不断加强，需要关注地方政府治理水平的差异以及专项债资金的使用效率情况。

① 《国务院关于进一步深化预算管理制度改革的意见》（国发〔2021〕5 号），中国政府网，2021 年 4 月 13 日，http：//www. gov. cn/zhengce/zhengceku/2021 -04/13/content_ 5599346. htm。

② 《关于印发〈地方政府专项债券项目资金绩效管理办法〉的通知》（财预〔2021〕61 号），财政部网站，2021 年 7 月 1 日，http：//yss. mof. gov. cn/zhuantilanmu/dfzgl/zcfg/202106/t20210628_ 3725972. htm。

B.3
2021年能源类地方政府项目收益专项债分析报告

齐　晨*

摘　要： 目前，能源类地方政府项目收益专项债还处于成长初期，发行数量较少。2021 年，能源类地方政府项目收益专项债发行期限仍以中长期为主，集合类的能源类地方政府项目收益专项债居多。其募投项目中，储气设施及变电站改迁类项目的投资时间较长、资金需求较大，电气类项目占比很大，属于“新基建”的能源项目相继出现。从项目信用特点来看，电气管网类项目具备专营性，现金流较为稳定，盈利性好；LNG 调峰站类项目具有准公益性质，靠自身收入及财政补贴平衡投资。未来受益于政策面创造的宽松环境和建设资金的需求等，能源类地方政府项目收益专项债的发行数量有望继续增长，各地政府也可以充分发挥专项债作为项目资本金的优势，增强其撬动投资的杠杆作用。

关键词： 地方债　专项债　能源

随着能源政策的不断完善，我国能源的生产能力和生产水平大幅提升，基本形成了煤、油、气及可再生能源多轮驱动的能源生产体系。目前，在提倡能源发展转型的大背景下，清洁能源的建设也逐渐加强。2019 年 9 月，国务院常务会议中明确了地方政府项目收益债可重点用于天然气管网和储气设施等能

---

* 齐晨，中诚信国际评级技术与标准部高级分析师，主要研究领域为地方政府债券、基础设施投融资、公共交通及公用事业行业等。

源项目后，2021 年 2 月，财政部办公厅及国家发展和改革委员会办公厅又再次强调了该项内容。因此，在能源类项目建设需求增加的影响下，能源类地方政府项目收益专项债（以下简称“能源类专项债”）的发债数量和金额显著增加。目前，我国的能源类专项债主要以电力及燃气两个行业内的项目为主。电力行业具有较明显的周期性特征，变动趋势与宏观经济变动趋势基本相同。一方面，宏观经济的发展要依赖电力行业提供可靠的能源支持。另一方面，国民经济增长对电力行业发展具有驱动作用，当国民经济处于稳定发展期时，发电量随电力需求量的增加而上升，并促使电力行业快速发展；当国民经济增长放缓或处于低谷时，发电量随电力需求量的减少而下降，电力行业发展也将随之放缓。燃气行业方面，近年来随着城市化进程的持续推进、国家环保标准的提高、国民环保意识的增强以及新能源的不断开发，我国用气类型和供气结构也逐步进行调整，作为清洁能源的天然气已成为我国城市用气和供气的主要产品。

一 能源类地方政府项目收益专项债发行特点分析

2019 年 9 月，国务院常务会议中扩大了地方政府项目收益专项债的使用范围，明确其可重点用于铁路、轨道交通、城市停车场等交通基础设施，城乡电网、天然气管网和储气设施等能源项目，农林水利，城镇污水垃圾处理等生态环保项目，职业教育和托幼、医疗、养老等民生服务，冷链物流设施，水电气热等市政和产业园区基础设施。此外，会议中还表示上述重点投向的重大基础设施领域可使用地方政府项目收益专项债作为项目资本金，以省为单位，专项债资金用于项目资本金的规模占该省份专项债规模的比例可为 20% 左右。2020 年 3 月，各省份专项债可作为资本金的比例提高至 25%，有利于进一步提高专项债资金杠杆水平，扩大地方财政的乘数效应，在一定程度上减轻当前财政压力。2020 年 7 月，《关于加快地方政府专项债券发行使用有关工作的通知》① 再次强调了 2019 年的国务院常务会议精神，表示“坚持专项债券必须

① 《关于加快地方政府专项债券发行使用有关工作的通知》（财预〔2020〕94 号），财政部网站，2020 年 7 月 29 日，http：//yss. mof. gov. cn/zhuantilanmu/dfzgl/zcfg/202007/t20200729_3558515. htm。

用于有一定收益的公益性项目，融资规模与项目收益相平衡。重点用于国务院常务会议确定的交通基础设施、能源项目、农林水利、生态环保项目、民生服务、冷链物流设施、市政和产业园区基础设施等七大领域”。2021 年 2 月，《关于梳理 2021 年新增专项债券项目资金需求的通知》① 中提到，2021 年新增能源类专项债的资金投向领域为天然气管网和储气设施及城乡电网。受上述政策影响，能源类专项债的发行数量近年来逐渐增多。据不完全统计，2020 年之前，我国各级地方政府发行的项目收益专项债中，涉及能源类项目建设的数量很少；2020 年，我国各地方政府共计发行了 90 只涉及能源建设的地方政府项目收益专项债；2021 年前三个季度，我国各地方政府共计发行了 44 只涉及能源建设的地方政府项目收益专项债。2021 年因受专项债提前额度下达较晚、审核趋严等影响，当年能源类专项债的发行数量不及上年同期的一半。

（一）能源类专项债发行期限以中长期为主，发行利率集中在3.5%左右

2021 年 1～9 月，能源类专项债的发行结构全部为新增债，发行期限以 15 年和 20 年为主（见图 1），上述两种发行期限分别占其总发行量的 34.09% 和 29.55%，符合地方政府项目收益专项债的发行期限特点，更趋长期化；其发行利率略高于平均水平，多集中在 3.5% 左右，最低发行利率为 3.10%，最高发行利率为 3.86%。

（二）我国能源类专项债的发行数量首尾差异较大，资金主要投向区县级项目

从区域分布来看，2020 年前三个季度，我国共计有 18 个地方政府发行了 44 只能源类专项债，其中浙江发行能源类专项债 6 只，而新疆、广东及河南发行能源类专项债 5 只，上述省（区）的发行数量差距不大。同时，其他省

---

① 《关于梳理 2021 年新增专项债券项目资金需求的通知》（财办预〔2021〕29 号），泉州市泉港区政府网站，2021 年 7 月 2 日，http://www.qg.gov.cn/zwgk/zcfg/sjfgwj/202107/t20210702_2582004.htm。

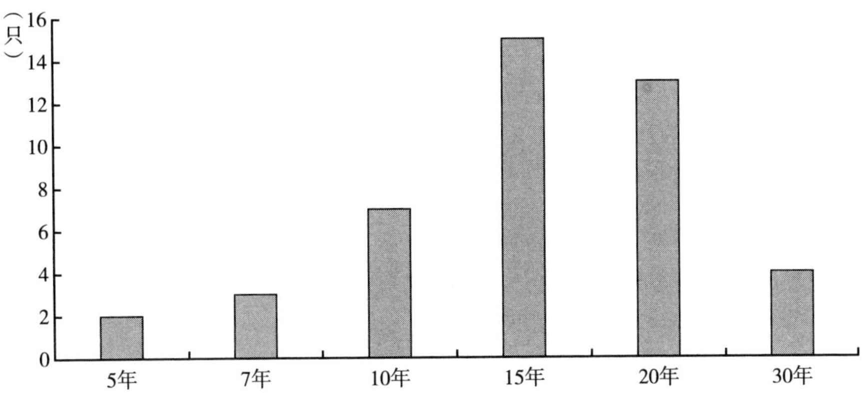

图1　2021 年 1～9 月能源类专项债发行期限统计

资料来源：Wind 数据库，中诚信国际整理。

（区、市）发行的能源类专项债数量多为 0～2 只（见图 2）。从全国来看，能源类专项债的发行数量面临首尾数量差异较大的情况。从资金投向来看，受政策鼓励影响，将近 75% 的能源类专项债投向了区县级项目（见图 3），其中涉及电网改造的项目占比为 60%。

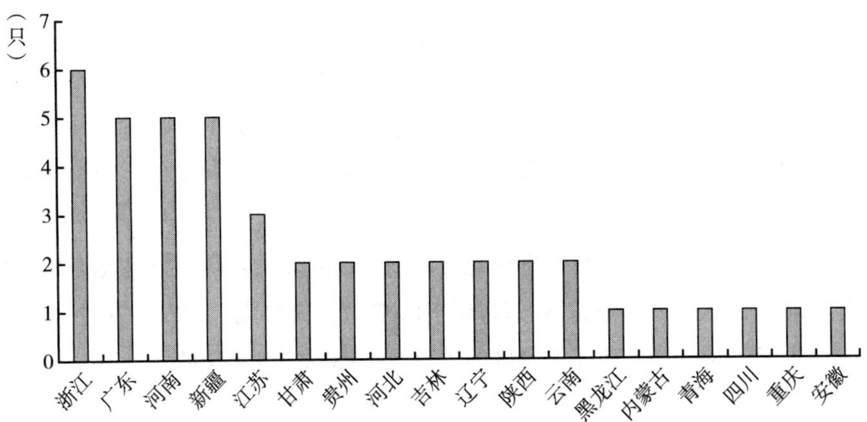

图2　2021 年 1～9 月全国 18 个省（区、市）能源类专项债发行数量统计

资料来源：Wind 数据库，中诚信国际整理。

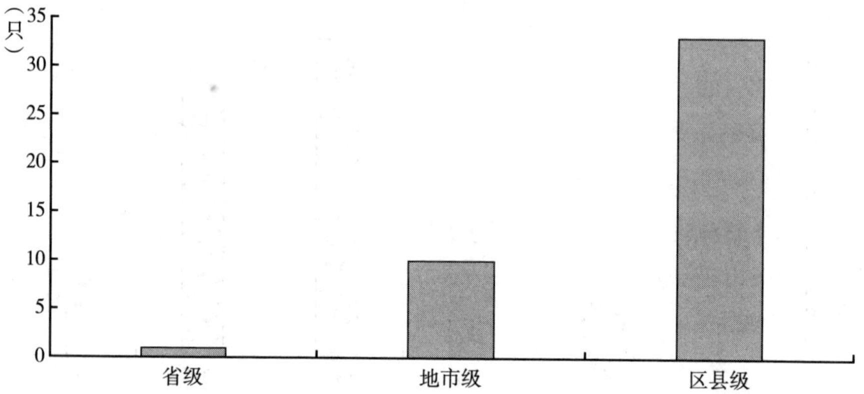

图3　2021年1~9月能源类专项债项目资金投向区域

资料来源：Wind数据库，中诚信国际整理。

（三）集合类的能源类专项债较多，能源项目的规模较小

由于地方政府项目收益专项债券可以对应单一项目发行，也可以对应多个项目集合发行，且对于集合发行的项目类型、区域等要素未有统一要求，故目前统计口径内的能源类专项债中投向能源项目建设的金额不大。2021年前三个季度发行的项目收益专项债中，用于能源类项目建设的金额为165.81亿元，规模较小。此外，根据不完全统计，2021年前三个季度发行的能源类专项债中，将募集资金用于项目资本金的专项债有3只，数量较上年有所增加。考虑到目前的鼓励政策，未来将募集资金用于项目资本金的专项债发行数量或将继续增长。

综合来看，相较于其他类别的地方政府项目收益专项债，能源类专项债的起步较晚，目前发行总量较少。2020年以来呈现较快发展趋势，未来受益于政策面创造的宽松环境和建设资金的需求等，能源类专项债的发行数量和发行规模有望继续增长。

二　能源类地方政府项目收益专项债募投项目特点分析

截至2021年9月，各地方政府的能源类专项债募投项目集中在电力及燃

气两个行业，其中电力行业的建设项目主要为电网改造及建设等，燃气行业的建设项目主要为储气库、LNG 调峰站等储气设施及燃气管网的建设等[①]。根据 2021 年 1 ~9 月发行的能源类专项债来看，除储气设施及变电站具有施工时间较长及投资规模较大的特点外，其他项目的投资规模均相对较小且项目周期不长。

（一）储气设施及变电站改迁类项目的投资时间较长、资金需求较大

储气库、LNG 调峰站等储气设施及变电站分别是燃气和电力输配系统中不可缺少的部分，其涉及征地、土建及设备安装建设等多个环节，建设时间较长及技术要求较高等使其建造费用较高，投资规模较大。2021 年，在加强城市燃气应急调峰能力、构建储气调峰服务市场、我国进口 LNG 接收站及地下储气库建设逐步加速的大背景下，能源类专项债中涉及储气库建设的债券发行数量有所增加。

（二）应电网升级改造和“煤改气”政策的推行，相关电气类项目占比很大

近年来，随着经济形势的变化，居民对电网的要求不断提升，电网升级改造及配网建设项目成为建设重点。同时，随着“煤改气”的有序推进，燃气管网铺设的范围也逐步扩大，城镇燃气的主干及支线管网建设不断加强。在上述环境下，能源类专项债的募投项目中，项目数量较多的是电气管网类项目，其占比达到 77% 左右，同时电气管网类的项目建设区域多集中在区县级，地市级和省级的项目相对较少。

（三）属于“新基建”的能源项目随着“两新一重”的提出相继出现

随着“两新一重”概念的提出，特高压和新能源汽车充电桩作为“新基

① 如无特别说明，本报告中引用的专项债募投项目的相关数据均来自地方政府新增专项债信息披露文件，并由中诚信国际整理计算。由于数据的获取问题，数据可能来自不同募投项目文件、项目实施方案、信息披露模板等，这可能导致数据分析出现一定偏差，但不会对分析结论产生实质上的影响。

建”的重点领域，在拉动上下游产业发展、促进全国能源资源优化配置及保障国家能源安全等方面将发挥重大作用，其作为募投项目也逐渐出现在能源类专项债中。根据不完全统计，2021 年 1 ~9 月，重庆、新疆和河南均出现了特高压和新能源汽车充电桩相关的建设项目，共计 5 个。

总的来看，在整个电气管网类项目的建设区域方面，新疆的电网建设项目较多，浙江和广东则多为电网升级改造。电力行业和燃气行业均属于现金流入较为稳定的行业，上述能源类项目建成后，均以后期的运营收入作为主要偿债来源，虽然覆盖倍数会受项目具体情况影响波动较大，但均超过 1 倍，可以完全覆盖债务本金和利息。

三　能源类地方政府项目收益专项债信用特点分析

项目收益专项债券的第一偿债来源为项目本身对应的收益，同时因为债券的最终信用提供方为地方政府，其所在的区域信用也是重要的考量因素。中诚信国际在考虑项目收益专项债券信用风险时，首先衡量募投项目的收益与融资平衡情况，其次综合衡量地方政府信用状况；在分析募投项目的信用基础情况时，募投项目的质量和最终的融资本息覆盖倍数是两个值得关注的重点。其中，现金流的可预测性和稳定性是判断项目质量的要点。因电力行业和燃气行业均属于国家民生行业，事关经济发展和社会稳定，具有准公益性质，也具备特许经营性，需求稳定，其由终端消费者直接或间接付费并附加政府补贴的特点在一定程度上加强了其可预测性和稳定性，项目质量较好。

（一）新建电气管网类项目具备专营性，现金流较为稳定，盈利性好

具体来看，以区县级为主的新建电气管网类项目的投资规模较小，周期集中在 1 ~2 年，时间较短。其资本金以自筹资金为主，资本金落实相对较为容易，但同时，其建设时的施工技术和安全系数要求相对较高。电气管网类项目的建设及维护成本主要通过后续的售电或售气收入来平衡，由于具备专营性，其现金流可以在较长的时间内保持稳定，盈利性好，项目收益对债务本息的覆盖倍数较高。

（二）LNG 调峰站类项目具有准公益性质，靠自身收入及财政补贴平衡投资

LNG 调峰储备站方面，由于 LNG 调峰储备站的主要作用是调解用气峰谷差，防止因意外事件造成的供气中断，故该类项目的投资规模根据其实际需求而变化，地市级及省级的 LNG 调峰储备站的投资规模较大，而区县级的 LNG 调峰储备站投资规模相对较小。与电气管网类项目相同的是，LNG 调峰储备站的建设对施工技术和安全系数要求同样较高，但由于其具有准公益性质，项目建设及维护成本除了会通过后续的售气收入或储备服务收入平衡外，也可能会通过部分财政补贴来平衡。

四　案例分析——2021年深圳市（龙岗区）城乡电网专项债券（一期）

本报告挑选了已发行的能源类专项债中代表性较高的 2021 年深圳市（龙岗区）城乡电网专项债券（一期），即 2021 年深圳市政府专项债券（二十二期）进行分析。该债券为能源类专项债中少数未搭配其他非能源项目发行的专项债券，其募投项目属于电力行业。

（一）债券及项目基本情况介绍

2021 年 5 月 28 日，2021 年深圳市（龙岗区）城乡电网专项债券（一期）（以下简称“21 深圳 23”）发行成功，发行总额 0.50 亿元，发行期限 15 年，票面利率 3.68%，其募集资金专项用于龙岗区城市配电网项目，主要是对龙岗区内各街道的电力线路进行迁改，并对相关街道进行城中村用电安全治理以及电缆沟出线工程，建设期至 2023 年，项目建设开发总成本为 2.98 亿元，其中财政资金占 83.49%，专项债筹集资金占 16.51%，专项债偿债资金主要来源于项目所在街道的城市更新用地出让收入。

（二）项目评价

具体来看，“21 深圳 23”的募投项目包括 6 个小项目，分别为红棉路

110KV 李约 I、II 线等 3 条高压架空线迁改工程项目，深朗路断头路 110KV 李泥线电力迁改工程项目，220KV 门前（百门前）变电站“两通一平”工程项目，牛始埔路（龙岗大道—保障性住房段）电力迁改工程项目，龙城街道蒲排村用电安全治理工程项目和龙城街道清林站 10KV 出线至吉祥路电缆沟工程项目；包含了建设开发总成本、债券发行费用、建设期利息及还本付息服务费后的总投资，计划为 3.03 亿元。该类项目建设属于电网迁改而非新建，故为保障项目的还本付息，龙岗区将项目所在主要街道对应的城市更新用地出让收入作为债券还本付息的主要来源，涉及的街道有南湾街道、横岗街道及龙城街道。根据资料，2024～2036 年，该项目可用于还本付息的收入总和为 1.05 亿元，其债券本息合计 0.78 亿元，其可偿债资金对债券本息的覆盖倍数为 1.34 倍（见表 1），可以覆盖本期债券的还本付息，且能承受一定的土地出让费用不达预期的压力。

表 1 “21 深圳 23”募投项目情况

单位：亿元，倍

项目名称	总投资	本期债券融资金额	可偿债资金	本期债券本息	覆盖倍数
红棉路 110KV 李约 I、II 线等 3 条高压架空线迁改工程项目	1.60	0.50	1.05	0.78	1.34
深朗路断头路 110KV 李泥线电力迁改工程项目	0.47				
220KV 门前（百门前）变电站“两通一平”工程项目	0.59				
牛始埔路（龙岗大道—保障性住房段）电力迁改工程项目	0.13				
龙城街道蒲排村用电安全治理工程项目	0.03				
龙城街道清林站 10KV 出线至吉祥路电缆沟工程项目	0.16				

资料来源：深圳市地方政府新增专项债信息披露文件，中诚信国际整理计算。

五 能源类地方政府项目收益专项债发展建议

项目收益专项债在我国起步较晚，但发展较快。能源类项目收益专项债募投项目集中在电力及燃气行业，包括电网改造及建设项目、LNG 调峰站等储气设施及燃气管网的建设项目等，行业和项目的集中度都相对较高，未来各地政府在项目选取上也可考虑向电力和燃气之外的能源行业延伸，促进清洁能源的发展。能源类项目收益专项债发行期限呈现长期化特征，电气管网类项目收益对于债务本息的覆盖情况良好，但 LNG 调峰站类项目需要依靠财政补贴平衡投资。目前募投的能源类项目中，使用专项债作为项目资本金的数量较少。考虑到能源项目符合专项债用作项目资本金的要求，各地政府未来也可充分发挥专项债作为项目资本金的优势，增强其撬动投资的杠杆作用。

B.4
2021年生态环保类地方政府项目收益专项债分析报告

孙晓曼*

摘　要： 在绿色发展理念的推动下，我国污染防治力度持续加大。从2021年前三个季度的情况看，生态环保类地方政府项目收益专项债发行规模虽呈区域分化，但总额仍超千亿元，发行期限以中长期为主，发行利率小幅上升。募投项目仍以区县级为主，项目资本金占比较高，但专项债用作资本金的规模不大。整体看，项目融资对本息覆盖情况较好，且相关地方政府能提供较强的信用支持。未来受益于政策面创造的宽松环境和建设资金的需求等，生态环保类地方政府项目收益专项债的发行规模有望继续扩大。

关键词： 地方债　专项债　生态环保

“十二五”以来，党中央、国务院高度重视生态环境保护工作并着重持续改善生态环境质量。“十三五”时期，污染防治力度加大，主要污染物排放总量减少的目标超额完成，资源利用效率显著提升，生态环境明显改善。“十四五”期间也多次强调“绿水青山就是金山银山”并将“广泛形成绿色生产生活方式，碳排放达峰后稳中有降，生态环境根本好转，美丽中国建设目标基本实现”定为2035年远景目标。在具体政策上，2021年7月，财政部办公厅、国家发展和改革委员会办公厅发布《关于梳理2021年新增专项债券项目资金需求的通知》①，明确

* 孙晓曼，中诚信国际评级技术与标准部分析师，主要研究领域为风险管理、信用评级模型设定等。

① 《关于梳理2021年新增专项债券项目资金需求的通知》（财办预〔2021〕29号），泉州市泉港区政府网站，2021年7月2日，http：//www.qg.gov.cn/zwgk/zcfg/sjfgwj/202107/t20210702_2582004.htm。

2021 年新增专项债券重点用于包括生态环保项目在内的多个领域。财政部于 2021 年 8 月发布的《2021 年上半年中国财政政策执行情况报告》[①] 中明确 2021 年将适度减少地方政府专项债券规模，坚持“资金跟着项目走”的原则，运用信息化手段对专项债券项目实行穿透式监管，并对专项债券资金预算执行进度和绩效目标实施情况进行“双监控”。

受上述政策影响，2021 年生态环保类地方政府项目收益专项债（以下简称“生态环保类专项债”）新增规模增速有所放缓，区域分化较大，发行利率小幅上升，发行期限仍呈长期化特征。作为国家重点关注并予以大力支持的新基建板块，生态环保类专项债的募投项目均存在一定的公益性，多以区县级为主，资本金占比普遍较高，项目收益对本息覆盖率多为 1 ~ 2 倍，覆盖情况良好。总体来看，在经济社会发展与资源环境约束的矛盾逐步加深、国家及国民的环保意识逐步增强的现况下，生态环保行业的重要性持续提升。未来随着城镇化和工业化的持续推进，生态环保类专项债的需求将日益明显。

一　生态环保类地方政府项目收益专项债发行特点分析

从发行规模来看，据不完全统计，2021 年前三个季度生态环保类专项债及投向生态环保项目的其余债券的发行规模的增速有所放缓，系受 2021 年地方政府专项债券发行放缓影响。但因 2020 年已发行的专项债券规模较大，政策效应在 2021 年仍会持续释放，故 2021 年前三个季度生态环保类专项债及投向生态环保项目的其余债券的发行规模总额仍突破千亿元大关，累计达到 1096. 81 亿元，其中生态环保类专项债的发行规模仍占比较少，多为集合债。

（一）发行期限以中长期为主，发行利率小幅上升

从发行期限来看，根据《关于加快地方政府专项债券发行使用有关工作

① 《2021 年上半年中国财政政策执行情况报告》，财政部网站，2021 年 8 月 27 日，http：// www. mof. gov. cn/zhengwuxinxi/caizhengxinwen/202108/t20210827_ 3748539. htm。

的通知》①，鼓励在综合评估后发行长期专项债券，支持项目运营期限较长的重大项目以更好的匹配项目资金需求和期限，2021 年前三个季度发行的生态环保类专项债为匹配现阶段环保运营项目普遍存在的前期投入大、回收周期长等典型的资本密集型特征，发行期限也随之呈长期化特征。据不完全统计，2021 年前三个季度新增发行的生态环保类专项债共有 3 年、5 年、7 年、10 年、15 年、20 年和 30 年 7 种期限，以 10 年期、15 年期和 20 年期为主，按发行只数统计，分别占 2021 年前三个季度发行总数的 24%、28% 和 26%（见图 1）。

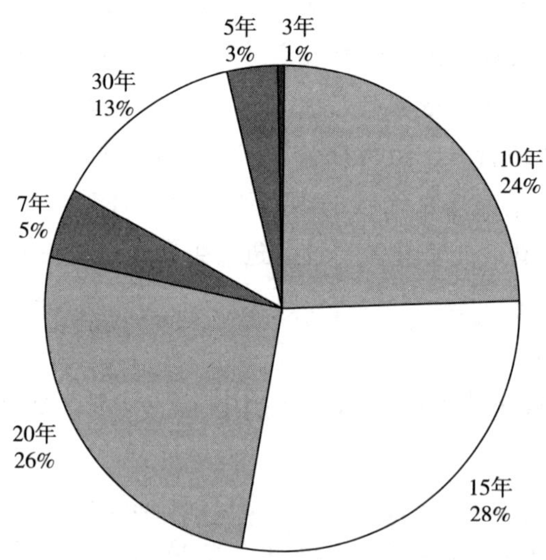

图 1　2021 年 1～9 月生态环保类专项债发行期限分布（按发行只数统计）

资料来源：Wind 数据库，中诚信国际整理计算。

从发行利率来看，据不完全统计，2021 年前三个季度共新增发行 234 只生态环保类专项债，付息频率为每年付息一次或两次；发行利率为 2.81%～3.97%，最低发行利率较 2020 年上升 0.54 个百分点，加权平均发行利率约为 3.52%，相较同期的交通类、能源类及棚改类专项债而言处于中游；从特殊条款来看，涉及提前偿还等特殊条款的债券共 29 只，规模合计 131.56 亿元，占 2021 年前三个季度累计发行规模比例较低。

① 《关于加快地方政府专项债券发行使用有关工作的通知》（财预〔2020〕94 号），中国政府网，2020 年 7 月 29 日，http://www.gov.cn/zhengce/zhengceku/2020-07/29/content_5530987.htm。

（二）发行规模呈现较大区域分化

从区域分布来看，生态环保类专项债的发行区域差异性较大，部分地区的累计发行只数和累计发行规模明显高于其他地区（见图2）。据不完全统计，2021年前三个季度，广东、天津、山东、福建和江苏的发行规模位居前5，广东和天津的发行规模均已突破100亿元，这5个省（市）的发行规模占2021年前三个季度全国发行规模的50.72%。具体来看，广东、天津、山东、福建和江苏均为我国沿海省（市），分别东濒南海、渤海、黄海、东海和黄海，且均拥有发达的内陆水系，环保需求较大。此外，广东、山东及江苏均为传统经济强省，2021年前三个季度GDP位列前3，且广东与山东均为人口大省，第七次全国人口普查显示均拥有超1亿人常住人口，江苏与福建均拥有超4000万人常住人口，缓解经济社会发展与资源环境约束的矛盾的需求极强。天津作为京津冀的重要组成城市，战略地位突出，且区域内的大黄堡湿地自然保护区与团泊鸟类自然保护区是多种珍稀水鸟的栖息地，生物多样性丰富，具有“物种基因库”的美称。

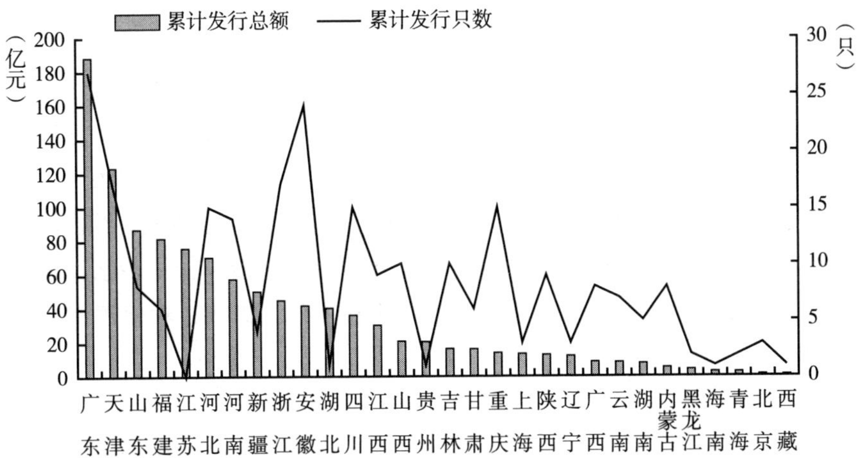

图2　2021年1~9月全国30个省（区、市）生态环保类专项债发行区域分布

资料来源：Wind数据库，中诚信国际整理计算。

二　生态环保类地方政府项目收益专项债募投项目特点分析

从募投项目的整体情况来看，生态环保类专项债募投项目（以下简称“生态环保类募投项目”）可大致分为城镇污水垃圾处理项目和环境修复项目两类，均具有一定的公益性特征。根据《城镇污水垃圾处理设施建设中央预算内投资专项管理办法》①，城镇污水垃圾处理包括但不限于污水处理设施、污水管网、淤泥处理处置设施、再生水回用设施、垃圾无害化处理设施、垃圾收转运系统、垃圾渗滤液处理设施等；环境修复项目包括但不限于生态修复等。

（一）城镇污水垃圾处理项目投资规模较小、项目周期较短

具体来看，随着我国经济和社会发展水平的提升，在人口聚集和工业发展的影响下，居民生产生活所产生的污染逐步超过环境承载能力，对城镇污水垃圾处理的治理需求日益凸显，打好污染防治攻坚战成为首要任务。因此，2020 年以来城镇污水垃圾处理一直是生态环保类专项债及投向生态环保项目的其余债券最大的募投项目。据不完全统计②，2021 年前三个季度城镇污水垃圾处理项目的总投资规模已累计达到 9133.72 亿元，资本金规模约为 5232.51 亿元，其中用于项目资本金的生态环保类专项债规模约为 33.23 亿元；剩余配套融资中约有 580.92 亿元来源于生态环保类专项债，约占同期生态环保类专项债发行规模总额的 60%。从单个项目来看，城镇污水垃圾处理项目多呈小而多的特点，单个项目总投资多在 1 亿元以内，项目周期集中在 1～2 年，时间较短。

① 《国家发展改革委办公厅关于印发〈城镇污水垃圾处理设施建设中央预算内投资专项管理办法〉的通知》（发改办环资〔2016〕888 号），中国政府网，2016 年 4 月 12 日，http://www.gov.cn/xinwen/2016-04/12/content_5063454.htm。

② 如无特别说明，本报告中引用的专项债募投项目的相关数据均来自地方政府新增专项债信息披露文件，并由中诚信国际整理计算。由于数据的获取问题，数据可能来自不同募投项目文件、项目实施方案、信息披露模板等，这可能导致数据分析出现一定偏差，但不会对分析结论产生实质上的影响。

（二）环境修复项目投资规模较大、项目周期较长

相比之下，环境修复项目多针对城镇外的自然区域，且项目系统性强、专业性高、耗时长，需长期平稳有序推进，因此同期生态环保类专项债用于环境修复项目的金额也仅为发行规模总额的40%左右（见图3）。从单个项目来看，环境修复项目呈现大而精的特点，单个项目总投资多为2亿~5亿元，项目周期集中在2~5年，时间较长。

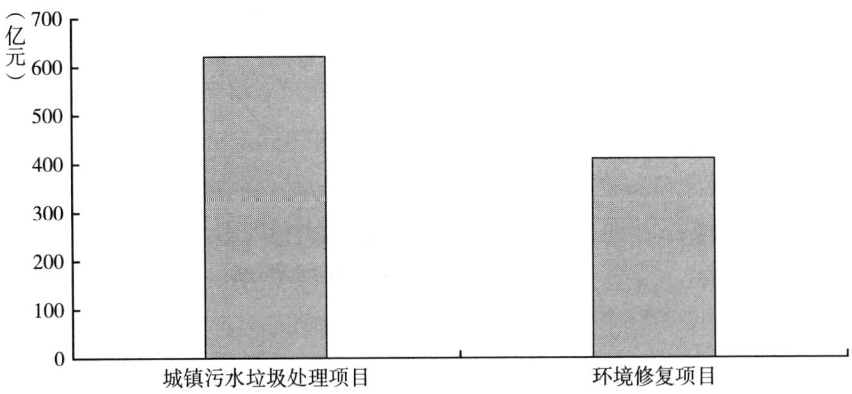

图3　2021年1~9月生态环保类专项债募投项目分类

资料来源：Wind数据库，中诚信国际整理计算。

（三）生态环保类募投项目以区县级为主，基层治理需求较大

从项目的行政层级来看，生态环保类募投项目共分为省级、地市级和区县级，主要体现为地方财力与事权相匹配。中共中央、国务院于2021年1月发布的《关于全面推进乡村振兴加快农业农村现代化的意见》① 明确将实施农村人居环境整治提升五年行动，以农村生活污水治理为重点，支持农村黑臭水体治理，健全农村生活垃圾收运处置体系，加快补齐影响农村人居环境的突出短板。受政策影响，2021年前三个季度生态环保类募投项目仍以区县级为主，占比高达63.54%；地市级其次，占比约为33.78%；省级最少，占比不足3%（见图4）。

① 《中共中央　国务院关于全面推进乡村振兴加快农业农村现代化的意见》，中国政府网，2021年1月4日，http：//www.gov.cn/zhengce/2021－02/21/content_ 5588098.htm。

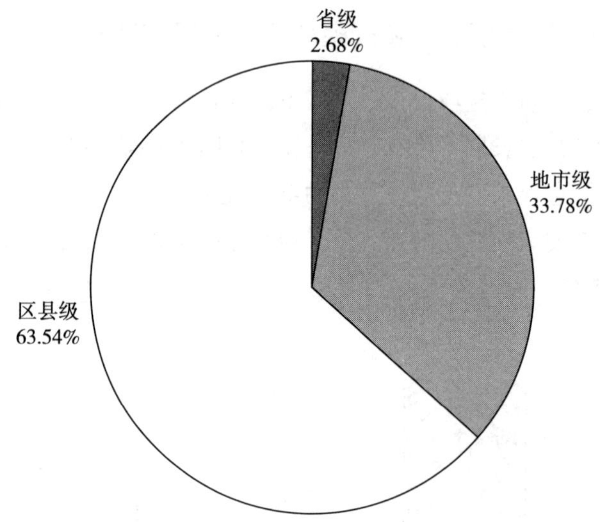

图4　2021年1～9月生态环保类募投项目行政层级分布（按生态环保类专项债投向金额统计）

资料来源：Wind数据库，中诚信国际整理计算。

（四）生态环保类募投项目资本金占比较高，资金保障良好

从项目的资本金情况来看，资本金比例在30%以上的生态环保类募投项目约占当期发行规模的70%，资本金占比情况较好，能够为项目建设提供完善的资金保障。资本金主要来自财政资金、项目自筹，剩余配套资金通过融资方式解决。据不完全统计，2021年前三个季度项目收益专项债用于配套融资的规模为981.97亿元。同期用于项目资本金的生态环保类专项债规模为36.25亿元，目前来看规模不大，考虑到目前的鼓励政策，未来将募集资金用于项目资本金的专项债发行数量或将继续增加。

三　生态环保类地方政府项目收益专项债信用特点分析

生态环保类专项债延续了项目收益专项债券的信用特点：第一偿债来源为项目本身对应的收益，地方政府作为债券的最终信用提供方，其区域信用也是重要考量因素。

（一）项目融资对本息覆盖情况较好

在项目收益方面，生态环保类募投项目作为国家重点关注并予以大力支持的新基建板块，项目现金流较为稳定，项目主要收益来源于垃圾处理收入、污水处理费用、中水回用收入及辖区相应的地块的国有土地使用权出让收入。此外，生态环保类募投项目的实施将大幅改善项目辖区内整体的生态、居住及投资环境等，对区域内可供出让的土地的价值提升产生较积极的影响，在一定程度上可保障项目自身的融资自平衡。具体来看，2021 年前三个季度生态环保类募投项目的本息覆盖倍数为 1 ~2 倍的占比近 80%，其余覆盖倍数基本在 2 倍以上，债券的本息得到较有力的保障。

（二）地方政府能提供较强的信用支持

在地方政府信用状况方面，生态环保类专项债的发行主体为省（区、市）政府，且生态环保类募投项目的实施主体主要为项目辖区的地方政府及下属相关政府部门，项目大部分集中于广东、天津、山东、福建和江苏。其中，广东、山东和江苏分别地处我国大陆南部沿海及东部沿海，综合经济实力居全国前列；天津作为京津冀的重要组成城市，战略地位突出；福建经济规模较大，2021 年增速显著高于全国平均水平。综合来看，上述省（市）自身财政盈余基本能够满足基础设施建设等财政支出需求，故能提供较强的信用支持。

四　案例分析——2021年广东省生态环保类专项债券（二期）

由于我国城镇化和工业化进程的快速推进，我国生态环保行业面临严峻挑战，尤其是基层的生态环保类建设仍有待改善。本报告以 2021 年广东省生态环保类专项债券（二期），即 2021 年广东省政府专项债券（十三期）为例，对该专项债及其对应的募投项目进行分析。

（一）债券及项目基本情况介绍

2021 年 4 月 20 日，2021 年广东省生态环保类专项债券（二期）（以下简称“21 广东债 17”）以公募的方式新增发行，发行主体为广东省政府，期限 20 年，规模 27.97 亿元，发行利率 3.89%，每年付息两次。“21 广东债 17”募集的资金将专项用于广州与江门的三个生态环保类募投项目。募投项目投资主体均为地市级，项目期限分别为 2 年、3 年及 8 年，项目收益主要来源于污水处理费、垃圾上网发电和垃圾处理服务费收入。

（二）项目评价

整体来看，“21 广东债 17”具有较强的公益性，在推动广东生态环保类募投项目建设起到了积极作用。

从三个募投项目的资金安排来看，资本金规模约为 311.90 亿元，其中本期专项债用于项目资本金的规模约为 0.35 亿元；剩余配套融资中约有 27.62 亿元来源于本期专项债。此外，“21 广东债 17”已纳入广东省政府性基金预算管理，广东省政府作为该生态环保类专项债的最终信用提供方，财政实力较强，且近年来保持持续增长趋势。一般公共预算收入在全国范围内处于高水平，收入质量及持续性较好，公共财政自给能力强，得益于此，虽然地方政府债务规模较大，但债务负担相对较轻，总体信用质量较高。从收益平衡情况来看，项目收益自平衡情况较好，本期债项对应的三个募投项目预计可实现收益 488.73 亿元（见表 1），保障程度较高。总体来看，项目偿债资金到位压力不大，偿债风险较低。

表 1 “21 广东债 17”募投项目明细

单位：亿元，倍

序号	募投项目名称	本期债项用于该项目的金额	其中：用于资本金金额	项目总投资	其中：债券融资	项目总收益	项目融资本息覆盖倍数
1	2020 年农村污水治理项目	0.35	—	9.97	5.58	33.45	3.40
2	广州市第五资源热力电厂二期工程及配套设施项目	0.35	0.35	26.07	2.50	26.77	5.92
3	粤港澳大湾区污水联合防治项目	27.27	—	484.89	177.30	428.51	1.62

资料来源：广东省地方政府新增专项债信息披露文件，中诚信国际整理计算。

五　生态环保类地方政府项目收益专项债发展建议

2020 年以来，生态环保类专项债主要投向城镇污水垃圾处理项目和环境修复项目，集中度相对较高。考虑到经济社会发展与资源环境约束的矛盾逐步加深，仅仅依靠城镇污水垃圾处理项目和环境修复项目两大类中的项目数量增长，难以缓解城镇化和工业化持续推进带来的影响。因此，建议增加生态环保类募投项目的多样性，将生态环保类募投项目向除城镇污水垃圾处理项目和环境修复项目外的其他生态环保领域延伸，全面推动经济社会发展绿色转型，建设美丽中国。此外，虽然 2021 年 1 ~9 月生态环保类专项债的发行总额已超千亿元，但用于项目资本金的生态环保专项债规模不大，考虑到 2019 年 6 月《关于做好地方政府专项债券发行及项目配套融资工作的通知》明确应鼓励允许将专项债券作为符合条件的重大项目资本金，本报告建议未来通过将专项债券资金投入项目资本金的方式，发挥地方政府专项债券在撬动投资和稳增长方面的积极作用。未来生态环保类专项债将发挥专项债券带动作用和金融机构市场化融资优势，积极带动有效投资并支持补短板、扩内需，在贯彻落实“六稳”政策中发挥重要作用。

B.5
2021年棚改类地方政府项目收益专项债分析报告

余 茜*

摘 要： 棚改类地方政府项目收益专项债于2018年开始发行，目前已成为各地棚户区改造项目融资的重要方式。棚改类地方政府项目收益专项债的偿债资金以国有土地使用权出让收入为主，融资本息覆盖情况处于较好水平，且地方政府能够提供较强的信用支撑。但在房地产行业调控政策趋严及土地市场景气度下行的背景下，应进一步加强土地出让价格预测以及增强加压系数选取的科学性和合理性，侧重偿付的判断。

关键词： 地方债 专项债 棚户区改造

2008年以来，我国先后实施了多轮大规模棚户区改造，对改善困难群众住房条件、缓解城市内部矛盾、提升城镇综合承载力、促进经济增长与社会和谐发挥了重要作用。截至2019年，全国累计开工各类棚户区改造安置住房4838万套，帮助1亿多户棚户区居民“出棚进楼”。根据财政部发布的《关于试点发展项目收益与融资自求平衡的地方政府专项债券品种的通知》①，加快按照地方政府性基金收入项目分类发行专项债的步伐，发挥政府规范举债

* 余茜，中诚信国际评级技术与标准部副总监，主要研究领域为评级方法与模型、评级技术与评级政策研究与制定等。

① 《关于试点发展项目收益与融资自求平衡的地方政府专项债券品种的通知》（财预〔2017〕89号），财政部网站，2017年7月21日，http：//yss. mof. gov. cn/zhuantilanmu/dfzgl/zcfg/201707/t20170724_ 2656632. htm。

促进经济社会发展的积极作用。为规范棚户区改造融资行为，坚决遏制地方政府隐性债务增量，2018 年财政部联合住房城乡建设部发布《关于印发〈试点发行地方政府棚户区改造专项债券管理办法〉的通知》①，明确省、自治区、直辖市政府为棚改专项债的发行主体；试点发行棚改专项债的棚户区改造项目应当有稳定的预期偿债资金来源，对应的纳入政府性基金的国有土地使用权出让收入、专项收入②应当能够保障偿还债券本金和利息，实现项目收益和融资自求平衡。2019 年 6 月，中共中央办公厅、国务院办公厅印发的《关于做好地方政府专项债券发行及项目配套融资工作的通知》③明确，对有一定收益且收益全部属于政府性基金收入的重大项目，由地方政府发行专项债券融资。在上述政策的推动下，棚改类地方政府项目收益专项债（以下简称"棚改类专项债"）逐渐成为地方政府棚改项目融资的重要途径。

一 棚改类地方政府项目收益专项债发行特点分析

相较于其他类型的专项债，棚改类专项债起步较晚，其于 2018 年下半年开始正式发行，当年发行合计约 3156 亿元④。2019 年，受政策推动以及各省份棚改项目资金需求旺盛影响，棚改类专项债发行规模大幅攀升至约 7172 亿元。2020 年，随着三年棚改攻坚计划接近尾声，棚改类专项债发行规模回落至约 4165 亿元。2021 年《政府工作报告》指出，政府投资更多向惠及面广的民生项目倾斜，年内将新开工改造城镇老旧小区 5.3 万个，较 2020 年目标数量大幅增加 1.4 万个，专项债作为其重要资金来源，投入规模或有所增长；同

① 《关于印发〈试点发行地方政府棚户区改造专项债券管理办法〉的通知》（财预〔2018〕28 号），财政部网站，2018 年 4 月 2 日，http://yss.mof.gov.cn/zhuantilanmu/dfzgl/zcfg/201804/t20180402_2858433.htm。

② 包括属于政府的棚改项目配套商业设施销售、租赁收入以及其他收入。

③ 《中共中央办公厅 国务院办公厅印发〈关于做好地方政府专项债券发行及项目配套融资工作的通知〉》（厅字〔2019〕33 号），中国政府网，2019 年 6 月 10 日，http://www.gov.cn/zhengce/2019-06/10/content_5398949.htm。

④ 如无特别说明，本报告中引用的地方债发行量等债券相关数据均来自截至 2021 年 9 月末的 Wind 数据库，并由中诚信国际整理计算。

年 2 月，财政部在《关于梳理 2021 年新增专项债券项目资金需求的通知》[①]中明确了对于棚户区改造项目，专项债主要支持在建收尾项目，也可适度支持新开工棚改项目，因此预计 2021 年棚改类专项债的发行仍将保持一定规模。据不完全统计，2021 年 1～9 月棚改类专项债的发行规模合计约 3792 亿元，投向棚改项目约 2600 个，单体项目投资规模适中。

（一）发行期限以15年以下为主

具体来看，据不完全统计，2021 年 1～9 月全国各区域共新增发行 148 只棚改类专项债；从发行期限来看，当期所发行的棚改类专项债的发行期限主要集中在 5 年、7 年和 10 年；按发行只数统计，占比分别为 26%、28% 和 26%，发行期限为 15 年及 20 年的占比合计为 14%（见图1），较为契合《试

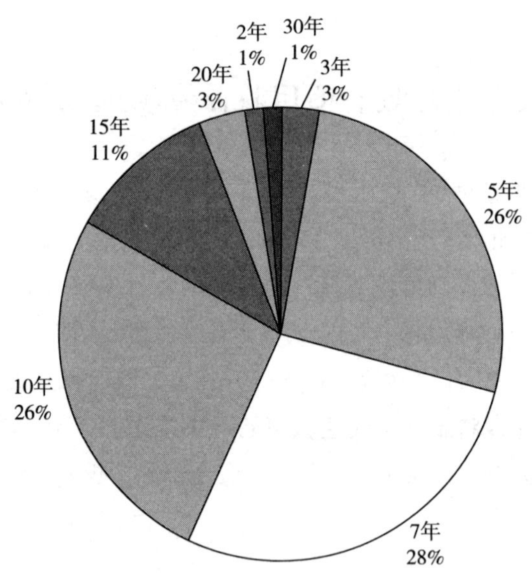

图 1　2021 年 1～9 月棚改类专项债发行期限结构

资料来源：Wind 数据库，中诚信国际整理计算。

① 《关于梳理 2021 年新增专项债券项目资金需求的通知》（财办预〔2021〕29 号），泉州市泉港区政府网站，2021 年 7 月 2 日，http：//www. qg. gov. cn/zwgk/zcfg/sjfgwj/202107/t20210702_2582004. htm。

点发行地方政府棚户区改造专项债券管理办法》中“棚改专项债券期限应当与棚户区改造项目的征迁和土地收储、出让期限相适应，原则上不超过15年，可根据项目适当延长，避免期限错配风险”的要求。

（二）发行利率小幅低于全国平均水平

从发行利率来看，据不完全统计，2021年1~9月棚改类专项债的发行利率集中在3.20%左右，加权平均发行利率为3.18%，小幅低于全国新增专项债平均水平，比其低0.24个百分点，较同期的交通基础设施类和生态环保类专项债亦具有一定的融资优势；从发行条款来看，2021年1~9月发行的棚改类专项债均采用记账式固定利率附息形式，每年付息1次或2次，其中涉及提前偿还或赎回等特殊条款的债券约17只，规模相对较小。

（三）发行规模区域分化明显，河南发行规模居首位

从分布区域来看，棚改类专项债的发行区域差异性较大，据不完全统计，2021年1~9月河南、山东、上海、湖北和北京的棚改类专项债的发行规模位居前5（见图2），这5个省（市）合计发行规模约占当期全国发行总规模的60%，其余省（区、市）的发行规模均未超过200亿元，区域分化较为明显。

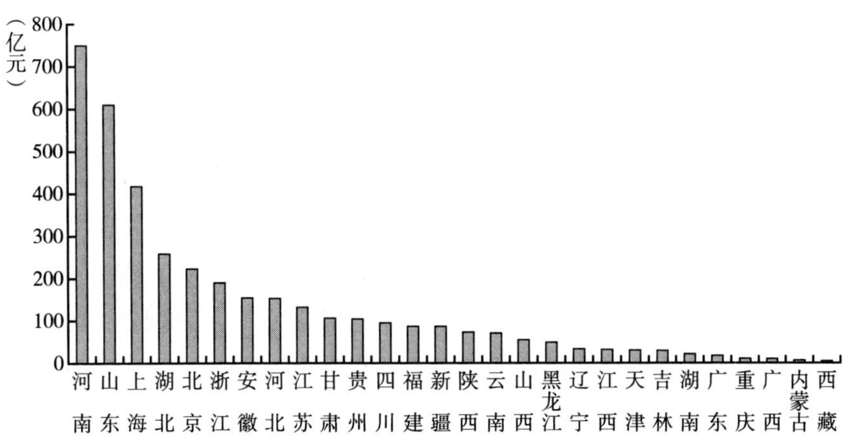

图2　2021年1~9月全国28个省（区、市）棚改类专项债发行规模统计

资料来源：Wind数据库，中诚信国际整理计算。

二　棚改类地方政府项目收益专项债募投项目特点分析

（一）募投项目多为在建收尾项目，新开工项目较少

从募投项目整体情况来看，据不完全统计[①]，在 2021 年 1～9 月所发行专项债中，资金投向涉及的棚改项目主要为 2018～2020 年已开工的存量项目。具体结合当期河南新增专项债募投情况来看，专项债投向的棚改项目合计约 970 个，其中 2021 年新开工项目占比在 5% 左右，增量项目较少，这在一定程度上表明前三年棚改攻坚计划留下的存量项目较多，对专项资金仍存在较多需求。

（二）募投项目以区县级为主，募投资金用于资本金情况较少

从行政层级看，目前区县级棚改项目对于棚改类专项债的发行需求较为旺盛，据不完全统计，在 2021 年 1～9 月所发行专项债涉及的棚改项目中，区县级项目占比超过 85%，其次为地市级项目，省级项目则极少。此外，棚改项目的资本金来源主要为财政资金和自有资金等，棚改类专项债的募集资金则主要作为配套融资，用于项目资本金的情况较少；据不完全统计，2021 年 1～9 月用于项目资本金的棚改类专项债仅 1 只，规模极小。

三　棚改类地方政府项目收益专项债信用特点分析

根据《关于做好地方政府专项债券发行及项目配套融资工作的通知》（厅字〔2019〕33 号），项目对应的政府性基金收入和用于偿还专项债券的专项收入及时足额缴入国库，纳入政府性基金预算管理，确保专项债券还本付息资金安全。棚改类专项债延续了项目收益专项债的特点：第一偿债来源为项目本身对应的收益，地方政府作为债券的最终信用提供方，其区域信用也是重要考量

① 如无特别说明，本报告中引用的专项债募投项目的相关数据均来自地方政府新增专项债信息披露文件，并由中诚信国际整理计算。由于数据的获取问题，数据可能来自不同募投项目文件、项目实施方案、信息披露模板等，这可能导致数据分析出现一定偏差，但不会对分析结论产生实质上的影响。

因素。在考虑项目收益专项债信用风险时，首先衡量募投项目的收益与融资平衡情况，其次综合衡量地方政府信用状况。

（一）偿债资金以土地出让收入为主，融资本息覆盖情况处于良好水平

在募投项目收益与融资平衡方面，对于棚改类专项债募投项目而言，其偿债资金主要来自征迁后腾空土地的国有土地使用权出让收入、专项收入，此外，从公开披露的项目自求平衡方案的测算情况来看，项目收益对融资本息覆盖倍数为1～2倍的占比约为75%，其余覆盖倍数多数在2倍以上，覆盖情况良好，但由于其对土地出让收入的依赖程度极高，在目前宏观经济下行、房地产行业监管趋严的背景下，需关注区域土地出让市场景气度下滑时，加压的融资本息覆盖情况。

（二）地方政府能够为专项债的发行和偿付提供较强信用支撑

在地方政府信用状况方面，发行棚改类专项债的主体为省级政府，实施主体主要为项目辖区内的地方政府及下属相关政府部门。具体来看，2021年1～9月发行棚改专项债规模较大的河南、山东、上海、湖北和北京的经济财政实力在全国均处于中等及以上水平，其中2020年上海债务率控制在60%以下，处于良好水平；北京和河南债务率分别为67.23%和73.13%，债务压力不大；湖北和山东债务率略高，分别为90.05%和94.13%，但仍处于可控水平。整体来看，上述省（市）的经济财政实力较强、债务压力可控，能够对相关专项债的发行及偿付提供强有力的信用支撑。

四 案例分析——2021年河南省棚改专项债券（三期）

本报告挑选了已发行的2021年河南省棚改专项债券（三期），即2021年河南省政府专项债券（八期）进行分析。

（一）债券及项目基本情况介绍

2021年河南省棚改专项债券（三期）（以下简称“21河南11”）于2021

年4月9日成功发行，发行总规模为4.99亿元，发行期限为10年，票面利率为3.45%，付息频率为半年付息1次，偿还方式为到期一次性还本。该期债券募集的专项资金具体投向7个项目，分别为洛阳高新区丰李片区棚户区改造工程、安阳市文峰区大棚改安置区建设项目一期（光明片区）、新乡经济技术开发区彩虹社区城中村改造项目、濮阳县2018年棚户区及城中村改造项目、濮阳县红旗路以北片区改造安置房建设项目、濮阳县龙苑片区改造安置房建设项目和濮阳县濮上人家四期安置房建设项目。上述棚户区改造项目均为区县级项目，项目开工时间主要集中在2019～2020年，项目建设周期为3年左右，项目运营期为10年左右。

（二）项目评价

在偿债资金来源及收益平衡方面，根据所披露的财务咨询评估报告，该期专项债券还本付息的资金来源为棚户区改造整理出的土地出让收入和车位出售专项收入。本期棚改专项债所涉及7个项目的计划总投资合计为239.85亿元，项目资本金合计86.65亿元，计划通过专项债券融资153.20亿元（2021年以前已发行35.03亿元，2021年和2022年分别计划发行82.23亿元和35.94亿元），所测算的债券存续内债券融资本息合计为211.30亿元。在扣除估算的成本费用及应交土地出让基金等后，债券存续期内7个项目的总收益合计为380.89亿元，对应的覆盖倍数为1.80倍，覆盖情况处于良好水平，能够实现项目收益和融资自平衡（见表1）。

表1 “21河南11”募投项目情况

单位：亿元，倍

序号	项目名称	债券存续内项目总投资	本期债券融资金额	债券存续期内项目总收益	债券存续期内债券融资本息	覆盖倍数
1	洛阳高新区丰李片区棚户区改造工程	71.15	1.83	76.18	49.00	1.55
2	安阳市文峰区大棚改安置区建设项目一期(光明片区)	37.11	1.00	109.47	23.20	4.72
3	新乡经济技术开发区彩虹社区城中村改造项目	15.41	0.45	19.66	17.08	1.15

续表

序号	项目名称	债券存续内项目总投资	本期债券融资金额	债券存续期内项目总收益	债券存续期内债券融资本息	覆盖倍数
4	濮阳县 2018 年棚户区及城中村改造项目	91.88	1.01	139.91	95.91	1.46
5	濮阳县红旗路以北片区改造安置房建设项目	10.00	0.30	21.07	13.37	1.58
6	濮阳县龙苑片区改造安置房建设项目	4.97	0.30	5.60	4.91	1.14
7	濮阳县濮上人家四期安置房建设项目	9.33	0.10	8.99	7.83	1.15
合计		239.85	4.99	380.89	211.30	1.80

资料来源：Wind 数据库，中诚信国际整理计算。

五　棚改类地方政府项目收益专项债发展建议

棚改类专项债募投项目主要以国有土地使用权出让收入来实现项目收益自求平衡，其收益实现受宏观经济及土地与房地产市场影响较大，因此对未来土地出让收入的测算是否科学合理成为关注重点。在棚改项目的专项财务咨询报告中，应更加明确可比地块的挑选标准以及出让价格预测的计算方式，突出土地预测出让价格设置的谨慎性和合理性，以保障项目自求平衡的顺利实现。此外，2021 年下半年以来国内房地产行业调控政策趋严、土地市场景气度下行，个别区域甚至出现土地流拍情况，或在一定程度上影响个别棚改项目的未来收益水平，因此在进行募投项目风险分析时，应注重提高压力测试中加压系数设置的科学性和合理性，并详细进行收益变动敏感性分析，增强对募投项目风险的预警和判断能力。

B.6
2021年医疗类地方政府项目收益专项债分析报告

卢菱歌　姚姝冰*

摘　要： 医疗卫生是兜住民生底线的重要环节，是保障社会稳定、促进经济发展的重要基础。近年来，国家不断加大对医疗领域的支持力度，医疗类地方政府项目收益专项债诞生以来快速发展，在民生领域补短板等方面发挥了积极作用。2021 年 1～9 月，医疗类地方政府项目收益专项债多以集合类形式发行，发行期限多数在 10 年以上，西部、东北地区单一类医疗类地方政府项目收益专项债发行规模大，而东部地区医疗类项目多集合发行。募投项目以区县级为主，项目建设周期普遍较短，项目收益主要来自医院运营收入。整体来看，项目收益与融资平衡情况较好，偿债风险不高。不过也需要关注项目建设进度不及预期、项目预期收益测算偏差带来的偿债风险等。未来，医疗类地方政府项目收益专项债应从提升项目遴选水平、规范项目收益测算体系、优化专项债投资结构等方面出发，提高服务能力，助力医疗资源优化升级，进一步发挥其在维护民生底线中的重要作用。

关键词： 地方债　专项债　医疗卫生

* 卢菱歌，中诚信国际研究院助理总监，主要研究领域为债券市场、产业类信用债、资产支持证券、评级质量检验等；姚姝冰，中诚信国际研究院助理总监，主要研究领域为债券市场、产业类信用债、债市信用风险、评级质量检验等。

医疗类地方政府项目收益专项债（以下简称“医疗类专项债”）是募集资金用于医院建设、设备购置等医疗领域的地方政府专项债。我国医疗资源一直存在不够充裕的问题，新冠肺炎疫情突袭而至，进一步暴露出医疗卫生领域资源总量不足、分布不均衡、服务质量有待提升等问题，各地对推动医疗资源优化升级需求更加迫切。随着国家不断加强医疗领域政策与财政支持，医疗类专项债2018年问世以来发展速度很快，发行规模保持增长、占比不断提高。“十四五”规划提出“要坚持基本医疗卫生事业公益属性，深化医药卫生体制改革，加快优质医疗资源扩容和区域均衡布局”，作为地方政府合法、合规的融资渠道，医疗类专项债有望继续扩容，进一步发挥其在医疗领域的投资和撬动作用，助力加大保障和改善民生工作的补短板力度，促进“六稳”和“六保”目标的实现。

一　医疗类地方政府项目收益专项债发行特点分析

近年来，医疗类专项债快速发展，发行规模不断扩大，在专项债中占比也有所上升，医疗类专项债多以集合类形式发行。分区域来看，西部、东北地区单一类医疗类专项债发行规模大，医疗需求大，东部地区医疗类项目多集合发行；从发行期限来看，医疗类专项债发行期限以10年及以上为主，期限较长；从特殊条款来看，单一类医疗类专项债含提前偿还条款的比重较高。

（一）发行规模保持增长，专项债多以集合类形式发行

2018年医疗类专项债首次落地，当年共发行62.71亿元①，占项目收益专项债发行规模的比重仅为0.6%。历经多年探索实践后，专项债发行模式更加成熟，且在抗疫背景下，更多资金向医疗领域倾斜，医疗类专项债发行规模不断扩大，在专项债中占比也逐渐提升。2021年1~9月单一类医疗类专项债共发行101只，规模合计1577.47亿元，占新增专项债总规模的比重为6.73%。考虑到部分地区会将医疗类项目与其他项目打包成专项债集合发行，中诚信国际对2021年1~9月所有专项债募投项目进行梳理，筛选出涵盖医疗类项目的

① 如无特别说明，本报告中引用的地方债发行量等债券相关数据均来自截至2021年9月30日的Wind数据库，并由中诚信国际整理计算。

专项债共计357只（含单一类101只及集合类256只[①]）。前述专项债共投向2868个医疗类项目，募投规模合计为2080.21亿元，占新增专项债的8.87%。从月度情况来看，2021年6月、8月和9月的募投规模均不低于40亿元，募投规模相对较大。

（二）西部、东北地区单一类医疗类专项债发行规模大，东部地区医疗类项目多集合发行

2021年1~9月，共25个省（区、市）发行单一类医疗类专项债，其中广西、湖北、山东、吉林和黑龙江单一类医疗类专项债发行规模均超过150亿元，发行规模较大，西部地区和东北地区选择发行单一类医疗类专项债的积极性较高。从含医疗类项目的集合类专项债来看，虽然专项债总的额度较高，但是单只专项债中用于医疗类项目的额度普遍较少，且项目分布较分散。疫情发生以来，各地对提升医疗机构服务能力的需求有所增多，选择将医疗类项目与其他项目打包发行或是出于节省发债成本的考虑。对比来看，东部地区集合类债券发行规模较大，特别是山东、广东、江苏等地，云南新将医疗卫生纳入专项债资金应用领域，而广西仍暂未发行。单一类、集合类医疗类专项债的区域分布，在一定程度上反映了西部和东北地区医疗水平相对落后，对扩充、优化医疗领域资源的需求更为迫切。在国家支持西部大开发、东北振兴的背景下，未来该地区医疗类专项债或继续扩容。

（三）发行期限以10年及以上为主，单一类医疗类专项债提前偿还条款占比高

医疗类专项债的期限范围较大，2021年1~9月新增的医疗类专项债期限在5~30年，单一类医疗类专项债平均发行期限为15年，10年及以上期限债券占比超过85%，其中20年期发行规模占比最大，债券发行期限整体有所延长；集合类医疗类专项债平均期限较单一类医疗类专项债延长至16年，这或与集合类债券涉及其他，如交通、市政等较长期限的基建项目有关，集合类医

① 单一类医疗类专项债指债券募投项目均为医疗类项目，集合类医疗类专项债则包含医疗类项目与其他项目。

疗类专项债同样以 10 ~ 20 年期限为主，10 年及以上期限合计占比超过 90%，进一步趋于长期化（见图 1）。医疗类项目的建设周期普遍不超过 5 年，债券期限延长或是考虑到项目运营、主体本息偿付能力等。

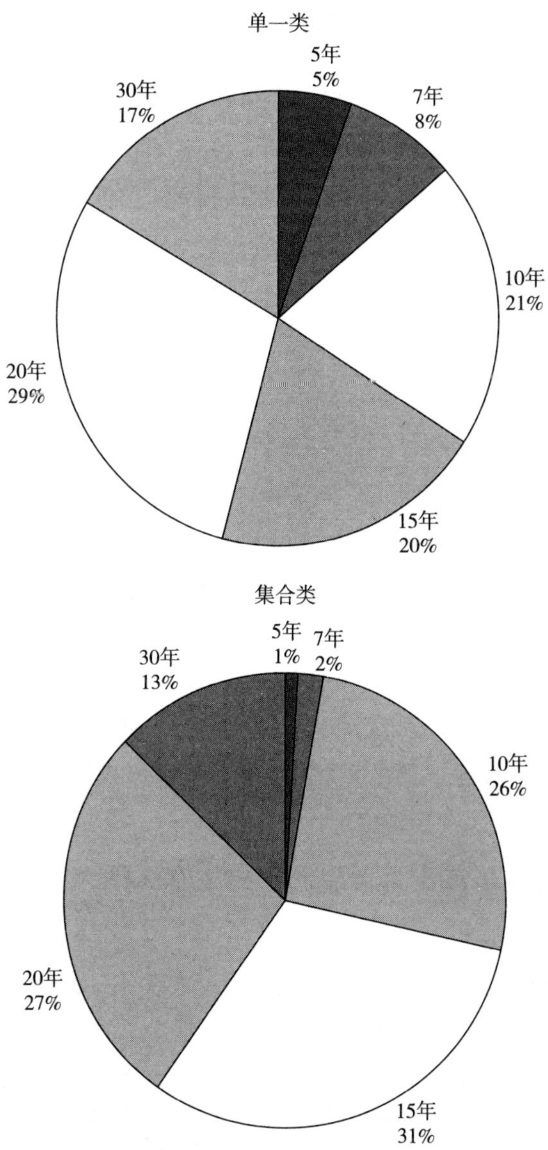

图 1　2021 年 1 ~ 9 月医疗类专项债发行期限结构

资料来源：Wind 数据库，中诚信国际整理。

2021 年 1 ~9 月，101 只单一类医疗类专项债中有 41 只债券包含提前偿还条款，分布于湖北、广东、陕西等省份，这些省份医疗类项目或有较强的还款能力，覆盖本息所需项目运营期限可能短于预期，而其余 256 只集合类医疗类专项债中有 32 只债券包含提前偿还条款，占比较低。

二　医疗类地方政府项目收益专项债募投项目特点分析

医疗类专项债项目区域及行政层级分化明显，西部地区省级医疗类项目较多，而东部地区医疗类项目以区县级为主。相较于其他基建项目，医疗类项目建设周期普遍较短，非建设类项目投资规模较小、资本金占比较低，建设类项目投资规模较大、资本金占比较高；医疗类项目收入来源以医疗运营收益为主，本息覆盖情况良好，整体偿债风险较低。

（一）整体以区县级项目为主，省级项目主要分布于西部地区

2021 年 1 ~9 月，新增的医疗类专项债募投项目以区县级为主，募投规模占比接近 60%①；其次为地市级项目，占比为 35.9%；省级项目仅占 6.1%。从区域分布来看，发行医疗类专项债以支持省级项目的有山东、黑龙江、重庆、广西等 12 个省（区、市），其中西部地区有 5 个，仍处于大力提升省级医疗水平的阶段，黑龙江省级医疗类项目规模占比也较高。东部地区省级医院医疗水平相对成熟，专项债项目更多以区县级为主，浙江、山东区县级项目规模占比均超过 70%。另外，宁夏暂无医疗类专项债募投项目，河北、浙江、江苏、上海等地的医疗类专项债均未投向省级项目（见图 2）。

（二）项目建设周期普遍较短，超半数医疗类专项债资本金投向建设类项目

根据项目性质，医疗类专项债募投项目可大致分为建设类、非建设类及综

① 本部分统计样本为 2020 年 1 ~9 月发行的医疗类专项债募投项目；（二）和（三）小节的统计样本为募投项目中公开披露了项目财务评估报告、募投说明、信用评级报告等信息披露文件的项目，数量小于募投项目总数。如无特别说明，本报告中引用的专项债募投项目的相关数据均来自地方政府新增专项债信息披露文件，并由中诚信国际整理计算。由于数据的获取问题，数据可能来自不同募投项目文件、项目实施方案、信息披露模板等，这可能导致数据分析出现一定偏差，但不会对分析结论产生实质上的影响。

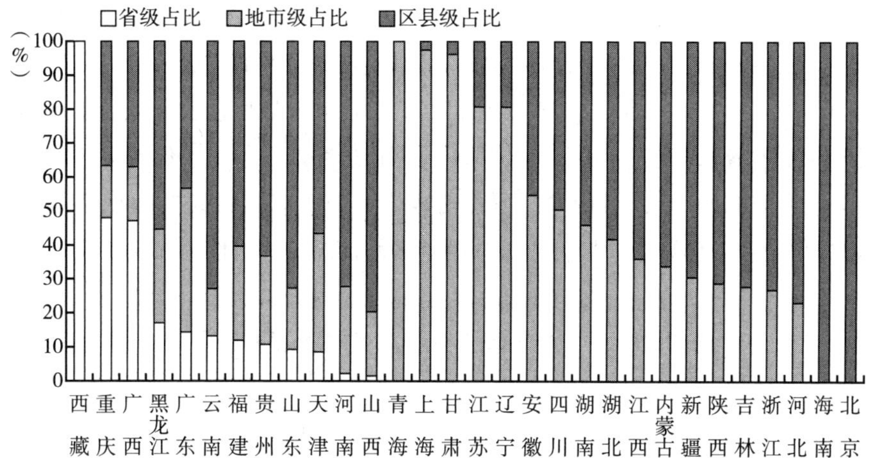

图2　2021 年 1 ~9 月全国 30 个省（区、市）医疗类专项债募投项目区域分布

注：宁夏暂无医疗类专项债募投项目，故图中无显示。

资料来源：Wind 数据库，中诚信国际整理计算。

合类等类别。其中，建设类项目主要为对现有医疗资源的提升改造，包括医院新建及改扩建、业务楼建设等，建设类项目数量占比接近 90%；非建设类项目多为医疗设备购置；综合类项目为兼顾建设及非建设任务。从项目建设周期来看，医疗类项目的建设周期普遍不长，平均建设周期约为 2. 32 年，其中建设类项目平均建设周期为 2. 40 年；非建设类及综合类项目平均建设周期均不超过 2 年。从项目投资规模来看，非建设类项目投资规模较小，均值为 0. 9 亿元；建设类及综合类项目投资规模相对较大，均值在 4 亿元以上。从项目资金构成来看，医疗类项目资本金多来自财政资金及自有资金，其中非建设类项目资金回收更快，资本金占比相对较小，建设类项目资本金占总投资比重稍高；配套融资方面，银行贷款、抗疫特别国债、专项债等为主要资金来源。值得注意的是，2021 年 1 ~9 月，共 17 个医疗类项目采用专项债作为资本金，涉及项目包括 2021 年哈密高新技术产业开发区园区基础设施建设项目、方城县中医院医疗设备购置项目等，其中有 9 个项目为建设类，专项债资本金占项目资本金的比例为 0. 2 ~1，均值为 0. 87 亿元。

（三）项目收益主要来自医院运营收入，整体偿债风险不高

医疗类项目多以医院运营收入平衡融资本息，具体收益可细分为门诊/住

院收入、配套设施收入、广告收入等；约10%的项目的收入还包含财政补贴，其多为区县级项目，同时也涉及个别经济财力较弱区域的省级项目。另外，需要注意的是，少数区县级、地市级项目偿债仍依赖土地出让收入，且存在还款来源单一的情况，建议对项目对应的土地出让进度及偿债风险保持关注。从融资本息覆盖倍数来看，项目本息覆盖倍数均值为3倍，约20%的项目本息融资覆盖倍数在3倍以上，项目收益与融资平衡情况较好，偿债风险普遍不高。

三　医疗类地方政府项目收益专项债信用特点分析

随着“十四五”规划的逐步落实、医药卫生体制改革的持续深化，我国医疗行业整体刚性需求较大，产业结构有望得到优化升级，行业将保持良好的发展态势，整体信用水平较为稳定。在此背景下，医疗类项目具有一定的区域重要性，政府建设风险总体可控。但项目审核的差异性或影响优劣项目的鉴别，预期收益率测算的偏差或带来一定偿付风险。

（一）项目建设风险总体可控

医疗类项目的实施主体普遍为具有相关资质的医疗机构，且在区域内具有一定的重要性，其所涉及的非建设类项目基本无建设风险。而建设类项目方面，由于项目建设周期普遍相对较长，施工进度易受到内外部各种不可抗力因素的影响。一旦施工进度无法按预期推进，便会导致项目主体运营收入存在一定不确定性。此外，在项目施工阶段还存在发生工程事故的可能性，这不仅导致工程进度延期或投资增加，还会给涉及主体造成较大的负面影响或经济损失。但考虑到医疗类项目大多涉及民生建设的重要领域，项目实施主体（政府机关单位）建设经验较为丰富，且政府职能部门对项目建设配合度较高，所以医疗类项目建设风险总体可控。

（二）项目审核标准存在一定差异性

当前，不同区域对区域内部的医疗类专项债申报项目存在审核标准不一致的问题。在项目申报方面，不同区域通过公开渠道提供的数据或文本项目相关的材料，不仅在格式上各具特色，在内容上也独具一格，特别是在项目最低覆盖倍数、测算收入等重要的项目审核指标方面，也没有统一的计算方法。这种细节上的差异，不仅导致不同区域项目之间无法进行横向的对比判断，还会影响相关监管审核部门对项目优劣的鉴别，大大增加了项目的鉴定难度，使相关部门难以确定审批项目的真实性及其未来收入的可靠性，为后续债务的兑付埋下潜在的风险。

（三）项目预期收益率测算偏差或带来偿付风险

医疗类项目普遍都具有较强的区域重要性，多数项目都是各区域较为重要的民生项目，且在同区域内产出的可替代性较低。此类项目在建成后的运营稳定性较高，故项目运营成本波动较小。然而在项目收益测算方面，收入测算的模型普遍采用增长率模型，测算方法较为简单，且对增长率估算准确率的要求较高，否则将会导致对项目的预期收益率计算产生偏差，进而导致一定的债券本息偿付风险。若对项目预期的年收入增长率测算过高，会导致对项目预期收益率的高估，一旦项目实际收入未达到预期覆盖偿还本息规模，则会发生偿付风险。反之，若在收入测算中年收入增长率估值过低或未考虑收入增长情况，则会因为低估预期收益率而延长项目期限或带来较多不确定性。

四　案例分析——2021年云南省政府专项债券（六期）

我国区域间医疗水平差距较大，2020 年疫情发生以来，基层医疗发展面临严峻挑战，部分区域内医疗服务体系和卫生保健机构配置仍待完善，基层医疗服务质量仍待提高。本报告以西南地区基层医疗卫生类项目为标准，挑选 2021 年云南省政府专项债券（六期）中的滇东北区域医疗中心建设项目进行分析。

（一）债券及项目基本情况介绍

2021 年云南省社会事业建设专项债券（一期），即 2021 年云南省政府专项债券（六期）（以下简称“21 云南 14”）于 2021 年 6 月 17 日发行，发行规模为 79.69 亿元，票面利率为 3.37%，发行期限为 10 年，主要投向省本级、昆明市、曲靖市、保山市、昭通市、普洱市、怒江傈僳族自治州、迪庆藏族自治州、丽江市、文山壮族苗族自治州、大理白族自治州和德宏傣族景颇族自治州等地区的30个社会事业建设项目。其中，昭通市的募投项目为云南省滇东北区域医疗建设中心项目，使用该期专项债8亿元，整体建设期限为2019～2022年，将分两期实施，其中一期为改造工程，二期为新建工程；项目总投资达63.73亿元，资金来源包含资本金、专项债融资及其他债务融资，预期收益包含门诊收入、住院收入。

（二）项目评价

云南省滇东北区域医疗中心建设项目作为云南省地市级公益性项目，旨在对标国内外一流医疗机构，以服务滇东北区域内基本医疗人群为目标，同时辐射川滇黔等周边地区人群，从而形成多层次医疗体系，解决多层次医疗需求。

从项目资金安排来看，目前资本金和其他债务融资来源已落实，以财政资金形式投入14.03亿元，市场化融资21.70亿元；剩余部分将申请28.00亿元专项债融资，2020年已发行专项债5.00亿元，计划于2021年和2022年共发行专项债23.00亿元进行融资。从收益平衡情况来看，以2016～2018年云南省昭通市三甲医院基础年份增长率均值作为预测年份增长率，合理预测住院病床使用率、平均住院日、日均门诊接待人数、住院/门诊病人次均医药费用，从而得到未来12年的住院及门诊收入；项目成本依据医院运营成本支出进行核算，主要包含人员费用、药品费用、耗材费用等。经测算，该项目本息保障倍数为1.24倍（见表1），具备收益与融资自求平衡的能力及偿还能力。该项目通过专项债可以以略低于银行贷款利率的融资成本完成资金筹措，同时通过项目收入作为后续资金回笼手段，为项目提供了充足、稳定的现金流入，保证该项目建设工作的顺利进行。总体来看，项目偿债风险较低。

表1 “21云南14”募投昭通市项目情况

单位：亿元，倍

项目名称	总投资	专项债券融资	本期债券融资	其他债务融资	项目总收益	项目总收益/总债务融资本息
云南省滇东北区域医疗中心建设项目	63.73	28.00	8.00	21.70	87.20	1.24

资料来源：云南省地方政府新增专项债信息披露文件，中诚信国际整理计算。

五 医疗类地方政府项目收益专项债发展建议

在“十四五”规划明确全面推进健康中国建设的背景下，医疗类专项债作为积极财政政策的重要工具，为构建强大公共卫生体系、加快优质医疗资源扩容和区域均衡布局、发展高端医疗设备、实现公共卫生体系高质量发展提供重要支持。未来要进一步加强医疗类专项债的管理，充分发挥其对补齐公共卫生系统的短板、弥补财政专项投入缺位的重要作用。

（一）提升项目遴选水平，注重项目真实性及收入来源可靠性

各地仍需进一步完善项目审查流程，提高第三方中介机构的筛选标准。严格专项债项目准入门槛，加大对收益平衡方案等信息披露材料的审核力度，确保项目真实性、收入来源可靠性及准确性等。规避个别地方把关不严、包装不合格的医疗类专项债项目申报带来的风险。与此同时，还要注重募投项目收入来源结构的合理性问题，要尽可能减少以土地出让收入作为单一还款来源的情况，确保收入来源的多元化及可靠性，进而减低项目偿还本息的潜在风险和不确定性。

（二）建立并完善医疗体系业绩信息披露制度，规范项目收益测算体系

医疗类专项债项目收益普遍以运营收入为主，为实现有效监管、加强风险控制，相关部门可以针对医疗体系内部财务管理规范、基础条件完善的部门，建立并完善业绩信息发布制度，进一步提高项目投资执行情况、融资部门资金使用以及运作收益情况的透明度。与此同时，相关监测部门也可以结合各地医疗类项目的共性，搭建医疗类项目通用的收益测算模型，或统一规范具体收益的测算过程及测算依据。此外，还可以结合各地方经济、人口、医院或相关医疗部门的承载能力等多方面情况进行指标筛选确认，提供更为科学有效的动态预测体系，以便于监管及供投资者参考。

（三）优化专项债投资结构，增加医疗卫生公益性项目投入，实现区域均衡发展

为实现“十四五”规划中坚持基本医疗卫生事业的公益属性、完善基层

公共卫生体系，解决专项债使用分配失衡及公共卫生医疗领域投入不足问题。地方政府部门应积极调整专项债原有结构，如适当增加集合类医疗类专项债项目资金中对医疗卫生项目的分配比重，特别是在“十四五”规划期间，应加大在公共卫生基础设施建设、运营管理体系、培养专业人才等方面的投入力度。同时，各地方也要结合当前现有公共卫生体系建设情况及结构布局，增加在区县、乡镇的医疗卫生、疫情防控、环境卫生等公益性项目的储备。确保资金对医疗类项目的精准投放，充分发挥医疗类专项债资本金作用，提高资金的使用效率，进而增强公共卫生保障能力，保证各区域公共卫生建设的均衡发展。

B.7

2021年水利类地方政府项目收益专项债分析报告

彭月柳婷　王　晨　袁海霞*

摘　要： 重大水利工程是“两新一重”的重要内容，在2021年《政府工作报告》继续强调推进“两新一重”建设的背景下，水利类地方政府项目收益专项债仍有较大发展空间，有望进一步发挥专项债补短板的重要作用。2021年，水利类专项债持续扩容，1～9月发行规模达7133.37亿元，多为集合类专项债。水利类地方政府项目收益专项债募投项目以区县级水利建设为主，项目收益主要来源于供水收入，收益与融资平衡性良好。水利类项目整体质量较好，项目建设风险可控，且收入来源广泛，水利类地方政府项目收益专项债偿债能力较强。为使专项债更好地匹配地方水利基础设施建设，本报告建议规范项目收入成本测算、合理安排水利专项债期限结构、充分发挥专项债资本金作用。

关键词： 地方债　专项债　水利

水利类地方政府项目收益专项债（以下简称“水利类专项债”）是募集资金用于防洪工程、水资源工程、水土保持及生态建设等水利领域的地方政府专项债。2018年首只水利类专项债问世以来，该领域专项债规模不断提升。

* 彭月柳婷，中诚信国际研究院高级研究员，主要研究领域为债券市场、地方债与城投行业、高收益债市场等；王晨，中诚信国际研究院研究员，主要研究领域为债券市场、地方债与城投行业、货币政策等；袁海霞，经济学博士，高级经济师，中诚信国际研究院副院长，中国人民大学国发院政府债务研究中心联席主任，主要研究领域为地方债与城投行业、宏观经济、债券市场等。

2021 年以来，以 150 项重大水利工程为代表的国家水网骨干工程建设持续提速，截至 8 月底，重大水利工程完成 2021 年度建设投资 720 亿元，同比增加 57 亿元，完成率已超过往年同期 7 个百分点。在这一过程中，地方政府专项债逐步发挥对水利建设的资金支撑作用。2021 年，在《政府工作报告》[①] 强调继续支持促进区域协调发展的重大工程，推进“两新一重”建设，实施一批交通、能源、水利等重大工程项目的要求下，水利类专项债仍有较大发展空间，有望进一步发挥专项债补短板的重要作用，推动和完善水利基础建设，增强水利基础建设投资对区域经济的拉动作用。

一　水利类地方政府项目收益专项债发行特点分析

2018 年，首只水利类专项债问世，丰富了水利工程建设的资金来源；2019 年 9 月，国务院常务会议提出进一步扩大专项债使用范围，重点用于交通基础设施、农林水利等七大领域，水利类专项债持续扩容，为水利基础设施项目提供了较好的资金支持。2021 年 1 ~9 月，全国涉及水利类项目的地方政府专项债共计发行 7133. 37 亿元[②]，发行只数为 169 只，且基本以集合形式发行。从期限看，水利类专项债期限长，10 年及以上期限债券发行规模占 96. 04%。从发行利率和条款看，加权平均发行利率为 3. 56%，加权利差为 23. 98BP[③]，多数为到期后一次性偿还本金，不含特殊条款。

（一）从发行规模看，水利类专项债于2021年5月起发行提速，山东发行规模居于首位

2018 年 8 月全国首只水利类专项债发行以来，专项债券资金用于水利类项目建设的规模不断增长。中诚信国际对 2021 年 1 ~9 月所有专项债募投项目

---

① 《政府工作报告》，中国政府网，2021 年 3 月 5 日，http：//www. gov. cn/zhuanti/2021lhzfgzbg/index. htm。

② 如无特别说明，本报告中引用的地方债存量、发行量、发行利率、发行利差、交易量、到期收益率等债券相关数据均来自截至 2021 年 9 月底的 Wind 数据库，并由中诚信国际整理计算。

③ 如无特别说明，本报告中发行利率、利差为根据发行额计算的加权平均发行利率、利差，发行利差计算公式为债券发行利率减对应期限国债收益率。

进行梳理，筛选出包含水利类项目的专项债共计169只（含单一类162只和集合类[1]7只），发行规模为7133.37亿元，对应水利类项目810个，专项债用于水利类项目建设的资金共计784.63亿元，单只集合类债券中用于水利类项目的额度普遍较小，项目分布较为零散。从发行节奏看，受新增额度下达较晚等因素影响，水利类专项债于2021年3月起开始发行，5月起发行提速，6月和8月发行规模相对较大，分别发行1445.78亿元（占20.27%）和1501.49亿元（占21.05%）（见图1）。从发行主体看，全国共计25个省（区、市）[2]发行水利类专项债，其中山东、广东、安徽、浙江发行规模居于前列，山东发行规模达987.55亿元，居于全国首位。

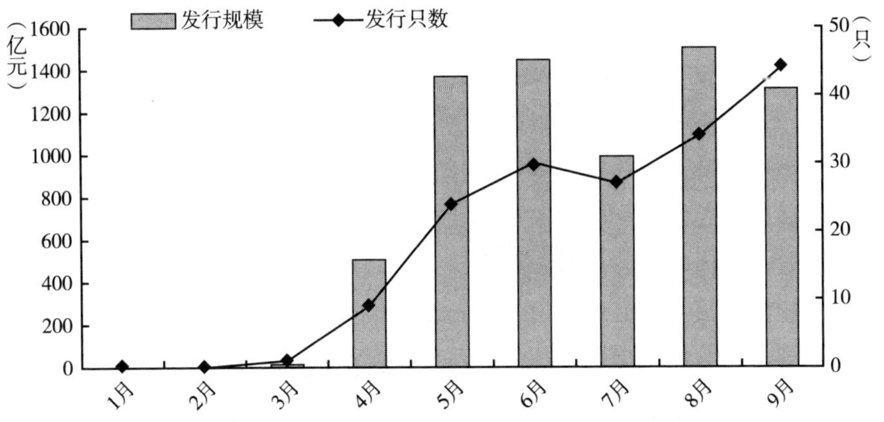

图1　2021年1~9月水利类专项债月度发行规模

资料来源：Wind数据库，中诚信国际整理计算。

（二）从期限结构看，水利类专项债发行期限偏长，10~30年发行期限占比超90%

2021年1~9月，新发行的水利类专项债以长期限债券为主，期限主

---

① 单一类水利类专项债指债券募投项目均为水利类项目，集合类水利类专项债则包含水利类及其他类型项目。

② 截至2021年9月末，仅海南、北京、上海、广西、宁夏、西藏尚未发行，且未统计港澳台地区。

要分布在 10～30 年。由于水利类项目运营周期长，对应项目收益专项债融资期限普遍偏长，10 年、15 年、20 年和 30 年水利类专项债规模分别为 1365.08 亿元、2223.06 亿元、1890.90 亿元和 1371.93 亿元，占比分别为 19%、31%、27% 和 19%，10 年及以上期限合计占全部水利类专项债的比例为 96%（见图 2）。

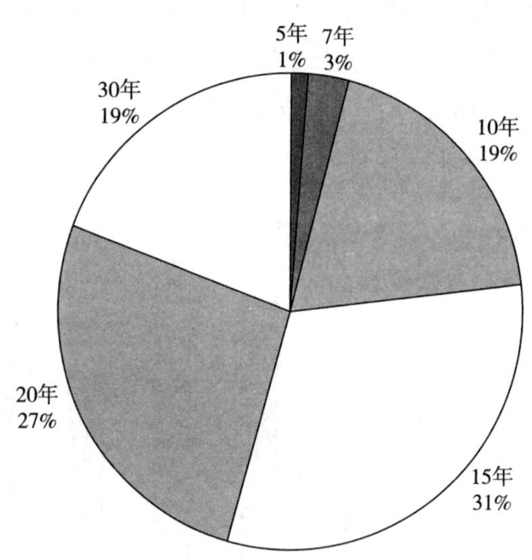

图 2　2021 年 1～9 月新发行水利类专项债期限结构

资料来源：Wind 数据库，中诚信国际整理计算。

（三）从发行利率看，各区域发行利率分化，重庆、江西发行利率较高

2021 年 1～9 月，新发行的水利类专项债发行利率为 3.56%，发行利差为 23.98BP。从区域分布看，重庆、江西、河南等省（市）发行利率较高，分别为 3.89%、3.75% 和 3.72%；发行利差方面，江苏、新疆、河南等省（区）发行利差较大，分别为 29.04BP、28.09BP 和 27.73BP（见图 3）。从发行条款看，169 只水利类专项债多数为到期后一次性偿还本金，不含特殊条款，仅有 22 只债券含债券提前偿还条款。

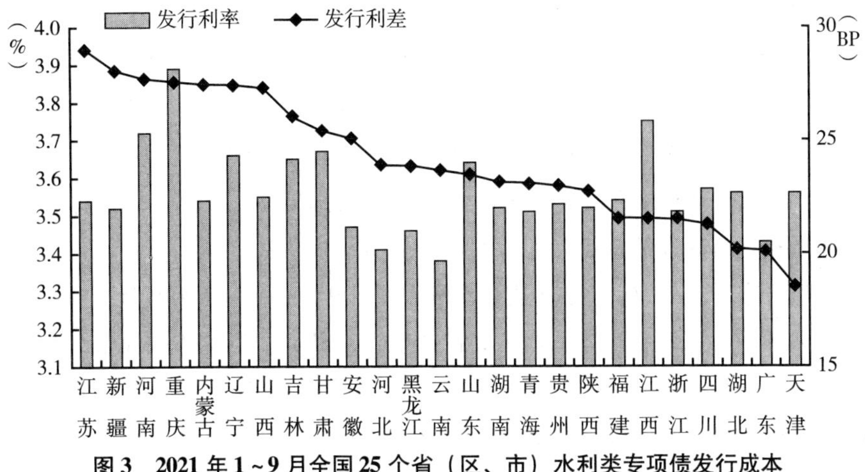

图3　2021年1~9月全国25个省（区、市）水利类专项债发行成本

资料来源：Wind数据库，中诚信国际整理计算。

二　水利类地方政府项目收益专项债募投项目特点分析

水利类专项债募投项目呈现较为明显的区域及行政层级分化特点，2021年新发行的水利类专项债对应募投项目以区县级水利建设为主，通过水利类专项债有效补充水利类项目建设的配套融资资金。从项目分布区域看，云南、山东等省份的水利类项目储备充裕，天津、江苏、吉林等省（市）的水利类项目单体规模较大。与其他基建项目相比，水利工程投资回收期长，收入主要来源于供水、供电，公益属性较强，收益与融资平衡性良好。

（一）募投项目以区县级水利建设为主，用作项目资本金的专项债较少

根据水利部发布的《2019年全国水利发展统计公报》，水利工程主要包含防洪工程（堤防、水库及枢纽工程、蓄滞分洪区、涵闸、排水工程等）、水资源工程（河湖水系连通项目建设、调水项目等）、水土保持及生态建设、水电工程等（见图4）。由于水利建设工程项目盈利性较弱、公益属性强，项目建设对中央、地方财政资金需求大，2014~2019年水利建设投资来源于中央政府和地方政府的资金小计占比均超70%，2019年该比例为78.06%（见图5），在此背景下，

发行水利类专项债对于支持水利建设具有重要意义。2021 年 1 ~9 月，新发行的水利类专项债对应募投水利类项目①共计 810 个，对应用于水利类项目建设的金额为 784. 63 亿元，占水利类专项债的比例为 10. 99%，主要由于集合类专项债中用于水利类项目的金额相对较低。从水利类项目的行政层级看，以区县级水利建设为主，省级、地市级和区县级水利类项目分别为 15 个、120 个和 675 个，对应用于水利类项目建设的金额分别为 114. 19 亿元、195. 08 亿元、475. 36 亿元。从项目区域分布看，云南、山东等省份水利类项目储备充裕，项目数量及项目建设金额排名前列，天津、江苏、吉林等省（市）水利类项目单体规模较大。从资金用途看，专项债募集的资金主要用作补充水利类项目建设的配套融资资金，仅山东、新疆、福建、云南、河北、贵州、陕西 7 省（区）33 个项目将部分专项债资金用作项目资本金（见图 6），用作资本金的资金总额为 85. 71 亿元，占用作水利类项目建设的专项债资金比例为 10. 92%。

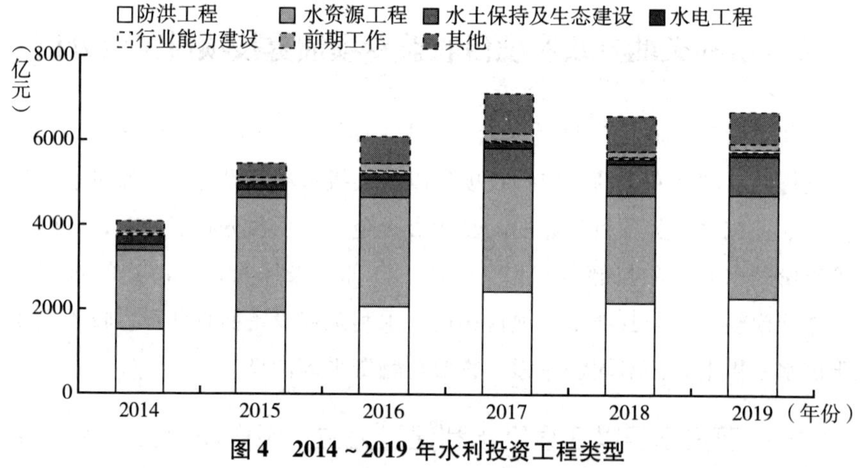

图 4　2014 ~2019 年水利投资工程类型

注：数据用于展示水利投资资金来源情况存在一定时滞性，但不影响水利资金来源结论。图 5 相同，此后不赘。

资料来源：《2019 年全国水利发展统计公报》，中诚信国际整理计算。

① 如无特别说明，本报告中引用的专项债支持项目的相关资料、数据均来自全国 31 个省（区、市）地方政府新增专项债信息披露文件，并由中诚信国际整理计算。由于数据的获取问题，数据可能来自不同募投项目文件、项目实施方案、信息披露模板等，存在一定信息缺失，但不会对分析结论产生实质上的影响。

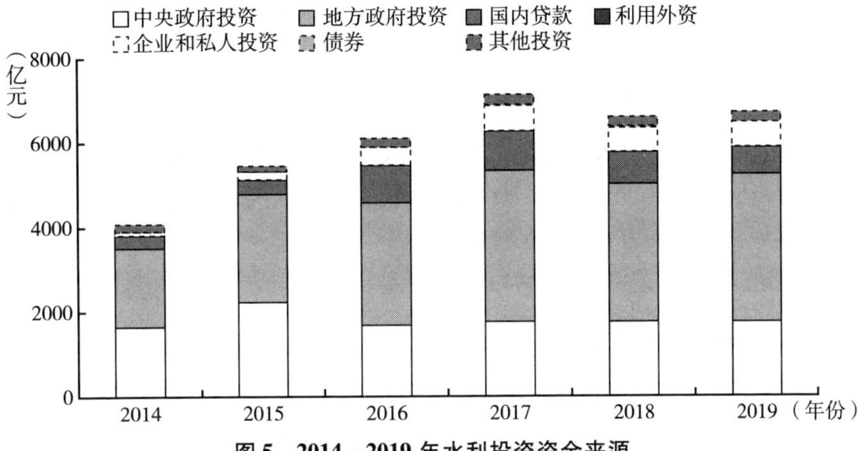

图5　2014～2019年水利投资资金来源

资料来源：《2019年全国水利发展统计公报》，中诚信国际整理计算。

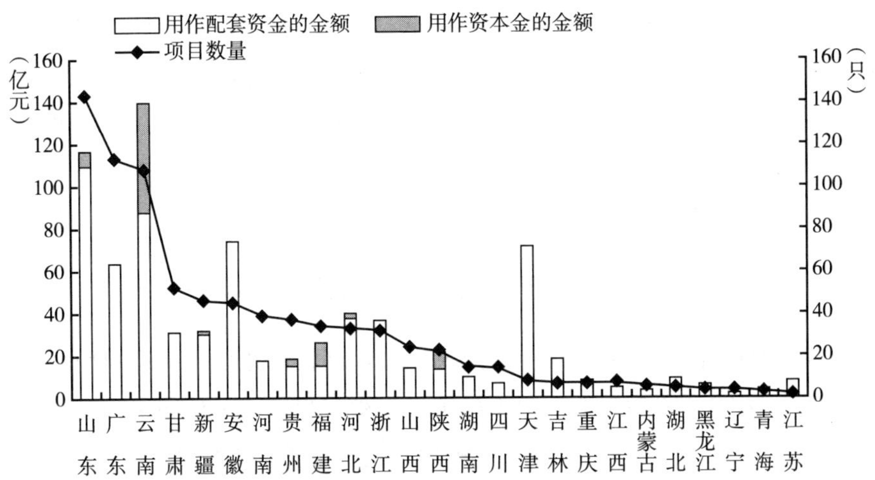

图6　2021年1～9月全国25个省（区、市）新发行水利类专项债募投项目数量及项目使用专项债资金区域分布

资料来源：Wind数据库，中诚信国际整理计算。

（二）项目融资本息覆盖倍数多在1～3倍区间，收益与融资平衡性良好

从收入来源看，水利类专项债券的直接收入以供水收入、供电收入为主，

间接收入主要为水资源类农田灌溉收入、砂石销售收入、租赁收入等，部分项目根据自身禀赋特征，还可配套土地出让收入、政府运营补贴收入等以提高本息覆盖倍数。供水收入作为水利类专项债的主要偿债来源，具有收入来源稳定性好、收入账期短等特点，是较好的偿债来源。从融资本息覆盖倍数看，项目本息覆盖倍数均值为1.88倍，超90%的项目融资本息覆盖倍数在1~3倍区间，项目收益与融资自平衡情况表现良好。

三　水利类地方政府项目收益专项债信用特点分析

重大水利工程是“两新一重”的重要内容，2021年受极端天气事件多发、频发影响，北方江河汛情严重，对加强水利工程建设提出了更高的新要求。“水利工程补短板、水利行业强监管”是今后水利改革发展总基调，也是2021年乃至整个“十四五”时期水利改革发展的重点任务①，未来水利建设投资有望持续增长。尽管水利类工程存在一定建设风险，但考虑到专项债募投的项目系重要民生工程，整体建设风险可控。由于水利类项目一般具有投资规模大、建设期长等特点，项目投资测算可能存在一定偏差，受益于项目收入来源广泛，项目可偿债收益对融资本息覆盖良好，整体看水利类专项债信用质量良好、偿债能力较强。

（一）水利建设属重要民生工程，项目建设风险整体可控

专项债募投的水利类项目主要为水库和水利枢纽建设，建设周期普遍在1~5年，工程难度系数较高。由于施工过程中工程地质条件和工程设计可能发生变化，施工进度或受到影响，此外项目施工进度易受不良天气等自然因素影响，或存在一定的建设风险。考虑到水利建设类项目为涉及民生的重大基础设施建设，项目实施主体（多为政府机关单位）具备良好的业务资质和项目建设能力，工程经验丰富，通过强化地质勘探工作、加强灾害防范意识，可有效降低自然灾害造成的损失，避免不必要风险因素的影响。总体而言，水利类项目建设风险整体可控。

① 《“十四五”水利改革发展重点任务确定》，中国政府网，2021年1月27日，http://www.gov.cn/xinwen/2021-01/27/content_5582832.htm。

（二）水利建设周期长、初始投资规模大，项目收益测算或存在偏差

由于水利类项目建设具有初始投资规模大、投资回收期长等特点，项目收益测算或存在偏差，对投资收益平衡结果存在一定影响。首先，由于各地水利类项目收益测算模型存在差异，尤其是部分水利类项目规模较小、现金流收入稳定性较差，模型设计合理性有待进一步提升。其次，受建设风险等因素影响，项目进度、运营周期等参数估测也可能出现误差，对投资回收期测算造成影响。最后，由于水利类专项债普遍周期较长，可用于偿债的投资净现金流入折现过程受市场利率波动影响，计算偏差或进一步加大，项目收益测算准确度亦待提高。

（三）水利类项目收入来源广泛，整体偿债能力较强

对于水利类项目而言，项目建设完成进入运营期后，用于平衡融资本息的收益不仅包括供水收入、发电收入等专项收入，还包括水资源类农田灌溉收入、砂石销售收入、租赁收入等间接收入，以及地方水利建设基金收入，此外部分项目还具有配套土地出让金等收入，增强项目收益自平衡能力。从融资本息覆盖倍数来看，覆盖倍数为1～2倍的占比约77%，其余覆盖倍数大多在2倍以上。总体而言，水利类专项债募投项目收入来源较为广泛、项目收益自平衡良好，整体偿债能力较强。

四　案例分析——2021年云南省滇中引水工程专项债券（一期）

本报告以2021年云南省滇中引水工程专项债券（一期），即2021年云南省政府专项债券（八期）（以下简称“21云南16”）为案例进行分析①。滇中引水工程是国务院确定的172项节水供水重大水利工程中的标志性工

① 本案例中引用的专项债支持项目的相关资料、数据均来自2021年云南省滇中引水工程专项债券（一期）——2021年云南省政府专项债券（八期）信息披露文件、专项债券项目预期收益与融资平衡方案及评价报告、法律意见书、信用评级报告，并由中诚信国际整理计算。

程，同时也是目前全国在建的引调水工程中投资规模最大、建设难度最高的水利工程。①

（一）债券及项目基本情况介绍

“21 云南 16”为云南省政府 2021 年新发行的单一类水利类专项债，专项债资金定向用于云南省本级的滇中引水主体工程一期项目建设。该债券起息日为 2021 年 6 月 18 日，票面利率为 3.90%，债券期限为 30 年，发行规模为 50 亿元，全部用作项目资本金；债券利息每半年支付，可按规定在全国银行间债券市场和证券交易所债券市场上市流通，到期后一次性偿还本金。云南省滇中引水工程是国务院确定的 172 项节水供水重大水利工程中的标志性工程，工程任务以城镇生活和工业供水为主，兼顾灌溉、发电和下游生态环境补水等，该项目已于 2017 年 8 月开工，工程总工期 96 个月（8 年），项目建设期预计完成时间为 2026 年，运营期为 50 年。

（二）项目评价

云南省滇中引水工程估算总投资金额为 852.79 亿元，资金来源为财政资金、自筹资金、政府专项债券资金、市场化融资。具体而言，财政资金 452.79 亿元将根据项目进度逐步到位，项目单位自筹 60.00 亿元，通过地方政府项目收益专项债筹集资金 170.00 亿元，另有市场化融资 170.00 亿元。本期债券申请发行 50.00 亿元并全部用作项目资本金，在撬动投资和稳增长方面发挥积极作用。该项目收入包括供水收入、发电收入等专项收入，以及地方水利建设基金收入。正常情况下，项目预期总收入 1592.17 亿元，总运营成本 467.45 亿元，各项税费 125.01 亿元，可偿债收益为 999.70 亿元，预计融资本息为 657.84 亿元，该项目总债务本息保障倍数为 1.52 倍，专项债券本息保障倍数为 2.48 倍（见表 1）。总体而言，该项目收益平衡性较好，预期收入能够合理保障偿还融资本息，能实现项目收益和融资自平衡，具有较好的偿债能力。

---

① 《中国中铁二局：牢记引水初心 润泽云岭大地》，云南省滇中饮水工程建设管理局网站，2020 年 7 月 22 日，http://dzys.yn.gov.cn/dzysdt/202007/t20200722_ 1017992.html。

表 1　云南省滇中引水工程一期项目专项债券偿债能力指标测算

序号	指标名称	计算公式	名称	金额(亿元)	计算结果
1	总投资收益率(%)	项目可偿债收益/总投资	项目可偿债收益	999.70	117.23
			总投资	852.79	
2	总债务本息保障倍数(倍)	项目可偿债收益/总债务融资本息	项目可偿债收益	999.70	1.52
			总债务融资本息	657.84	
3	总债务本金保障倍数(倍)	项目可偿债收益/总债务融资本金	项目可偿债收益	999.70	2.94
			总债务融资本金	340.00	
4	专项债券本息保障倍数(倍)	项目可偿债收益/专项债券本息	项目可偿债收益	999.70	2.48
			专项债券本息	402.82	
5	专项债券本金保障倍数(倍)	项目可偿债收益/专项债券本金	项目可偿债收益	999.70	5.88
			专项债券本金	170.00	

资料来源：《云南省滇中引水工程一期项目专项债券财务评价报告》，中诚信国际整理计算。

五　水利类地方政府项目收益专项债发展建议

“十四五”时期是水利工程补短板的集中攻坚期，与过去相比，新形势下的补短板更加体现“系统化、协同化、生态化、智能化”，预期未来水利建设投资仍会保持较大体量。在政策红利不断涌现的背景下，水利类专项债将继续扩容。为使专项债能更好地匹配地方水利基础设施建设，本报告提出以下三点建议。

（一）规范项目收入成本测算，明确项目压力测试要求

规范项目收入成本测算，明确项目压力测试要求。由于水利项目建设具有初始投资规模大、投资回收期长等特点，项目收益测算可能出现偏差。此外，各地水利类项目投资测算模型存在差异，合理性有待进一步验证。相关部门可结合水利类项目共性，规范项目预测模型及方法，明确项目压力测试要求，结合项目所在区域经济环境变化、土地出让收入变化、水利建设项目工程条件等不同情形展开压力测试，审慎评估项目收入。

（二）合理分配债券资金，充分发挥专项债资本金作用

当前用作项目资本金的水利类专项债比例仍然较低，仅 10%。各地政府

应根据水利建设项目情况、区域财政情况、经济情况等因素，结合水利类项目建设规划及资金安排，合理分配专项债券融资额度，提高资金使用效率，充分利用专项债资金用作项目资本金的杠杆撬动优势，进一步发挥水利基础建设投资对区域经济的拉动作用。

（三）合理安排水利类专项债期限结构，提高与项目期限匹配度

目前，水利类专项债发行期限以 15～20 年为主，与部分项目运营周期不匹配，发行期限过短可能造成项目现金流入不足以覆盖专项债券本息，而发行期限过长则可能增加偿付成本，造成资金使用效率下降。因此，应合理安排水利类专项债期限结构，提高与项目期限匹配度，在缓解偿债资金流出与项目现金流入的期限错配压力的同时，提升资金使用效率、降低融资成本。此外，各地政府需充分考虑区域整体债务规模、到期情况，避免产生集中兑付压力。

B.8 2021年信息基础设施类地方政府项目收益专项债分析报告

梁蕴兮　刘晓光*

摘　要： 信息基础设施是国家基础设施的重要组成部分，是新型基础设施的核心。在国家政策的积极引导下，地方政府加速信息基础产业布局，该类项目逐渐成为地方政府项目收益专项债资金的重要投放领域。2021 年 1～9 月该类新增专项债呈现发行期限以长期为主、区域间发行规模分布不均等特点。该类项目主要以产业园为载体，项目收入来源多元，项目周期较短。从项目信用特点看，以产业园区建设为载体的项目受经济周期及社会风险影响较大；配套设施质量影响项目收入，技术更新速度加大运营不确定性；专项资金与财政资金到位情况、项目主体的融资渠道情况将影响项目现金流。未来，要实现信息基础设施类地方政府项目收益专项债的进一步发展，应加强对募投项目的筛选，细化项目信息披露要求，规范项目收入成本测算，合理安排期限结构。

关键词： 地方债　专项债　信息基础设施

2018 年中央经济工作会议提出，要发挥投资关键作用，加快 5G 商用步伐，加强人工智能、工业互联网、物联网等新型基础设施建设。此后，中央多次会议反复提及加快信息基础设施建设。2021 年，习近平总书记在中共中央

* 梁蕴兮，应用经济学博士，中诚信国际研究院研究员，主要研究领域为地方政府债券、债券市场、评级行业等；刘晓光，经济学博士，中国人民大学国家发展与战略研究院副教授、研究员，中国人民大学国家发展与战略研究院中国政府债务中心主任，主要研究领域为宏观金融、国际经济等。

政治局第三十四次集体学习时强调，推动数字经济是把握新一轮科技革命和产业变革新机遇的战略选择。在新冠肺炎疫情冲击下，以5G网络、人工智能、工业互联网、物联网、数据中心等为代表的新型基础设施发挥了扩大内需、促进经济增长的重要作用，同时也是促进新型工业化、新型城镇化以及现代化经济体系建设的重要引擎。在国家政策的积极引导下，地方政府加速信息基础产业布局，该类项目逐渐成为地方政府项目收益专项债资金的重要投放领域，专项债资金对项目资金形成有效补充，推动行业快速发展。

一　信息基础设施类地方政府项目收益专项债发行特点分析

在国家推动新型基础设施建设的政策引导下，信息技术设施建设逐渐成为专项债扩容的主要方向。2021年1~9月，信息基础设施类地方政府项目收益专项债（以下简称“信息基础设施类专项债”）发行规模合计7307.39亿元，发行只数为138只，均以集合形式发行，呈现区域间发行规模分布不均、发行期限以长期为主等特点。①

（一）专项债发行规模较大，省（区、市）间发行规模分布不均

2021年1~9月共发行138只信息基础设施类专项债，合计发行规模7307.39亿元，对应项目共461个，专项债用于信息基础设施类项目建设资金共计701.97亿元，均以集合形式发行。从地域分布来看，2021年1~9月发行规模排名前三的省分别为山东、广东、安徽（见图1），共占总体发行规模的37.12%。从发行节奏看，包含信息基础设施类项目的专项债主要集中于5月、6月、8月、9月发行，其中8月发行规模最大，共发行28只，规模合计1871.96亿元（见图2），占25.62%。在国家推动新型基础设施建设的政策引导下，信息技术设施建设逐渐成为专项债扩容的主要方向，2021年1~9月，信息基础设施类专项债发行规模占全部新增专项债规模的31.17%，债券只数占全部新增专项债只数的15.42%。

---

① 如无特别说明，本报告中引用的地方债发行量等债券相关数据均来自截至2021年9月30日的Wind数据库，并由中诚信国际整理计算。

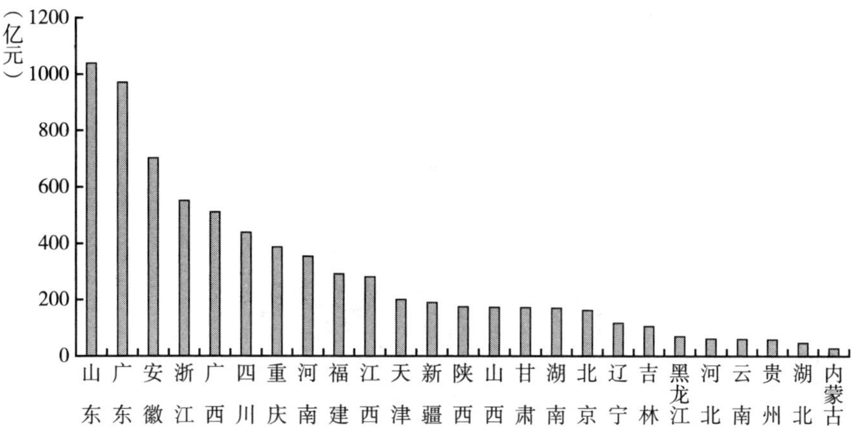

图1　2021 年 1 ~9 月全国 25 个省（区、市）信息基础设施类专项债发行规模

资料来源：Wind 数据库，中诚信国际整理计算。

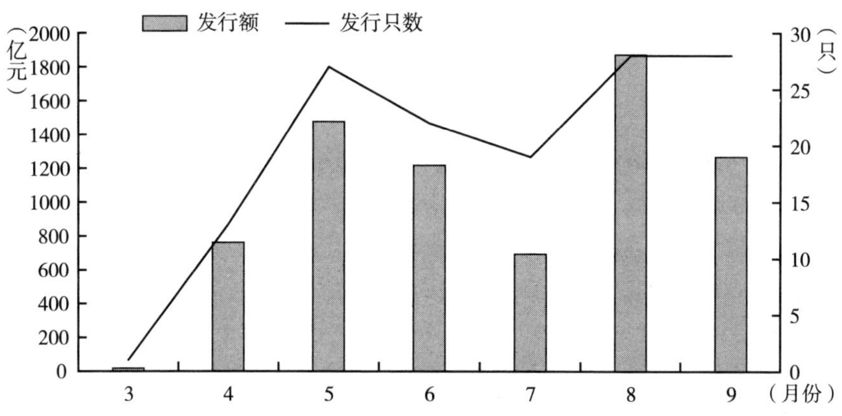

图2　2021 年 1 ~9 月信息基础设施类专项债月度发行情况

注：1、2 月未发行信息基础设施类专项债，故图中无显示。
资料来源：Wind 数据库，中诚信国际整理计算。

（二）发行期限以10 ~30年为主，发行成本略高于全国平均水平

从发行期限看，信息基础设施类专项债以长期债券为主，发行期限主要分布于 10 ~30 年，其中 20 年占比最高，债券只数占比达到 30%；15 年次之，占比为 24%（见图 3）。该类专项债的整体平均期限为 17.64 年，远高于项目平均周期。从发行成本看，2021 年 1 ~9 月信息基础设施类专项债加权平均发

行利率为3.56%，其中重庆加权平均发行利率最高，为3.89%，云南最低，为3.10%，整体差距不大（见图4）。该类专项债整体加权平均利差达到24.67BP，较全国新增专项债平均水平高0.91BP。

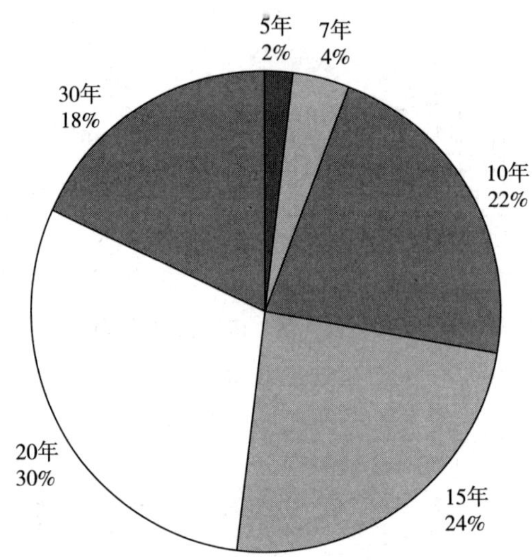

图3　2021年1~9月信息基础设施类专项债发行期限结构

资料来源：Wind数据库，中诚信国际整理计算。

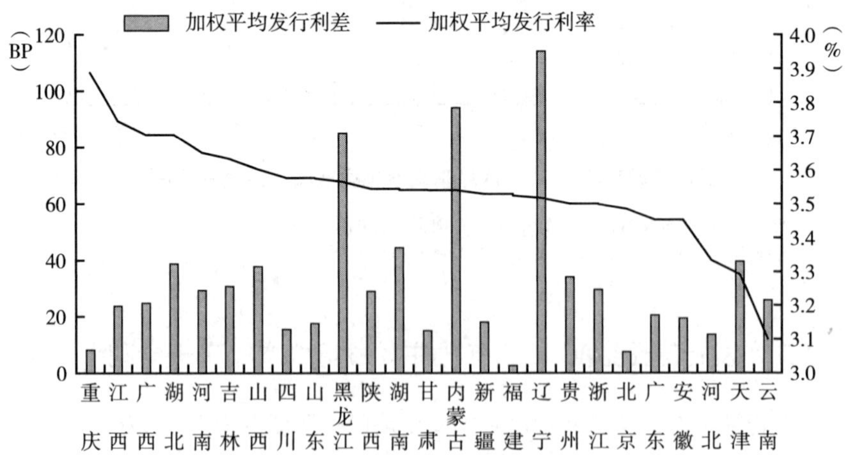

图4　2021年1~9月全国25个省（区、市）信息基础设施类专项债发行成本

资料来源：Wind数据库，中诚信国际整理计算。

二　信息基础设施类地方政府项目收益专项债募投项目特点分析

信息基础设施类项目是战略新兴领域，目前仍处于快速发展阶段。与传统基建项目相比，该类项目呈现以产业园区建设为主要载体、收入来源多样、项目周期较短等特征。

（一）超90%的项目以产业园区建设为载体，内容涵盖园区与城市的智慧化升级、建设数据中心等多领域

2021年1~9月新增专项债中共计461个信息基础设施类项目，项目领域涵盖5G、基站建设、物联网、“互联网+”、人工智能、半导体、电子信息、数据中心等。从项目形式看，主要以产业园区建设为载体，该类项目占比达95.22%①，项目具体内容包括标准化厂房、配套道路、路网等园区配套基础设施建设与运营，旨在优化区域信息产业链布局、聚集信息技术创新资源，鼓励相关企业聚集联动；非产业园区建设类项目占比较低，主要聚焦5G、基站建设、大数据中心以及城市基础设施的智能化改造。

（二）以区县级项目为主，项目建设周期多为2~3年

从项目分布看，广东、山东、河南、安徽项目数量位居前列，其中，广东该类项目最多，共计82个，占18%；山东次之，项目共计66个，占14%；甘肃、内蒙古、云南项目数量较少，均只有1个。从项目规模看，山东该类项目规模为124.46亿元，居于全国首位，远高于其他省（区、市）（见图5）。从行政层级看，信息基础设施类项目以区县级为主，共计350个，其中以产业园区建设为载体的项目336个，占96%；地市级次之，项目共104个；省级项目仅7个，占比最少。从项目期限看，项目建设周

① 如无特别说明，本报告中引用的专项债募投项目的相关数据均来自地方政府新增专项债信息披露文件，并由中诚信国际整理计算。本报告获取的数据来自不同募投项目文件、项目实施方案、信息披露模板等，这可能导致数据分析出现一定偏差，但不会对分析结论产生实质影响。

期为1～11年，跨度较大，60%的项目周期为2～3年，5年以上周期项目主要集中在广东、福建。

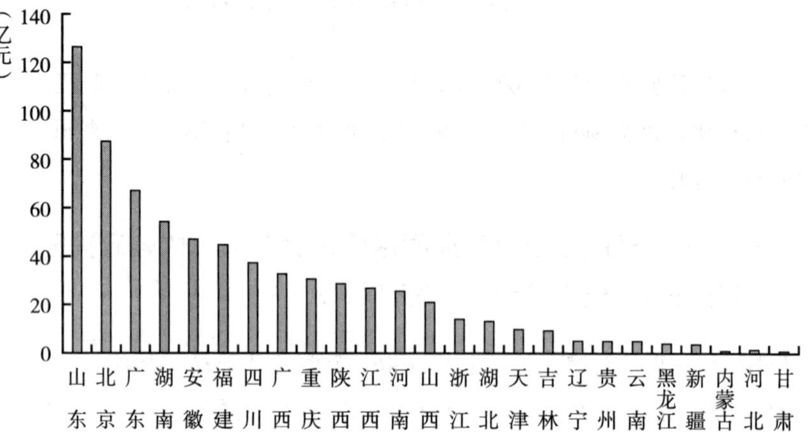

图5　2021年1～9月全国25个省（区、市）信息基础设施类专项债募投项目规模分布情况

资料来源：Wind数据库，中诚信国际整理计算。

（三）专项债资金多用作项目配套资金，融资本息覆盖倍数分化较大

从项目资本金情况看，项目资本金来源多元，其中共253个项目仅以财政资金作为资本金来源，占54.88%。其余项目资本金来源包括自筹资金、市场化融资、自主经营投入、业主自筹、专项债等，其中使用专项债作为资本金的项目仅2个。专项债资金多用于除资本金外的配套资金，其他配套资金来源主要包括银行贷款、企业发行债券等融资方式。从偿债收入看，不同项目类型收入来源有所差异。对于以产业园区建设为载体的项目，项目收入以园区内办公室、厂房等建筑租金收入为主，同时涵盖停车场、广告、物业费、项目运营等收入，部分项目收入还包括土地出让收入。受不同地区产业发展情况、房屋租赁市场价格影响，该类项目融资本息覆盖倍数分化较大，在1.01～11.44倍之间，均值为1.81倍，超90%的项目的融资本息覆盖倍数在1～3倍范围内。对于非产业园区建设类项目，项目收入以服务收入为主，具体包括5G移动服务

收入、大数据服务收入以及城市管理、新媒体运营等增值服务收入，部分项目还包括设备租赁收入，如机柜租赁、信息系统租金收入等。受项目技术难度、运维成本、地区信息化程度差异影响，项目本息覆盖比为1.23～9.40，平均值为2.44。

三 信息基础设施类地方政府项目收益专项债信用特点分析

信息基础设施类专项债主要以集合形式发行，整体来看，该类专项债信用状况取决于发行主体所在区域信用状况与项目信用状况，本报告主要对该类项目信用特点进行分析。

（一）项目主要以产业园区建设为载体，风险评估需充分考虑经济周期及社会风险影响

超90%的信息基础设施类项目以产业园区建设为载体，项目主要包括为信息基础设施类产业园提供基础设施配套项目，以及为产业园提供5G、数据类服务。因此，该类项目风险评估需充分考虑产业园区的经营风险。一方面，经济下行、疫情反复将拉长该类项目中产业园配套设施的建设周期，进而影响产业园经营的收入；另一方面，对于信息产业孵化器、加速器或相关产业创业园区类产业园，园区内企业主要为初创企业、中小微企业，抗风险能力较差，易受经济波动及社会风险影响，因此要对以中小微、初创企业为主要租户的信息科技类产业园保持关注。

（二）配套设施质量影响项目收入，技术更新速度加大运营不确定性

信息基础设施类项目产业园区的主要服务对象是园区内企业、居民、游客，园区的智慧化建设程度是否能够满足园区服务主体的需求，将直接影响园区招商引资能力的强弱，进而影响项目收入的多少。园区智慧化建设需配备高速泛在网络、云资源、综合管理软件等配套设施，智能配套设施的供给及时性及其运营稳定性对项目运营效果影响较大。非产业园区建设类项目对于厂房、

机房等配套设施要求较高，如人工智能、半导体芯片类项目，严格要求标准化无尘厂房，在建厂房能否保证质量如期交付将直接影响项目投产进度的快慢。此外，信息基础设施是新兴领域，技术更新快，项目需及时进行技术升级以满足客户不断发展的需求，但技术迭代升级或将给项目运营成本带来较大压力。因而该类项目评估应综合考量项目承建方承建经验、技术水平、项目规划的合理性等因素，并谨慎评估技术迭代对现金流的影响。

（三）专项资金到位情况、项目主体的融资渠道情况影响项目现金流

信息基础设施类项目具有资本密集型特征，资本金和配套资金到位情况将直接影响项目进程，进而影响项目信用水平。从现阶段项目情况看，2021 年 1 ~9 月信息基础设施类专项债资金主要用于项目配套资金，同时银行贷款、财政支持以及其他市场化融资方法也是配套资金来源的重要组成部分。在当前融资环境收紧、地方财政收支“紧平衡”背景下，在项目信用状况评估时，需要充分考虑专项资金到位情况、财政补贴的落实情况，以及项目主体的融资渠道情况。

四　案例分析——2021年天津市政府京津冀协同发展专项债券（三期）

本报告选取 2021 年天津市政府京津冀协同发展专项债券（三期），即 2021 年天津市政府专项债券（三期）中天津广播电视网络有限公司“5G + 智慧广电公共服务工程”项目为案例，对于纳入专项债的信息基础设施类项目特点进行分析。

（一）债券及项目整体情况介绍

2021 年天津市政府京津冀协同发展专项债券（三期），即 2021 年天津市政府专项债券（三期），于 2021 年 6 月 8 日发行，发行规模共计 64. 8 亿元，债券期限为 10 年，票面利率为 3. 32% 。债券募投项目为天津广播电视网络有限公司“5G + 智慧广电公共服务工程”，旨在通过总体方案设计，统筹规划天

津市基础设施、基础平台、智慧应用系统的建设。项目内容包括5G基础网络建设的承载网建设方案（含核心机房、一级机房、二级机房和远端机房）和接入网建设方案（将无线终端接入通信网络中的网络）、智慧广电公共服务基础网建设方案和智慧广电服务平台建设方案（含智慧社区建设、智慧医养建设和智慧教育建设三方面）。该项目自2020年7月开工建设，计划竣工时间为2023年6月。项目总投资9.04亿元，拟使用2021年天津市政府京津冀协同发展专项债券（三期）资金3.40亿元。

（二）项目评价

"5G+智慧广电公共服务工程"能够加速天津市5G基础设施建设，丰富5G技术应用场景。项目自筹资金3.04亿元，配套资金除2021年天津市政府专项债券（三期）资金3.40亿元外，其余部分由2022年专项债券资金作为补充。项目收益主要来源为5G移动服务收入、5G增值服务收入、5G家庭服务收入、政企用户服务收入和社区民生服务收入。该项目2021年开始运营，运营期12年，收入合计24.61亿元。项目成本主要包括水电费、租金、工资及福利费、维修费、平台运营服务费和其他费用等，共计7.88亿元，扣除税费及折旧摊销后项目运营期内运营收益合计13.15亿元。项目融资本息方面，该项目拟于2021年、2022年共发行6.00亿元债券资金，按期限10年、保守利率预测4.0%、半年付息测算的融资本息共计8.40亿元。预计债券募投项目相关收益在债券存续期内可以全部实现，项目收益对融资成本的覆盖倍数为1.57倍，保障程度较高。另外，对项目净收益进行压力测试，结果显示若在经营净收益下降15%的情况下，融资本息覆盖倍数为1.34倍，还本付息资金具有一定的稳定性与风险抵抗能力。

五 信息基础设施类地方政府项目收益专项债发展建议

信息基础设施是国家基础设施的重要组成部分，是新型基础设施的核心，未来，信息基础设施类项目将是拉动地方经济发展的新支点。目前，该类项目尚处于发展初期，该类专项债迅速扩容，未来仍需结合行业变化趋势与项目特点，持续优化配套管理细则，充分发挥财政资金的聚力增效作用，引导信息基础设施行业发展。

一是要加强对募投项目的筛选，充分发挥专项债资金对信息基础产业的引导作用。各地仍需加强项目审查，从严审核项目信息披露材料，加大对项目真实性、收入来源可靠性的审查力度，确保专项债资金流向信息基础设施行业，避免虚假项目、不合格项目、高风险项目的打包申报。

二是要细化项目信息披露要求。现阶段信息基础设施类项目具有特殊性，涵盖的细分领域较多。目前专项债信息披露采用统一模板，未来可结合不同细分领域细化各子类项目信息披露要求。大部分项目以产业园区建设为载体，聚焦产业园的智慧化升级和信息基础设施行业聚集，该类项目可进一步披露项目承接主体技术资质、项目经验、产业园建设项目规划、招商引资能力、入园筛选标准等信息；非产业园区建设类项目以提供数字信息化服务为主，该类项目可加强项目人员技术背景、设备采购质量等信息披露，帮助投资者了解项目运营水平、充分评估项目信用风险。

三是要坚持谨慎性原则，规范项目收入成本测算。信息基础设施产业是新兴产业，行业发展不确定性大。相关部门可结合该类项目风险特征，完善项目收益测算。如可增加区域经济下行、社会风险增加、项目产能不及预期、技术升级迭代、区域信息技术发展较慢等压力测试情景，便于监管部门和投资人参考。

四是要合理安排期限结构，提高债券期限与项目期限的匹配度。信息基础设施类项目中，部分前沿技术仍处于探索阶段，技术更新迭代速度快，设备升级改造成本高。项目投产后，技术迭代以及运营稳定性或对项目收入产生影响。目前，该类专项债期限以 10 ~ 30 年为主，可适当缩短债券期限，降低行业发展不确定性对债券偿付的影响。

B.9

2021年乡村振兴类地方政府项目收益专项债分析报告

鲁璐　汪苑晖*

摘　要： 乡村振兴类地方政府项目收益专项债是贯彻“乡村振兴战略”的重要举措，目前此类债券的发行期限普遍长于项目期限，债券中实际投向乡村振兴类项目的规模较小，项目融资本息覆盖倍数仍有提升空间，项目资本金比例较高，但专项债用作资本金的比例低。为扩大相关债券发行规模及增强资金使用效果，本报告建议一方面可以合理分配专项债额度，充分发挥专项债可用作项目资本金的优势；另一方面可以积极拓宽项目收入来源，提高专项债募投项目资质。

关键词： 地方债　专项债　乡村振兴

2017年，党的十九大报告首次提出“乡村振兴战略”，2018年发布的《乡村振兴战略规划（2018—2022年）》① 提出“支持地方政府发行一般债券用于支持乡村振兴领域公益性项目，鼓励地方政府试点发行项目融资和收益自平衡的专项债券，支持符合条件、有一定收益的乡村公益性建设项目”，8月首只乡村振兴类地方政府项目收益专项债（以下简称“乡村振兴类专项债”）

* 鲁璐，中诚信国际研究院研究员，主要研究领域为地方债与城投行业、财政政策等；汪苑晖，中诚信国际研究院助理总监，主要研究领域为宏观经济、地方债与城投行业、货币政策等。

① 《中共中央　国务院印发〈乡村振兴战略规划（2018—2022年）〉》，中国政府网，2018年9月26日，http://www.gov.cn/zhengce/2018-09/26/content_5325534.htm。

发行。2019 年 6 月，《关于做好地方政府专项债券发行及项目配套融资工作的通知》① 指出，要支持做好专项债券项目融资工作，精准聚焦包括乡村振兴战略在内的重点领域和重大项目。2020 年 5 月，农业农村部召开传达学习贯彻全国两会精神干部大会，提及加强“三农”领域投资，推动地方扩大乡村振兴类专项债规模。在国家政策的积极引导下，乡村振兴逐渐成为地方政府专项债资金的创新性投放领域，乡村振兴事业在其支持下得以加速发展。

一 乡村振兴类地方政府项目收益专项债发行特点分析

2021 年 1 ~9 月，乡村振兴类专项债发行规模为 3913. 59 亿元，其中包括债券名称中含“乡村振兴”的专项债 11 只，规模合计 265. 31 亿元，以及债券名称中未出现“乡村振兴”但募投项目名称中含“乡村振兴”的专项债 71 只，规模合计 3648. 29 亿元。其中实际投向乡村振兴类项目的债券规模仅 403. 31 亿元②，其中有超半数投向城乡建设领域。此类债券呈现实际支持乡村振兴的规模较小、区域间发行规模分布不均、发行期限较长、发行成本偏高的特点。

（一）专项债实际投向乡村振兴类项目的规模较小，集中在城乡建设领域

2021 年 1 ~9 月，20 个省（区、市）合计发行 82 只乡村振兴类专项债，发行总规模达 3913. 59 亿元，投向 5071 个项目，其中乡村振兴类项目仅 395 个，对应的债券规模为 403. 31 亿元，占乡村振兴类专项债发行总规模的 10%，专项债实际支持乡村振兴的规模较小。从地域分布来看，乡村振兴类专项债发行规模排名前三的省份依次为安徽、河南、广东，规模分别为 734. 61 亿元、472. 94 亿元、431. 72 亿元，占乡村振兴类专项债总发行规模的 42%。而从实际投向乡村振兴

① 《中共中央办公厅 国务院办公厅印发〈关于做好地方政府专项债券发行及项目配套融资工作的通知〉》，中国政府网，2019 年 6 月 10 日，http：//www. gov. cn/zhengce/2019 - 06/10/content_ 5398949. htm。

② 如无特别说明，本报告中引用的专项债募投项目的相关数据均来自地方政府新增专项债信息披露文件，并由中诚信国际整理计算。本报告获取的数据来自不同募投项目文件、项目实施方案、信息披露模板等，这可能导致数据分析出现一定偏差，但不会对分析结论产生实质影响。

类项目的债券规模来看，江苏、江西、山东排名前三，规模依次为151.76亿元、48.73亿元、35.01亿元，占投向乡村振兴类项目专项债规模的58%（见图1）。从资金投向领域来看，实际投向乡村振兴类项目的403.31亿元专项债涉及10个领域，使用债券资金规模排名前三的为城乡建设、农林水利、生态环保领域，占比依次为54.28%、21.71%、11.96%（见图2），城乡建设领域主要包括乡村建设、农村人居、农民集中住房、美丽乡村、村村通道路、扶贫开发、田园综合体等，农林水利领域主要包括高标准农田建设、供水工程等。

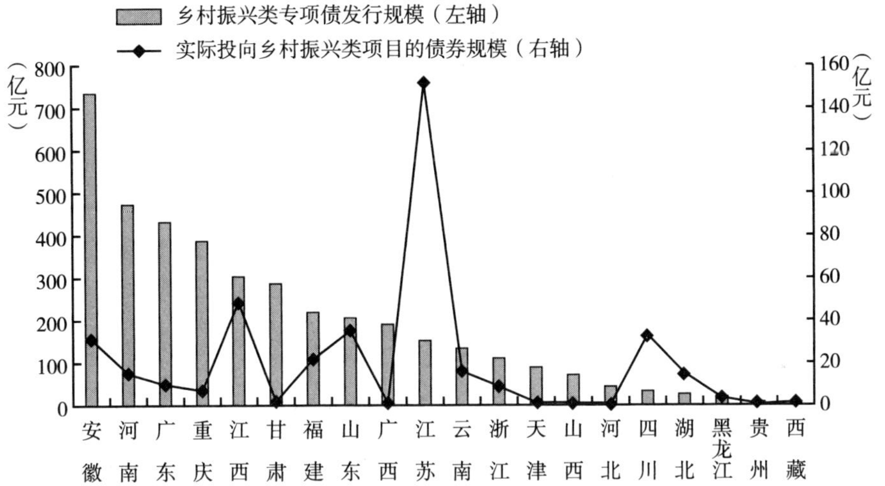

图1　2021年1~9月全国20个省（区、市）乡村振兴类专项债发行规模地域分布

资料来源：Wind数据库，中诚信国际整理计算。

（二）乡村振兴类专项债发行期限以15年和20年为主，发行成本偏高

从发行期限来看，2021年1~9月乡村振兴类专项债发行期限以15年和20年为主，二者发行规模分别为1482.44亿元、961.58亿元，占此类专项债总规模的比例分别为37.88%、24.57%，比同时段、同期限全部新增专项债发行规模占比分别高出17.16个百分点、4.4个百分点（见图3），发行期限长期化趋势明显。从发行利率来看，乡村振兴类专项债中发行利率为3.5%~4.0%（不含4.0%）的规模占比最高，达62.08%；其次为3.0%~3.5%（不含3.5%），规模占比达37.77%；剩余部分发行利率低于3.0%，规模占

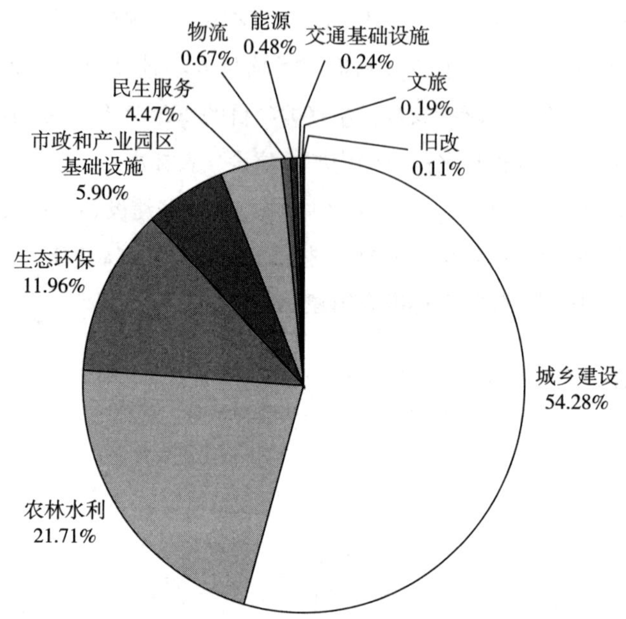

图2　2021年1~9月实际投向乡村振兴类项目的专项债涉及领域分布

资料来源：Wind数据库，中诚信国际整理计算。

比仅为0.15%。同期全部新增专项债中发行利率为3.5%~4.0%（不含4.0%）的规模占比为46.57%，较此类专项债低15.51个百分点（见图4），可见乡村振兴类专项债的发行成本整体偏高。

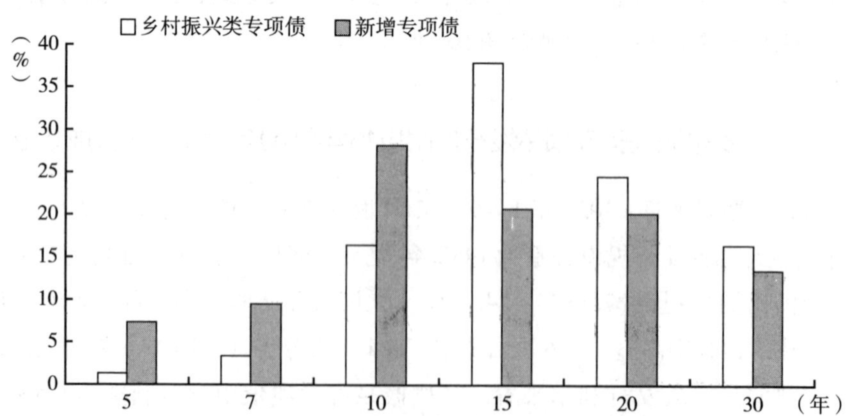

图3　2021年1~9月乡村振兴类专项债及新增专项债各期限发行规模占比

资料来源：Wind数据库，中诚信国际整理计算。

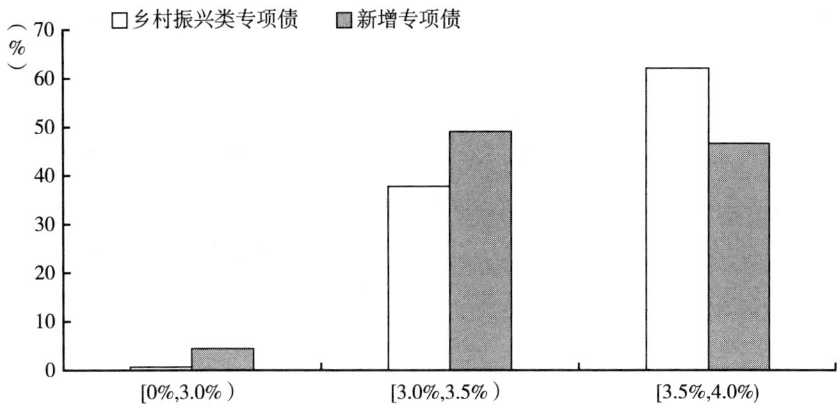

图4　2021 年 1 ~9 月乡村振兴类专项债及新增专项债发行利率分布

资料来源：Wind 数据库，中诚信国际整理计算。

二　乡村振兴类地方政府项目收益专项债募投项目特点分析

乡村振兴类项目意在支持乡村发展建设，2021 年发行的乡村振兴类专项债对应募投项目以区县级为主。此类项目公益属性较强，多由财政资金作为项目资本金，且投资规模较小、项目期限普遍较短。

（一）资金主要投向区县级项目，符合该类专项债的定位

从项目层级来看，2021 年 1 ~9 月乡村振兴类专项债中投向乡村振兴类项目的规模为 403. 31 亿元，其中 140. 35 亿元被用于地市级项目，占比为 34. 8%，其余 262. 96 亿元被用于区县级项目，占比为 65. 2%。考虑到乡村振兴政策意在促进乡村发展，而乡镇一级政府由区县级政府直接领导，区县级项目占比更多，符合乡村振兴类专项债的定位，资金投向层级较为精准。

（二）项目期限多在2年以下，与较长期限的专项债形成错配

从项目期限来看，在 2021 年 1 ~9 月使用了新增专项债资金的乡村振兴类项目中，期限在 2 年以下的项目所使用的专项债资金为 112. 05 亿元，规模占

比达41.36%；期限为2～3年（不含3年）的项目所使用的专项债资金为61.06亿元，规模占比达22.54%；期限为3～5年（不含5年）的项目所使用专项债资金为82.96亿元，规模占比达30.62%；项目期限在5年及以上的，所使用规模占比仅为5.48%（见图5）。整体来看，由于募投项目中包含乡村振兴类项目的专项债实际投向乡村振兴领域的资金占比有限，剩余大量资金投向其他领域，而其他领域建设周期普遍更长，因此虽然乡村振兴类项目期限集中在中短期，但乡村振兴类专项债发行期限较长。这在一定程度上形成了期限错配，但债券存续期限能够覆盖项目期限，因而对乡村振兴类项目的资金使用不产生实质性影响。

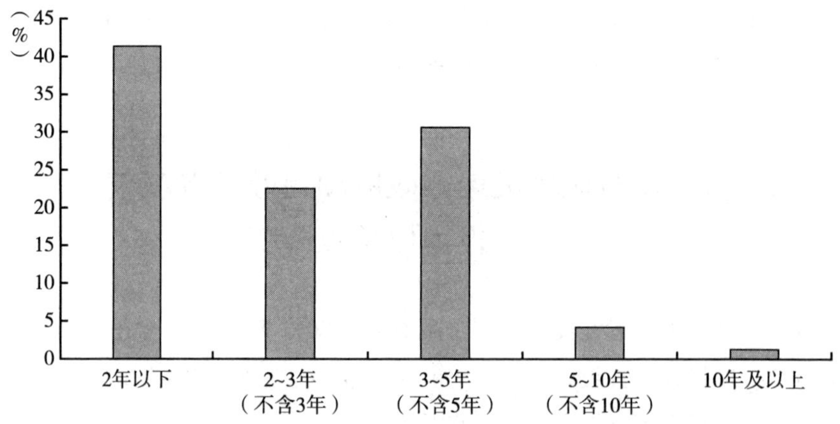

图5　2021年1～9月使用专项债资金的乡村振兴类项目期限规模占比

资料来源：Wind数据库，中诚信国际整理计算。

（三）项目资本金比例普遍较高，但专项债用作资本金的项目较少

从资本金来看，大部分乡村振兴类项目的资本金比例本身较高，资本金比例在50%及以上的规模占比达27.05%，为20%～50%（不含50%）的规模占比达54.75%，不足20%的规模占比仅为18.19%（见图6）。从项目资本金来源来看，主要为财政资金，其次为自筹资金。然而，专项债用作乡村振兴类项目资本金的比例较低，在403.31亿元用于乡村振兴类项目的专项债资金中，仅溧阳市南部山区供水改造提升工程、济南市引黄灌区农业节水工程（章丘区部分）2个项目以专项债资金作为资本金，分别为8000万元和2200万元，占比仅0.25%。

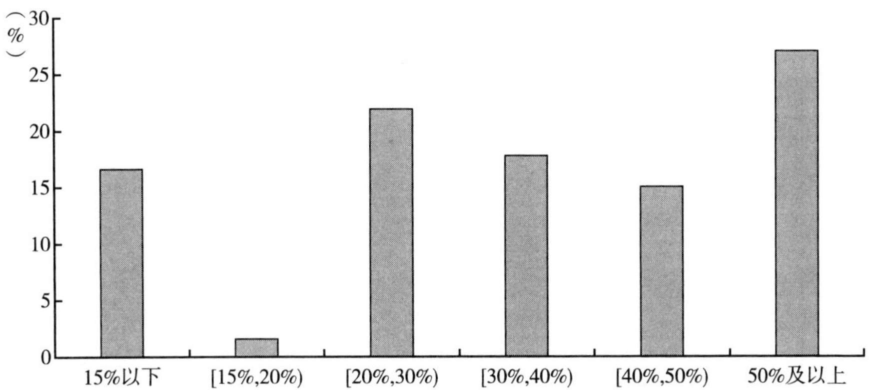

图6　2021年1~9月使用专项债资金的乡村振兴类项目资本金比例的规模占比

资料来源：Wind数据库，中诚信国际整理计算。

三　乡村振兴类地方政府项目收益专项债信用特点分析

乡村振兴类项目偿债来源广泛，部分项目依赖土地出让收入，整体来看，项目资质水平较为一般。此外，乡村振兴类专项债的信用资质受发行省份自身经济财政实力水平影响，区域分化明显，对于综合财力偏低、债务率偏高的省份而言，其地方债的偿付保障能力也相对偏弱。

（一）项目资质表现一般，项目融资本息覆盖倍数仍有提升空间

乡村振兴类项目使用的专项债资金主要被用于城乡建设，偿债资金来源广泛，包括旅游收入、厂房出租收入、土地指标转让收入、水务收入、粮食收入等。从项目融资本息覆盖倍数上看，乡村振兴类项目中项目融资本息覆盖倍数平均值为1.77倍，其中项目融资本息覆盖倍数为1~1.5倍（不含1.5倍）的规模占比达59.62%，项目融资本息覆盖倍数为1.5~2.0倍（不含2.0倍）的规模占比达26.52%，项目融资本息覆盖倍数为2.0~3.0倍（不含3.0倍）的规模占比达9.21%，项目融资本息覆盖倍数在3倍及以上的规模占比达4.65%（见图7）。整体来看，乡村振兴类项目的资质一般，本息覆盖倍数仍有待提升。

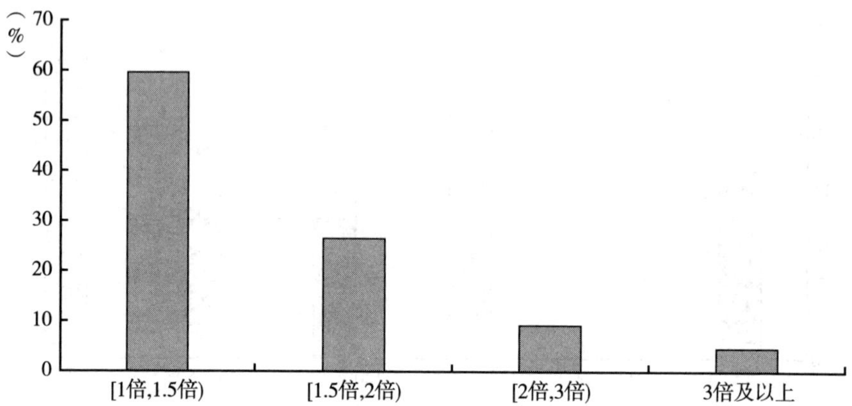

图7　乡村振兴类项目融资本息覆盖倍数分布（按使用专项债资金规模计算）

资料来源：Wind 数据库，中诚信国际整理计算。

（二）发行省份经济财政实力差异较大，信用资质分化较为明显

在2021年1～9月发行乡村振兴类专项债的20个省（区、市）中，广东、江苏、浙江、山东、四川2020年区域综合财力均在1.5万亿元以上，居全国前五位，财政实力强；西藏、天津、甘肃均在5000亿元以下，全国排名均在第25（含）以后，区域财政实力整体偏弱。从2020年区域债务负担来看，20个省（区、市）的直接债务率为16.49%～172.57%，其中西藏直接债务率、含隐性债务率均为最低，天津均为最高，不同省（区、市）间债务负担差异明显（见图8）。总的来看，发行乡村振兴类专项债的20个省（区、市）信用资质分化较为明显，对于综合财力偏低、债务率偏高的省（区、市）而言，其地方债的偿付保障能力也相对偏弱。

（三）部分项目回笼资金依赖土地出让收入，未来不确定性或较大

2021年1～9月，在使用了专项债资金的乡村振兴类项目中，有27个项目对应的偿债资金来源包含土地出让收入或土地指标转让收入。根据《跨省域补充耕地国家统筹管理办法》①，耕地后备资源严重匮乏的直辖市，占用

① 《国务院办公厅关于印发跨省域补充耕地国家统筹管理办法和城乡建设用地增减挂钩节余指标跨省域调剂管理办法的通知》（国办发〔2018〕16号），中国政府网，2018年3月26日，http：//www.gov.cn/zhengce/content/2018－03/26/content_5277477.htm。

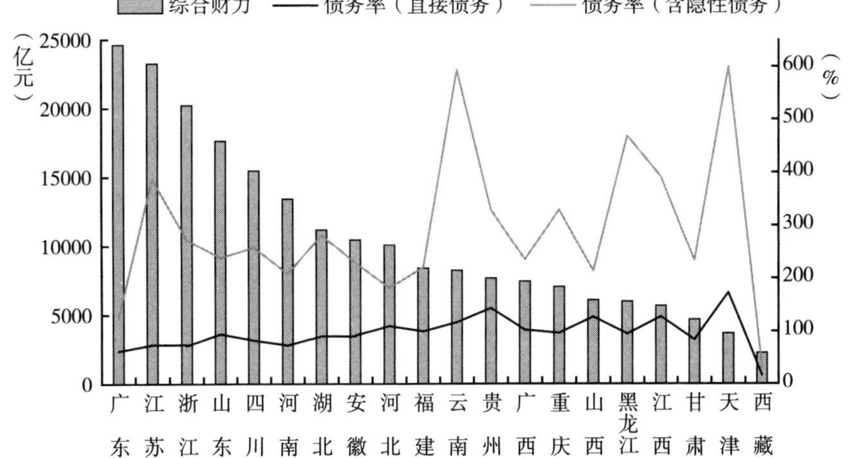

图8　2020年全国发行过乡村振兴类专项债的20个省（区、市）财政实力对比

资料来源：Wind数据库，中诚信国际整理计算。

耕地、新开垦耕地不足以补充所占耕地或资源环境条件严重约束、补充耕地能力严重不足的省，由于实施重大建设项目造成补充耕地缺口的，经国务院批准，可以在耕地后备资源丰富省份落实补充耕地任务，但需缴纳跨省域补充耕地资金，即为“土地指标转让收入”，这类收入从政策保障、实际需求上看较有保障。但部分项目完全依赖土地出让收入，如2021年四川省乡村振兴专项债券（二期），即2021年四川省政府专项债券（十五期）投向的桦木镇乡村振兴项目资金回笼来源仅为“土地出让对应的政府性基金收入和专项收入”，在当前地产行业整体发展承压，低层级、弱资质地区拿地意愿不足的背景下，未来可能因土地出让收入不及预期而带来债券偿付安全的边际弱化。

四　案例分析——2021年四川省乡村振兴专项债券（一期）

本报告选取了已发行的2021年四川省乡村振兴专项债券（一期），即2021年四川省政府专项债券（十四期）进行分析。

（一）债券及项目基本情况介绍

2021 年四川省乡村振兴专项债券（一期）（以下简称“21 四川 26”）发行金额 3.71 亿元，期限为 7 年，票面利率为 3.34%，专项用于罗家乡村振兴示范片建设、四川省眉山市东坡区乡村振兴示范项目暨中国泡菜城农业产业提升项目、四川省洪雅县生态振兴示范项目——现代林业园区建设、筠连县巡司镇乡村振兴战略示范区建设项目、四川省宜宾市兴文县乡村振兴项目，共 5 个乡村振兴项目建设。

（二）项目评价

在项目偿债资金来源及偿债保障方面，本期债券偿债资金来源于募投项目对应的农产品销售、会展中心出租、民俗表演景区门票收入等。经测算，本期债券存续期内，对应的 5 个项目预期可实现收益 49.64 亿元，各项目预期收益对使用本期债券金额本息的覆盖倍数为 4.86～36.83 倍，项目整体收益可实现债券本息覆盖（见表 1）。

表 1　“21 四川 26”募投项目情况

单位：亿元，倍

项目名称	本期债券计划使用额度	债券存续期预期收益	债券存续期内预期收益/债券本息
罗家乡村振兴示范片建设	0.41	3.86	7.56
四川省眉山市东坡区乡村振兴示范项目暨中国泡菜城农业产业提升项目	0.4	18.34	36.83
四川省洪雅县生态振兴示范项目——现代林业园区建设	1	15.72	12.63
筠连县巡司镇乡村振兴战略示范区建设项目	0.3	2.03	5.44
四川省宜宾市兴文县乡村振兴项目	1.6	9.69	4.86
合计	3.71	49.64	10.75

资料来源：四川省地方政府新增专项债信息披露文件，中诚信国际整理计算。

五 乡村振兴类地方政府项目收益专项债发展建议

乡村振兴战略是“十四五”规划的重要安排，是解决我国社会主要矛盾的必然要求。2020 年 10 月，《中共中央关于制定国民经济和社会发展第十四个五年规划和二〇三五年远景目标的建议》① 高度重视“三农”工作，以单列专章的形式做出布署安排，明确提出要全面推进乡村振兴，加快农业农村现代化，提高农业质量效益和竞争力。“十三五”期间，国内农业供给侧结构性改革持续深化，现代农业发展取得长足进步，但进入“十四五”时期，我国农业发展的质量效益不够高与竞争力较弱的问题开始显现，城乡发展不平衡、乡村发展不充分的问题较为突出，因此在新阶段提出并落实乡村振兴战略，对于解决新时代我国社会主要矛盾、实现“两个一百年”奋斗目标和中华民族伟大复兴的中国梦具有重大意义。

乡村振兴类专项债作为金融领域支持乡村振兴战略的重要手段，作为地方政府更好地发挥财政资金撬动作用的重要工具，目前发行规模仍然偏小、投向项目的融资本息保障倍数也有待提高，缺乏足够多符合资质要求的项目可能也是制约相关债券发行规模的重要原因。对此，本报告提出以下两点建议。第一，合理分配专项债额度，充分发挥专项债可用作项目资本金的优势。当前乡村振兴类专项债用作乡村振兴类项目资本金的比例低，有条件的地方政府应当根据项目实际、区域经济财政表现及发展趋势等因素，合理分配专项债融资额度，对于符合要求的项目积极争取专项债作资本金，以更好地发挥财政资金的撬动作用。第二，积极拓宽项目收入来源，提高专项债募投项目资质。目前，在已经利用了专项债资金的乡村振兴类项目中，有较大比例存在还款来源分散且不确定性较高、融资本息保障倍数偏低的问题，地方政府可以通过提高项目附加值、拓宽项目收入来源等措施加以改善，提高相关专项债的发行便利性、降低融资成本。

---

① 《中共中央关于制定国民经济和社会发展第十四个五年规划和二〇三五年远景目标的建议》，中国政府网，2020 年 11 月 3 日，http：//www. gov. cn/zhengce/2020 – 11/03/content_5556991. htm。

区域篇

Regional Reports

B.10
2021年北京市地方政府债券分析报告

黄菲　郗玥*

摘　要： 北京市2009年发行首只地方债以来，地方债累计发行规模已超过6700亿元。2021年，北京市地方债发行集中度略有提高；发行结构以新增专项债为主，长期债券占比下降。北京市专项债持续扩容，其募投领域向基建倾斜，但未用作项目资本金，且对基建投资的实际撬动效应仍受到多因素限制。整体看，北京市地方政府债务限额仍有较大使用空间，其财政实力和债务偿付能力较强，债务风险整体可控。展望下一阶段，本报告建议北京市地方政府进一步丰富资金投向，可将地方债资金聚焦在科研、公共治理等领域。

关键词： 地方债　专项债　北京市

---

* 黄菲，中诚信国际政府公共评级一部助理总监，主要研究领域为地方债与城投行业、大交通行业等；郗玥，中诚信国际政府公共评级一部分析师。

一　北京市地方债运行情况分析

截至2021年9月，北京市地方债存量规模为6766.26亿元①，在全国31个省（区、市）中排名第23，在直辖市中排名第4（见图1），仅占全国规模的2.36%。从结构看，存量地方债中有4360.58亿元专项债、2374.18亿元一般债以及31.5亿元未分类债券②，其中专项债占比超过60%，规模在全国排名第16。从期限看，存量地方债主要为5~10年期限，约占全市地方债总规模的84.47%。

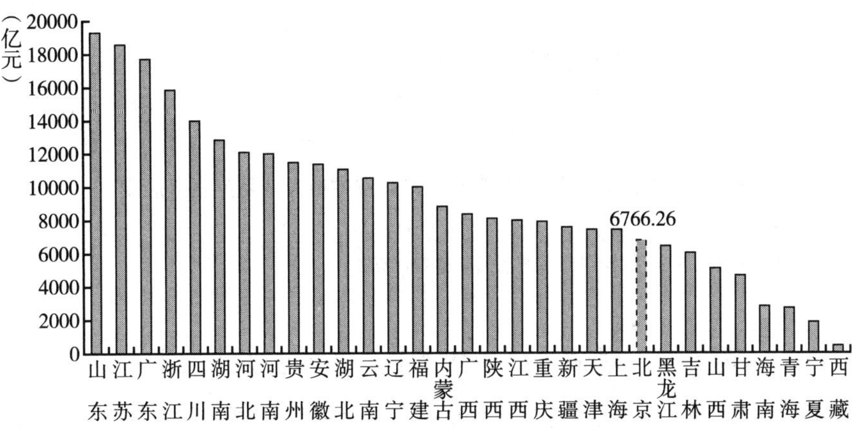

图1　截至2021年9月全国31个省（区、市）地方债存量规模

资料来源：Wind数据库，中诚信国际整理计算。

（一）发行规模基本稳定，发行集中度有所提高

随着经济持续呈修复态势，2021年1~9月我国财政收入同比出现回升，在全球新冠肺炎疫情未稳、经济下行压力凸显的背景下，地方债的积极作用仍然突出。2021年1~9月，北京市发行地方债共计1246.89亿元，约为2020年发行总规模的74.39%。从月度发行规模看，因项目审核趋严、财政支出节奏及限额下

---

① 如无特别说明，本报告中引用的地方债存量、发行量、发行利率、发行利差、交易量、到期收益率等债券相关数据均来自截至2021年9月的Wind数据库，并由中诚信国际整理计算。

② 2015年以前发行的地方债未区分一般债、专项债。

达节奏慢于往年等，北京市上半年地方债发行进度明显放缓，2021 年 1 ~9 月北京市地方债发行主要集中于 6 ~8 月，较 2020 年集中度有所提高（见图 2）。

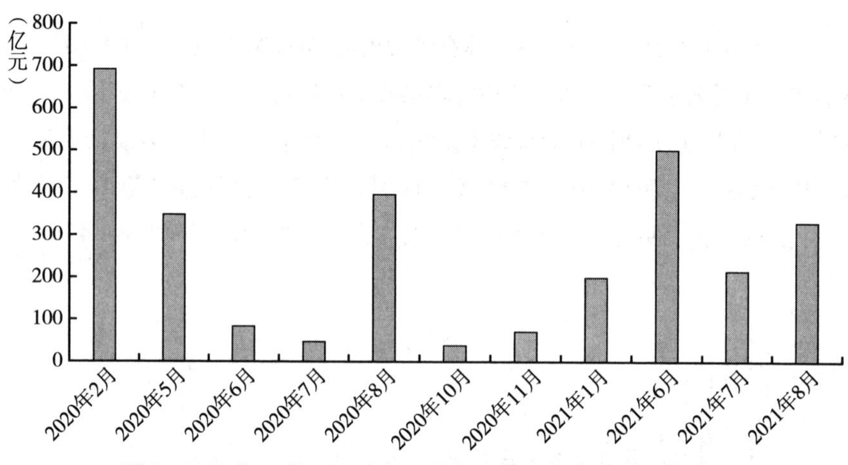

图 2　2020 年 1 月 ~2021 年 9 月北京市地方债月度发行规模

注：北京市部分月份无地方债发行，故图中无显示。
资料来源：Wind 数据库，中诚信国际整理计算。

（二）再融资专项债占比有所上升，短期债券占比提高

2021 年 1 ~9 月，北京市新增专项债发行规模为 587.26 亿元，占比为 47.10%，占比较 2020 年有所下降，同时受地方债陆续到期影响，再融资专项债比例有所上升，发行规模为 250.59 亿元，占比上升至 20.10%，另外发行了新增一般债（119.41 亿元）以及再融资一般债（289.63 亿元）。从期限结构看，期限结构以 5 年为主，占比达到 30.72%，较 2020 年增加约 5 个百分点；期限品种较 2020 年增加了 1 年的短期品种，并减少了 30 年的较长期限品种，10 年及以上期限占比为 31.79%（见图 3），较 2020 年减少近 20 个百分点。整体来看，主要受 2021 年 1 月开始实施的《财政部关于进一步做好地方政府债券发行工作的意见》① 中，要求控制一般债券期限以及长期限新增债发行迟滞的影响，北京地方债发行期限有所缩短。

① 《财政部关于进一步做好地方政府债券发行工作的意见》（财库〔2020〕36 号），中国政府网，2020 年 11 月 4 日，http://www.gov.cn/gongbao/content/2021/content_5578544.htm。

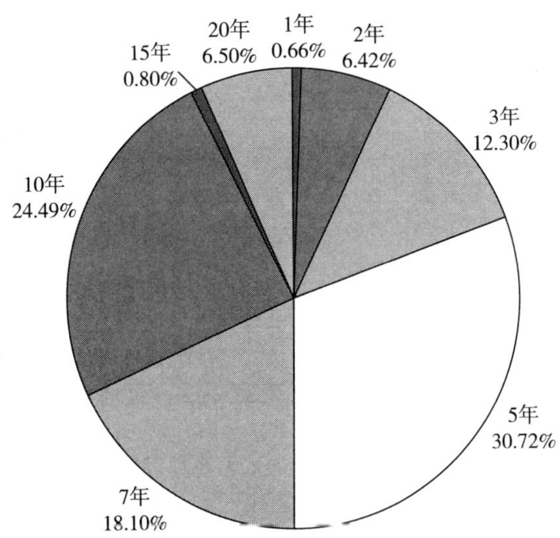

图3　2021 年 1 ~ 9 月北京市地方债发行期限结构

资料来源：Wind 数据库，中诚信国际整理计算。

（三）发行利率整体略有上升，但利差明显收窄

2021 年 1 ~ 9 月，北京市地方债发行利率①未能延续 2018 年以来的下行趋势，小幅上扬至 3. 14%，但发行利差较上年收窄 4. 79BP，至 19. 77BP（见图 4）。从月度分布看，发行利率整体呈下降趋势，并在 2021 年 8 月到达低点 2. 96%（见图 5）。从券种分布看，一般债、专项债发行利率均回升，较 2020 年同期分别上升至 3. 23% 和 3. 12%，发行利差分别回落至 21. 07BP 和 20. 67BP。与其他省（区、市）相比，北京市发行利率较低，在全国排名第 30，仅高于上海市发行利率（见图 6）。

（四）交易规模略有回落，到期收益率整体先下降后波动上升

2021 年 1 ~ 9 月，北京市地方债交易规模②同比小幅回落 2. 89%，至 2059. 16 亿元，在全国排名第 10，同全国地方债 2020 年以来的流动性减弱趋

① 如无特别说明，本报告中发行利率、利差为根据发行额计算的加权平均发行利率、利差，发行利差计算公式为债券发行利率减对应期限国债收益率。

② 交易统计包含回购交易、现券交易等部分。

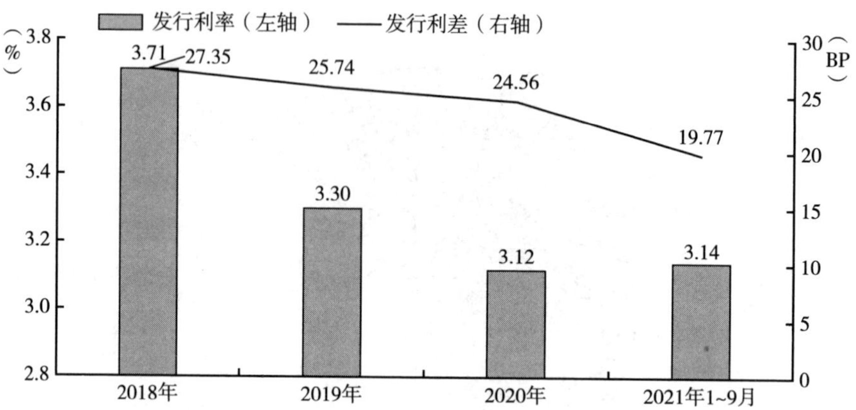

图4　2018年~2021年9月北京市地方债发行成本

资料来源：Wind数据库，中诚信国际整理计算。

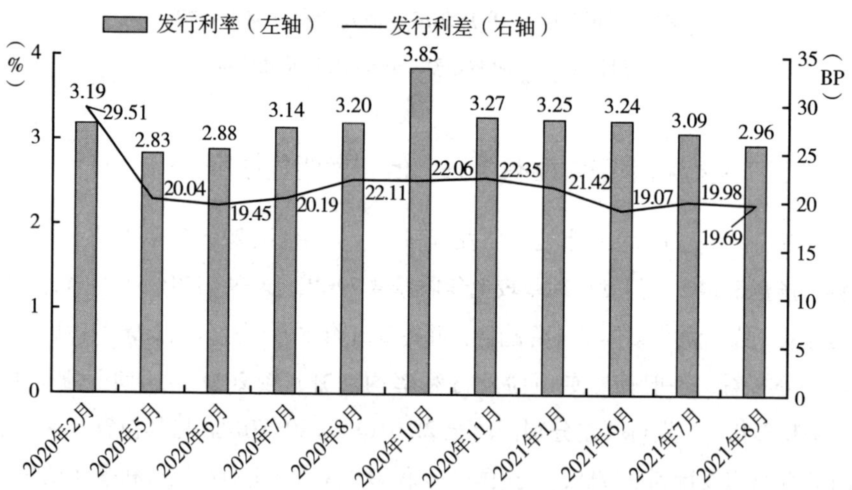

图5　2020年1月~2021年9月北京市地方债月度发行成本

注：北京市部分月份无地方债发行，故图中无显示。

资料来源：Wind数据库，中诚信国际整理计算。

势相一致，但与其他省（区、市）相比仍较2020年同期上升9名。从到期收益率走势看，2020年1月~2021年9月，北京市各期限地方债到期收益率①整

① 此处到期收益率采用的是算术平均值。

体呈现先下降后波动上升的态势，于 2020 年 4 月到达低点，2021 年 7 月受央行释放流动性影响再次回落后，保持相对稳定（见图 7）。

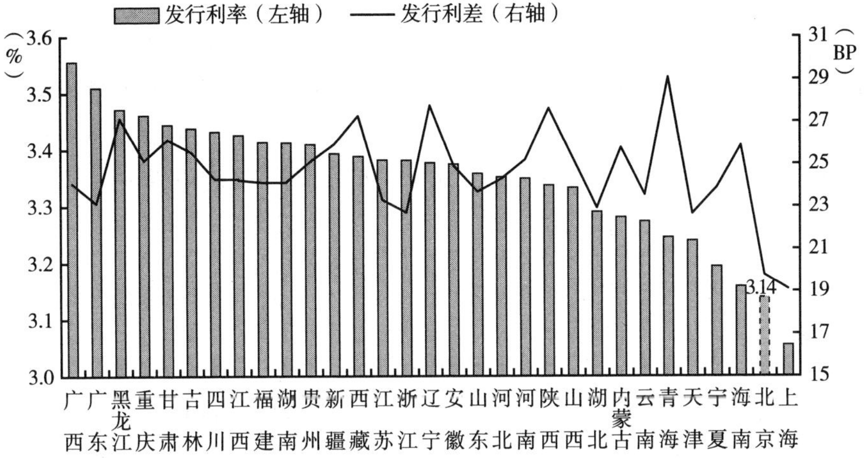

图 6　2021 年 1～9 月全国 31 个省（区、市）地方债发行成本

资料来源：Wind 数据库，中诚信国际整理计算。

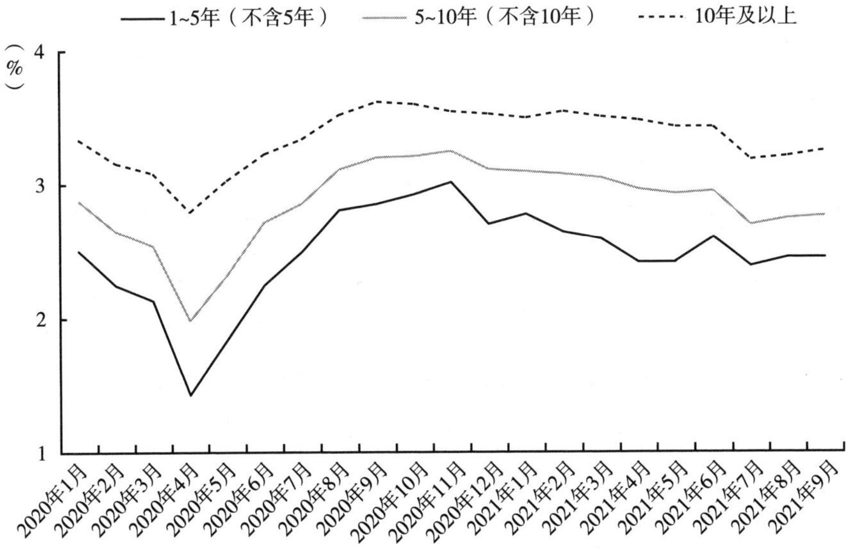

图 7　2020 年 1 月～2021 年 9 月北京市地方债到期收益率走势

资料来源：Wind 数据库，中诚信国际整理计算。

二　北京市地方政府专项债分析[①]

截至2021年9月，北京市专项债存量规模为4360.58亿元，处于全国中游水平。从项目种类看，2021年1~9月发行的新增专项债投向领域仍以市政和产业园区基础设施及棚改为主；从期限结构看，存量专项债总体期限结构偏长，5年期债券规模最大，占比达37.24%。此外，北京市仍未启用专项债资本金模式。在稳增长背景下，北京市需进一步发挥专项债用作资本金的杠杆优势。

（一）新增专项债规模较2020年同期明显下降，发行成本略有上升

自2021年起，经济下行压力有所缓解，专项债扩容速度放慢，2021年1~9月，北京市共发行新增专项债587.26亿元，在疫情得到控制及经济情况改善的背景下，北京市专项债新发规模明显下降。从债券期限看，北京市存量专项债以5~10年期为主，占比为81.39%（见图8），整体期限有所延长，更为匹配专项债项目期限。从投向领域看，2020年起北京市专项债募投领域逐步向交通基础设施等倾斜。从发行成本看，自2021年起北京市专项债发行成本略有上升，但利差有所收窄，2021年1~9月，北京市专项债发行利率及利差分别为3.14%、19.77BP。

（二）募投领域以市政和产业园区基础设施及棚改为主，仅以土地出让收入为还款来源项目占比较大，偿债保障有待观察

2021年1~9月新增专项债募投领域以市政和产业园区基础设施及棚改为主（见图9）。具体看，投向市政和产业园基础设施领域280.60亿元，其中以产业园建设为主；投向棚改领域222.66亿元；投向交通基础设施领域79.50亿元，其中轨道交通类占比较高。从项目行政层级看，北京市新增专项债募投项目以区县级为主，地市级项目占比较少，仅19%。从资本金比例看，地市级

① 2020年7月29日财政部《关于加快地方政府专项债券发行使用有关工作的通知》（财预〔2020〕94号）明确2020年新增专项债必须保证融资规模与项目收益相平衡，因此2020年新增专项债均为项目收益专项债；本部分项目收益专项债的统计样本为2017~2020年项目收益专项债与2021年1~9月的新增专项债。

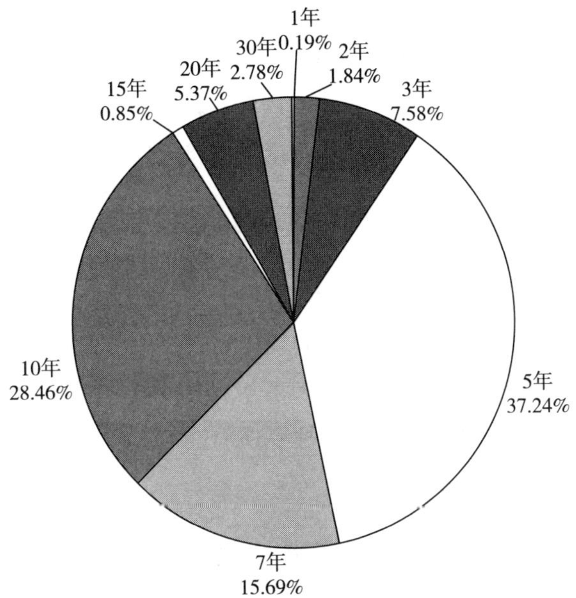

图8　截至2021年9月北京市存量专项债发行期限结构

资料来源：Wind数据库，中诚信国际整理计算。

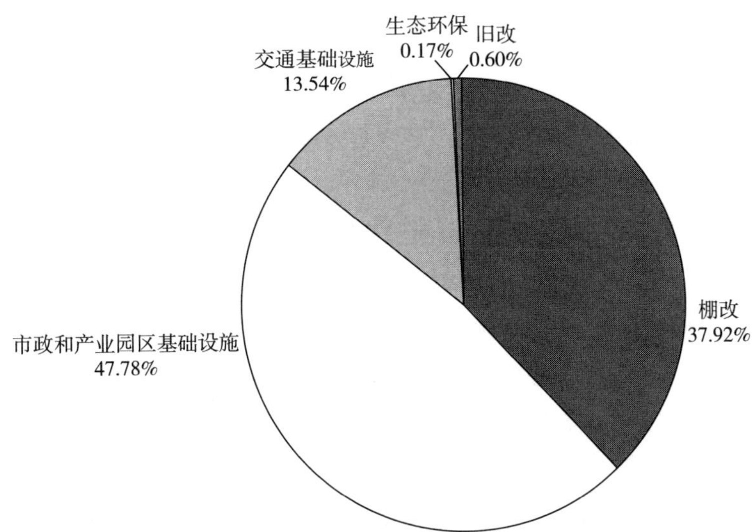

图9　2021年1～9月北京市新增专项债募投领域分布

资料来源：北京市政府新增专项债信息披露文件，中诚信国际整理计算。

与区县级项目资本金比例差异甚微，均值均约为39%。从项目偿债情况看，项目融资本息覆盖倍数均值为2.97倍，偿债风险较低，但近1/4的项目仅以土地出让收入为还款来源，由于土地出让具有较大不确定性且收入一次性实现的特点，北京市需关注对应土地出让进度及项目偿还本息的潜在风险。

（三）目前专项债暂未用作项目资本金

截至2021年9月，北京市仍无专项债用作项目资本金，或与专项债项目储备不足、专项债整体发行规模不大有关，在一定程度上也表明当地财政实力相对较强、项目资本金到位压力可能较小。未来可考虑使用专项债作为项目资本金，投向政策允许的相关领域，发挥专项债带动扩大有效投资、托底经济增长的作用。

（四）理论上可撬动基建投资约1036亿元，但实际效果仍受多因素限制

2021年1～9月，受2020年固定资产投资低基数影响，北京市固定资产投资（不含农户）同比增长7.8%①。由于北京市暂无专项债用作项目资本金，专项债对基建投资的撬动效应以项目配套融资的形式体现，北京市专项债项目配套融资比例均值为57%，对应撬动杠杆约1.76倍，理论上约能撬动基建投资1036亿元②，但实际撬动效果仍受多重因素限制。

三　北京市偿债能力分析

北京市地方政府债务余额在全国位列中游，整体呈现增长态势，2022年和2024年为到期高峰。由于北京市财政实力较强，财政平衡率较高，财政自给水平较高，整体债务压力不大，尽管2020年经济下行压力增大，北

① 如无特别说明，本报告中引用的宏观经济数据均来自《北京市国民经济和社会发展统计公报》，并由中诚信国际整理计算。

② 专项债撬动基建投资方法参见袁海霞、汪苑晖、卞欢《专项债兼顾扩容提效，助力基建托底稳增长——地方政府专项债2019年回顾与2020年展望》，《财政科学》2020年第1期。

京市负债率及债务率水平有所抬升，但在全国范围内处于较低水平，债务风险可控。

（一）地方政府债务余额逐年增长，但距限额仍有较大空间

截至2020年，北京市地方政府债务限额为10266.40亿元①（见图10），在全国31个省（区、市）中位列第14，债务余额为6063.59亿元，在全国31个省（区、市）位列第23（见图11），未使用的债务限额达4202.81亿元，仍有较大使用空间。从地方债存量结构看，债券形式债务占比超过90%，非政府债券形式债务规模较小。从到期分布看，2022年和2024年为地方债集中到期高峰，到期规模分别达958.36亿元和991.82亿元（见图12）。其中2022年到期一般债占40.93%，到期专项债占59.07%；2024年到期一般债占25.76%，到期专项债占71.06%，将迎来专项债到期的第一个小高峰。

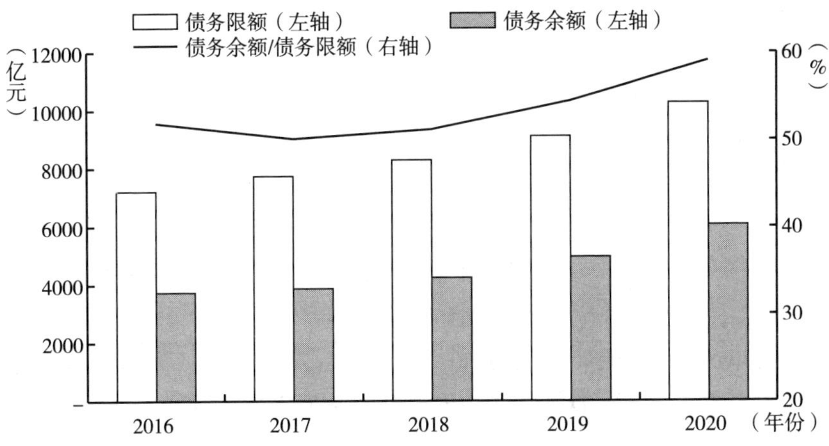

图10　2016～2020年北京市地方政府债务限额及余额

资料来源：北京市财政预算执行及决算报告，中诚信国际整理计算。

① 如无特别说明，本报告中引用的北京市政府债务限额、余额，一般公共预算收入、支出，财政平衡率，债务率、负债率等财政相关数据均来自北京市财政预算执行及决算报告，并由中诚信国际整理计算。

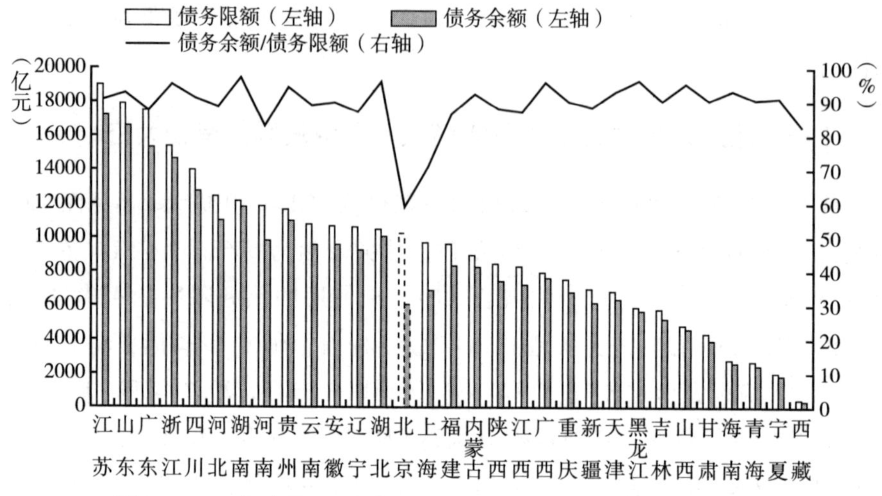

图 11　2020 年全国 31 个省（区、市）地方政府债务限额及余额

资料来源：全国 31 个省（区、市）财政预算执行及决算报告，中诚信国际整理计算。

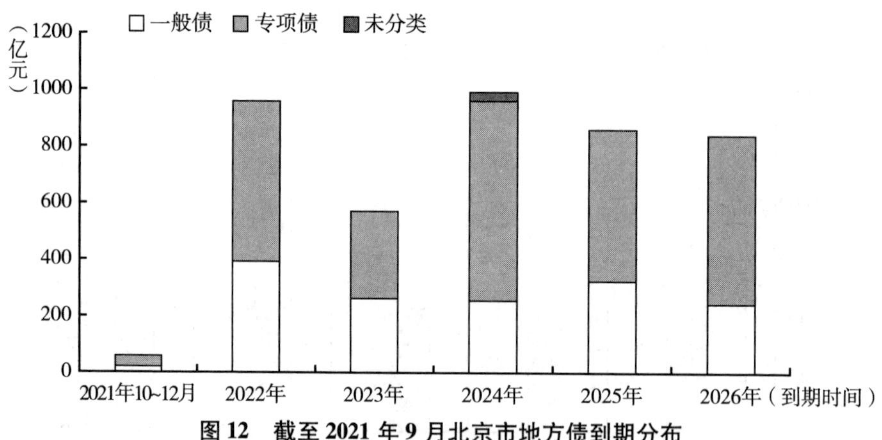

图 12　截至 2021 年 9 月北京市地方债到期分布

资料来源：Wind 数据库，中诚信国际整理计算。

（二）财政实力位居全国前列，收入质量较高

北京市财政实力较强，财政自给能力较好。截至 2020 年，北京市一般公共预算收入为 5483.90 亿元，在全国 31 个省（区、市）中位列第 6（见图 13），其中税收收入 4643.9 亿元，税收收入占一般公共预算收入的比重为 84.68%，在全国 31 个省（区、市）中位列第 2，仅次于浙江，财政收入质量

较高；财政平衡率为80.93%，较2019年下降1.81个百分点，在全国位列第2，自给能力较好。从考虑政府性基金收入、国有资本经营预算收入及上级补助收入后的综合财力来看，2020年北京市综合财力为9019.57亿元（见图14），较2019年增长2.05%。其中，政府性基金收入占比达25.69%，较2019年增加3.93个百分点；上级补助收入占比为12.61%，下降7.79个百分点；国有资本经营收入占比达0.90%，增加0.16个百分点。

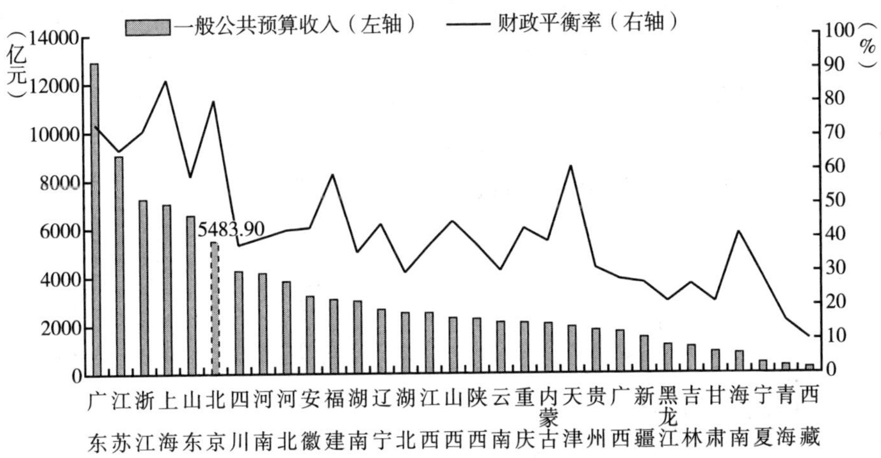

图13　2020年全国31个省（区、市）一般公共预算收入与财政平衡率

资料来源：全国31个省（区、市）财政预算执行及决算报告，中诚信国际整理计算。

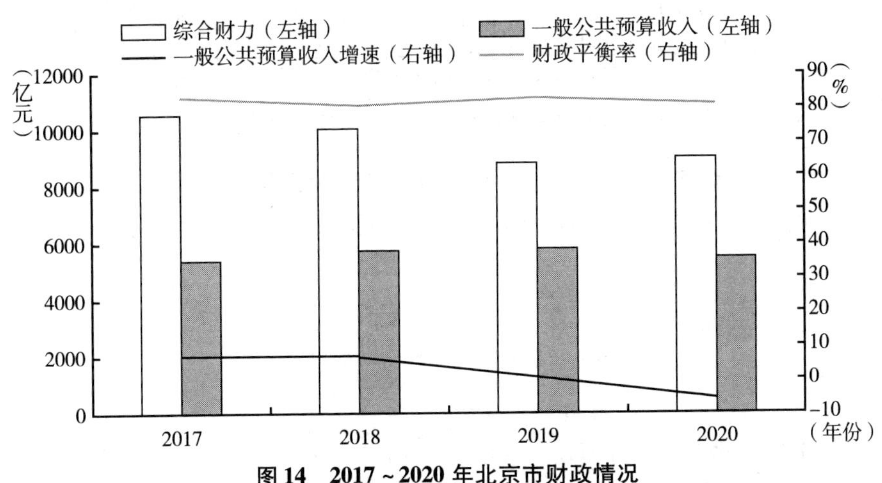

图14　2017～2020年北京市财政情况

资料来源：2017～2020年北京市财政预算执行及决算报告，中诚信国际整理计算。

（三）债务风险整体可控，债务偿付能力较强

北京市债务风险整体可控，偿债能力较强。截至 2020 年，北京市债务率为 67.23%，较前值上升 24.94 个百分点，在全国 31 个省（区、市）中排名倒数第 4；负债率为 16.80%，较前值上升 2.80 个百分点，在全国 31 个省（区、市）中排名倒数第 3（见图 15），明显低于全国水平，整体债务风险较小；债务余额占一般公共预算收入的比重为 111%，较前值上升 26 个百分点（见图 16），尽管偿债能力较 2019 年有所弱化，但在全国仍处于较好水平。围绕政府债务管理，北京市出台多项举措，持续健全政府债务“借、用、管、还”全过程监管体系，加强偿债压力论证，明确债务偿还计划，并开展日常监测与风险预警，严守区域性、系统性风险底线。

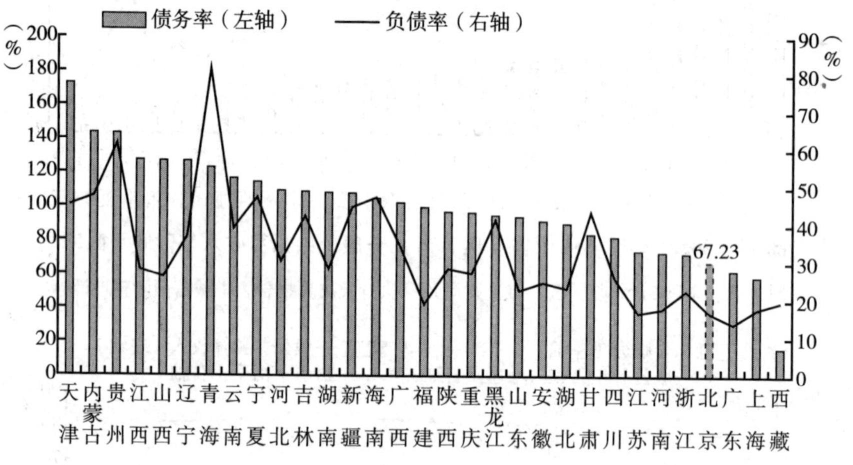

图 15　2020 年全国 31 个省（区、市）债务率及负债率

资料来源：全国 31 个省（区、市）财政预算执行及决算报告，中诚信国际整理计算。

四　小结

2021 年，北京市地方债发行规模与 2020 年基本保持稳定，且仍以新增专项债为主，短期债券占比有所上升。从发行成本看，发行利率略有上升，发行

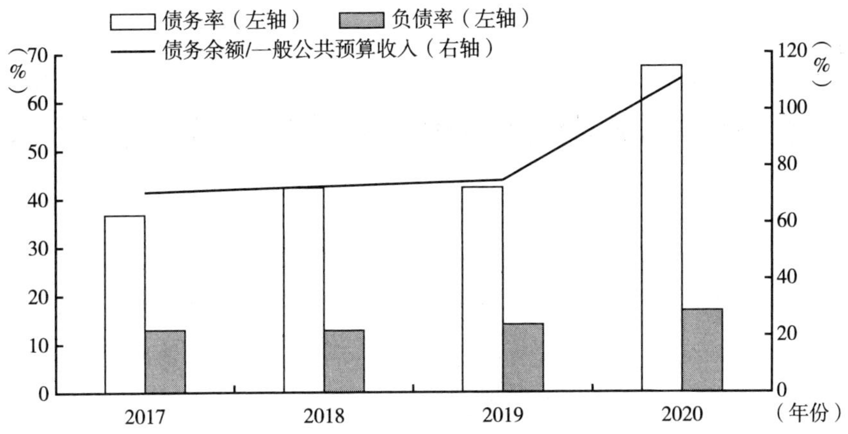

图 16　2017～2020 年北京市债务率及负债率

资料来源：2017～2020 年北京市财政预算执行及决算报告，中诚信国际整理计算。

利差明显收窄，二级市场交易规模受疫情影响小幅回落，2020 年以来，到期收益率整体先下降后波动上升，于 2020 年 4 月底到达低点。从专项债情况看，北京市专项债发行节奏明显放缓，募投领域以市政和产业园区基础设施及棚改为主；北京市专项债仍未用作项目资本金，未来可考虑采用相关模式带动扩大有效投资。

总体来看，北京市现阶段债务限额仍有较大使用空间，且北京市整体财政实力较强，债务风险总体可控。新冠肺炎疫情持续影响宏观经济，财政收支矛盾尚存，下一阶段北京市应充分结合城市功能定位及经济高质量发展要求，用好地方债务限额，丰富资金投向。

本报告建议北京市合理利用地方政府债务限额剩余空间，适当推进资本金应用以放大对基建投资的拉动效果，将地方债资金聚焦于国家重点科研领域，公共治理领域，城市空间布局优化过程中配套交通、旧城改造、园区建设等领域。在发挥地方债资金聚力增效的同时，还须合理统筹安排一般预算及政府性基金预算资金，加强债务风险监测，妥善应对下一阶段地方债到期高峰。

B.11
2021年天津市地方政府债券分析报告

黄　菲*

摘　要： 2021年以来，天津市地方债发行规模仍维持高位，供给后置且趋短期化，偿债压力下再融资债券同比大增，新增债发行集中化，募投领域仍主要向基建、民生倾斜，并首次启用专项债资本金，但对基建投资的实际撬动效应仍有较大释放空间。在新冠肺炎疫情冲击下，2020年天津市财政税收承压下行，债务水平大幅提升，未来仍需增强财政可持续性并加强地方债常态化管理，有效防范债务风险。

关键词： 地方债　专项债　天津市

一　天津市地方债运行情况分析

天津市地方债存量规模低于全国平均水平，以新增专项债为主，债券期限以5~10年为主。从规模看，截至2021年9月，天津市地方债存量规模为7412.39亿元，[①] 占全国规模的2.58%，在全国31个省（区、市）中排名第21（见图1）。从结构看，存量地方债中74%为专项债，规模达5482.68亿元，在全国31个省（区、市）中排名第12；一般债规模达5039.86亿元，在全国31个省（区、市）中排名第13。从期限看，存量地方债主要为5~10年期限，约占全市地方债总规模的72%。

* 黄菲，中诚信国际政府公共评级一部助理总监，主要研究领域为地方债与城投行业、大交通行业等。

① 如无特别说明，本报告中引用的地方债存量、发行量、发行利率、发行利差、交易量、到期收益率等债券相关数据均来自截至2021年9月的Wind数据库，并由中诚信国际整理计算。

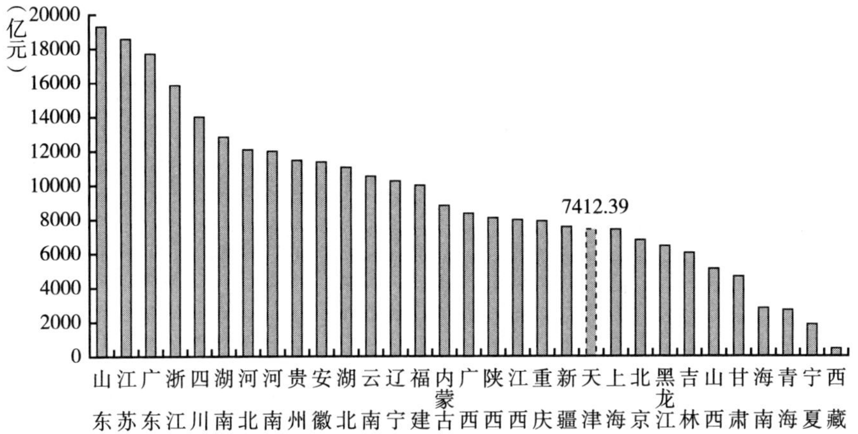

图1　截至2021年9月全国31个省（区、市）地方债存量规模

资料来源：Wind数据库，中诚信国际整理计算。

（一）发行规模仍维持高位，供给后置且集中

2021年以来，在疫情防控常态化时期，稳增长压力及存量项目资金接续需求下，积极财政政策基调未变，地方债供给对基建投资拉动的积极作用仍较为突出。2021年1~9月，天津市发行地方债共计1713.50亿元，约为2020年发行总规模的95%。从月度发行规模看，受提前额度下达较晚、审核趋严等影响，地方债发行供给后置，第一季度滞后，第二季度加速，5月和6月发行规模共计789.05亿元，发行集中度较上年也明显提高（见图2）。

（二）偿债压力下再融资债券同比大增，短期债券占比明显提升

2021年1~9月，天津市发行的地方债仍以新增专项债为主，但偿债压力下再融资债券同比大增，短期债券占比明显提升。从券种结构看，新增专项债发行规模为729.67亿元，比例由上年的64.04%降至42.58%，另外，偿债压力下，再融资专项债发行规模为521.39亿元，较上年同期114.69亿元大幅提升，其次为再融资一般债（396.44亿元）以及新增一般债（66亿元）。由于期限相对较长的新增债发行迟滞，发行期限大幅缩短，3年期地方债占比达到29.77%，同比上升约24个百分点，20年长期限品种较2020年同期减少

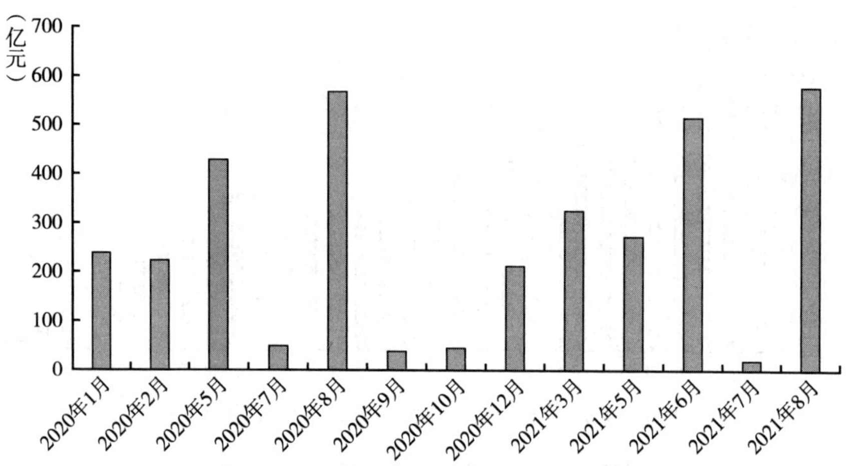

图 2　2020 年 1 月～2021 年 9 月天津市地方债月度发行规模

注：天津市部分月份无地方债发行，故图中无显示。

资料来源：Wind 数据库，中诚信国际整理计算。

了，10 年及以上期限占比为 39.06%（见图 3），较 2020 年同期下降超过 27 个百分点。

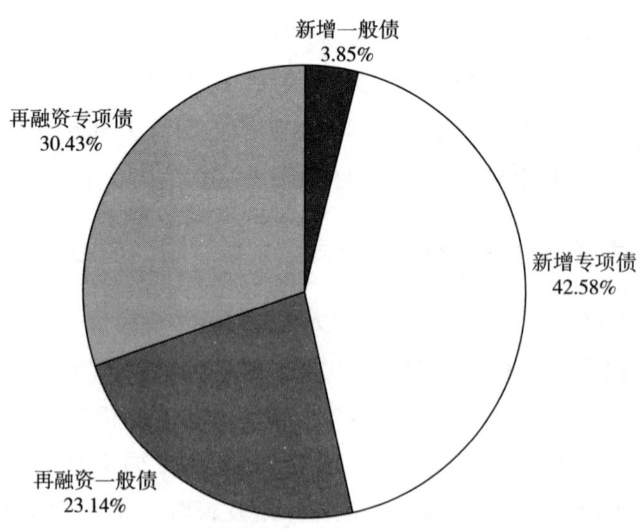

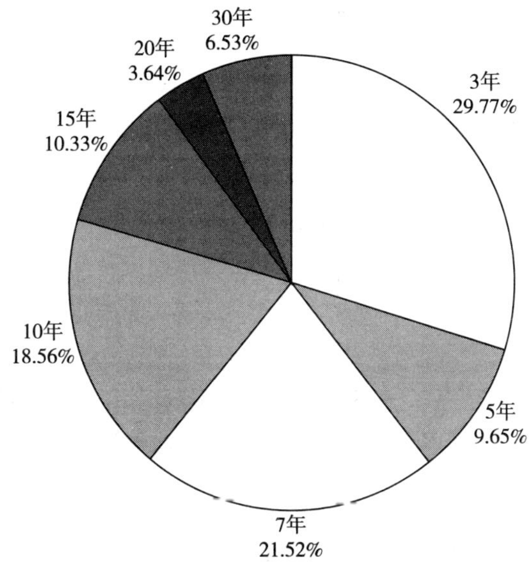

图3　2021 年 1 ~9 月天津市地方债发行品种和期限结构

资料来源：Wind 数据库，中诚信国际整理计算。

（三）发行成本继续回落，中短期债券利率回升幅度较大

2021 年 1 ~9 月，天津市地方债发行利率[①]延续 2020 年回落趋势，回落至 3. 24%，发行利差亦同比收窄 3. 23BP，至 22. 65BP（见图 4）。从月度分布看，发行利率在 2021 年 7 月到达低点 2. 84%，8 月小幅回升（见图 5）。从期限分布看，与 2020 年同期对应期限的地方债相比，发行利率有所回升，其中中短期债券回升幅度较大，3 年期债券发行利率回升 32 个百分点；同期限债券发行利差亦整体走阔，15 年期债券发行利差走阔幅度最大，为 8. 20BP。从券种分布看，一般债、专项债发行利率较 2020 年分别回升至 3. 34% 和 3. 36%，一般债发行利差略微回落至 23. 84BP，专项债则提升至 26. 47BP。与其他省（区、市）相比，天津市地方债发行利率较低，在全国排名第 27（见图 6）。

① 如无特别说明，本报告中发行利率、利差为根据发行额计算的加权平均发行利率、利差，发行利差计算公式为债券发行利率减对应期限国债收益率。

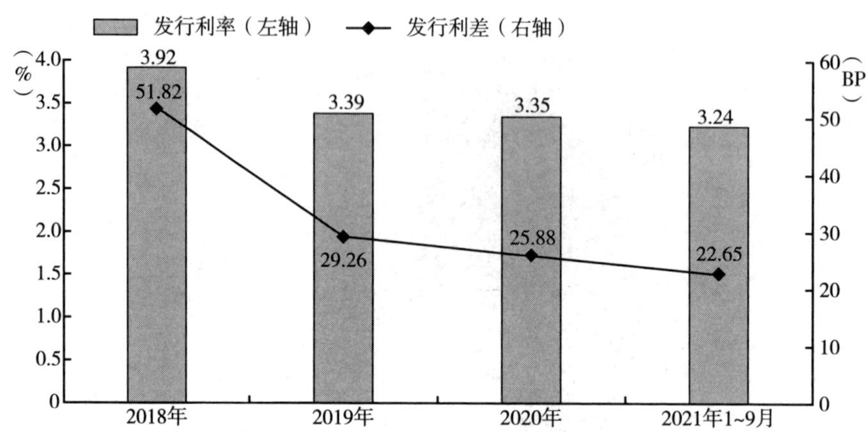

图4　2018年~2021年9月天津市地方债发行成本

资料来源：Wind数据库，中诚信国际整理计算。

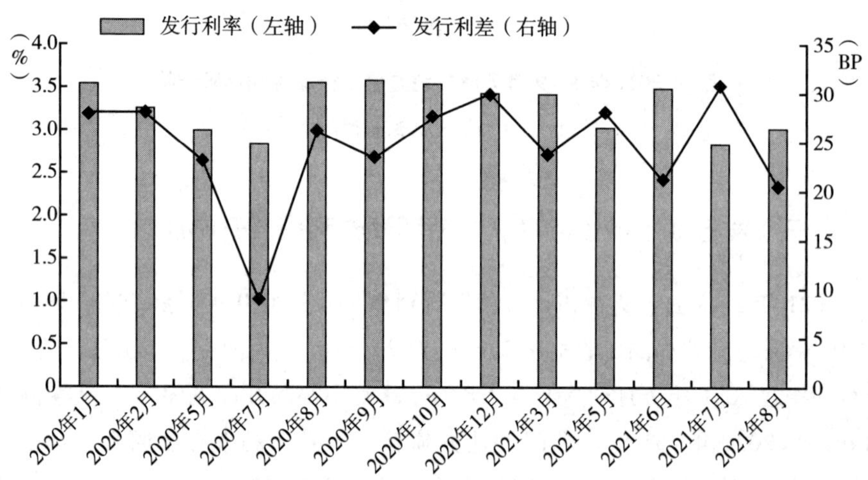

图5　2020年1月~2021年9月天津市地方债月度发行成本

注：天津市部分月份无地方债发行，故图中无显示。

资料来源：Wind数据库，中诚信国际整理计算。

（四）交易规模较2020年同期大幅回落，到期收益率整体先降后升

从二级市场交易规模[①]看，随资金利率回调，2021年1~9月，天津市地方

① 交易统计包含回购交易、现券交易等部分。

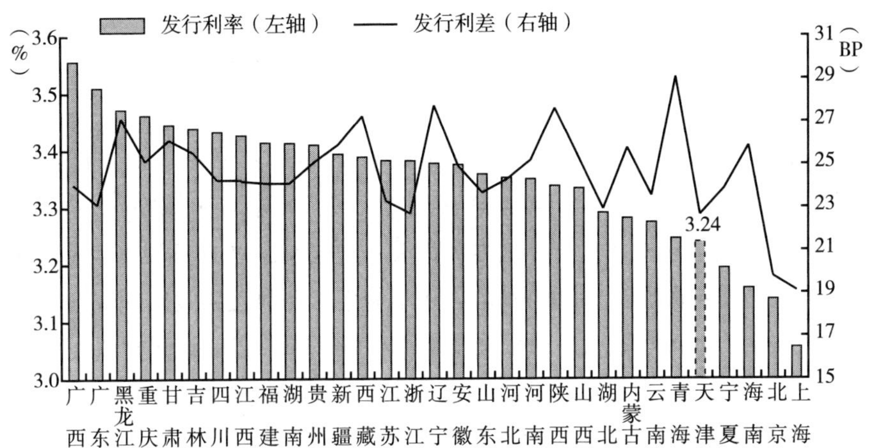

图6　2021年1~9月全国31个省（区、市）地方债发行成本

资料来源：Wind数据库，中诚信国际整理计算。

债交易规模同比大幅回落66.68%，至1062.48亿元，在全国排名第22，下降8个名次，流动性有所减弱。从到期收益率走势看，2020年1月~2021年9月，天津市各期限地方债到期收益率①整体呈现先降后升的态势，并于2020年4月到达低点（见图7）。此外，期限越长，到期收益率趋势变动敏感性相对越弱。

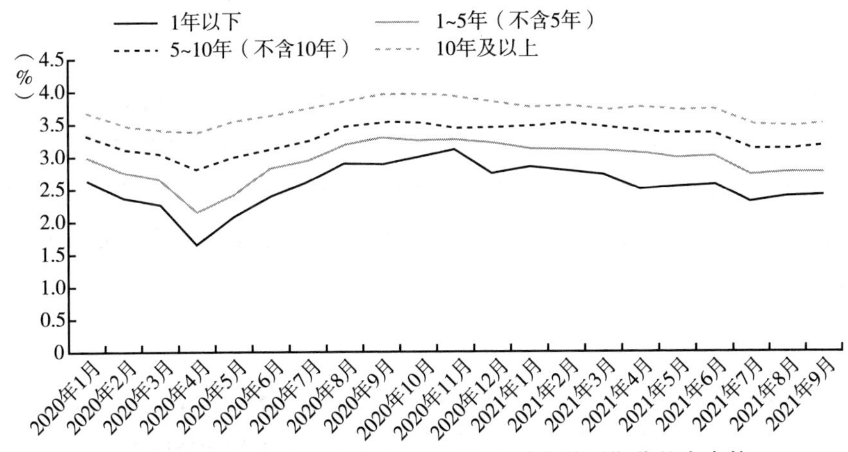

图7　2020年1月~2021年9月天津市地方债到期收益率走势

资料来源：Wind数据库，中诚信国际整理计算。

① 此处到期收益率采用的是算术平均值。

二　天津市地方政府专项债分析[①]

截至2021年9月，天津市专项债存量规模5482.68亿元，全国排名第12；期限结构以中长期为主，5年期和10年期占比分别为36.12%和21.72%。2021年1～9月，天津市发行新增专项债729.67亿元，投向领域以生态环保和市政产业园区基建为主，期限结构以10年为主，和项目期限匹配程度在逐步提高。天津市2021年开始启用专项债资本金模式，但目前启用规模及应用领域仍有待扩大和拓展，在疫情防控常态化时期及稳增长背景下，天津需进一步发挥专项债用作资本金的杠杆优势。

（一）发行规模逐年递增，发行利率逐年走低

2017年财政部发布《关于试点发展项目收益与融资自求平衡的地方政府专项债券品种的通知》[②]以来，天津市专项债发行规模逐年递增，其中2020年在抗疫情、稳增长背景下扩容明显，超过2017年、2018年全年发行规模，2021年1～9月继续维持高位发行（见图8），天津市政府通过专项债发行托底基建投资稳增长的意图较为明显。从发行期限和债券结构来看，天津市专项债发行以5年期为主，2019年及2020年相继出现20年、30年长期限品种，与专项债项目期限更为匹配；债券结构中新增专项债始终占据主导地位，但在2021年以来的偿债压力下，再融资债券发行规模增幅明显。从发行成本来看，2017年以来，天津市专项债发行利率逐年走低，发行利差波动下降，相较于最高点的2018年，2021年1～9月发行利差收窄29.17BP，降幅明显（见图9）。

① 2020年7月29日财政部《关于加快地方政府专项债券发行使用有关工作的通知》（财预〔2020〕94号）明确2020年新增专项债必须保证融资规模与项目收益相平衡，因此2020年新增专项债均为项目收益专项债；本部分项目收益专项债的统计样本为2017～2020年项目收益专项债与2021年1～9月的新增专项债。

② 《关于试点发展项目收益与融资自求平衡的地方政府专项债券品种的通知》（财预〔2017〕89号），财政部网站，2017年7月21日，http：//yss.mof.gov.cn/zhuantilanmu/dfzgl/zcfg/201707/t20170724_2656632.htm。

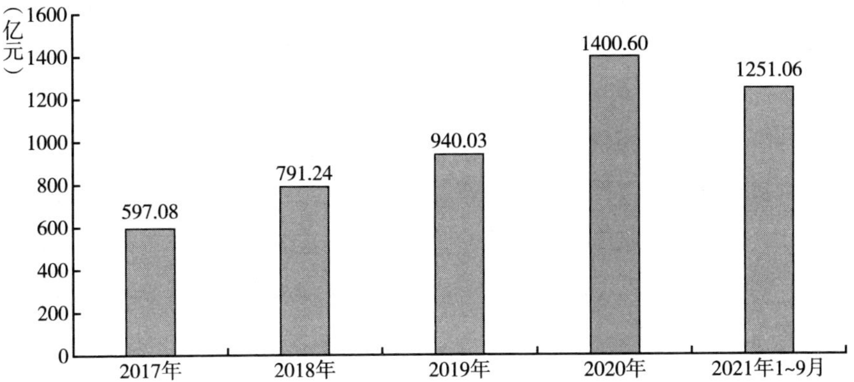

图8 2017年~2021年9月天津市专项债发行规模

资料来源：Wind数据库，中诚信国际整理计算。

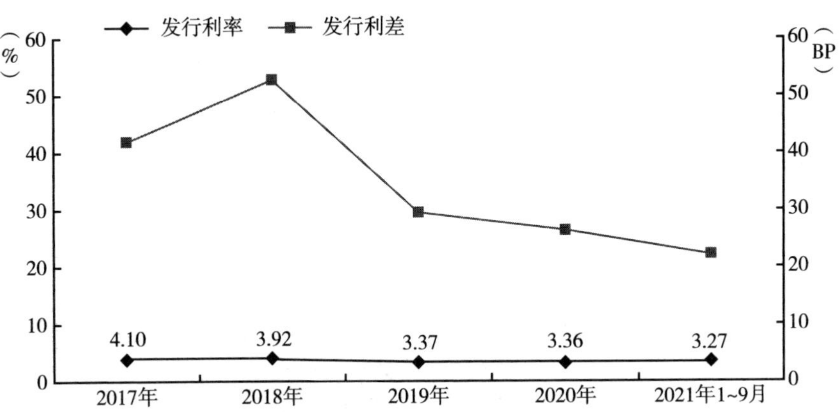

图9 2017年~2021年9月天津市专项债发行成本

资料来源：Wind数据库，中诚信国际整理计算。

（二）募投领域向基建、民生倾斜，项目偿债覆盖倍数较高

2020年以来，天津市新增专项债资金投向由以往的土储、棚改转移至基建。2021年1~9月，天津市新增专项债仍重点用于市政和产业园区基础设施、生态环保、民生服务等民计民生项目领域，上述品种当期募集资金使用规模占比分别为27.24%、19.37%和12.76%，且单只债券募集资金不再局限于

单个项目，多个项目集合发行趋势日益明显；项目行政层级分布也向区县级倾斜，占比达38.44%；2021年新开工项目使用资金额度超过百亿元。

从项目本息覆盖情况来看，2021年以来天津市所发行新增专项债券募投项目收益均能对债券融资本息形成有效覆盖，覆盖倍数均值提升至2.29倍，其中交通基础设施类项目融资本息覆盖倍数最高，为3.24倍（见图10）。考虑到部分募投项目预期总收入未考虑投资及运营成本，实际覆盖能力可能弱于指标值，且部分以土地出让收入为还款来源项目需关注对应土地出让进度及项目偿还本息的潜在风险。

（三）2021年开始启用专项债资本金，但应用领域狭窄且比例较低

截至2021年9月，天津市首次将交通基础设施类48亿元新增专项债按100%比例用作项目资本金，具体募投项目集中于港口和轨道交通领域，主要依靠港口装卸作业费、土地出让收益和铁路建设专项基金实现收益平衡。天津市启用专项债资本金较晚，当前整体应用领域狭窄且比例仍较低，或与新开工专项储备项目不足有关，未来可以考虑适当使用专项债作为资本金积极开展基建项目，以便进一步带动社会资本加大短板项目投入力度，增强专项债券的资金拉动作用。

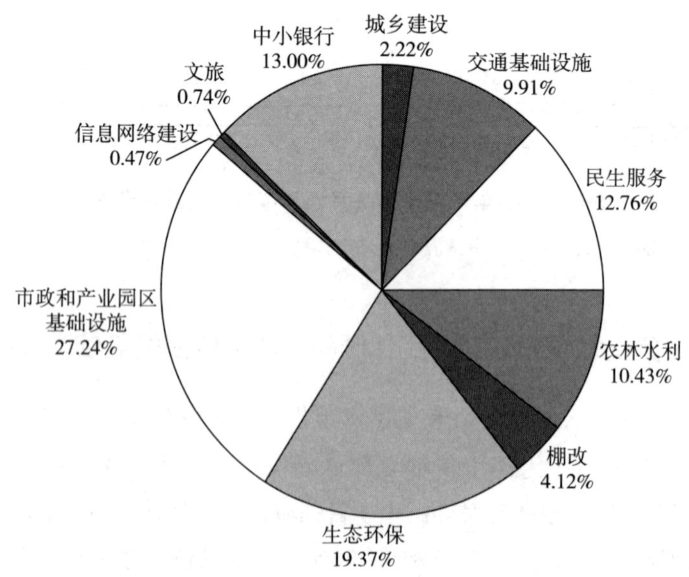

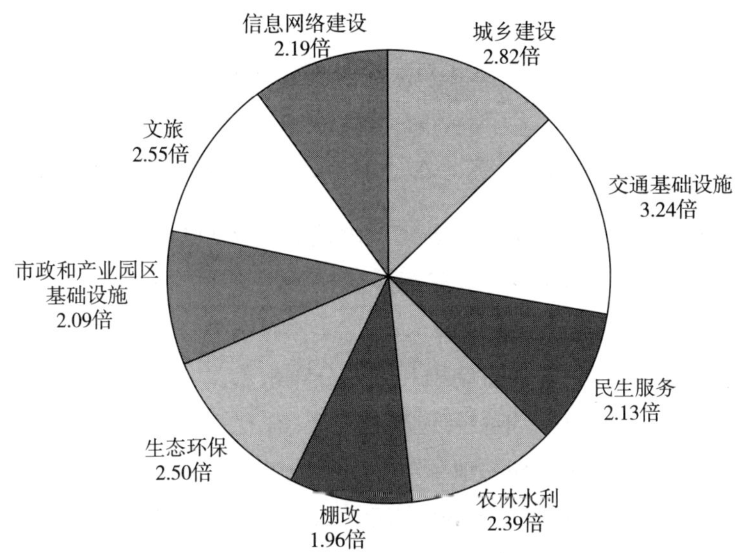

图 10　2021 年 1 ~9 月天津市新增专项债募投领域和本息覆盖倍数分布

资料来源：天津市政府新增专项债信息披露文件，中诚信国际整理计算。

（四）理论上可撬动基建投资约1114.51亿元，尚有较大释放空间

2021 年 1 ~9 月，天津市固定资产投资（不含农户）同比增长 5.2%，其中基础设施投资同比增长 4.6%，比上半年提高 6.7 个百分点，两年平均增长 11.6%。疫情防控常态化时期，专项债对基建投资稳增长的拉动仍具有积极效果。2021 年 1 ~9 月，天津市将 48 亿元专项债用作资本金，资本金撬动杠杆 2.25 倍，撬动基建投资规模 108.19 亿元；非专项债资本金项目中专项债用作配套融资总规模 588.67 亿元，对应撬动杠杆约 1.71 倍，理论上约能撬动基建投资 1006.32 亿元，[①] 但实际效果仍受较多因素限制，如资金到位情况、项目建设进度、配套设施建设情况等。专项债作为资本金的撬动效应强于配套融资，但天津市新增专项债用作资本金规模仍较小，对投资的撬动效应尚有较大释放空间。

---

① 专项债撬动基建投资方法参见袁海霞、汪苑晖、卞欢《专项债兼顾扩容提效，助力基建托底稳增长——地方政府专项债 2019 年回顾与 2020 年展望》，《财政科学》2020 年第 1 期。

三　天津市偿债能力分析

（一）债务余额增幅较大，2023年和2024年将迎来地方债到期高峰

2021 年，财政部下达天津市新增政府债券额度 1128 亿元①，核定天津市 2020 年末政府债务限额 6841.13 亿元；截至 2020 年末，天津市政府债务余额 6368.24 亿元，较上年大幅增长 28.41%，全国排名第 21（见图 11），仍在限额规定范围内。从地方债存量结构和到期分布来看，天津市 99% 的政府债务为政府债券形式，其 2021 年剩余到期规模 75.01 亿元，2023 年、2024 年到期规模相对较大，除大额到期一般债外，项目收益专项债将迎来到期首个小高峰，将分别到期 458.48 亿元和 548 亿元。未来 5 年天津市地方政府债券到期规模较大，天津市面临一定的还本付息压力。

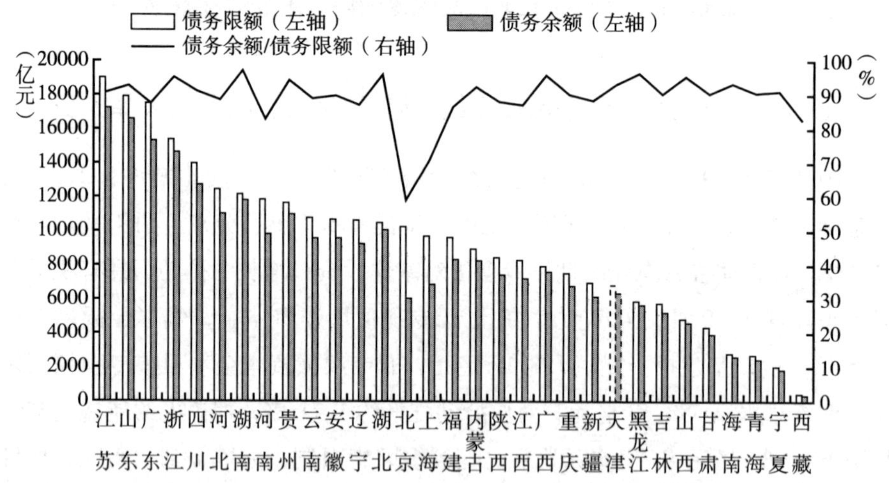

图 11　2020 年全国 31 个省（区、市）地方政府债务限额及余额

资料来源：全国 31 个省（区、市）财政预算执行及决算报告，中诚信国际整理计算。

---

① 如无特别说明，本报告中引用的天津市政府债务限额、余额，一般公共预算收入、支出，财政平衡率，债务率、负债率等财政相关数据均来自天津市财政预算执行及决算报告，并由中诚信国际整理计算。

（二）2020年财政实力承压下行，财税增收基础尚待加强

天津市是典型的工业城市，对制造业依赖较大，经过结构优化、动能转化的战略性调整后，产业结构逐步以第三产业为主。近年来，在做实数据、环保整治、工业转型、疫情冲击等因素影响下，天津市经济增速始终较慢，GDP 增速从 2016 年的 9.1% 下滑至 2020 年的 1.5% 左右。同时，在疫情冲击下，天津市多数税源支柱行业税收收入下滑，加之降税减费落实及围填海罚没、国资资本经营等一次性收入减少，天津市 2020 年财政收入承压下行，一般公共预算收入下降至 1923.05 亿元，全国排名第 21，同比降幅为 10.2%，财政平衡率亦下降 7.67 个百分点，至 61.02%（见图 12、图 13）。在疫情冲击、经济下行、房市宏观调控等多重因素影响下，天津市土地交易亦不及预期，2020 年政府性基金收入大幅下滑 36.3%，至 861.03 亿元。但 2020 年天津市国企改革继续深入推进，国企混改及产权转让收入推动天津市国有资产经营收入大幅增至 132.22 亿元。

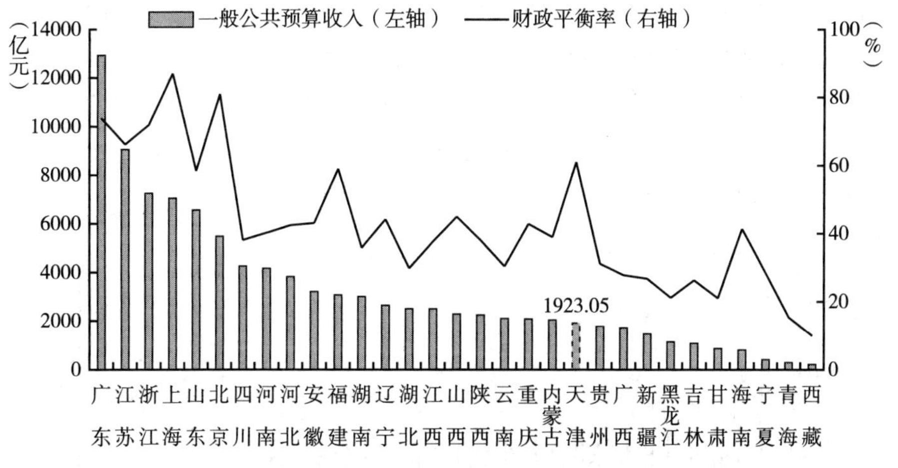

图 12　2020 年全国 31 个省（区、市）一般公共预算收入与财政平衡率

资料来源：全国 31 个省（区、市）财政预算执行及决算报告，中诚信国际整理计算。

（三）债务水平大幅提升，风险防控体系日益完善

截至 2020 年，天津市地方政府债务率和负债率分别为 172.57% 和 45.22%，分别大幅提升 60.05 个百分点和 10.06 个百分点，债务率升至全国首位，且高

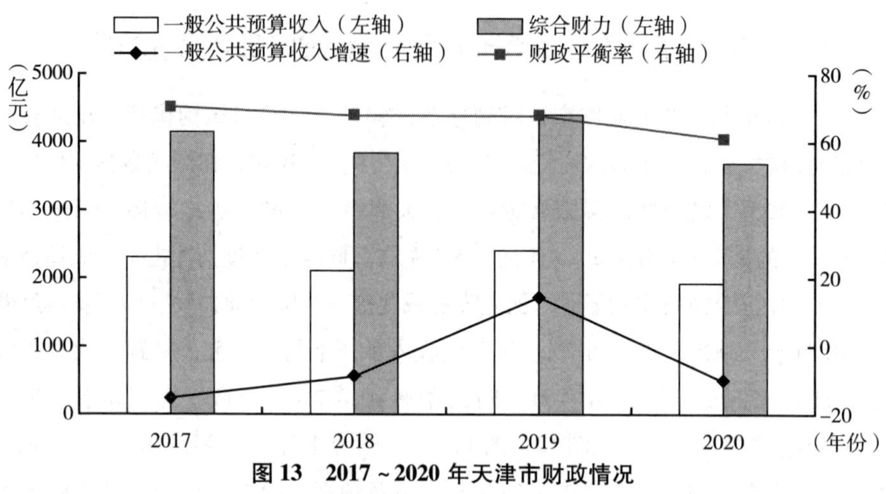

图 13　2017～2020 年天津市财政情况

资料来源：2017～2020 年天津市财政预算执行及决算报告，中诚信国际整理计算。

于内蒙古 29.11 个百分点，负债率全国排名第 6；债务余额跟一般公共预算收入的比值亦提升至 3.31 倍（见图 14、图 15），整体偿债压力有所加大。但天津市高度重视政府性债务管理工作，从完善政府性债务管理制度、全面建立完善的“借用管还”管控体系、发挥政府举债积极作用、严格政府债务限额管控、优化专项债资金投向、坚持融资规模和项目收益平衡等方面建立健全了政府性债务管理机制，防范债务风险。

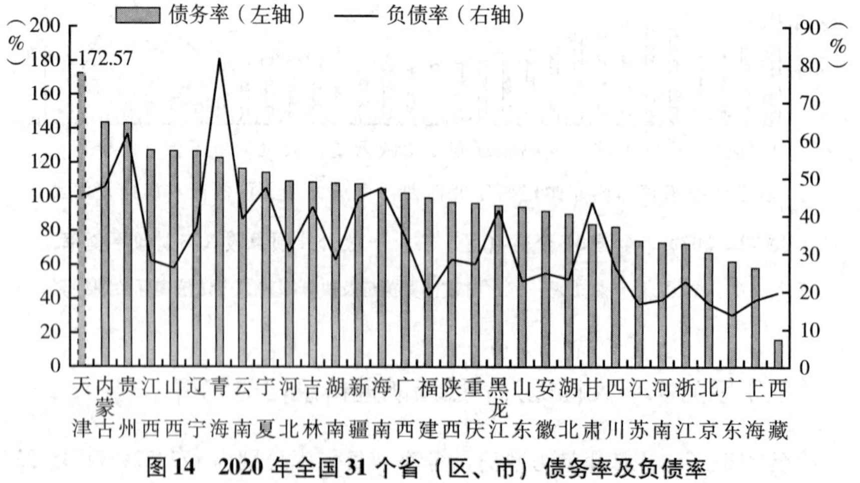

图 14　2020 年全国 31 个省（区、市）债务率及负债率

资料来源：全国 31 个省（区、市）财政预算执行及决算报告，中诚信国际整理计算。

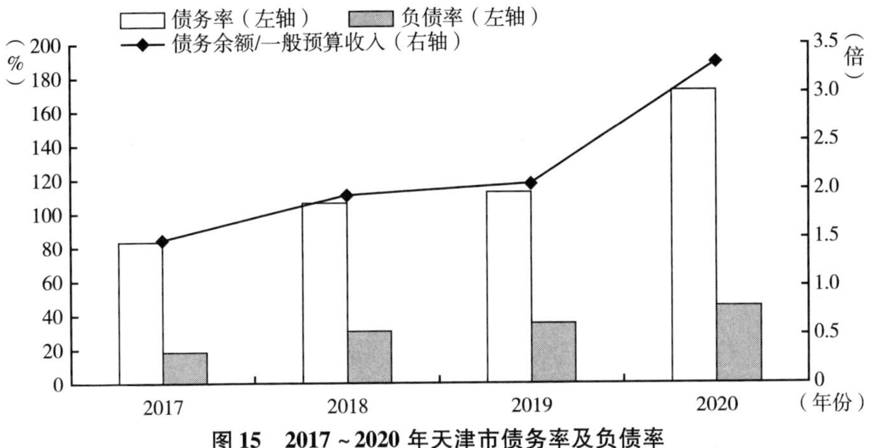

图15　2017～2020年天津市债务率及负债率

资料来源：2017～2020年天津市财政预算执行及决算报告，中诚信国际整理计算。

四　小结

伴随经济逐步修复，天津市政府积极利用地方债尤其是专项债作为疫情防控常态化时期补短板、调结构、稳投资的重要着力点，2021年以来，其发行规模仍维持高位，供给后置且趋短期化，偿债压力下再融资同比大增，新增债发行集中化并启动专项债资本金应用，募投领域仍主要向基建、民生倾斜，发行成本继续回落，交易流动性有所减弱。同时，天津市也一直面临债务率偏高、债务到期规模及还本付息压力偏大的问题，2020年在疫情冲击、财税下滑的大背景下，专项债务大幅扩容托底基建投资，使债务率升至全国首位，偿债压力进一步加大。因而在增加债券融资比重的同时更要注意财政和债务的可持续性问题，后续债务管理过程中应格外注意以下四点。

一是进一步落实专项债常态化管理，提升资金使用效率并关注项目收益质量，形成债务—产业—收入的良性循环；二是健全地方债管理全流程，解决资金闲置或挪用、建设进度落后等问题；三是提高政府投资有效性，各地债务限额分配应更贴近项目实际绩效，并通过合理安排期限结构逐步匹配项目收益和偿债周期；四是继续加强债务风险防控，不但要构建更全面的适度举债机制、风险预警机制，更要增强财政可持续性，依法有效化解债务风险。

B.12

2021年辽宁省地方政府债券分析报告

闫璐璐 *

摘 要： 2021年，在"抗疫情、稳增长"的背景下，辽宁省地方债发行节奏加快，发行规模持续扩大；发行结构仍以一般债为主，长期债券占比有所下降。辽宁省新增专项债进一步扩容，其中用作项目资本金的债券规模持续增加，但对基建投资的撬动效应有所减弱。整体看，辽宁省面临人口持续外流、经济发展缓慢等实际问题，同时政府债务率较高、偿付能力偏弱对其财政投资形成一定限制，但辽宁省地方政府债务距限额尚有一定空间，同时省政府重视地方政府债务管理，债务风险整体可控。展望下一阶段，本报告建议辽宁省政府进一步丰富资金投向，可将地方债资金聚焦在优化产业结构等方面。

关键词： 地方债 专项债 辽宁省

一 辽宁省地方债运行情况分析

截至2021年9月，辽宁省地方债存量规模为10238.09亿元，① 占全国规模的3.57%，在全国31个省（区、市）中排名第13（见图1）。按债券品种划分，辽宁省地方债以一般债为主，一般债和专项债的存量规模占比

* 闫璐璐，中诚信国际政府公共评级一部分析师，主要研究领域为地方政府债券、基础设施投融资行业等

① 如无特别说明，本报告中引用的地方债存量、发行量、发行利率、发行利差、交易量、到期收益率等债券相关数据均来自截至2021年9月的Wind数据库，并由中诚信国际整理计算。

分别为 67.01% 和 32.99%；从期限看，辽宁省地方债发行以 5 年、7 年和 10 年等中期限为主，合计约占全省地方债存量总规模的 73.01%。

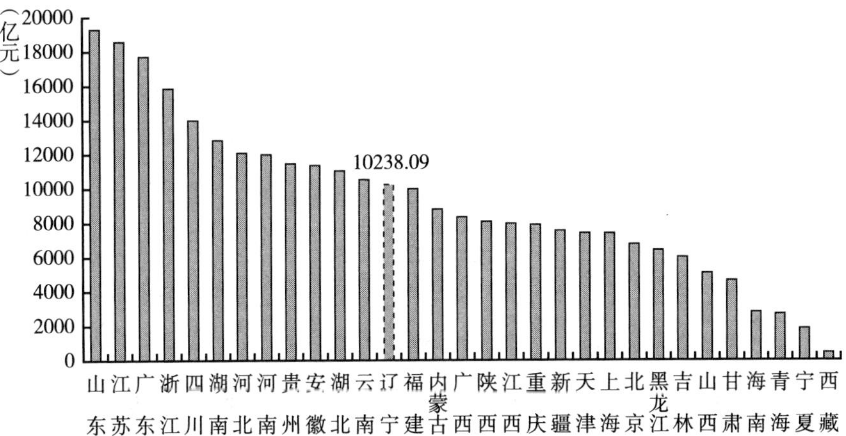

图 1　截至 2021 年 9 月全国 31 个省（区、市）地方债存量规模

资料来源：Wind 数据库，中诚信国际整理计算。

（一）发行规模持续上升，发行集中度提高

2021 年以来，随着经济逐步修复，规模性财政政策有所收缩，但积极财政政策基调仍未改变。2021 年 1 ~9 月，辽宁省新发行 56 只地方债，发行只数超过 2020 年全年；同期发行规模合计 2111.58 亿元，约为 2020 年同期发行规模的 2 倍。2021 年 1 ~9 月，辽宁省地方债主要集中在 1 月、3 月、5 月、7 月和 9 月发行，且发行规模高于上年同期，其中 2 月发债审核趋严、8 月资金需求较小，均未发行地方债（见图 2）。

（二）发行结构以一般债为主，发行期限有所缩减

2021 年 1 ~9 月，辽宁省发行的地方债以一般债为主，期限以 10 年及以上为主。从券种结构看，再融资一般债发行规模（1048.85 亿元）仍占比（49.67%）最大，但比例有所下降；再融资专项债比例有所提高，同期发行规模为 543.72 亿元，占比达到 25.75%；发行了新增一般债（98.00 亿元）及

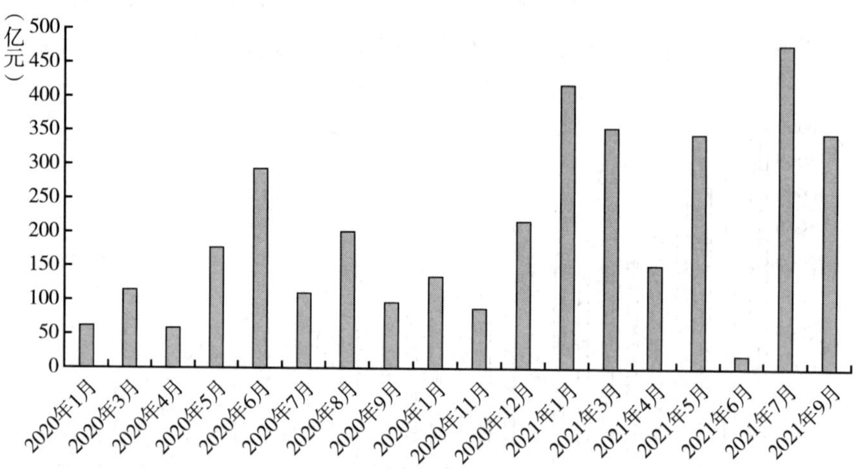

图 2　2020 年 1 月 ~ 2021 年 9 月辽宁省地方债月度发行规模

注：辽宁省部分月份无地方债发行，故图中无显示。

资料来源：Wind 数据库，中诚信国际整理计算。

新增专项债（421.00 亿元）；从发行期限看，7 年及以上等中长期限品种所占比例为 70.29%，其中期限结构 10 年及以上的占比下降至 52.62%（见图 3）。

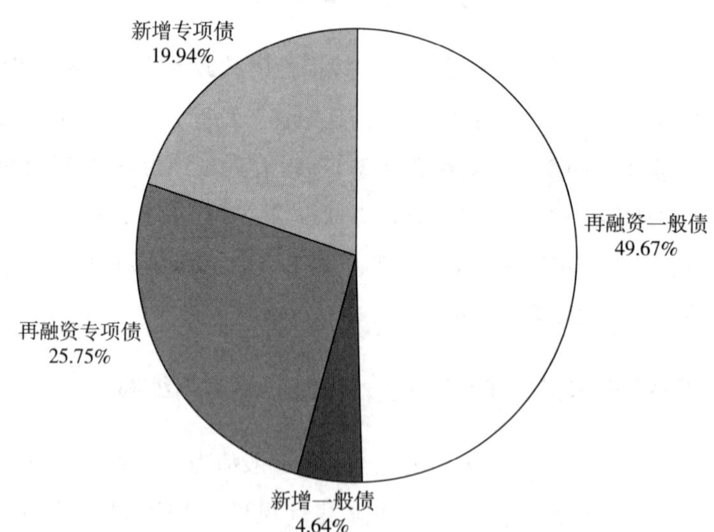

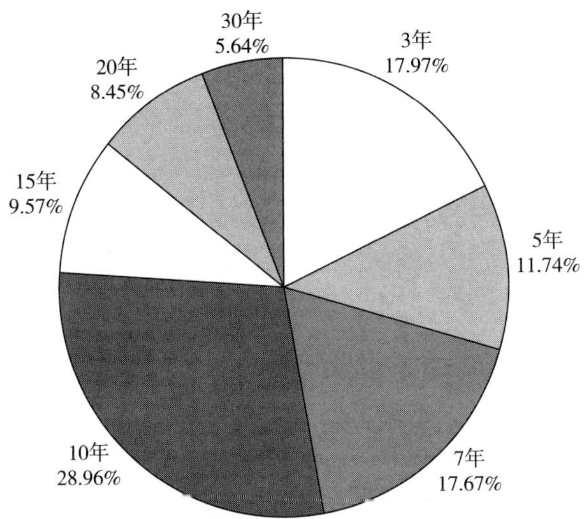

图3　2021 年 1 ~9 月辽宁省地方债债券品种和发行期限结构

资料来源：Wind 数据库，中诚信国际整理计算。

（三）发行成本整体下降，但发行利差以走阔为主

2021 年 1 ~9 月，辽宁省地方债发行利率[①]持续下降至 3.38%，发行利差阶段性走阔 3.87BP，至 27.76BP（见图 4）。从月度分布看，发行利率自 2021 年 4 月起持续下降，9 月到达低点 3.14%（见图 5）。从期限分布看，与 2020 年同期对应期限的地方债相比，15 年期和 20 年期的地方债发行利率明显提高；同期限发行利差以走阔为主，15 年期发行利差走阔幅度最大，为 9.02BP（见图 6）。从券种分布看，一般债发行利率较 2020 年同期下降至 3.22%，专项债与上年同期维持同水平发行利率，发行利差分别上升至 26.45BP 和 29.31BP（见图 7）。与其他省（区、市）相比，辽宁省发行利率处于中游，在全国排名第 16（见图 8）。

① 如无特别说明，本报告中发行利率、利差为根据发行额计算的加权平均发行利率、利差，发行利差计算公式为债券发行利率减对应期限国债收益率。

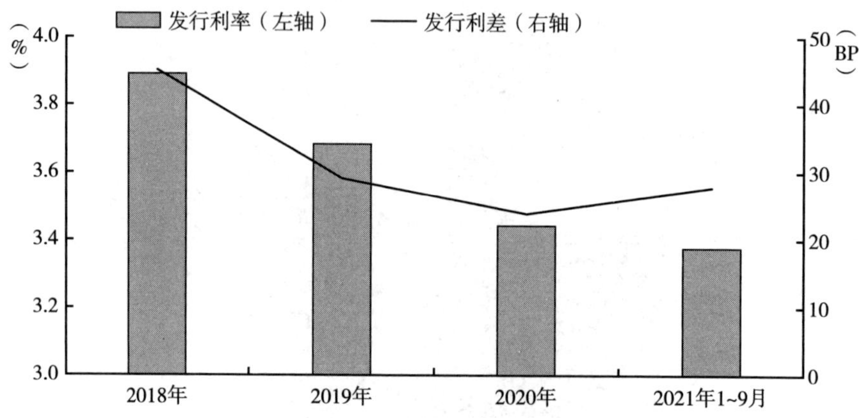

图 4　2018 年～2021 年 9 月辽宁省地方债发行成本

资料来源：Wind 数据库，中诚信国际整理计算。

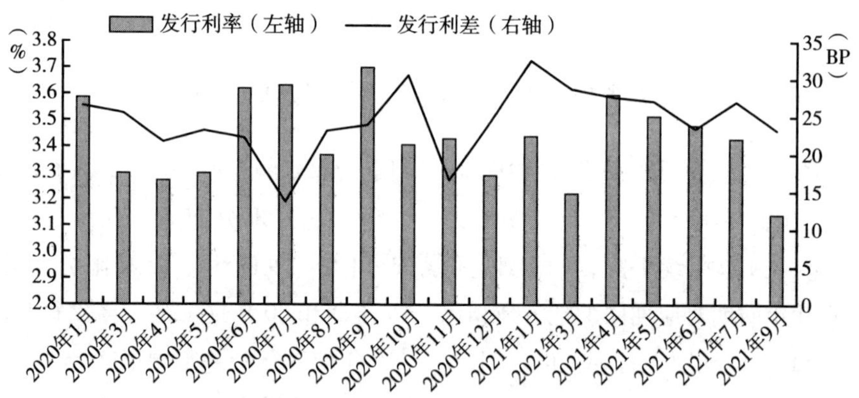

图 5　2020 年 1 月～2021 年 9 月辽宁省地方债月度发行成本

注：辽宁省部分月份无地方债发行，故图中无显示。

资料来源：Wind 数据库，中诚信国际整理计算。

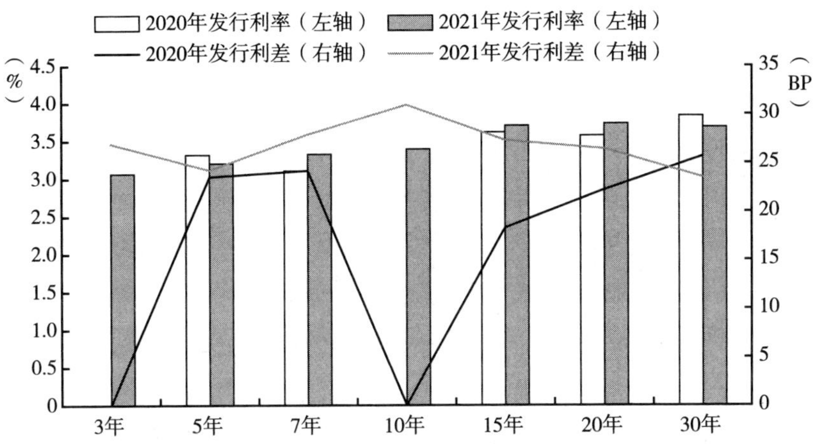

图6　2020 年和 2021 年 1～9 月辽宁省地方债同期限发行成本对比

注：2020 年辽宁省未发行 3 年期、10 年期地方债，故图中无显示。

资料来源：Wind 数据库，中诚信国际整理计算。

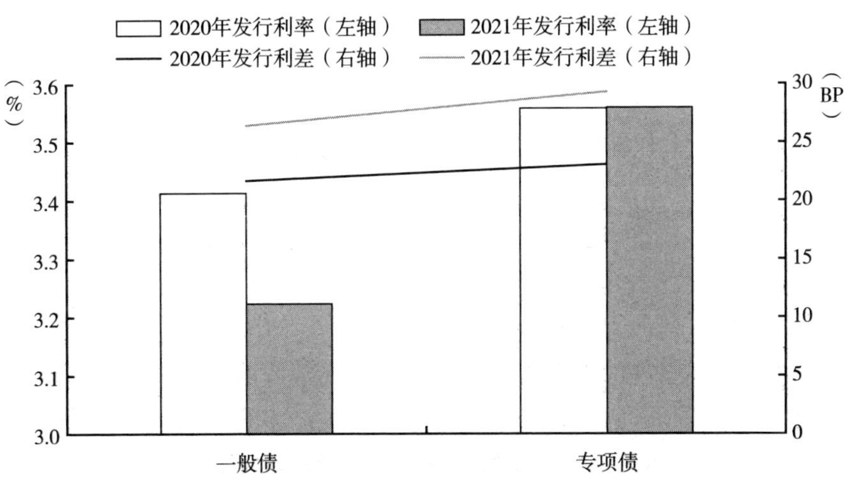

图7　2020 年和 2021 年 1～9 月辽宁省地方债同券种发行成本对比

资料来源：Wind 数据库，中诚信国际整理计算。

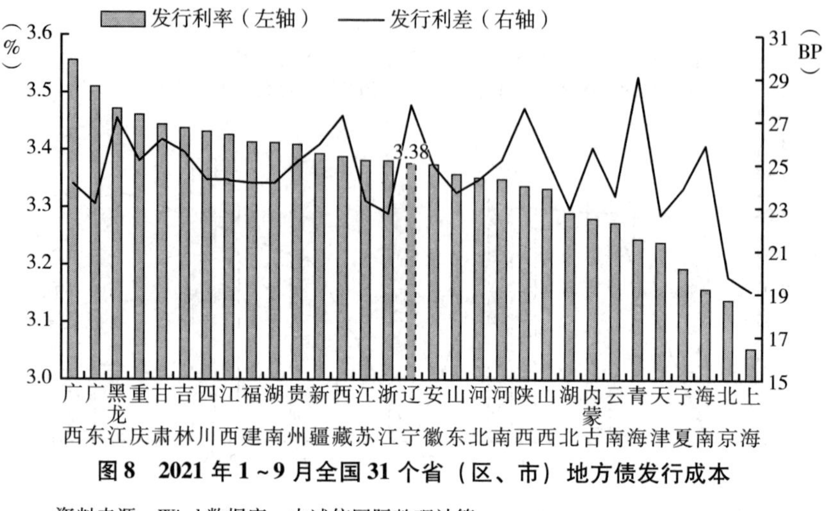

图8　2021年1～9月全国31个省（区、市）地方债发行成本

资料来源：Wind数据库，中诚信国际整理计算。

（四）交易规模小于2020年同期，到期收益率有所波动

从二级市场交易规模①看，2021年1～9月，辽宁省地方债交易规模同比下降53.28%，至1503.65亿元，小于2020年同期，在全国排名第17。从到期收益率走势看，2020年1月～2021年9月，辽宁省各期限地方债到期收益率②整体呈现先降后升的态势，并于2020年4月到达低点（见图9）。

二　辽宁省地方政府专项债分析③

辽宁省地方政府专项债存量规模在全国范围内处于中下游水平，截至2021年9月，存量规模超3000亿元；总体期限结构偏长，10年期占比较高；2021年新增专项债投向领域以基础设施建设为主。辽宁省正逐步发挥专项债用作项目资本金撬动基建投资的杠杆作用，但带动效应不够显著。

① 交易统计包含回购交易、现券交易等部分。

② 此处到期收益率采用的是算术平均值。

③ 2020年7月29日财政部《关于加快地方政府专项债券发行使用有关工作的通知》（财预〔2020〕94号）明确2020年新增专项债必须保证融资规模与项目收益相平衡，因此2020年新增专项债均为项目收益专项债；本部分项目收益专项债的统计样本为2017～2020年项目收益专项债与2021年1～9月的新增专项债。

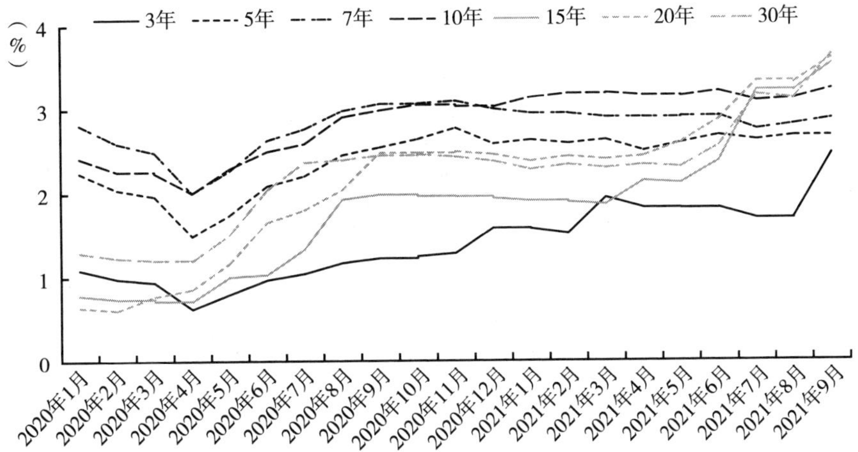

图9　2020 年 1 月～2021 年 9 月辽宁省各期限地方债到期收益率走势

资料来源：Wind 数据库，中诚信国际整理计算。

（一）发行规模逐年上升，存量专项债以再融资、长期限为主

2018 年以来，辽宁省专项债发行规模逐年递增，且发行节奏加快，其中 2021 年 1～9 月已发行 964 亿元，占 2021 年 9 月存续专项债规模的 28.55%。从债券期限看，辽宁省存量专项债以 10 年为主，占 30.51%，其次为 20 年，占 20.77%（见图 10）；从发行结构看，2018 年以来，辽宁省政府以发行再融资专项债为主，但新增专项债快速扩容，辽宁省地方政府通过发行专项债托底基建投资稳增长的意图越发明显，其中 2021 年 1～9 月新增专项债和再融资专项债分别占 43.67% 和 56.33%；从发行成本看，2021 年 1～9 月辽宁省专项债发行利率与上年同期持平，为 3.56%，发行利差走阔 6.24BP，至 29.31BP。

（二）新增专项债募投领域向基建倾斜，项目偿债保障程度较高

2021 年 1～9 月，辽宁省新增专项债资金投向主要为基建投资，并重点用于交通基础设施（33.07%）与市政和产业园区基础设施（33.60%）领域，其次主要投向民生服务（11.02%）和棚改领域（7.38%）（见图 11）。具体来看，投向交通基础设施领域 74.40 亿元，其中收费公路（30.70 亿元）和城际

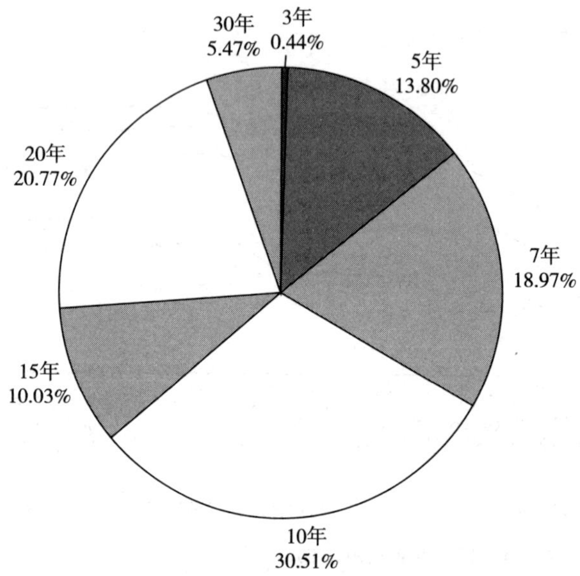

图 10　截至 2021 年 9 月辽宁省存量专项债发行期限结构

资料来源：Wind 数据库，中诚信国际整理计算。

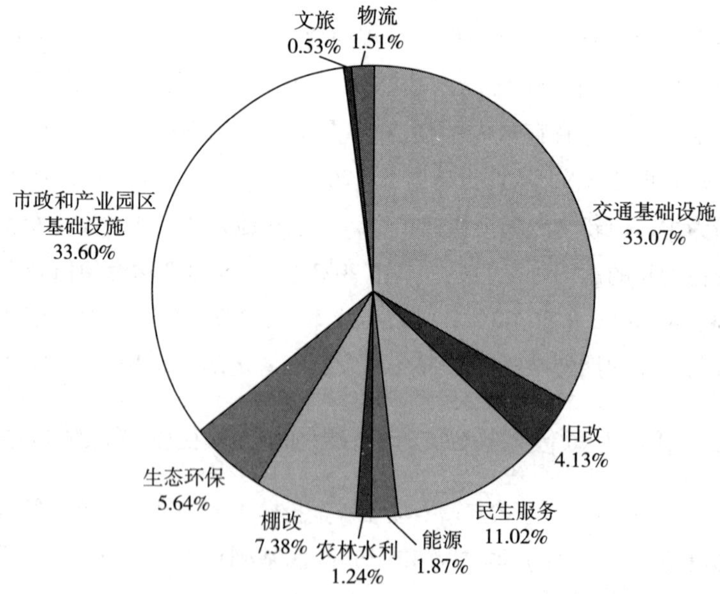

图 11　2021 年 1～9 月辽宁省新增专项债募投领域分布

资料来源：辽宁省新增专项债信息披露文件，中诚信国际整理计算。

高铁及轨道交通（23.11亿元）占比较高，市政和产业园区基础设施领域合计75.60亿元，以园区建设为主。从项目行政层级看，辽宁省新增专项债项目以地市级为主，省级项目占比较少，仅4.61%（见图12）。从资本金比例看，省级项目多以财政资金作为资本金。从项目偿债情况看，2020年，辽宁省项目本息覆盖倍数主要集中于1~1.5倍（含1.5倍）①，占比为76.94%；2021年1~9月，辽宁省项目本息覆盖倍数仍主要集中于1~1.5倍（含1.5倍），占比②下降至55.49%，但由于辽宁省部分项目预期总收入未考虑投资及运营成本，实际融资本息覆盖能力可能弱于指标值。

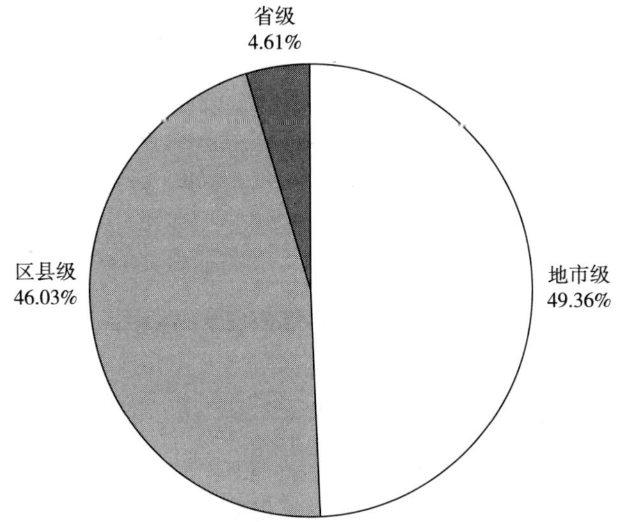

图12　2021年1~9月辽宁省新增专项债行政层级分布

资料来源：辽宁省新增专项债信息披露文件，中诚信国际整理计算。

（三）少数专项债用作项目资本金，拉动基建投资效应明显

2020年，辽宁省新增专项债券仅有极少募集资金用作项目资本金，2021

① 付一歌：《2020年辽宁省地方政府债券分析报告》，载毛振华等主编《中国地方政府债券发展报告（2021）》，社会科学文献出版社，2021，第124~137页。

② 不包含用于支持中小银行资本金的专项债券196.00亿元。

年1~9月，辽宁省新发行新增专项债中用作项目资本金的有7只，占新增专项债同期发行总额的9.12%，可见辽宁省正逐步适当使用专项债作为资本金积极开展基建项目，进一步带动社会资本加大短板项目投入力度，加大专项债的资金拉动作用。

（四）新增专项债对投资的撬动效应尚有较大释放空间

在“抗疫情、稳增长”的背景下，辽宁省政府加速发行专项债刺激基础设施投资增长，但带动作用有所减弱。2021年1~9月，辽宁省新增专项债发行规模为421.00亿元，剔除196.00亿元支持中小银行发展专项债后，有48.80亿元作为项目资本金、176.20亿元作为配套融资，累计撬动基建投资规模385.56亿元，1~9月辽宁省固定资产投资（不含农户）同比仅上升0.1%，其中基础设施投资同比增长2.3%。① 专项债作为资本金的撬动效应强于配套融资，但辽宁省新增专项债用作资本金的比例较小，对投资的撬动效应尚有较大释放空间。

三 辽宁省偿债能力分析

辽宁省地方政府债务余额在全国处于中游，整体呈增长态势，地方债中一般债占比较高，2023年迎来地方债到期高峰。辽宁省财政实力一般，财政自给水平尚可，但随着债务规模逐年攀升，仍面临一定偿债压力。2020年债务率在全国处于下游，但辽宁省政府高度重视政府性债务管理工作，并出台多项债务政策，债务风险整体可控。

（一）地方政府债务限额仍有一定使用空间，2023年将迎来地方债到期高峰

辽宁省地方政府债务余额年度规模整体呈增长态势，且债务限额仍有一定使

① 如无特别说明，本报告中引用的宏观经济数据均来自辽宁省发展和改革委员会官网《前三季度全省固定资产投资完成情况》。

用空间。截至2020年，辽宁省地方政府债务限额为10637.49亿元[①]（见图13），较2016年增长14.85%，在全国31个省（区、市）中位列第12，债务余额为9257.11亿元，较2016年增长8.57%，在全国位列第13（见图14），未使用的债

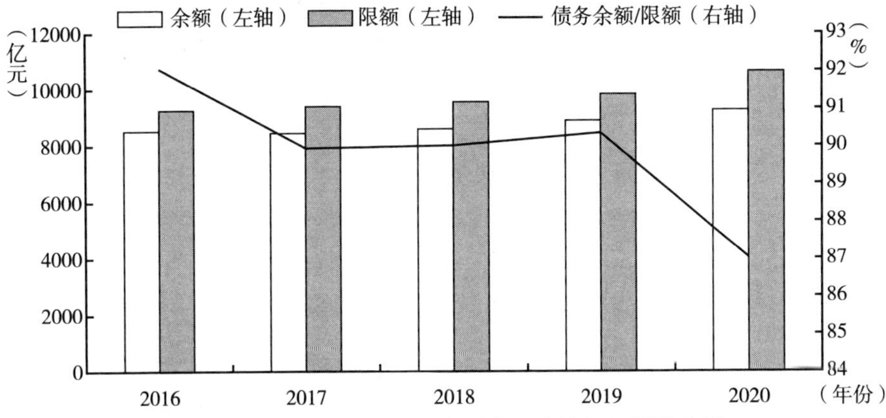

图13　2016～2020年辽宁省地方政府债务限额及余额

资料来源：辽宁省财政预算执行及决算报告，中诚信国际整理计算。

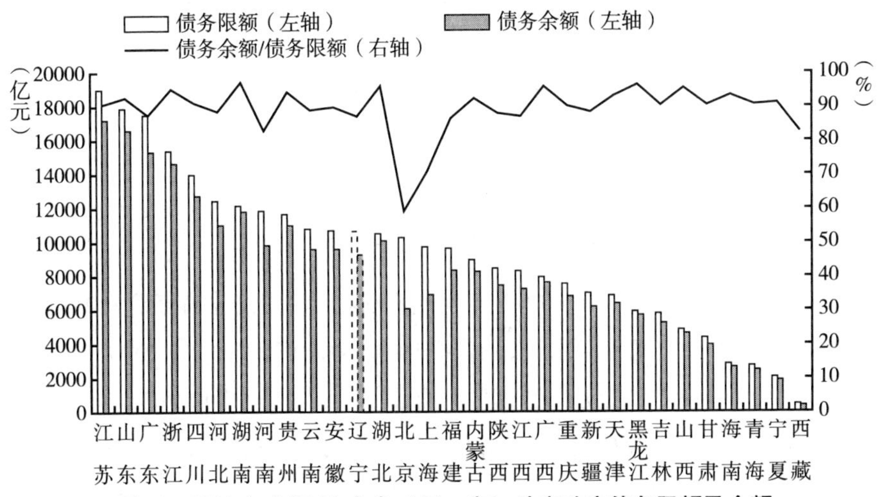

图14　2020年全国31个省（区、市）地方政府债务限额及余额

资料来源：全国31个省（区、市）财政预算执行及决算报告，中诚信国际整理计算。

① 如无特别说明，本报告中引用的辽宁省政府债务限额、余额，一般公共预算收入、支出，财政平衡率，债务率、负债率等财政相关数据均来自辽宁省财政预算执行及决算报告，并由中诚信国际整理计算。

务限额达 1380.38 亿元，仍有一定使用空间。从地方债存量结构看，债券形式债务占比超过 85%，非政府债券形式债务规模较小。从地方债到期分布看，2021 年内，10 月到期规模较高，达到 284.47 亿元。未来 5 年中，2023 年为地方债集中到期高峰，到期规模达 1566.69 亿元（见图 15），到期一般债占比 76.38%，到期专项债占比 23.62%，其中新增专项债到期规模占比为 1.23%。

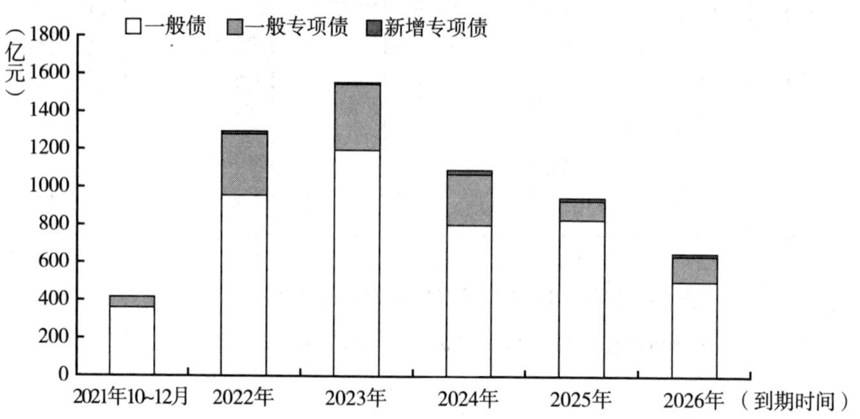

图 15　截至 2021 年 9 月辽宁省地方债到期分布

资料来源：Wind 数据库，中诚信国际整理计算。

（二）财政实力一般，财政自给能力尚可

近年来，受产业转型、人口外流等多重因素影响，辽宁省经济发展相对缓慢，财政实力处于全国中游水平，财政自给能力尚可。辽宁省 2020 年一般公共预算收入为 2655.75 亿元，在全国 31 个省（区、市）中位列第 13，受疫情冲击叠加减费降税政策双重影响，仅较 2019 年小幅增长 0.1%；财政平衡率为 44.16%，全国排名第 10（见图 16），财政自给能力尚可。综合财力方面，2020 年辽宁省综合财力为 7315.39 亿元（见图 17），较 2019 年增长 8.66%，增速同比下降 2.19 个百分点。其中，政府性基金收入占比达 22.12%，较 2019 年下降 24.68 个百分点；上级补助收入占比为 43.76%，小幅回升 4.23 个百分点；国有资本经营收入占比达 1.47%，下降 1.16 个百分点。

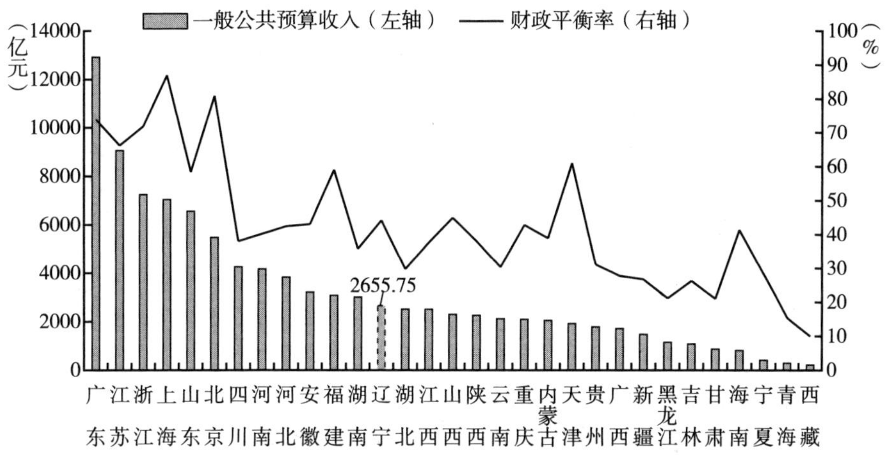

图16　2020年全国31个省（区、市）一般公共预算收入与财政平衡率

资料来源：全国31个省（区、市）财政预算执行及决算报告，中诚信国际整理计算。

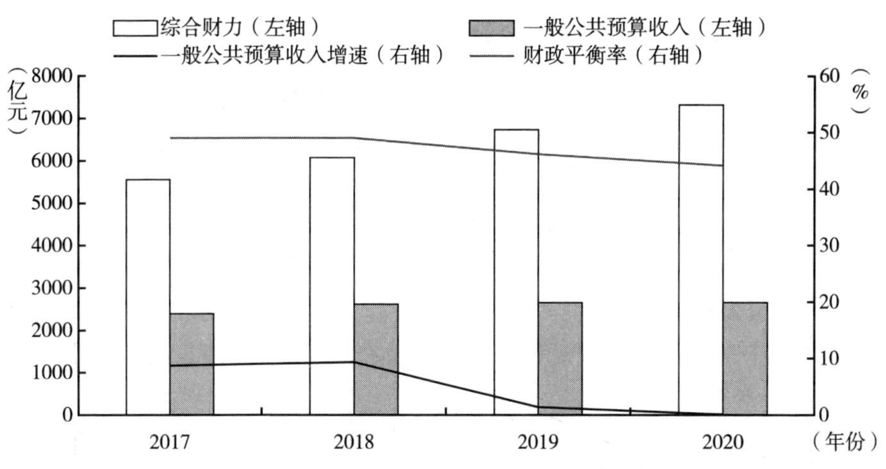

图17　2017～2020年辽宁省财政情况

资料来源：2017～2020年辽宁省财政预算执行及决算报告，中诚信国际整理计算。

（三）债务偿付能力较弱，但债务风险整体可控

辽宁省债务风险整体可控，偿债能力较强。截至2020年，辽宁省债务率及负债率分别为126.60%和36.88%，分别较前值回落5.37个百分点和回升

1.21 个百分点，债务率在全国 31 个省（区、市）中位列第 6（见图 18），明显高于全国水平，整体债务风险较高；债务余额是一般公共预算收入的 3.49 倍，较前值回升 0.14 倍（见图 19），偿债能力较 2019 年有所弱化，且在全国仍处于较弱水平。辽宁省高度重视政府性债务管理工作，明确提出完善全

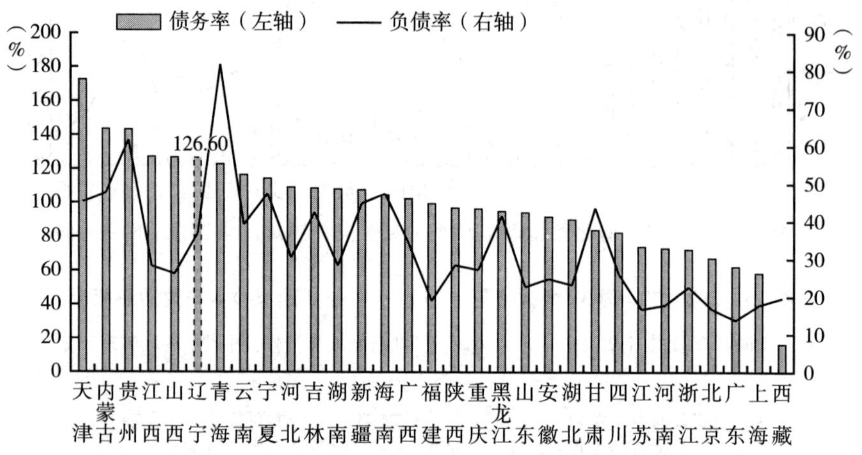

图 18　2020 年全国 31 个省（区、市）债务率及负债率

资料来源：全国 31 个省（区、市）财政预算执行及决算报告，中诚信国际整理计算。

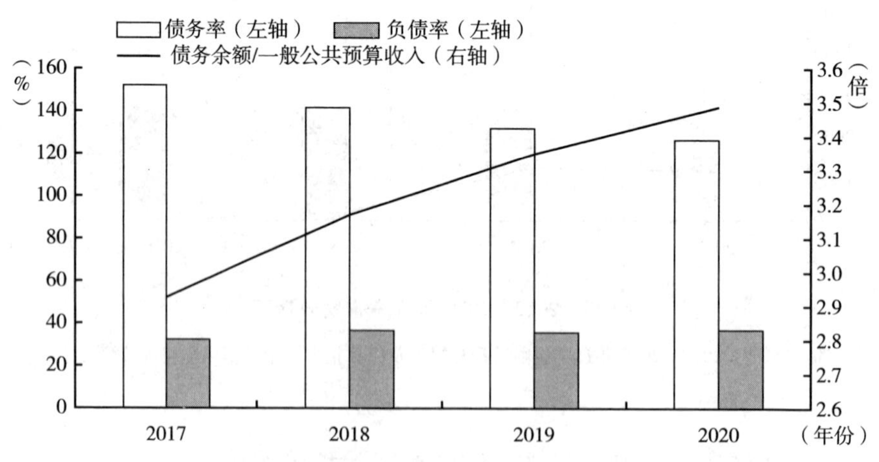

图 19　2017～2020 年辽宁省债务率及负债率

资料来源：2017～2020 年辽宁省财政预算执行及决算报告，中诚信国际整理计算。

省政府性债务管理体系，建立“借用还”相统一的政府性债务管理机制。基于存量债务规模较大等问题，辽宁省政府严控增量、消化存量，严格落实化解政府债务三年行动工作方案。考虑到当前辽宁省经济基本面稳步发展、债务管理机制较为健全等，辽宁省整体偿债能力虽处于较弱水平，但债务风险整体可控。

四 小结

2021 年，辽宁省地方债发行规模同比大幅增长，且发行集中度提高。新发行地方债中以一般债为主，但发行期限有所缩减。从发行成本看，发行利率整体下降，但发行利差走阔，二级市场交易规模小于上年同期，各期限到期收益率有所波动。从专项债情况看，辽宁省专项债存量规模处于全国中下游水平，整体期限结构偏长，其中新增专项债投向领域以基建为主，逐步发挥对投资的拉动效应。

总体来看，辽宁省整体财政实力一般，近年来地方政府债务余额规模持续攀升，但现阶段债务限额尚有一定使用空间，且辽宁省政府高度重视政府性债务管理工作，债务风险总体可控。

近年来，辽宁省政府利用地方债尤其是专项债进行基础设施建设、调整经济结构的意识逐步增强。2021 年以来，辽宁省政府加快地方债发行节奏、扩大发行规模、优化资金投向结构，投资者多元化增强的同时，地方债市场化水平也逐步提高。但过高的政府债务率、大规模的到期债务始终对辽宁省政府投融资形成一定制约，因而在利用地方债作为积极财政重要着力点的同时，更应注意财政和债务的可持续性问题，在后续债务管理过程中应注意以下四点：一是在严控债务增量的同时，合理安排政府债券期限结构，缓解到期债务集中偿付压力；二是加强对政府债券资金流向的监督，提升债券资金配置效率和使用效益，确保募投项目的配套资金和资本金能够及时到位；三是重点关注新增专项债与募投项目收益期限的匹配性，避免出现资金筹集和项目进度不衔接的情况；四是继续健全地方政府债务风险管理机制，从设定风险防控绩效目标、加强绩效目标审核等方面加大管理力度。

B.13

2021年吉林省地方政府债券分析报告

杨羽明*

摘　要： 吉林省地方债存量规模低于全国平均水平，但发行规模逐年提升。2021 年，吉林省地方债发行节奏有所滞后；发行结构以新增专项债为主，长期债券占比提升。吉林省专项债持续扩容，其募投领域向市政和产业园区基础设施、交通基础设施倾斜，但用作项目资本金的规模和占比较小，且对基建投资的实际撬动效应仍受到多因素限制。整体来看，吉林省地方政府尚有一定举债空间，其财政实力较弱，债务率逐年上升，长期看需关注债务风险。展望下一阶段，本报告建议吉林省地方政府除维持现有募投领域投向外，可将地方债资金聚焦于省内优势领域，带动行业和区域经济发展。

关键词： 地方债　专项债　吉林省

一　吉林省地方债运行情况分析

吉林省地方债存量规模低于全国平均水平，从规模看，截至 2021 年 9 月，吉林省地方债存量规模为 6011.80 亿元①，占全国规模的 2.09%，在全国 31 个省（区、市）中排名第 25（见图 1）。存量地方债以一般债为主，规模达

* 杨羽明，中诚信国际政府公共评级一部高级分析师，主要研究领域为地方政府债券、基础设施投融资行业等。

① 如无特别说明，本报告中引用的地方债存量、发行量、发行利率、发行利差、交易量、到期收益率等债券相关数据均来自截至 2021 年 9 月的 Wind 数据库，并由中诚信国际整理计算。

3402.99 亿元，占比 56.61%；从期限看，存量地方债主要为 5～10 年期，约占全省地方债只数的 65.80%，占全省地方债总规模的 76.09%；从种类结构看，2018 年起吉林省存量地方债以一般债为主，达4157.45 亿元，专项债规模为 2608.81 亿元。

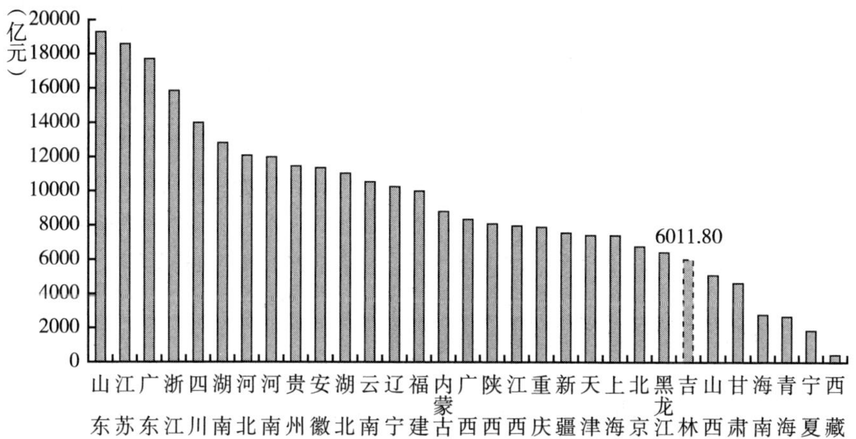

图 1　截至 2021 年 9 月全国 31 个省（区、市）地方债存量规模

资料来源：Wind 数据库，中诚信国际整理计算。

（一）发债节奏有所延后，2021年6月以来发债规模持续提升

受新增额度下达较晚、稳增长压力边际放缓及审核趋严等因素影响，2021 年地方债发行进度较往年相对有所延后。2021 年 1～9 月吉林省发行地方债共计 1200.32 亿元，约为 2020 年发行总规模的 86.73%。从月度发行规模看，2021 年吉林省地方债发行节奏较2020 年有所延后，发行时间集中于5 月以后，第三季度发债规模持续提升（见图 2）。

（二）专项债扩容明显，长期限地方债占比较高

2021 年 1～9 月，吉林省发行的地方债以新增专项债为主，发行规模扩容至 553.35 亿元，较上年同期增长 105.18%，占 2021 年 1～9 月发行总规模的 46.10%；2021 年 1～9 月，吉林省发行了新增一般债（235.02 亿元）、再融资一般债（252.34 亿元）以及再融资专项债（159.62 亿元）。受财政部倡导合

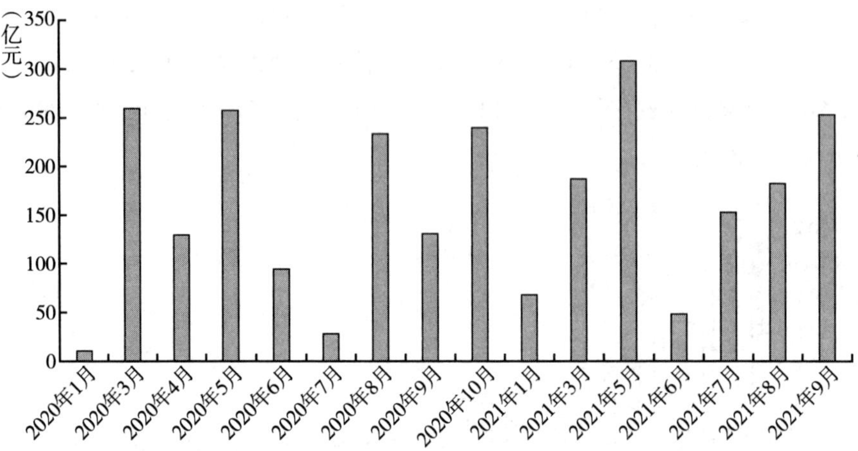

图 2　2020 年 1 月 ~2021 年 9 月吉林省地方债月度发行规模

注：吉林省部分月份无地方债发行，故图中无显示。

资料来源：Wind 数据库，中诚信国际整理计算。

理提高长期专项债比例等政策影响，吉林省新发行地方债期限结构以 10 年及以上为主，10 年及以上所占比例为 85. 72% （见图 3）。

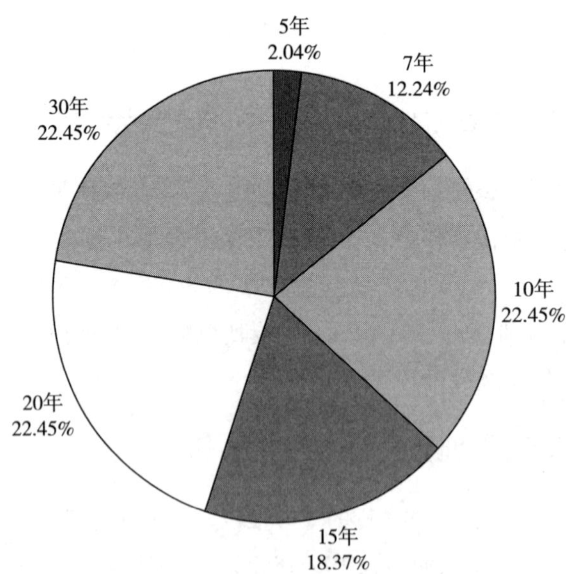

图 3　2021 年 1 ~9 月吉林省地方债发行期限结构

资料来源：Wind 数据库，中诚信国际整理计算。

（三）发行成本整体下降，长端地方债发行利率逐步回落

2021 年 1～9 月，吉林省地方债发行利率①呈下降态势，降低至 3.44%，发行利差同比变化不大，较 2020 年的 25.28BP 小幅走阔至 25.55BP（见图 4）。从月度分布看，吉林省地方债发行利率呈波动态势，发行利差有所收窄（见图 5）。从期限分布看，与 2020 年同期对应期限的地方债相比，发行利率随期限延长而较上年逐步回落。从券种分布看，一般债、专项债发行利率较 2020 年分别回落至 3.34% 和 3.51%。与其他省（区、市）相比，吉林省发行利率较高，在全国排名第 6（见图 6）。

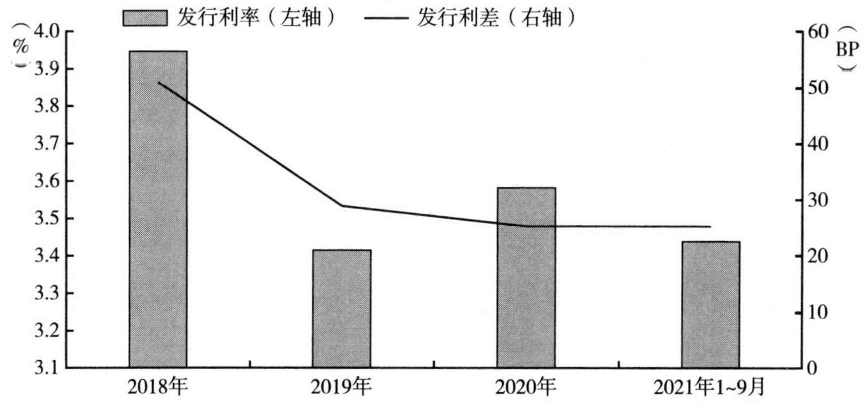

图 4　2018 年～2021 年 9 月吉林省地方债发行成本

资料来源：Wind 数据库，中诚信国际整理计算。

（四）交易规模大于2020年同期，2021年到期收益率回落

从二级市场交易规模②看，2021 年 1～9 月，吉林省地方债交易规模同比上升至 1043.65 亿元，较上年同期增长 97.32%，在全国排名第 23，较上年同期提高 4 个位次。从到期收益率走势看，2020 年 1 月～2021 年 9 月，吉林省

① 如无特别说明，本报告中发行利率、利差为根据发行额计算的加权平均发行利率、利差，发行利差计算公式为债券发行利率减对应期限国债收益率。

② 交易统计包含回购交易、现券交易等部分。

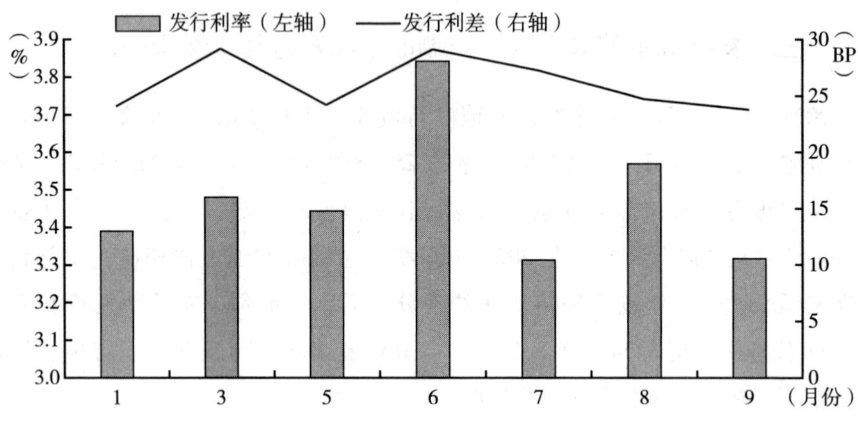

图5　2021 年 1～9 月吉林省地方债月度发行成本

注：吉林省部分月份无地方债发行，故图中无显示。

资料来源：Wind 数据库，中诚信国际整理计算。

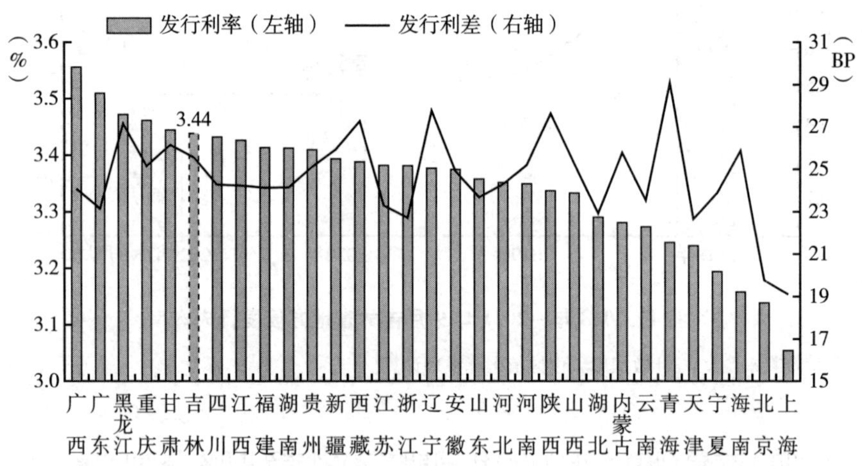

图6　2021 年 1～9 月全国 31 个省（区、市）地方债发行成本

资料来源：Wind 数据库，中诚信国际整理计算。

各期限地方债到期收益率①整体呈现先降后升再降的趋势，并于 2020 年 4 月到达低点；2021 年以来，地方债到期收益率整体呈下降趋势（见图 7）。

① 此处到期收益率采用的是算术平均值。

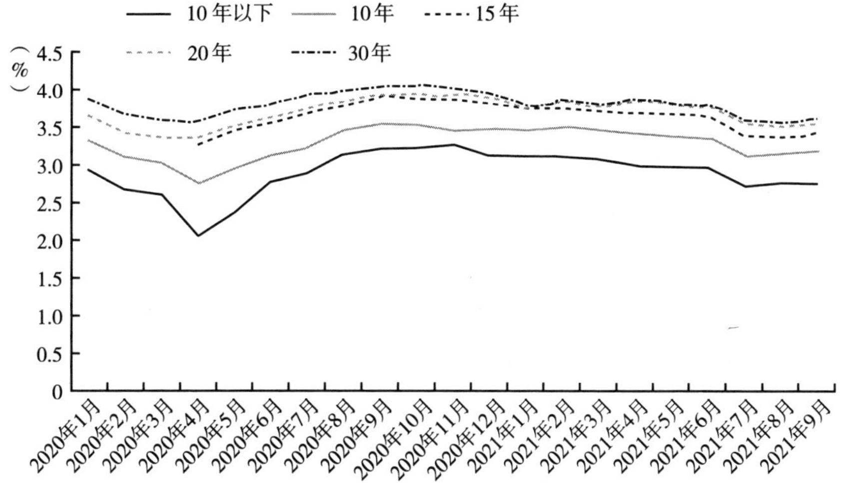

图7　2020 年 1 月 ~2021 年 9 月吉林省地方债到期收益率走势

资料来源：Wind 数据库，中诚信国际整理计算。

二　吉林省地方政府专项债分析①

吉林省专项债存量规模在全国范围内处于下游，截至 2021 年 9 月，存量规模 2608. 81 亿元（见图 8）；投向领域以市政和产业园区基础设施、交通基础设施为主；总体期限结构逐步拉长，长端专项债规模逐步增加。吉林省当前专项债使用资本金模式的规模和占比较小，对基建投资的撬动效应主要以项目配套融资的形式体现，理论上或能撬动基建投资约 646. 48 亿元，在稳增长背景下需进一步发挥专项债用作资本金的杠杆优势。

（一）发行规模逐年上升，期限逐渐拉长，以新增专项债为主

自 2017 年财政部发布《关于试点发展项目收益与融资自求平衡的地方政

① 2020 年 7 月 29 日财政部《关于加快地方政府专项债券发行使用有关工作的通知》（财预〔2020〕 94 号）明确 2020 年新增专项债必须保证融资规模与项目收益相平衡，因此 2020 年新增专项债均为项目收益专项债；本部分项目收益专项债的统计样本为 2017 ~2020 年项目收益专项债与 2021 年 1 ~9 月的新增专项债。

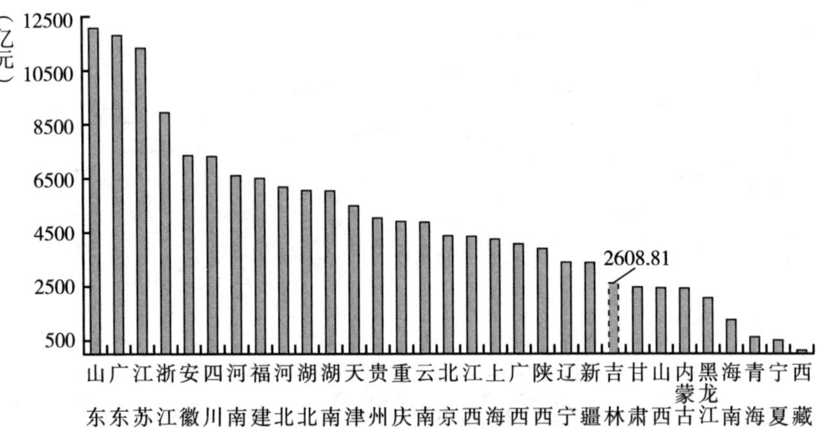

图8　截至2021年9月全国31个省（区、市）专项债存量规模

资料来源：Wind数据库，中诚信国际整理计算。

府专项债券品种的通知》①，吉林省年度专项债发行规模呈上升趋势。截至2021年9月，吉林省专项债存量规模为2608.81亿元，2018～2020年及2021年1～9月分别发行276.23亿元、380亿元、704.47亿元和712.97亿元。从发行节奏看，2020年及2021年1～9月，吉林省专项债于年初和年末发行规模相对较小，普遍于年中集中发行。2020年，吉林省存量债券期限以10年和5年为主，占比分别为30.30%和26.07%，30年和20年占比分别为21.09%和12.00%。受财政部倡导合理提高长期专项债比例等政策影响，2021年1～9月吉林省发行专项债券期限明显拉长，10年、20年和30年占比分别为37.08%、16.65%和32.73%，位于前三。2018年以来，吉林省专项债以新增为主，占83.94%；2021年1～9月发行新增专项债553.35亿元，再融资专项债159.62亿元，分别占77.61%和22.39%。2021年1～9月，吉林省专项债发行利率为3.51%，发行利差为25.51BP。

① 《关于试点发展项目收益与融资自求平衡的地方政府专项债券品种的通知》（财预〔2017〕89号），财政部网站，2017年7月21日，http：//yss. mof. gov. cn/zhuantilanmu/dfzgl/zcfg/201707/t20170724_ 2656632. htm。

（二）募投领域主要投向市政和产业园区基础设施与交通基础设施，行政层级集中于地市级和区县级

2021 年 1 ~9 月，吉林省新增专项债募投领域主要集中在市政和产业园区基础设施与交通基础设施，占比分别为 43.12% 和 7.39%（见图 9）。细分领域方面，市政和产业园区基础设施中，产业园区建设投入 190.91 亿元，占领域总投入的 80.02%；交通基础设施中，收费公路建设投入 32.08 亿元，占领域总投入的 78.42%；民生服务领域主要用于教育和医疗卫生；农林水利领域主要用于水利工程。2021 年 1 ~9 月，吉林省发行除专项用于棚改和收费公路的债券外，所发行债券多属于多项目集合发行。行政层级方面，新增专项债项目投向主要集中于地市级和区县级，省级项目相对较少，地市级项目主要分布在长春市、吉林市和松原市等地级市，区县级项目主要分布在白山市、吉林市、通化市、长春市、延边朝鲜族自治州等地级市下属区县。根据现金流测算，2021 年 1 ~9 月吉林省新发行专项债项目收益可有效覆盖债务本息，在现金流测算可靠的情况下，项目偿债有保障。

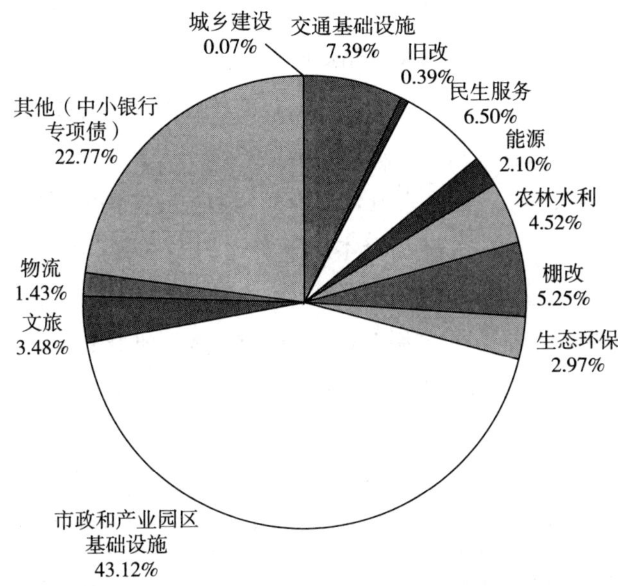

图 9　截至 2021 年 9 月吉林省新增专项债募投领域分布

资料来源：Wind 数据库，中诚信国际整理计算。

（三）新增专项债用作项目资本金规模较小

2019 年 6 月，中共中央办公厅、国务院办公厅印发《关于做好地方政府专项债券发行及项目配套融资工作的通知》①，允许将专项债券作为符合条件的重大项目资本金，资金用途的放宽有利于缓解政府资金压力。2021 年 1 ~9 月，吉林省新增专项债 553. 35 亿元，用作项目资本金共计 9. 26 亿元，占 1. 73%，占比及规模较小，未来可以考虑适当使用专项债作为资本金积极开展基建项目，进一步带动社会资本投入短板项目，加大专项债券的资金撬动作用。

（四）专项债对基建投资的撬动效应主要以项目配套融资的形式体现

2020 年，吉林省固定资产投资（不含农户）增速为8. 3%，其中第一产业投资同比增长 68. 3%，第二产业投资同比增长 9. 0%，第三产业投资同比增长 7. 1%。吉林省在经历 2019 年固投的低迷期，2020 年固投增速整体呈现回升态势，尤其在农、林、牧、渔业投资增速较快，良好的投资对带动产业发展起到了积极的作用。但受新冠肺炎疫情影响，交通运输、仓储和邮政业，住宿和餐饮业等投资下滑明显。在抗疫情、稳增长的特殊时期，专项债作为积极财政的重要抓手，对基建投资具有一定拉动效应。由于吉林省专项债用作项目资本金的规模及比例较小，专项债对基建投资的撬动效应主要以项目配套融资的形式体现。经测算，吉林省专项债资本金融资比例中位数为 54%，对应撬动杠杆约 1. 84 倍，理论上约能撬动基建投资 17. 00 亿元；吉林省专项债项目配套融资比例中位数为 65%，对应撬动杠杆约 1. 53 倍，理论上约能撬动基建投资 629. 48 亿元，二者合计理论撬动基建投资 646. 48 亿元②。

① 《中共中央办公厅　国务院办公厅印发〈关于做好地方政府专项债券发行及项目配套融资工作的通知〉》，中国政府网，2019 年 6 月 10 日，http：//www. gov. cn/zhengce/2019 -06/10/content_ 5398949. htm。

② 专项债撬动基建投资方法参见袁海霞、汪苑晖、卞欢《专项债兼顾扩容提效，助力基建托底稳增长——地方政府专项债 2019 年回顾与 2020 年展望》，《财政科学》2020 年第 1 期。

三　吉林省偿债能力分析

吉林省地方政府债务余额在全国排名靠后，但整体呈现增长态势，2022～2023年迎来到期高峰。吉林省财政实力较弱，财政平衡率较低，财政自给水平有待提升，且近年来受多重因素影响，一般公共预算收入波动较大，加之债务率呈逐年上升态势，虽短期看债务偿付相对可控，长期看仍需关注债务风险。

（一）地方政府债务余额整体呈增长态势，2022～2023年为偿债高峰期

吉林省地方政府债务余额年度规模整体呈增长态势，截至2020年，吉林省地方政府债务限额为5782.07亿元①（见图10），较2016年增长74.70%；债务余额为5221.43亿元，较2016年增长80.34%。2016～2020年，吉林省地方政府债务余额占限额的比重在90%左右波动，尚存一定的举债空间。从规

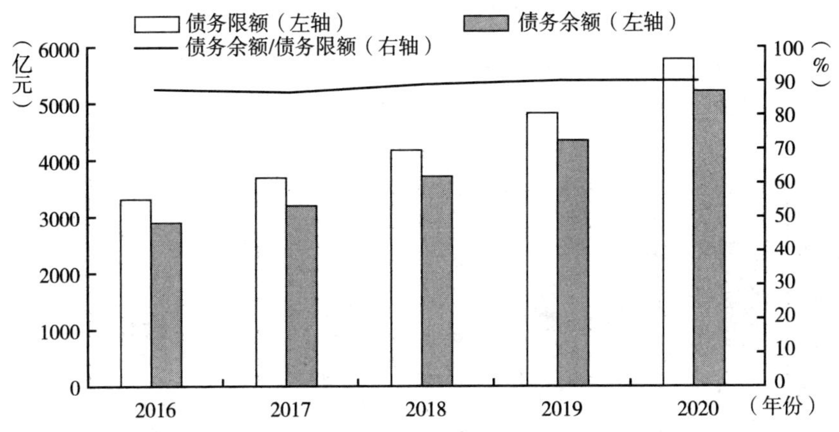

图10　2016～2020年吉林省地方政府债务限额及余额

资料来源：2016～2020年吉林省财政预算执行及决算报告，中诚信国际整理计算。

① 如无特别说明，本报告中引用的吉林省政府债务限额、余额，一般公共预算收入、支出，财政平衡率，债务率、负债率等财政相关数据均来自吉林省财政预算执行及决算报告，并由中诚信国际整理计算。

模看，吉林省地方政府债务限额和余额在全国位于下游（见图 11）。从地方债到期分布看，吉林省 2021 年 10～12 月无到期地方债，未来 5 年到期债券主要集中在 2022 年和 2023 年，其中一般债到期规模较大。吉林省专项债到期高峰主要集中在 2022～2024 年，并于 2024 年达到顶峰，其中 2022～2023 年以到期一般债为主，2024 年以到期新增专项债为主（见图 12）。

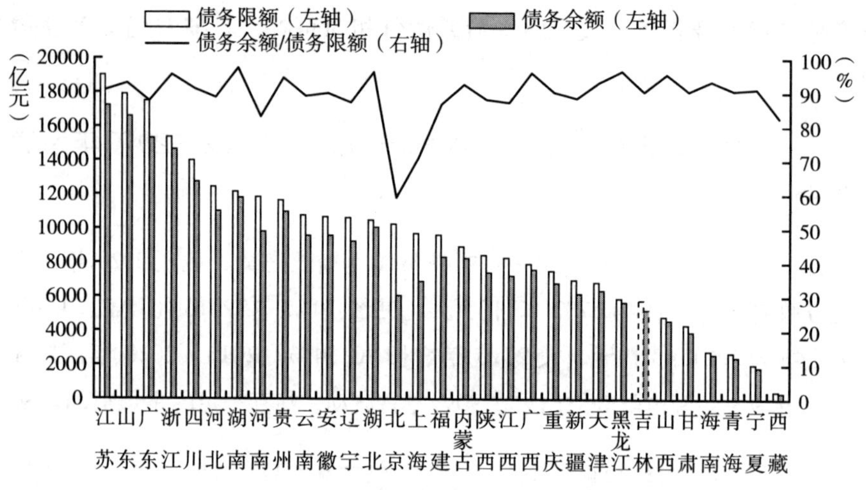

图 11　2020 年全国 31 个省（区、市）地方政府债务限额及余额

资料来源：全国 31 个省（区、市）财政预算执行及决算报告，中诚信国际整理计算。

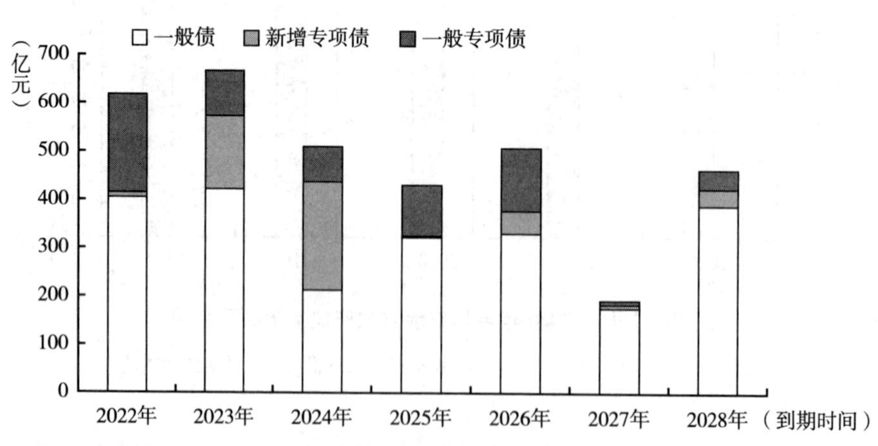

图 12　截至 2021 年 9 月吉林省地方债到期分布

资料来源：Wind 数据库，中诚信国际整理计算。

（二）财政实力较弱，财政平衡率低且逐年下滑

吉林省财政实力较弱，2020 年吉林省一般公共预算收入为 1085.00 亿元，在全国 31 个省（区、市）中处于下游（见图 13），同时近年来受“挤水分”、经济发展动能不足、减税降费、新冠肺炎疫情等多因素叠加影响，一般公共预算增速波动较大。2020 年吉林省财政平衡率为 26.29%，财政自给能力不足且逐年下滑。综合财力方面，2020 年吉林省综合财力约为 4808 亿元（见图 14），当年一般公共预算收入虽受新冠肺炎疫情等因素影响有所下滑，但同年上级补助规模增加，土地出让收入大幅提升使政府性基金收入大幅增加，综合财力较 2019 年有所提升。

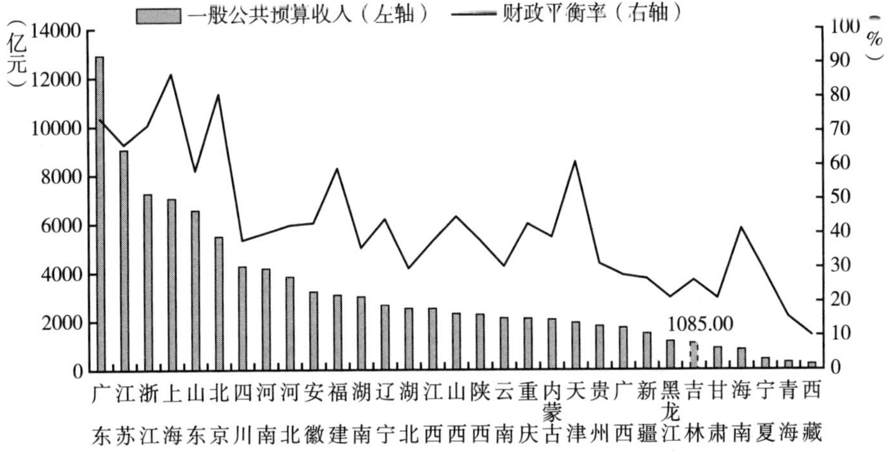

图 13　2020 年全国 31 个省（区、市）一般公共预算收入与财政平衡率

资料来源：全国 31 个省（区、市）财政预算执行及决算报告，中诚信国际整理计算。

（三）吉林省债务率相对较高，长期看需关注债务风险

截至 2020 年，吉林省债务率及负债率分别为 108.60% 和 42.41%，债务率及负债率在全国 31 个省（区、市）中处于中上游（见图 15）。近年来，吉林省债务率及负债率持续上升，其中债务率已超国际警戒线水准，未来需关注债务风险。另外，2020 年吉林省债务余额占一般公共预算收入的比重为

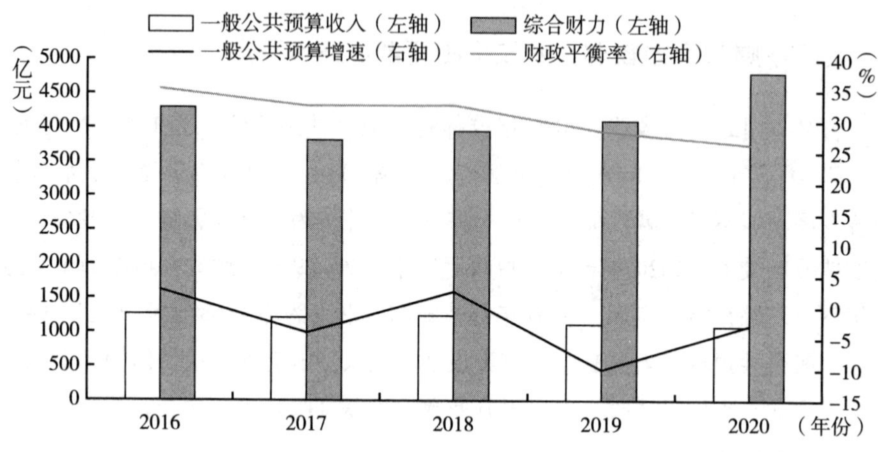

图 14　2016～2020 年吉林省财政情况

资料来源：2016～2020 年吉林省财政预算执行及决算报告，中诚信国际整理计算。

481.24%，比重较高且持续增加（见图 16）。当前新增专项债扩容可提供一定收益性偿债来源，同时考虑省政府从制度层面健全债务管理机制以及国企混改增强偿付支持等方面，吉林省整体偿债能力尚可，但债务率相对较高，长期看需关注债务风险。

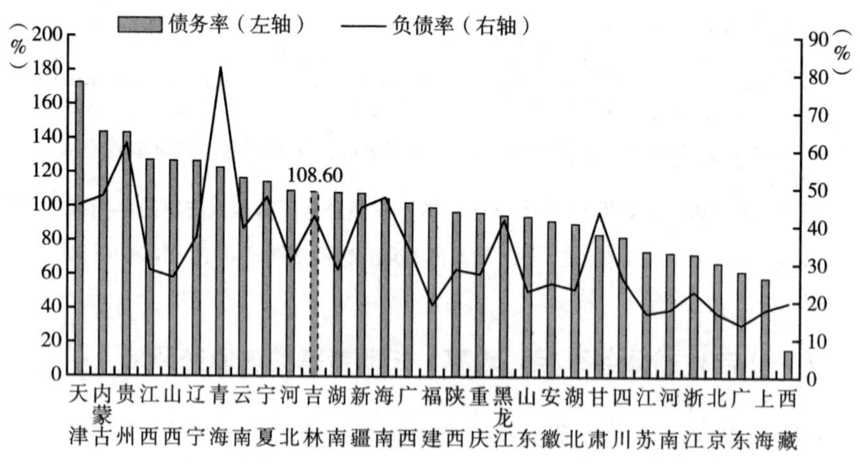

图 15　2020 年全国 31 个省（区、市）债务率及负债率

资料来源：全国 31 个省（区、市）财政预算执行及决算报告，中诚信国际整理计算。

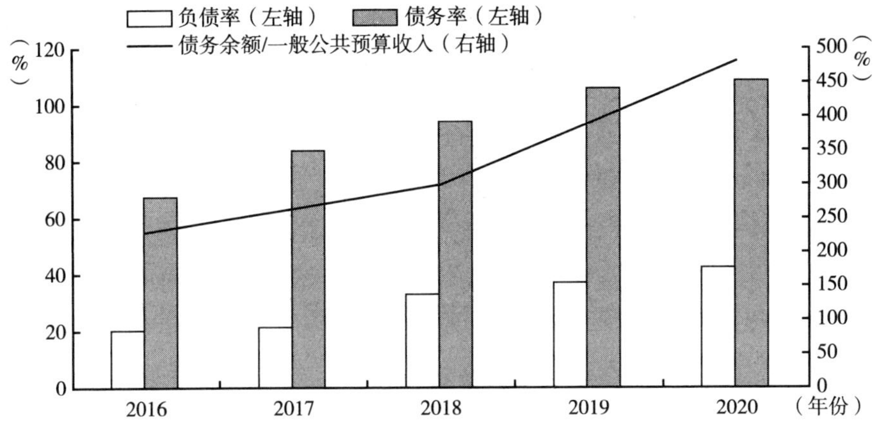

图16　2016～2020年吉林省债务率及负债率

资料来源：2016～2020年吉林省财政预算执行及决算报告，中诚信国际整理计算。

四　小结

2021年吉林省地方债存量规模相对较小，但发行规模同比大幅增长，不过受新增额度下达较晚、稳增长压力边际放缓及审核趋严等因素影响，发行节奏有所延后。吉林省新发行地方债中以新增专项债为主，且中长期债券占比明显上升。从发行成本看，发行成本整体下降，长端专项债发行利率逐步回落，2021年交易规模亦大于2020年同期。

专项债方面，2021年吉林省专项债发行规模逐年上升，期限逐渐拉长，以新增专项债为主。募投领域主要投向市政和产业园基础设施与交通基础设施，行政层级集中于地市级和区县级，但用作资本金规模较小，理论上可撬动基建投资约839.13亿元，但实际效应仍受多因素限制。

总体来看，吉林省现阶段财政实力较弱，受“挤水分”、经济发展动能不足、减税降费、新冠肺炎疫情等多因素叠加影响，一般公共预算增速波动较大，财政平衡率低且逐年下滑。当前吉林省债务余额距离债务限额仍有一定空间，但债务率逐年走高，未来需关注债务偿还风险。

吉林省作为中国的老工业基地，为我国发展做出重大贡献，但近年来经济增长减缓、竞争力减弱、人口净流出，基建领域有待进一步改造升级，本报告

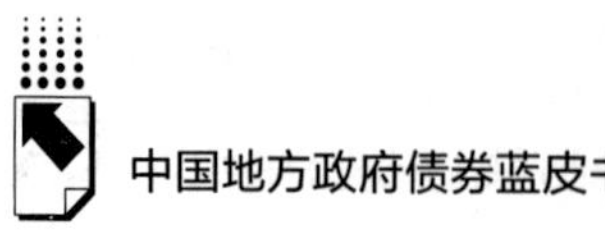

建议下一阶段吉林省继续维持市政和产业园基础设施与交通基础设施领域的投入，同时依托现阶段自身在生物医药、机械制造等重点领域的相对技术优势，加大投入力度，灵活运用一般债与专项债，带动行业和区域经济发展；对于配套交通、旧城改造、园区建设等具有一定收益的项目，可充分发挥专项债用作项目资本金等优惠政策，增强资金撬动效应，减轻财政压力。

B.14

2021年河北省地方政府债券分析报告

黄 菲 陶 雨*

摘 要： 2021年1~9月，河北省地方债发行节奏前慢后快，发行规模较2020年同期基本持平，其中新增专项债发行规模有所下滑，再融资债发行规模大幅提升。新增专项债募集用途仍以基础设施建设为主，但用作资本金项目较少，撬动效应仍有较大释放空间。河北省债务率和负债率居全国中上游，2023年将迎来地方债到期高峰，本报告建议河北省政府妥善处理存量债务，持续优化地方债期限结构，降低融资成本，并充分发挥新增专项债杠杆效应。

关键词： 地方债 专项债 河北省

一 河北省地方债运行情况分析

河北省地方债存量规模居全国上游，以新增专项债为主，期限结构以10年及以下为主。从规模看，截至2021年9月，河北省地方债存量规模为12077.95亿元，[①] 占全国规模的4.21%，在全国31个省（区、市）中排名第7（见图1）。从结构看，河北省存量地方债中专项债和一般债规模分别为6177.74亿元和5900.21亿元，占比分别为51.15%和48.85%；从期限看，河北省存量地方债中10年期以下、10年期和10年期以上的规模分别为5154.95

---

* 黄菲，中诚信国际政府公共评级一部助理总监，主要研究领域为地方债与城投行业、大交通行业等；陶雨，中诚信国际政府公共评级一部分析师，主要研究领域为地方债与城投行业等。

① 如无特别说明，本报告中引用的地方债存量、发行量、发行利率、发行利差、交易量、到期收益率等债券相关数据均来自截至2021年9月的Wind数据库，并由中诚信国际整理计算。

亿元、4122.75 亿元和 2800.25 亿元，占比分别为 42.68%、34.13% 和 23.18%。

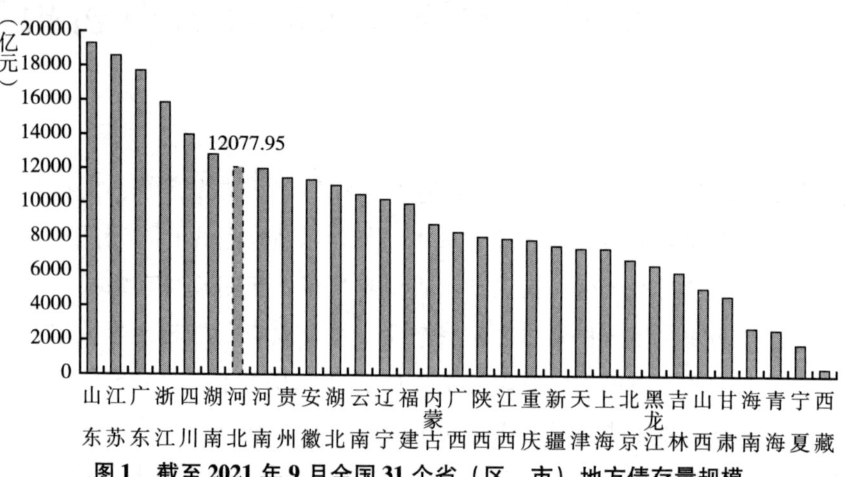

图 1　截至 2021 年 9 月全国 31 个省（区、市）地方债存量规模

资料来源：Wind 数据库，中诚信国际整理计算。

（一）发行规模较2020年同期基本持平，发行节奏前慢后快

2021 年，在全球新冠肺炎疫情持续演变及外部环境更趋复杂严峻的背景下，中国经济修复基本态势未改，积极财政政策基调未变。2021 年 1 ~9 月，河北省地方债发行规模共计 2378.18 亿元，较 2020 年同期 2546.99 亿元基本持平。从月度发行规模看，2021 年 1 ~9 月河北省地方债发行节奏前慢后快，其中受新增债提前额度下达较晚及专项债项目审核趋严等因素影响，第一季度河北省地方债发行节奏明显滞后，仅 3 月发行 204.56 亿元，而第二、第三季度在跨周期调节的政策思想下，河北省地方债发行提速，分别发行 1015.82 亿元和 1157.80 亿元（见图 2）。

（二）再融资债发行规模增长，短期限品种发行规模占比大幅提升

2021 年 1 ~9 月，河北省新增专项债发行规模有所下滑，再融资债发行规模有所增长，10 年期以下品种发行规模占比大幅提升。从券种结构看，2021 年 1 ~9 月河北省新增专项债发行规模 1050.58 亿元，占 44.18%，较 2020 年同期规模（1483.92 亿元）和比重（58.26%）均有所下滑；在地方债到期规

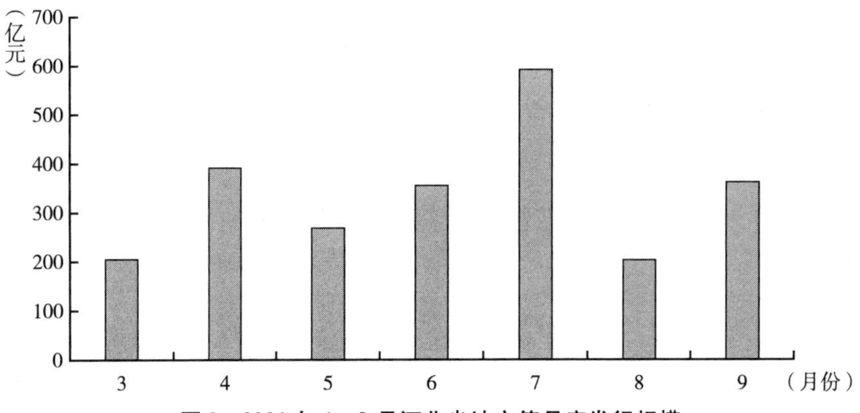

图2　2021年1~9月河北省地方债月度发行规模

注：河北省部分月份无地方债发行，故图中无显示。

资料来源：Wind数据库，中诚信国际整理计算。

模上升背景下，2021年1~9月河北省再融资债加速发行，当期再融资专项债和再融资一般债发行规模合计832.07亿元，占比由2020年同期的20.86%提升至34.99%；2021年1~9月，河北省新增一般债发行规模495.53亿元，占20.84%，较2020年同期基本持平（见图3）。从发行期限看，2021年1~9月，

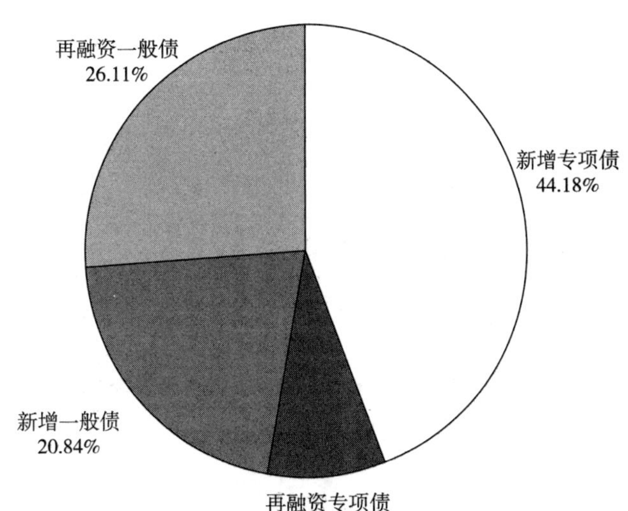

图3　2021年1~9月河北省地方债发行券种结构

资料来源：Wind数据库，中诚信国际整理计算。

河北省地方债中 10 年期以下、10 年期和 10 年期以上的发行规模分别为 865.32 亿元、800.92 亿元和 711.94 亿元，受再融资债发行规模增加影响，10 年期以下品种占比由 2020 年同期的 8.49% 大幅提升至 36.39%，而 10 年期和 10 年期以上品种占比相应下降。

（三）发行成本相对较低且维持下降趋势，发行利率期限结构趋于平稳

2021 年 1 ~ 9 月，河北省地方债发行成本维持下降趋势，但降幅略有收窄，当期发行利率[①]由 2020 年的 3.40% 下降至 3.35%，发行利差由 2020 年的 25.25BP 缩窄至 24.29BP（见图 4）。从月度分布看，2021 年 1 ~ 9 月河北省地方债发行利率和发行利差均呈波动下降态势，其中 7 月发行利率大幅下降而发行利差有所走阔（见图 5），主要是受当月央行释放流动性及国债利率下调影响。除 7 月外，自 6 月起河北省地方债发行成本突破“较招投标前 5 日同期限国债上浮 25BP”的隐性限制，地方债发行进一步市场化。从期限分布看，

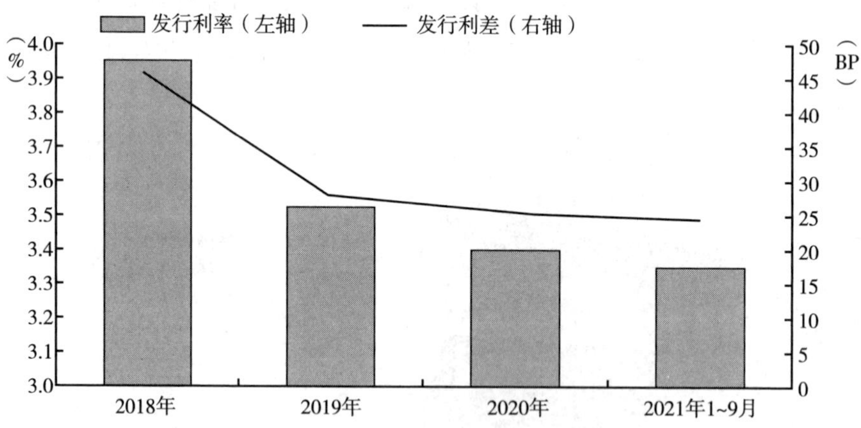

图 4　2018 年 ~2021 年 9 月河北省地方债发行成本

资料来源：Wind 数据库，中诚信国际整理计算。

① 如无特别说明，本报告中发行利率、利差为根据发行额计算的加权平均发行利率、利差，发行利差计算公式为债券发行利率减对应期限国债收益率。

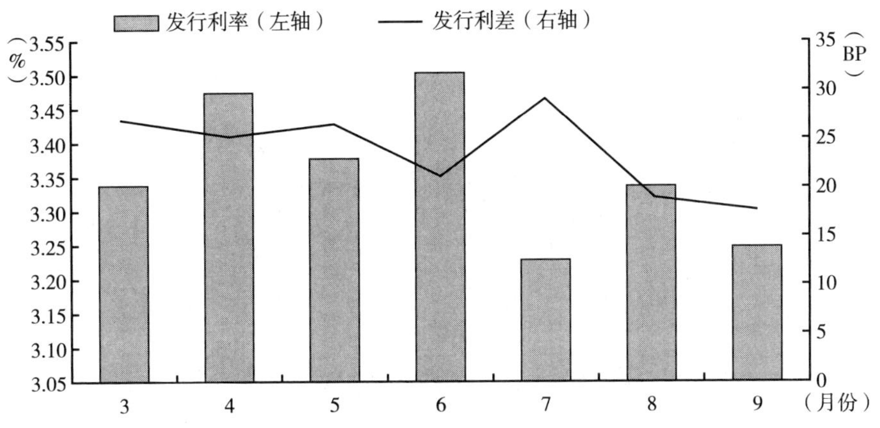

图5　2021 年 1～9 月河北省地方债月度发行成本

注：河北省部分月份无地方债发行，故图中无显示。

资料来源：Wind 数据库，中诚信国际整理计算。

与 2020 年同期对应期限的地方债相比，2021 年 1～9 月河北省 10 年期以下和 10 年期地方债发行利率有所上升，而 10 年期以上地方债发行利率有所下行，发行利率期限结构趋于平稳；发行利差方面，除 10 年期地方债发行利差小幅上升 1.28BP 外，10 年期以下和 10 年期以上地方债发行利差分别下降 2.08BP 和 3.18BP。从券种分布看，2021 年 1～9 月河北省一般债发行利率较 2020 年同期小幅下降至 3.28%，发行利差小幅走阔至 25.14BP；专项债发行利率较 2020 年同期小幅上升至 3.42%，发行利差小幅回落至 23.54BP。2021 年 1～9 月，河北省地方债发行利率在全国 31 个省（区、市）中排名第 19，发行成本相对较低（见图 6）。

（四）交易规模同比大幅回落，到期收益率呈下行态势

从二级市场交易规模①看，2021 年 1～9 月全国地方债流动性延续 2020 年 8 月以来走弱趋势，交易规模同比大幅回落，其中河北省地方债交易规模由 2020 年同期的 6277.85 亿元下降至 3094.56 亿元，在全国 31 个省（区、市）中排名第 5。从到期收益率走势看，2021 年 1～9 月，河北省各期限地方债到

① 交易统计包含回购交易、现券交易等部分。

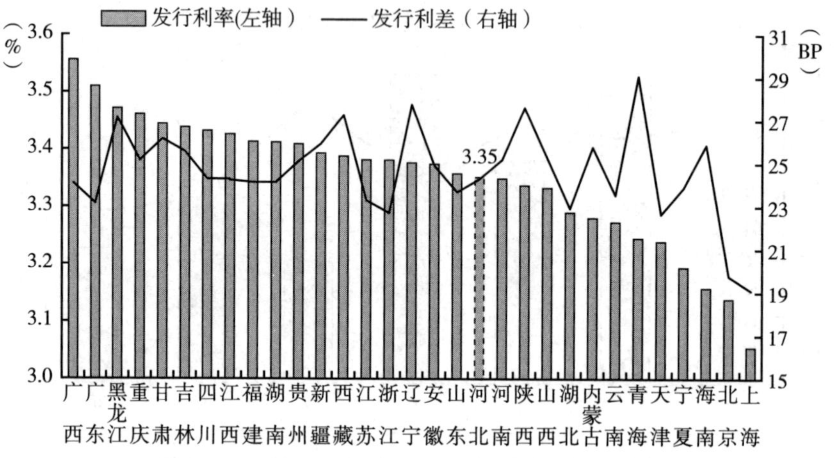

图6　2021 年 1 ~9 月全国 31 个省（区、市）地方债发行成本

资料来源：Wind 数据库，中诚信国际整理计算。

期收益率①延续 2020 年末下行趋势，并受央行释放流动性及国债利率下调影响，于 2021 年 7 月到达低点，随后略有回升（见图 7）。

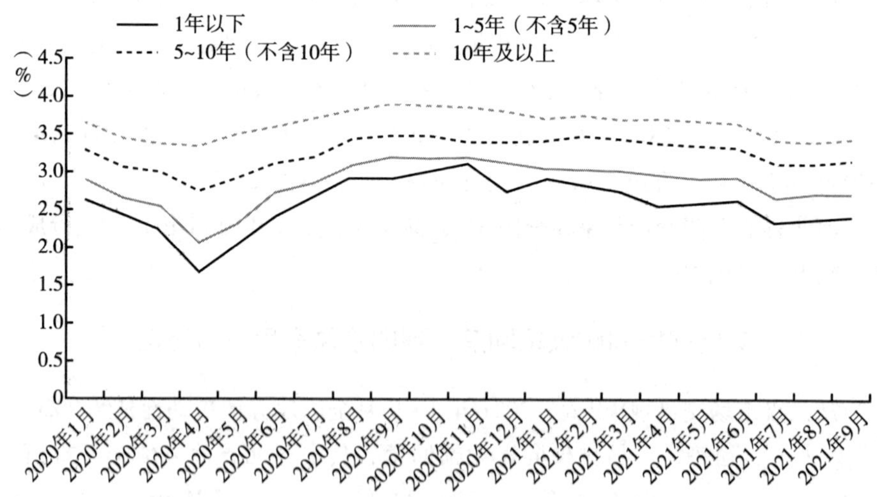

图7　2020 年 1 月 ~2021 年 9 月河北省地方债到期收益率走势

资料来源：Wind 数据库，中诚信国际整理计算。

① 此处到期收益率采用的是算术平均值。

二　河北省地方政府专项债分析①

河北省专项债存量规模居全国上游，期限结构以10年及以下为主。从规模看，截至2021年9月，河北省存量专项债规模为6177.74亿元，占全国规模的4.05%，在全国31个省（区、市）中排名第9（见图8）。从期限看，河北省存量专项债中10年期以下、10年期和10年期以上的规模分别为2449.26亿元、2206.27亿元和1522.21亿元，占比分别为39.65%、35.71%和24.64%。

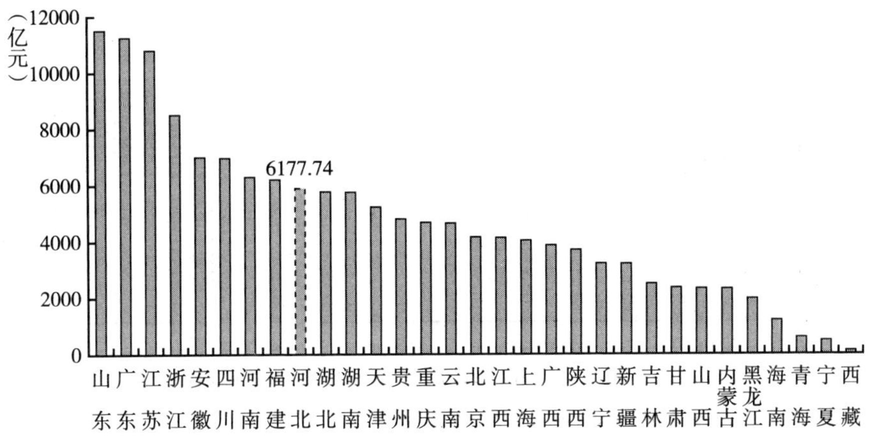

图8　截至2021年9月全国31个省（区、市）专项债存量规模

资料来源：Wind数据库，中诚信国际整理计算。

（一）发行规模同比略有下滑，再融资专项债比重增加，期限向长端倾斜，发行成本有所下降

2021年1~9月，河北省专项债发行规模为1261.77亿元，较2020年同期有所下滑，但再融资专项债发行规模及占比均大幅提升（见图9）。分月度看，2021年

① 2020年7月29日财政部《关于加快地方政府专项债券发行使用有关工作的通知》（财预〔2020〕94号）明确2020年新增专项债必须保证融资规模与项目收益相平衡，因此2020年新增专项债均为项目收益专项债；本部分项目收益专项债的统计样本为2017~2020年项目收益专项债与2021年1~9月的新增专项债。

1~9月，河北省专项债发行节奏前慢后快，第一季度发行规模较小，而第二、第三季度发行节奏逐步加快（见图10）。其中，2021年3月、5月和7月，河北省先后3次发行再融资专项债，发行规模亦呈上升态势。债券期限方面，2021年1~9月，河北省10年期以下、10年期和10年期以上专项债发行规模分别为235.48亿元、418.12亿元和608.17亿元，占比分别为18.66%、33.14%和48.20%，发行期限逐步向长端倾斜。发行成本方面，2021年1~9月河北省专项债发行利率自4月大幅上升后波动回落，发行利差波动缩窄，整体发行成本呈波动下降态势（见图11）。

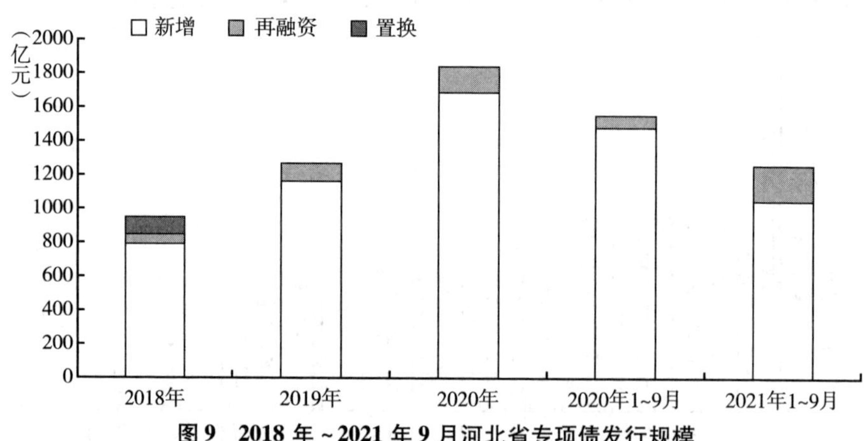

图9　2018年~2021年9月河北省专项债发行规模

资料来源：Wind数据库，中诚信国际整理计算。

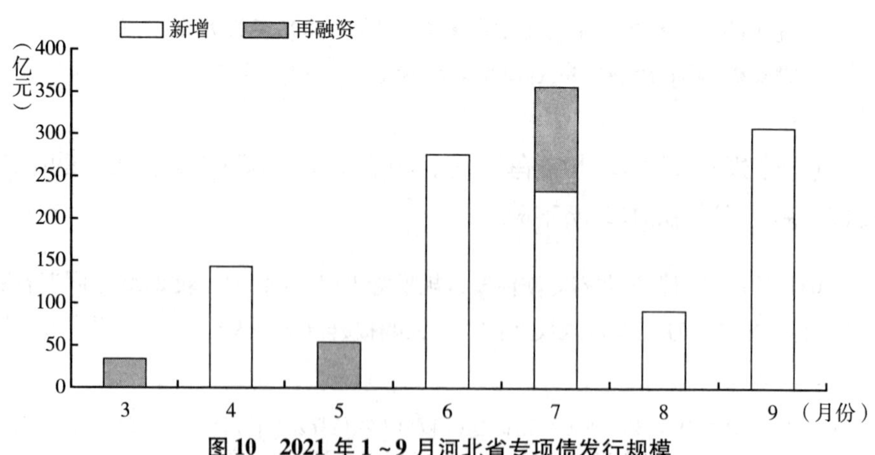

图10　2021年1~9月河北省专项债发行规模

注：河北省部分月份无专项债发行，故图中无显示。

资料来源：Wind数据库，中诚信国际整理计算。

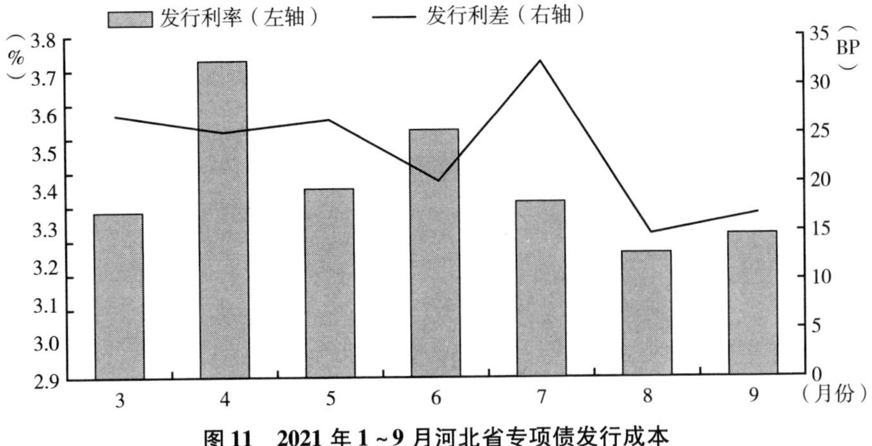

图11　2021 年 1 ~9 月河北省专项债发行成本

注：河北省部分月份无专项债发行，故图中无显示。

资料来源：Wind 数据库，中诚信国际整理计算。

（二）新增专项债募投项目以基建领域为主，区县级项目占比较高，募投项目还本付息保障能力较强

2021 年 1 ~9 月，河北省新增专项债投向仍以市政和产业园区基础设施领域为主，使用专项债金额 445.58 亿元，占当期新增专项债发行规模的 42%，其次分别为棚改领域 145.85 亿元（占 14%）、交通基础设施领域 128.13 亿元（占 12%）和民生服务领域 104.11 亿元（占 10%）（见图 12）。从募投项目行政层级来看，2021 年 1 ~9 月河北省新增专项债募投项目行政层级以区县级为主，占（不含支持中小银行发展金额）64.90%，其次为地市级和省级，占（不含支持中小银行发展金额）分别为 28.90% 和 6.20%。从项目偿债情况来看，2021 年 1 ~9 月河北省新增专项债募投项目融资本息覆盖倍数均值为 2.39 倍，募投项目还本付息保障能力较强。

（三）用作资本金的项目较少，以交通基础设施项目为主

2021 年 1 ~9 月，河北省新增专项债用作项目资本金的情况较少，当期用作资本金的项目仅 11 个，用作资本金金额合计仅 22.29 亿元，项目领域以高速铁路和城际轨道等交通基础设施为主。考虑到专项债用作项目资本金的撬动效应强于用作配套融资，在稳增长背景下河北省仍需合理推进资本金应用以放大对基建投资的拉动效应。

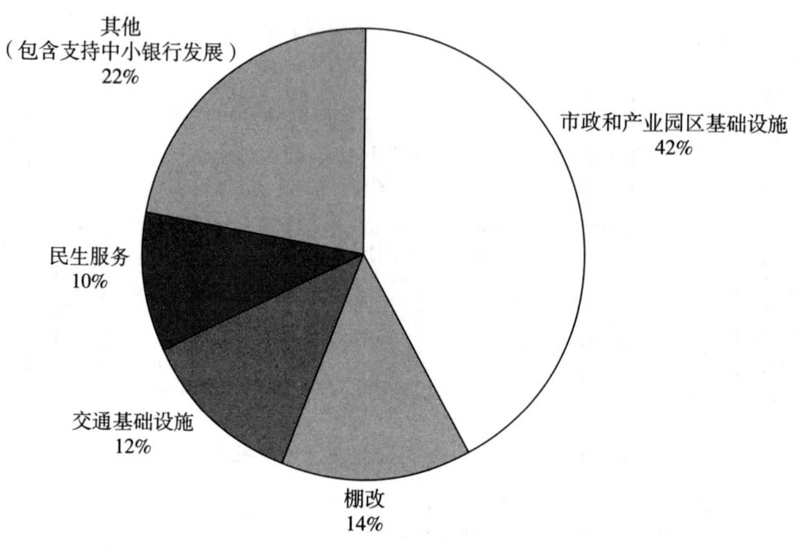

图12　2021 年 1 ~ 9 月河北省新增专项债募投领域分布

资料来源：Wind 数据库，中诚信国际整理计算。

（四）理论上可撬动基建投资约1671.10亿元，撬动效应仍有较大释放空间

2021 年 1 ~ 9 月，河北省新增专项债发行规模 1050.58 亿元，剔除 96.00 亿元支持中小银行发展专项债后，用作项目资本金和用作非专项债资本金项目中配套融资的规模分别为 22.29 亿元和 930.89 亿元，当期专项债资本金撬动杠杆和配套融资撬动杠杆分别为 2.47 倍和 1.74 倍，理论上可实现基建投资撬动规模 1671.10 亿元。2021 年 1 ~ 9 月，河北省固定资产投资（不含农户）同比增长 0.4%，在经济修复基本态势未改的局面下，河北省新增专项债对基建投资形成一定刺激作用。鉴于专项债作为资本金的撬动效应强于配套融资，而河北省新增专项债中用作资本金规模较小，河北省新增专项债对投资的撬动效应仍有较大释放空间。

三　河北省偿债能力分析

河北省地方政府债务限额和余额持续增长，存量规模居全国上游，2023 年将

迎来地方债到期高峰。河北省经济水平较高、财政实力较强，但产业结构仍有待优化，财政平衡能力有待提高。河北省债务率和负债率持续提升，债务余额占一般公共预算收入的比重不断增长，债务负担偏重，债务风险管控情况值得关注。

（一）地方政府债务限额和余额均位于全国上游，尚有一定融资空间；2023年将迎来地方债到期高峰

2016～2020 年，河北省地方政府债务限额和余额均呈增长态势，债务余额占债务限额的比例自 2017 年大幅下降后持续回升（见图 13）。截至 2020 年，河北省地方政府债务限额①和余额分别为 12442 亿元和 11016 亿元，在全国 31 个省（区、市）中分别位列第 6 和第 7；债务余额占债务限额的比例为 88.54%，在全国 31 个省（区、市）中位列第 21（见图 14）。截至 2020 年，河北省未使用债务限额 1426 亿元，尚有一定规模融资空间。从地方债到期分布来看，2021 年 10～12 月，河北省无地方债到期；2022～2026 年，河北省地方债到期规模呈先升后降态势（见图 15）。2023 年为河北省地方债到期高峰，到期规模 1421.08 亿元，其中专项债和一般债到期规模分别为 632.17 亿元和 788.91 亿元。

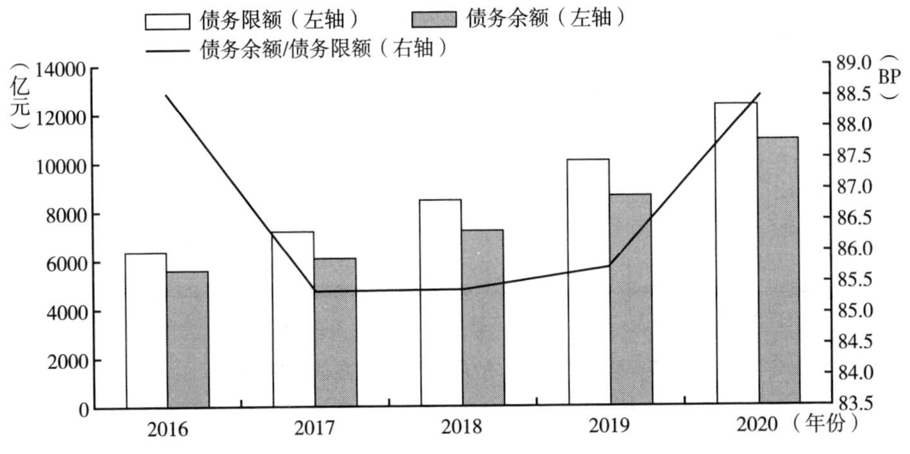

图 13　2016～2020 年河北省地方政府债务限额及余额

资料来源：河北省财政预算执行及决算报告，中诚信国际整理计算。

① 如无特别说明，本报告中引用的河北省政府债务限额、余额，一般公共预算收入、支出，财政平衡率，债务率、负债率等财政相关数据均来自河北省财政预算执行及决算报告，并由中诚信国际整理计算。

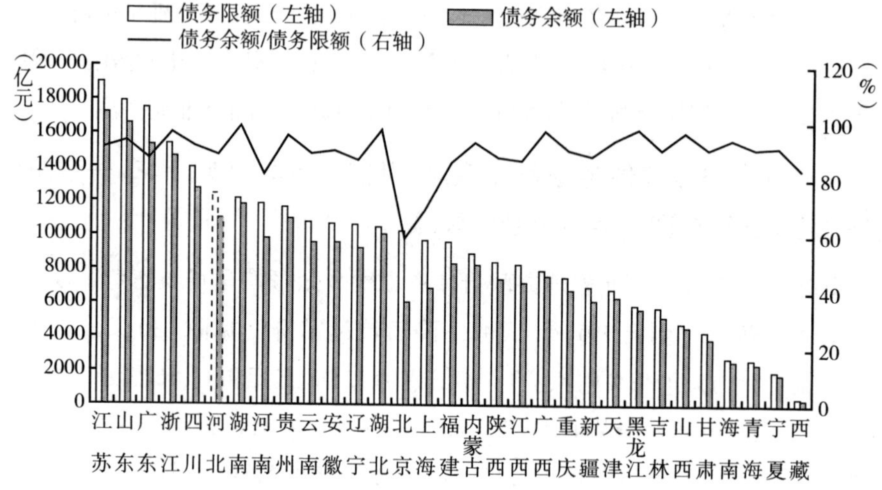

图 14　2020 年全国 31 个省（区、市）地方政府债务限额及余额

资料来源：全国 31 个省（区、市）财政预算执行及决算报告，中诚信国际整理计算。

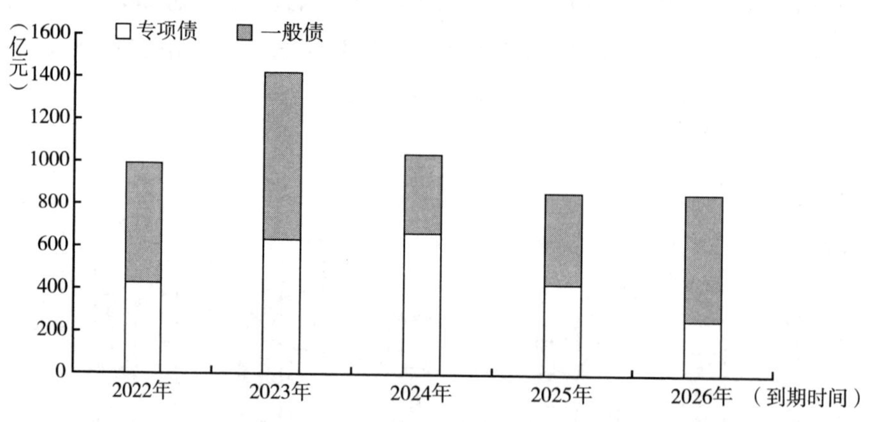

图 15　截至 2021 年 9 月河北省地方债到期分布

资料来源：Wind 数据库，中诚信国际整理计算。

（二）河北省经济水平较高、财政实力较强，但产业结构仍有待优化，财政平衡能力有待提高

河北省经济体量居全国中上游，但产业结构仍有待优化。2020 年，河北省地区生产总值（GDP）为 36206.90 亿元，在全国 31 个省（区、市）中位列

第12，GDP增速为3.90%（见图16），受疫情影响虽有所滑落，但仍居全国中上游。产业结构方面，2020年河北省实现第一产业增加值3880.1亿元，同比增长3.2%；实现第二产业增加值13597.2亿元，同比增长4.8%；实现第三产业增加值18729.6亿元，同比增长3.3%。2020年，河北省三次产业比例为10.7∶37.6∶51.7，产业结构仍有待优化。

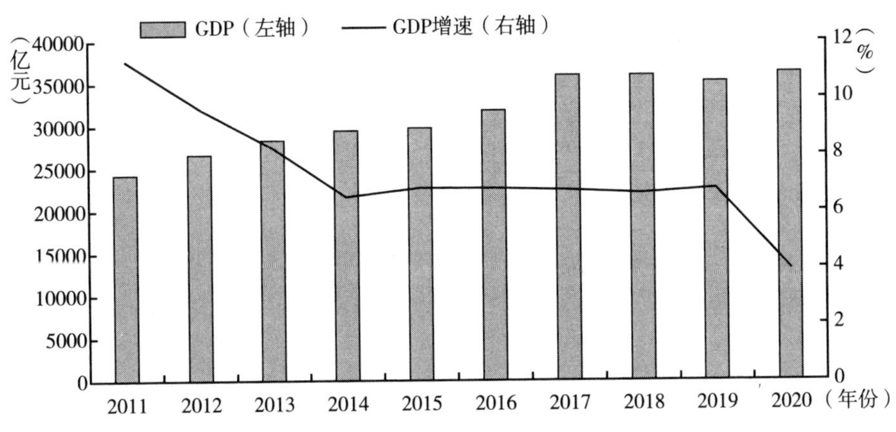

图16　2011～2020年河北省经济情况

资料来源：历年《河北省国民经济和社会发展统计公报》，中诚信国际整理。

河北省财政实力稳步提升，居全国上游，但财政平衡能力有所减弱。2017～2020年，河北省一般公共预算收入稳步增长，但财政平衡率有所下滑；2017～2019年，政府性基金收入亦呈增长态势，但2020年受疫情影响有所回落（见图17）。2020年，河北省实现一般公共预算收入3826.46亿元，在全国31个省（区、市）中位列第9；当期财政平衡率为42.41%，居全国中游（见图18）。

（三）债务负担偏重，偿债能力有所弱化

河北省债务风险偏重，偿债能力有所弱化。截至2020年，河北省债务率和负债率分别为109.22%和30.43%，在全国31个省（区、市）中位列第10和第14，居全国中上游（见图19），债务负担偏重。分年度看，2017～2020年河北省债务余额增长较快，债务率和负债率持续上升，债务余额占一般公共预算收入的比重亦呈增长态势（见图20），偿债能力有所弱化。围绕政府

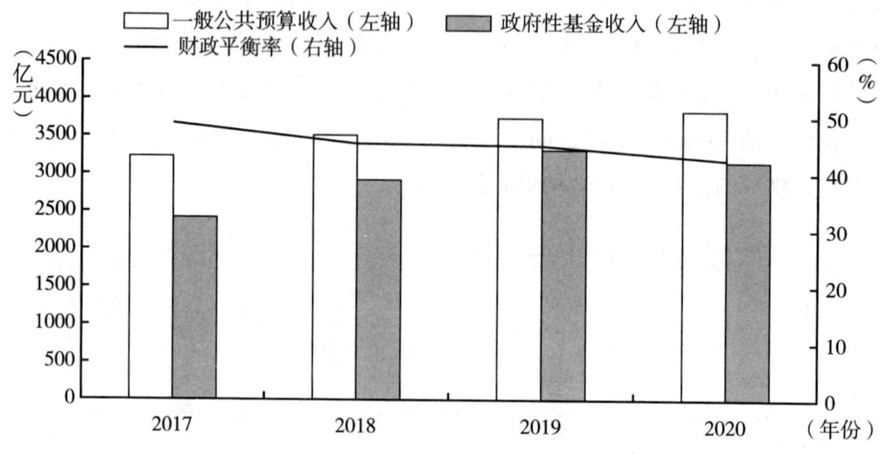

图 17　2017～2020 年河北省财政情况

资料来源：2017～2020 年河北省财政预算执行及决算报告，中诚信国际整理计算。

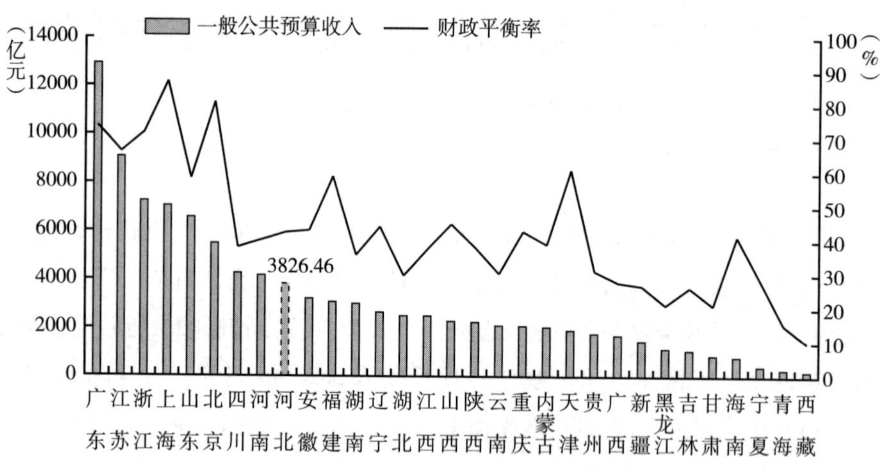

图 18　2020 年全国 31 个省（区、市）一般公共预算收入与财政平衡率

资料来源：全国 31 个省（区、市）财政预算执行及决算报告，中诚信国际整理计算。

债务管理，河北省政府先后出台一系列债务化解措施，要求各级政府积极减少存量债务利息负担，优化债务期限结构，妥善偿还存量债务，防范债务风险发生。

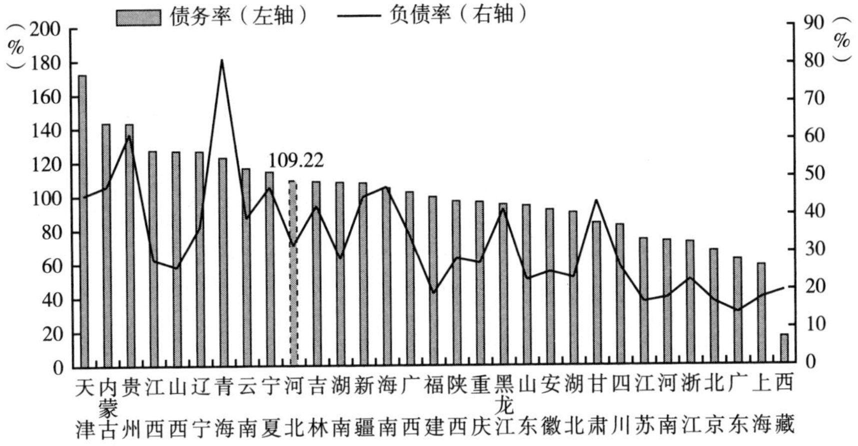

图19　2020年全国31个省（区、市）债务率及负债率

资料来源：全国31个省（区、市）财政预算执行及决算报告，中诚信国际整理计算。

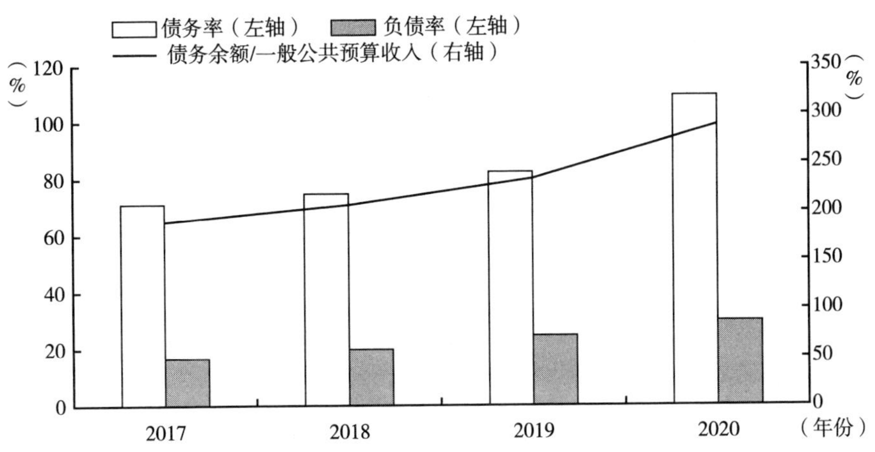

图20　2017～2020年河北省债务率及负债率

资料来源：2017～2020年河北省财政预算执行及决算报告，中诚信国际整理计算。

四　小结

2021年1～9月，河北省地方债发行前慢后快，发行规模较2020年同期基本持平，其中新增专项债发行规模有所下降，短期限再融资债券发行规模大幅

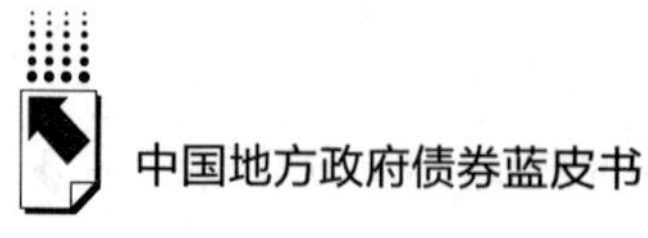

提升；发行成本相对较低且维持下降趋势，发行利率期限结构趋于平缓；交易规模同比大幅回落，到期收益率呈下行态势。

从专项债来看，2021 年 1 ~9 月河北省专项债发行规模同比略有下滑，再融资专项债比重增加，期限向长端倾斜，发行成本有所下降；新增专项债募投项目以基建领域为主，区县级项目占比较高，募投项目还本付息保障能力较强；新增专项债用作资本金的项目较少，撬动效应仍有较大释放空间。

偿债能力方面，河北省地方政府债务限额和余额均位于全国上游，2023 年将迎来地方债到期高峰；经济水平较高、财政实力较强，但产业结构仍有待优化，财政平衡能力有待提高；债务率和负债率居全国上游，债务负担偏重，且偿债能力有所弱化。

债务管控方面，本报告建议河北省政府优化地方政府债券长短期合理搭配的期限结构，减轻未来各年度偿债压力；合理安排资金投向，充分发挥新增专项债杠杆效应，高效带动各行业固定资产投资；妥善处理存量债务，合理控制债务增速，持续做好债务风险防范工作。

B.15
2021年黑龙江省地方政府债券分析报告

贺文俊　张 蕾　张赛一*

摘　要： 2021年以来，黑龙江省地方政府债券发行规模持续增长，专项债券扩容明显；债券发行成本仍然很高但整体下行，发行期限明显拉长；地方债二级市场活跃度大幅下降。黑龙江省地方政府项目收益专项债扩容，资金投向以传统基建领域为主。黑龙江省新增专项债用作资本金的比例相对较小，其作为资本金对投资增长的撬动效应尚未完全释放。黑龙江省的债务余额相对较少、债务率相对较低，债务风险基本可控。未来黑龙江省应注重提高专项债的使用效率、优化收益性投向、合理安排期限结构、加强地方政府债券使用管理和债务风险防控。

关键词： 地方债　专项债　黑龙江省

一　黑龙江省地方债运行情况分析

黑龙江省地方债存量规模低于全国平均水平，以新增一般债为主，债券期限以5～10年为主。从规模看，截至2021年9月，黑龙江省地方债存量规模为6421.47亿元①，占全国规模的2.24%，在全国31个省（区、市）中排名

* 贺文俊，中诚信国际政府公共评级一部副总监，主要研究领域为基础设施投融资行业；张蕾，中诚信国际政府公共评级一部分析师，主要研究领域为基础设施投融资行业；张赛一，中诚信国际政府公共评级一部分析师，主要研究领域为基础设施投融资行业。

① 如无特别说明，本报告中引用的地方债存量、发行量、发行利率、发行利差、交易量、到期收益率等债券相关数据均来自截至2021年9月的Wind数据库，并由中诚信国际整理计算。

第 24（见图 1）。从结构看，存量地方债中近 70% 为一般债，规模达 4364.62 亿元，在全国 31 个省（区、市）中排名第 14。从期限看，存量地方债期限主要为 5～10 年，约占全省地方债总规模的 71.67%。

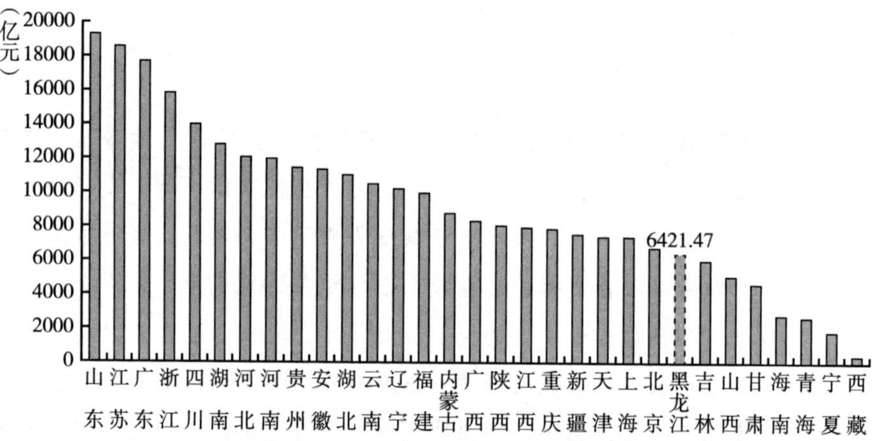

图 1　截至 2021 年 9 月全国 31 个省（区、市）地方债存量规模

资料来源：Wind 数据库，中诚信国际整理计算。

（一）发行规模持续增长，发行集中度提高

黑龙江省是我国战略性石油及粮食产地，但近年来受产业结构矛盾加剧、资源储量不足、新旧动能转化滞后及常住人口负增长等因素叠加影响，经济下行压力较大。2020 年在新冠肺炎疫情冲击的背景下，地方债的积极作用更为突出，黑龙江省当年发行地方债规模出现较大回升。在经济下行压力加大的背景下，黑龙江省积极财政政策持续发力，地方债尤其是专项债放量发行。疫情防控常态化时期，在稳增长压力及存量项目资金接续需求下，2021 年黑龙江省专项债新增额度仍维持高位。2021 年 1～9 月黑龙江省发行地方债共计 1366.48 亿元，已超过 2020 年全年发行规模。从月度发行规模看，2021 年黑龙江省地方政府债集中于上半年发行，其中 4 月为发行的高峰期，当月发行规模达 548.45 亿元（见图 2），较 2020 年发行高峰期略有滞后，但发行时间更加集中。

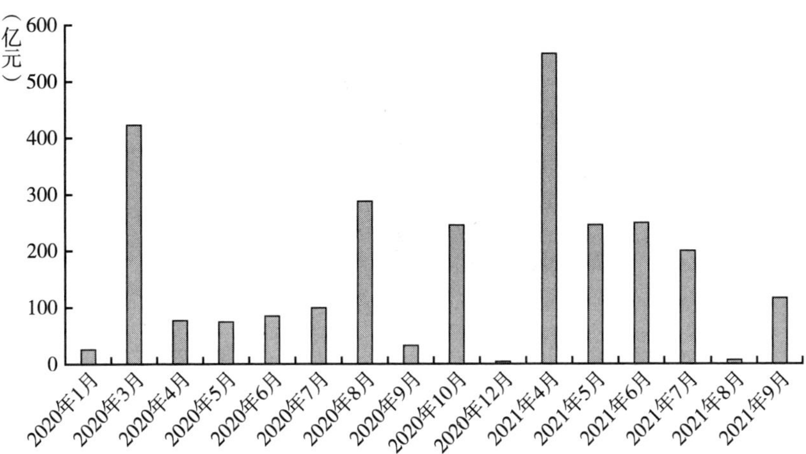

图2　2020年1月~2021年9月黑龙江省地方债月度发行规模

注：黑龙江省部分月份无地方债发行，故图中无显示。

资料来源：Wind数据库，中诚信国际整理计算。

（二）发行结构以新增专项债为主，长期限债券占比明显提升

2021年1~9月，黑龙江省发行的地方债以新增专项债为主，期限以10年为主，且占比大幅提升。从券种结构看，新增专项债占比仍最高，发行规模为477.90亿元，占比为34.97%，另外发行了新增一般债（387.29亿元）、再融资一般债（382.81亿元）以及再融资专项债（118.48亿元）；期限结构以10年为主，占比达到69.13%，同比上升约56.68个百分点，发行期限较2020年无变化，10年及以上期限占比为93.73%（见图3），较2020年1~9月提高超过7.52个百分点。

（三）发行成本整体下降，但短期发行利率回升幅度较大

2021年1~9月，黑龙江省地方债发行利率①延续2020年回落趋势，回落至3.47%，发行利差同比小幅走阔2.75BP，至27.15BP（见图4）。从月度分

① 如无特别说明，本报告中发行利率、利差为根据发行额计算的加权平均发行利率、利差，发行利差计算公式为债券发行利率减对应期限国债收益率。

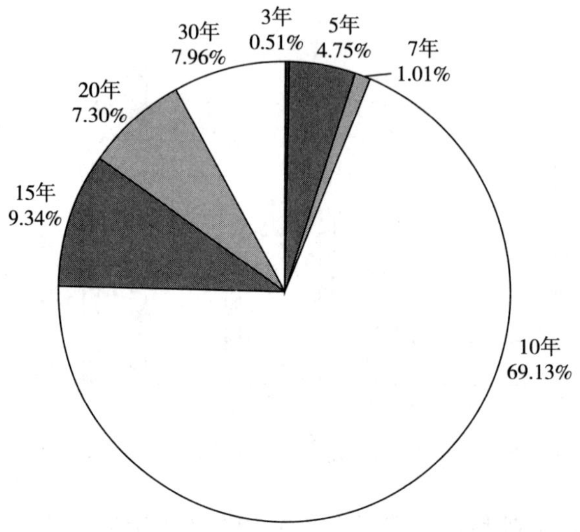

图3　2021 年 1 ~ 9 月黑龙江省地方债发行期限结构

资料来源：Wind 数据库，中诚信国际整理计算。

布看，发行利率在 8 月到达低点 2.82%，9 月有所回升（见图 5）。从期限分布看，与 2020 同期对应期限的地方债相比，15 年期及以下地方债的发行利率出现明显回升；同期限地方债发行利差以走阔为主，3 年期地方债发行利差走

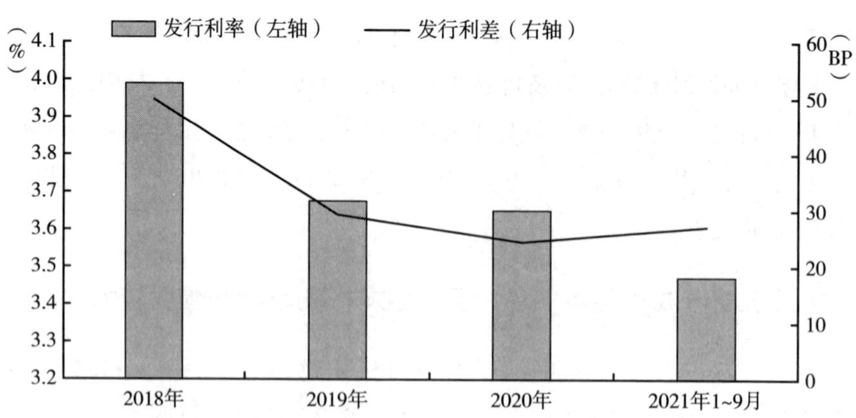

图4　2018 年 ~ 2021 年 9 月黑龙江省地方债发行成本

资料来源：Wind 数据库，中诚信国际整理计算。

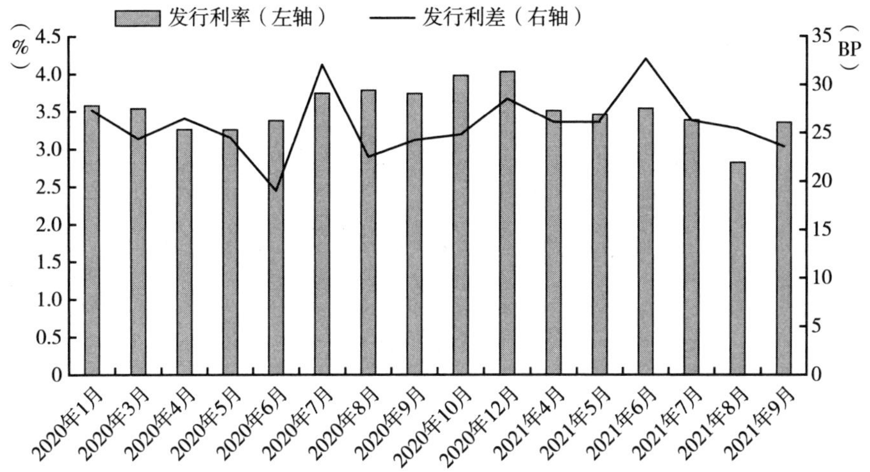

图5　2020年1月~2021年9月黑龙江省地方债月度发行成本

注：黑龙江省部分月份无地方债发行，故图中无显示。
资料来源：Wind数据库，中诚信国际整理计算。

阔幅度最大，为10.82BP。从券种分布看，一般债发行利率较2020年同期回落至3.38%，发行利差收窄至25.89BP；专项债发行利率较2020年同期上升至3.59%，发行利差回升至28.77BP。与其他省（区、市）相比，黑龙江省发行利率较高，在全国排名第3（见图6）。

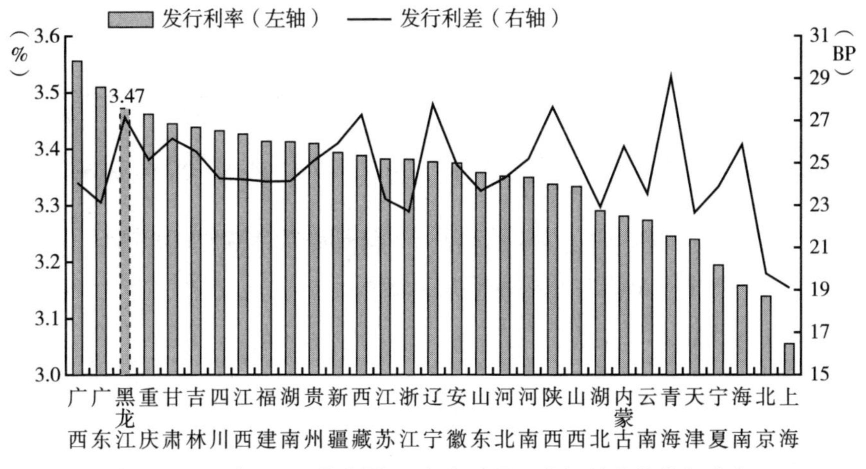

图6　2021年1~9月全国31个省（区、市）地方债发行成本

资料来源：Wind数据库，中诚信国际整理计算。

（四）交易规模较2020年同期出现明显下降，到期收益率震荡下行

从二级市场交易规模①看，2020年黑龙江省地方政府债券二级市场交易情况呈现爆发性增长。2021年1～9月，受市场环境影响全国各地交易规模出现不同程度的回落，黑龙江省同比回落107.41%，至711.45亿元，交易量排名也由2020年的全国第22下降至全国第27。从到期收益率走势看，2020年黑龙江省各期限地方债到期收益率②呈现明显先下降后波动上升的态势，并于2020年4月到达低点。2021年1～9月，黑龙江省各期限地方债到期收益率呈现震荡下行趋势，自2021年7月起到期收益率有所上升（见图7）。

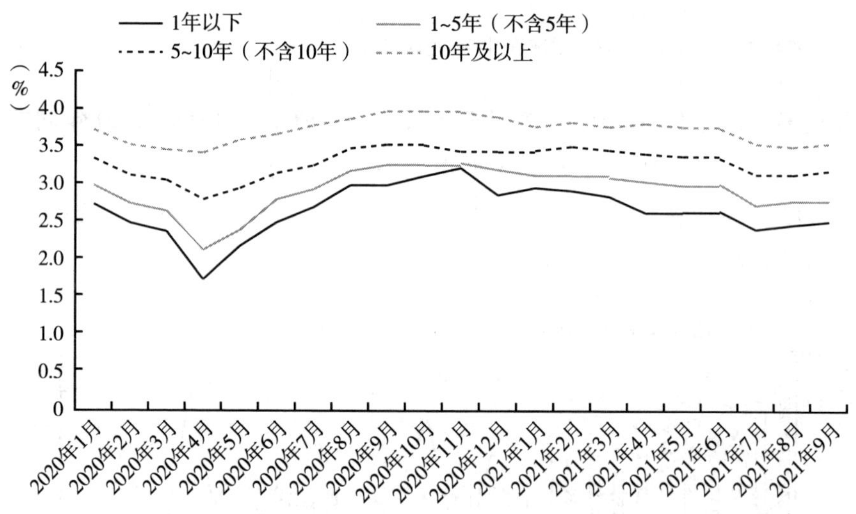

图7　2020年1月～2021年9月黑龙江省地方债到期收益率走势

资料来源：Wind数据库，中诚信国际整理计算。

① 交易统计包含回购交易、现券交易等部分。

② 此处到期收益率采用的是算术平均值。

二　黑龙江省地方政府专项债分析①

黑龙江省项目收益专项债存量规模在全国范围内处于下游，截至2021年9月，存量专项债规模为2056.85亿元；从存量专项债期限结构看，5年占比较高，其次为10年、30年，专项债期限结构与项目期限匹配程度一般；从新增专项债投向领域来看，黑龙江省2021年1~9月发行的新增专项债主要投向市政和产业园、交通基础设施和民生服务等领域；黑龙江省2021年1~9月新增专项债用作资本金的比例相对较小，理论上或能撬动基建投资规模717.29亿元。

（一）专项债发行规模增长，2021年发行成本有所回升

2017年财政部发布《关于试点发展项目收益与融资自求平衡的地方政府专项债券品种的通知》② 以来，黑龙江省项目收益专项债发行规模逐年递增，其中2021年1~9月发行477.90亿元，已超过2020年全年水平；从期限结构看，5年占比为33.66%，其次10年、30年专项债占比较高（见图8），而专项债项目期限多为3年以内，债券期限结构与专项债项目期限匹配程度一般。从投向领域看，黑龙江省新增项目收益专项债主要集中在传统领域，2021年1~9月主要投向产业园、轨道交通和医疗卫生等。从发行成本看，2018~2020年，黑龙江省项目收益专项债发行成本逐年走低，发行利差亦下降；相较于发行利差处于高点的2018年，2020年黑龙江省发行利差下降14.77BP，降幅明显。2021年1~9月，黑龙江省发行成本有所回升，发行利率及利差分别为3.56%、29.42BP，较2020年分别上升0.16个百分点、8.94BP。

---

① 2020年7月29日财政部《关于加快地方政府专项债券发行使用有关工作的通知》（财预〔2020〕94号）明确2020年新增专项债必须保证融资规模与项目收益相平衡，因此2020年新增专项债均为项目收益专项债；本部分项目收益专项债的统计样本为2018~2020年项目收益专项债与2021年1~9月的新增专项债。

② 《关于试点发展项目收益与融资自求平衡的地方政府专项债券品种的通知》（财预〔2017〕89号），财政部网站，2017年7月21日，http://yss.mof.gov.cn/zhuantilanmu/dfzgl/zcfg/201707/t20170724_2656632.htm。

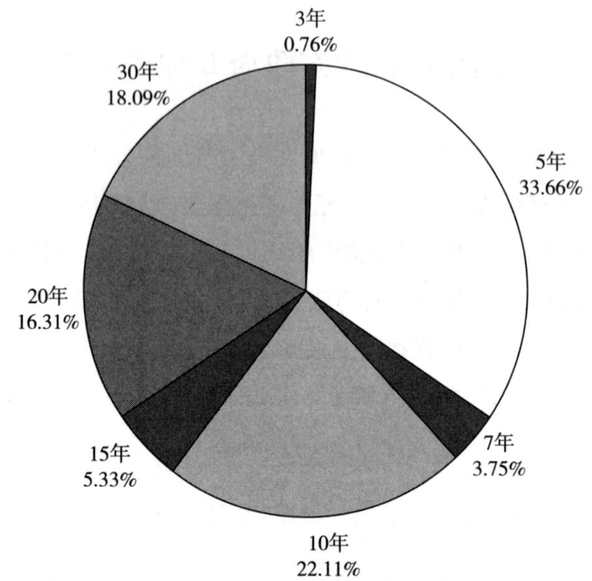

图8　截至2021年9月黑龙江省项目收益专项债发行期限结构

资料来源：Wind数据库，中诚信国际整理计算。

（二）新增专项债募投领域向基建倾斜，投向区县级项目占比较高

2021年1～9月，黑龙江省新增项目收益专项债资金主要投向基建领域，并重点用于产业园、轨道交通、收费公路等基础设施以及医疗、教育等涉及民生服务和棚改的领域（见图9）；具体来看，投向市政和产业园区基础设施领域合计153.85亿元，以产业园建设为主；投向交通基础设施领域108.33亿元，轨道交通、收费公路等占比较高。从项目行政层级看，2021年1～9月，黑龙江省新增专项债项目以区县级为主，占64.97%；省级项目占比较少，仅占13.61%。从资本金比例看，省级项目资本金比例均值为46.74%，区县级项目为39.00%。从项目本息覆盖情况看，2021年1～9月，黑龙江省新增专项债募投项目收益均能对债券融资本息形成有效覆盖，项目本息覆盖倍数均值为2.62倍，主要集中于1～1.5倍（含1.5倍），占比为61.56%，整体项目偿债风险不大。此外，2021年1～9月，黑龙江省新增专项债有近1/8的项目依赖土地出让收入为主要还款来源，由于土地出

让不确定性较大且具有收入一次性实现的特点，黑龙江省需关注对应土地出让进度及项目偿还本息的潜在风险。

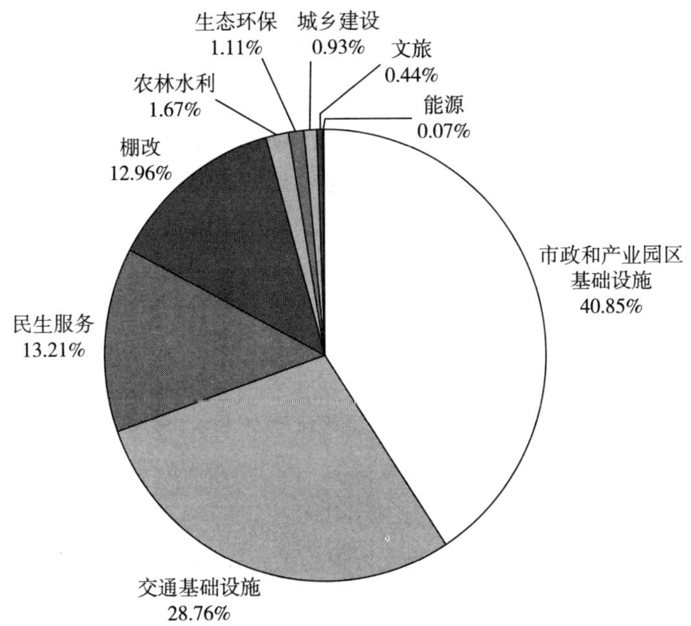

图 9　2021 年 1 ~9 月黑龙江省新增项目收益专项债募投领域分布

资料来源：黑龙江省政府新增专项债信息披露文件，中诚信国际整理计算。

（三）仍需加大对补短板项目资本金支持力度，带动社会资本投入

2019 年 6 月，中共中央办公厅、国务院办公厅印发《关于做好地方政府专项债券发行及项目配套融资工作的通知》①，允许将专项债券作为符合条件的重大项目资本金，资金用途的放宽有利于缓解政府资金压力。2021 年 2 月，财政部办公厅、国家发展和改革委员会办公厅下发《关于梳理

① 《中共中央办公厅、国务院办公厅印发〈关于做好地方政府专项债券发行及项目配套融资工作的通知〉》，中国政府网，2019 年 6 月 10 日，http：//www. gov. cn/zhengce/2019 -06/10/content_ 5398949. htm。

2021年新增专项债券项目资金需求的通知》[①]，该通知对新增专项债的项目安排、投向领域、资本金比例等方面做了具体要求，并要求各省（区、市）在2021年2月21日前上报2021年新增专项债券项目资金需求。2021年1~9月，黑龙江省将新增专项债募集资金用作项目资本金的数额为9.29亿元，主要投向领域为城际高速铁路和轨道交通、给排水和水务；黑龙江省新增专项债用作项目资本金的规模仍较小，或与专项债项目储备不足、整体发行规模不大有关，在稳增长背景下黑龙江省仍需合理推进资本金应用，进一步带动社会资本加大短板项目投入力度以放大对基建投资的拉动效果。

（四）疫情防控常态化时期经济发展持续向好，投资撬动效应尚有释放空间

2021年上半年，黑龙江省经济发展持续向好，固定资产投资同比增长15.2%，黑龙江省政府加速发行地方政府专项债券刺激基础设施投资增长。从专项债券对投资拉动实际效应来看，2021年1~9月，黑龙江省新增专项债规模477.90亿元，剔除123.00亿元支持中小银行发展专项债后，用作项目资本金和用作非专项债资本金项目中配套融资的规模分别为9.29亿元和341.68亿元，对应的专项债资本金和专项债配套融资撬动杠杆分别为4.35倍和1.45倍，理论上约能撬动基建投资规模537.48亿元[②]。整体来看，专项债作为资本金的撬动效应强于配套融资，但黑龙江省新增专项债用作资本金的比例相对较小，对投资撬动效应尚有较大释放空间。

三　黑龙江省偿债能力分析

黑龙江省地方政府债务余额处于全国31个省（区、市）的下游，但整体呈现增长态势，地方债中一般债占比将近70%，2023年迎来到期高峰。黑龙

---

① 《关于梳理2021年新增专项债券项目资金需求的通知》（财办预〔2021〕29号），泉州市泉港区政府网站，2021年7月2日，http://www.qg.gov.cn/zwgk/zcfg/sjfgwj/202107/t20210702_2582004.htm。

② 专项债撬动基建投资方法参见袁海霞、汪苑晖、卞欢《专项债兼顾扩容提效，助力基建托底稳增长——地方政府专项债2019年回顾与2020年展望》，《财政科学》2020年第1期。

江省财政收入对上级补助依赖较强，财政实力和财政自给能力均较弱，但债务率相对较低，债务风险整体相对可控。

（一）地方政府债务规模持续增长，2023年将进入地方债偿债高峰期

黑龙江省地方政府债务余额整体呈增长态势，债务限额使用空间有限。截至2020年，黑龙江地方政府债务限额为5899.60亿元（见图10），较2019年增长19.43%，在全国31个省（区、市）中位列第24，债务余额为5685.00亿元，规模位列全国31个省（区、市）第24（见图11），同比增长19.72%，未使用债务限额仅有214.60亿元，债务限额使用空间有限。从地方债存量结构看，债券形式债务占比超过95%，非政府债券形式债务规模较小，截至2021年9月，黑龙江省存量地方债券规模为6421.47亿元，位列全国31个省（区、市）第24。从券种分布看，一般债的规模为4364.62亿元，占地方债规模的比重为67.97%。从到期情况看，2021年10～12月无债券到期，2022年内，11月到期规模较高，达200.14亿元。未来6年中，2023年黑龙江省将进入地方债偿债高峰，年到期规模接近900亿元（见图12），其中到期专项债占37.33%，到期一般债占62.67%。

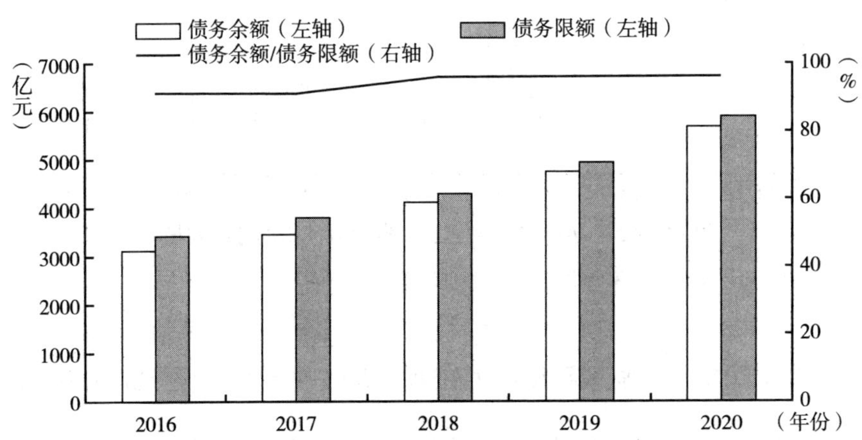

图10　2016～2020年黑龙江省债务限额及余额情况

资料来源：黑龙江省财政预算执行及决算报告，中诚信国际整理计算。

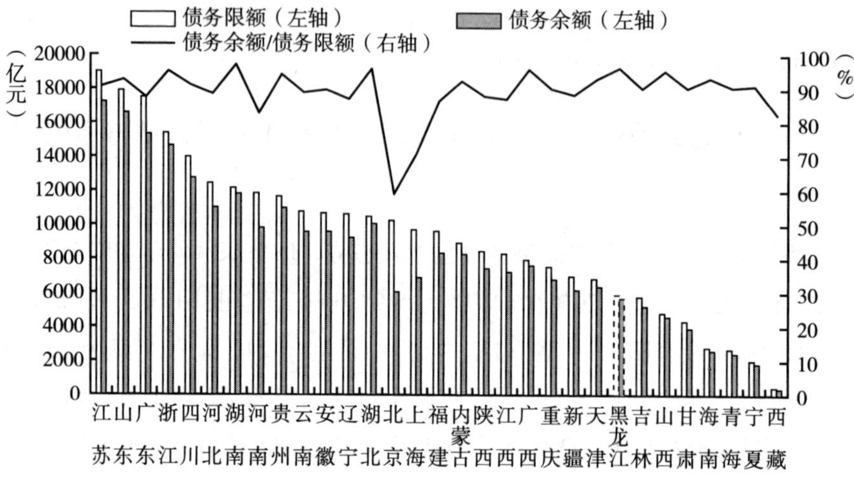

图 11　截至 2020 年末全国 31 个省（区、市）债务限额及余额情况

资料来源：全国 31 个省（区、市）财政预算执行及决算报告，中诚信国际整理计算。

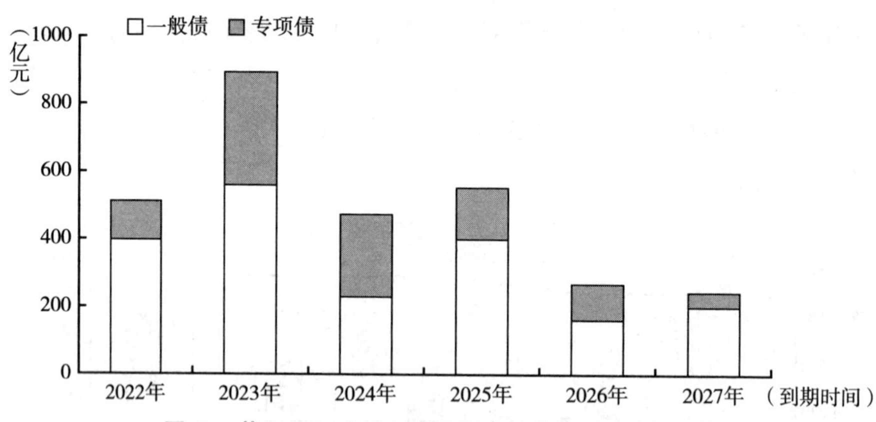

图 12　截至 2021 年 9 月黑龙江省地方债到期分布规模

资料来源：Wind 数据库，中诚信国际整理计算。

（二）黑龙江省财政平衡能力较弱，财政收入对上级补助依赖较强

黑龙江省财政实力和财政自给能力均较弱，且受经济结构调整、减税降费等因素影响，黑龙江省一般公共预算收入有所波动，2020 年黑龙江省一般公共预算收入为 1152.51 亿元，在全国 31 个省（区、市）中位列第 25（见图

13），较2019年减少110.25亿元，持续负增长且增速较2019年明显回落7个百分点；2020年黑龙江省税收收入占比维持在70%以上，收入质量较好。综合财力方面，2020年黑龙江省综合财力为5991.78亿元（见图14），其中，政府性基金收入占比为7.50%，上级补助收入占比达73.18%，总体来看，财政收入对上级补助依赖较强。

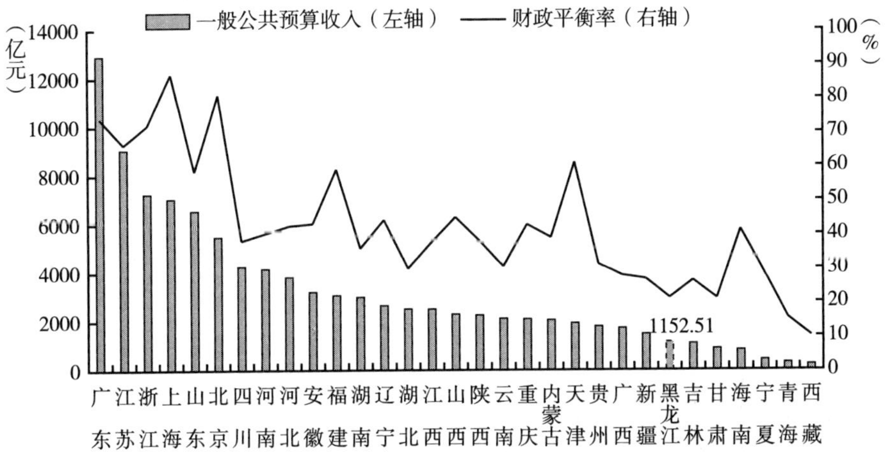

图13　2020年全国31个省（区、市）一般公共预算收入和财政平衡率

资料来源：全国31个省（区、市）各省财政预算执行及决算报告，中诚信国际整理计算。

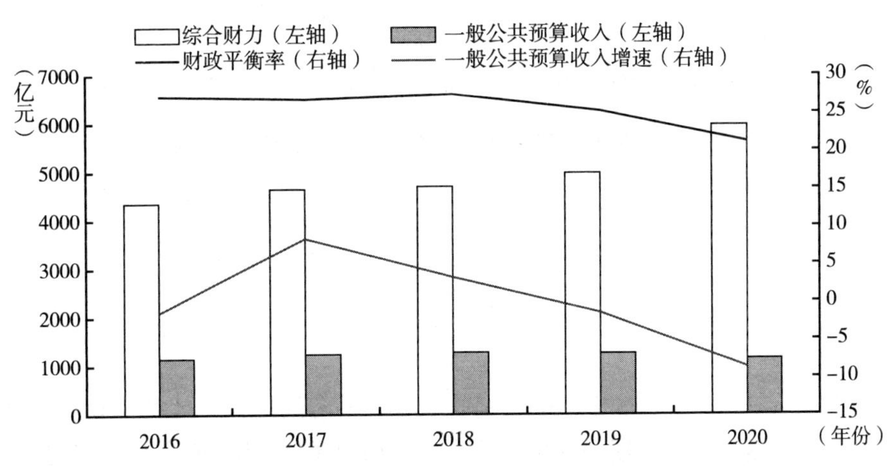

图14　2016～2020年黑龙江省财政收支情况

资料来源：2016～2020年黑龙江省财政预算执行及决算报告，中诚信国际整理。

（三）黑龙江省债务率相对较低，债务风险整体可控

截至 2020 年，黑龙江省地方政府债务率和负债率分别为 94.88% 和 41.50%（见图 15），债务率和负债率在全国 31 个省（区、市）均相对处于低位。黑龙江省政府高度重视政府性债务管理工作，针对举债融资体制、违法违规举债管理、债务化解和风险防控等方面出台了多项债务管理制度，进一步健全了政府性债务管理机制，防范债务风险。基于当前黑龙江省地方政府债券规模在全国 31 个省（区、市）中处于中下游、新增专项债扩容可提供一定收益性偿债来源以及省政府从制度层面健全债务管理机制等方面考虑，黑龙江省整体偿债能力尚可，债务风险整体可控。

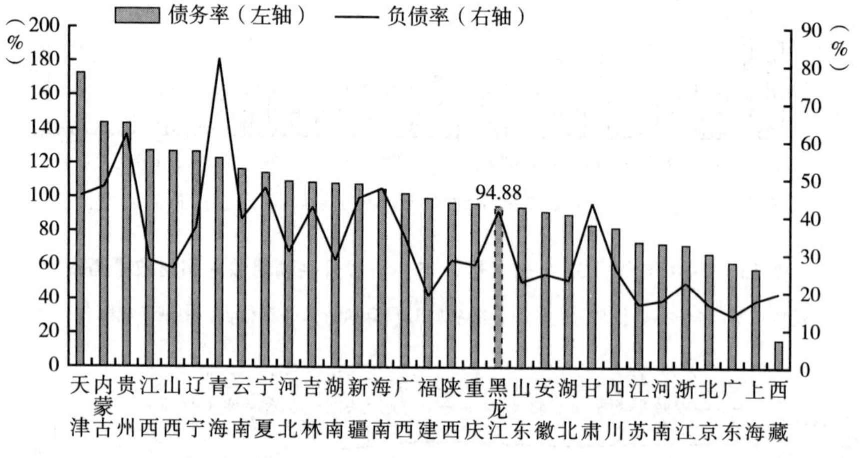

图 15　2020 年全国 31 个省（区、市）债务率及负债率

资料来源：全国 31 个省（区、市）财政预算执行及决算报告，中诚信国际整理。

四　小结

2021 年 1 ~9 月，黑龙江省地方债发行规模持续增长，且发行集中度提高。新发行地方债中以新增专项债为主，期限以 10 年为主且占比大幅提高。从发行成本看，发行利率持续回落，发行利差小幅抬升，二级市场交易规模明显回落，各期限到期收益率呈现震荡下行趋势。从新增专项债情况看，2021

年1～9月，黑龙江省新增专项债发行规模明显增长，投向以产业园、轨道交通等传统领域的项目为主，新增专项债用作项目资本金的规模仍较小，对投资的拉动效果较弱。

总体来看，黑龙江省现阶段债务限额使用空间有限，且黑龙江省整体财政实力较强，但因地方债务余额规模不大，债务率相对较低，整体债务风险总体可控。但黑龙江省未来6年地方政府债券到期规模较大，2023年进入偿债高峰，加之区域经济财政增长仍有较大压力，因而在后续债务管理过程中应格外注意以下四点：一是提高专项债券使用效率及增加收益性投向，充分释放其对重点项目、补短板项目的投资撬动作用，为区域经济财政增长补充活力；二是加强地方政府债券使用管理，对债券募投项目进行持续管理监测，避免资金闲置、滥用甚至挪用等行为；三是合理安排期限结构，置换短期债券、高息债券，缓解资金本息集中兑付压力，并使项目收益与偿债周期逐步匹配；四是继续加强债务风险防控，黑龙江省地方政府通过建立规范的举债融资审批机制、完善债务风险预警系统、建立全方位监督考核问责机制手段，建立起“借、用、还”相统一的政府性债务管理机制。

B.16
2021年内蒙古自治区地方政府债券分析报告

李春辉　夏　雪　刘江南*

摘　要： 内蒙古自治区地方政府债券余额在全国处于中游；2021 年 1～9 月，新发行地方政府债券规模有所下降，成本有所提高，且新发行债券以一般债为主；内蒙古自治区项目收益债多投向交通基础设施、市政和产业园区基础设施、民生服务等领域；内蒙古自治区经济与财政实力整体较为一般，债务率和负债率较高，偿债压力显著。综上，本报告建议内蒙古自治区可以适度拉长地方政府债券期限，充分发挥专项债可做项目资本金的优势，加快区域经济高质量发展。

关键词： 地方债　专项债　内蒙古自治区

一　内蒙古自治区地方债运行情况分析

截至 2021 年 9 月，内蒙古自治区（以下简称“内蒙古”）地方债存量规模[①]为 8802.99 亿元，在全国 31 个省（区、市）中居第 15 位，整体处于中游

* 李春辉，中诚信国际政府公共评级一部高级分析师，主要研究领域为地方政府债券、基础设施投融资行业等；夏雪，中诚信国际政府公共评级一部分析师，主要研究领域为地方政府债券、基础设施投融资行业等；刘江南，中诚信国际政府公共评级一部助理分析师，主要研究领域为地方政府债券、基础设施投融资行业等。

① 如无特别说明，本报告中引用的地方债存量、发行量、发行利率、发行利差、交易量、到期收益率等债券相关数据均来自截至 2021 年 9 月的 Wind 数据库，并由中诚信国际整理计算。

（见图1）。按债券类型①划分，内蒙古地方债以一般债为主，截至2021年9月，专项债与一般债规模占比分别为27.47%和72.53%。从债券期限结构来看，内蒙古地方债的发行期限以5年、7年和10年为主，发行规模占比分别为22.81%、21.33%和36.89%。

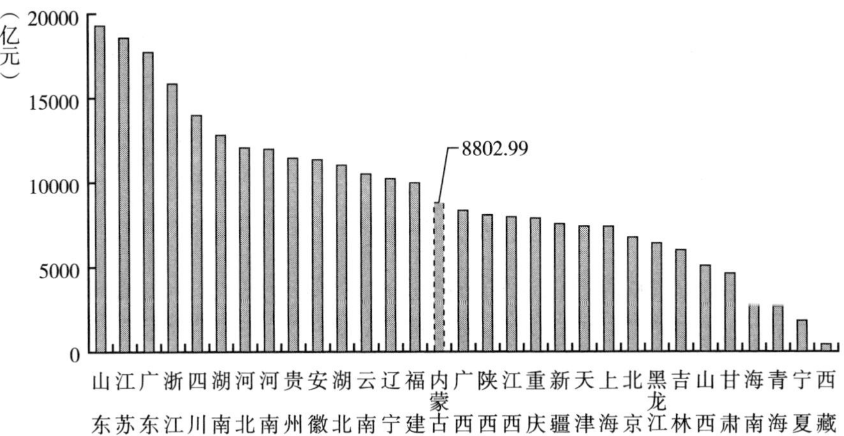

图1　截至2021年9月全国31个省（区、市）地方债存量规模

资料来源：Wind数据库，中诚信国际整理计算。

（一）发行规模有所下降，月度发行规模呈波动态势

2021年以来，新冠肺炎疫情得到有效控制，经济逐步恢复。2021年《政府工作报告》② 明确2021年赤字率按3.2%左右安排，不再发行抗疫特别国债，项目审核趋严，限额下达较晚，稳增长压力边际放缓等。在此背景下，2021年1～9月，内蒙古发行地方政府债券规模为1283.59亿元，在全国31个省（区、市）中排第22位，较2020年同期发行规模1513.68亿元有所下滑。从月度发行来看，2021年1～9月，内蒙古地方政府债券发行主要集中于6月和8月，发行规模呈波动态势（见图2）。

① 存量地方债种类结构以存量地方债中2018年以来发行的样本进行统计。

② 《政府工作报告》，中国政府网，2021年3月5日，http：//www.gov.cn/guowuyuan/zfgzbg.htm。

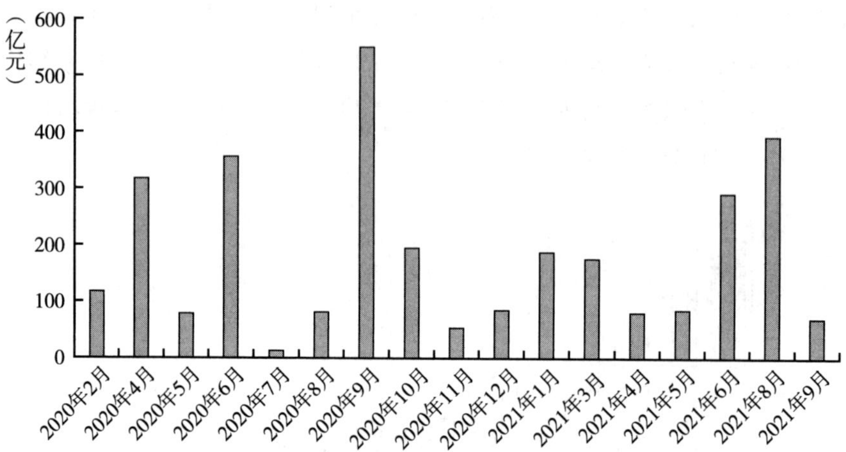

图2　2020年1月～2021年9月内蒙古地方债月度发行规模

注：内蒙古自治区部分月份无地方债发行，故图中无显示。

资料来源：Wind数据库，中诚信国际整理计算。

（二）新发行的地方债以一般债为主，债券期限仍以5年、7年和10年为主

2021年1～9月，内蒙古新发行的债券主要以一般债为主，专项债规模较小，其中，一般债的规模为931.66亿元，较2020年同期增长4.16%，占比由59.09%上升至72.58%。2021年1～9月，内蒙古新发行的债券主要以再融资为主，规模为794.89亿元，较2020年同期增长51.57%，占比为61.93%，占比较2020年同期大幅上升；剩余债券类型为新增，暂无置换债券发行。在期限结构方面，与2020年同期相比，新发行债券期限未发生明显变化。2021年1～9月，内蒙古新发行的债券期限未发生明显变化，仍主要集中于3年、5年和10年，债券只数合计为17只，占总发行数量的比重为70.83%；规模为1014.47亿元，占总发行规模的79.03%（见图3）。

（三）整体发行利率有所提高，发行利差有所收窄

2021年1～9月，内蒙古地方债发行利率有所提高，发行利差有所收窄。

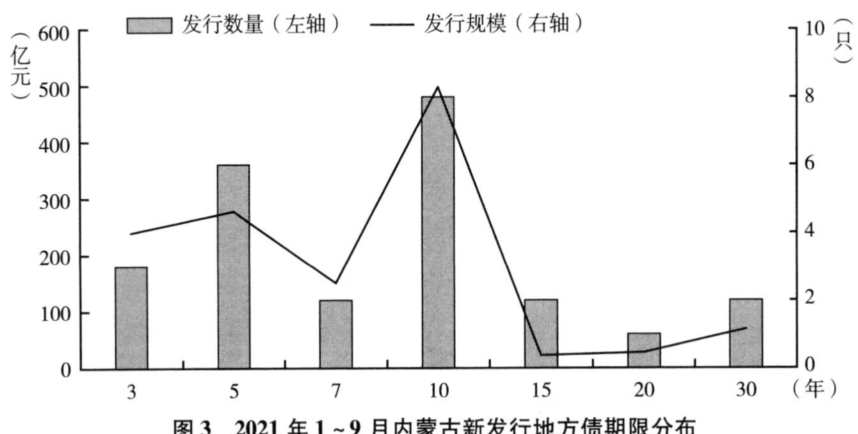

图3　2021 年 1 ~9 月内蒙古新发行地方债期限分布

资料来源：Wind 数据库，中诚信国际整理计算。

具体来看，2021 年 1 ~9 月，内蒙古地方政府债券发行利率[①]为 3.28%，与 2020 年同期相比提高了 0.22 个百分点；发行利差为 25.77BP，较 2020 年同期下降了 2.09BP。总体来看，发行成本在全国 31 个省（区、市）中排名靠后，处于较低水平（见图 4）。从发行成本走势来看，2021 年 1 ~9 月，内蒙古地方

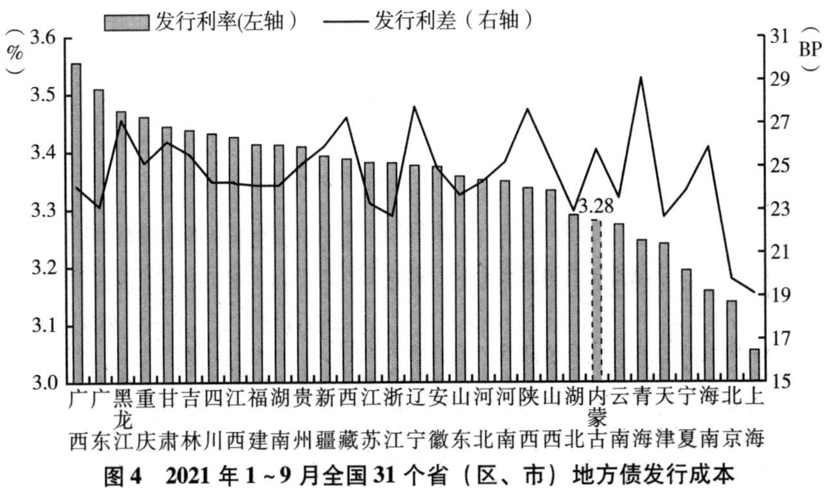

图4　2021 年 1 ~9 月全国 31 个省（区、市）地方债发行成本

资料来源：Wind 数据库，中诚信国际整理计算。

① 如无特别说明，本报告中发行利率、利差为根据发行额计算的加权平均发行利率、利差，发行利差计算公式为债券发行利率减对应期限国债收益率。

债发行利率和利差均有所波动。其中，9 月为内蒙古地方债发行利率最低点，当月发行利率为 2.83%；6 月为发行利差最低点，当月发行利差为 21.35BP（见图 5）。

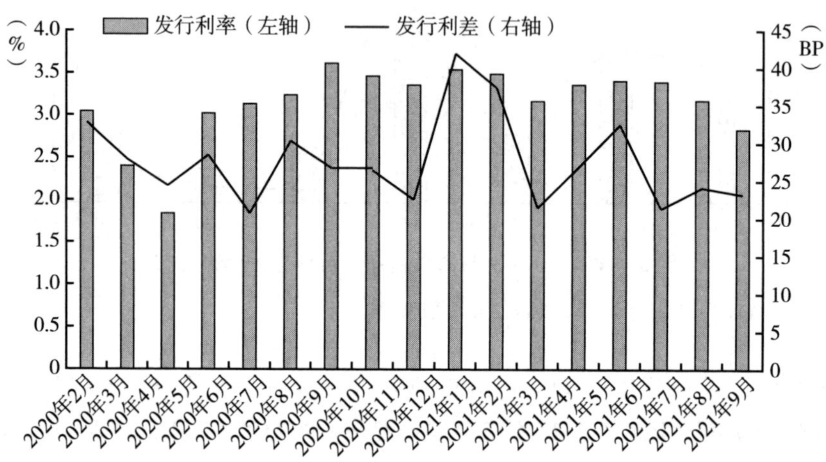

图 5　2020 年 1 月 ~2021 年 9 月内蒙古地方债月度发行成本

注：内蒙古自治区部分月份无地方债发行，发行成本故图中无显示。
资料来源：Wind 数据库，中诚信国际整理计算。

（四）二级市场交易活跃度较2020年同期显著下降，各期限地方债到期收益率整体有所波动

2021 年 1 ~9 月，内蒙古地方政府债券市场交易量①为 1151.80 亿元，在全国 31 个省（区、市）中排第 21 位，交易量较 2020 年同期下滑 42.89%。从各期限到期收益率走势来看，内蒙古地方债券到期收益率和剩余期限呈正相关，即剩余期限越长，到期收益率越高。从同一剩余期限区间内到期收益率走势来看，2020 年第一季度，受疫情冲击影响，各期限收益率整体呈下降趋势，且于 2020 年 4 月达到最低点，但下降幅度因期限不同而有所差异；2020 年 5 月以来，随着复工复产的有效推进，各期限到期收益率回升。2021 年，各期限到期收益率整体呈波动下降趋势（见图 6）。

① 交易统计包含回购交易、现券交易等部分。

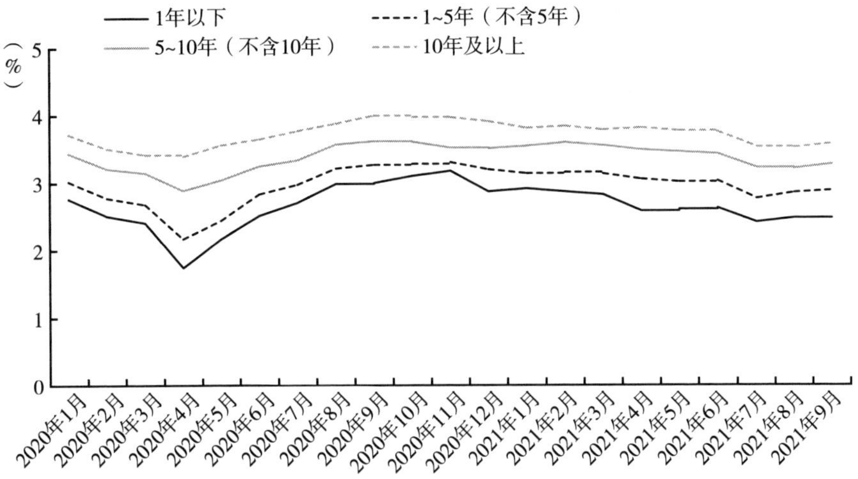

图 6　2020 年 1 月 ~ 2021 年 9 月内蒙古地方债到期收益率走势

资料来源：Wind 数据库，中诚信国际整理计算。

二　内蒙古自治区地方政府专项债分析①

截至 2021 年 9 月，内蒙古地方政府专项债余额为 2418. 25 亿元，其中项目收益专项债余额为 1273. 29 亿元，在全国 31 个省（区、市）中排名靠后。从募投领域来看，2021 年 1 ~9 月发行的新增项目收益专项债资金重点用于交通基础设施、市政和产业园区基础设施、民生服务等领域。从期限结构来看，10 年期债券发行规模占比最大，为 71. 54%，其次是 20 年期和 15 年期（见图 7）。

（一）发行规模同比降幅较大，发行利率和发行利差呈下降趋势

2017 年财政部发布《关于试点发展项目收益与融资自求平衡的地方政府

① 2020 年 7 月 29 日财政部《关于加快地方政府专项债券发行使用有关工作的通知》（财预〔2020〕94 号）明确 2020 年新增专项债必须保证融资规模与项目收益相平衡，因此 2020 年新增专项债均为项目收益专项债；本部分项目收益专项债的统计样本为 2018 ~2020 年项目收益专项债与 2021 年 1 ~9 月的新增专项债。

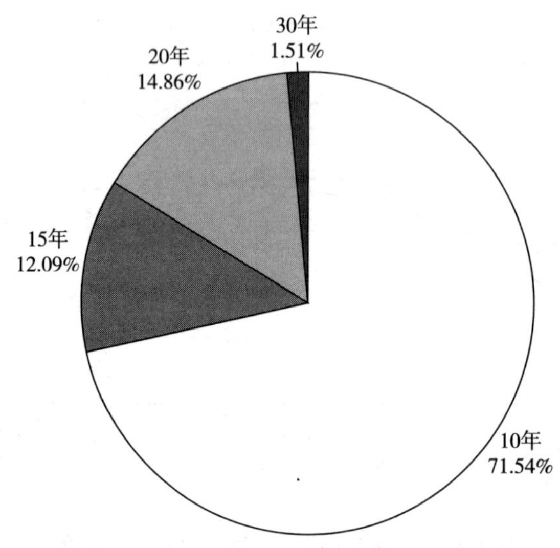

图7　2021 年 1～9 月内蒙古项目收益专项债发行期限结构

资料来源：Wind 数据库，中诚信国际整理计算。

专项债券品种的通知》[①] 以来，2018～2020 年，内蒙古项目收益专项债发行规模逐年递增，其中 2020 年，内蒙古项目收益专项债发行规模较 2019 年增长 153.73%。2021 年 1～9 月，内蒙古发行项目收益专项债规模为 185.59 亿元，较 2020 年同期下降 67.89%（见图 8）。从发行利率及利差来看，2018～2020 年，内蒙古项目收益专项债发行利率持续走低，发行利差整体有所波动，融资成本下降；2021 年 1～9 月，发行利率和发行利差进一步下降（见图 9），融资成本有所下降。

（二）募投项目涉及范围较广，集合发行趋势明显，资金自平衡情况较好

2021 年 1～9 月，内蒙古新增项目收益专项债的募集资金主要投向交通基础设施、市政和产业园区基础设施、民生服务等领域。具体来看，2021 年 1～

① 《关于试点发展项目收益与融资自求平衡的地方政府专项债券品种的通知》（财预〔2017〕89 号），财政部网站，2017 年 7 月 21 日，http：//yss.mof.gov.cn/zhuantilanmu/dfzgl/zcfg/201707/t20170724_2656632.htm。

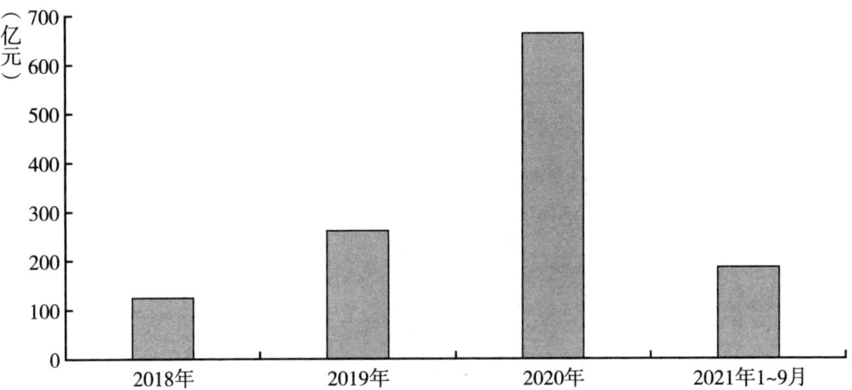

图 8　2018 年～2021 年 9 月内蒙古项目收益专项债发行规模走势

资料来源：Wind 数据库，中诚信国际整理计算。

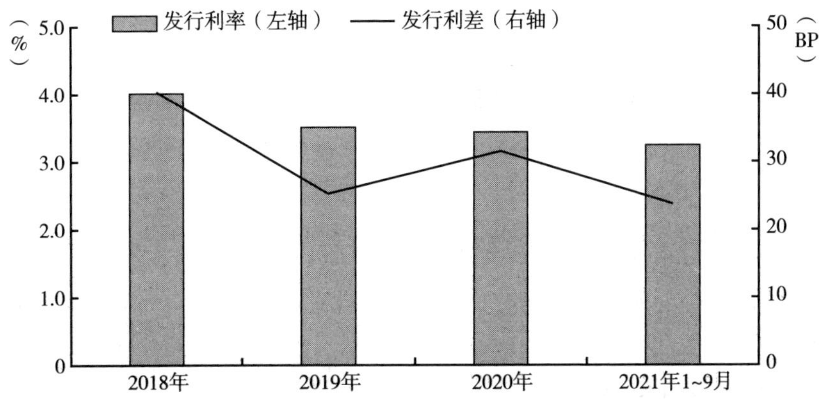

图 9　2018 年～2021 年 9 月内蒙古项目收益专项债发行成本走势

资料来源：Wind 数据库，中诚信国际整理计算。

9 月，内蒙古新增项目收益专项债募集资金共计 108.59 亿元，其中投向交通基础设施、市政和产业园区基础设施、民生服务等领域的资金分别为 37.90 亿元、34.72 亿元和 14.91 亿元，合计占总募集资金的 80.60%（见图 10），且单只债券募集资金很少局限于单个项目，多个项目集合发行趋势明显。

从项目行政层级分布来看，内蒙古新增项目收益专项债募投项目主要分为地市级和区县级。2021 年 1～9 月，地市级和区县级项目募集资金规模分别为 36.18 亿元和 56.21 亿元，占总募集资金规模的比重分别为 33.32% 和 51.76%。

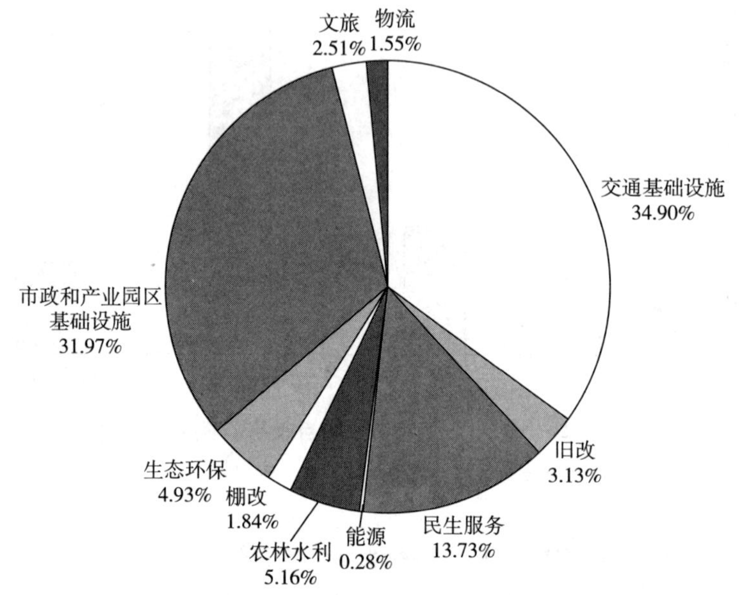

图10　2021 年 1～9 月内蒙古新增项目收益专项债募投领域分布

资料来源：全国 31 个省（区、市）地方政府新增专项债信息披露文件，中诚信国际整理计算。

从项目本息覆盖倍数来看，内蒙古新增项目收益专项债募投项目未来现金流入均可覆盖债券本息支出，募投项目资金自平衡能力较好，但覆盖能力因项目差异而有所不同，项目本息覆盖倍数为 1.5～2 倍（含 2 倍）的债券规模占比为 41.82%（见图 11）。

（三）新增专项债用作项目资本金的情况较少，均为交通基础设施领域

2021 年 1～9 月，内蒙古新增项目收益专项债资金可用作项目资本金的债券有 2 只，可用于资本金的规模为 1.10 亿元。具体来看，专项债资金可用作项目资本金的项目均属于地市级交通基础设施领域，分别是集宁至通辽铁路电气化改造工程项目和集宁至通辽铁路电气化改造工程（通辽段）项目，且专项债资金全部用作资本金，资本金占总投资的比例均为 40.99%，项目的未来收入主要来源于铁路运输收入（含客运和货运及其他收入）等专项收入。

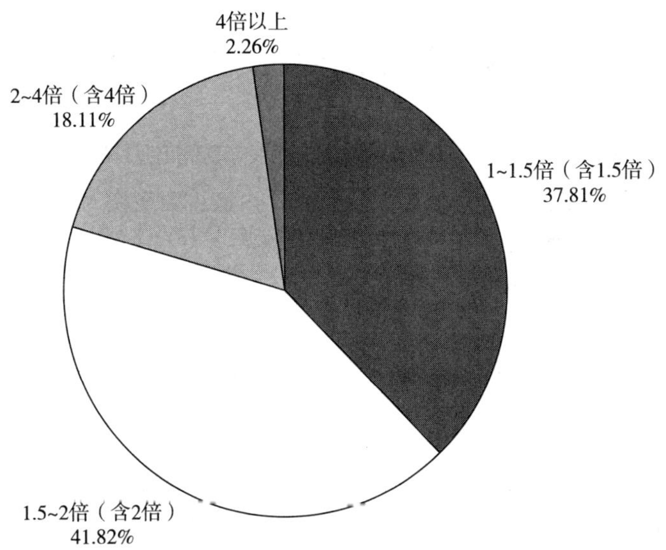

图11　2021 年 1 ~ 9 月内蒙古新增项目收益专项债项目本息覆盖情况

资料来源：全国 31 个省（区、市）地方政府新增专项债信息披露文件，中诚信国际整理计算。

（四）投向以交通基础设施与市政和产业园区基础设施为主，对投资有一定的拉动效应

专项债作为重要的财政政策，可有效加快地方基础设施建设。考虑到专项债作为资本金的撬动效应，2021 年 1 ~ 9 月内蒙古新增项目收益专项债作为资本金的撬动杠杆为 2. 44 倍；考虑到专项债未用作资本金而是作为配套融资的撬动效应，新增项目收益专项债作为配套融资的撬动杠杆为 1. 68 倍。综合来看，2021 年 1 ~ 9 月，内蒙古新增项目收益专项债理论上对基建投资的撬动规模可达 183. 70 亿元，① 结合内蒙古新增项目收益专项债资金投向，将有效推进交通基础设施、市政和产业园区基础设施等领域的投资建设。

① 专项债撬动基建投资方法参见袁海霞、汪苑晖、卞欢《专项债兼顾扩容提效，助力基建托底稳增长——地方政府专项债 2019 年回顾与 2020 年展望》，《财政科学》2020 年第 1 期。

三　内蒙古自治区偿债能力分析

内蒙古地方政府债务余额在全国位列中游，2022 年及 2023 年将迎来地方债到期高峰，其中绝大部分系到期的一般债。内蒙古财政实力一般，财政平衡对上级补助收入的依赖程度较高，债务压力显著，且债务偿付能力有所弱化，地方政府债务管控压力仍较大。

（一）地方政府债务限额尚有一定使用空间，2023年及2025年系地方债到期高峰

近年来，内蒙古地方政府债务限额及余额均呈增长态势，截至 2020 年，内蒙古地方政府债务限额为 8954. 2 亿元①（见图 12），在全国 31 个省（区、市）中排第 17 位；债务余额为 8268. 67 亿元，同比增长 6. 5%，在全国 31 个省（区、市）中排第 15 位（见图 13）；债务余额占限额的 92. 34%，债务限额尚

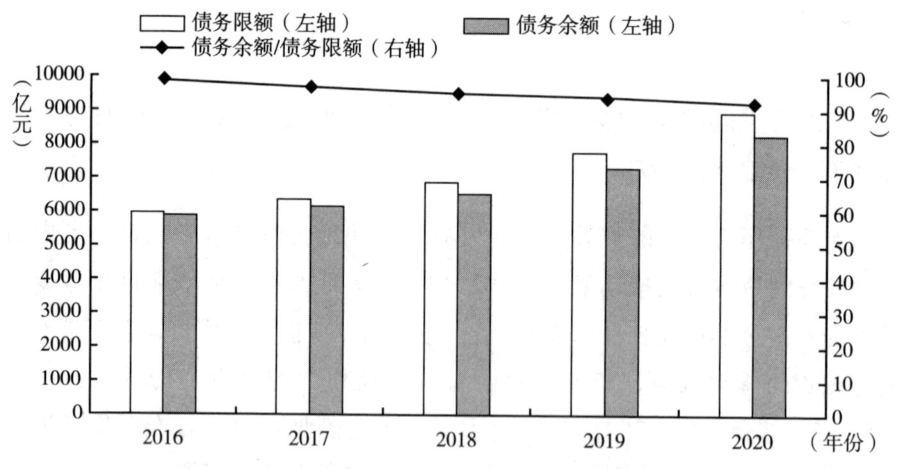

图 12　2016～2020 年内蒙古地方政府债务限额及余额

资料来源：内蒙古财政预算执行及决算报告，中诚信国际整理计算。

① 如无特别说明，本报告中引用的内蒙古政府债务限额、余额，一般公共预算收入、支出，财政平衡率，债务率、负债率等财政相关数据均来自内蒙古财政预算执行及决算报告，并由中诚信国际整理计算。

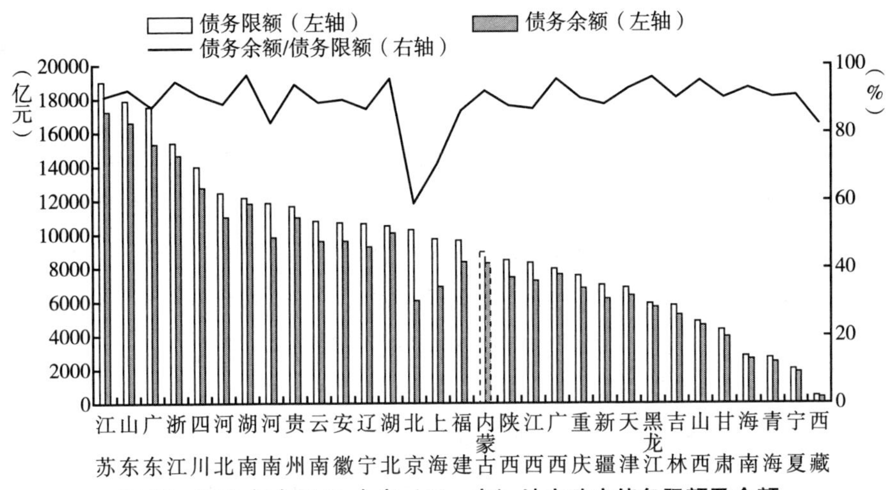

图 13　2020 年全国 31 个省（区、市）地方政府债务限额及余额

资料来源：全国 31 个省（区、市）财政预算执行及决算报告，中诚信国际整理计算。

有一定使用空间。从地方债存量结构来看，在内蒙古地方政府债务中，债券形式的债务占比超过 90%，非政府债券形式债务规模较小。从地方债到期分布来看，2021 年 10～12 月到期规模为 199.83 亿元，到期压力不大。未来 6 年中，2023 年及 2025 年均为地方债集中到期高峰（见图 14），到期规模分别达 1252.68 亿元和 1154.26 亿元，其中绝大部分系到期的一般债，到期专项债占比较小。

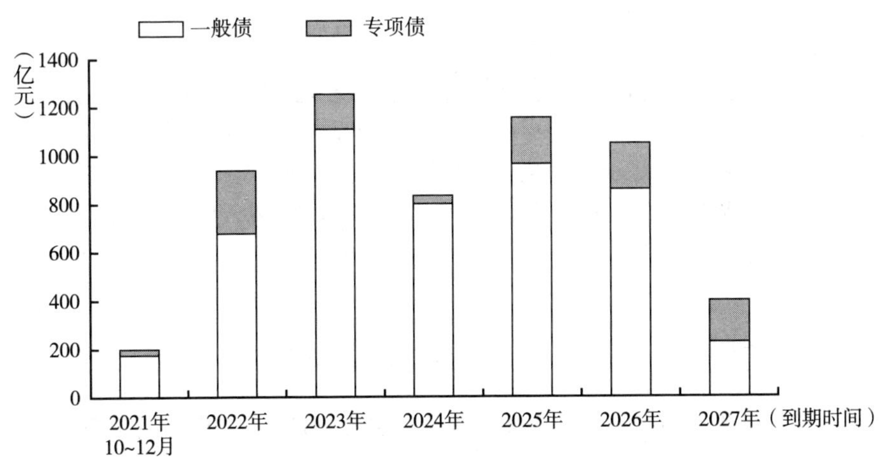

图 14　截至 2021 年 9 月内蒙古地方债到期分布

资料来源：Wind 数据库，中诚信国际整理计算。

（二）财政自给能力一般，财政平衡对上级补助收入的依赖程度较高

内蒙古位于中国北部边疆，具有丰富的矿产资源。2020 年，内蒙古实现一般公共预算收入 2051.30 亿元，在全国 31 个省（区、市）中排第 20 位（见图 15），同比下降 0.4%。其中税收收入 1457.80 亿元，下降 5.3%；非税收入 593.50 亿元，增长 14.1%，主要是煤炭资源领域、人防系统专项整治追损挽损一次性收入较多。同期，内蒙古财政平衡率为 38.92%，在全国 31 个省（区、市）排第 16 位，财政自给能力一般。综合财力方面，2020 年内蒙古综合财力为 5763.90 亿元（见图 16），其中上级补助收入占比 52.85%，系财政收入的最主要来源；政府性基金收入和国有资本经营收入占比分别为 11.39% 和 0.17%，占综合财力的比重较小。总体来看，内蒙古财政平衡对上级补助收入的依赖程度较高。

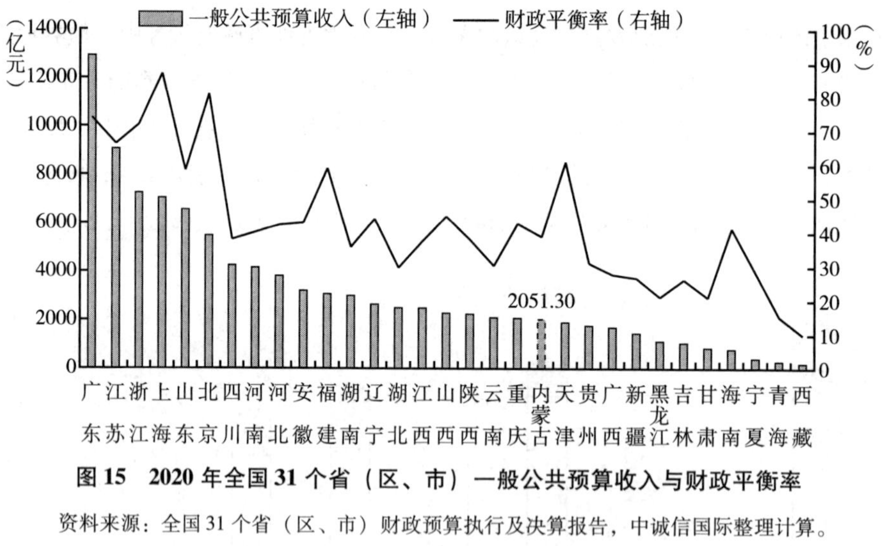

图 15　2020 年全国 31 个省（区、市）一般公共预算收入与财政平衡率

资料来源：全国 31 个省（区、市）财政预算执行及决算报告，中诚信国际整理计算。

（三）债务压力显著，债务偿付能力有所弱化

内蒙古债务负担较重，债务压力显著。截至 2020 年，内蒙古债务率及负债率分别为 143.46% 和 47.63%，分别较前值提高 7.70 个和 5.18 个百分点，债务率及负债率在全国 31 个省（区、市）中分别排第 2 位和第 3 位（见图

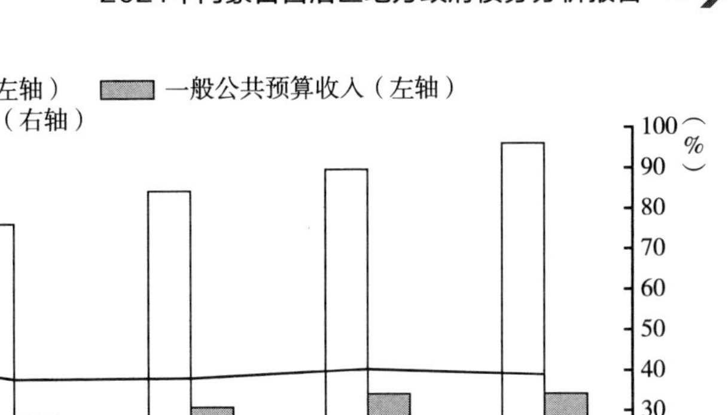

图 16　2016～2020 年内蒙古财政情况

资料来源：2016～2020 年内蒙古财政预算执行及决算报告，中诚信国际整理计算。

17)，整体债务负担较重，债务压力显著（见图 18）；债务余额为一般公共预算收入的 4.03 倍，较前值进一步提高，偿债能力有所弱化，考虑到内蒙古存在较大财政平衡压力，未来地方政府债务管控压力仍较大。围绕政府债务管理，内蒙古规范政府债务管理防范金融风险工作领导小组定期研究部署防范化解金融风险工作，重点从日常规范管理、政府债务限额管理、风险防控、有序

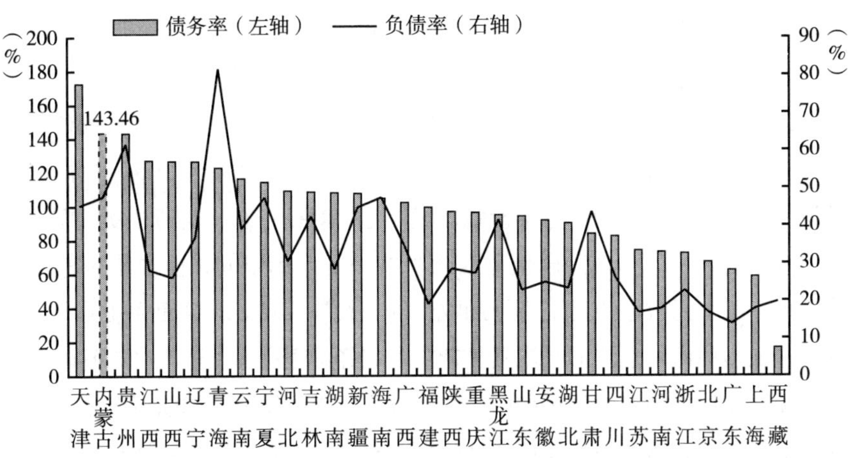

图 17　2020 年全国 31 个省（区、市）债务率及负债率

资料来源：全国 31 个省（区、市）财政预算执行及决算报告，中诚信国际整理计算。

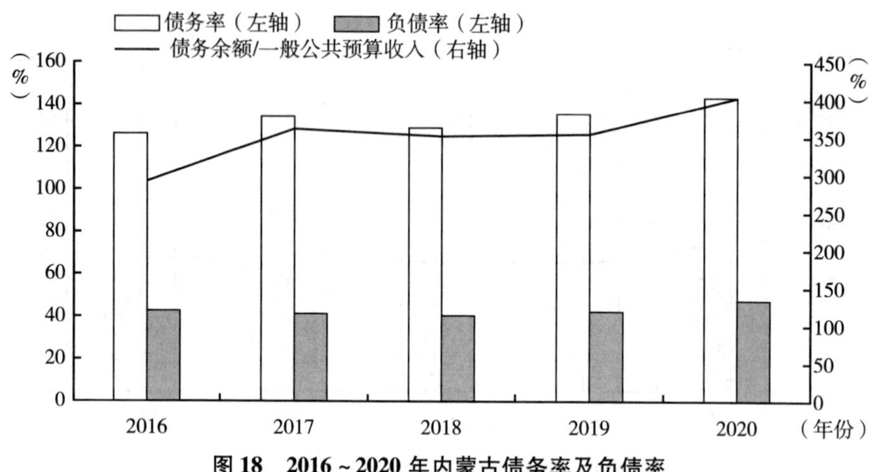

图 18　2016～2020 年内蒙古债务率及负债率

资料来源：2016～2020 年内蒙古财政预算执行及决算报告，中诚信国际整理计算。

处理存量债务及建立监督、考核、问责体系等方面落实各项工作，严守区域性系统性风险底线。

四　小结

2021 年 1～9 月，内蒙古地方债发行规模有所下降，且发行规模呈波动态势。新发行地方债中以新增一般债为主，债券期限仍以 5 年、7 年和 10 年为主。从发行成本来看，发行利率有所提高，发行利差有所收窄，二级市场交易规模活跃度显著下降，各期限到期收益率整体有所波动。从项目收益专项债情况来看，内蒙古项目收益专项债发行节奏明显放缓，发行成本持续走低，投向以交通基础设施与市政和产业园区基础设施领域为主，对投资有一定的拉动效应。

总体来看，内蒙古现阶段债务限额尚有一定使用空间，但内蒙古整体财政自给能力一般，财政平衡对上级补助收入的依赖程度较高，且面临债务率偏高等问题。叠加当前内外经济形势依然复杂，宏观经济仍存在一定不确定性，本报告建议内蒙古在后续债务管理过程中应注意以下三点：第一，加强对各级政府债务风险的实时监控，落实地方债偿债高峰期的资金来源；第二，可通过置换、新增等方式适度拉长地方债期限，以缓释偿债压力；第三，合理配置专项债投向，充分发挥其对投资的撬动效应，从而帮助推动区域经济高质量发展。

B.17

2021年新疆维吾尔自治区地方政府债券分析报告

周 飞　陈 诚*

摘 要： 新疆维吾尔自治区地方债存量规模小于全国平均水平，期限结构以长期为主。2021 年 1 ~9 月，新发行地方债规模同比增长并以专项债为主，发行成本持续下降，二级市场交易活跃度提高。新增项目收益专项债主要投向市政和产业园区基础设施、民生服务等国计民生领域，并部分用作了项目资本金。在新冠肺炎疫情时有反复的背景下，新疆经济增速有所放缓；同时，其在自身财力较弱的前提下通过增加投资抵御经济下行压力，债务率明显上升。未来需提升债务水平与财力间的匹配度。

关键词： 地方债　专项债　新疆维吾尔自治区

一　新疆维吾尔自治区地方债运行情况分析

截至 2021 年 9 月，新疆维吾尔自治区（以下简称“新疆”）地方债存量规模[①]为 7554.15 亿元，在全国 31 个省（区、市）中列第 20 位（见图 1）；券种结构[②]方面，新疆一般债与专项债占比分别为 48.02% 和 51.98%；从债券期

* 周飞，中诚信国际政府公共评级一部高级分析师，主要研究领域为地方政府债券、基础设施投融资行业等；陈诚，中诚信国际政府公共评级一部助理分析师，主要研究领域为地方政府债券、基础设施投融资行业等。

① 如无特别说明，本报告中引用的地方债存量、发行量、发行利率、发行利差、交易量、到期收益率等债券相关数据均来自截至 2021 年 9 月的 Wind 数据库，并由中诚信国际整理计算。

② 存量地方债种类结构以存量地方债中 2018 年以来发行的样本进行统计。

限结构看，新疆地方债发行期限以 7 年、10 年和 20 年为主，存量规模占比分别为 15.14% 、39.85% 和 12.04% 。

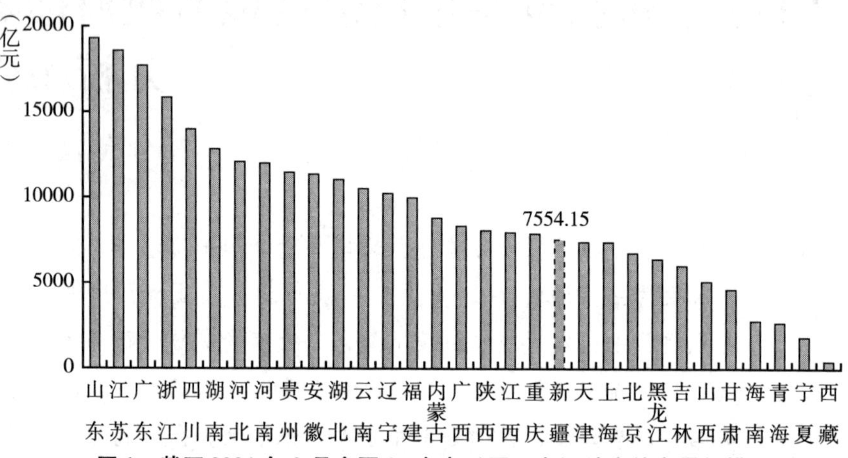

图 1　截至 2021 年 9 月全国 31 个省（区、市）地方债存量规模

资料来源：Wind 数据库，中诚信国际整理计算。

（一）发行规模同比增长，发行券种期间性集中

2021 年 1 ~9 月，新疆地方债共计发行 43 只，发行规模为 1850.40 亿元，较 2020 年同期增长 18.99%，在全国 31 个省（区、市）中列第 14 位；从结构来看，新增债券规模较 2020 年同期下降 8.92% 至 1183.00 亿元，再融资债券规模较 2020 年同期大幅增长 160.50% 至 667.40 亿元；从时间趋势来看，受新增额度下发较晚、稳增长压力边际放缓及审核趋严影响，新疆 2021 年第一季度新增地方债发行进度较为落后。地方债发行自 2021 年第二季度开始发力，单季度发行 682.90 亿元，为 2020 年以来新高，第三季度（发行 681.40 亿元）与第二季度发行规模基本持平；从债券种类来看，新疆地方债发行券种存在期间性集中特征，如 2020 年 1 ~3 月、2020 年 7 ~8 月、2021 年 5 ~6 月及 2021 年 8 月发行的均为新增地方债，2020 年 6 月、2020 年 11 月 ~2021 年 3 月发行的均为再融资地方债（见图 2）。

（二）以专项债为主，发行期限趋长

2021 年 1 ~9 月，新疆新增地方债发行规模为 1183.00 亿元，再融资地方

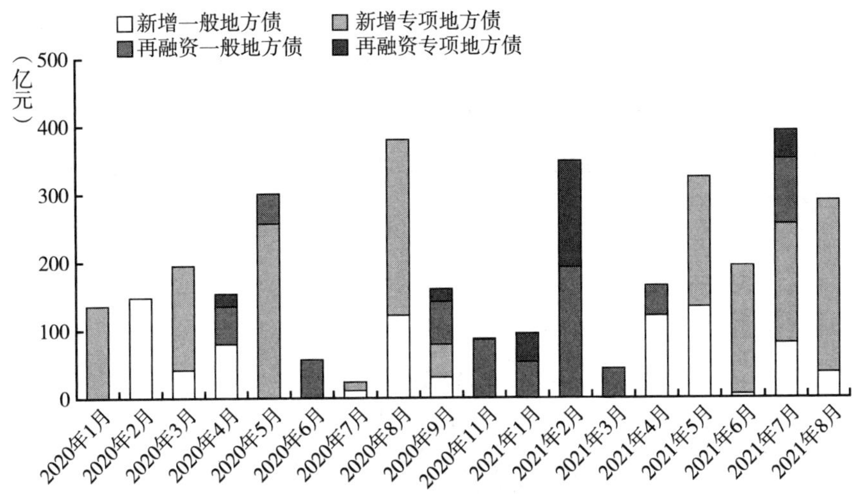

图2　2020 年 1 月 ~2021 年 9 月新疆地方债月度发行规模

注：新疆部分月份无地方债发行，故图中无显示。

资料来源：Wind 数据库，中诚信国际整理计算。

债发行规模为 667. 40 亿元。从债券性质来看，专项地方债和一般地方债分别占新发行总规模的 56. 48% 和 43. 52%（见图 3）。从发行期限来看，10 年期债券

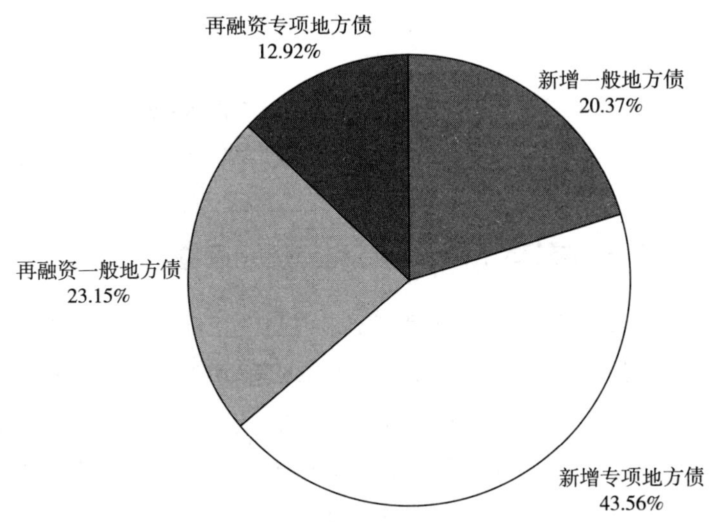

图3　2021 年 1 ~ 9 月新疆新发行地方债券种结构

资料来源：Wind 数据库，中诚信国际整理计算。

为新疆2021年1~9月地方债发行主力，规模为1060.90亿元，占比57.33%；其次为15年期、7年期和20年期债券，分别占发行总额的17.07%、13.26%和6.73%；而3年期和5年期地方债共发行103.70亿元，占发行总额的不足6%（见图4）。可见，新疆地方债发行期限趋长，与存量地方债总体期限分布较为一致。

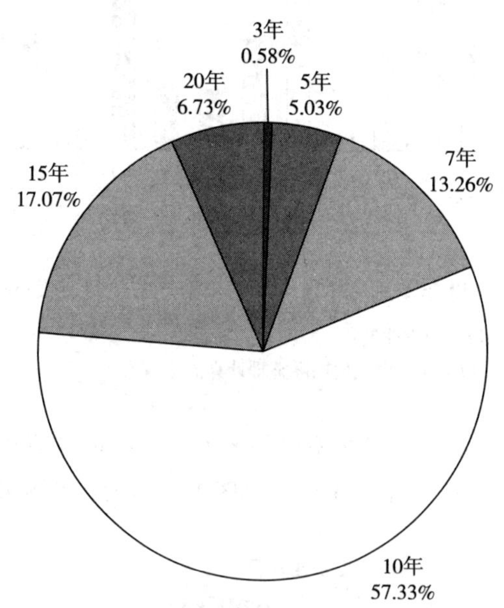

图4　2021年1~9月新疆新发行地方债期限分布

资料来源：Wind数据库，中诚信国际整理计算。

（三）发行成本总体下降，发行利差仍处高位

从年度变化看，2021年1~9月新疆地方债发行利率、发行利差①均延续了2018年以来持续回落趋势，发行利率回落至3.39%，发行利差降为25.93BP（见图5）。从月度分布看，在经历2021年1~2月、3~6月两阶段的抬升后，发行利率在2021年7月环比回落0.33个百分点至2021年1~9月低

① 如无特别说明，本报告中发行利率、利差为根据发行额计算的加权平均发行利率、利差，发行利差计算公式：债券发行利率－对应期限国债收益率。

点3.24%，8月重拾上行趋势；发行利差方面，2021年1～2月呈现短暂收窄状态，此后与发行利率变动趋势大体吻合，在23.00～29.00BP区间内波动（见图6）。与其他省（区、市）相比较，新疆地方债发行利率在全国31个省

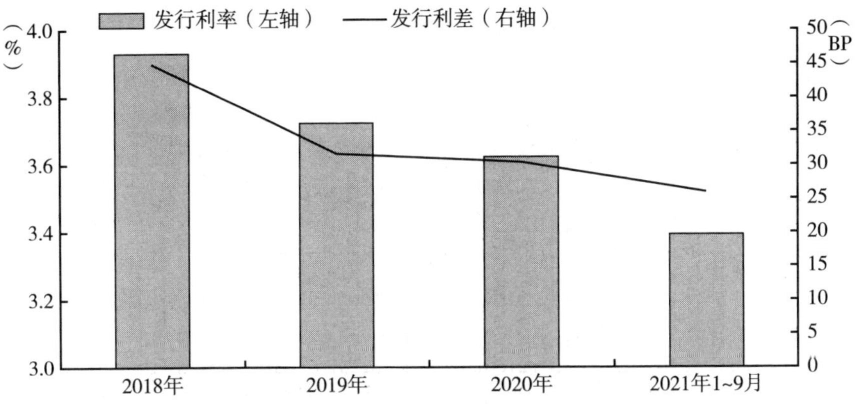

图5　2018～2020年及2021年1～9月新疆地方债发行成本

资料来源：Wind数据库，中诚信国际整理计算。

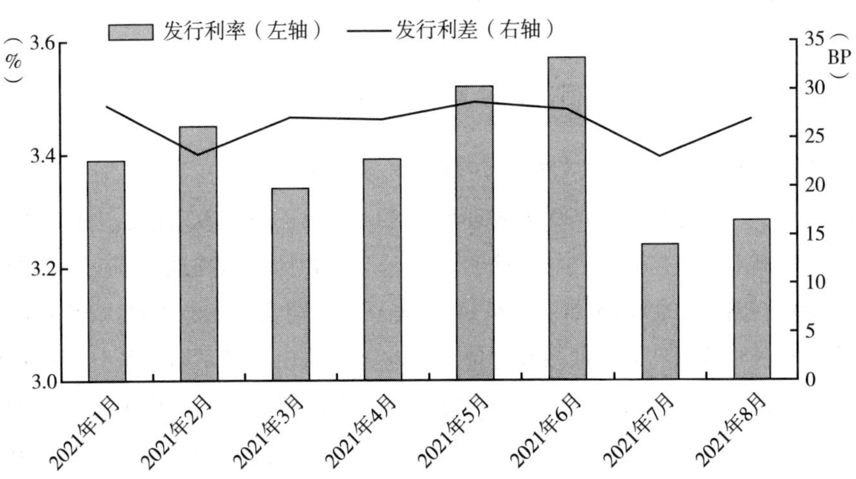

图6　2021年1～9月新疆地方债月度发行成本

注：新疆部分月份无地方债发行，故图中无显示。

资料来源：Wind数据库，中诚信国际整理计算。

（区、市）中列第12位，在西北5个省（区）中排第2位；发行利差在全国31个省（区、市）中居第7位（见图7）。新疆地方债发行成本持续降低，但发行利差位次靠前表明市场隐忧地区信用风险水平较高。

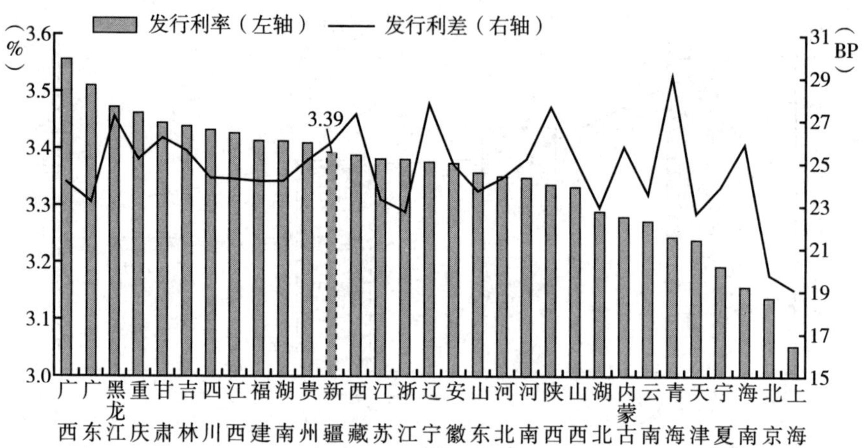

图7　2021年1~9月全国31个省（区、市）地方债发行成本

资料来源：Wind数据库，中诚信国际整理计算。

（四）交易活跃度回升，债券到期收益率下行

随着2021年疫情相对好转，新疆地方债二级市场交易活跃度上升。2021年1~9月交易规模①较2020年同期增长27.79%至1329.07亿元，达2020年全年交易规模的94.33%；与其他省（区、市）相比，新疆地方债交易规模排名由2020年同期的第25名上升至第20名。从到期收益率走势看，2020年1~4月受疫情显著影响，各期限地方债到期收益率均值逐渐下行至统计区间内的低点；2020年4月至2021年9月，各期限地方债到期收益率均值总体呈现先升后降态势；以2020年11月为分界点，由于市场资金流动性较强，其后到期收益率全部进入下行通道（见图8）。

① 交易统计包含回购交易、现券交易等部分。

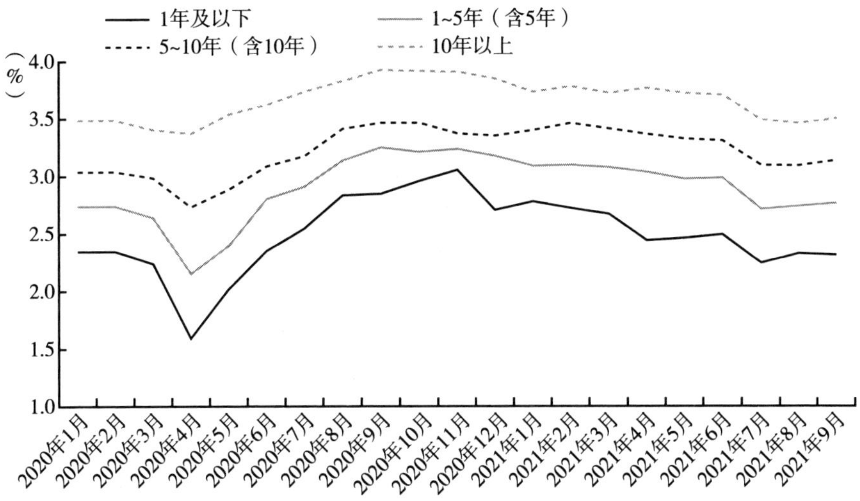

图8　2020 年 1 月 ~2021 年 9 月新疆地方债到期收益率走势

资料来源：Wind 数据库，中诚信国际整理计算。

二　新疆维吾尔自治区地方政府专项债分析[①]

截至 2021 年 9 月，新疆地方政府项目收益专项债存量规模为 2358. 80 亿元。从期限结构看，项目收益专项债剩余期限为 1 ~5 年（含 5 年）、5 ~10 年（含 10 年）以及 10 年以上的余额分别为 175. 70 亿元、863. 70 亿元和 1319. 40 亿元，分别占存量规模的 7. 45%、36. 62% 和 55. 94%（见图 9）。从资金投向看，2021 年 1 ~9 月项目收益专项债资金重点用于市政和产业园区基础设施、民生服务及棚改等领域。

（一）发行规模小幅缩小，期限结构长期化，发行成本延续下行趋势

2018 ~2020 年，新疆项目收益专项债发行规模分别为 274. 10 亿元、

① 2020 年 7 月 29 日财政部《关于加快地方政府专项债券发行使用有关工作的通知》（财预〔2020〕94 号）明确 2020 年新增专项债必须保证融资规模与项目收益相平衡，因此 2020 年新增专项债均为项目收益专项债；本部分项目收益专项债的统计样本为 2018 ~2020 年项目收益专项债与 2021 年 1 ~9 月的新增专项债。

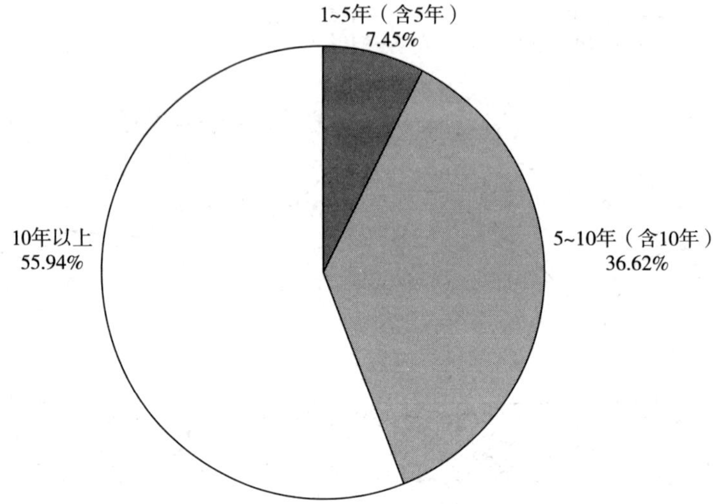

图 9　截至 2021 年 9 月新疆存量项目收益专项债余额剩余期限结构

资料来源：Wind 数据库，中诚信国际整理计算。

414.00 亿元和 864.70 亿元，保持高速增长（见图 10）；2021 年 1 ~ 9 月较 2020 年同期小幅下滑 6.79% 至 806.00 亿元，发行规模居全国 31 个省（区、市）第 11 位。发行期限结构上，2021 年 1 ~ 9 月新增项目收益专项债中 10 年期专项债券共计发行 376.50 亿元，占前三个季度发行总额的 46.71%；其次为 15 年期与 20 年期专项债券，占前三个季度发行总额的比重分别为 36.49% 和

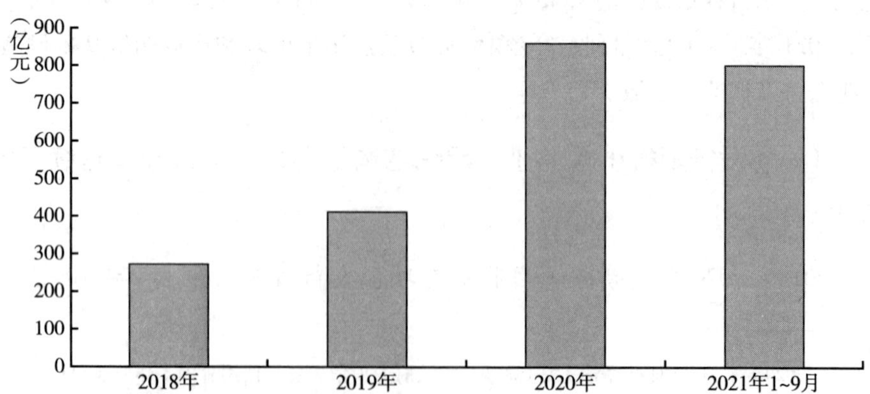

图 10　2018 ~ 2020 年及 2021 年 1 ~ 9 月新疆项目收益专项债发行规模走势

资料来源：Wind 数据库，中诚信国际整理计算。

15.46%；期限为7年的项目收益专项债发行规模仅占1.34%（见图11）。整体来看，新疆2021年1~9月项目收益专项债发行期限结构偏长期分布，利于进一步巩固现有存量项目收益专项债期限分布的长期化趋势。发行成本方面，新疆项目收益专项债发行利率自2018年以来持续走低，2021年1~9月为3.45%，同期发行利差亦持续收窄至27.01BP（见图12）；结合项目收益专项

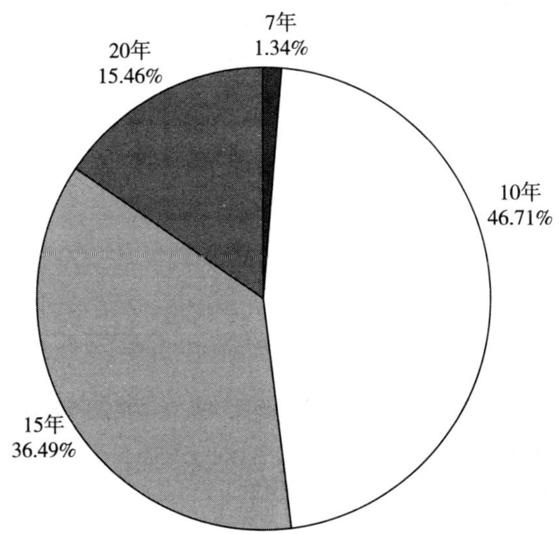

图11 2021年1~9月新疆项目收益专项债发行期限结构

资料来源：Wind数据库，中诚信国际整理计算。

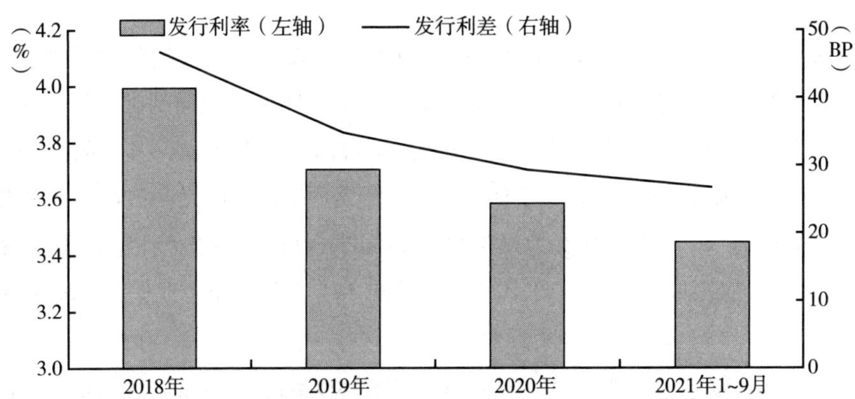

图12 2018~2020年及2021年1~9月新疆项目收益专项债发行成本

资料来源：Wind数据库，中诚信国际整理计算。

债发行期限分布来看，这主要在于中长期债券发行成本下降。2021 年 1 ~9 月分月度看，新疆集中于 5 ~8 月发行项目收益专项债，发行利率呈持续回落趋势，发行利差呈现先降后升走势，其中 2021 年 7 月发行利率和发行利差环比分别下降 0. 24 个百分点和 4. 96BP，降幅明显（见图 13）。

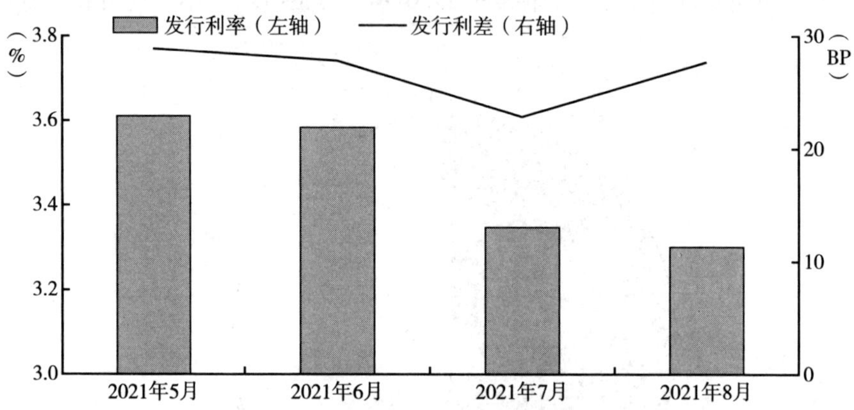

图 13　2021 年 1 ~9 月新疆项目收益专项债发行成本

注：新疆部分月份无项目收益专项债发行，故图中无显示。

资料来源：Wind 数据库，中诚信国际整理计算。

（二）投向多元，市政和产业园区基础设施领域占比突出，募投项目资金自平衡情况良好

从投向来看，2021 年 1 ~9 月新疆发行的项目收益专项债投向的领域包括市政和产业园区基础设施、民生服务、棚改、生态环保、交通基础设施、农林水利、文旅、旧改、物流、城乡建设及能源项目共 11 个大类，其中投向市政和产业园区基础设施领域的专项债规模最大，达 400. 82 亿元，占前三个季度发行总规模的 49. 73%；其次为民生服务和棚改领域，占比分别为 15. 01% 和 10. 72%；其他领域占比均不足 10%[①]（见图 14）。市政和产业园区基础设施

① 如无特别说明，本报告中引用的专项债募投项目的相关数据均来自地方政府新增专项债信息披露文件，并由中诚信国际整理计算。由于数据的获取问题，数据可能来自不同募投项目文件、项目实施方案、信息披露模板等，这可能导致数据分析出现一定偏差，但不会对分析结论产生实质上的影响。

领域可细分为产业园、给排水及水务、气热管网等，使用的专项债资金额度分别为282.99亿元、38.01亿元和28.23亿元，剩余51.59亿元主要投向了综合管廊、其他市政和教育；民生服务领域可细分为医疗卫生，养老、康养、福利院，文体设施建设和其他民生服务等。发行的项目收益专项债主要用于地市级和区县级募投项目，其使用的资金额度分别为104.80亿元和701.20亿元。此外，在全部1158个募投项目中，仅4个项目融资本息覆盖倍数不足1倍，使用的专项债资金额度占比为0.19%，总体上募投项目资金自平衡情况较好。

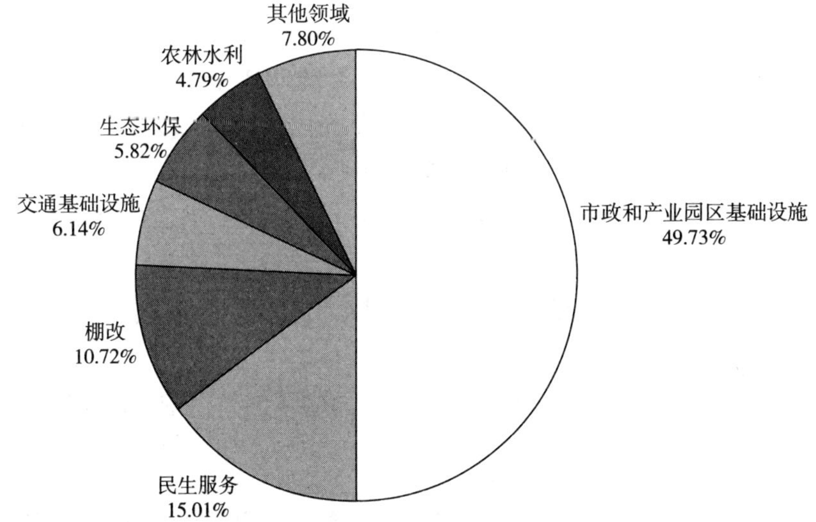

图14　2021年1~9月新疆新增项目收益专项债募投领域分布

资料来源：新疆政府新增专项债信息披露文件，中诚信国际整理计算。

（三）用作项目资本金的项目收益专项债占比不高，且行政层级以区县级为主

2021年1~9月，新疆新发行项目收益专项债共投向1158个项目，其中79个募投项目将专项债用作项目资本金，使用的专项债资金额度共计47.31亿元，其中区县级募投项目使用额度为43.01亿元。从上述项目资金投向领域看，主要集中于市政和产业园区基础设施、交通基础设施、民生服务、生态环保、农林水利和棚改等领域项目。市政和产业园区基础设施领域项目未来主要通过资产的经营性租赁、

供热、供水等渠道收回投入；交通基础设施领域项目通过收取停车费、车辆通行费、车辆检测费、充电桩费用、广告牌费用以及财政补贴等实现收益。

（四）项目收益专项债投资撬动效应仍待强化

发行专项债作为重要的财政政策，可有效加快地方基础设施建设；考虑专项债用作资本金的撬动效应，2021 年 1 ~9 月，新疆新发行项目收益专项债资本金撬动杠杆①为 2.37 倍；专项债作为配套融资的撬动杠杆为 1.51 倍，在全国 31 个省（区、市）中靠后。由于 2021 年 1 ~9 月发行项目收益专项债中用作项目资本金的规模有限，其撬动基建投资规模为 111.94 亿元；同期用作配套融资的专项债撬动基建投资 1134.02 亿元。综合来看，新疆 2021 年 1 ~9 月项目收益专项债对基建投资的撬动规模达 1245.96 亿元，居全国 31 个省（区、市）第 15 位，落后于其同期新增项目收益专项债规模全国排名（第 11 位），可见新疆尚未充分运用项目收益专项债的撬动杠杆，对投资活动的撬动效应仍有待加强。

三　新疆维吾尔自治区偿债能力分析

（一）债务增长较快但总量仍居全国中下游，2023年将迎来地方债到期高峰

截至 2020 年，新疆地方政府债务余额②为 6175.93 亿元，较 2019 年增长 33.45%，距债务限额仍有 811.96 亿元的未使用空间，债务存量在全国 31 个省（区、市）中列第 22 位（见图 15）。截至 2021 年 9 月，新疆存量地方债合计 7554.15 亿元，2021 年内以及未来 5 年的地方债到期规模分别为 85.80 亿元、495.10 亿元、641.00 亿元、396.44 亿元、173.90 亿元和 377.30 亿元（见图 16），占存量地方债总规模的 28.72%，2023 年地方债到期规模达到阶段性高点后开始回落；从券种看，到期债务中一般债占比均在 60% 以上。

---

① 专项债撬动基建投资方法参见袁海霞、汪苑晖、卞欢《专项债兼顾扩容提效，助力基建托底稳增长——地方政府专项债 2019 年回顾与 2020 年展望》，《财政科学》2020 年第 1 期。

② 如无特别说明，本报告中引用的新疆维吾尔自治区政府债务限额、余额，一般公共预算收入、支出，财政平衡率，债务率、负债率等财政相关数据均来自新疆维吾尔自治区财政预算执行及决算报告，并由中诚信国际整理计算。

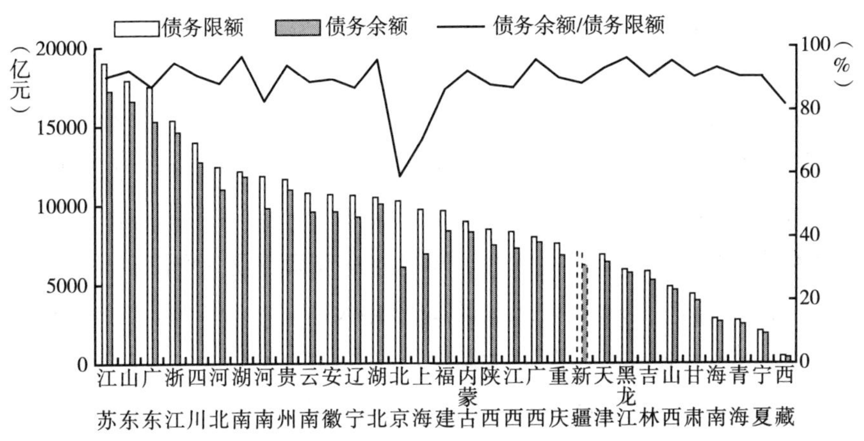

图 15　2020 年全国 31 个省（区、市）地方政府债务限额及余额

资料来源：全国 31 个省（区、市）财政预算执行及决算报告，中诚信国际整理计算。

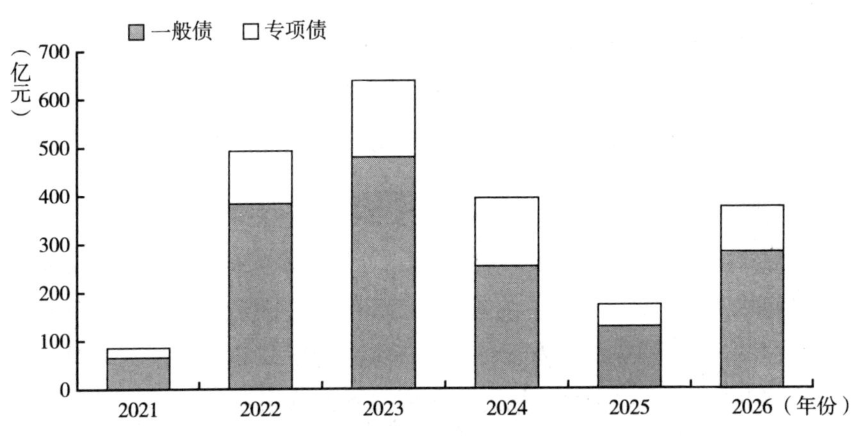

图 16　截至 2021 年 9 月新疆存量地方债到期分布

资料来源：新疆财政预算执行及决算报告，中诚信国际整理计算。

（二）经济增速放缓但固定资产投资持续向好，中央政策倾斜弥补自有财力不足

新疆经济总量在全国居于中下游，在西北 5 个省（区）中仅次于陕西省，居第 2 位；2020 年，新疆实现地区生产总值 13797.58 亿元，按可比价格计算同比增长 3.4%，增速相较 2019 年下滑 2.8 个百分点。新疆石油、天然气、有

色金属等矿产资源品类丰富，蕴藏量大，支撑其形成了以石油、天然气开采业，燃料加工业，电力、热力生产和供应业，化学原料和化学制品制造业为主的能源化工支柱产业。近年来，新疆经济增长由主要依靠第二产业转变为第二、三产业双核驱动。产业结构上，2020 年三次产业增加值分别为 1981.28 亿元、4744.45 亿元和 7071.85 亿元，同比分别增长 4.3%、7.8% 和 0.2%，三次产业结构调整为 14.4∶34.4∶51.3。2020 年新疆旅游业受疫情影响明显，第三产业中旅游业收入 992.12 亿元，较 2019 年大幅下降 72.7%。"十三五"期间，新疆把基础设施建设作为补短板、强弱项的重点，持续加大有效投资，建设了一大批交通、水利、能源等重大基础设施项目，5 年累计完成固定资产投资 4.1 万亿元，达"十二五"时期的 1.29 倍①。2020 年全年固定资产投资（不含农户）同比增长 16.2%，增速较 2019 年提升 13.7 个百分点，固定资产投资持续向好。

新疆自有财政实力较弱，2020 年财政平衡率仅为 26.74%；一般公共预算收入 1477.22 亿元（见图 17），较 2019 年下降 6.4%。其中税收收入占比为 61.62%，从全国平均水平来看，一般公共预算收入质量较低；政府性基金收

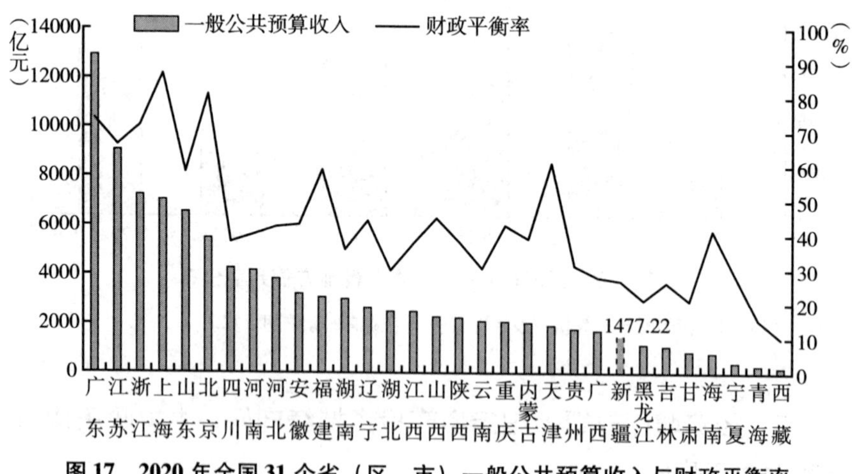

图 17　2020 年全国 31 个省（区、市）一般公共预算收入与财政平衡率

资料来源：全国 31 个省（区、市）财政预算执行及决算报告，中诚信国际整理计算。

① 《2020 年度新疆维吾尔自治区政府工作报告》，新疆维吾尔自治区政府网站，2021 年 2 月 1 日，http：//xinjiang.gov.cn/xinjiang/xjyw/202102/19f86de68387406ca2e1b25f0b0f789a.shtml。

入为591.41亿元，较2019年增长12.12%。中央政府为确保新疆经济平稳发展，对新疆支持力度较大，2020年对疆转移支付合计3648.7亿元，占其综合财力的63.62%，有效弥补了新疆自有财力的不足。

（三）债务率明显上升，债务压力增大

近年来，新疆地方政府债务增长较快，截至2020年，地方政府负债率和债务率分别为44.76%和107.69%（见图18），较2019年分别提升10.72和24.07个百分点，整体上升明显，特别是债务率已超过国际通行警戒值。横向比较，2020年新疆债务率高于全国平均值16.42个百分点，与地方经济财政实力匹配度较低，债务水平偏高。2018年以来，新疆加大了对地方债务的管控力度，防止新增地方政府隐性债务，防范金融债务风险，主动解决存量债务问题。但新冠肺炎疫情致使经济不确定性增加，新疆地方政府在财力有所收紧的前提下仍需实施积极财政政策以抵御经济下行压力，债务率水平上升明显。当前，新疆债务率上升较快，但新增债务期限较长，为未来存量债务处理提供了相对充足的时间，地方政府需合理控制地方债发行节奏。

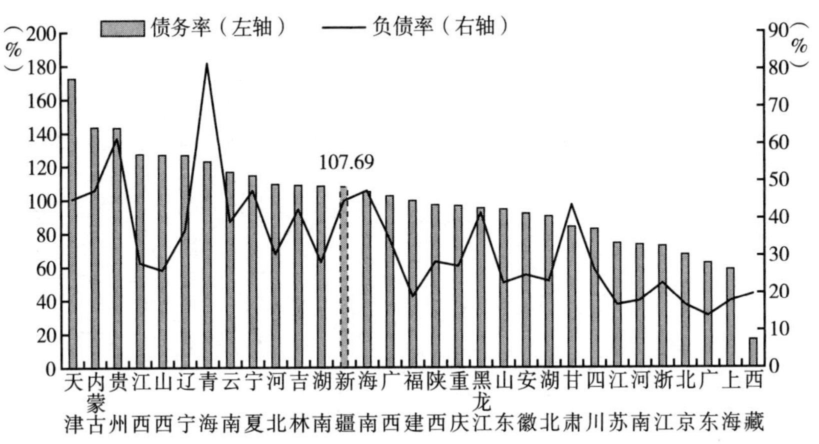

图18　2020年全国31个省（区、市）债务率及负债率

资料来源：全国31个省（区、市）财政预算执行及决算报告，中诚信国际整理计算。

四 小结

在我国经济下行压力增大、新冠肺炎疫情使经济不确定性增加的背景下，新疆维吾尔自治区经济增速亦有所放缓。地方政府延续较为积极的财政政策，以地方债尤其是专项债作为重要着力点，逐步加快地方债发行节奏，通过增加固定资产投资等方式提振经济。2021 年 1 ~ 9 月，新疆地方债发行以专项债为主，在扩大发行规模的同时逐步优化债券期限分布、资金投向结构，发行成本呈持续下降趋势。此外，新疆一定程度上运用了项目收益专项债作为项目资本金的投资撬动杠杆，但撬动效应仍有较大的强化空间。同时，新疆亦面临自有财力不足而债务压力增加的财政与债务平衡问题。因此，在后续债务管理过程中应关注以下几方面：其一，提升自身经济财政实力与债务规模的匹配度，把握好地方债发行节奏；其二，优化募集资金使用，提高专项债用于项目资本金的比例，高效发挥投资对经济的拉动作用；其三，落实深化预算管理制度改革的意见，强化专项债项目资金绩效管理，健全债务风险防控监管体系。

B.18

2021年陕西省地方政府债券分析报告

刘春天　徐 杭　吴昱影*

摘　要： 陕西省地方政府债券存量规模在全国处于中等偏下水平，存量债券种类主要为新增债券；2021年1～9月，陕西省新发行地方政府债券规模同比上升，期限以长期为主，成本有所下降，且新发行债券以再融资债券为主；陕西省项目收益专项债主要集中于市政和产业园区基础设施、交通基础设施及棚改等领域，专项债投放能够对投资产生一定的拉动效应；陕西省经济与财政实力在全国处于中游水平，地方政府债务规模与经济发展水平较匹配，债务风险相对可控。

关键词： 地方债　专项债　陕西省

一　陕西省地方债运行情况分析

截至2021年9月，陕西省地方债存量规模为8082.78亿元，居全国31个省（区、市）第17位（见图1），处于中等偏下水平。从券种结构①来看，陕西省存量专项债规模② 3883.15亿元，占全部存量的48.04%（见图2）。从

* 刘春天，中诚信国际政府公共评级一部高级分析师，主要研究领域为地方政府债券、基础设施投融资行业等；徐杭，中诚信国际政府公共评级一部分析师，主要研究领域为地方政府债券、基础设施投融资行业等；吴昱影，中诚信国际政府公共评级一部助理分析师，主要研究领域为地方政府债券、基础设施投融资行业等。

① 存量地方债种类结构以存量地方债中2018年以来发行的样本进行统计。

② 如无特别说明，本报告中引用的地方债存量、发行量、发行利率、发行利差、交易量、到期收益率等债券相关数据均来自截至2021年9月的Wind数据库，并由中诚信国际整理计算。

发行期限来看，陕西省存量地方债发行期限以 5 年、7 年和 10 年为主，发行规模分别为 1505. 31 亿元、2981. 40 亿元以及 2320. 64 亿元，占比分别为 18. 62% 、36. 89% 及 28. 71% ；无 1 年及以下期限的短期债券（见图 3）。

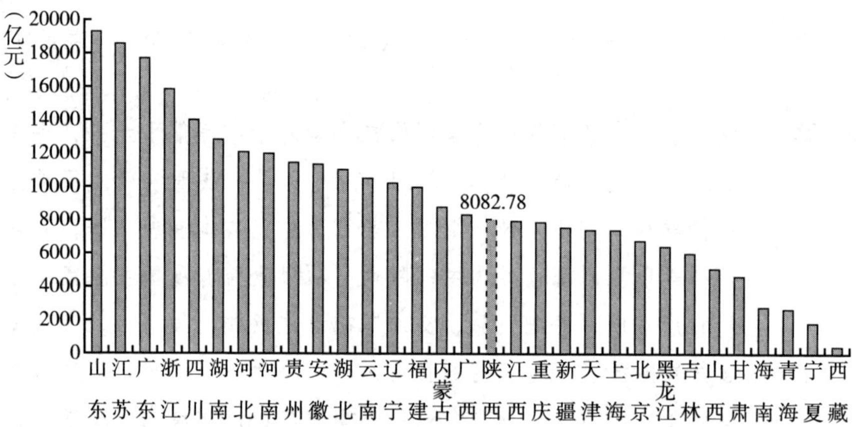

图 1　截至 2021 年 9 月全国 31 个省（区、市）地方债存量规模

资料来源：Wind 数据库，中诚信国际整理计算。

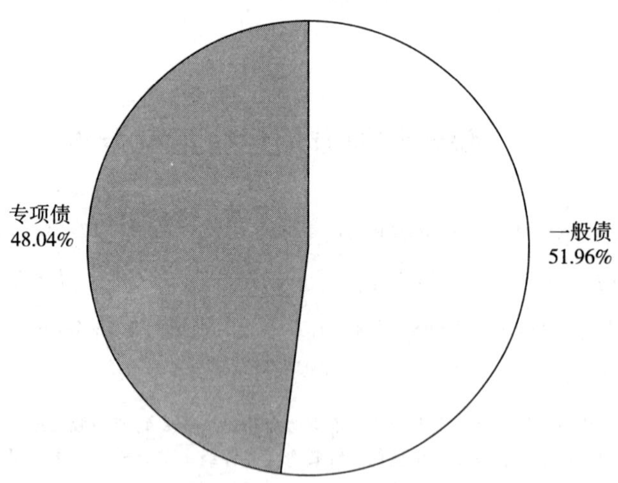

图 2　截至 2021 年 9 月陕西省存量地方债种类

资料来源：Wind 数据库，中诚信国际整理计算。

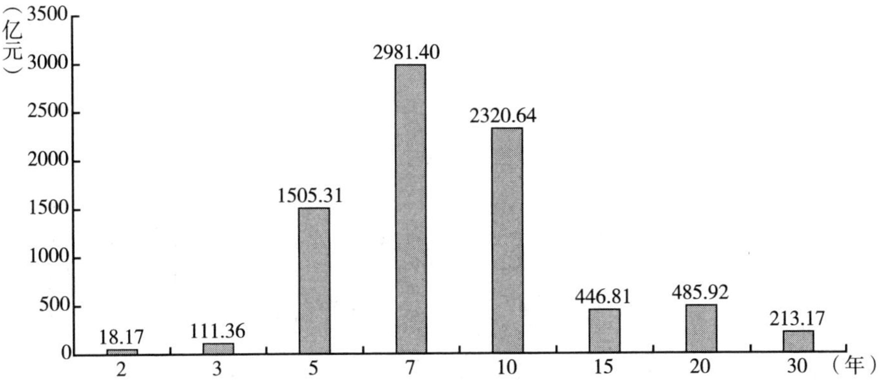

图3 截至2021年9月陕西省存量地方债期限分布

资料来源：Wind数据库，中诚信国际整理计算。

（一）发行规模同比有所上升，发行主要集中于第三季度

受新冠肺炎疫情冲击，2020年我国GDP同比增长2.3%，增速较上年大幅下降。随着疫情逐渐稳定，2021年我国经济整体延续修复态势。2021年1~9月，陕西省地方债发行总规模为1818.21亿元，排全国31个省（区、市）第15位。发行规模走势方面，第三季度为2021年1~9月陕西省地方债的发行高峰期，共计发行地方债1051.94亿元，占比为57.86%，其中2021年7月为陕西省地方债发行规模最高的月份，发行规模为599.40亿元（见图4）。

（二）新发行的地方债券以再融资债券为主，发行期限以长期为主

券种结构方面，2021年1~9月陕西省发行的地方债中专项债规模略高于一般债，同时发行的再融资债券规模达1035.36亿元，占比为56.94%（见图5），高于新增债券发行规模。期限结构方面，2021年1~9月陕西省新发行地方债主要为7年期债券，规模为635.85亿元，占比为34.97%；其次为10年期债券，占发行总额的25.53%（见图6）。可以看出，陕西省地方债发行期限以长期为主。

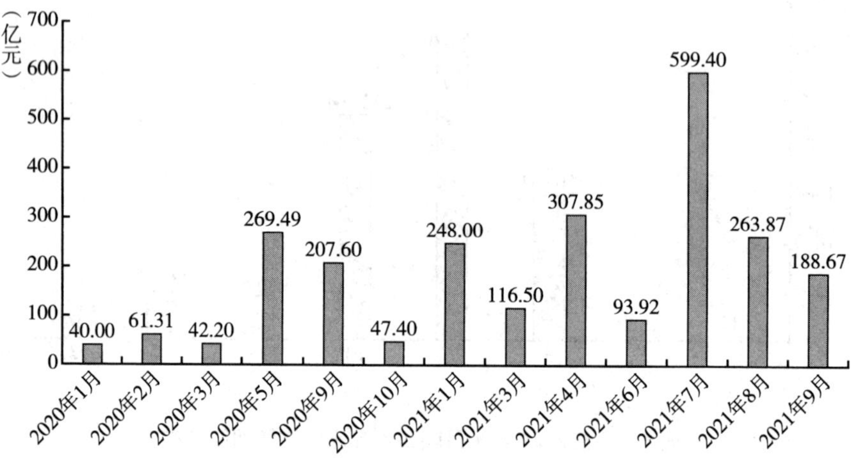

图4　2020年1月~2021年9月陕西省地方债月度发行规模

注：陕西省部分月份无地方债发行，故图中无显示。

资料来源：Wind数据库，中诚信国际整理计算。

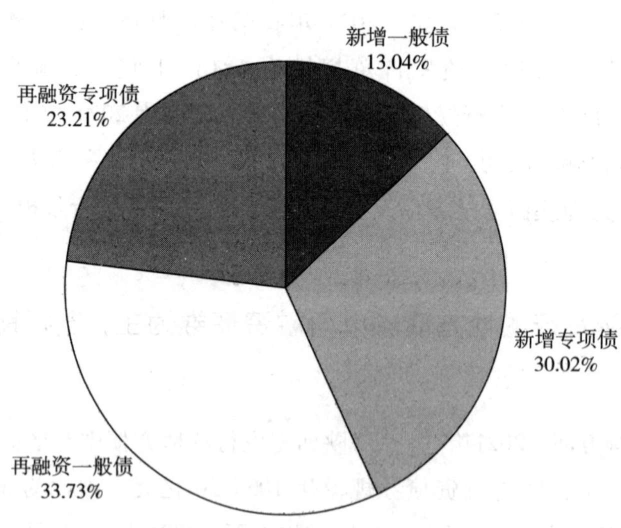

图5　2021年1~9月陕西省新发行地方债券种结构

资料来源：Wind数据库，中诚信国际整理计算。

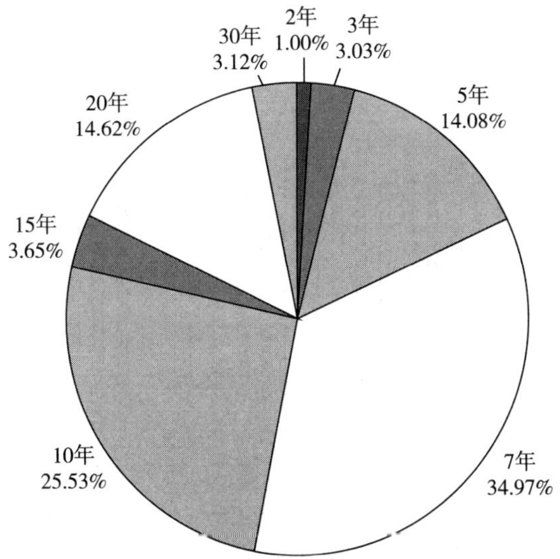

图6 2021年1~9月陕西省新发行地方债期限分布

资料来源：Wind数据库，中诚信国际整理计算。

（三）发行利率呈波动趋势，发行利差有所扩大，在全国处于高位

2021年1~9月，陕西省地方债发行利率①在全国处于适中水平，但发行利差走阔，在全国处于高位。具体来看，陕西省地方债发行利率为3.34%，较上年同期下降0.09个百分点，在全国31个省（区、市）中居第21位（见图7）；发行利差为27.62BP，较上年同期小幅扩大，在全国31个省（区、市）中居第3位。从发行成本走势来看，2021年1~9月，陕西省地方债发行利率及发行利差均呈波动态势，其中5月为陕西省地方债发行利率最低点，当月发行利率为3.18%；1月为发行利差最低点，当月发行利差为22.91BP（见图8）。

（四）二级市场交易活跃度较同期显著回升，到期收益率回落

2021年1~9月，陕西省地方债交易规模②共计1942.74亿元，较上年同

① 如无特别说明，本报告中发行利率、利差为根据发行额计算的加权平均发行利率、利差，发行利差计算公式：债券发行利率－对应期限国债收益率。

② 交易统计包含回购交易、现券交易等部分。

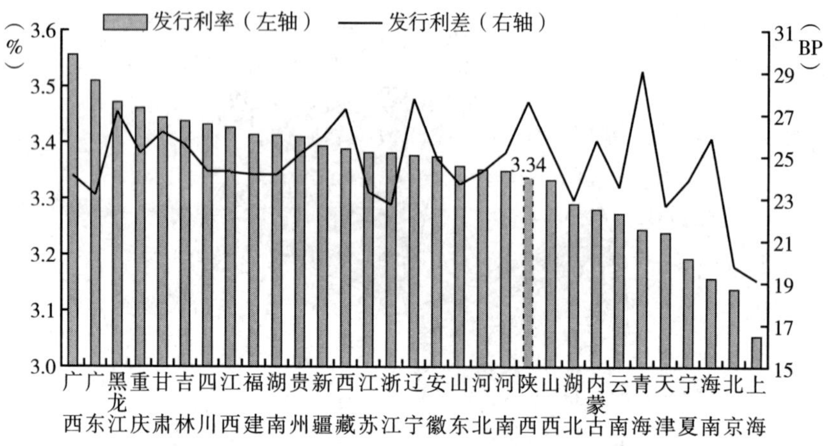

图7 2021年1~9月全国31个省（区、市）地方债发行成本

资料来源：Wind数据库，中诚信国际整理计算。

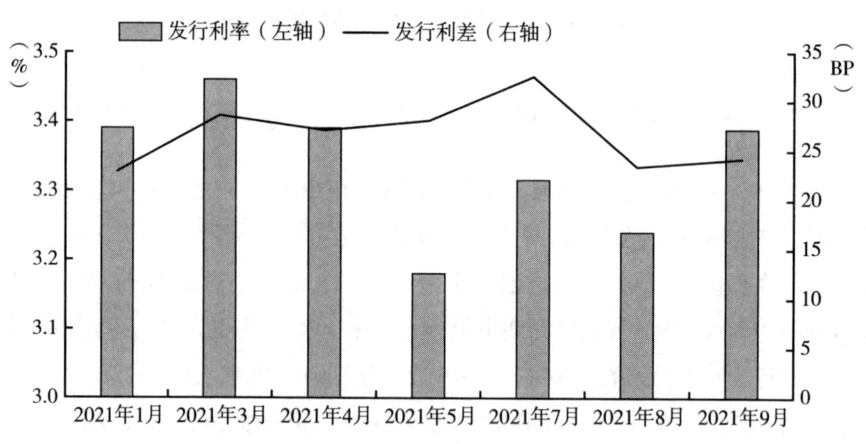

图8 2021年1~9月陕西省地方债月度发行成本

注：陕西省部分月份无地方债发行，故图中无显示。

资料来源：Wind数据库，中诚信国际整理计算。

期交易规模1210.62亿元明显上升，在全国31个省（区、市）中的排名亦由2020年1~9月的第24位升至第13位，陕西省地方债二级市场交易活跃度显著回升。从各期限到期收益率走势来看，2020年以来陕西省地方债到期收益率呈波动态势，大体上，2020年1~4月，陕西省各期限地方债到期收益率明显下行，且在2020年4月达到最低点，2020年5～11月到期收益率有所回升，随后到期收益率再次进入下行通道（见图9）。

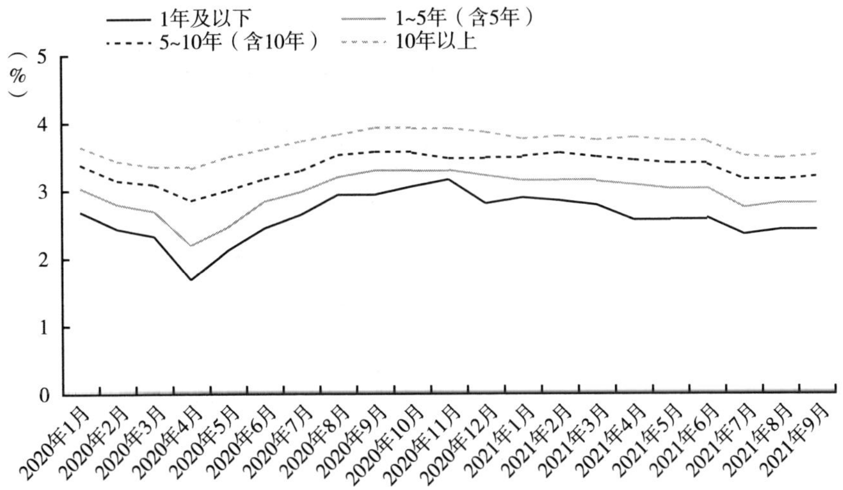

图9　2020年1月～2021年9月陕西省地方债到期收益率走势

资料来源：Wind数据库，中诚信国际整理计算。

二　陕西省地方政府专项债分析①

截至2021年9月，陕西省存量项目收益专项债余额为1769.14亿元，在全国31个省（区、市）中处于中下游水平，近年来募投项目主要集中在交通基础设施、市政和产业园区基础设施及棚改等领域。期限方面，陕西省存量项目收益专项债剩余期限为1年及以下、1～5年（含5年）、5～10年（含10年）以及10年以上的余额分别为54.78亿元、456.82亿元、371.07亿元和886.47亿元，分别占存量总规模的3.10%、25.82%、20.97%和50.11%（见图10）。

① 2020年7月29日财政部《关于加快地方政府专项债券发行使用有关工作的通知》（财预〔2020〕94号）明确2020年新增专项债必须保证融资规模与项目收益相平衡，因此2020年新增专项债均为项目收益专项债；本部分项目收益专项债的统计样本为2018～2020年项目收益专项债与2021年1～9月的新增专项债。

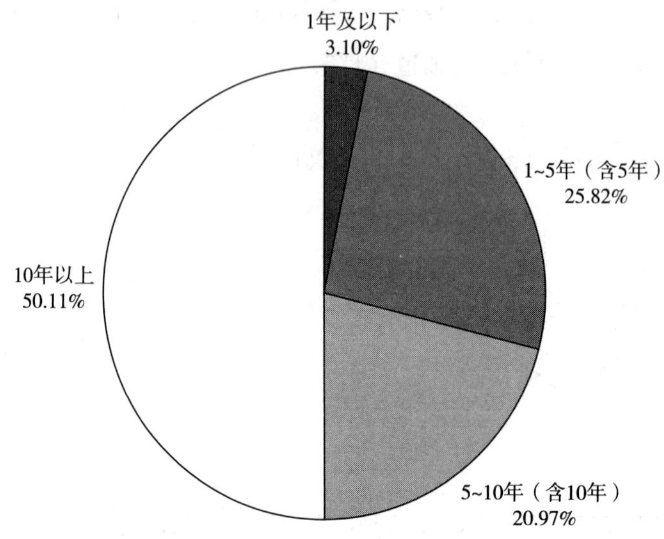

图 10　截至 2021 年 9 月陕西省存量项目收益专项债余额剩余期限结构

资料来源：Wind 数据库，中诚信国际整理计算。

（一）发行规模逐年扩大，发行利率及发行利差有所回升

2017 年，财政部发布《关于试点发展项目收益与融资自求平衡的地方政府专项债券品种的通知》①，2018 年至 2021 年 9 月陕西省共发行地方政府项目收益专项债 1924.81 亿元，并且随着项目收益专项债用途范围不断扩大至市政和产业园区基础设施、交通基础设施、棚改、民生服务、生态环保及能源项目等领域，发行规模逐年大幅扩大，2018 ~ 2020 年分别为 258.00 亿元、453.00 亿元和 668.00 亿元，2021 年 1 ~ 9 月发行规模亦达到了 545.81 亿元（见图 11）。发行成本方面，2018 ~ 2020 年，陕西省地方政府项目收益专项债发行利差持续走低。2021 年 1 ~ 9 月，陕西省地方政府项目收益专项债发行利率为 3.48%，在全国 31 个省（区、市）中排第 13 位，高于全国平均水平 0.03 个百分点；发行利差小幅走阔至 28.23BP，在全国 31 个省

① 《关于试点发展项目收益与融资自求平衡的地方政府专项债券品种的通知》（财预〔2017〕89 号），财政部网站，2017 年 7 月 21 日，http：//yss. mof. gov. cn/zhuantilanmu/dfzgl/zcfg/201707/t20170724_ 2656632. htm。

（区、市）中排第3位，高于全国平均水平4.47BP（见图12）。发行期限方面，2021年1～9月，陕西省项目收益专项债以20年期为主，发行规模达265.84亿元，占比为48.71%；其次分别为10年期及30年期，发行规模占比分别为23.09%和10.39%（见图13）。整体来看，项目收益专项债发行期限以长期为主。

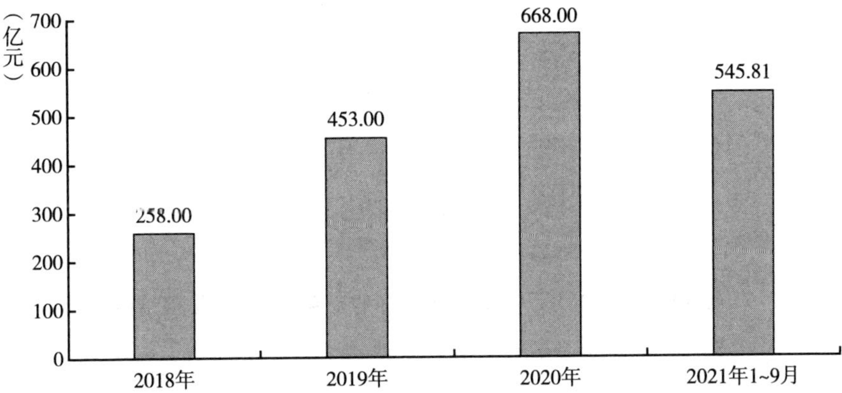

图11　2018～2020年及2021年1～9月陕西省项目收益专项债发行规模走势

资料来源：Wind数据库，中诚信国际整理计算。

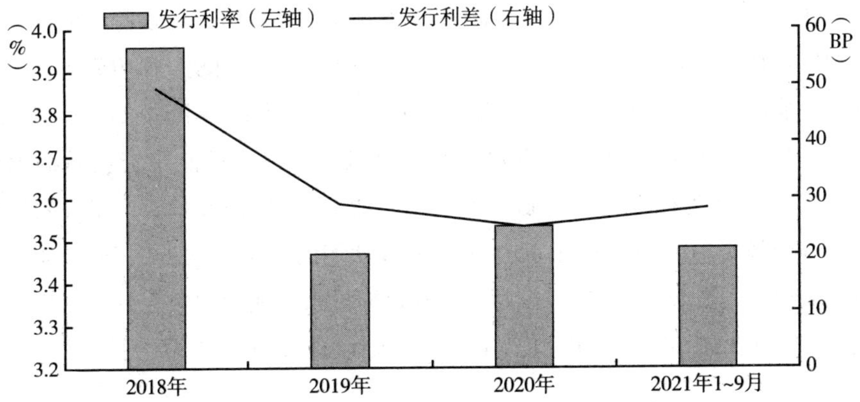

图12　2018～2020年及2021年1～9月陕西省项目收益专项债发行成本

资料来源：Wind数据库，中诚信国际整理计算。

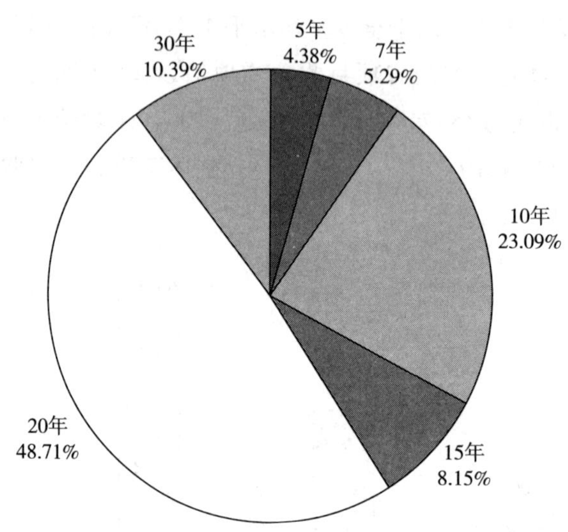

图 13　2021 年 1 ~9 月陕西省项目收益专项债发行期限结构

资料来源：Wind 数据库，中诚信国际整理计算。

（二）募投项目涉及范围较广，主要分布在区县级，募投项目资金自平衡情况较好

从投向来看，2021 年 1 ~9 月陕西省地方政府发行的项目收益专项债投向的领域包括市政和产业园区基础设施、交通基础设施、棚改、民生服务、生态环保、能源、文旅、农林水利、旧改、物流及信息网络建设共 11 类。其中，投入市政和产业园区基础设施领域的资金最多，占项目使用资金总额度的 31. 19%；其次为投入交通基础设施领域的债券，占比 18. 12%；棚改领域使用的资金额度占比 14. 53%；民生服务领域使用的资金额度占比 14. 49%；文旅领域使用的资金额度占比 10. 25%；其余募投领域使用的资金额度占比均不足 10%①（见图 14）。市政和产业园区基础设施领域主要系给排水及水务、

① 如无特别说明，本报告中引用的专项债募投项目的相关数据均来自地方政府新增专项债信息披露文件，并由中诚信国际整理计算。由于数据的获取问题，数据可能来自不同募投项目文件、项目实施方案、信息披露模板等，这可能导致数据分析出现一定偏差，但不会对分析结论产生实质上的影响。

公园、气热管网、综合管廊、产业园及其他市政等项目，使用的专项债资金额度分别为13.34亿元、0.45亿元、11.89亿元、3.86亿元、116.28亿元和10.36亿元；交通基础设施领域可进一步细分为城市停车场、轨道交通、机场、收费公路和一般铁路等。从项目行政层级分布来看，陕西省2021年1~9月发行的项目收益专项债募投项目包含了省级、地市级和区县级项目，其中以区县级项目为主，其募投资金占全部项目收益专项债的近七成。此外，募投项目融资本息覆盖倍数大部分大于1倍，反映了募投项目资金自平衡情况较好。

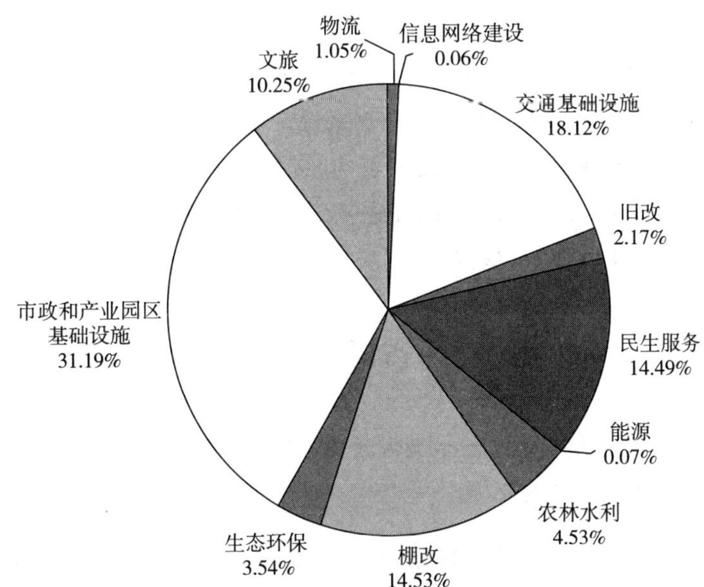

图14　2021年1~9月陕西省新增项目收益专项债募投领域分布

资料来源：陕西省政府新增专项债信息披露文件，中诚信国际整理计算。

（三）用作资本金的募投项目数量不多，多为交通基础设施领域

2021年1~9月，陕西省新发行项目收益专项债共投向了559个项目，其中仅5个募投项目将专项债用作项目资本金，分别为西安咸阳国际机场三期扩建工程项目、引汉济渭二期工程项目、榆林黄河东线马镇引水工程神木支线项

目、西安至安康高速铁路项目和西安至延安高速铁路项目，预计将50.80亿元的专项债用于项目资本金。其中榆林黄河东线马镇引水工程神木支线项目系榆林市区县级项目，属于水利工程项目，项目收入主要来源于灌溉用水水费；其余项目均属于省级，未来主要通过航空业务收入、输配水收入及票务收入等实现收益。

（四）募投领域以市政和产业园区基础设施、交通基础设施为主，能够对投资产生一定的拉动效应

发行专项债作为重要的财政政策，可有效加快地方基础设施建设，考虑专项债用作资本金的撬动效应，2021年陕西省项目收益专项债资本金撬动杠杆①为2.13倍，考虑专项债未用作资本金项目中作为配套融资的撬动效应，则专项债配套融资撬动杠杆为1.98倍，综合来看，2021年1～9月陕西省项目收益专项债理论上对基建投资的撬动规模可达995.78亿元。结合陕西省项目收益专项债投向以市政和产业园区基础设施、交通基础设施为主的领域，专项债投放能够对投资产生一定的拉动效应。

三 陕西省偿债能力分析

（一）整体债务规模在全国处于中等偏下水平，近年来地方政府债务余额规模持续扩大

近年来，陕西省地方政府债务余额及限额②规模均持续扩大，截至2020年，陕西省地方政府债务余额为7436.35亿元，居全国第18位，处于中等偏下水平，其中一般债务余额为3988.16亿元，专项债务余额为3448.19亿元。同期，陕西省地方政府债务限额为8455.15亿元，债务余额在地方债务限额范围内（见图15）。

① 专项债撬动基建投资方法参见袁海霞、汪苑晖、卞欢《专项债兼顾扩容提效，助力基建托底稳增长——地方政府专项债2019年回顾与2020年展望》，《财政科学》2020年第1期。

② 如无特别说明，本报告中引用的陕西省政府债务限额、余额，一般公共预算收入、支出，财政平衡率，债务率、负债率等财政相关数据均来自陕西省财政预算执行及决算报告，并由中诚信国际整理计算。

从地方政府到期债券结构来看，未来 5 年陕西省地方政府一般债和专项债到期规模基本相当，到期债务结构分布较为均衡。从 2021 年 10 ~ 12 月及未来 5 年到期规模分布来看，2022 年、2023 年和 2026 年为债务集中偿还期，分别需偿还 836. 02 亿元、1072. 19 亿元和 887. 28 亿元（见图 16）。

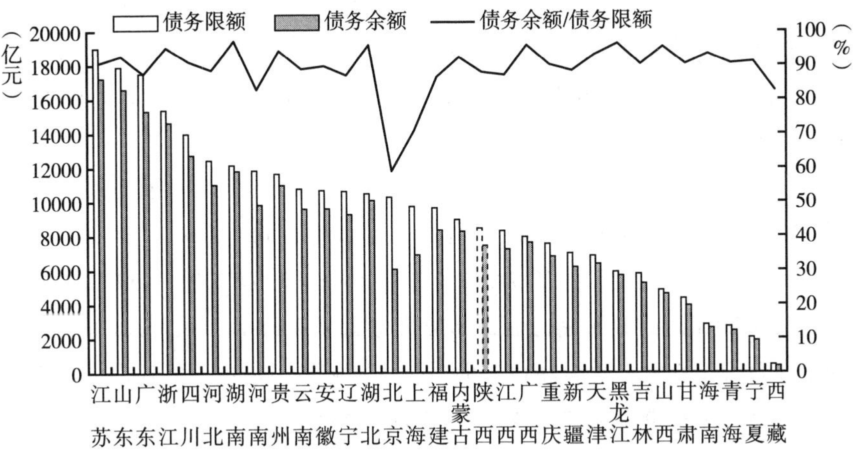

图 15　2020 年全国 31 个省（区、市）地方政府债务限额及余额

资料来源：全国 31 个省（区、市）财政预算执行及决算报告，中诚信国际整理计算。

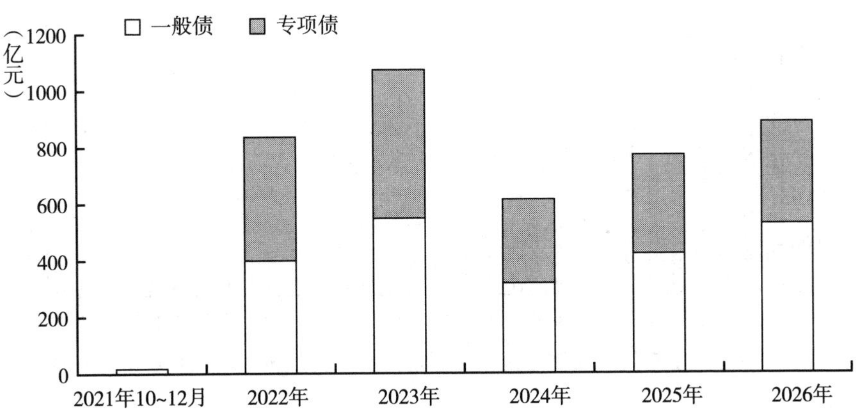

图 16　截至 2021 年 9 月陕西省存量地方债到期分布

资料来源：陕西省财政预算执行及决算报告，中诚信国际整理计算。

（二）近年来经济和财政实力不断增强，财政平衡能力在全国处于中等偏下水平

陕西省是我国重要的传统工业基地，煤炭、电力、材料、航空工业等领域具有突出优势。近年来，陕西省逐渐优化形成第二产业和第三产业并重的产业格局，经济保持稳定增长，2020 年陕西省地区生产总值为 26181.86 亿元，在全国 31 个省（区、市）中居第 14 位，同比增长 2.2%，增速较 2019 年回落 3.8 个百分点。

近年来，陕西省财政实力不断增强，2020 年，陕西省一般公共预算收入为 2257.31 亿元，在全国处于第 17 位（见图 17），同比下降 1.34%，其中税收收入为 1752.14 亿元，占比 77.62%；一般公共预算支出为 5930.32 亿元，同比增长 3.70%。财政平衡方面，2020 年陕西省财政平衡率为 38.06%，在全国处于中等偏下水平，资金缺口较大，收支平衡较为依赖上级补助。政府性基金收入方面，2020 年陕西省政府性基金收入为 2104.36 亿元，主要来自国有土地使用权出让收入，同比增长 13.14%。

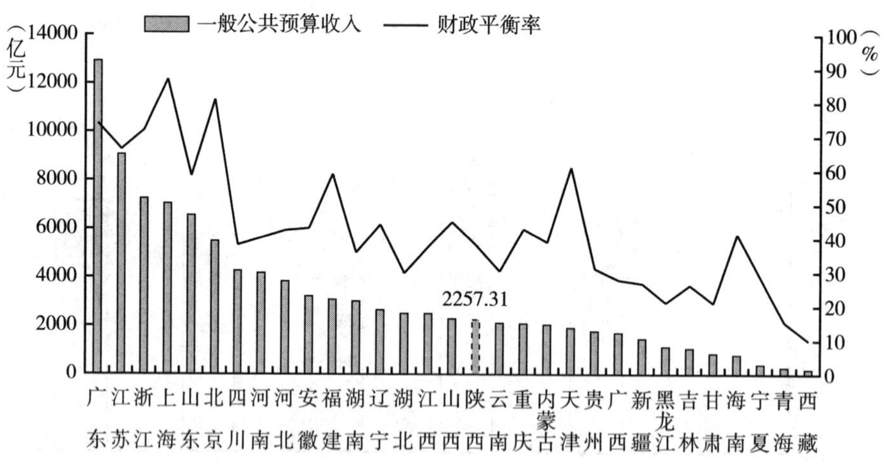

图 17　2020 年全国 31 个省（区、市）一般公共预算收入和财政平衡率

资料来源：全国 31 个省（区、市）财政预算执行及决算报告，中诚信国际整理计算。

（三）地方政府债务规模与经济发展水平较匹配，债务风险相对可控

近年来，陕西省地方政府债务余额虽保持增长态势，但债务规模仍处于全国中等偏下水平，地方政府债务规模与经济发展水平较匹配，债务风险相对可控。截至2020年，陕西省地方政府债务余额为7436.35亿元，债务率和负债率分别为96.84%和28.40%（见图18），均未超过国际通行警戒值，在全国范围内处于中等偏下水平。

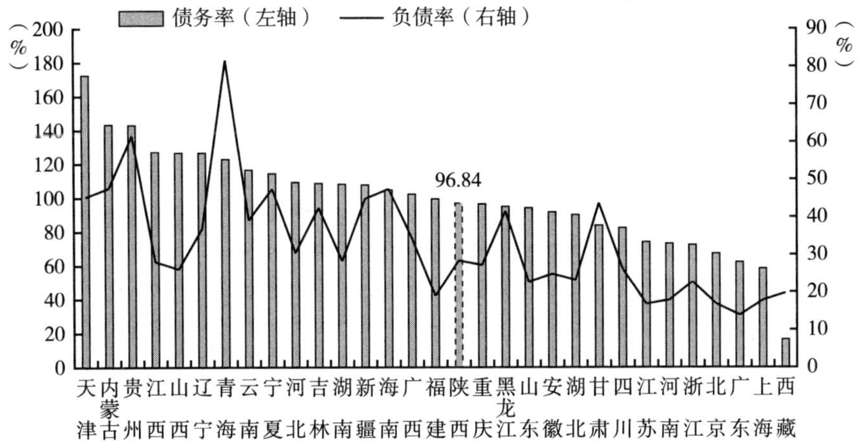

图18　2020年全国31个省（区、市）债务率及负债率

资料来源：全国31个省（区、市）财政预算执行及决算报告，中诚信国际整理计算。

四　小结

本报告通过对陕西省地方政府债券运行与发展进行分析，总结出了以下要点。第一，陕西省存量地方债规模在全国处于中等偏下水平，以中长期限债券为主，且一般债与专项债规模相当；2021年以来，再融资债券成为陕西省发行的最主要品种，期限以长期为主；此外，陕西省地方债发行成本较上年略有收窄，二级市场交易活跃度有所回升，到期收益率回落。第二，陕西省存量项目收益专项债余额尚有一定规模，剩余期限主要为10年以上；发行规模逐年

扩大，2018 ~ 2020 年发行成本持续下降，2021 年 1 ~ 9 月发行利率有所回升；募投项目主要投向市政和产业园区基础设施、交通基础设施等领域；专项债用作资本金的项目数量不多，但所属行政级别较高，对投资能够产生一定的拉动效应。第三，陕西省经济和财政实力不断增强，产业结构不断升级，目前债务规模与经济发展水平较匹配，债务风险相对可控。

本报告建议：第一，应充分利用专项债可作资本金的优惠政策，扩大专项债作为资本金的规模，并利用杠杆撬动更多基建投资，引导资金投向，减轻财政压力；第二，应警惕新增隐性债务风险，疫情防控常态化及政府部门降杠杆背景下，在合理利用显性债务的同时，应严格控制隐性债务风险，并通过拉长期限，为债务风险化解留下空间。

B.19

2021年山西省地方政府债券分析报告

张 敏　李 昊　赵轶群*

摘　要： 2021年以来，国内疫情得到基本控制，财政对冲风险的压力有所减轻，叠加专项债额度下达较晚以及专项债审核趋严等因素，山西省地方政府债券发行节奏整体有所放缓，发行规模较上年同期有所缩小。随着山西省信用环境逐渐修复，地方债发行成本趋于下降，发行期限有所缩短。项目收益专项债仍主要投向市政和产业园区基础设施、棚改、民生服务及交通基础设施领域，项目本息覆盖情况尚可，专项债对投资增长的撬动效应仍有较大释放空间。从宏观来看，山西省债务率、负债率尚可，债务到期分布较为平均，还本付息压力相对可控，但仍需注意成本控制等。

关键词： 地方债　专项债　山西省

一　山西省地方债运行情况分析

截至2021年9月，山西省地方债存量规模①5086.74亿元，在全国31个

---

* 张敏，中诚信国际政府公共评级一部副总监，主要研究领域为地方政府债券、基础设施投融资行业等；李昊，中诚信国际政府公共评级一部分析师，主要研究领域为地方政府债券、基础设施投融资行业等；赵轶群，中诚信国际政府公共评级一部助理分析师，主要研究领域为地方政府债券、基础设施投融资行业等。

① 如无特别说明，本报告中引用的地方债存量、发行量、发行利率、发行利差、交易量、到期收益率等债券相关数据均来自截至2021年9月的Wind数据库，并由中诚信国际整理计算。

省（区、市）中居第26位，处于下游（见图1）；按券种结构[①]划分，一般债和专项债占比相当，占存量地方债的比重分别为47.76%和52.24%；从债券期限结构来看，发行期限以5年期、7年期和10年期为主，发行规模占比分别为17.96%、23.56%和35.39%。

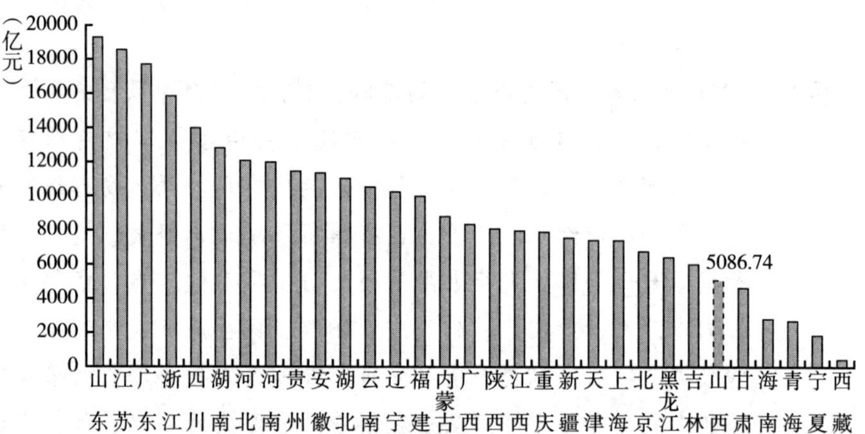

图1　截至2021年9月全国31个省（区、市）地方债存量规模

资料来源：Wind数据库，中诚信国际整理计算。

（一）发行节奏放缓，发行规模有所缩小

2021年以来，国内疫情缓和，财政支出压力有所减轻，《2021年政府工作报告》[②]将2021年财政赤字率由上一年的3.6%下调至3.2%，山西省地方政府债券发行节奏整体有所放缓，前三个季度累计发行37只地方债，发行规模合计为786.57亿元，较上年同期缩小9.99%。具体来看，2021年第一季度山西省无地方债发行，主要系新增专项债额度下达较晚（较上年推迟3个月）以及专项债审核趋严等因素所致；第二季度共发行15只地方债，发行规模合计为412.51亿元，其中5月份为发行的高峰期；第三季度合计发行22只地方债，月发行规模较为平均（见图2）。

① 存量地方债种类结构以存量地方债中2018年以来发行的样本进行统计。

② 《2021年政府工作报告》，中国政府网，2021年3月5日，http://www.gov.cn/guowuyuan/zfgzbg.htm。

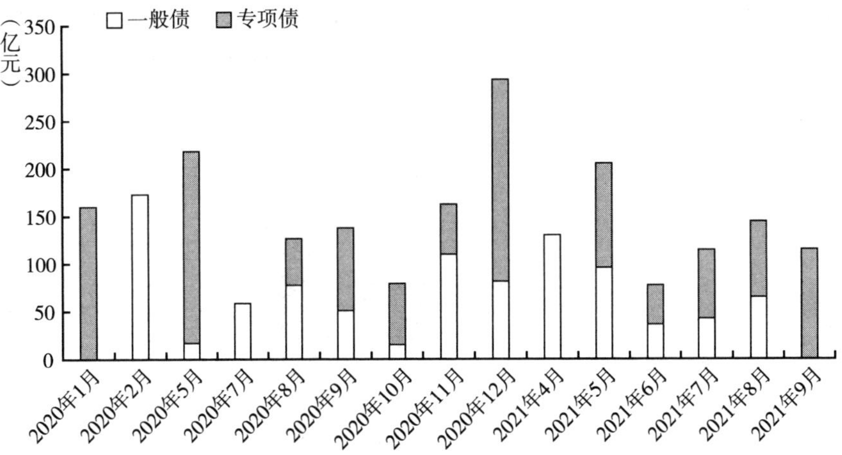

图2　2020 年 1 月 ~2021 年 9 月山西省地方债月度发行规模

注：山西省部分月份无地方债发行，故图中无显示。

资料来源：Wind 数据库，中诚信国际整理计算。

（二）专项债发行规模略高于一般债且大部分为新增债券，发行期限有所缩短

券种结构方面，前三个季度专项债的发行规模略高于一般债，其占比分别为 53. 08% 和 46. 92% （见图 3），受专项债下达额度较晚以及审核趋严等因素影响，发行规模占比同比有所下降。2021 年 1 ~9 月，山西省专项债发行 26 只，发行规模为 417. 48 亿元，较 2020 年同期减少 16. 02% 。2021 年 1 ~9 月，山西省发行的专项债大部分为新增债券，占比高达 85. 40% 。期限结构方面，2020 年 7 月，财政部发布《关于加快地方政府专项债券发行使用有关工作的通知》①，明确提出要科学合理确定专项债券期限，在鼓励发行长期专项债券的同时，又综合评估分年到期专项债券本息、可偿债财力以及融资成本等情况，合理确定专项债券期限，避免人为将偿债责任后移。2021 年 1 ~9 月，山西省地方债的发行期限均为 3 年期及以上，以 7 年期、10 年期和 3 年期为主，

① 《关于加快地方政府专项债券发行使用有关工作的通知》（财预〔2020〕94 号），中国政府网，2020 年 7 月 29 日，http：//www. gov. cn/zhengce/zhengceku/2020 - 07/29/content _ 5530987. htm。

此外，15 年期、20 年期和 30 年期等超长期地方债发行规模占比分别为 17.67%、5.65%和9.31%（见图3），超长期债券规模较上年同期有所缩小。

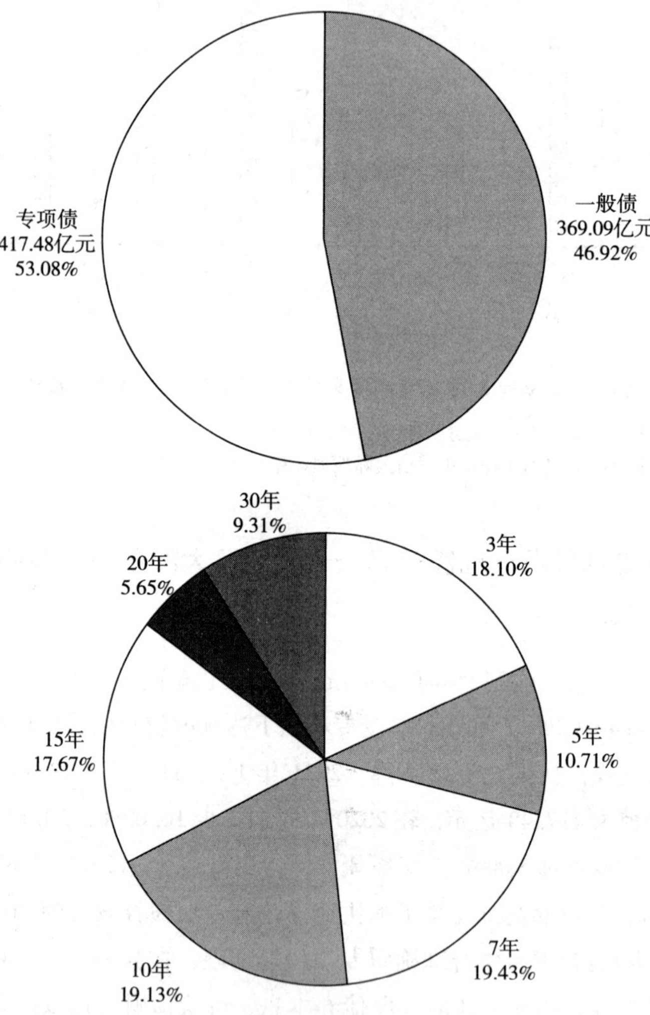

图3　2021 年 1～9 月山西省新发行地方债券种结构和期限分布

资料来源：Wind 数据库，中诚信国际整理计算。

（三）地方债发行成本有所下降，在全国处于中下游水平

2021 年 1 ~9 月，受永煤事件冲击减弱、煤炭价格上涨、山西省金融服务业座谈会召开以及《山西省省属企业债务管理暂行办法》① 出台等因素影响，山西省的信用环境整体有所修复，叠加前三个季度地方债的发行期限缩短，地方债发行成本有所下降，发行利率为 3.33%，较 2020 年同期下降 0.12 个百分点，发行利率在全国 31 个省（区、市）中处于中下游水平，由 2020 年同期的第 11 位降至第 22 位；发行利差亦由 2020 年同期的 26.90BP 降至 25.27BP（见图 4）。② 从单月走势情况来看，2021 年 1 ~9 月山西省地方债发行利率有所波动，在 5 月、6 月、7 月和 9 月处于相对高位，在 4 月和 8 月处于相对低位；发行利差于 6 月达到最高值 28.59BP，此后呈持续下降趋势（见图 5）。

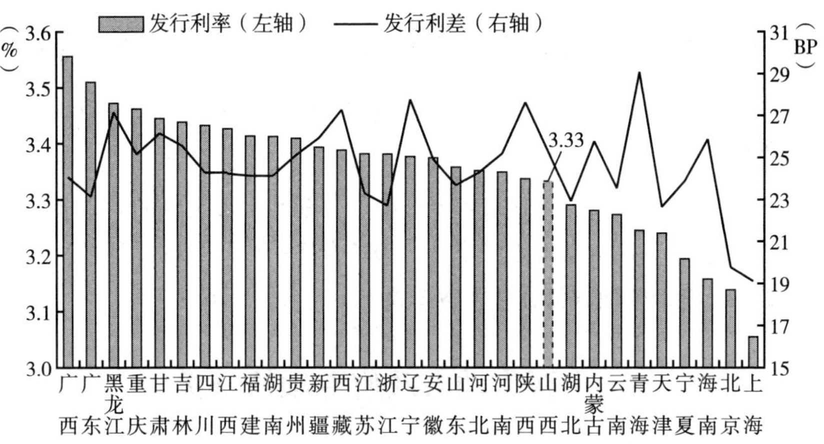

图 4　2021 年 1 ~9 月全国 31 个省（区、市）地方债发行成本

资料来源：Wind 数据库，中诚信国际整理计算。

① 《省国资运营公司　省国资委出台〈山西省省属企业债务管理暂行办法〉和〈关于加强省属企业银行账户及资金管理的指导意见〉》，山西省政府国有资产监督管理委员会网站，2021 年 10 月 22 日，http://gzw.shanxi.gov.cn/xwfb/gzyw/202110/t20211022_2801252.shtml。

② 如无特别说明，本报告中发行利率、利差为根据发行额计算的加权平均发行利率、利差，发行利差计算公式：债券发行利率－对应期限国债收益率。

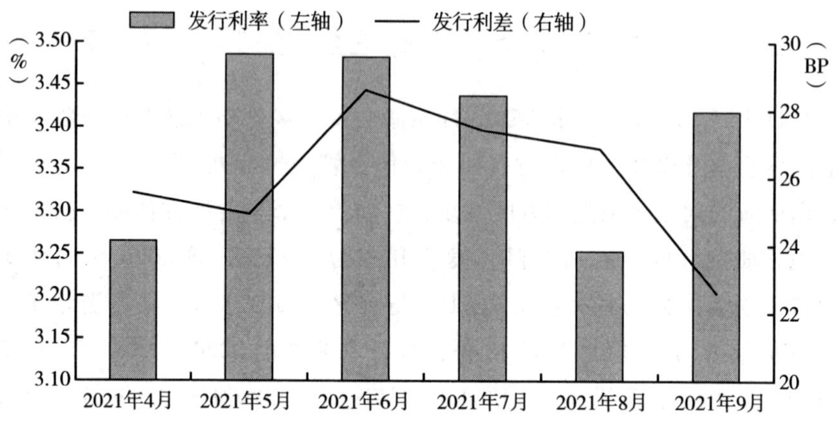

图5 2021年1~9月山西省地方债月度发行成本

注：山西省部分月份无地方债发行，故图中无显示。

资料来源：Wind数据库，中诚信国际整理计算。

（四）地方债二级市场交易活跃度显著提升，到期收益率趋于下行

2021年1~9月来，随着山西省信用环境的修复，地方债二级市场交易活跃度显著提升，交易规模①为1036.90亿元，为上年同期交易规模的236.83%，在全国31个省（区、市）中的交易量排名由上年的第28名上升至第24名。从债券到期收益率走势来看，2021年1~9月，受区域信用状况改善等因素影响，各期限地方债到期收益率趋于下行（见图6）。

二 山西省地方政府专项债分析②

截至2021年9月，山西省地方政府项目收益专项债存量规模为1680.45亿元，在全国31个省（区、市）中排第23名，相对靠后。从项目种类来看，2021年1~9月发行的山西省地方政府项目收益专项债主要投向市政和产业园

① 交易统计包含回购交易、现券交易等部分。

② 2020年7月29日财政部《关于加快地方政府专项债券发行使用有关工作的通知》（财预〔2020〕94号）明确2020年新增专项债必须保证融资规模与项目收益相平衡，因此2020年新增专项债均为项目收益专项债；本部分项目收益专项债的统计样本为2018~2020年项目收益专项债与2021年1~9月的新增专项债。

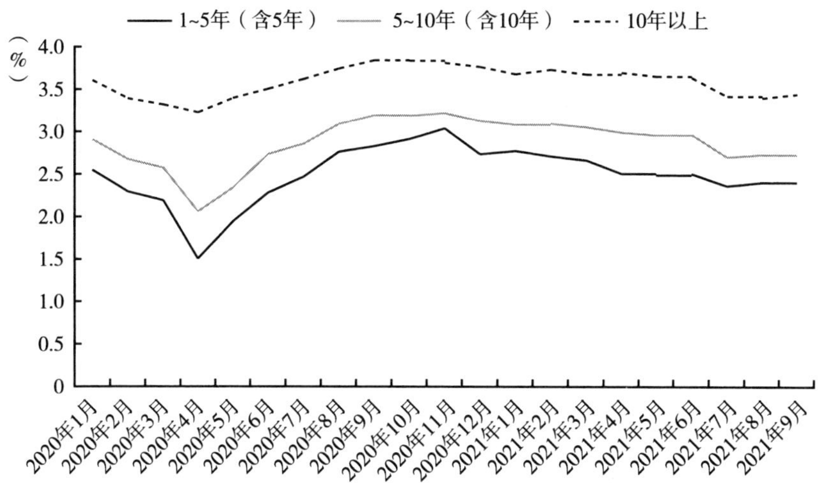

图6　2020 年 1 月 ~2021 年 9 月山西省地方债到期收益率走势

资料来源：Wind 数据库，中诚信国际整理计算。

区基础设施、棚改、民生服务及交通基础设施领域；从期限结构来看，以 15 年的债券居多，其发行规模占比 38. 98%，其次为 10 年和 30 年（见图 7）。

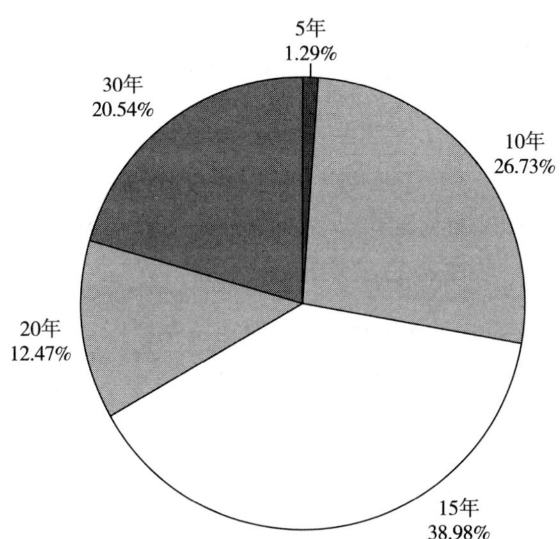

图7　2021 年 1 ~9 月山西省政府存量项目收益专项债余额剩余期限结构

资料来源：Wind 数据库，中诚信国际整理计算。

（一）项目收益专项债发行规模同比缩小，发行成本变动不大

2018～2020年，山西省项目收益专项债发行规模逐年递增，其中2020年发行规模达1014.10亿元，远远超过2018～2019年两年发行规模加总水平，山西省政府通过项目收益专项债发行托底基建投资稳增长的意图逐步显现。2021年1～9月，山西省项目收益专项债的发行规模为532.63亿元（见图8），受专项债审核趋严等因素影响，较上年同期有所下降。从发行成本来看，2021年1～9月，山西省项目收益专项债发行利率和发行利差较2020年同期变化不大。

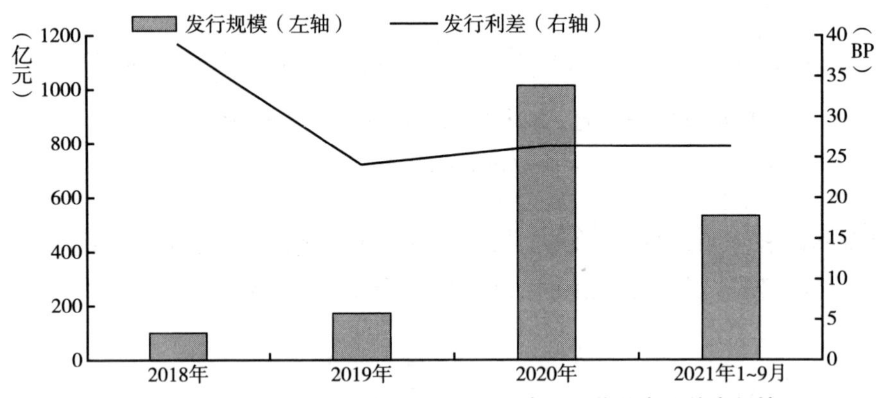

图8　2018～2020年及2021年1～9月山西省项目收益专项债发行情况

资料来源：Wind数据库，中诚信国际整理计算。

（二）主要投向市政和产业园区基础设施、棚改、民生服务及交通基础设施领域，项目本息覆盖情况尚可

2021年1～9月，山西省新增项目收益专项债资金投向领域主要为市政和产业园区基础设施、棚改、民生服务及交通基础设施，上述领域当期募集资金使用规模占比分别为39.03%、15.08%、13.83%和11.18%①；且单只债券募

① 如无特别说明，本报告中引用的专项债募投项目的相关数据均来自地方政府新增专项债信息披露文件，并由中诚信国际整理计算。由于数据的获取问题，数据可能来自不同募投项目文件、项目实施方案、信息披露模板等，这可能导致数据分析出现一定偏差，但不会对分析结论产生实质上的影响。

集资金不再局限于单个项目，多个项目集合发行趋势日益明显；项目行政层级分布方面，加大对区县级转贷的倾斜力度。

从项目本息覆盖情况来看，2021 年 1 ~9 月，山西省所发行项目收益专项债募投项目收益均能对债券融资本息形成有效覆盖，经统计，项目本息覆盖倍数主要集中于 1 ~1.5 倍（不含 1.5 倍），占比为 73.94%（见图 9），其中民生服务中的医疗卫生类项目和殡葬类项目以及能源类产业园区基础设施建设项目的平均融资本息覆盖倍数最高，分别为 2.52 倍、2.42 倍和 2.29 倍。考虑到部分募投项目预期总收入未考虑投资及运营成本，实际覆盖能力可能弱于指标值。

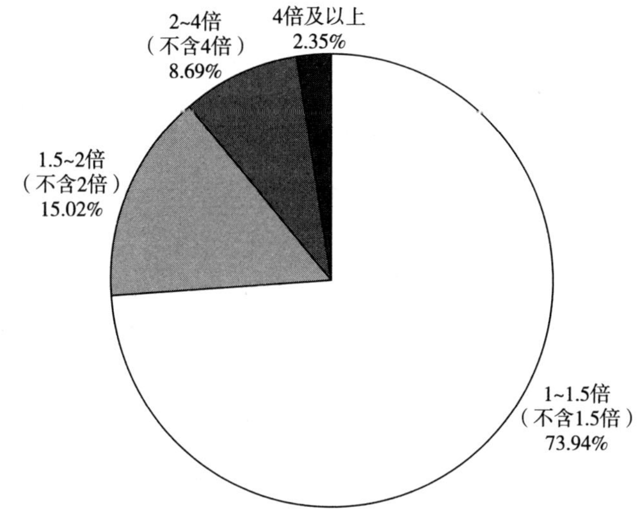

图 9　2021 年 1 ~9 月山西省项目收益专项债项目本息覆盖倍数情况

资料来源：山西省政府新增专项债信息披露文件，中诚信国际整理计算。

（三）项目收益专项债用作资本金项目以铁路类项目为主

2021 年 2 月，财政部办公厅和国家发展改革委办公厅在《关于梳理 2021 年新增专项债券项目资金需求的通知》① 中对专项债券资金投向、项目应当具备的重要条件、作为资本金的比例要求等做出了明确安排。2021 年 1 ~9 月，

① 《关于梳理 2021 年新增专项债券项目资金需求的通知》（财办预〔2021〕29 号），泉州市泉港区政府网站，2021 年 7 月 2 日，http：//www. qg. gov. cn/zwgk/zcfg/sjfgwj/202107/t20210702_2582004. htm。

山西省新增项目收益专项债所募集的资金主要用作配套项目融资，仅有一个省级城际高速铁路和城际轨道交通类项目“太中银铁路太原南至柳林南段开行动车组列车改造工程”将专项债资金4.60亿元作为项目资本金，其资本金占总投资的比重为100%，其项目收入主要来源为客运和货运。未来可以考虑适当使用项目收益专项债作为资本金积极开展基建项目，以便进一步带动社会资本加大短板项目投入，增强专项债的资金拉动作用。

（四）专项债对投资增长的撬动效应仍有较大释放空间

2021年以来，山西省多措并举扩大有效投资，加快新型产业培育壮大，推动传统产业改造升级，1~9月山西省固定资产投资同比增长12.2%，增速较全国平均水平高7.0个百分点，其中专项地方债对基础设施投资起到支撑作用。从专项债对拉动投资的实际效果来看，2021年1~9月，山西省新增专项债规模356.53亿元，主要集中于市政和产业园区基础设施、棚改及民生服务、交通基础设施领域，累计撬动基建投资规模630.47亿元①。其中，专项债作为资本金的撬动杠杆为1.00倍，远低于全国平均水平，撬动基建投资规模4.60亿元，专项债作为资本金仅用于铁路类基础设施建设项目，撬动效应仍有较大释放空间；专项债作为配套融资的撬动杠杆为1.78倍，与全国平均水平基本持平，撬动基建投资规模为625.87亿元。值得注意的是，实际撬动效果可能受较多因素限制，如资金到位情况、项目建设进度、配套设施建设情况等。

三　山西省偿债能力分析

（一）债务余额居全国下游，债务偿还期限分布较为平均

截至2020年，山西省政府债务余额②为4612.65亿元，其中一般债务

① 专项债撬动基建投资方法参见袁海霞、汪苑晖、卞欢《专项债兼顾扩容提效，助力基建托底稳增长——地方政府专项债2019年回顾与2020年展望》，《财政科学》2020年第1期。

② 如无特别说明，本报告中引用的山西省政府债务限额、余额，一般公共预算收入、支出，财政平衡率，债务率、负债率等财政相关数据均来自山西省财政预算执行及决算报告，并由中诚信国际整理计算。

2511.86 亿元，专项债务 2100.79 亿元，存量规模在全国处于下游，较 2019 年增长 31.34%，但仍在债务限额规定的 4833.04 亿元范围内（见图 10）。截至 2021 年 9 月，山西省地方政府债券余额为 5086.74 亿元，其中 2021 年内剩余到期规模 58.83 亿元，均为一般债；未来 4 年债务到期分布较为平均，集中偿付压力较小（见图 11）。

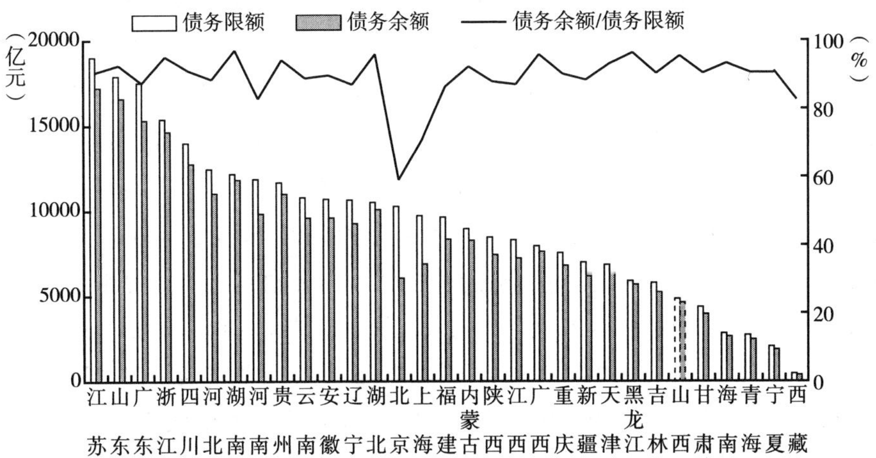

图 10　2020 年全国 31 个省（区、市）地方政府债务限额及余额

资料来源：全国 31 个省（区、市）财政预算执行及决算报告，中诚信国际整理计算。

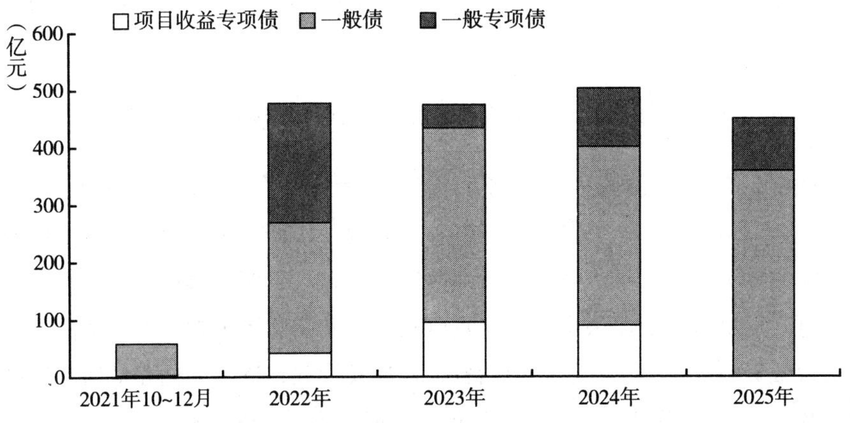

图 11　截至 2021 年 9 月山西省地方债到期分布

资料来源：山西省财政预算执行及决算报告，中诚信国际整理计算。

（二）经济发展处于新旧动能转换阶段，财政收支平衡依赖上级补助

山西省是典型的能源型省份，对煤炭及其相关产业依赖性较大，近年来不断推进煤炭等相关产业转型升级，淘汰落后产能，加速新旧动能转换，大力发展数字经济、高端装备制造、新能源汽车、新材料等新兴产业，第二、三产业成为其经济发展的主要动力。近年来，受宏观经济和煤炭行业景气度波动及新冠肺炎疫情等因素影响，山西省 GDP 增速呈现小幅下降趋势，2018 ~ 2020 年，GDP 增速分别为6.7%、6.2%和3.6%，但均高于全国平均水平，处于全国31个省（区、市）中的中等水平。财政方面，2018 ~ 2020 年，山西省一般公共预算收入分别为 2292.70 亿元、2347.75 亿元和 2296.57 亿元，2020 年较上年同比下降 2.2%，主要系受到新冠肺炎疫情冲击导致停工停产等影响。2020 年，山西省实现税收收入 1625.99 亿元，较上年减少 8.84%，占一般公共预算收入的 70.80%，税收收入占比较高。2020 年，山西省当年实现政府性基金收入 1151.98 亿元，较上年下降 2.89%，土地市场的活跃程度较 2019 年有所下降。山西省作为国家资源型经济转型综合配套改革试验区，近年来获得中央补助力度较大。2020 年，中央对山西省转移支付 2452.69 亿元（较 2019 年进一步增长）。2020 年，山西省财政平衡率为 44.94%（见图 12），存在一定财政缺口，预计未来一段时间内山西省财政收入对中央补助的依赖还将持续。

（三）债务率水平相对靠后，债务风险防控体系持续完善

截至 2020 年，山西省地方政府债务率和负债率分别为 75.72% 和 26.13%（见图 13），在全国 31 个省（区、市）中均处于较低水平。为全面落实国家对防风险的要求并持续推进省内地方债务风险化解，山西省通过开展煤炭企业重组、召开金融服务业座谈会、建立政府性债务动态监控机制、出台文件规范融资平台融资举债行为、推进土地储备融资规模管理、逐步消化存量债务等措施加强政府性债务管理，2020 年解决存量隐性债务 43.5 亿元，市县两级于 2019 ~ 2020 年内未出现地方政府债务风险事件，也未发生政府性债务违法违规被问责事件。基于当前山西省政府债券短期偿付规模相对可控、项目收益专

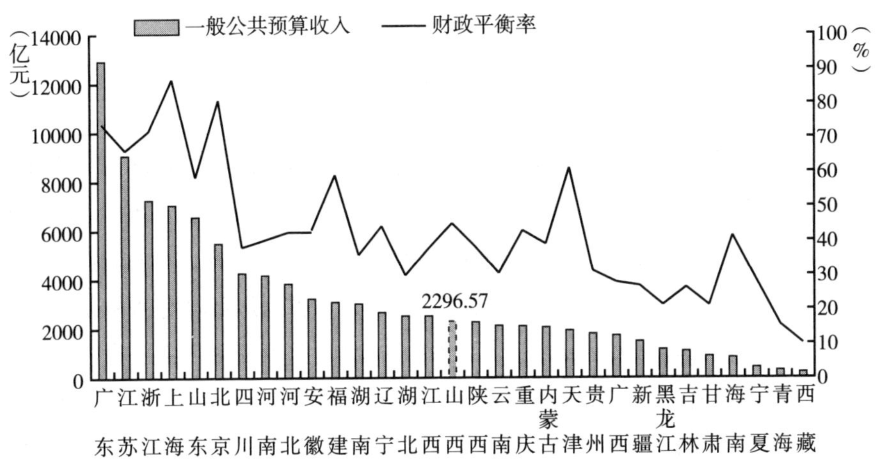

图12　2020年全国31个省（区、市）一般公共预算收入与财政平衡率

资料来源：全国31个省（区、市）财政预算执行及决算报告，中诚信国际整理计算。

项债扩容可提供一定收益性偿债来源、省政府在债务管理制度方面的建立健全，并且考虑到山西省持续推进实施能源革命财政任务及铁路公路债务风险化解方案，山西省整体偿债能力尚可，债务风险整体可控。

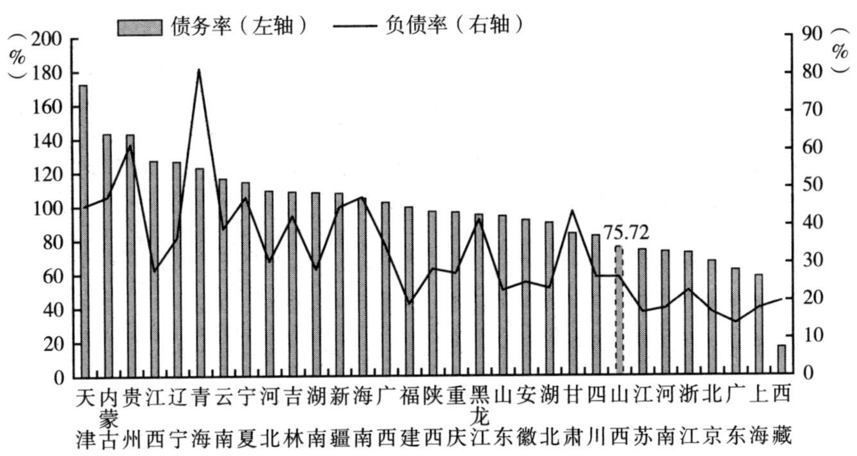

图13　2020年全国31个省（区、市）债务率及负债率

资料来源：全国31个省（区、市）财政预算执行及决算报告，中诚信国际整理计算。

四 小结

2021年以来，国内疫情得到基本控制，财政支出压力有所减轻，叠加专项债额度下达较晚以及专项债审核趋严等因素，山西省地方政府债券发行节奏整体有所放缓，发行规模较上年同期有所缩小。随着永煤事件冲击减弱、煤炭价格上涨以及山西省金融服务业座谈会召开，山西省信用环境有所修复，地方债发行成本趋于下降，发行期限有所缩短。项目收益专项债仍主要投向市政和产业园区基础设施、棚改、民生服务、交通基础设施领域，项目本息覆盖情况尚可，主要用于项目配套资金，用作资本金的项目较少，主要系铁路类基础设施建设项目，专项债对投资增长的撬动效应仍有较大释放空间。山西省债务率、负债率尚可，债务到期分布较为平均，还本付息压力相对可控，但在后续债务管理过程中仍需要注意以下几点：一是提高地方专项债用作项目资本金的比例，增强专项债对投资的撬动效应，推进清洁能源、交通、重大基础设施等项目建设；二是加强债券使用效率管理，对债券重点投入的在建项目和补短板项目进行持续管理与评价，以确保对债务风险及时预警；三是合理安排期限结构，推进高息债务置换，加强本息兑付管理以缓解资金本息集中兑付压力，积极尝试提前偿还、分期偿还等本金偿还方式；四是加强政府债务风险事件应急政策储备，推进风险防控工作科学化、精细化，健全限额、预算、预警等全链条管理体系，对偿债能力有所弱化的局部地区进行重点监督，并明确责任追究制度，通过以上措施以提升山西省地方政府举债管理水平，提高财政资源配置效率，防范化解可能面临的重大债务风险。

B.20

2021年甘肃省地方政府债券分析报告

周 蒙　关宇芹*

摘　要： 2021年1~9月，甘肃省地方债发行规模居全国下游，发行结构以新增专项债为主，长期限占比有所下降，发行成本略有下降。其中，项目收益专项债发行规模逐年扩大，募投领域向基建倾斜，用作项目资本金比例较小，且对基建投资的实际撬动效果仍受到多种因素限制。截至2021年9月，甘肃省地方债存量规模居全国下游，2023年将进入偿债高峰期，甘肃省财政实力较弱，财政平衡率居全国下游，面临较大的偿债压力。

关键词： 地方债　专项债　甘肃省

一　甘肃省地方债运行情况分析

甘肃省地方债存量规模①小于全国平均水平，以新增专项债为主，债券期限以5~10年为主。从规模来看，截至2021年9月，甘肃省存续地方债券共132只，债券规模为4633.67亿元，债券存量规模在全国31个省（区、市）中排倒数第5名（见图1）。从券种结构②来看，存量地方债中53.11%为专项

---

* 周蒙，中诚信国际政府公共评级一部分析师、项目经理，主要研究领域为地方政府债券、基础设施投融资行业等；关宇芹，中诚信国际政府公共评级一部助理分析师，主要研究领域为地方政府债券、基础设施投融资行业等。

① 如无特别说明，本报告中引用的地方债存量、发行量、发行利率、发行利差、交易量、到期收益率等债券相关数据均来自截至2021年9月的Wind数据库，并由中诚信国际整理计算。

② 存量地方债种类结构以存量地方债中2018年以来发行的样本进行统计。

债，规模为2461.14亿元。从期限来看，甘肃省存量地方债主要为5～10年期限，约占全省地方债总规模的75.76%。

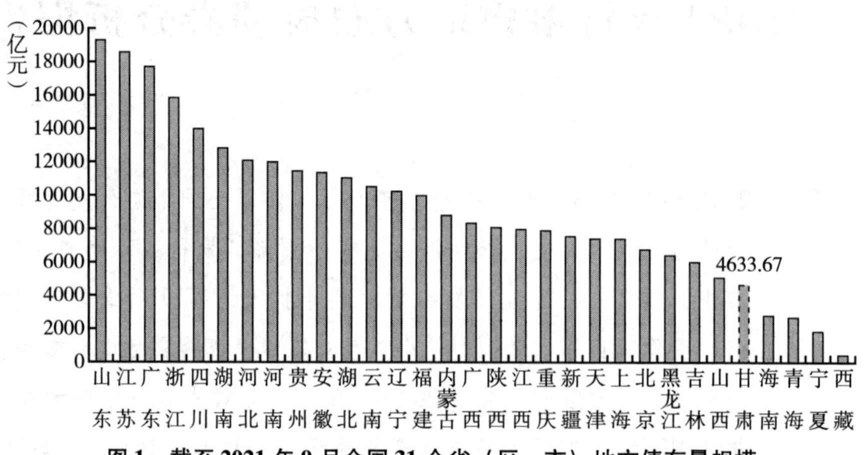

图1　截至2021年9月全国31个省（区、市）地方债存量规模

资料来源：Wind数据库，中诚信国际整理计算。

（一）地方债发行规模扩张速度整体呈现先慢后快的节奏，9月为当年发行小高峰

在全球疫情未稳、经济下行压力凸显的背景下，甘肃省政府实施了更加积极的财政政策，地方债券发行规模有所扩大。2021年1～9月甘肃省发行地方债共计1076.85亿元，约为2020年同期发行总规模的95.86%。从月度发行规模看，9月为当年地方债发行规模最大的月份，当月发行地方债423亿元（见图2）。

（二）发行结构以新增专项债为主，长期限占比有所下降

2021年1～9月，甘肃省发行的地方债以新增专项债为主，期限以10年为主。从券种结构看，新增专项债比例有所提高，发行规模为698亿元，占比达到64.82%，另外发行了新增一般债（181.59亿元）、再融资一般债（129.07亿元）以及再融资专项债（68.19亿元）；从期限结构看，甘肃省新增地方债以10年期为主，占比达到38.89%，较2020年同期上升约15个百分点，其次是7年期和20年期，占比均为22.22%（见图3）。

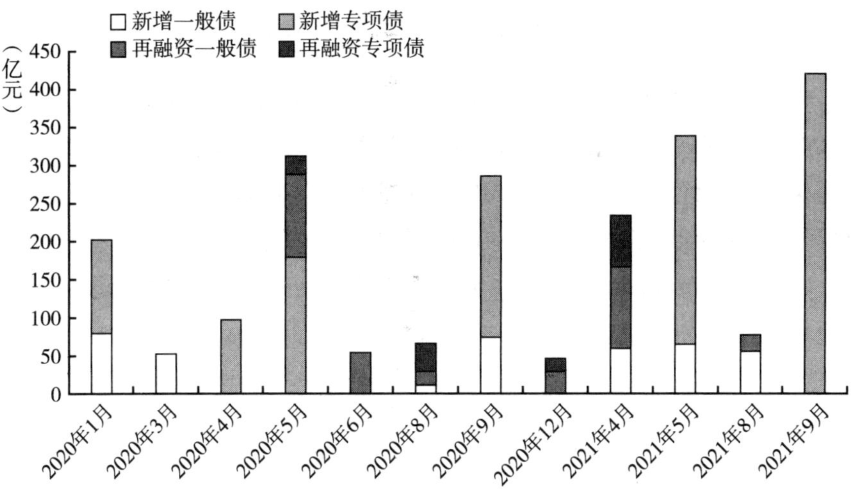

图2　2020年1月~2021年9月甘肃省地方债月度发行规模

注：甘肃省部分月份无地方债发行，故图中无显示。

资料来源：Wind数据库，中诚信国际整理计算。

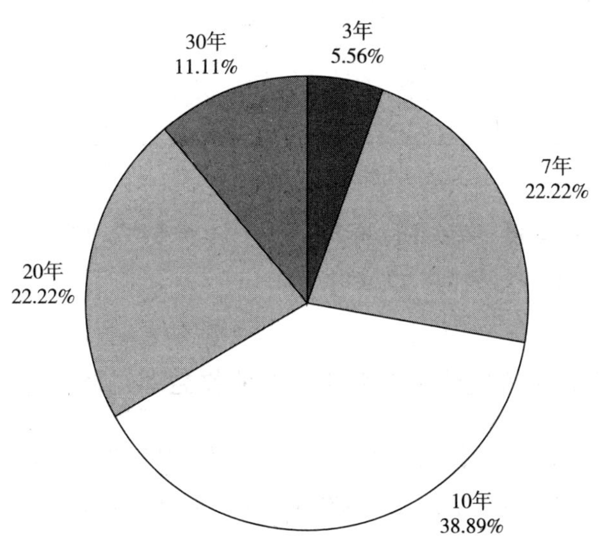

图3　2021年1~9月甘肃省新发行地方债期限分布

资料来源：Wind数据库，中诚信国际整理计算。

（三）发行成本整体下降，月度发行利差呈波动趋势

2021 年 1～9 月，甘肃省地方债发行利率①延续 2020 年回落趋势，回落至 3.44%，较 2020 年同期发行利率 3.48% 下降 0.04 个百分点，发行利差较 2020 年同期小幅降低 0.08BP 至 26.15BP（见图 4）。与其他省（区、市）相比，甘肃省发行利率和发行利差较高，在全国分别排第 5 名和第 6 名（见图 5）。从 2021 年月度分布看，发行利差在 4 月达到最高位，为 30.00BP，此后回落，9 月达到最低点 24.53BP；发行利率呈波动趋势，在 5 月处于相对高位（见图 6）。

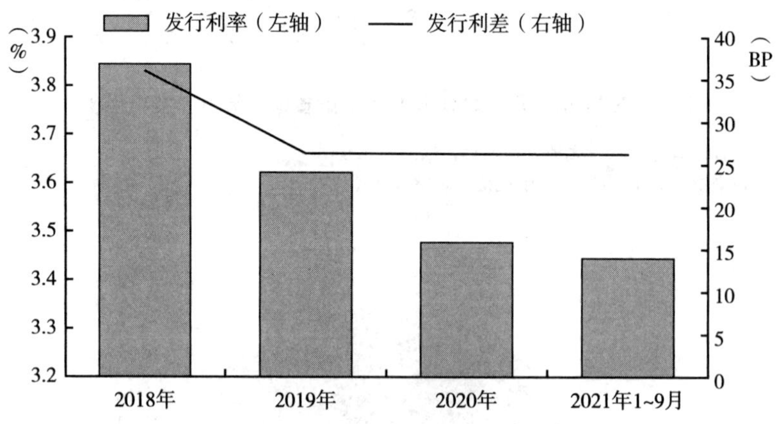

图 4　2018～2020 年及 2021 年 1～9 月甘肃省地方债发行成本

资料来源：Wind 数据库，中诚信国际整理计算。

（四）交易规模同比大幅缩小，到期收益率先降后升

从二级市场交易规模②看，2021 年 1～9 月，甘肃省地方债交易规模同比回落 62.23% 至 799.61 亿元，较 2020 年同期大幅下降，在全国排第 26 名。从

---

① 如无特别说明，本报告中发行利率、利差为根据发行额计算的加权平均发行利率、利差，发行利差计算公式：债券发行利率 - 对应期限国债收益率。

② 交易统计包含回购交易、现券交易等部分。

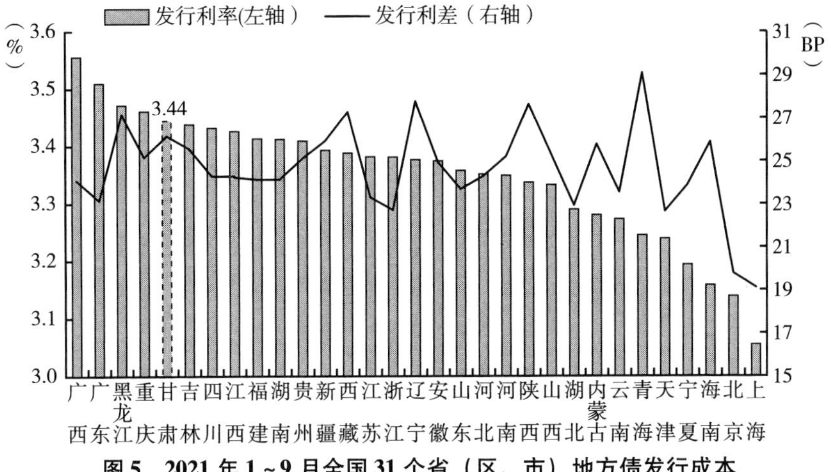

图5　2021年1~9月全国31个省（区、市）地方债发行成本

资料来源：Wind数据库，中诚信国际整理计算。

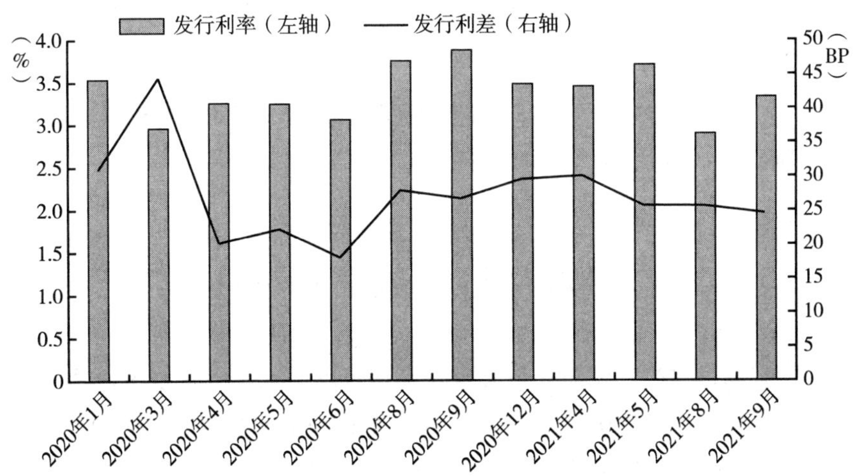

图6　2020年1月~2021年9月甘肃省地方债月度发行成本

注：甘肃省部分月份无地方债发行，故图中无显示。

资料来源：Wind数据库，中诚信国际整理计算。

到期收益率走势看，2020年1月~2021年9月，甘肃省5~10年（含10年）期地方债到期收益率①整体呈下降、上升、后小幅回落、再上升趋势，分别在

① 此处到期收益率均值采用的是算术平均值。

2020 年 4 月和 2020 年 11 月达到最低点和最高点；甘肃省 10 年以上期限地方债到期收益率均值呈现整体波动上行的态势，于 2021 年 9 月达到最高点（见图 7）。

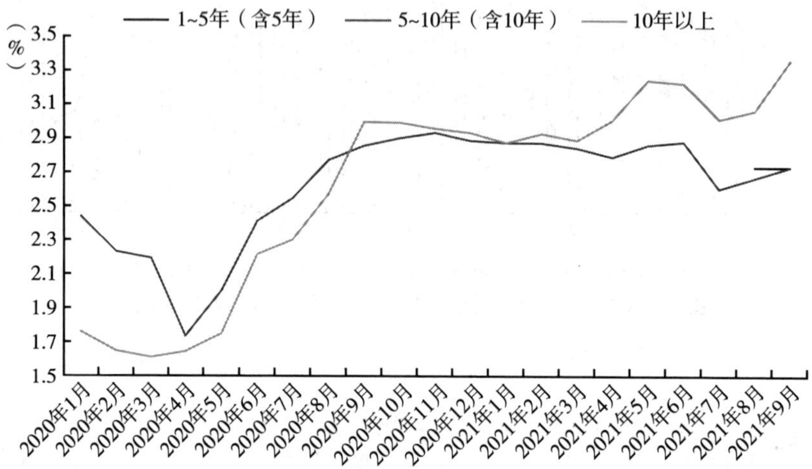

图 7　2020 年 1 月 ~2021 年 9 月甘肃省地方债到期收益率走势

资料来源：Wind 数据库，中诚信国际整理计算。

二　甘肃省地方政府专项债分析①

甘肃省项目收益专项债存量规模在全国范围内处于下游水平，截至 2021 年 9 月，存量规模为 2461 亿元；2021 年起募投项目向基建领域倾斜；总体期限结构偏短，与专项债项目期限匹配程度仍有待提高。从目前用作项目配套融资看，理论上或能撬动基建投资 1284.82 亿元，但实际效果可能受众多因素限制，稳增长背景下需进一步发挥专项债用作资本金的杠杆优势。

① 2020 年 7 月 29 日财政部《关于加快地方政府专项债券发行使用有关工作的通知》（财预〔2020〕94 号）明确 2020 年新增专项债必须保证融资规模与项目收益相平衡，因此 2020 年新增专项债均为项目收益专项债；本部分项目收益专项债的统计样本为 2017 ~ 2020 年项目收益专项债与 2021 年 1 ~ 9 月的新增专项债。

（一）发行规模逐年扩大，总体期限结构偏短

自财预〔2017〕89号文[①]发布以来，甘肃省地方政府项目收益专项债发行不断扩容，2017～2020年，发行规模分别为80亿元、169亿元、348亿元和614亿元；2021年1～9月，共发行新增专项债698亿元，抗疫情、稳增长背景下甘肃省专项债加快扩容。

截至2021年9月，甘肃省存量地方政府项目收益专项债规模为2461.14亿元，在全国居第24位。从债券期限看，甘肃省存量项目收益专项债5年期和20年期占比较高，合计占比为50.00%（见图8），与专项债项目期限匹配程度仍有待提高。

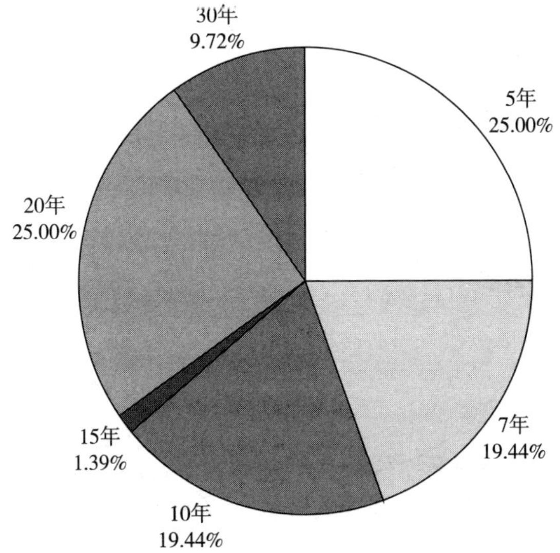

图8　截至2021年9月甘肃省存量项目收益专项债发行期限结构

资料来源：Wind数据库，中诚信国际整理计算。

① 《关于试点发展项目收益与融资自求平衡的地方政府专项债券品种的通知》（财预〔2017〕89号），财政部网站，2017年7月21日，http：//yss. mof. gov. cn/zhuantilanmu/dfzgl/zcfg/201707/t20170724_ 2656632. htm。

（二）募投领域向基建倾斜，项目行政层级以区县级为主，项目偿债保障有待改善

2021年1～9月，甘肃省新增地方政府项目收益专项债698亿元，从募投领域来看，主要投向交通基础设施项目，占比为33.06%；其次为棚改及市政和产业园区基础设施项目，占比分别为18.40%和17.23%；还有部分投向生态环保等领域，规模占比较小①（见图9）。从项目行政层级看，甘肃省专项债项目以区县级为主，占比为65.68%，其次为省级，占比为20.12%，地市级项目占比最少，仅为14.19%（见图10）。

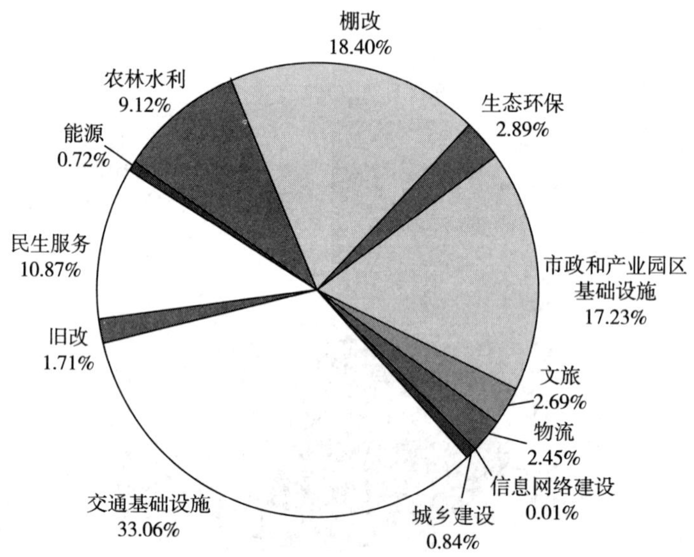

图9　2021年1～9月甘肃省新增项目收益专项债募投领域分布

资料来源：甘肃省政府新增专项债信息披露文件，中诚信国际整理计算。

① 如无特别说明，本报告中引用的专项债募投项目的相关数据均来自地方政府新增专项债信息披露文件，并由中诚信国际整理计算。由于数据的获取问题，数据可能来自不同募投项目文件、项目实施方案、信息披露模板等，这可能导致数据分析出现一定偏差，但不会对分析结论产生实质上的影响。

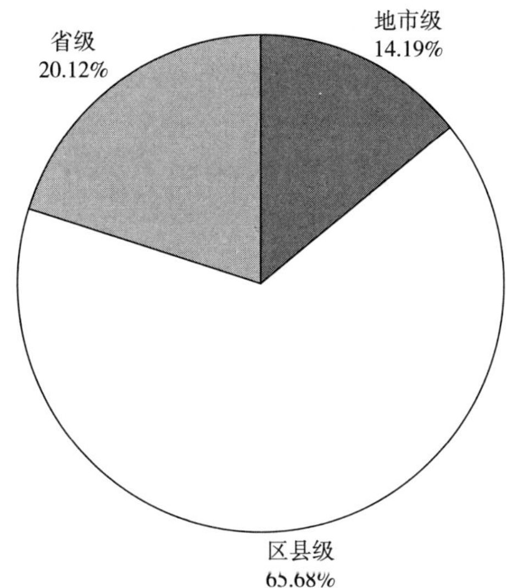

图 10　2021 年 1 ~9 月甘肃省新增项目收益专项债行政层级分布

资料来源：甘肃省政府新增专项债信息披露文件，中诚信国际整理计算。

（三）用作项目资本金比例较小，项目融资本息覆盖倍数偏小

从资本金比例看，2021 年 1 ~9 月甘肃省项目收益专项债资金中 37 亿元用作项目资本金，占比为 5.30%，处于较低水平，这或与专项债项目储备不足、整体发行规模不大有关。从项目偿债情况看，项目融资本息覆盖倍数均值为 2.50 倍，覆盖能力偏弱，但近 17% 的项目仅以土地出让收入为还款来源，由于土地出让不确定性较大且具备收入一次性实现的特点，需关注对应土地出让进度及项目偿还本息的潜在风险。

（四）理论上可撬动基建投资1049.47亿元，但实际效果仍受较多因素限制

通过测算，2021 年 1 ~9 月，甘肃省新增项目收益专项债用于资本金和配套融资的撬动杠杆①分别为 1.28 倍和 1.87 倍，该撬动倍数在全国范围内处于偏下水平，合计撬动基建投资规模为 1049.47 亿元，其中专项债作为资本金撬动基建投

① 专项债撬动基建投资方法参见袁海霞、汪苑晖、卞欢《专项债兼顾扩容提效，助力基建托底稳增长——地方政府专项债 2019 年回顾与 2020 年展望》，《财政科学》2020 年第 1 期。

资规模 47.28 亿元，作为配套融资撬动基建投资规模 1002.18 亿元，但实际效果仍受较多因素限制，如资金到位情况、项目建设进度、配套设施建设情况等。

三　甘肃省偿债能力分析

甘肃省地方政府债务余额年度规模整体呈增长态势，存量债务余额在全国位列下游。2023 年将迎来到期高峰，到期债券以一般债为主。由于甘肃省财政实力较弱，财政自给水平较低，2020 年甘肃省负债率及债务率边际水平均有所抬升，甘肃省将面临较大的偿债压力。

（一）地方政府债务限额空间较小，2023年将迎地方债到期高峰，到期债券以一般债为主

甘肃省地方政府债务余额年度规模整体呈扩大态势，债务限额使用空间较小。截至 2020 年，甘肃省地方政府债务限额为 4351.80 亿元①，较 2016 年增长 122.03%，在全国 31 个省（区、市）中列第 27 位，债务余额为 3933.30 亿元，较 2016 年增长 121.22%，在全国 31 个省（区、市）中列第 27 位（见图 11、图

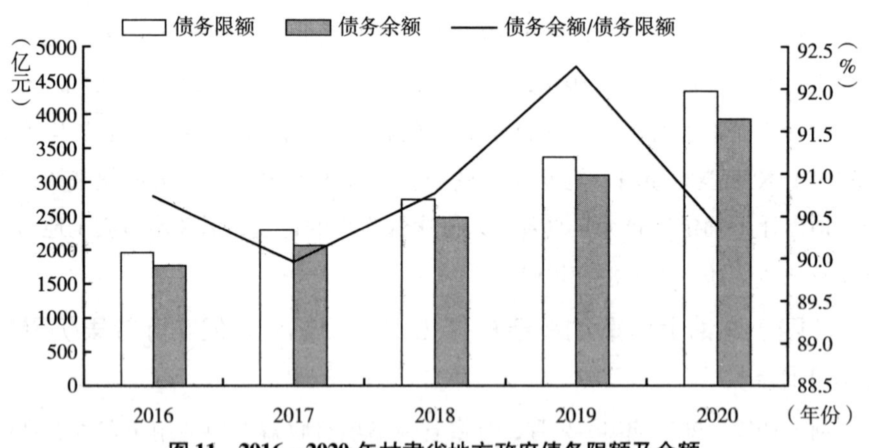

图 11　2016～2020 年甘肃省地方政府债务限额及余额

资料来源：甘肃省财政预算执行及决算报告，中诚信国际整理计算。

① 如无特别说明，本报告中引用的甘肃省政府债务限额、余额，一般公共预算收入、支出，财政平衡率，债务率、负债率等财政相关数据均来自甘肃省财政预算执行及决算报告，并由中诚信国际整理计算。

12），未使用的债务限额为418.50亿元，未使用的额度较小。从地方债到期分布看，未来6年中，2023年为地方债集中到期高峰，到期规模达597.94亿元，其中到期一般债占比52.38%，到期专项债占比47.62%（见图13）。

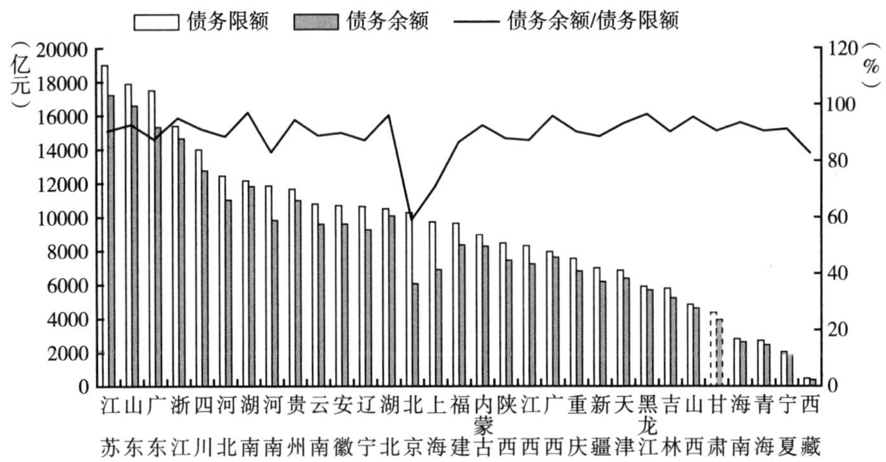

图12　2020年全国31个省（区、市）地方政府债务限额及余额

资料来源：全国31个省（区、市）财政预算执行及决算报告，中诚信国际整理计算。

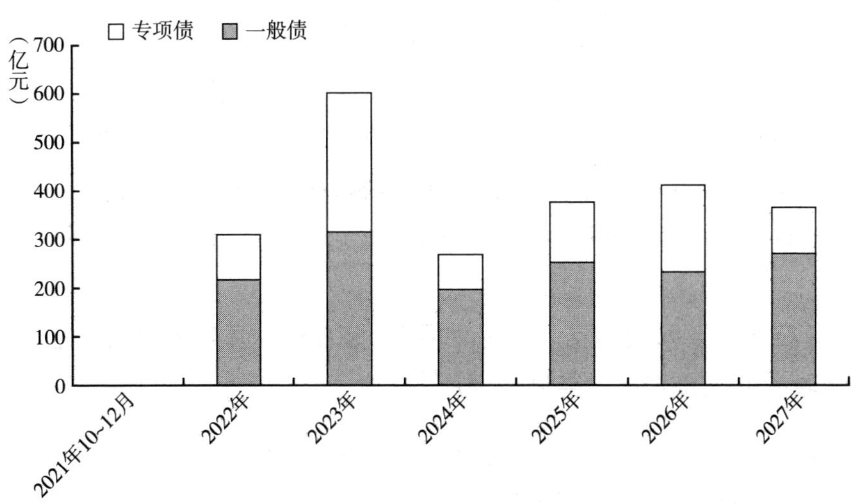

图13　截至2021年9月甘肃省存量地方债到期分布

资料来源：山西省财政预算执行及决算报告，中诚信国际整理计算。

（二）财政实力较弱，财政平衡率居全国下游

甘肃省财政实力较弱。2020年甘肃省一般公共预算收入为874.55亿元，在全国31个省（区、市）中列第27位（见图14），较2019年小幅增长5.2%，近年来增速持续回落；财政平衡率为21.01%，与2019年基本持平，在全国列倒数第3位。综合财力方面，2020年甘肃省综合财力为4694.6亿元，较2019年上升15.32%（见图15）。其中，一般公共预算收入占比18.63%，政府性基金收入占比13.85%，上级补助收入占比67.28%，综合财力更多依赖上级补助。

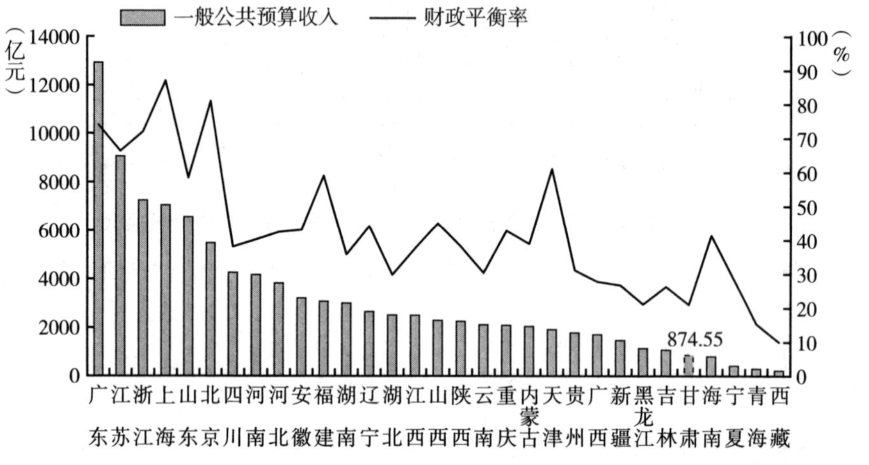

图14 2020年全国31个省（区、市）一般公共预算收入与财政平衡率

资料来源：全国31个省（区、市）财政预算执行及决算报告，中诚信国际整理计算。

（三）负债率及债务率边际水平有所抬升，债务余额占一般公共预算收入的比重较高，整体偿债压力较大

截至2020年，甘肃省债务率及负债率分别为83.78%和43.62%（见图16），分别较上年上升7.03和7.95个百分点。甘肃省债务率在全国31个省（区、市）中列第23位，低于全国平均水平，负债率列第8位，高于全国平均水平；债务余额占一般公共预算收入的比重为449.75%，较

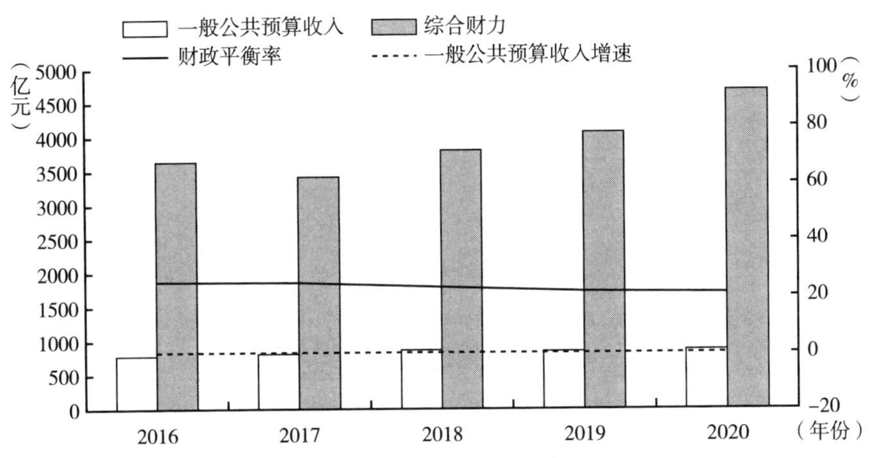

图 15　2016～2020 年甘肃省财政情况

资料来源：甘肃省财政预算执行及决算报告，中诚信国际整理计算。

上年上升 83.31 个百分点，在全国处于较高水平，整体偿债压力较大（见图 17）。

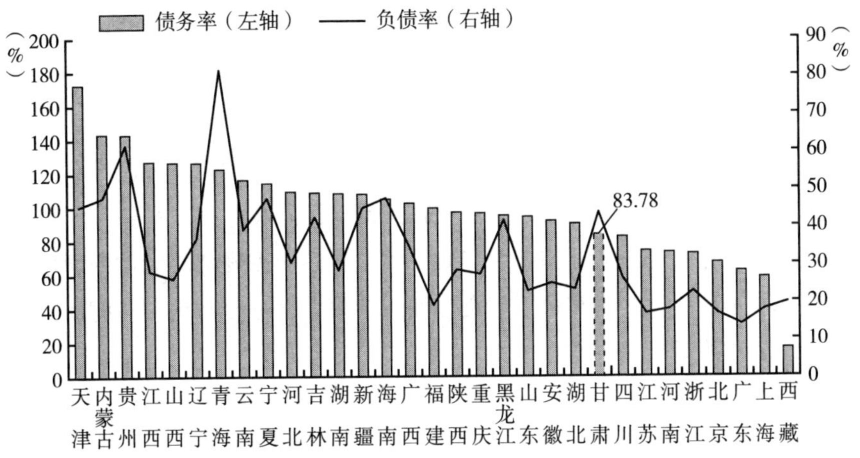

图 16　2020 年全国 31 个省（区、市）债务率及负债率

资料来源：全国 31 个省（区、市）财政预算执行及决算报告，中诚信国际整理计算。

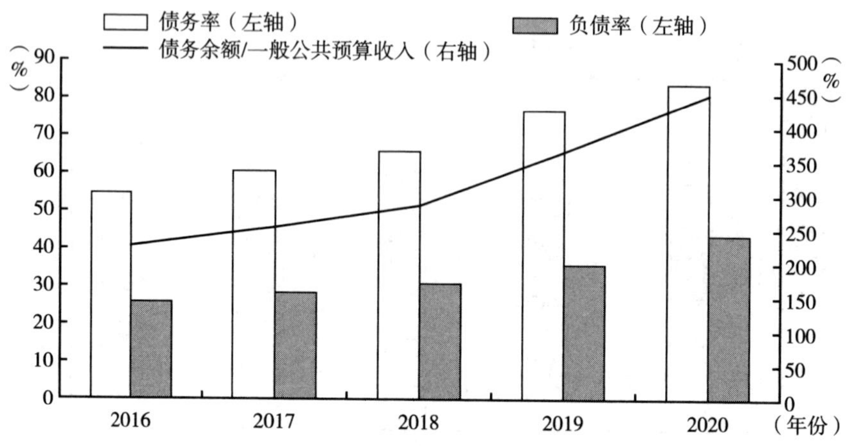

图 17　2016～2020 年甘肃省债务率、负债率及债务余额占一般公共预算收入的比重

资料来源：甘肃省财政预算执行及决算报告，中诚信国际整理计算。

四　小结

2021 年 1～9 月，甘肃省地方债发行规模居全国下游，发行结构以新增专项债为主，长期限占比有所下降。发行成本同比略有下降，交易规模明显小于 2020 年同期。项目收益专项债发行规模逐年扩大，募投领域向基建倾斜。同时，项目收益专项债用作项目资本金比例较小，对投资的拉动效应较弱。甘肃省现阶段债务限额使用空间有限，且整体财政实力较弱，财政平衡率居全国下游，面临较大的偿债压力。基于此形势，甘肃省政府需规范政府债务管理，保持融资成本处于低位，提高地方债资金使用效率，合理分散地方政府债券的到期时间，多措并举以缓解偿债压力。

B.21

2021年青海省地方政府债券分析报告

方华东　张　悦*

摘　要： 青海省地方债存量规模在全国排名靠后，2021年1~9月新增项目收益专项债规模较小，投向领域主要包含市政和产业园区基础设施、交通基础设施及民生服务等，项目领域涉及范围广，但发行成本较高。受区域经济及财政实力影响，整体财政收入质量不高，财政平衡能力较弱，对上级补助依赖性较强。此外，2020年末青海省债务率超过国际警戒标准，地方债期限较集中，未来或存在较大债务压力。

关键词： 地方债　专项债　青海省

一　青海省地方债运行情况分析

截至2021年9月，青海省存续地方政府债券共计151只，债券规模为2684.37亿元①，存量规模在全国排名靠后，仅大于宁夏和西藏（见图1）。从券种结构②来看，青海省地方存续债以一般债为主，其中一般债和专项债余额分别为2064.62亿元和619.75亿元，分别占存量地方债总量的76.91%和

* 方华东，中诚信国际政府公共评级一部助理总监，主要研究领域为地方政府债券、基础设施投融资行业等；张悦，中诚信国际政府公共评级一部分析师，主要研究领域为地方政府债券、基础设施投融资行业等。

① 如无特别说明，本报告中引用的地方债存量、发行量、发行利率、发行利差、交易量、到期收益率等债券相关数据均来自截至2021年9月的Wind数据库，并由中诚信国际整理计算。

② 存量地方债种类结构以存量地方债中2018年以来发行的样本进行统计。

23.09%。从债券发行期限结构来看，青海省存续地方政府债券发行期限以中长期为主，其中发行期限为5年期、7年期以及10年期的存续债占比分别为15.25%、30.83%和39.46%，存量规模分别为409.28亿元、827.70亿元和1059.27亿元；发行期限为15年期、20年期和30年期的存续债规模合计为291.93亿元；此外，还有部分短期债券。

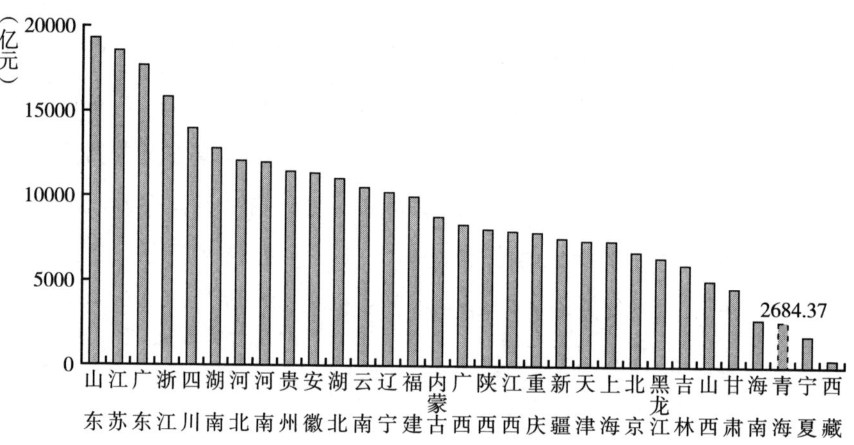

图1　截至2021年9月全国31个省（区、市）地方债存量规模

资料来源：Wind数据库，中诚信国际整理计算。

（一）青海省经济发展相对较好，但地方债发行数量同比减少、发行规模同比缩小

受新冠肺炎疫情影响，青海省2020年GDP为3005.92亿元，按可比价格计算，同比下降1.5%，增速较上年有所下滑。但随着疫情防控和复工复产成效的显现，青海省经济发展有所回暖，2021年1~9月全省GDP为2401.80亿元，同比增长6.7%，经济发展相对较好。地方债发行方面，青海省2021年1~9月合计发行地方政府债券15只，发行规模399.02亿元，发行数量同比减少，发行规模同比缩小，主要系2020年为应对新冠肺炎疫情影响，财政部计划当年发行1万亿元抗疫特别国债，并在原有基础上新增3.75万亿元地方政府新增专项债，故在此背景下，2020年地方债发行数量及规模相对较大。从债券发行时间看，2021年1~9月青海省地方债发行集中在1月、5月、8月和

9月，其中2021年5月发行额最多，发行规模为156.07亿元，占2021年1~9月总发行额的39.11%；1月、8月和9月发行额分别为71.00亿元、109.21亿元和62.74亿元，发行规模相对较小（见图2）。

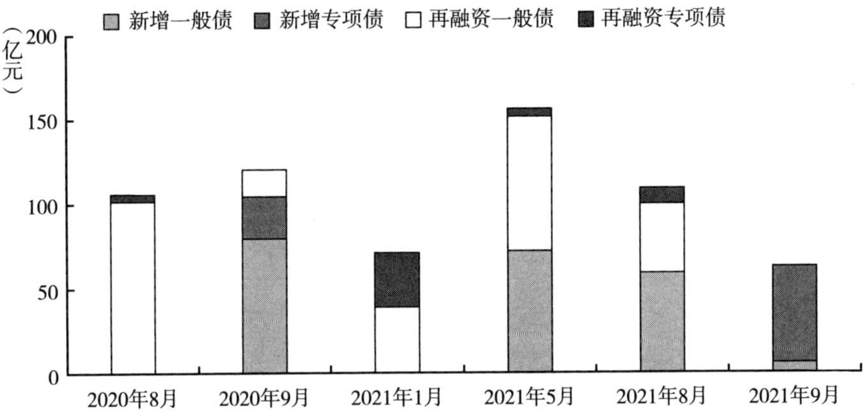

图2　2020年6月~2021年9月青海省地方债月度发行规模

注：青海省部分月份无地方债发行，故图中无显示。
资料来源：Wind数据库，中诚信国际整理计算。

（二）发行结构以一般债为主，期限有所缩短，但仍以中长期为主

从地方债券种结构来看，青海省2021年1~9月新增一般债、新增专项债、再融资一般债以及再融资专项债发行规模分别为137.00亿元、56.74亿元、159.50亿元以及45.78亿元。从债券种类来看，青海省2021年1~9月发行的地方债数量虽以专项债居多，但一般债发行规模超过专项债发行规模（见图3）。具体来看，2021年1~9月青海省一般债发行6只，发行额为296.50亿元，占总发行额的比重为74.31%；专项债发行9只，发行额为102.52亿元，占总发行额的25.69%。从地方债期限分布来看，青海省地方债发行期限同比有所缩短，但仍以7年期和10年期等中长期债券为主，其中发行期限为10年期的长期债券占比最大，发行数量为7只，发行额为180.08亿元，占总发行额的45.13%；期限为7年期的中期债券发行数量为3只，发行额为128.50亿元，占总发行额的32.20%（见图4）。

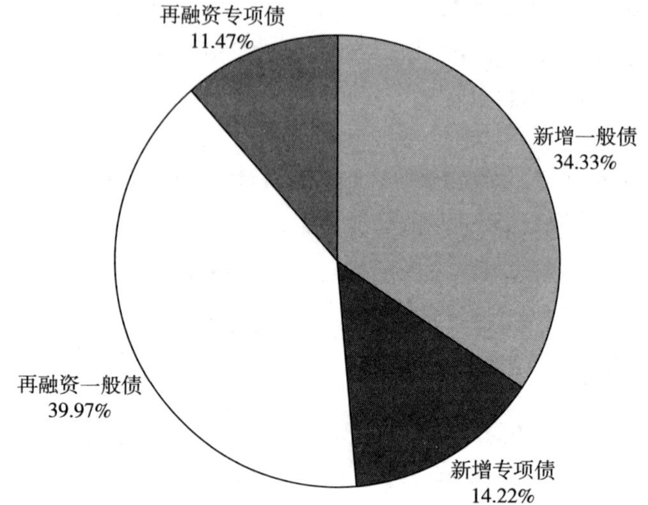

图3　2021 年 1 ~ 9 月青海省新发行地方债券种结构

资料来源：Wind 数据库，中诚信国际整理计算。

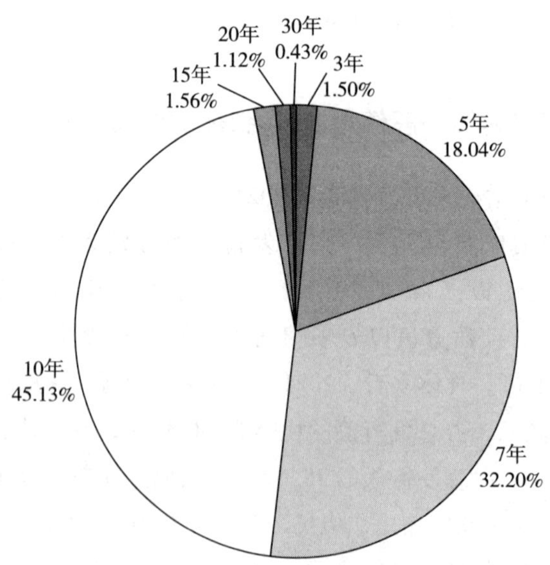

图4　2021 年 1 ~ 9 月青海省新发行地方债期限分布

资料来源：Wind 数据库，中诚信国际整理计算。

（三）发行利率[①]呈下降趋势，但发行成本在全国范围内处于较高水平

从地方债发行成本来看，青海省 2021 年 1～9 月地方债发行利率为 3.25%，较 2020 年同期下降 0.18 个百分点，发行利差为 29.08BP，同比减少 3.55BP，发行利率在全国 31 个省（区、市）中排名靠后，发行利差偏高（见图 5）。从青海省地方债月度发行成本来看，2021 年 1～9 月仅 1 月、5 月、8 月及 9 月发行地方债，月度发行利率大体上呈波动上升趋势；2021 年 8 月份地方债的发行利率最高，其次为 9 月，最低的为 1 月；发行利差方面，1 月的发行利差处于最高水平，5 月及 9 月发行利差有所回落（见图 6）。

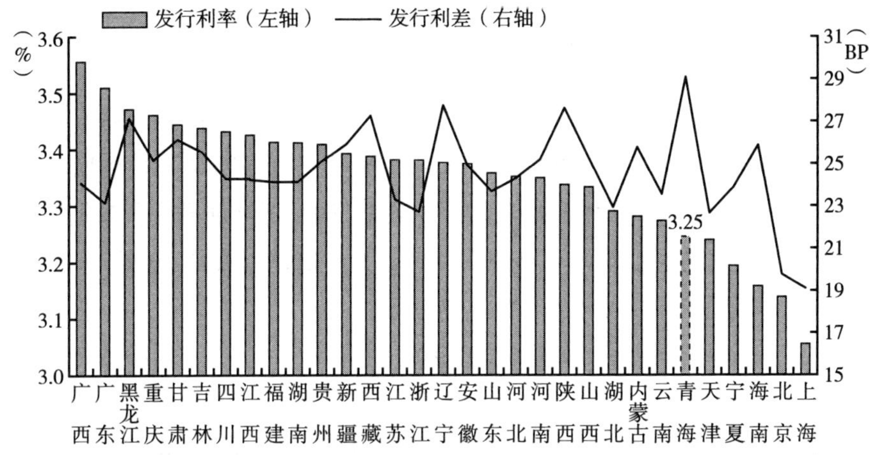

图 5　2021 年 1～9 月全国 31 个省（区、市）地方债发行成本

资料来源：Wind 数据库，中诚信国际整理计算。

（四）二级市场交易规模[②]同比大幅缩小，交易规模在全国位列下游

2021 年 1～9 月，青海省地方债交易规模达 399.41 亿元，较 2020 年同期

---

① 如无特别说明，本报告中发行利率、利差为根据发行额计算的加权平均发行利率、利差，发行利差计算公式：债券发行利率－对应期限国债收益率。

② 交易统计包含回购交易、现券交易等部分。

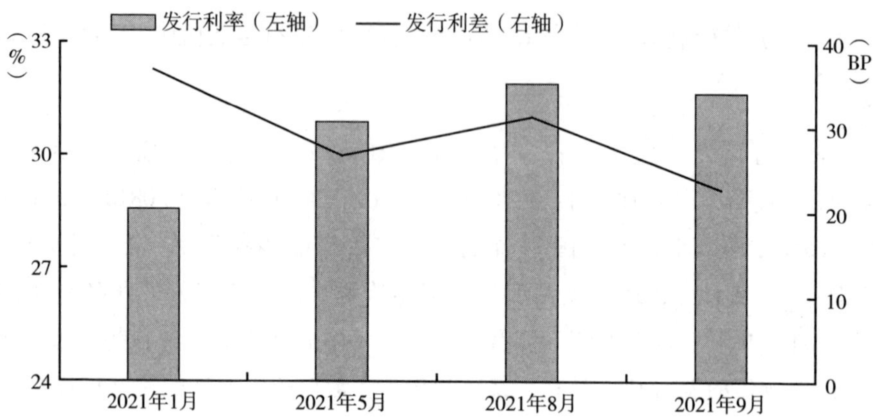

图 6　2021 年 1～9 月青海省地方债月度发行成本

注：青海省部分月份无地方债发行，故图中无显示。

资料来源：Wind 数据库，中诚信国际整理计算。

大幅缩小 76.83%。同期交易规模在全国 31 个省（区、市）中位列下游。从地方债到期收益率走势看，青海省地方债剩余期限为 5 年及以下的到期收益率于 2020 年 1～4 月降幅较大，4 月降至最低点，随后逐渐回升，剩余期限为 5 年以上的债券到期收益率 2020 年以来呈波动上升趋势（见图 7）。

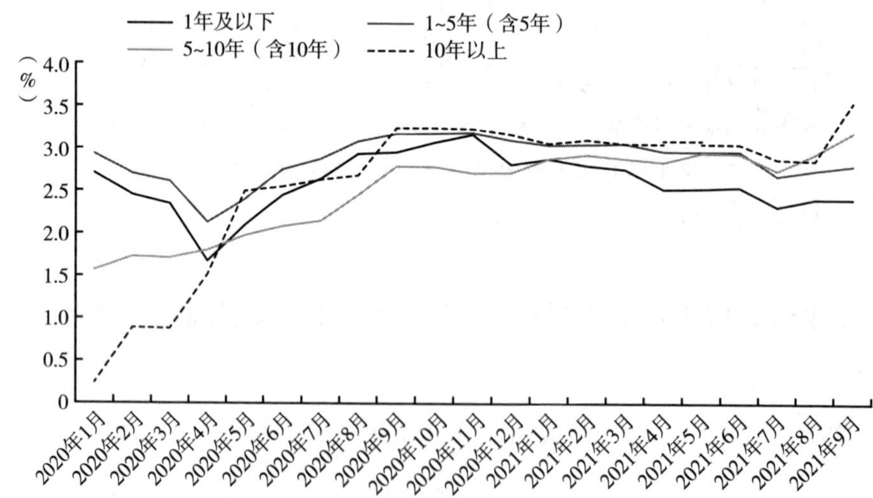

图 7　2020 年 1 月～2021 年 9 月青海省地方债到期收益率走势

资料来源：Wind 数据库，中诚信国际整理计算。

二　青海省地方政府专项债分析①

截至2021年9月，青海省存量地方政府项目收益专项债共59只，余额为422.74亿元。从投向来看，主要涉及市政和产业园区基础设施、交通基础设施及民生服务等领域。从剩余期限来看，1年及以下到期的项目收益专项债仅1只，余额为5.00亿元；1～5年（含5年）到期的共30只，余额为182.70亿元；5～10年（含10年）到期的共17只，余额为165.08亿元；10年以上到期的共14只，余额为69.96亿元（见图8）。

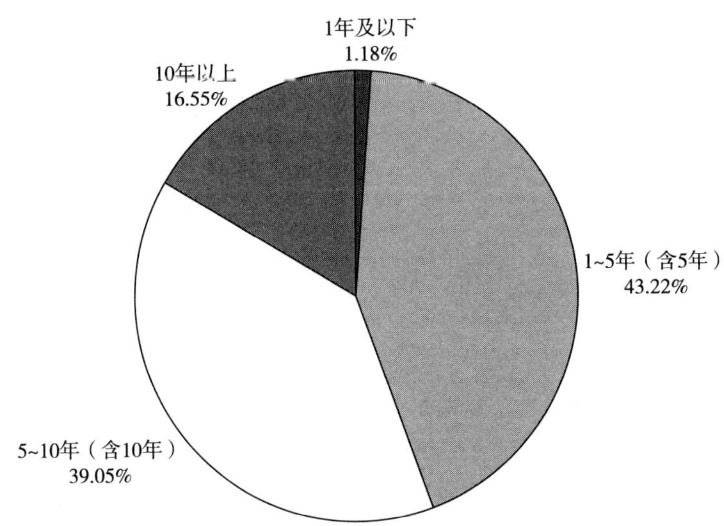

图8　截至2021年9月青海省存量项目收益专项债余额剩余期限结构

资料来源：Wind数据库，中诚信国际整理计算。

（一）发行规模较2020年同期大幅缩小，平均发行成本持续下降

截至2021年9月，青海省共发行项目收益专项债59只，余额为422.74

① 2020年7月29日财政部《关于加快地方政府专项债券发行使用有关工作的通知》（财预〔2020〕94号）明确2020年新增专项债必须保证融资规模与项目收益相平衡，因此2020年新增专项债均为项目收益专项债；本部分项目收益专项债的统计样本为2017～2020年项目收益专项债与2021年1～9月的新增专项债。

亿元。发行规模方面，2020 年 1 ~9 月青海省共发行 20 只项目收益专项债，期限均在 7 年及以上，规模合计 133. 00 亿元；2021 年 1 ~9 月青海省新发行项目收益专项债 56. 74 亿元（见图 9），较 2020 年同期大幅减少 57. 34%。从新发行项目收益专项债的期限来看，主要集中在 7 年和 10 年，其中发行期限为 10 年的项目收益专项债规模最多，为 36. 30 亿元，占 2021 年 1 ~9 月发行总额的 63. 98%（见图 10）。从发行利率及发行利差来看，自 2017 年青海省首次发行项目收益专项债以来，发行利率呈下降趋势，2021 年1 ~9 月在全国处于中下游水平，发行利差下降至 2021 年 1 ~9 月的 22. 15BP（见图 11）。

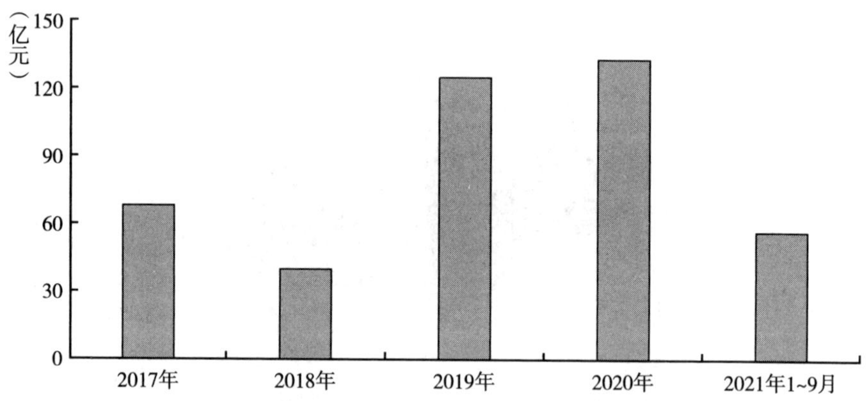

图 9　2017 ~2020 年及 2021 年 1 ~9 月青海省项目收益专项债发行规模走势

资料来源：Wind 数据库，中诚信国际整理计算。

（二）主要投向市政和产业园区基础设施、交通基础设施及民生服务等领域，项目涉及范围广且偿债能力较好

青海省 2021 年 1 ~9 月新发行的项目收益专项债，投向市政和产业园区基础设施、交通基础设施、民生服务领域的规模分别为 22. 30 亿元、23. 56 亿元和 1. 20 亿元，合计占总发行额的 82. 94%①；其他投向领域包括生态环保等

① 如无特别说明，本报告中引用的专项债募投项目的相关数据均来自地方政府新增专项债信息披露文件，并由中诚信国际整理计算。由于数据的获取问题，数据可能来自不同募投项目文件、项目实施方案、信息披露模板等，这可能导致数据分析出现一定偏差，但不会对分析结论产生实质上的影响。

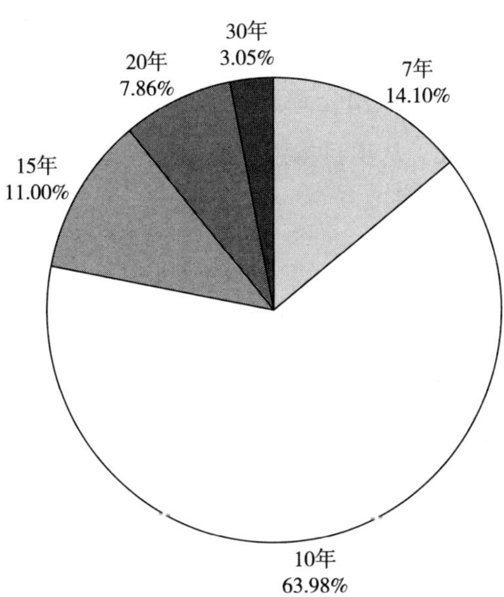

图10　2021年1~9月青海省项目收益专项债发行期限结构

资料来源：Wind数据库，中诚信国际整理计算。

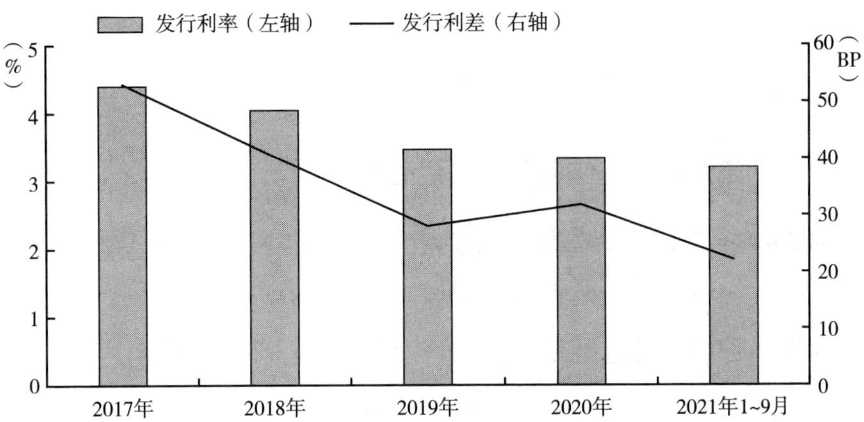

图11　2017~2020年及2021年1~9月青海省项目收益专项债发行成本

资料来源：Wind数据库，中诚信国际整理计算。

（见图12）。从项目行政层级分布情况看，省级、地市级和区县级均有涉及，省级项目、地市级项目和区县级项目总投资分别为388.44亿元、126.29亿元和53.25亿元，其中专项债用作项目配套融资的数额分别为14.00亿元、28.16亿元和14.58亿元。从项目本息覆盖倍数情况看，其倍数均大于1倍，募投项目整体偿债能力较好。

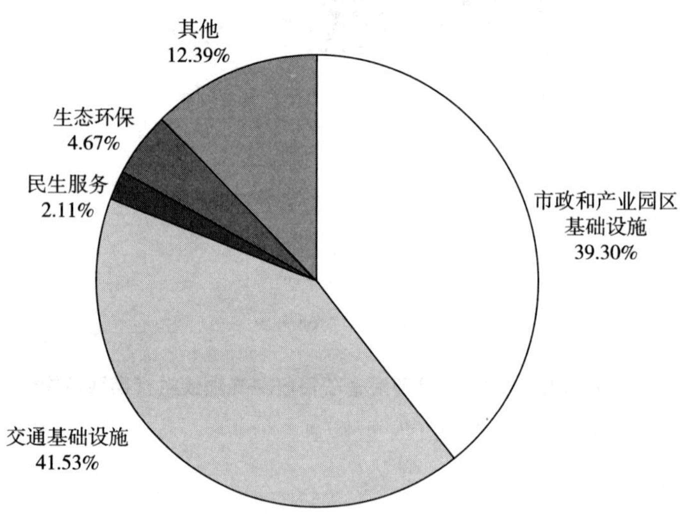

图12　2021年1～9月青海省新增项目收益专项债募投领域分布

资料来源：青海省政府新增专项债信息披露文件，中诚信国际整理计算。

（三）无专项债用作项目资本金情况

自2020年以来，青海省无专项债用作项目资本金，项目收入来源主要系土地出让收入、医疗收入、租赁收入等。

（四）专项债配套融资撬动杠杆[①]情况在全国处于下游水平

青海省2021年1～9月新发行的项目收益专项债主要投向市政和产业园区基础设施、交通基础设施、民生服务等领域，全部作为配套融资投入项目；由

① 专项债撬动基建投资方法参见袁海霞、汪苑晖、卞欢《专项债兼顾扩容提效，助力基建托底稳增长——地方政府专项债2019年回顾与2020年展望》，《财政科学》2020年第1期。

于青海省专项债均未用作项目资本金，故2021年1～9月青海省专项债资本金撬动杠杆为0倍，此外，专项债配套融资撬动杠杆为1.68倍，同全国其他省（区、市）相比处于下游水平。

三　青海省偿债能力分析

（一）债务规模增长较快，负债率已超国际警戒标准

青海省债务规模近年来增长较快，但在全国范围内处于较低水平。截至2020年，青海省债务限额及余额①分别为2710.70亿元和2454.34亿元（见图13），债务余额同比增加了352.21亿元。债务率方面，青海省2020年债务率为122.80%，较2019年增长10.68个百分点，已超过国际警戒标准。

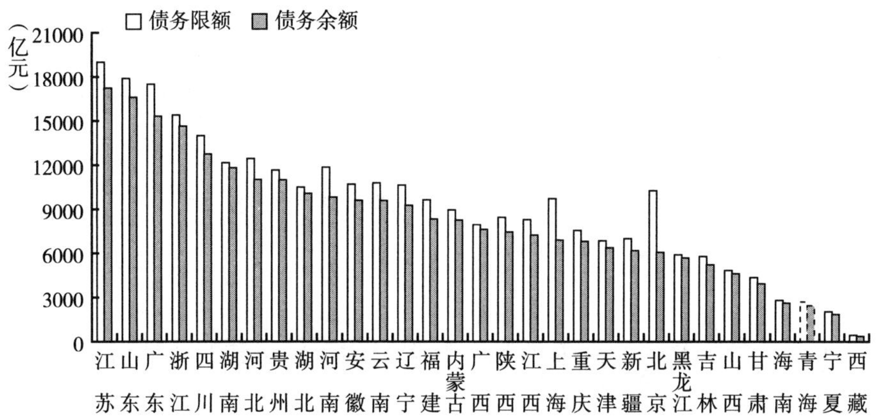

图13　2020年全国31个省（区、市）地方政府债务限额及余额

资料来源：全国31个省（区、市）地方、财政预算执行及决算报告，中诚信国际整理计算。

截至2021年9月，青海省地方债存量规模为2684.37亿元，位于全国倒数第三。从到期时间分布来看，青海省地方债到期分布相对较分散，其中

① 如无特别说明，本报告中引用的青海省政府债务限额、余额，一般公共预算收入、支出，财政平衡率，债务率、负债率等财政相关数据均来自青海省财政预算执行及决算报告，并由中诚信国际整理计算。

2022～2024 年地方债到期规模呈波动缩小趋势，2023 年到期债务规模达 275.73 亿元；2025 年起地方债到期规模有所回升，2026 年到期债务规模达 302.95 亿元。整体来看，考虑到青海省财政实力水平一般，其未来 5 年面临较大的偿债压力。从到期券种看，未来 5 年内到期的青海省地方债以一般债为主，专项债到期规模除 2022 年及 2026 年相对较大以外，其余年份到期规模均不大（见图 14）。

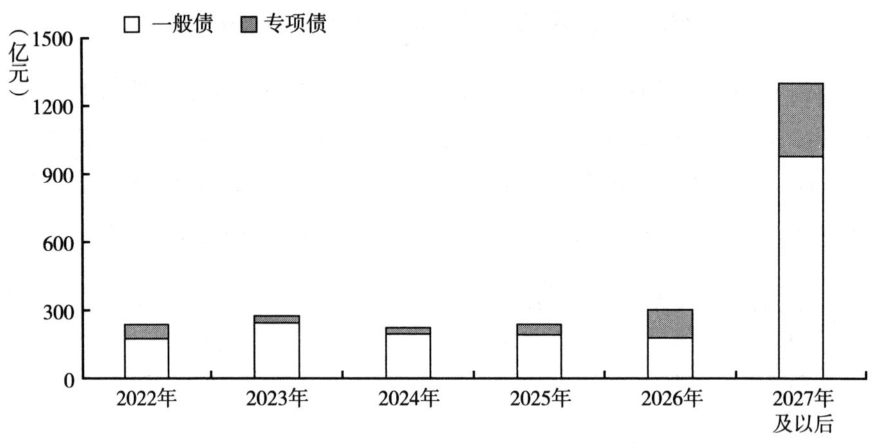

图 14　截至 2021 年 9 月青海省存量地方债到期分布

资料来源：青海省财政预算执行及决算报告，中诚信国际整理计算。

（二）经济及财政实力较弱，财政平衡主要依赖于上级补助

经济发展方面，青海省经济体量相对较小，近年来经济持续增长，但增速有所放缓且仍高于全国平均水平。2020 年青海省实现 GDP 3005.92 亿元，同比增长 1.5%，增速进一步放缓，经济总量在全国各省（区、市）中仅多于西藏自治区。青海省产业结构以第三产业为主，三次产业占比由 2019 年的 10.2∶39.1∶50.7 调整为 2020 年的 11.1∶38.0∶50.9。从经济发展驱动力看，投资是青海省经济发展第一动力，但受疫情影响，2020 年青海省固定资产投资同比增速为 -12.2%，其中，制造业投资下降 48.0%，电力、热力、燃气及水生产和供应业投资增长 14.6%，采矿业投资下降 37.0%，民间投资下降 12.5%，基础设施投资下降 1.3%。

财政实力方面，青海省近年来财政收入增速较快，但财政平衡率较低，财政自给能力较差，财政平衡主要依赖上级补助，整体财政实力较弱。2020 年青海省实现一般公共预算收入 297.99 亿元，增速较 2019 年的 3.4% 小幅增至 5.6%，在全国各省（区、市）中仅高于西藏（见图 15），其中税收收入为 213.27 亿元，占比 71.57%；2020 年青海省一般公共预算支出为 1933.84 亿元，同比增长 3.7%。财政平衡率方面，2020 年青海省财政平衡率为 15.41%，财政平衡能力较 2019 年略有增强，资金缺口较大，收支平衡主要依赖上级补助。

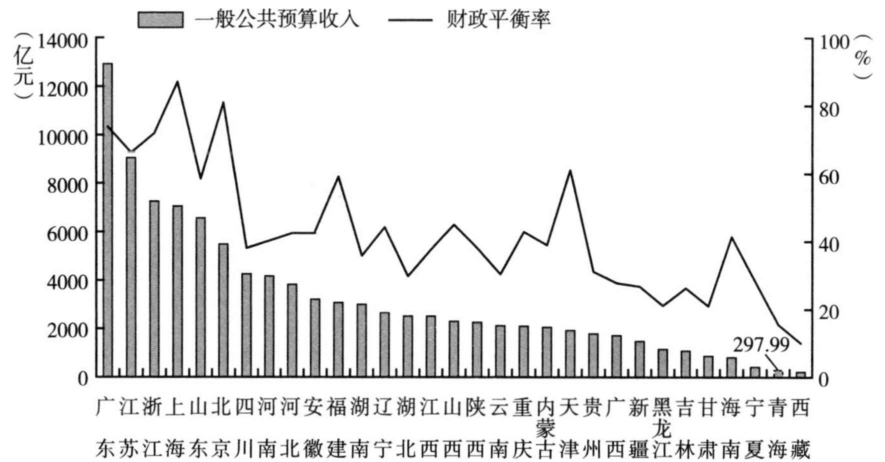

图 15　2020 年全国 31 个省（区、市）一般公共预算收入和财政平衡率

资料来源：全国 31 个省（区、市）财政预算执行及决算报告，中诚信国际整理计算。

（三）债务规模相对较小，但自身经济及财政实力较弱，偿债压力较大

2020 年青海省地方政府债务余额为 2454.34 亿元，规模在全国范围内相对靠后，其中，一般债务余额为 1917.20 亿元，专项债务余额为 537.14 亿元。从债务率及负债率来看，2020 年青海省债务率为 122.80%，在全国排名靠前，且超过 100% 国际警戒标准；负债率为 81.65%，在全国排名第一，负债率较高（见图 16）。整体而言，青海省债务规模相对较小，但自身经济及财政实力较弱，偿债压力相对较大。

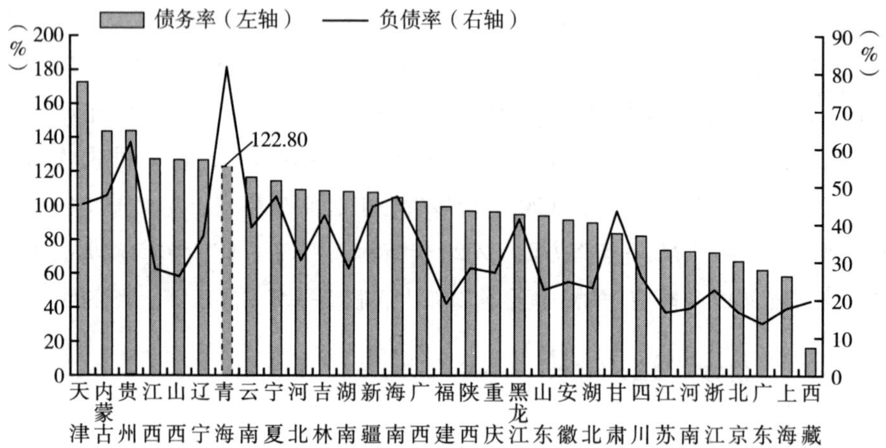

图16　2020年全国31个省（区、市）债务率及负债率

资料来源：全国31个省（区、市）财政预算执行及决算报告，中诚信国际整理计算。

四　小结

青海省存量地方债、项目收益专项债在全国范围内均处于下游水平，存量地方债主要为中长期的一般债，发行成本在全国处于较高水平，地方债剩余期限为5年及以下的到期收益率于2020年1～4月降幅较大，4月降至最低点，随后逐渐回升，剩余期限为5年以上的债券到期收益率2020年以来呈波动上升趋势。项目收益专项债余额方面，青海省存量项目收益专项债余额剩余期限主要为1～5年（含5年）及5～10年（含10年），且发行成本处于较高水平，但2021年1～9月新发规模同比大幅缩小。地方政府债务和经济及财政实力方面，青海省债务规模虽不大，但经济及财政实力在全国处于较低水平，财政平衡能力较弱，且债务率超过国际警戒标准，债务压力较大。

根据青海省地方债发行及区域经济的特点，青海省地方政府应审慎发债，同时重点优化债券期限结构，以缓解债务压力，同时在合理范围内，积极通过专项债用作资本金撬动项目配套资金，以带动区域经济发展。

B.22

2021年宁夏回族自治区地方政府债券分析报告

马家瑶　黄应裴　袁　野*

摘　要： 宁夏回族自治区地方债存量规模较小，在全国各省（区、市）排名中居于靠后位置。2021 年 1～9 月，宁夏地方债发行速度整体放缓，期限较上年同期有所缩短，以 5 年和 10 年为主，发行利率及发行利差有所下降。具体从项目收益专项债来看，2021 年 1～9 月，宁夏无新增项目收益专项债，2020 年项目收益专项债发行规模也显著缩小，主要投向交通基础设施、市政和产业园区基础设施领域，涉及范围较广且收益覆盖尚可，但对基建投资撬动有限。受地区经济及财政实力较弱的影响，宁夏财政平衡能力较弱，对上级补助依赖性较强。此外，2020 年，宁夏债务率较往年增幅较大且超过国际警戒标准，宁夏未来或存在一定债务压力，但地方政府债务相对举债空间尚可，整体风险可控。

关键词： 地方债　专项债　宁夏回族自治区

* 马家瑶，中诚信国际政府公共评级一部助理分析师，主要研究领域为地方政府债券、基础设施投融资行业等；黄应裴，中诚信国际政府公共评级一部分析师，主要研究领域为地方政府债券、基础设施投融资行业等；袁野，中诚信国际政府公共评级一部分析师，主要研究领域为地方政府债券、基础设施投融资行业等。

一　宁夏地方债运行情况分析

截至2021年9月，宁夏回族自治区地方债存量规模[①]为1847.43亿元，占全国地方债存量总规模的0.64%，在全国31个省（区、市）中仅大于西藏自治区，地方债存量规模很小（见图1）。从券种结构[②]看，存量地方债中有503.88亿元专项债、1327.05亿元一般债，以及16.50亿元未分类债券[③]，其中一般债占比最多，达71.83%；从发行期限结构看，5～10年（含10年）期限的债券存量规模最大，合计1072.99亿元，占比为58.08%。

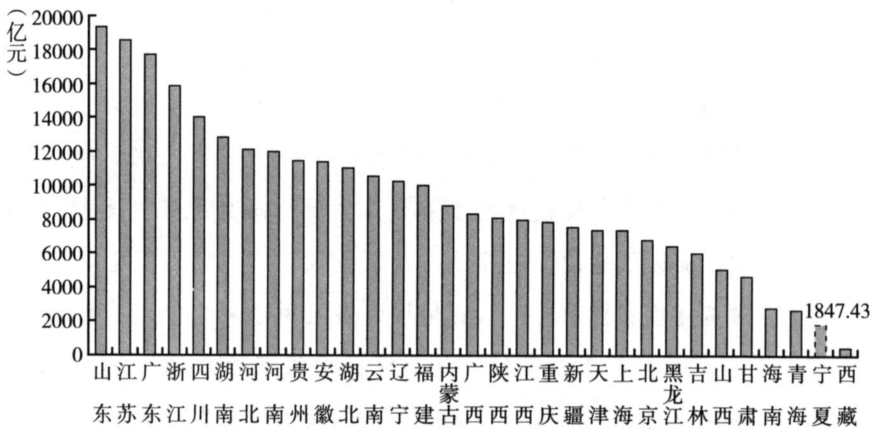

图1　截至2021年9月全国31个省（区、市）地方债存量规模

资料来源：Wind数据库，中诚信国际整理计算。

（一）地方债发行规模整体相对较小，在全国排名靠后

2021年1～9月，宁夏共发行地方债12只，发行额合计178.85亿元，发行数量及发行规模均小于2020年同期（16只，216.64亿元）。从债券发

---

① 如无特别说明，本报告中引用的地方债存量、发行量、发行利率、发行利差、交易量、到期收益率等债券相关数据均来自截至2021年9月的Wind数据库，并由中诚信国际整理计算。

② 存量地方债种类结构以存量地方债中2018年以来发行的样本进行统计。

③ 2015年以前发行的地方债未区分一般债、专项债。

行时间看，2021 年 1 ~9 月，宁夏地方债发行集中在 5 月、6 月和 8 月，发行额分别为 33. 33 亿元、77. 89 亿元和 32. 83 亿元，月度发行规模呈现一定波动（见图 2）。根据全国 31 个省（区、市）截至 2021 年 9 月的地方债存量规模情况，宁夏在全国范围内排名靠后，地方债存量规模仅大于西藏自治区，在全国范围内相对较小。

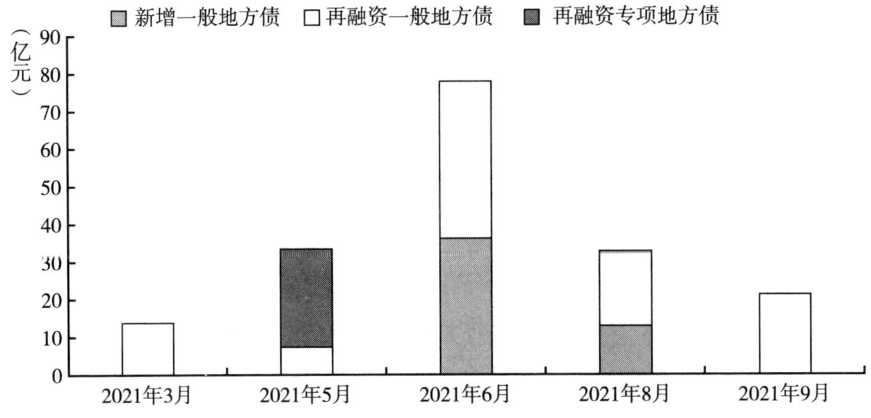

图 2　2021 年 1 ~9 月宁夏地方债月度发行规模

注：宁夏部分月份无地方债发行，故图中无显示。
资料来源：Wind 数据库，中诚信国际整理计算。

（二）发行结构以一般债为主，发行期限较2020年有所缩短，5年期和10年期债券发行规模占比最大

从地方债发行结构看，2021 年 1 ~9 月，宁夏共发行地方债券 12 只，发行总额为 178. 85 亿元，其中 3 只新增债券，发行额共计 49. 10 亿元，9 只再融资债券，发行额共计 129. 75 亿元。根据债券类别不同划分，一般债共发行 10 只，发行额合计 152. 97 亿元，占总发行额的 85. 53%（见图 3），同比提升 6. 07 个百分点，其中新增一般债 3 只，发行额共计 49. 10 亿元，再融资一般债 7 只，发行额为 103. 87 亿元；专项债共发行 2 只，全部为再融资专项债，发行额合计为 25. 88 亿元。从地方债发行期限看，2021 年 1 ~9 月宁夏新发地方债以 5 年期和 10 年期为主，规模为 143. 90 亿元，占总发行额的 80. 46%（见图 4），相较其 2020 年同期发行债券以 30 年期为主发行期限明显缩短。

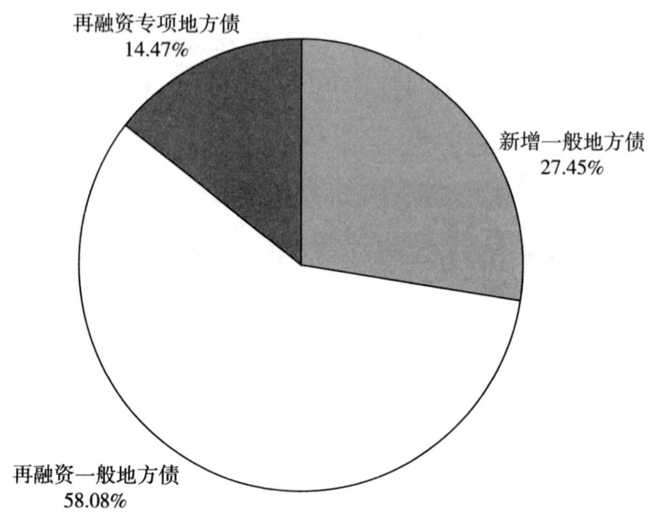

图3　2021 年 1 ~ 9 月宁夏新发行地方债券种结构

资料来源：Wind 数据库，中诚信国际整理计算。

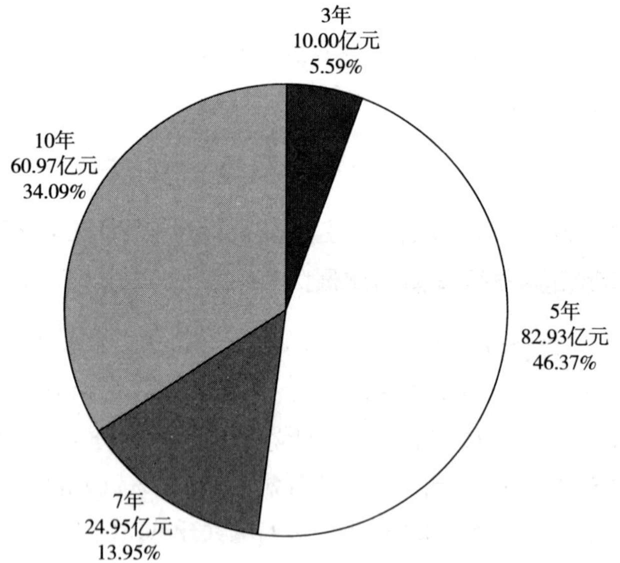

图4　2021 年 1 ~ 9 月宁夏新发行地方债期限分布

资料来源：Wind 数据库，中诚信国际整理计算。

（三）发行利率和发行利差[①]显著下降，发行成本在全国处于较低水平且有下降趋势

从地方债发行成本看，2020 年，宁夏地方债发行利率及发行利差分别为 3.70% 和 33.04BP，两个指标均居全国首位；受益于发行期限缩短以及宽松的环境，2021 年 1 ~9 月，宁夏地方债发行利率下降至 3.19%，在全国 31 个省（区、市）中居第 28 位，仅高于上海、北京和海南，发行利差减少至 23.88BP，在全国居第 22 位（见图 5）。

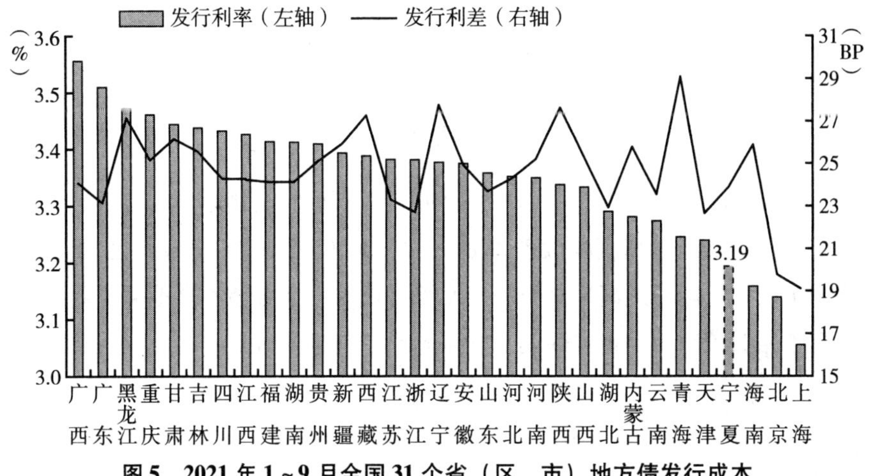

图 5　2021 年 1 ~9 月全国 31 个省（区、市）地方债发行成本

资料来源：Wind 数据库，中诚信国际整理计算。

从月度发行利率来看，2021 年 1 ~9 月，最低为 2.95%，最高为 3.33%（见图 6），发行利率和发行利差均存在一定的波动性，但总体均呈下降趋势。综上，宁夏债券发行期限缩短，造成其地方债发行成本较低且有下降趋势。

（四）二级市场交易规模[②]有所缩小，处于全国下游水平

2021 年 1 ~9 月，宁夏地方债交易规模为 147.96 亿元，较 2020 年同期下

---

① 如无特别说明，本报告中发行利率、利差为根据发行额计算的加权平均发行利率、利差，发行利差计算公式：债券发行利率 - 对应期限国债收益率。

② 交易统计包含回购交易、现券交易等部分。

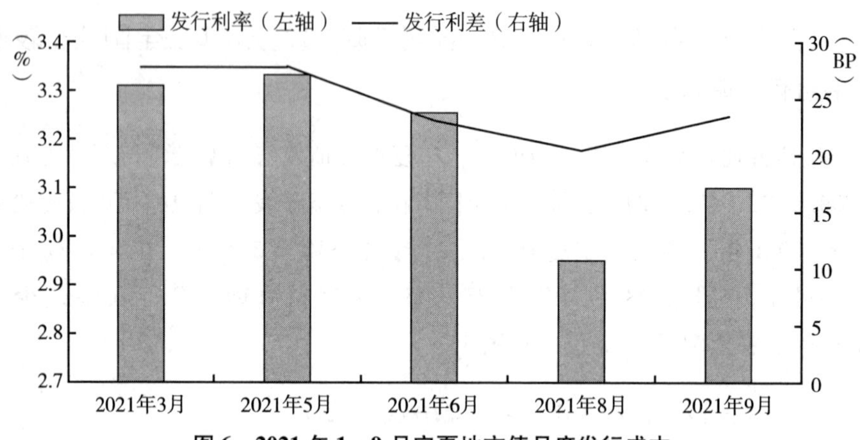

图6　2021年1~9月宁夏地方债月度发行成本

注：宁夏部分月份无地方债发行，故图中无显示。

资料来源：Wind数据库，中诚信国际整理计算。

降38.66%，交易规模在全国保持在第30位，整体交易规模有所缩小，处于全国下游水平。从地方债到期收益率走势看，2020年4月，宁夏地方债到期收益率处于低谷，随后逐渐回升至平均水平。此外，地方债剩余期限与到期收益率间呈正相关关系，即地方债剩余期限越长，其到期收益率越高（见图7）。

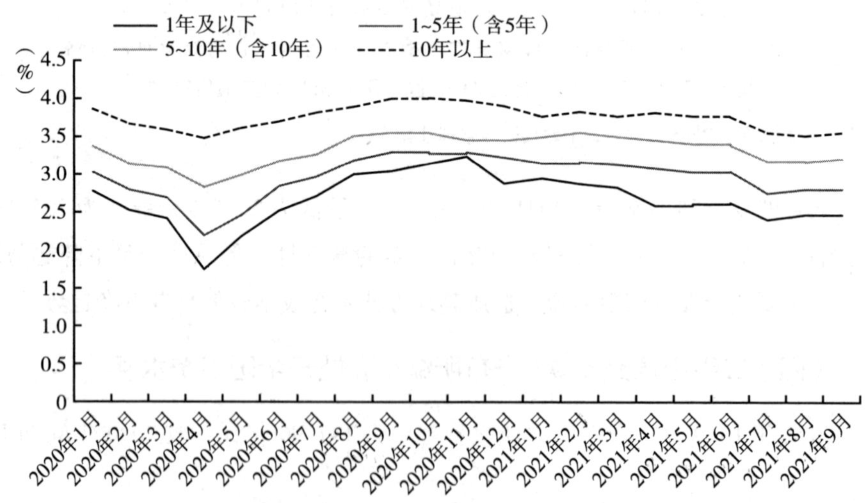

图7　2020年1月~2021年9月宁夏地方债到期收益率走势

资料来源：Wind数据库，中诚信国际整理计算。

二　宁夏地方政府专项债分析[①]

截至2021年9月，宁夏存量地方政府项目收益专项债共计35只，余额总计195亿元，投向交通基础设施及棚改等领域。从项目收益专项债余额剩余期限看，1~5年（含5年）期限的合计15只，余额77.40亿元；5~10年（含10年）期限的合计12只，余额95.86亿元；10年以上期限的共8只，余额21.74亿元，无1年及以下到期的项目收益专项债（见图8、图9）。

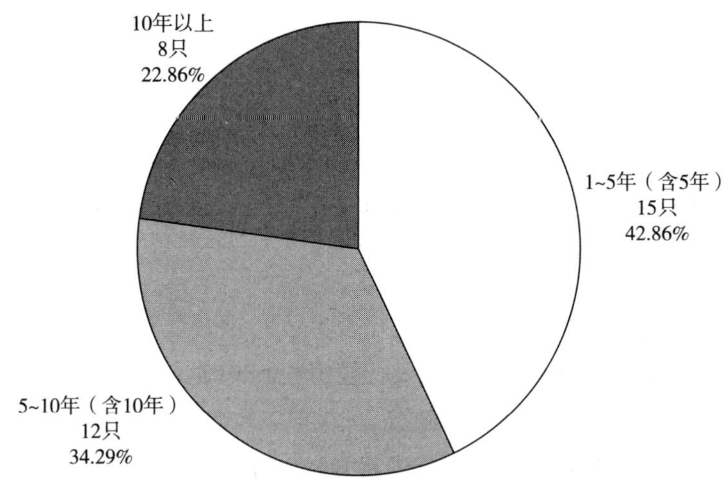

图8　截至2021年9月宁夏存量项目收益专项债剩余期限数量

资料来源：宁夏政府新增专项债信息披露文件，中诚信国际整理计算。

（一）发行规模同比降幅较大，发行成本和发行利差持续走低

自2017年财政部发布《关于试点发展项目收益与融资自求平衡的地方

① 2020年7月29日财政部《关于加快地方政府专项债券发行使用有关工作的通知》（财预〔2020〕94号）明确2020年新增专项债必须保证融资规模与项目收益相平衡，因此2020年新增专项债均为项目收益专项债；本部分项目收益专项债的统计样本为2018~2020年项目收益专项债与2021年1~9月的新增专项债。

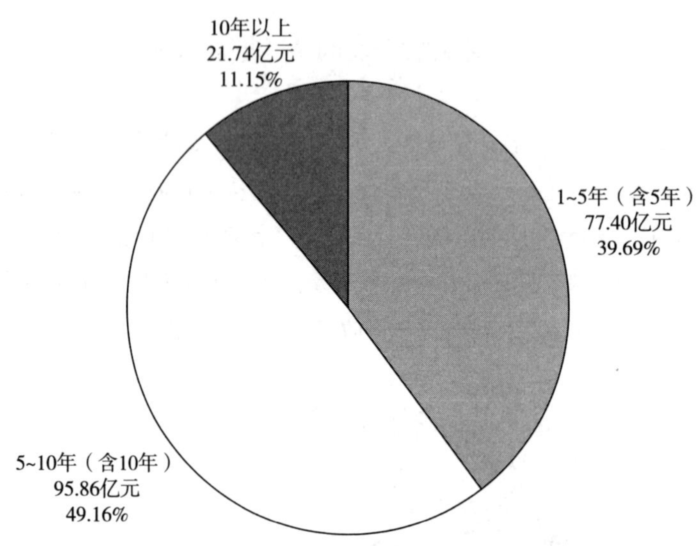

图 9　截至 2021 年 9 月宁夏存量项目收益专项债余额剩余期限结构

资料来源：Wind 数据库，中诚信国际整理计算。

政府专项债券品种的通知》① 以来，宁夏共发行项目收益专项债 35 只，发行额合计 195 亿元（见图 10）。从发行规模看，2019 年宁夏新发行项目收益专项债规模较大，为 154 亿元；随着 2020 年 7 月财政部印发《关于加快地方政府专项债券发行使用有关工作的通知》②，宁夏 2020 年新发行项目收益专项债 28 亿元，较上年降低 81.82%；2021 年 1 ~9 月，宁夏无新增项目收益专项债。从发行成本走势看，自 2018 年宁夏首次发行项目收益专项债以来，发行利率及发行利差保持下降趋势，项目收益专项债发行成本持续走低（见图 11）。

① 《关于试点发展项目收益与融资自求平衡的地方政府专项债券品种的通知》（财预〔2017〕89 号），财政部网站，2017 年 7 月 21 日，http://yss.mof.gov.cn/zhuantilanmu/dfzgl/zcfg/201707/t20170724_2656632.htm。

② 《关于加快地方政府专项债券发行使用有关工作的通知》（财预〔2020〕94 号），财政部网站，2020 年 7 月 29 日，http://yss.mof.gov.cn/zhuantilanmu/dfzgl/zcfg/202007/t20200729_3558515.htm。

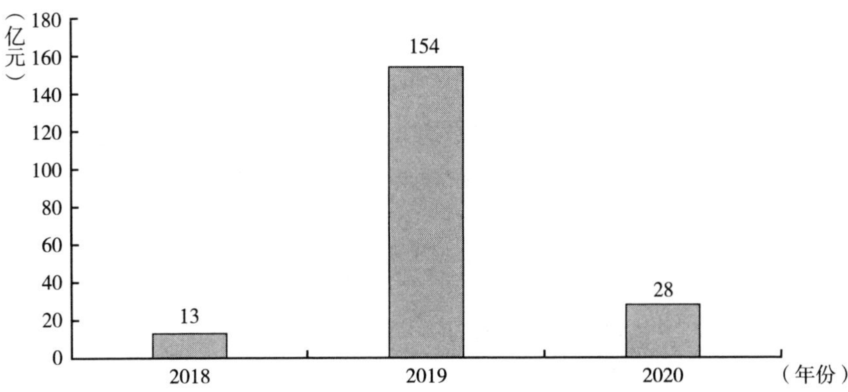

图 10　2018 ~ 2020 年宁夏项目收益专项债发行规模

资料来源：Wind 数据库，中诚信国际整理计算。

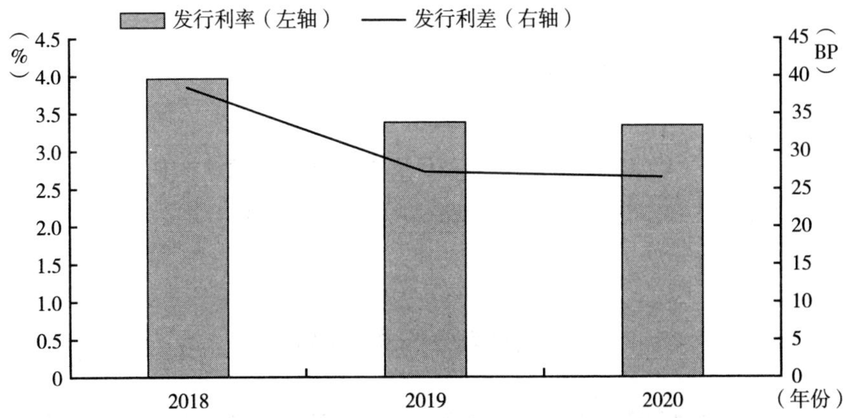

图 11　2018 ~ 2020 年宁夏项目收益专项债发行成本

资料来源：Wind 数据库，中诚信国际整理计算。

（二）主要投向交通基础设施、市政和产业园区基础设施领域，整体资金投向有所优化

综观 2020 年宁夏地方政府项目收益专项债发行情况，新发行相关债券 28 亿元，发行时期集中在 4 月至 5 月，主要投向交通基础设施、市政和产业园区基础

设施领域，占比分别为30.42%和26.80%①（见图12）。细分项目投向领域，2020年宁夏项目收益专项债主要涉及给排水及水务、收费公路以及医疗卫生3个领域，投入规模分别为8.28亿元、6.94亿元及3.47亿元，共占2020年发行总规模的比重达66.75%。整体来看，2020年宁夏地方政府专项债在传统领域基础上，扩大促消费、惠民生和调结构的"两新一重"项目规模，资金投向有所优化。

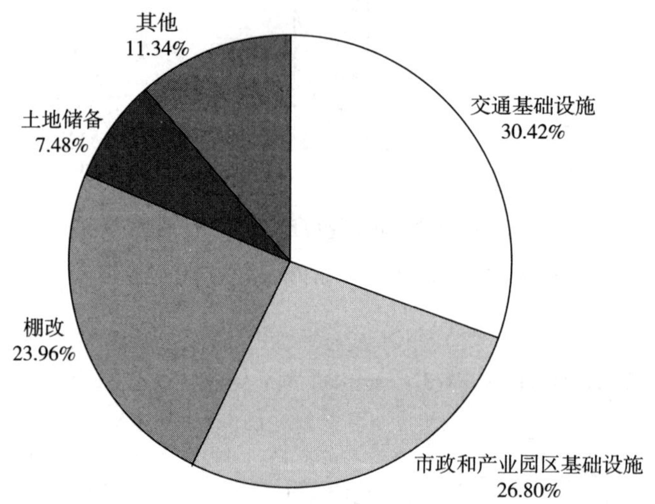

图12　2020年宁夏新增项目收益专项债募投领域分布

资料来源：宁夏政府新增专项债信息披露文件，中诚信国际整理计算。

三　宁夏偿债能力分析

（一）债务规模排名靠后，但负债率较高，2023年偿债压力较大

2020年末，宁夏地方政府债务余额②为1858.87亿元，规模在全国排名靠

① 如无特别说明，本报告中引用的专项债募投项目的相关数据均来自地方政府新增专项债信息披露文件，并由中诚信国际整理计算。由于数据的获取问题，数据可能来自不同募投项目文件、项目实施方案、信息披露模板等，这可能导致数据分析出现一定偏差，但不会对分析结论产生实质上的影响。

② 如无特别说明，本报告中引用的宁夏政府债务限额、余额，一般公共预算收入、支出，财政平衡率，债务率、负债率等财政相关数据均来自宁夏财政预算执行及决算报告，并由中诚信国际整理计算。

后，仅位列西藏自治区之前（见图 13）。从到期时间看，未来 5 年宁夏存在一定偿债压力，2023 年及 2025 年债务到期规模均超 200 亿元，其中 2023 年到期规模最高，达 225.33 亿元，偿债压力较大；到期券种以一般债为主（见图 14）。从地方政府债务余额及限额看，自 2018 年以来，宁夏地方政府债务限额保持稳定增长，2020 年地方政府债务余额占债务限额的比重上升至 91.08%（见图 13），但仍处于风险可控水平。整体来看，宁夏债务水平较高，但后续举债空间尚可，整体风险可控。

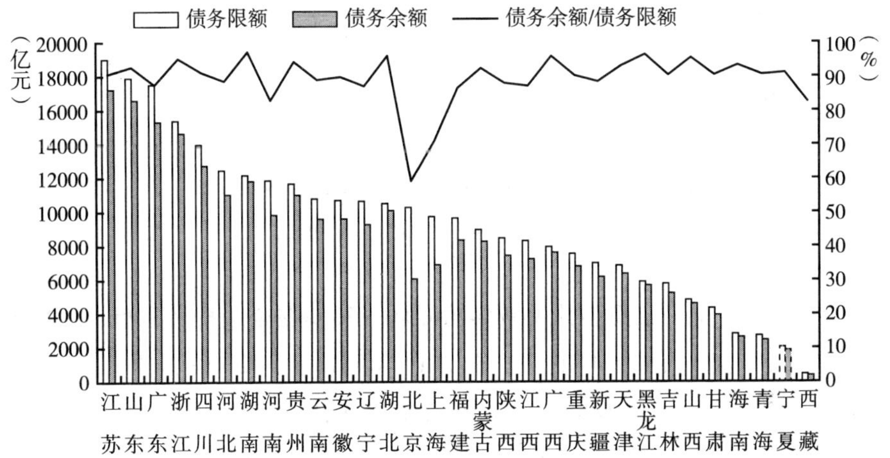

图 13　2020 年全国 31 个省（区、市）地方政府债务限额及余额

资料来源：全国 31 个省（区、市）财政预算执行及决算报告，中诚信国际整理计算。

（二）宁夏经济及财政实力较弱，对政府补助依赖度较高

经济实力方面，2020 年宁夏实现地区生产总值（GDP）3920.55 亿元，全国排名倒数第三，较上年增长 3.90%，增速高于全国平均水平 1.60 个百分点，但较 2019 年有所放缓；按常住人口计算，人均地区生产总值为 5.45 万元，低于全国平均水平。从产业结构看，2020 年宁夏实现第一产业增加值 338.01 亿元，同比增长 3.30%；第二产业增加值 1608.96 亿元，同比增长 4.00%；第三产业增加值 1973.58 亿元，同比增长 3.90%；产业结构以第三产业为主，三次产业结构为 8.62∶41.04∶50.34。

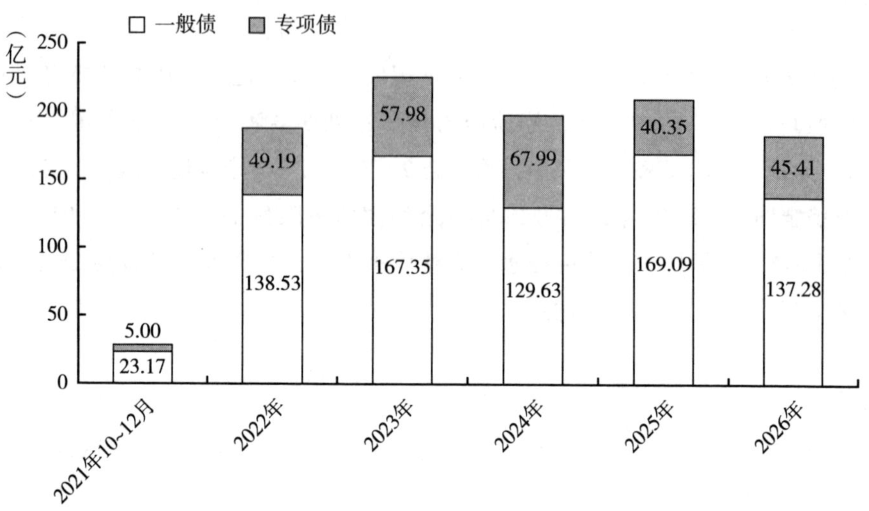

图 14 截至 2021 年 9 月宁夏存量地方债到期分布

资料来源：宁夏财政预算执行及决算报告，中诚信国际整理计算。

财政实力方面，宁夏整体财政实力较弱，长期在全国排名靠后，2020 年一般公共预算收入为 419.44 亿元，较 2019 年同口径下降 1%，其中，税收收入为 263.87 亿元，占比为 62.91%，较 2019 年同期有所下降，收入质量有待提升。2020 年宁夏财政平衡率为 28.33%（见图 15），平衡能力较弱，对政府补助依赖度较高。

（三）债务率超国际警戒标准，财政收入无法覆盖债务，存在一定偿债压力

宁夏地方政府债务规模在全国 31 个省（区、市）中体量较小，截至 2020 年，地方政府债务余额为 1858.87 亿元，其中，一般债务余额为 1334.49 亿元，专项债务余额为 524.38 亿元。债务率方面，2020 年债务率为 114.35%，已超出国际警戒标准；负债率方面，2020 年负债率为 47.41%，在全国 31 个省（区、市）中排前列，负债率较高（见图 16）。债务余额/一般公共预算收入方面，2020 年宁夏债务余额为一般公共预算收入的 4.43 倍，相关财政收入尚不足以覆盖当年债务。综上，宁夏整体偿债能力较弱，存在一定偿债压力。

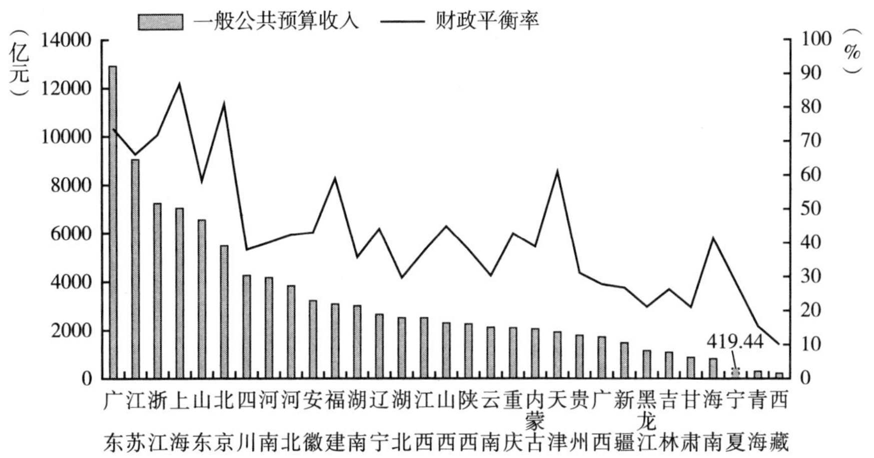

图 15 2020 年全国 31 个省（区、市）一般公共预算收入和财政平衡率

资料来源：全国 31 个省（区、市）财政预算执行及决算报告，中诚信国际整理计算。

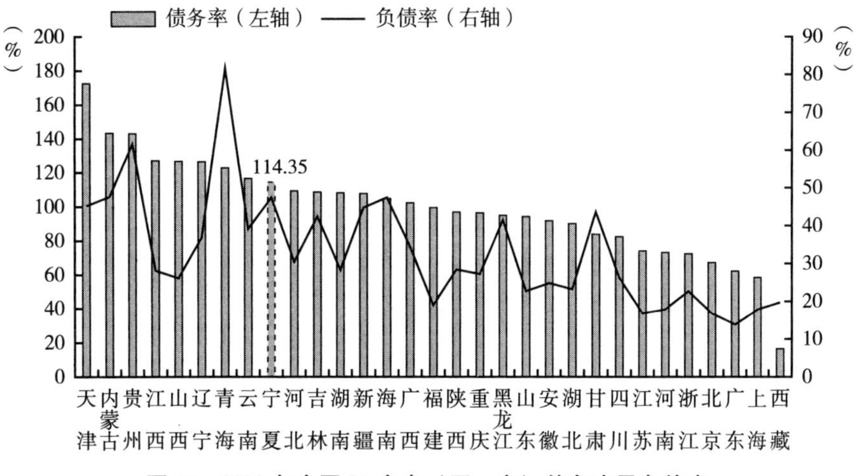

图 16 2020 年全国 31 个省（区、市）债务率及负债率

资料来源：全国 31 个省（区、市）财政预算执行及决算报告，中诚信国际整理计算。

四 小结

宁夏地方债存量规模在全国各省（区、市）中排名靠后，整体规模较小。

2021 年 1 ~9 月宁夏地方债发行速度趋缓，新发债以一般债为主，发行期限显著缩短，发行成本在全国处于较低水平且有下降趋势，但二级市场流动性仍较弱。项目收益专项债方面，2020 年随着《关于加快地方政府专项债券发行使用有关工作的通知》出台，宁夏新发项目收益专项债规模较往年降幅较大；2021 年 1 ~9 月，宁夏无新增项目收益专项债。2020 年新发项目收益专项债全部用于配套融资，撬动杠杆效应较强，但未用作项目资本金，整体对投资的撬动规模有限。从宁夏地方政府债务和经济财政实力方面来看，宁夏经济及财政实力较弱，经济发展以第三产业为主，对政府补助依赖度较高，此外，税收收入占比有所下降，政府收入质量仍需提升。2020 年，宁夏地方政府债务率已超过国际警戒标准，同时负债率较高，存在一定偿债压力，但考虑到债务调整空间尚可，整体风险可控。

根据分析，宁夏需对下述情况保持关注：第一，2021 年，新发地方政府债券期限明显缩短，与项目周期匹配度下降，且未来 5 年宁夏存在一定偿债压力，2023 年债务到期较为集中，建议后续发债综合评估到期债券本息、可偿债财力，合理安排债券期限结构及与项目周期匹配度；第二，宁夏专项债发行规模有限，2021 年 1 ~9 月无新增项目收益专项债，且 2020 年新增项目收益专项债均未用作资本金，建议后续进一步优化新增专项债资金投向，提升基建投资撬动效果；第三，宁夏债务率已超国际警戒标准，负债率和债务率均处于全国前列，建议地方政府审慎发债，同时提升自身经济及财政实力，多渠道增加财政收入，以缓解债务压力。

B.23

2021年河南省地方政府债券分析报告

李 文 陈 涛*

摘 要： 河南省地方债余额在全国处于上游水平；2021年1～9月，河南省新发行地方债规模同比扩大，发行成本下降，但长期限占比有所下降，且新发行债券以专项债为主；河南省项目收益专项债持续扩容，用于配套融资规模大，对投资的撬动效应较好，但用作资本金规模较小；河南省经济与财政实力整体较为靠前，债务率和负债率不高，债务风险整体可控。综上，本报告建议河南省可以适度拉长地方债期限，继续加大地方债资金在公共领域的投入力度，并加强债务风险防控。

关键词： 地方债 专项债 河南省

一 河南省地方债运行情况分析

河南省地方债存量规模①在全国范围内处于上游水平，以新增债券为主，且各期限的存量债规模分布较为合理。从规模来看，截至2021年9月，河南省地方债存量规模为11988.83亿元，在全国31个省（区、市）中居第8位，

* 李文，中诚信国际政府公共评级一部分析师，主要研究领域为地方政府债券、基础设施投融资行业等；陈涛，中诚信国际政府公共评级一部分析师，主要研究领域为地方政府债券、基础设施投融资行业等。

① 如无特别说明，本报告中引用的地方债存量、发行量、发行利率、发行利差、交易量、到期收益率等债券相关数据均来自截至2021年9月的Wind数据库，并由中诚信国际整理计算。

整体处于上游水平（见图1）。从券种结构[①]来看，截至2021年9月，河南省一般债与专项债的比例分别为44.92%、55.08%，专项债规模为6603.03亿元，占比有所上升。从剩余期限来看，河南省存量地方债剩余期限在1年及以下、1~3年（含3年）、3~5年（含5年）、5~10年（含10年）及10年以上的规模占比分别为8.72%、23.85%、24.06%、24.40%和18.97%，存量债规模各期限分布较为合理。

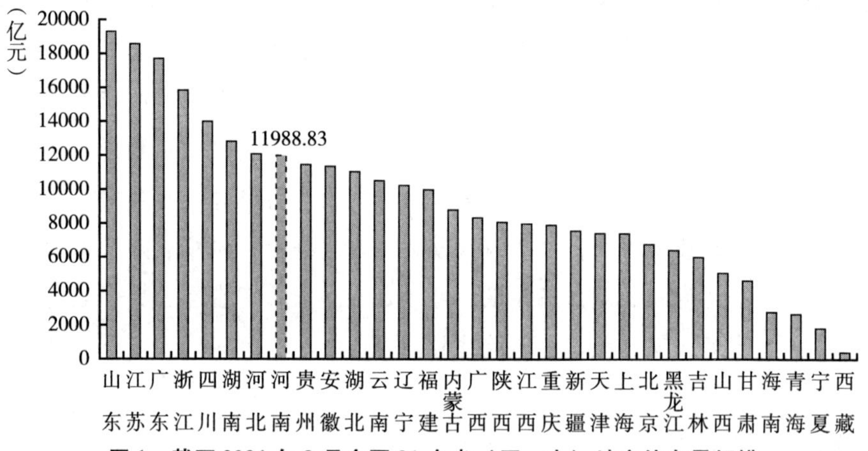

图1　截至2021年9月全国31个省（区、市）地方债存量规模

资料来源：Wind数据库，中诚信国际整理计算。

（一）发行规模持续回升，发行相对较为集中

2021年1~9月，面对宏观经济修复趋缓以及多重风险并存，宏观调控在多目标约束下持续巩固前期经济复苏成果，通过加强跨周期调节进一步托底经济增长。伴随着经济逐步修复，规模型财政政策有所收缩，例如赤字率回调、抗疫特别国债不再发行等，但积极财政政策基调仍未改变，2021年1~9月财政预算支出增速显著低于收入增速，专项债发行力度有所加大。与此同时，2021年8月，财政部发布《2021年上半年中国财政政策执行情况报告》[②]，提

---

① 存量地方债种类结构以存量地方债中2018年以来发行的样本进行统计。

② 《2021年上半年中国财政政策执行情况报告》，财政部网站，2021年8月27日，http://www.mof.gov.cn/zhengwuxinxi/caizhengxinwen/202108/t20210827_3748539.htm。

出适度提高地方政府专项债发行速度，用好地方政府专项债资金。在此背景下，河南省地方债尤其是专项债快速扩容。2021 年 1 ~9 月，河南省新发行的地方债规模为 3006. 54 亿元，居全国第 4 位，较 2020 年同期增长 18. 93% 。从 2021 年月度发行规模看，河南省地方债的发行主要集中于 4 月、5 月、8 月和 9 月，发行规模合计为 2366. 14 亿元，占比达 78. 70% （见图 2）。

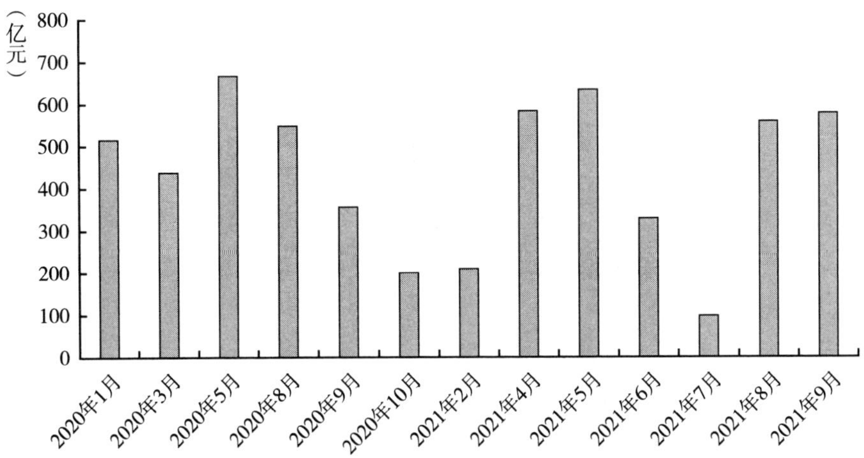

图 2　2020 年 1 月 ~2021 年 9 月河南省地方债月度发行规模

注：河南省部分月份无地方债发行，故图中无显示。
资料来源：Wind 数据库，中诚信国际整理计算。

（二）发行结构以新增专项债为主，长期限占比有所下降

河南省新发行的地方债以新增专项债为主，发行期限呈现短期化趋势。从券种结构来看，2021 年 1 ~9 月，河南省新发行的专项债规模为 1909. 73 亿元，较 2020 年同期增长 10. 93% ，占比达 63. 52% 。从债券种类来看，2021 年 1 ~9 月，河南省新发行的地方债主要系新增专项债，其规模为 1643. 64 亿元，占当期发行总规模的比重为 54. 67% ；其次为再融资一般债（761. 96 亿元）、新增一般债（334. 85 亿元）以及再融资专项债（266. 09 亿元），暂无置换债券发行。从发行期限来看，与 2020 年同期相比，2021 年 1 ~9 月，河南省新发行的长期限地方债占比有所下降。具体来看，发行期限为 5 年、7 年和 10 年的地方债规模合计为 2284. 27 亿元，

占比较2020年同期上升26.63个百分点至75.98%，主要是7年期地方债的发行规模较2020年同期增长568.26%所致；15年期和30年期的地方债规模合计为710.27亿元，占比由2020年同期的50.65%下降至23.62%；同时，河南省新增1只3年期的一般债，发行规模为12.00亿元（见图3）。

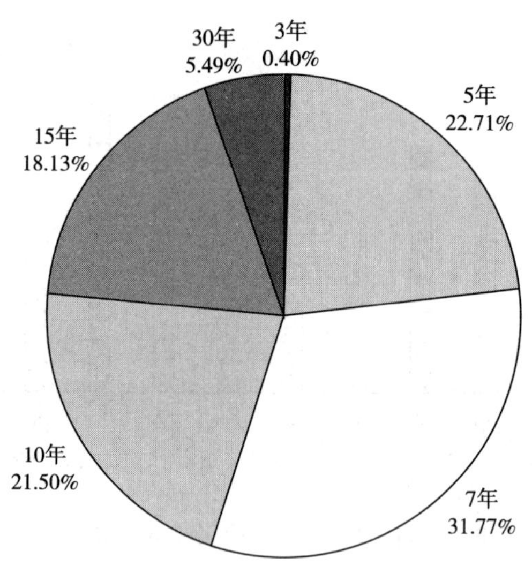

图3　2021年1~9月河南省新发行地方债期限分布

资料来源：Wind数据库，中诚信国际整理计算。

（三）发行利率及利差[①]均有所下降，在全国31个省（区、市）中处于中游水平

近年来，河南省地方债发行成本持续走低，发行利差持续收窄（见图4）。2021年1~9月，河南省地方债发行利率为3.35%，发行利差为25.90BP，较2020年同期均有小幅下降。从月度分布来看，2021年1~9月，河南省地方债的发行利率及利差均呈波动态势，并于2021年7月达到最高位，经历急剧下

① 如无特别说明，本报告中发行利率、利差为根据发行额计算的加权平均发行利率、利差，发行利差计算公式：债券发行利率－对应期限国债收益率。

降后又缓慢上升（见图5）。从全国地方债发行情况来看，在全国31个省（区、市）中，河南省地方债的发行利率及利差处于中游水平（见图6）。

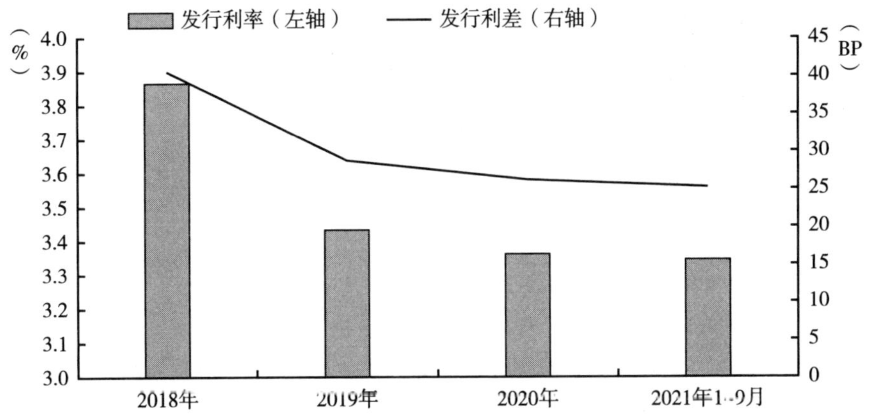

图4　2018～2020年及2021年1～9月河南省地方债发行成本

资料来源：Wind数据库，中诚信国际整理计算。

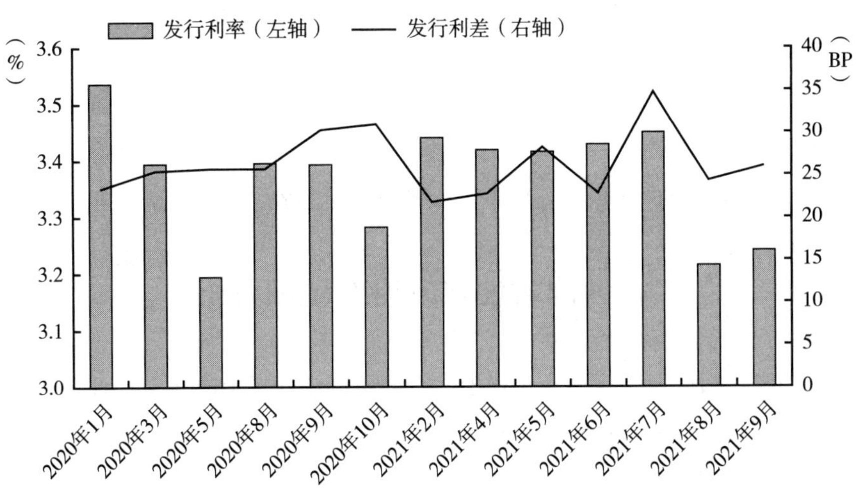

图5　2020年1月～2021年9月河南省地方债月度发行成本

注：河南省部分月份无地方债发行，故图中无显示。

资料来源：Wind数据库，中诚信国际整理计算。

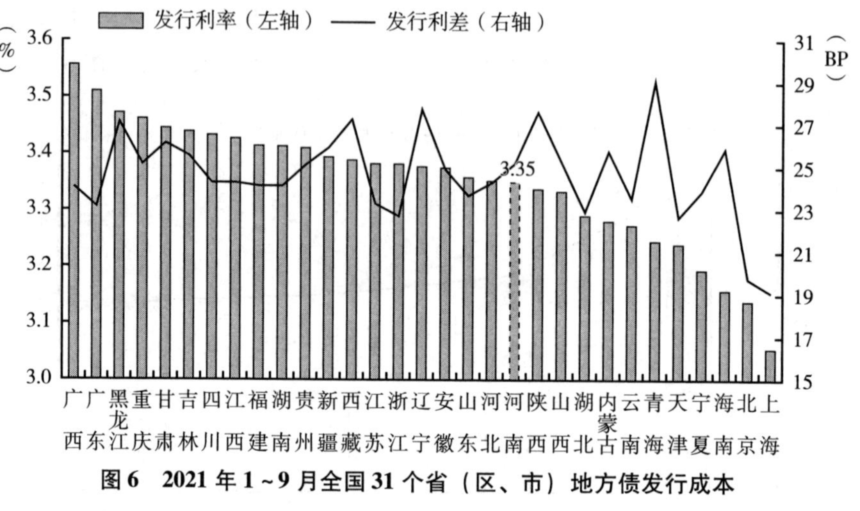

图6　2021年1~9月全国31个省（区、市）地方债发行成本

资料来源：Wind数据库，中诚信国际整理计算。

（四）交易规模同比大幅扩大，到期收益率回落

从二级市场交易规模①看，2021年1~9月，河南省地方债交易规模为2932.13亿元，较2020年同期增长24.05%，在全国的排名亦大幅上升至第6位。从到期收益率②走势看，2020年，河南省各期限地方债到期收益率均值整体呈先降后升的态势，并于2020年4月到达最低点；2021年1~9月，河南省各期限地方债到期收益率均值整体保持缓慢下降态势（见图7）。

二　河南省地方政府专项债分析③

河南省项目收益专项债存量规模在全国范围内居于上游水平，且未来几年内到期规模较大。从规模来看，截至2021年9月，河南省地方政府项目收益

① 交易统计包含回购交易、现券交易等部分。

② 此处到期收益率均值采用的是算术平均值。

③ 2020年7月29日财政部《关于加快地方政府专项债券发行使用有关工作的通知》（财预〔2020〕94号）明确2020年新增专项债必须保证融资规模与项目收益相平衡，因此2020年新增专项债均为项目收益专项债；本部分项目收益专项债的统计样本为2018~2020年项目收益专项债与2021年1~9月的新增专项债。

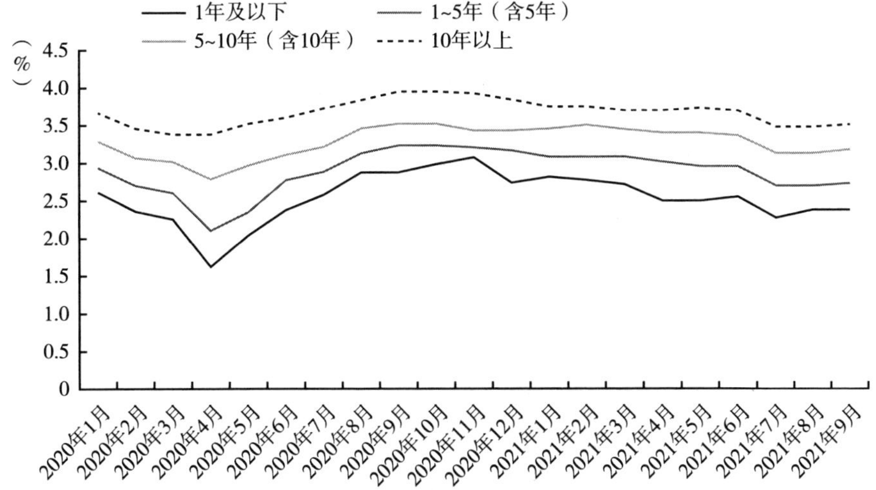

图7　2020 年 1 月 ~ 2021 年 9 月河南省地方债到期收益率走势

资料来源：Wind 数据库，中诚信国际整理计算。

专项债余额为 4848.61 亿元，在全国 31 个省（区、市）中居第 5 位。从剩余期限来看，5 年及以下的河南省地方政府项目收益专项债规模合计为 2049.52 亿元，占比达 42.27%（见图 8），其中 2022 ~ 2026 年的项目收益专项债到期规模分别为 186.41 亿元、373.75 亿元、699.00 亿元、278.76 亿元和 511.61 亿元，未来几年内到期规模较大。

（一）河南省项目收益专项债发行规模持续扩大，发行期限以中长期为主

自 2017 年财政部发布《关于试点发展项目收益与融资自求平衡的地方政府专项债券品种的通知》① 以来，河南省地方政府项目收益专项债发行日趋活跃，发行规模持续扩大（见图 9）。2021 年 1 ~ 9 月，河南省共计发行项目收益专项债 1643.64 亿元，在全国 31 个省（区、市）中居第 3 位，仅次于广东省和山东省。从发行期限来看，2021 年 1 ~ 9 月，河南省项目收益专项债发行期

① 《关于试点发展项目收益与融资自求平衡的地方政府专项债券品种的通知》（财预〔2017〕89 号），财政部网站，2017 年 7 月 21 日，http：//yss. mof. gov. cn/zhuantilanmu/dfzgl/zcfg/201707/t20170724_ 2656632. htm。

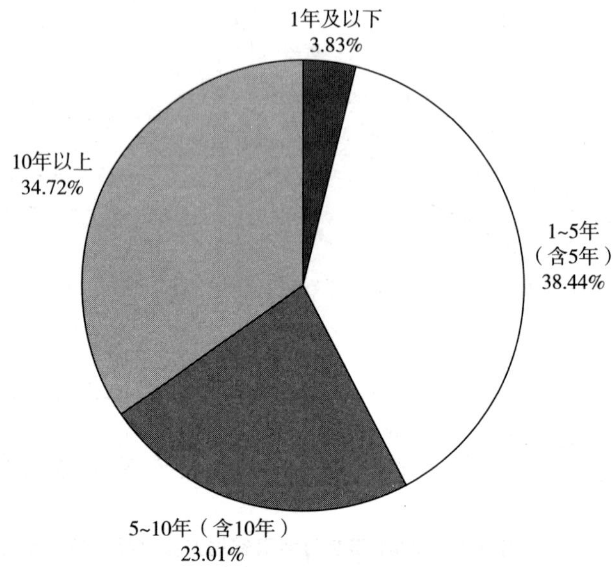

图 8　截至 2021 年 9 月河南省存量项目收益专项债余额剩余期限结构

资料来源：Wind 数据库，中诚信国际整理计算。

限以中长期为主，其中发行期限在 10 年及以上的项目收益专项债规模为 1064.95 亿元，占比达 64.79%（见图 10）。从发行利率及利差来看，2021 年 1～9 月，河南省项目收益专项债发行利率为 3.35%，较全国平均水平低 0.11 个百分点；发行利差为 25.90BP，较全国平均水平高 2.06BP。

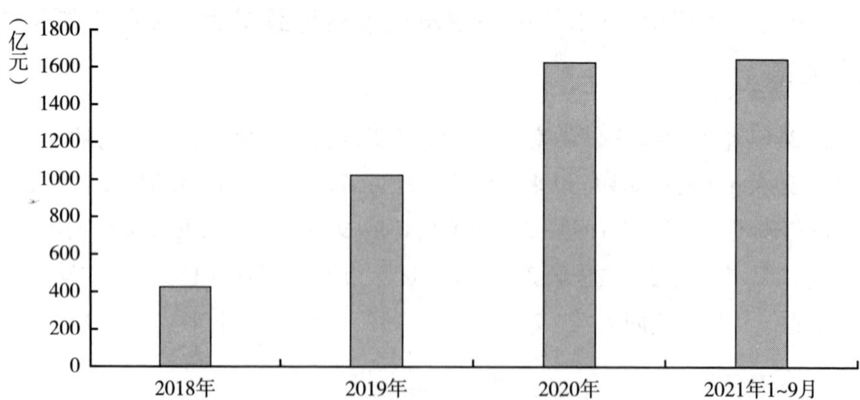

图 9　2018～2020 年及 2021 年 1～9 月河南省项目收益专项债发行规模走势

资料来源：Wind 数据库，中诚信国际整理计算。

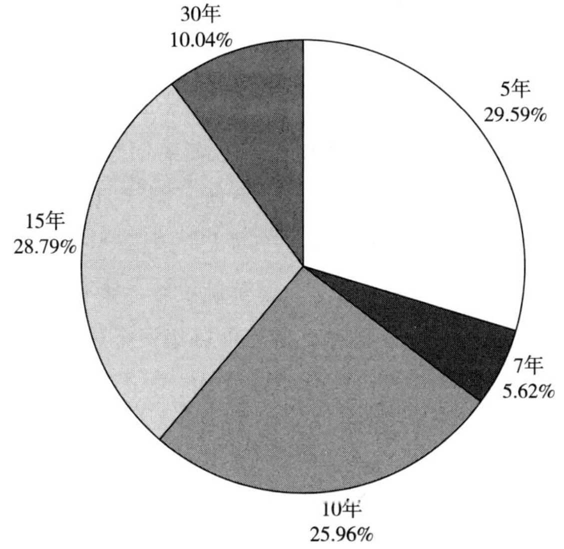

图 10　2021 年 1 ~9 月河南省项目收益专项债发行期限结构

资料来源：Wind 数据库，中诚信国际整理计算。

（二）募投项目涉及范围较广，绝大部分项目预计可自平衡

2021 年 1 ~9 月，河南省项目收益专项债的募集资金主要投向民生服务、市政和产业园区基础设施以及棚改等领域。具体来看，2021 年 1 ~9 月，河南省项目收益专项债募集资金共计 1532. 19 亿元，其中投向民生服务、市政和产业园区基础设施及棚改领域的资金分别为 245. 44 亿元、242. 19 亿元和 749. 52 亿元，合计占总募集资金的 80. 75%①（见图 11）。细分来看，民生服务的募集资金主要投向医疗卫生和教育等方面，规模分别为 144. 54 亿元和 62. 39 亿元，合计占该领域募集资金总额的 84. 31%；市政和产业园区基础设施的募集资金则偏向于各种类型的产业园项目，这些项目投入的资金规模为 171. 01 亿元，占该领域募集资金的比重为 70. 61%。

① 如无特别说明，本报告中引用的专项债募投项目的相关数据均来自地方政府新增专项债信息披露文件，并由中诚信国际整理计算。由于数据的获取问题，数据可能来自不同募投项目文件、项目实施方案、信息披露模板等，这可能导致数据分析出现一定偏差，但不会对分析结论产生实质上的影响。

从项目行政层级分布来看，2021 年 1～9 月，河南省项目收益专项债募投项目以区县级为主，其募集资金占比达 85.58%；其次为地市级项目，募集资金占比为 14.41%；省级项目仅有 1 个，为河南省公共卫生医学中心，所使用的募集资金规模仅为 0.10 亿元。从项目本息覆盖倍数来看，河南省项目收益专项债募投项目的覆盖能力因项目差异而有所不同，但绝大部分募投项目的未来现金流入可覆盖债券本息支出，仅 6 个项目的融资本息覆盖倍数小于 1 倍，这些项目类型包括棚改、民生服务、交通基础设施、市政和产业园区基础设施等，涉及募集资金合计为 6.56 亿元，占当期募集资金总规模的 0.43%。

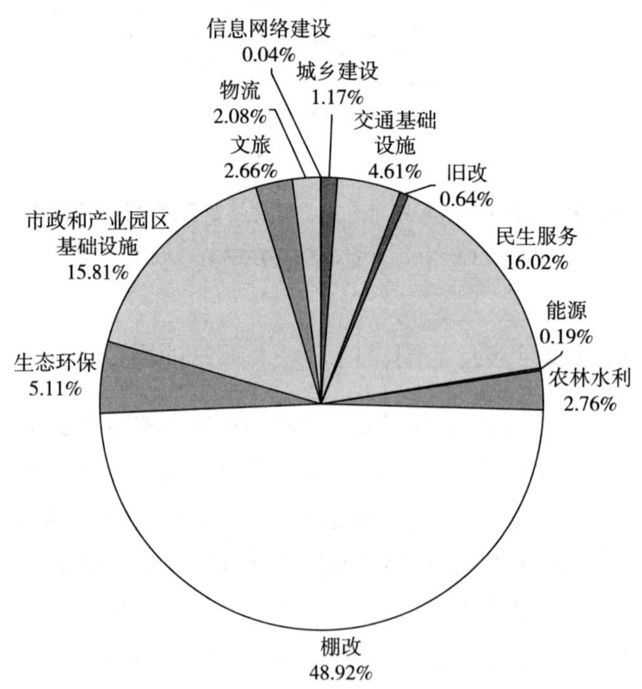

图 11　2021 年 1～9 月河南省新增项目收益专项债募投领域分布

资料来源：河南省政府新增专项债信息披露文件，中诚信国际整理计算。

（三）项目收益专项债用作项目资本金的规模较小，撬动社会资本有限，未来仍需推动资本金运用

2021 年 1～9 月，河南省新发行的项目收益专项债可用作项目资本金的有 5

只，可用作资本金的规模为5.00亿元，占比仅为0.33%；涉及的项目主要包括与医疗卫生相关的民生服务项目、收费公路项目、文旅项目、产业园项目和给排水及水务项目等。从项目资本金的构成来看，上述项目大部分资本金来源于专项债，仅南阳市“方唐高速公路”项目需再通过公司筹款弥补一部分资本金；除部分项目外，大部分项目的资本金比例为100.00%，目前撬动社会资本投入有限。考虑到专项债用作项目资本金的撬动作用强于用作配套融资，在经济修复背景下仍需合理推动资本金应用以放大对基建投资的拉动效果。

（四）用于配套融资规模大，对投资的撬动效应较好

2021年1~9月，河南省项目收益专项债中，虽然用于资本金的规模不大，但用于配套融资的规模为1638.64亿元，在全国31个省（区、市）中居第3位。根据专项债用作资本金项目中项目资本金比例和专项债用作资本金项目中项目配套融资比例，河南省专项债资本金撬动杠杆[①]和专项债配套融资撬动杠杆分别为1.23倍和1.67倍，撬动效应较好。

三　河南省偿债能力分析

（一）债务余额[②]整体呈增长趋势，剩余融资空间仍较大，未来几年内，到期地方债规模逐年扩大

河南省地方政府债务余额整体呈增长趋势，且债务限额仍有较大的使用空间。截至2020年，河南省地方政府债务余额为9822.40亿元，在全国31个省（区、市）中居第8位，较2019年增长24.19%；债务限额为11851.00亿元，未使用的债务限额达2028.60亿元，剩余融资空间较大（见图12）。从地方债存量结构来看，债券形式债务占比超过90%，非政府债券形式债务规模较小。从地方债到期来看，截至2021年9月，河南省存续地方债余额为11988.84亿元，其

① 专项债撬动基建投资方法参见袁海霞、汪苑晖、卞欢《专项债兼顾扩容提效，助力基建托底稳增长——地方政府专项债2019年回顾与2020年展望》，《财政科学》2020年第1期。

② 如无特别说明，本报告中引用的河南省政府债务限额、余额，一般公共预算收入、支出，财政平衡率，债务率、负债率等财政相关数据均来自河南省财政预算执行及决算报告，并由中诚信国际整理计算。

中2021年内，河南省仅有1只专项债到期，规模为33.35亿元。未来几年内，河南省地方债到期规模保持扩大趋势，2026年达1415.43亿元；且除2024年外，2022~2023年及2025~2026年到期的地方债超半数为一般债（见图13）。

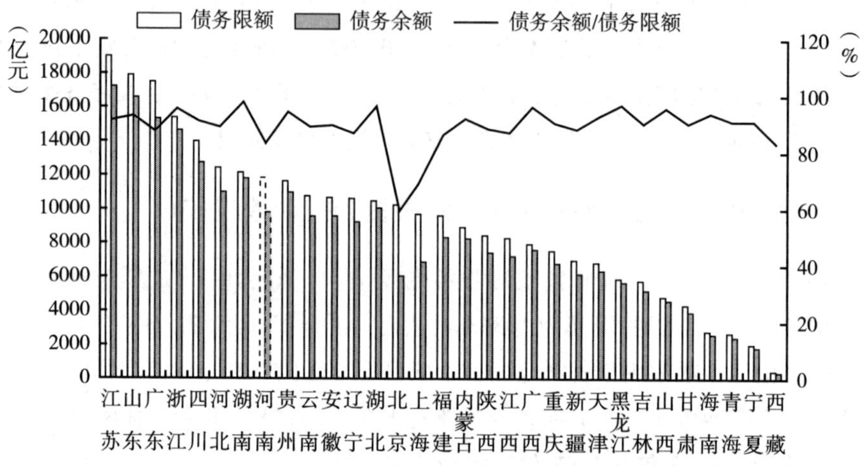

图12　2020年全国31个省（区、市）地方政府债务限额及余额

资料来源：全国31个省（区、市）财政预算执行及决算报告，中诚信国际整理计算。

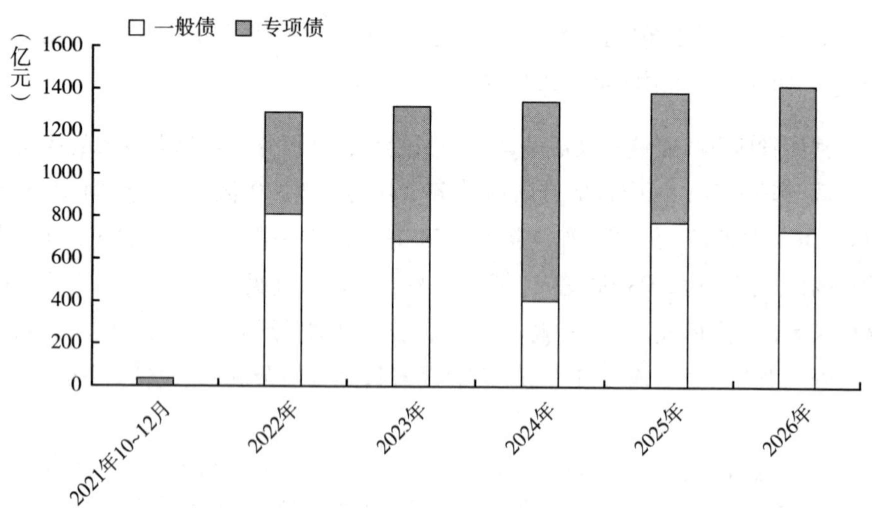

图13　截至2021年9月河南省存量地方债到期分布

资料来源：河南省财政预算执行及决算报告，中诚信国际整理计算。

（二）经济与财政实力在全国较为靠前，但经济增速持续放缓，财政平衡能力较弱

河南省经济总量较大，经济增速持续放缓，产业结构有所优化。2020 年，河南省实现地区生产总值（GDP）54997.07 亿元，在全国 31 个省（区、市）中居第 5 位，较 2019 年增长 1.3%，经济实力仍保持增长，但增速继续放缓（见图 14）。同期，河南省三次产业结构调整为 9.7∶41.6∶48.7，第三产业占比较 2019 年提高 0.2 个百分点，产业结构有所优化。此外，河南省人口众多，根据第七次全国人口普查结果，河南省人口为 9936.55 万人，人口数量仅次于广东省和山东省，在全国 31 个省（区、市）中居第 3 位。

河南省财政实力较强，但财政自给能力较弱，对上级补助依赖较大。2020 年河南省一般公共预算收入为 4168.80 亿元，在全国排第 8 名（见图 15），同比增长 3.1%，增速较 2019 年降低 4.2 个百分点；其中税收收入为 2764.70 亿元，占比 66.32%，税收收入占比同比下降 6.19 个百分点，收入质量有所降低。财政平衡方面，河南省财政自给能力较弱，2020 年财政平衡率为 40.19%，资金缺口较大，收支平衡依赖上级补助（见图 16）。政府性基金收入方面，2020 年，河南省实现政府性基金收入 3751.9 亿元，受国有土地使用权出让收入及车辆通行费减少的影响，较 2019 年下降 8.39%。

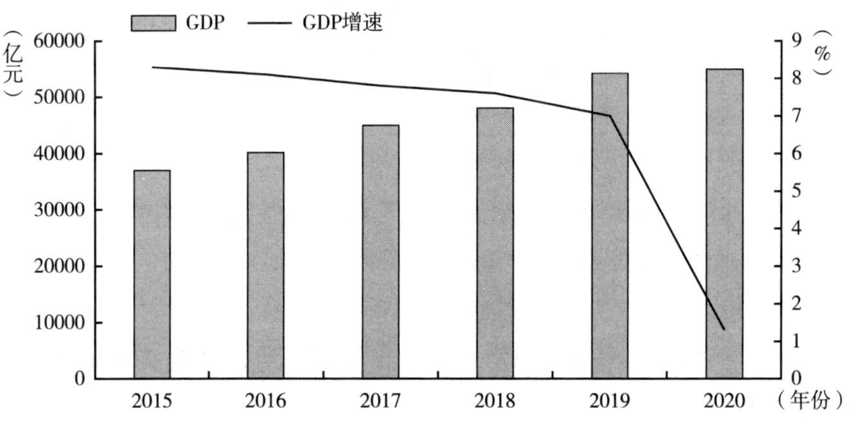

图 14　2015～2020 年河南省 GDP 及 GDP 增速

资料来源：Wind 数据库，中诚信国际整理计算。

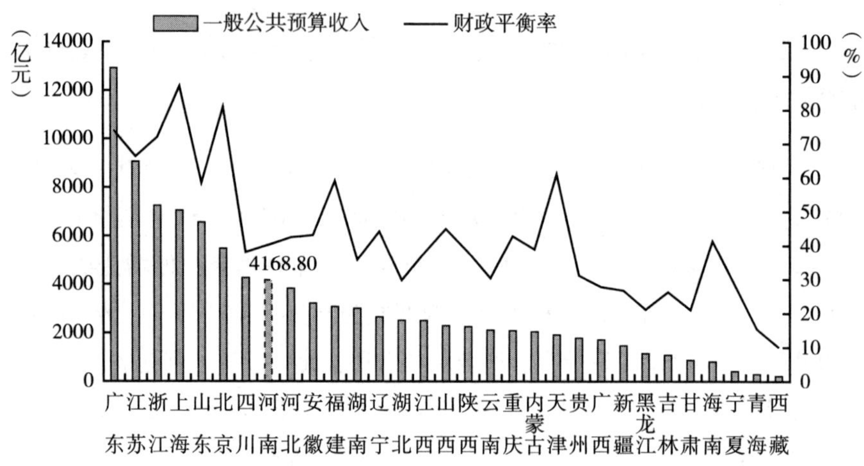

图 15　2020 年全国 31 个省（区、市）一般公共预算收入和财政平衡率

资料来源：全国 31 个省（区、市）财政预算执行及决算报告，中诚信国际整理计算。

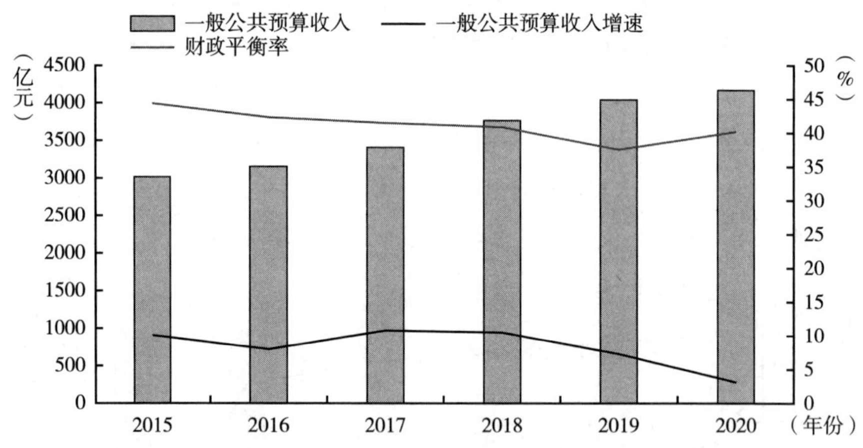

图 16　2015～2020 年河南省一般公共预算收入及财政平衡率

资料来源：河南省财政预算执行及决算报告，中诚信国际整理计算。

（三）相较于全国其他省（区、市），河南省债务率及负债率不高，债务压力一般

河南省债务率及负债率不高，债务风险整体可控。截至 2020 年，河南省

债务率及负债率分别为73.13%和18.76%，分别较2019年上升11.27个百分点和4.18个百分点，债务率及负债率在全国31个省（区、市）中处于下游水平（见图17、图18）。与此同时，永城煤电控股集团有限公司发生债券违约后，河南省出台多项举措，持续健全政府债务“借、用、管、还”全过程监管体系，并开展日常监测与风险预警，严守区域性、系统性风险底线。

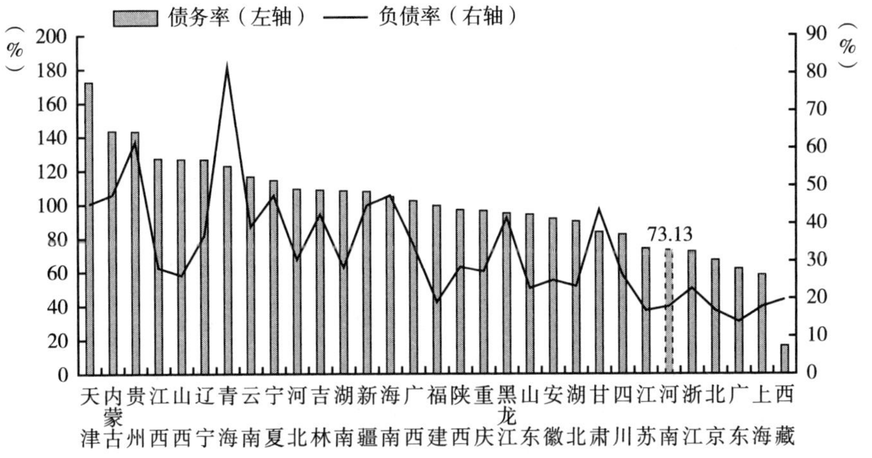

图17　2020年全国31个省（区、市）债务率及负债率

资料来源：全国31个省（区、市）财政预算执行及决算报告，中诚信国际整理计算。

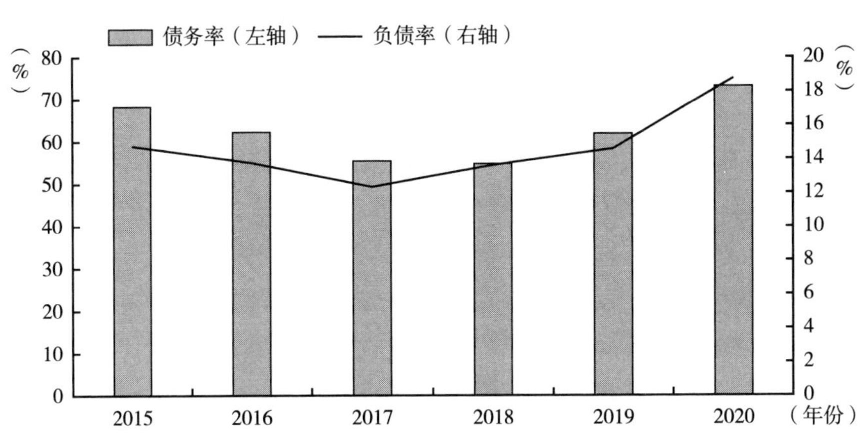

图18　2015～2020年河南省债务率及负债率

资料来源：河南省财政预算执行及决算报告，中诚信国际整理计算。

四　小结

随着经济持续修复和积极性财政政策不断推进，2021 年 1 ~9 月，河南省地方债发行规模大幅扩大，债券品种仍以专项债为主，但长期限占比有所下降。从发行成本来看，河南省地方债发行利率及利差虽有所波动，但在全国范围内处于中游水平；二级市场交易规模再创新高，各期限到期收益率整体回落。从项目收益专项债情况来看，河南省项目收益专项债发行节奏加快，募投项目涉及范围广，用于配套融资规模大，对投资的撬动效应较好，但专项债用作资本金的撬动作用尚未充分体现。此外，河南省经济与财政实力整体较为靠前，现阶段债务限额仍有较大使用空间，且债务水平不高，债务风险总体可控。

基于以上分析，本报告建议：第一，适度拉长地方债期限，河南省地方债中，项目收益专项债投向的领域多属于国计民生领域，公益性较强，盈利能力较弱，需要较长时间平衡前期投资，通过置换、新增的方式，适度拉长地方债期限，可以避开期限错配，有利于缓解偿债压力；第二，继续加大对公共领域的地方债资金投入力度，补齐医疗卫生服务、水利基础设施等领域配套资源短板，并进一步增强项目收益专项债作为项目资本金对投资的撬动作用；第三，在发挥地方债资金聚力增效作用的同时，还须合理统筹安排财政资金，加强债务风险监测。

B.24

2021年湖北省地方政府债券分析报告

周 迪 国采薇 林 瀚*

摘 要： 湖北省地方债存量规模居全国中游靠前位置，地方债发行较为活跃且发行规模逐年扩大、发行成本逐年降低。2020 年，受新冠肺炎疫情影响，湖北省地方债发行放缓，发行时间主要集中在第二、三季度，2021 年以来地方债发行时间有所提前；发行结构以新增专项债为主，中长期债券占比较高。湖北省项目收益专项债持续扩容，其募投领域向棚改倾斜，但未用作项目资本金。整体来看，湖北省地方政府债务限额仍有一定空间，但一般公共预算收入无法完全覆盖债务余额，面临一定偿债压力。展望下一阶段，本报告建议湖北地方政府进一步丰富资金投向，重点关注省内再融资能力，做好债务风险防控。

关键词： 地方债 专项债 湖北省

一 湖北省地方债运行情况分析

湖北省地方债存量规模①位于全国中游偏上水平，以新增专项债为主，债券期限以 5～10 年期为主。从规模看，截至 2021 年 9 月，湖北省地方债存量

---

* 周迪，中诚信国际政府公共评级一部分析师，主要研究领域为地方政府债券、基础设施投融资行业等；国采薇，中诚信国际政府公共评级一部助理分析师，主要研究领域为地方政府债券、基础设施投融资行业等；林瀚，中诚信国际政府公共评级一部助理分析师，主要研究领域为地方政府债券、基础设施投融资行业等。

① 如无特别说明，本报告中引用的地方债存量、发行量、发行利率、发行利差、交易量、到期收益率等债券相关数据均来自截至 2021 年 9 月的 Wind 数据库，并由中诚信国际整理计算。

规模为11043.14亿元，占全国地方债存量的3.85%，在全国31个省（区、市）中排第11名（见图1）。从券种结构①看，一般债存量规模4992.25亿元，专项债存量规模6050.89亿元，占湖北省存量地方债的比重分别为45.21%和54.79%。从期限结构看，湖北省存量地方债以中长期为主，5年期、7年期和10年期占比分别为16.88%、19.69%和26.60%。

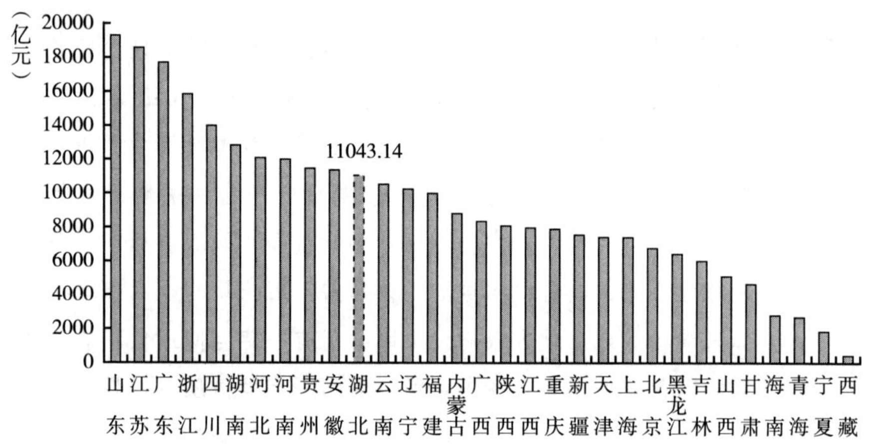

图1 截至2021年9月全国31个省（区、市）地方债存量规模

资料来源：Wind数据库，中诚信国际整理计算。

（一）2021年第一季度地方债发行规模同比大幅扩大，主要集中在3月发行

从发行规模看，2021年1~9月，湖北省地方债发行122只，发行规模为1923.58亿元，约为2020年同期发行总规模的66.33%。从月度发行规模走势看，湖北省2020年第一季度受新冠肺炎疫情影响，地方债发行放缓，发行时间主要集中在第二、三季度，2021年以来，第一季度地方债发行规模较2020年同期大幅提升70.17%，且集中在2021年3月发行，发行规模为588.75亿元，为2020年1月至2021年9月段内最高；2021年第二季度发行规模与第一季度基本持平，第三季度发行规模有所扩张，但较2020年同期分别下降41.08%和40.52%（见图2）。

---

① 存量地方债种类结构以存量地方债中2018年以来发行的样本进行统计。

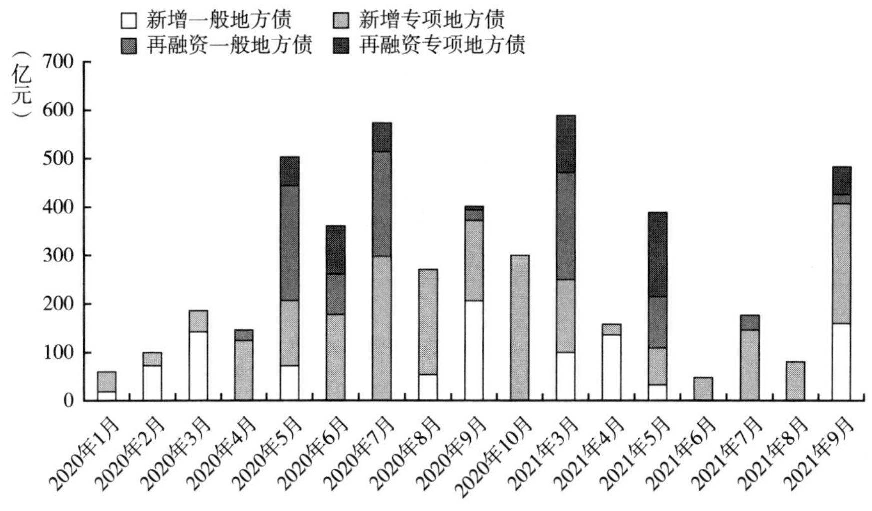

图2　2020 年 1 月 ~2021 年 9 月湖北省地方债月度发行规模

注：湖北省部分月份无地方债发行，故图中无显示。

资料来源：Wind 数据库，中诚信国际整理计算。

（二）发行结构以新增专项债为主，中长期债券占比较高

2021 年 1 ~9 月，湖北省的地方债以新增专项债为主，期限以中长期为主。从发行券种结构来看，2021 年 1 ~9 月，湖北省地方债发行结构以新增专项债为主，新增专项债、再融资一般债、新增一般债和再融资专项债发行规模分别为 769. 94 亿元、376. 74 亿元、428. 83 亿元和 348. 07 亿元，占比分别为 40. 03%、19. 59%、22. 29% 和 18. 09%；从期限分布来看，2021 年 1 ~9 月，湖北省地方债发行期限以中长期为主，10 年期、15 年期和 20 年期的债券占比分别为 23. 77%、14. 75% 和 14. 75%（见图 3）。

（三）发行成本不断下降，发行利率及利差①在全国处于中低水平

湖北省地方债发行利率较低，2021 年 1 ~9 月，湖北省地方债发行利率延续 2020 年回落趋势，回落至 3. 28%，在全国 31 个省（区、市）中排第 23 位；

① 如无特别说明，本报告中发行利率、利差为根据发行额计算的加权平均发行利率、利差，发行利差计算公式：债券发行利率 – 对应期限国债收益率。

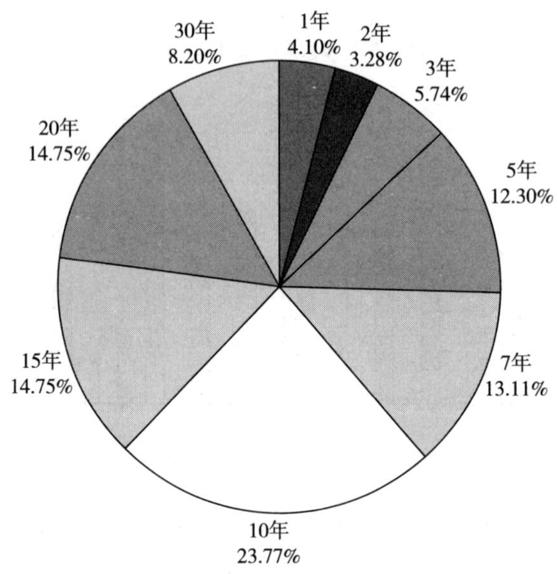

图3　2021年1~9月湖北省新发行地方债期限分布

资料来源：Wind数据库，中诚信国际整理计算。

发行利差为22.84BP（见图4、图5）。从月度发行成本来看，2021年1~9月，湖北省地方债月度发行利率和利差波动较大，但整体呈下降趋势，发行利率在3.12%和3.56%区间内波动（见图6）。

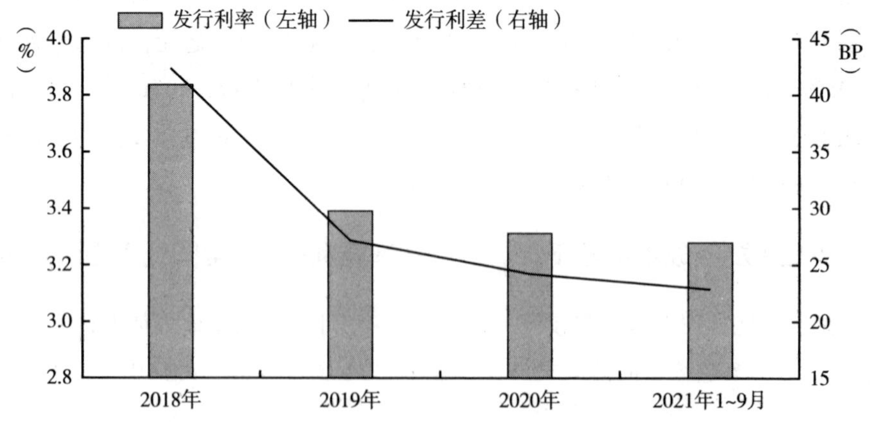

图4　2018~2020年及2021年1~9月湖北省地方债发行成本

资料来源：Wind数据库，中诚信国际整理计算。

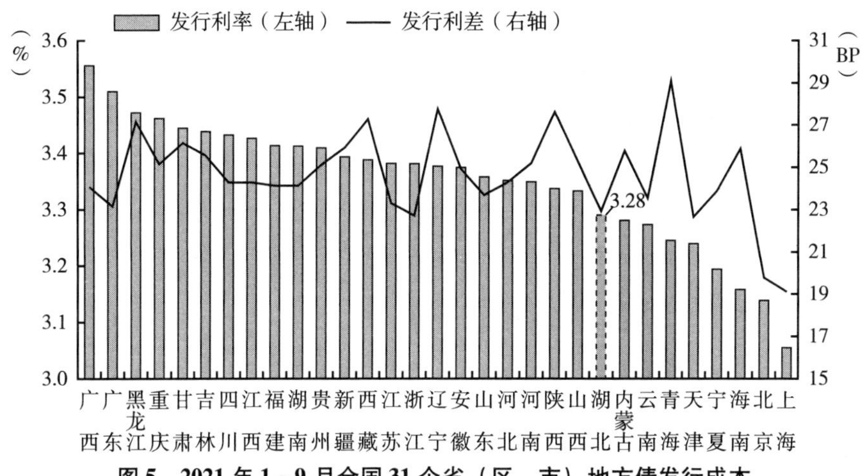

图5　2021年1~9月全国31个省（区、市）地方债发行成本

资料来源：Wind数据库，中诚信国际整理计算。

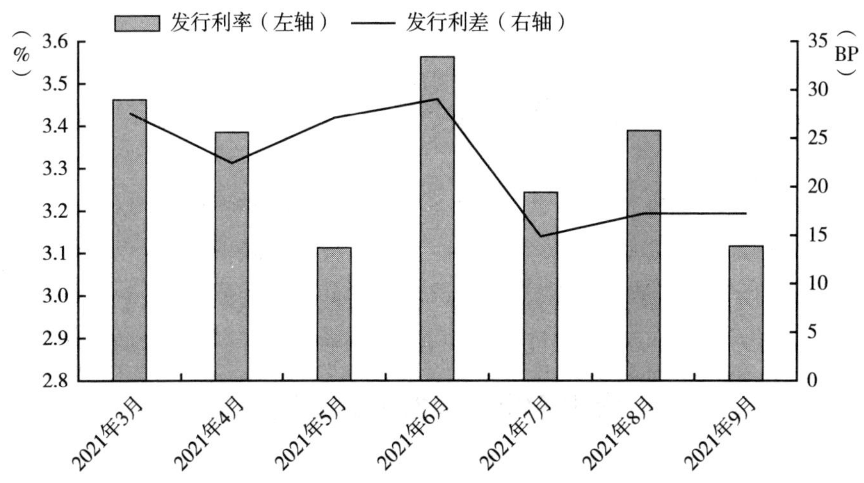

图6　2021年1~9月湖北省地方债月度发行成本

注：湖北省部分月份无地方债发行，故图中无显示。

资料来源：Wind数据库，中诚信国际整理计算。

（四）交易规模①同比缩小，到期收益率于2021年7月触底回升

从二级市场交易规模看，2021年1~9月全国地方债二级市场流动性大幅

① 交易统计包含回购交易、现券交易等部分。

减弱，交易规模为2424.29亿元，较2020年同期下降3.44%，故交易规模从全国第17名①上升至第7名②。从到期收益率走势看，2021年1~9月，湖北省地方债各期限的到期收益率走势趋同，2021年1~7月大体上呈波动下降态势，于2021年7月到达底点后逐月回升（见图7）。

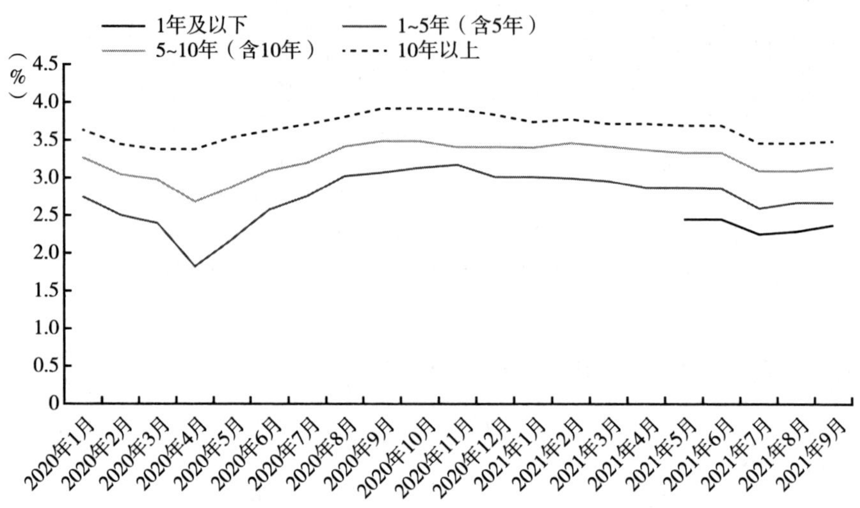

图7　2020年1月~2021年9月湖北省地方债到期收益率走势

注：湖北省部分月份无1年及以下期限存量地方债，故收益率曲线空缺。
资料来源：Wind数据库，中诚信国际整理计算。

二　湖北省地方政府专项债分析③

湖北省项目收益专项债存量规模在全国范围内处于中游水平，截至2021年9月，湖北省存量专项债为309只，存量规模为6050.89亿元，占

① 2020年1~9月全国地方债交易规模排名。

② 2021年1~9月全国地方债交易规模排名。

③ 2020年7月29日财政部《关于加快地方政府专项债券发行使用有关工作的通知》（财预〔2020〕94号）明确2020年新增专项债必须保证融资规模与项目收益相平衡，因此2020年新增专项债均为项目收益专项债；本部分项目收益专项债的统计样本为2018~2020年项目收益专项债与2021年1~9月的新增专项债。

湖北省存量地方债余额的比重为54.79%，期限结构偏中长期；2021年起投向朝棚改领域倾斜。值得注意的是，2021年1~9月湖北省未启用专项债资本金模式，单从目前用作项目配套融资看，理论上或能撬动基建投资约1315.49亿元，稳增长背景下需进一步发挥专项债用作资本金的杠杆优势。

（一）发行规模逐年扩大，发行期限以中长期为主

自2017年财政部发布《关于试点发展项目收益与融资自求平衡的地方政府专项债券品种的通知》[①] 以来，湖北省项目收益专项债发行规模逐年扩大，2018~2020年及2021年1~9月，湖北省项目收益专项债发行规模（发行数量）分别为626.67亿元（9只）、975.00亿元（30只）、1530.00亿元（126只）和769.94亿元（84只），2020年在抗疫情、稳增长背景下，湖北省专项债发行规模大幅扩大。从发行利率及利差来看，2018~2020年，发行利率和利差均呈逐年下降态势，2021年1~9月发行利率及利差亦处于较低水平，分别为3.28%和22.84BP。从发行期限来看，2018~2019年以5~10年期为主，发行规模占当期发行总额的比重分别为86.89%和88.78%；2020年与2021年1~9月以10年期及以上为主（见图8），发行规模占当期发行总额的比重分别为47.78%和57.46%，债券发行期限拉长，债券期限结构更加分散与合理。

（二）募投领域向棚改倾斜，项目偿债保障有待改善

湖北省项目收益专项债募投项目覆盖了交通基础设施、棚改、市政和产业园区基础设施、农林水利、民生服务及生态环保等多领域，覆盖范围较广。2021年1~9月，从募投项目分类来看，湖北省项目收益专项债募集资金投向棚改项目的规模最大，占比为33.60%，其次为交通基础设施项目及

① 《关于试点发展项目收益与融资自求平衡的地方政府专项债券品种的通知》（财预〔2017〕89号），财政部网站，2017年7月21日，http://yss.mof.gov.cn/zhuantilanmu/dfzgl/zcfg/201707/t20170724_2656632.htm。

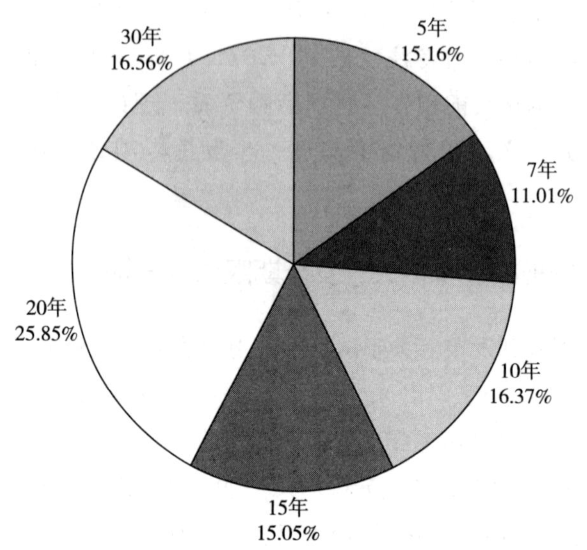

图8　2021 年 1 ~9 月湖北省项目收益专项债余额剩余期限结构

资料来源：Wind 数据库，中诚信国际整理计算。

市政和产业园区基础设施项目，占比分别为 21.76% 和14.42%①（见图 9）；从募投项目行政层级分布来看，地市级项目和区县级项目使用的募集资金占比分别为 49.97% 和 50.03%；从募投项目区域分布来看，项目收益专项债募集资金投入最多的是武汉市，占比为 77.71%，其次是襄阳市和宜昌市，占比分别为 3.96% 和 3.18%，再次为荆州市和鄂州市，占比分别为 2.57% 和 2.28%，其他市州较省会武汉市而言，所用湖北省项目收益专项债规模较小；从项目偿债情况来看，项目融资本息覆盖倍数均值为 1.68 倍，偿债风险不大，但 1/5 的项目仅以土地出让收入为还款来源，由于土地出让不确定性较大且具备收入一次性实现的特点，需关注对应土地出让进度及项目偿还本息的潜在风险。

① 如无特别说明，本报告中引用的专项债募投项目的相关数据均来自地方政府新增专项债信息披露文件，并由中诚信国际整理计算。由于数据的获取问题，数据可能来自不同募投项目文件、项目实施方案、信息披露模板等，这可能导致数据分析出现一定偏差，但不会对分析结论产生实质上的影响。

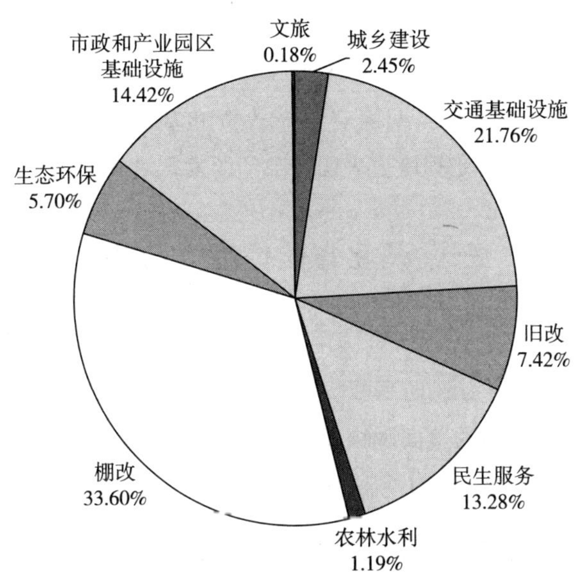

图 9　2021 年 1 ~9 月湖北省新增项目收益专项债募投领域分布

资料来源：湖北省政府新增专项债信息披露文件，中诚信国际整理计算。

（三）暂无新增专项债用作项目资本金，需合理推进资本金应用

2021 年 1 ~9 月，全国 31 个省（区、市）中新增专项债用作资本金的省（区、市）共 24 个，但湖北省无专项债用作项目资本金，专项债对基建投资的撬动以项目配套融资的形式体现，在一定程度上也表明项目资本金到位压力可能较小。考虑到专项债用作项目资本金的撬动作用强于用作配套融资，在稳增长背景下仍需合理推进资本金应用以放大对基建投资的拉动效果。

（四）新增项目收益专项债可撬动基建投资规模1252. 28亿元

2021 年 1 ~9 月，湖北省新增专项债的规模为 732. 94 亿元（不含 37 亿元支持中小银行补充资本金额度），专项债资本金撬动杠杆为 0 倍，专项债配套融资撬动杠杆①为 1. 71 倍，合计撬动基建投资规模 1252. 28 亿元。当期湖北省新增专项债均用作非专项债资本金项目中的配套融资，此类项目的资本金和配

① 专项债撬动基建投资方法参见袁海霞、汪苑晖、卞欢《专项债兼顾扩容提效，助力基建托底稳增长——地方政府专项债 2019 年回顾与 2020 年展望》，《财政科学》2020 年第 1 期。

套融资比例均值分别为41%和59%。2021年1~9月，湖北省新增专项债撬动基建投资规模处于全国中等偏上游水平（列全国第12位），较上年同期上升6个位次。同期末，湖北省当期固定资产投资和基础设施投资分别同比上升32.5%和17.9%，在一定程度上表明专项债的发行对其投资拉动效果显著。

三　湖北省偿债能力分析

湖北省地方债存量规模居全国中游靠前位置，整体呈现扩大态势，2023年、2025年和2026年为到期高峰。2020年下半年以来，湖北省财力逐步恢复，所受新冠肺炎疫情的负面影响逐步消除，财政平衡率有所提高，财政自给水平得到提升，偿债能力也小幅增强，但仍面临一定偿债压力。

（一）债务规模较大且呈增长趋势，存在一定偿债压力

湖北省地方政府债务余额①规模较大且呈增长趋势，但债务限额仍有一定使用空间。截至2020年，湖北省地方政府债务限额为10500.30亿元，较2016年复合增长率为18.90%，在全国31个省（区、市）中列第13位；债务余额为10078.68亿元，较2016年复合增长率为18.54%，在全国列第9位；未使用的债务限额达421.62亿元，仍有一定空间（见图10、图11）。截至2021年9月，湖北省存量地方政府债券规模为11043.14亿元。从到期分布来看，2021年内，11月到期规模较大，达到262.27亿元，其中一般债和专项债规模分别为71.59亿元和190.68亿元；2022~2026年湖北省偿债压力主要集中在2023年、2025年和2026年，年到期规模均超千亿元（见图12）。从到期券种来看，2022~2026年，一般债和专项债的到期规模占比分别为42.38%和57.62%。

（二）2021年随着全省财力逐步恢复，财政自给能力有所提升

从财政实力来看，2020年受新冠肺炎疫情影响，湖北省财政实力有所下滑，居全国中游水平，财政自给能力减弱，对上级补助依赖程度进一步提升。

---

① 如无特别说明，本报告中引用的湖北省政府债务限额、余额，一般公共预算收入、支出，财政平衡率，债务率、负债率等财政相关数据均来自湖北省财政预算执行及决算报告，并由中诚信国际整理计算。

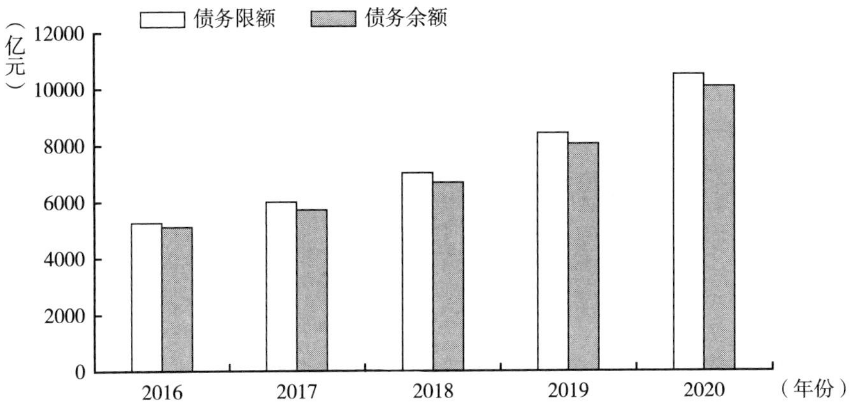

图 10　2016～2020 年湖北省地方政府债务限额及余额

资料来源：湖北省财政预算执行及决算报告，中诚信国际整理计算。

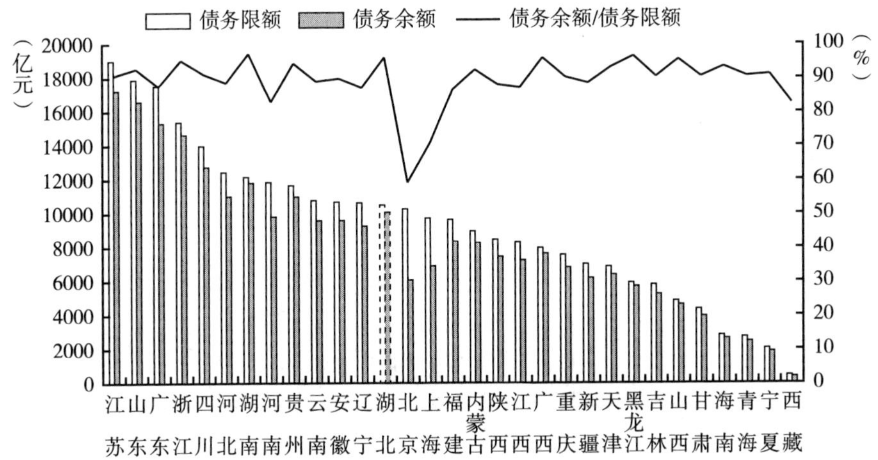

图 11　2020 年全国 31 个省（区、市）地方政府债务限额及余额

资料来源：全国 31 个省（区、市）财政预算执行及决算报告，中诚信国际整理计算。

2020 年湖北省一般公共预算收入受新冠肺炎疫情影响同比下降 25.9% 至 2511.54 亿元，但降幅比第一季度收窄 21.7 个百分点，税收占比为 76.58%。当期财政平衡率为 29.76%，财政自给能力受疫情影响大幅下滑（见图 13、图 14）；政府性基金收入随土地行情景气程度变化有所下滑，同比减少 245.63 亿元至 3229.28 亿元。2021 年 1～9 月，湖北省财政收入企稳，完成地方一般

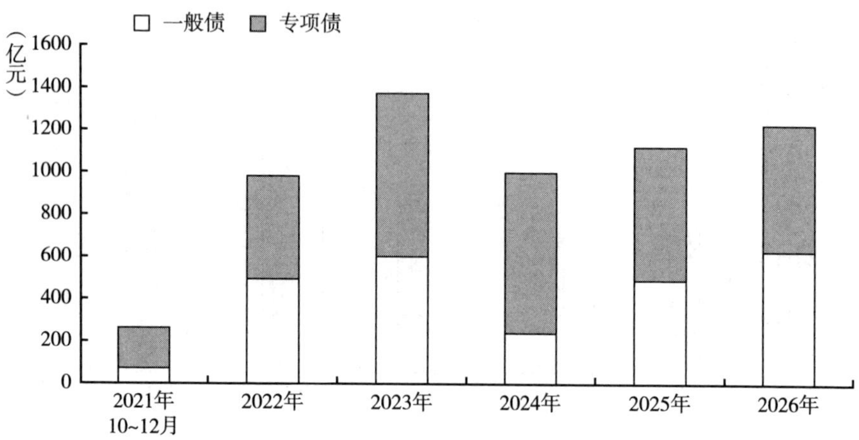

图 12　截至 2021 年 9 月湖北省存量地方债到期分布

资料来源：湖北省财政预算执行及决算报告，中诚信国际整理计算。

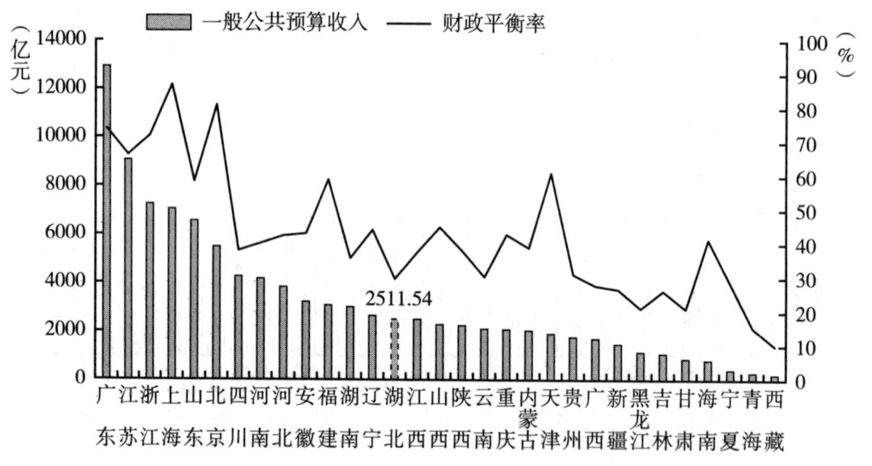

图 13　2020 年全国 31 个省（区、市）一般公共预算收入与财政平衡率

资料来源：全国 31 个省（区、市）财政预算执行及决算报告，中诚信国际整理计算。

公共预算收入 2713 亿元，同比增长 39.4%，且超过 2019 年同期（2686 亿元），实现税收收入 2149 亿元，同比增长 42.1%；一般公共预算支出为 5640 亿元，同比增加 1.2%；财政平衡率为 48.10%，仍处于较低水平，但财政自给能力较上年有明显提升。

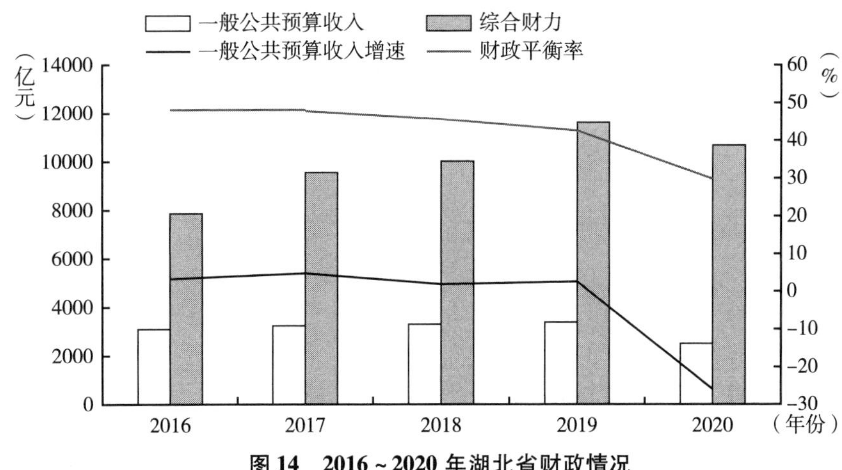

图 14　2016～2020 年湖北省财政情况

资料来源：湖北省财政预算执行及决算报告，中诚信国际整理计算。

（三）经济及财政实力较强，新冠肺炎疫情导致短期承压

2020 年，受新冠肺炎疫情影响，湖北省经济和地方财政收入均有所下滑，但受益于当期转移性收入较高，湖北省地方综合财力保持增长至 10683.60 亿元。2020 年，湖北省债务率和负债率分别为 90.05% 和 23.20%，均排全国第 22 名（见图 15、图 16），在全国 31 个省（区、市）中处于较低水平。2021 年

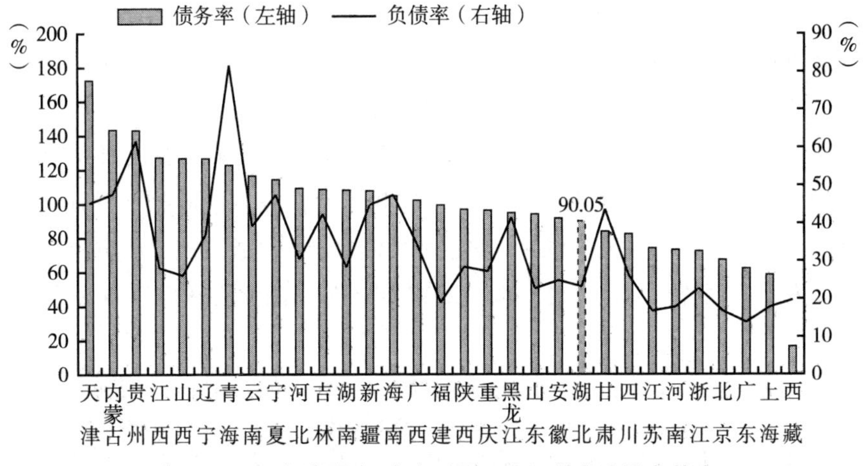

图 15　2020 年全国 31 个省（区、市）债务率及负债率

资料来源：全国 31 个省（区、市）财政预算执行及决算报告，中诚信国际整理计算。

1~9月，全省一般公共预算收入同比大幅增加39.4%至2713亿元，且超过2019年同期水平，但转移性收入的增长或不具可持续性，综合财力亦有可能下滑，后续需对债务率水平保持关注。

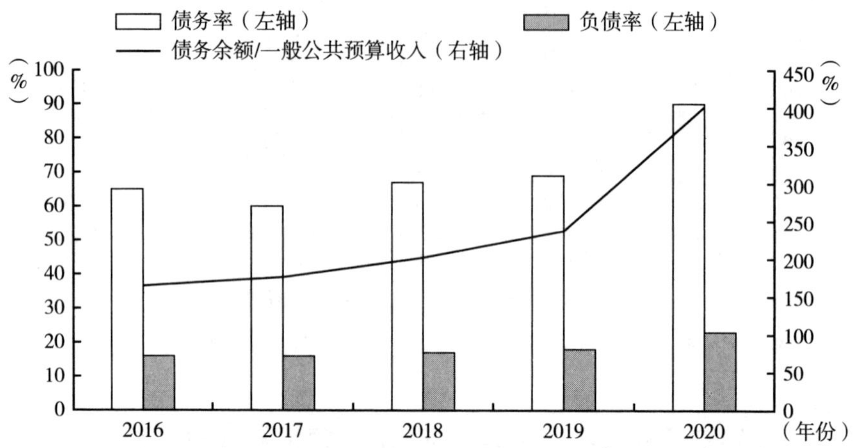

图16　2016~2020年湖北省债务率及负债率

资料来源：湖北省财政预算执行及决算报告，中诚信国际整理计算。

为化解地方政府债务风险，2017年以来，国家在《国务院关于加强地方政府性债务管理的意见》① 等文件基础上，陆续出台一系列政策对地方政府各类违法违规举债融资行为“围追堵截”，并不断强调坚决遏制隐性债务增量，体现坚决打好防范地方债务风险攻坚战的决心。为全面落实国家对防风险的要求并持续推进省内地方债务风险化解，湖北省从加强地方债务管理、推进存量债务化解等方面着手，出台了一系列控制债务风险的政策。加强债务管理方面，2017年7月，湖北省出台了《湖北省政府性债务风险应急处置预案》②，明确划分了政府性债务风险事件等级，分类制定应急处置措施，严防债务化解中可能发生的系统性和区域性风险；2017年8月，湖北省政府发布《省人民

① 《国务院关于加强地方政府性债务管理的意见》（国发〔2014〕43号），中国政府网，2014年10月2日，http：//www.gov.cn/zhengce/content/2014-10/02/content_ 9111.htm。

② 《省人民政府办公厅关于印发湖北省政府性债务风险应急处置预案的通知》（鄂政办函〔2017〕45号），湖北省政府网站，2017年8月11日，http：//www.hubei.gov.cn/zfwj/ezbh/201708/t20170811_ 1713794.shtml。

政府关于规范政府举债融资行为防范和化解债务风险的实施意见》[1]，在进一步提高对规范政府举债融资行为、防范和化解债务风险的认识，全面落实政府性债务管理政策规定，加强各类融资平台公司管理，建立健全政府性债务风险防控机制和加强对政府性债务管理工作的组织领导等方面提出实施意见。

四 小结

湖北省经济与财政实力位于全国中上游，地方债发行较为活跃，发行成本逐年降低，发行期限有所拉长，债券期限结构更加分散。2021 年 1 ~9 月，湖北省地方债发行规模约为 2020 年发行总规模的 66.33%，且发行时间有所提前，3 月发行规模为 1 ~9 月单月发行量最高。新发行地方债中以新增专项债为主，且中长期债券占比明显上升。从发行成本来看，发行利率和利差持续回落，二级市场交易规模较 2020 年同期有所减少，但在全国 31 个省（区、市）中排名上升 10 位，列第 7 位。从募投项目来看，湖北省募投领域向棚改倾斜，对投资的拉动效应显著，募集资金投入最多的区域为湖北省省会武汉市，但少数募投项目收益不能覆盖其使用的债券资金，项目偿债保障有待改善。

整体来看，虽然 2020 年湖北省地方财政收入受新冠肺炎疫情的影响大幅下滑，但随着全省复工复产及一系列促进经济社会加快发展的相关政策下达，湖北省地方财政收入恢复程度较好，且 2021 年 1 ~9 月已超过 2019 年同期。全省偿债高峰集中在 2023 年、2025 年和 2026 年，债务均超千亿元，需重点关注省内再融资能力，做好债务风险防控，合理安排债务限额。

① 《省人民政府关于规范政府举债融资行为防范和化解债务风险的实施意见》（鄂政发〔2017〕38 号），湖北省政府网站，2017 年 8 月 21 日，http：//www. hubei. gov. cn/zfwj/ezf/201708/t20170821_ 1712047. shtml。

B.25
2021年湖南省地方政府债券分析报告

鄢红　胡娟　黄豫　贺慧敏*

摘　要： 截至2021年9月，湖南省地方债存量规模12820.06亿元，居全国第6位。2021年，在稳增长和地方财政支出压力较大的背景下，湖南省地方政府债券发行规模持续扩大，发行期限进一步拉长。2021年以来，湖南省项目收益专项债发行规模不及2020年同期，募投领域向基建倾斜，用作项目资本金的规模较小。湖南省债务规模较大，债务率相对较高，偿债压力相对较大，未来需严格落实相关化债政策，加强债务风险防控。

关键词： 地方债　专项债　湖南省

一　湖南省地方债运行情况分析

湖南省地方债存量规模①较大，以一般债为主，债券期限以5～10年为主。从规模来看，截至2021年9月，湖南省地方债存量规模达到12820.06亿元，占全国31个省（区、市）地方债存量总规模的4.47%，在全国31个省（区、市）中列第6位（见图1）。从券种结构②来看，存量地方债以一般债为

* 鄢红，中诚信国际政府公共评级一部高级分析师，主要研究领域为地方政府债券、基础设施投融资行业等；胡娟，中诚信国际政府公共评级一部分析师，主要研究领域为地方政府债券、基础设施投融资行业等；黄豫，中诚信国际政府公共评级一部助理分析师，主要研究领域为地方政府债券、基础设施投融资行业等；贺慧敏，中诚信国际政府公共评级一部助理分析师，主要研究领域为地方政府债券、基础设施投融资行业等。

① 如无特别说明，本报告中引用的地方债存量、发行量、发行利率、发行利差、交易量、到期收益率等债券相关数据均来自截至2021年9月的Wind数据库，并由中诚信国际整理计算。

② 存量地方债种类结构以存量地方债中2018年以来发行的样本进行统计。

主，规模为 6785.16 亿元，占地方债存量总规模的 52.93%，专项债规模为 6034.89 亿元，占地方债存量总规模的 47.07%。从期限来看，存量地方债主要为 5～10 年期，占地方债存量规模的 73.32%。

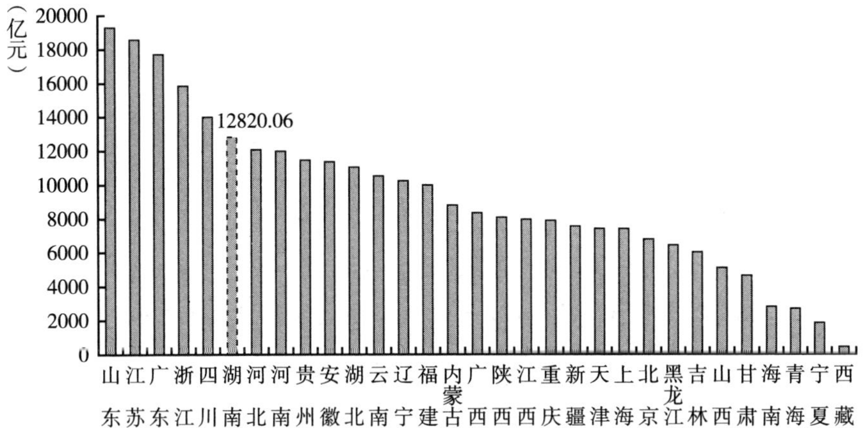

图 1　截至 2021 年 9 月全国 31 个省（区、市）地方债存量规模

资料来源：Wind 数据库，中诚信国际整理计算。

（一）发行规模持续扩大，发行集中度提高且发行时间提前

2021 年，在稳增长和地方财政支出压力较大的背景下，地方债依然是积极财政政策的重要着力点。2021 年 1～9 月，湖南省发行地方债共计 1892.53 亿元，较 2020 年同期增长 3.82%，为 2020 年发行总规模的 74.21%。从月度发行规模来看，受新增地方政府债务限额提前下达较晚影响，湖南省第一季度专项债发行较为滞后，发行规模仅为 2020 年同期的 21.10%，第二季度发行加速，发行集中度提高且发行时间提前，发行时间集中于 2021 年 4 月，略早于 2020 年的集中发行时间（2020 年 5 月）（见图 2）。

（二）发行结构以再融资一般债为主，发行期限进一步拉长

2021 年 1～9 月，湖南省发行的地方债以再融资一般债为主，期限以 10 年期及以上为主。从券种结构看，再融资一般债发行规模为 832.75 亿元，占比达到 44%；另外发行了新增专项债（434.78 亿元）、再融资专项债（376.00

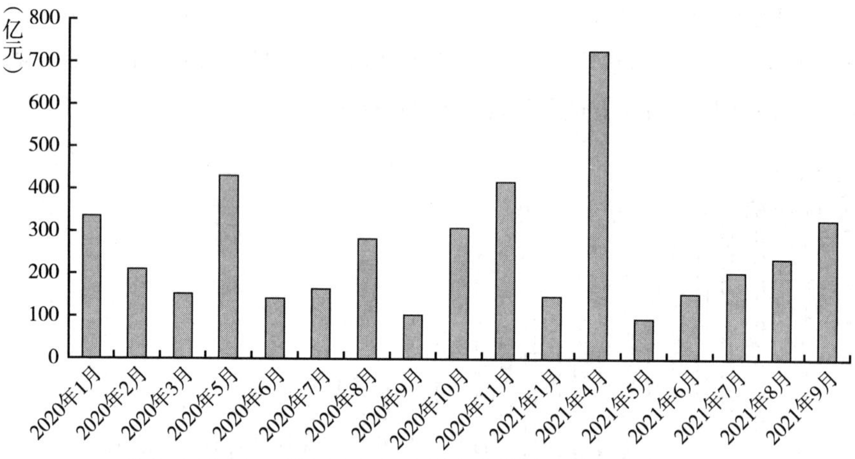

图 2　2020 年 1 月 ~2021 年 9 月湖南省地方债月度发行规模

注：湖南省部分月份无地方债发行，故图中无显示。

资料来源：Wind 数据库，中诚信国际整理计算。

亿元）和新增一般债（249.00 亿元）。从期限结构看，2021 年 1 ~9 月，湖南省共计发行地方债 61 只，其中 10 年期及以上的长期债发行数量为 53 只，发行规模占当期债券发行总规模的 88.39%（见图 3），债券期限进一步拉长。

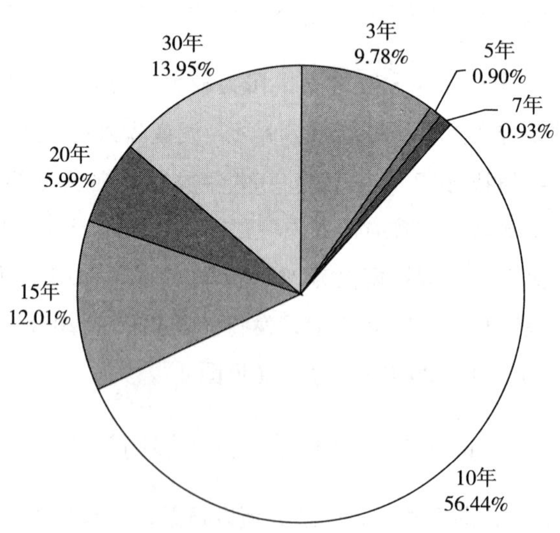

图 3　2021 年 1 ~9 月湖南省新发行地方债期限分布

资料来源：Wind 数据库，中诚信国际整理计算。

（三）发行成本整体下降，发行利率及利差[1]在全国处于中高水平

湖南省地方债发行成本持续下降，2021 年 1 ~9 月，发行利率及利差分别为 3.41% 和 24.14BP，较 2020 年的 3.45% 和 24.51BP 均有所下降（见图 4），发行成本一直在全国 31 个省（区、市）中处于中高水平（见图 5）。从 2021 年 1 ~9 月月度走势情况看，发行利率整体呈现波动态势，在 6 月到达低点 3.00%；发行利差整体呈波动下降态势，9 月下降至 17.25BP，较 2020 年最低水平（19.98BP）低 2.73BP（见图 6）。

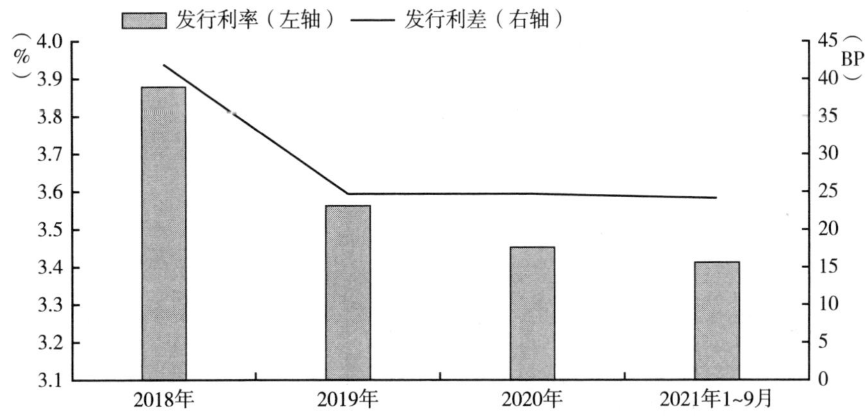

图 4　2018 ~2020 年及 2021 年 1 ~9 月湖南省地方债发行成本

资料来源：Wind 数据库，中诚信国际整理计算。

（四）交易规模[2]同比大幅缩小，到期收益率[3]波动下行

从二级市场交易规模看，2021 年 1 ~9 月地方债二级市场交易规模同比大幅缩小，全国 31 个省（区、市）累计完成交易规模 5.80 万亿元，仅为 2020 年同期交易规模的 46.96%。其中，湖南省地方债二级市场交易规模共计 1676.22 亿元，在全国 31 个省（区、市）中居第 15 位。从到期收益率走势

① 如无特别说明，本报告中发行利率、利差为根据发行额计算的加权平均发行利率、利差，发行利差计算公式：债券发行利率 - 对应期限国债收益率。

② 交易统计包含回购交易、现券交易等部分。

③ 此处到期收益率均值采用的是算术平均值。

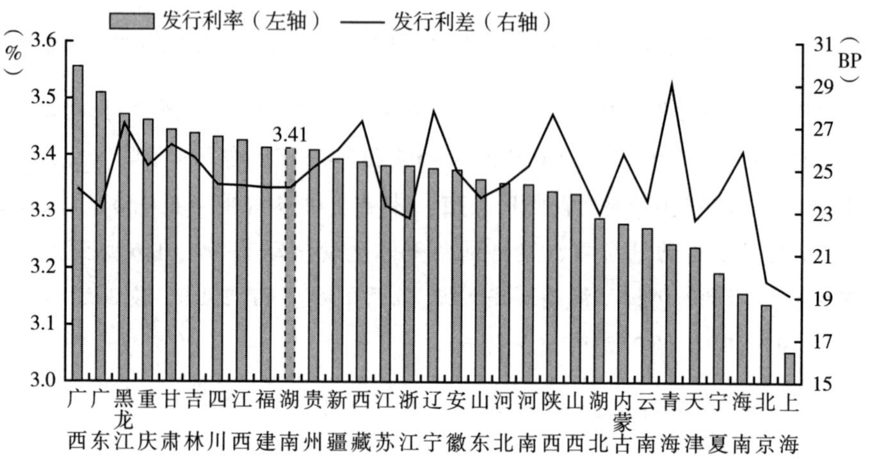

图5　2021 年 1～9 月全国 31 个省（区、市）地方债发行成本

资料来源：Wind 数据库，中诚信国际整理计算。

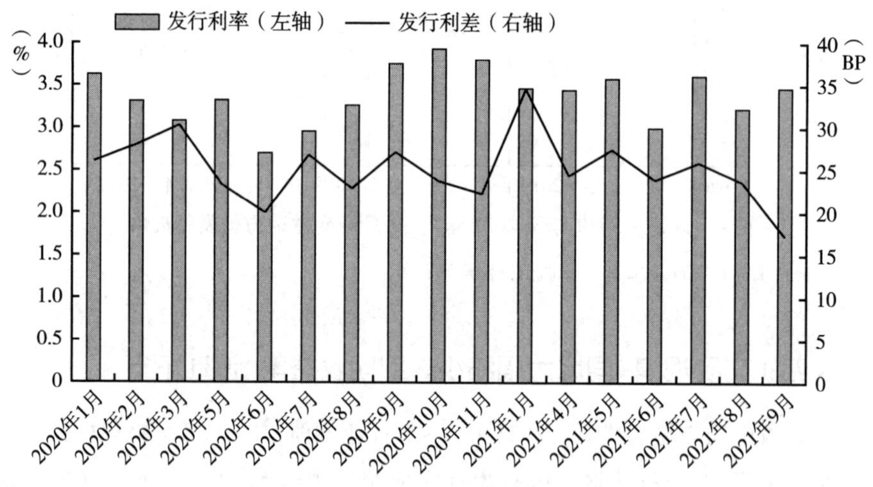

图6　2020 年 1 月～2021 年 9 月湖南省地方债月度发行成本

注：湖南省部分月份无地方债发行，故图中无显示。

资料来源：Wind 数据库，中诚信国际整理计算。

看，2020 年，湖南省各期限地方债到期收益率整体呈现先降后升的态势，并于 2020 年 4 月到达低点；2021 年1～9 月，湖南省各期限地方债到期收益率整体呈震荡下行态势（见图 7）。

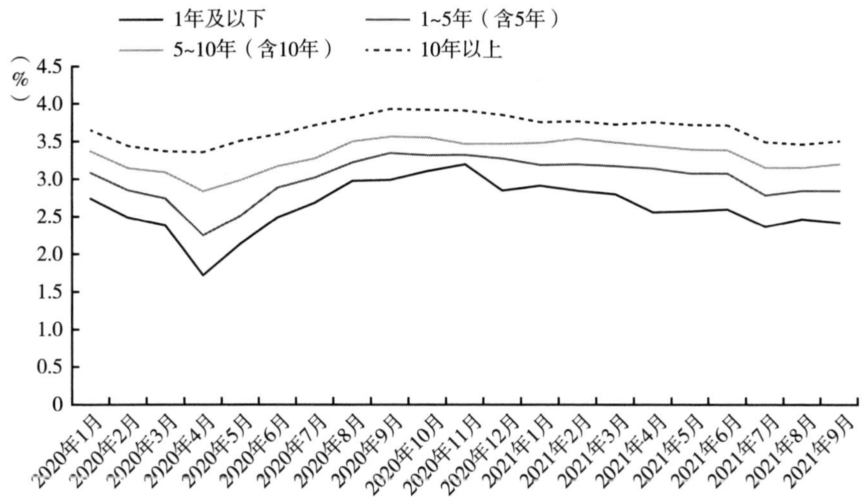

图7　2020 年 1 月 ~2021 年 9 月湖南省地方债到期收益率走势

资料来源：Wind 数据库，中诚信国际整理计算。

二　湖南省地方政府专项债分析①

湖南省项目收益专项债存量规模在全国 31 个省（区、市）范围内处于中游水平，截至 2021 年 9 月，湖南省项目收益专项债存量规模为 2787.78 亿元；投向领域以市政和产业园区基础设施为主，其中 2018 ~ 2019 年以土储和棚改为主，2020 年起向基建及民生服务领域倾斜。从债券期限看，湖南省存量项目收益专项债以中长期为主，10 ~ 20 年期债券余额 1851.75 亿元，占存量规模的 66%（见图 8）。

① 2020 年 7 月 29 日财政部《关于加快地方政府专项债券发行使用有关工作的通知》（财预〔2020〕94 号）明确 2020 年新增专项债必须保证融资规模与项目收益相平衡，因此 2020 年新增专项债均为项目收益专项债；本部分项目收益专项债的统计样本为 2018 ~ 2020 年项目收益专项债与 2021 年 1 ~ 9 月的新增专项债。

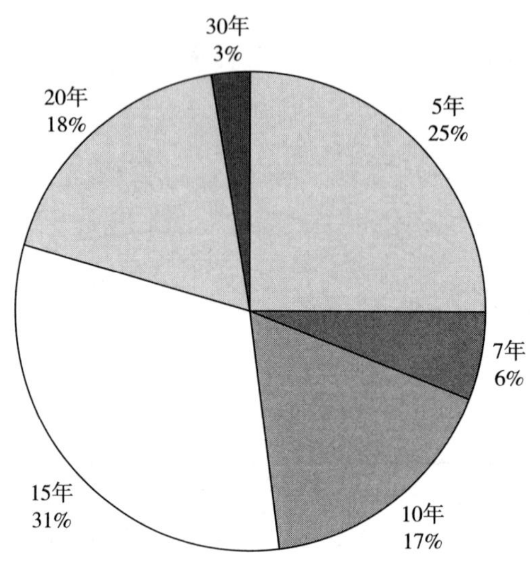

图8　截至2021年9月湖南省存量项目收益专项债余额剩余期限结构

资料来源：Wind数据库，中诚信国际整理计算。

（一）发行规模不及上年同期，以15年期为主，发行成本呈波动下降趋势

从发行数量与规模看，2018年以来，湖南省项目收益专项债在发行数量与规模上均保持较快增长，2020年，湖南省发行项目收益专项债102只，发行规模1334.00亿元，远超以往年度（见图9）。2021年，受提前额度下达较晚、审核趋严等影响，湖南省项目收益专项债发行进度滞后，2021年7月才发行2021年的首期项目收益专项债，2021年1~9月，湖南省项目收益专项债发行规模为434.78亿元，仅为2020年同期的38.95%。

从债券期限看，湖南省项目收益专项债的发行期限主要集中于中长期。2021年1~9月，湖南省共发行项目收益专项债47只，其中15年期项目收益专项债17只，发行规模227.35亿元，占同期发行总规模的52.29%（见图10）。

从发行成本看，自2018年以来，湖南省项目收益专项债的发行利率呈波动下降趋势，发行利差逐年走低（见图11）。

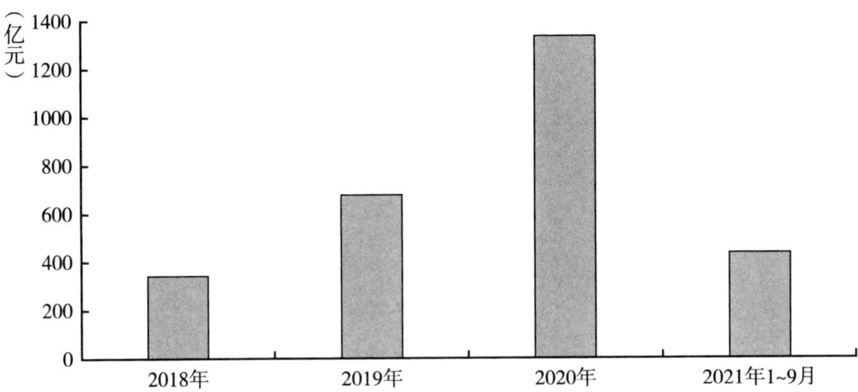

图9 2018~2020年及2021年1~9月湖南省项目收益专项债发行规模

资料来源：Wind数据库，中诚信国际整理计算。

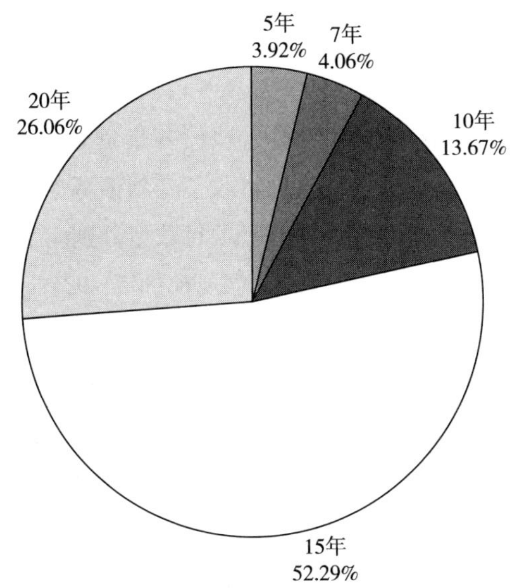

图10 2021年1~9月湖南省项目收益专项债发行期限结构

资料来源：Wind数据库，中诚信国际整理计算。

（二）主要投向市政和产业园区基础设施领域

2018~2019年，湖南省项目收益专项债投向领域以土储和棚改为主，仅

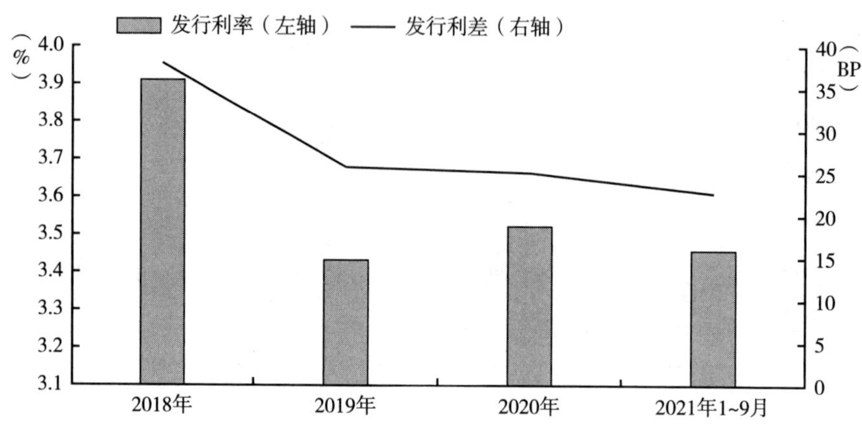

图 11　2018～2020 年及 2021 年 1～9 月湖南省项目收益专项债发行成本

资料来源：Wind 数据库，中诚信国际整理计算。

涉及少量收费公路项目，2020 年起新发行项目收益专项债投向领域增加且重点向基建及民生服务领域转移。

2021 年 1～9 月，湖南省项目收益专项债募集资金投向项目合计 338 个。从募集资金项目投向看，使用湖南省项目收益专项债募集资金较多的是市政和产业园区基础设施、民生服务领域，募投项目数量分别为 136 个和 106 个，使用项目收益专项债资金分别占同期发行总规模的 54.93% 和 18.68%①（见图 12）。市政和产业园区基础设施领域中，以园区建设为主，涉及项目 111 个，使用专项债资金 213.71 亿元；民生服务领域中，以医疗卫生项目为主，涉及项目 67 个，使用专项债资金 53.94 亿元。从项目行政层级分布情况看，以区县级项目为主，区县级和地市级项目数量分别为 248 个和 90 个，占项目总数比重分别为 73.37% 和 26.63%（见图 13）。从项目偿债情况看，338 个募投项目的融资本息覆盖倍数均大于 1 倍，其中最大倍数为 8.58 倍，最小倍数为 1.11 倍，均值为 1.76 倍，募投项目整体偿债能力较好。

① 如无特别说明，本报告中引用的专项债募投项目的相关数据均来自地方政府新增专项债信息披露文件，并由中诚信国际整理计算。由于数据的获取问题，数据可能来自不同募投项目文件、项目实施方案、信息披露模板等，这可能导致数据分析出现一定偏差，但不会对分析结论产生实质上的影响。

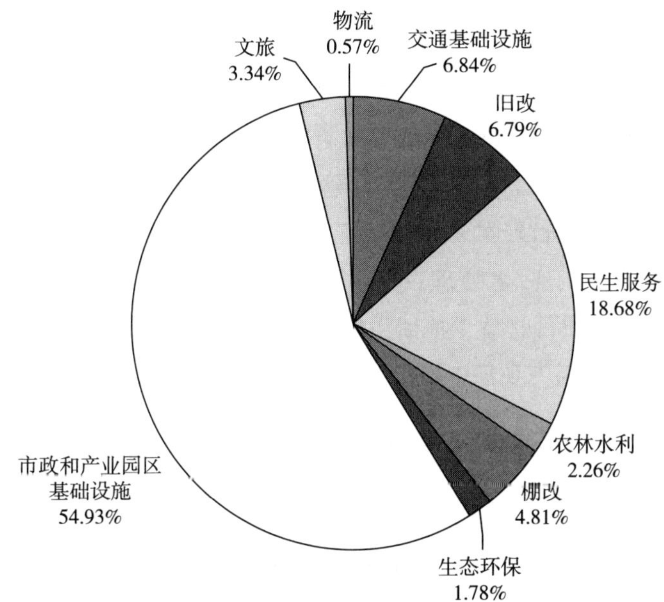

图12　2021年1~9月湖南省新增项目收益专项债募投领域分布

资料来源：湖南省政府新增专项债信息披露文件，中诚信国际整理计算。

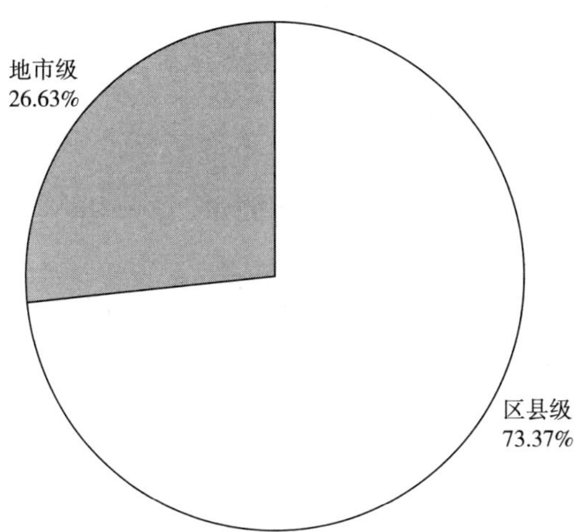

图13　2021年1~9月湖南省新增项目收益专项债募投行政层级分布

资料来源：湖南省政府新增专项债信息披露文件，中诚信国际整理计算。

（三）新增项目收益专项债用作项目资本金的规模较小

2021 年 1～9 月，湖南省项目收益专项债用作项目资本金的规模仍较小，仅 2021 年湖南省水务建设专项债（1 期）—2021 年湖南省政府专项债（11 期）中合计 1.50 亿元被用作项目资本金，投向 2 个募投项目，项目总投资合计为 15.68 亿元，项目资本金为 7.88 亿元，2 个项目均为城镇污水垃圾处理项目，项目收入来源于污水处理。整体而言，2021 年 1～9 月，全国 31 个省（区、市）中新增项目收益专项债用作项目资本金的项目共 24 个，其中湖南省当期新增项目收益专项债中用作项目资本金的规模暂居下游。

（四）理论上可撬动基建投资872.31亿元，但实际效果仍受较多因素限制

2021 年 1～9 月，湖南省专项债用作项目资本金的规模较小，专项债对基建投资的撬动以项目配套融资的形式体现，湖南省新增专项债中用作配套融资和资本金的规模分别为 433.28 亿元和 1.50 亿元，撬动杠杆分别为 2.01 倍和 1.92 倍，理论上可分别撬动基建投资规模 869.43 亿元和 2.87 亿元①。整体而言，2021 年 1～9 月，湖南省新增专项债 434.78 亿元，理论上可撬动基建投资规模 872.31 亿元，但实际效果仍受较多因素限制，如资金到位情况、项目建设进度、配套设施建设情况等。

三　湖南省偿债能力分析

（一）债务规模持续扩大，债务限额②空间有限，2023年将进入偿债高峰期

近年来湖南省地方政府债务余额持续增长，截至 2020 年，湖南省地方政

① 专项债撬动基建投资方法参见袁海霞、汪苑晖、卞欢《专项债兼顾扩容提效，助力基建托底稳增长——地方政府专项债 2019 年回顾与 2020 年展望》，《财政科学》2020 年第 1 期。

② 如无特别说明，本报告中引用的湖南省政府债务限额、余额，一般公共预算收入、支出，财政平衡率，债务率、负债率等财政相关数据均来自湖南省财政预算执行及决算报告，并由中诚信国际整理计算。

府债务余额为11814.05亿元，规模居全国31个省（区、市）的第6位（见图14），同比增长16.11%，债务压力进一步加大。

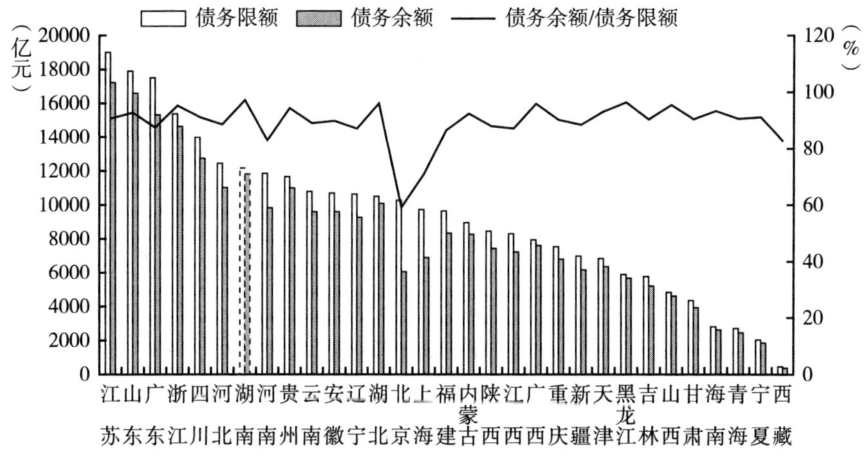

图14　2020年全国31个省（区、市）地方政府债务限额及余额

资料来源：全国31个省（区、市）财政预算执行及决算报告，中诚信国际整理计算。

截至2021年9月，湖南省地方债存量规模为12820.06亿元，居全国31个省（区、市）的第6位。从券种结构看，一般债规模为6785.16亿元，占地方债存量规模的比重为52.93%，券种分布较为平均。从到期情况看，2023年湖南省将进入地方债偿债高峰，年到期规模超1800亿元（见图15）。

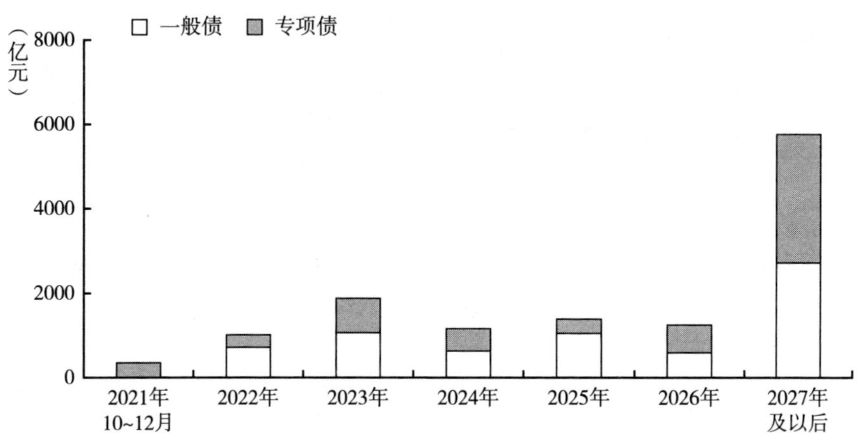

图15　截至2021年9月湖南省存量地方债到期分布

资料来源：湖南省财政预算执行及决算报告，中诚信国际整理计算。

（二）财政实力居全国中游水平，财政平衡能力较弱且逐年下滑

2020 年湖南省一般公共预算收入为 3008.7 亿元，在全国 31 个省（区、市）中排第 12 名（见图 16），同比增长 0.1%，受新冠肺炎疫情影响增速有所下降，其中税收收入 2058.0 亿元，同比下降 0.2%，占一般公共预算收入的比重为 68.4%，与 2019 年基本持平；一般公共预算支出为 8403.1 亿元，同比增长 4.6%。财政平衡方面，2020 年湖南省财政平衡率为 35.80%，财政平衡能力较弱且逐年下滑（见图 16、图 17），资金缺口较大，收支平衡依赖上级补助。综合财力①方面，2020 年湖南省综合财力为 1.09 万亿元（见图 17），较 2019 年增长 11.50%，其中，政府性基金收入占比达 30.70%，基本与 2019 年占比（30.54%）持平；上级补助收入占比达 40.75%，较 2019 年上升 2.51 个百分点；国有资本经营收入占比达 1.02%，较 2019 年提高 0.48 个百分点。

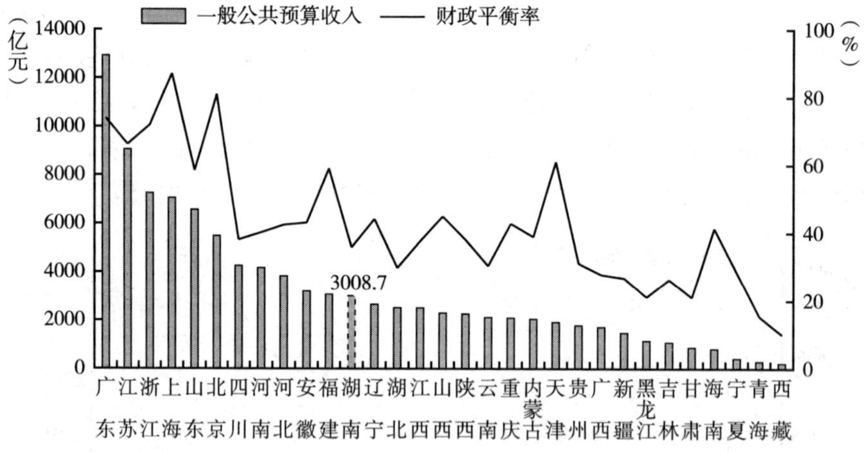

图 16　2020 年全国 31 个省（区、市）一般公共预算收入和财政平衡率

资料来源：全国 31 个省（区、市）财政预算执行及决算报告，中诚信国际整理计算。

① 地方综合财力 = 一般公共预算收入 + 政府性基金收入 + 国有资本经营收入 + 上级补助收入，其中上级补助收入 = 一般性转移支付收入 + 专项转移支付收入 + 返还性收入。

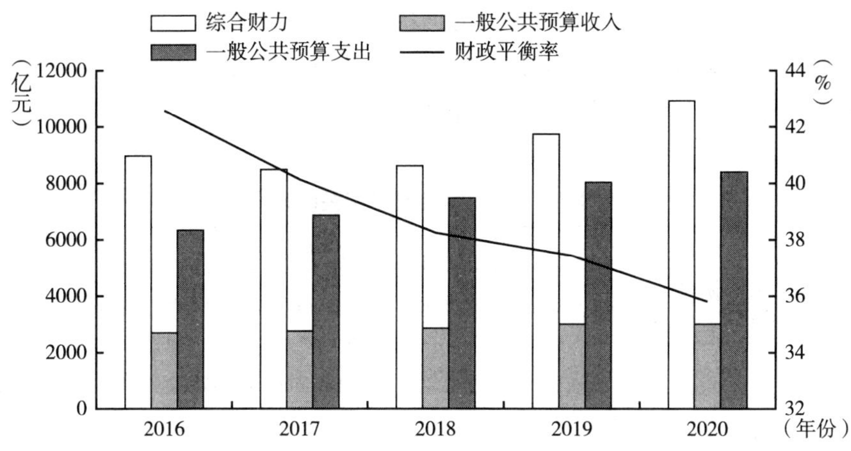

图 17　2016～2020 年湖南省财政收支情况

资料来源：湖南省财政预算执行及决算报告，中诚信国际整理计算。

（三）债务率处于较高水平，偿债压力相对较大

截至 2020 年，湖南省负债率为 28.28%，较 2019 年上升 2.69 个百分点，居全国 31 个省（区、市）第 16 位；债务率为 108.10%，较 2019 年上升 4.21 个百分点，债务率水平居全国 31 个省（区、市）第 12 位（见图 18），且超过

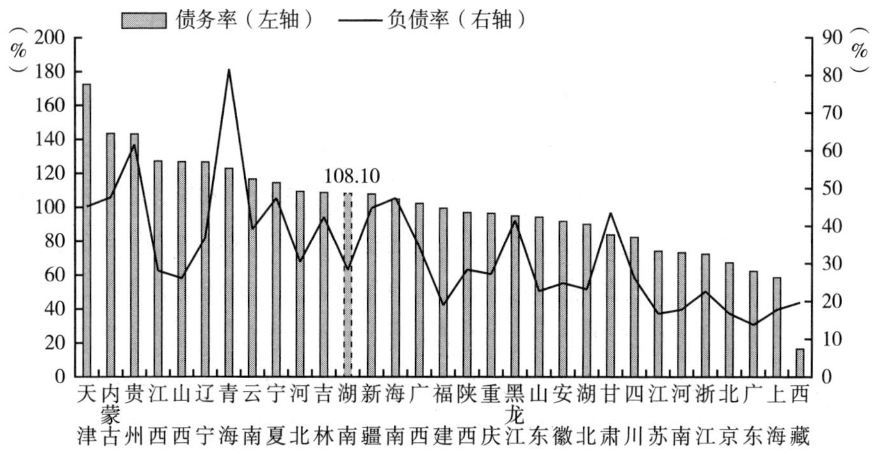

图 18　2020 年全国 31 个省（区、市）债务率及负债率

资料来源：全国 31 个省（区、市）财政预算执行及决算报告，中诚信国际整理计算。

100%国际警戒标准，全省的债务压力仍相对较大。但整体来看，2018年以来湖南省债务风险防范工作正有效推进，政府也积极出台相应政策（见表1）并提供债务化解新工具，对维护区域金融稳定具有重要意义。

表1 湖南省债务化解相关政策

名称	相关内容
《关于严控政府性债务增长切实防范债务风险的若干意见》	提出坚决制止各类违规举债、清理整顿融资平台的总目标
《关于减压投资项目切实做好甄别核实政府性债务有关工作的紧急通知》	要求各地从资金需求端严控增量，同时切实做好甄别核实政府性债务工作
《关于2019年度省级预算执行和其他财政收支的审计工作报告》	对3个市和14个县（市、区）开展的政府性债务审计结果表明各市、县（市、区）认真贯彻落实了加强政府债务管理的总体要求，对政府隐性债务进行了全面清理，各地债务风险总体可控
《湖南AMC：地方政府存量隐性债务风险化解》	设立初始规模为100亿元的湖南省债务风险化解基金，通过集合信托的形式向地方平台提供偿债的短期周转资金；截至2020年6月，已有60亿元左右投向数十个县（市、区），有效地化解了地方政府短期债务风险

资料来源：湖南省政府网站，http：//www.hunan.gov.cn/。

四　小结

湖南省地方债存量规模较大，2021年1～9月，在稳增长和地方财政支出压力较大的背景下，湖南省地方债发行规模持续扩大，新发行地方债以再融资一般债为主，且发行期限进一步拉长。从发行成本来看，2021年1～9月湖南省发行利率及发行利差整体呈波动态势，同期地方债二级市场交易活跃，各期限地方债到期收益率呈震荡下行态势。从项目收益专项债情况看，2021年1～9月，湖南省项目收益专项债发行进度滞后，以15年期为主，专项债资金主要投向市政和产业园区基础设施领域，对湖南省投资具有一定的拉动作用。

总体来看，湖南省自身财政实力不强，财政平衡能力较弱且逐年下滑，债务压力相对较大。但整体来看，2018年以来湖南省债务风险防范工作正有效推进，政府也积极出台相应政策并提供债务化解新工具，积极防范化解地方债务风险。

B.26

2021年广西壮族自治区地方政府债券分析报告

黄 伟 赵子贺*

摘 要： 2021年1~9月，广西壮族自治区地方债发行规模居全国中游，发行结构以新增专项债为主，发行期限均为长期，发行成本居全国前列。其中，项目收益专项债发行规模逐年扩大，募投领域向基建倾斜。截至2021年9月，广西地方债存量规模居全国中游，2023年进入偿债高峰期。广西财政实力较弱，财政平衡率偏低，对上级政府补助的依赖性较强，地方政府债务负担在全国处中等偏上水平，但近年来发行债券期限以长期为主，能对逐年到期压力起到一定缓解作用。

关键词： 地方债 专项债 广西壮族自治区

一 广西地方债运行情况分析

截至2021年9月，广西地方债存量规模8344.76亿元①，占全国地方债存量规模的2.91%，在全国31个省（区、市）中列第16位（见图1）。从券种结构②来看，其中一般债4288.11亿元，占比51.39%，专项债4056.65亿元，

---

* 黄伟，中诚信国际政府公共评级一部高级分析师，主要研究领域为地方政府债券、基础设施投融资行业等；赵子贺，中诚信国际政府公共评级一部助理分析师，主要研究领域为地方政府债券、基础设施投融资行业等。

① 如无特别说明，本报告中引用的地方债存量、发行量、发行利率、发行利差、交易量、到期收益率等债券相关数据均来自截至2021年9月的Wind数据库，并由中诚信国际整理计算。

② 存量地方债种类结构以存量地方债中2018年以来发行的样本进行统计。

占比 48.61%。从期限来看，广西地方债期限以 5～10 年为主，占比达 75.53%。广西地方债存量规模居中，低于贵州、云南等西南部省份，与陕西、江西规模相近。

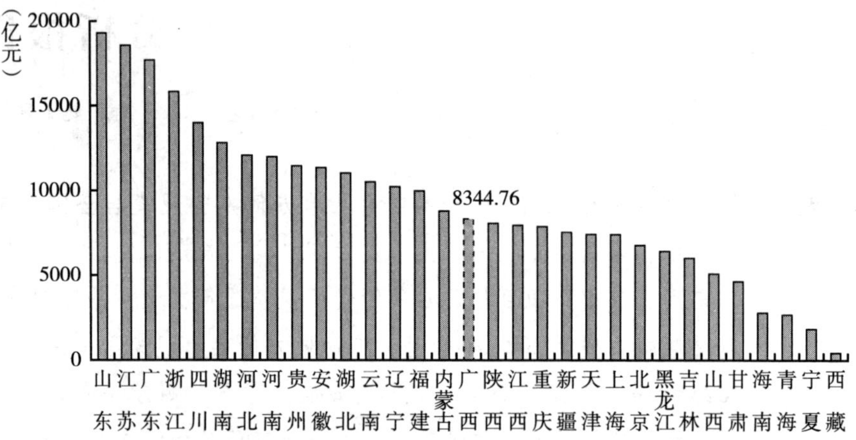

图 1　截至 2021 年 9 月全国 31 个省（区、市）地方债存量规模

资料来源：Wind 数据库，中诚信国际整理计算。

（一）发行规模较上年同期有所缩小

随着疫情防控效果巩固，经济增长进入正常轨道，2021 年以来财政支出逐步趋于正常化；2021 年 1～9 月，广西地方债发行规模为 1483.57 亿元，较 2020 年同期下降 8.69%，其中新增专项地方债为主要券种。从发行规模来看，整体呈现前慢后快的趋势，其中 5 月份发行规模最大，主要为新增专项债、新增一般债和再融资一般债（见图 2）。

（二）发行结构以新增专项债为主，期限以长期为主

从券种结构来看，2021 年 1～9 月，广西新增专项债、新增一般债、再融资一般债和再融资专项债的比重分别为 45.30%、19.56%、19.00% 和 16.14%，其中新增专项债占比最大（见图 3）。从期限分布来看，2021 年 1～9 月广西地方债发行期限仍以长期为主，当期共计发行 23 只，10 年期及以

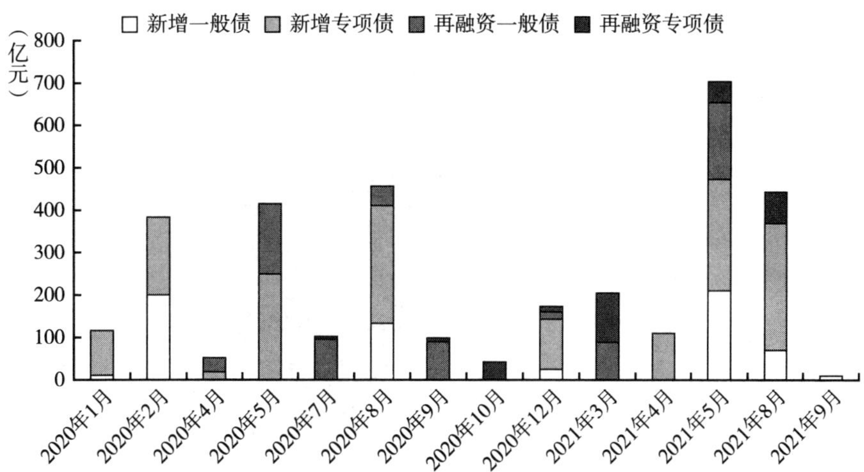

图 2　2020 年 1 月～2021 年 9 月广西地方债月度发行规模

注：广西部分月份无地方债发行，故图中无显示。

资料来源：Wind 数据库，中诚信国际整理计算。

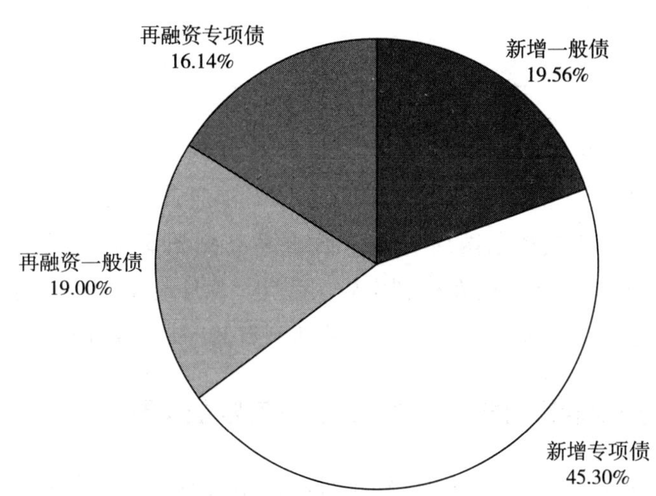

图 3　2021 年 1～9 月广西新发行地方债券种结构

资料来源：Wind 数据库，中诚信国际整理计算。

上的长期债券发行数量为 17 只，发行规模占当期债券发行总规模的 73.92%，其中 20 年期的发行规模占比最大，占总规模的比重达到 34.78%（见图 4）。

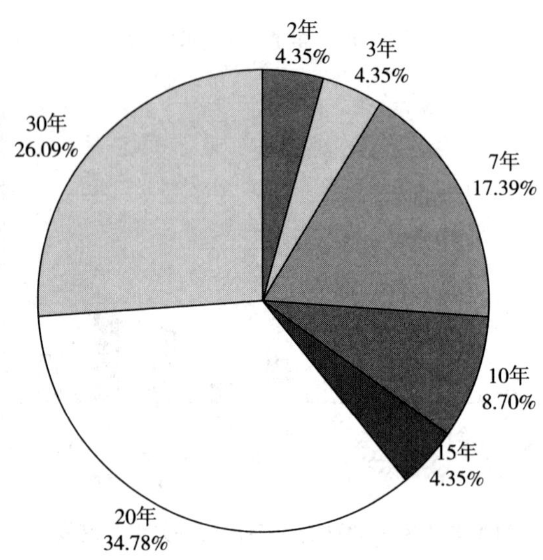

图 4　2021 年 1～9 月广西新发行地方债期限分布

资料来源：Wind 数据库，中诚信国际整理计算。

（三）发行利率全国居首，发行利差[①]居中下游

2021 年 1～9 月，广西地方债发行利率和发行利差分别为 3.56% 和 24.08BP，发行利率在全国 31 个省（区、市）中居首，或与发行期限以长期为主相关；发行利差在全国居于中下游水平（见图 5）。从成本波动来看，2021 年 3～4 月广西地方债发行利率较为稳定，5 月最高，8～9 月有所下降；同期广西地方债发行利差 4 月最高，8 月达到最低，9 月有所上升（见图 6）。

（四）交易规模[②]同比大幅扩大，到期收益率整体回落

2021 年 1～9 月，疫情影响减弱后广西地方债交易规模同比大幅扩大 46.49% 至 1425.00 亿元，在全国居第 18 位，排名较 2020 年全年交易量排名

① 如无特别说明，本报告中发行利率、利差为根据发行额计算的加权平均发行利率、利差，发行利差计算公式：债券发行利率－对应期限国债收益率。

② 交易统计包含回购交易、现券交易等部分。

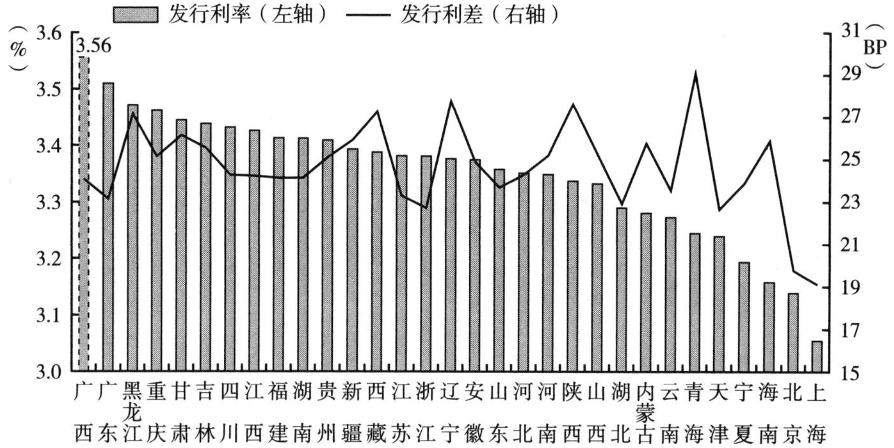

图5　2021 年 1 ~9 月全国 31 个省（区、市）地方债发行成本

资料来源：Wind 数据库，中诚信国际整理计算。

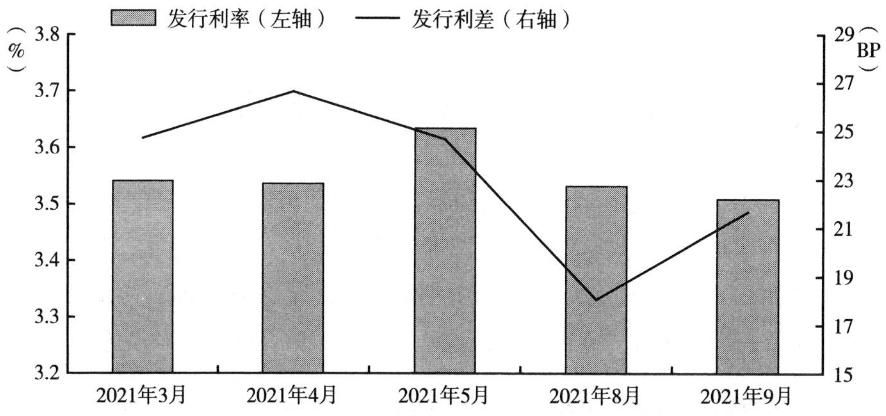

图6　2021 年 1 ~9 月广西地方债月度发行成本

注：广西部分月份无地方债发行，故图中无显示。

资料来源：Wind 数据库，中诚信国际整理计算。

上升 8 位。从到期收益率走势看，2020 年，广西地方债到期收益率整体呈现先下降后回升的态势。其中，2020 年 1 ~4 月下降幅度较大，2020 年 4 月到期收益率降到最低点，2020 年 5 ~9 月大幅回升。2021 年 1 ~9 月，广西地方债到期收益率整体呈小幅下降趋势（见图 7）。

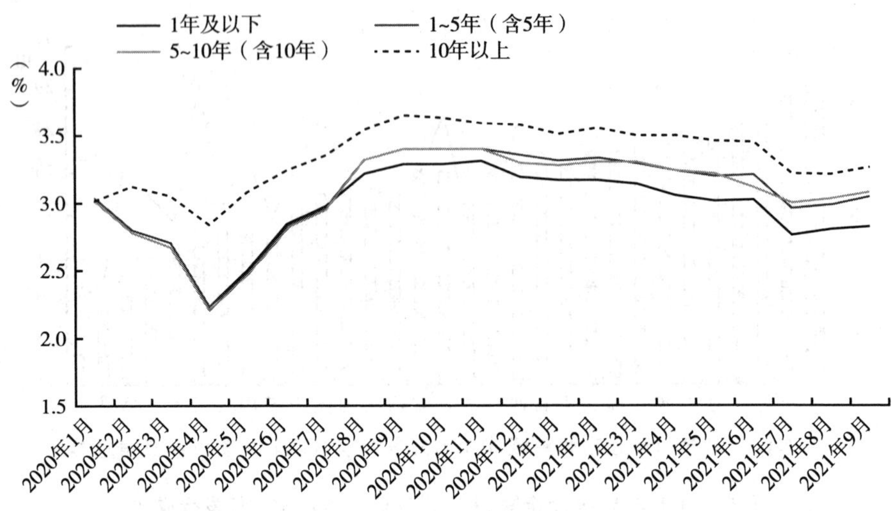

图7　2020 年 1 月 ~2021 年 9 月广西地方债到期收益率走势

资料来源：Wind 数据库，中诚信国际整理计算。

二　广西地方政府专项债分析[①]

截至 2021 年 9 月，广西存量地方政府专项债 4050.65 亿元，其中项目收益专项债共计 66 只，余额 2465 亿元。债券剩余期限以长期为主，其中 30 年期占比最大，为 30.84%；10 年及以上期限合计占比达 81.42%（见图 8）。募集资金主要投向市政和产业园区基础设施、民生服务及交通基础设施等。

（一）发行规模逐年扩大，发行期限以20年期为主，发行成本呈波动态势

2018 年广西启动地方政府专项债发行以来，发行规模逐年快速扩大，其

① 根据 2017 年财政部关于项目收益专项债的描述，项目收益专项债是项目收益与融资自求平衡的地方政府专项债；2020 年 7 月 29 日财政部《关于加快地方政府专项债券发行使用有关工作的通知》（财预〔2020〕94 号）明确 2020 年新增专项债必须保证融资规模与项目收益相平衡，因此 2020 年新增专项债均为项目收益专项债，本部分项目收益专项债的统计样本为 2018 ~2020 年项目收益专项债与 2021 年 1 ~9 月的新增专项债。

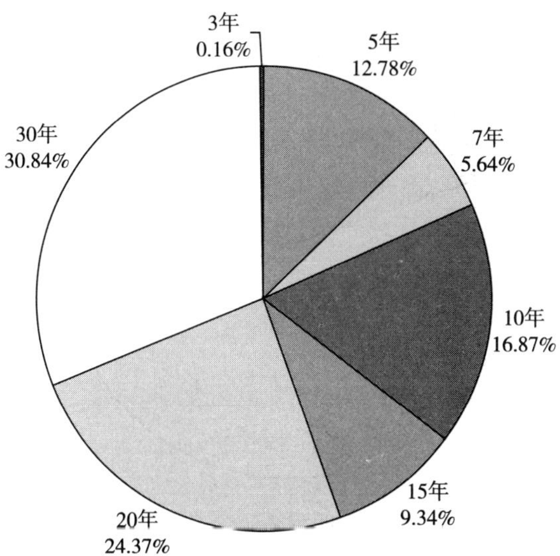

图8　截至2021年9月广西存量项目收益专项债余额剩余期限结构

资料来源：Wind数据库，中诚信国际整理计算。

中2020年发行规模远超2019年（见图9），主要系在抗疫情、稳增长背景下，为保障地方重大项目资金需求，国常会提前下达专项债额度及扩大地方政府专项债规模以促进经济修复所致。2021年1~9月，广西共发行项目收益专项债672亿元，占2020年全年的80.48%；发行期限仅有20年期和30年期，且以20年期为主，与专项债募投项目期限较匹配（见图10）。

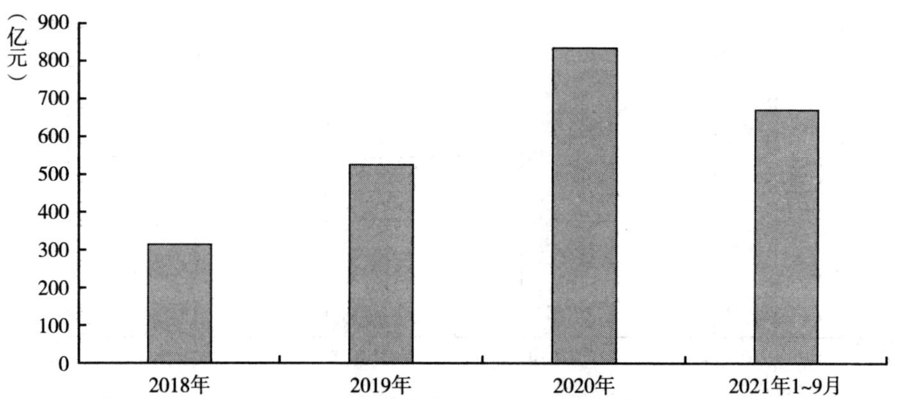

图9　2018~2020年及2021年1~9月广西项目收益专项债发行规模

资料来源：Wind数据库，中诚信国际整理计算。

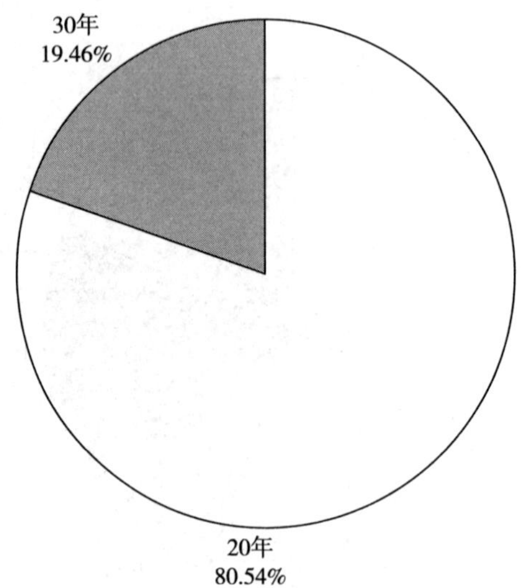

图 10　2021 年 1～9 月广西项目收益专项债发行期限结构

资料来源：Wind 数据库，中诚信国际整理计算。

从存量情况看，截至 2021 年 9 月，广西存量地方政府项目收益专项债规模共计 2465 亿元，居全国中游。从发行成本看，2018～2020 年及 2021 年1～9 月，广西项目收益专项债发行利率有所波动，其中 2020 年发行利率达到最低点，后有所回升；同期，广西项目收益专项债发行利差有所收窄（见图 11）。

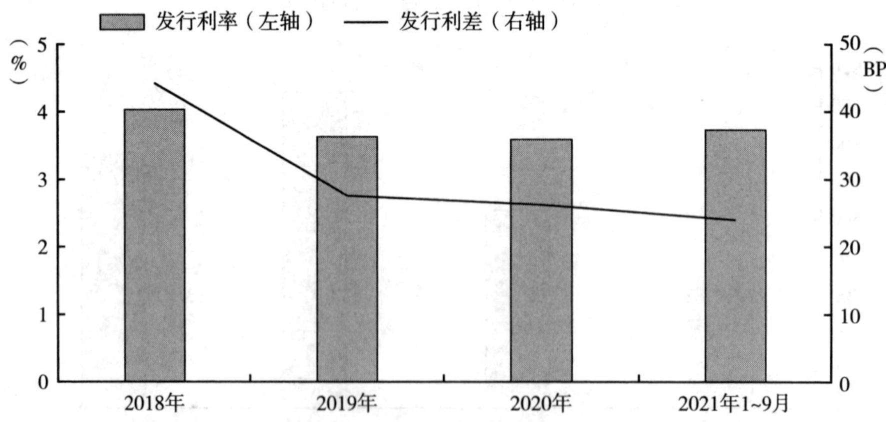

图 11　2018～2020 年及 2021 年 1～9 月广西项目收益专项债发行成本走势

资料来源：Wind 数据库，中诚信国际整理计算。

（二）募集资金向市政和产业园区基础设施领域倾斜，地市级项目占比最大

2021 年 1～9 月，广西新增项目收益专项债发行规模为 672 亿元，从募投项目领域来看，市政和产业园区基础设施领域占比最高，达到 50.21%①；其次为民生服务领域，占比 22.37%，以医疗卫生和教育为主；第三大投向为交通基础设施领域，占比 18.69%，以收费公路为主；前三大投向合计占比达 91.27%，较为集中（见图 12）。从项目行政层级看，广西专项债项目以地市级为主，占比超过 50%；其次为区县级，占比 32.74%；省级项目占比最少，仅为 17.01%（见图 13）。

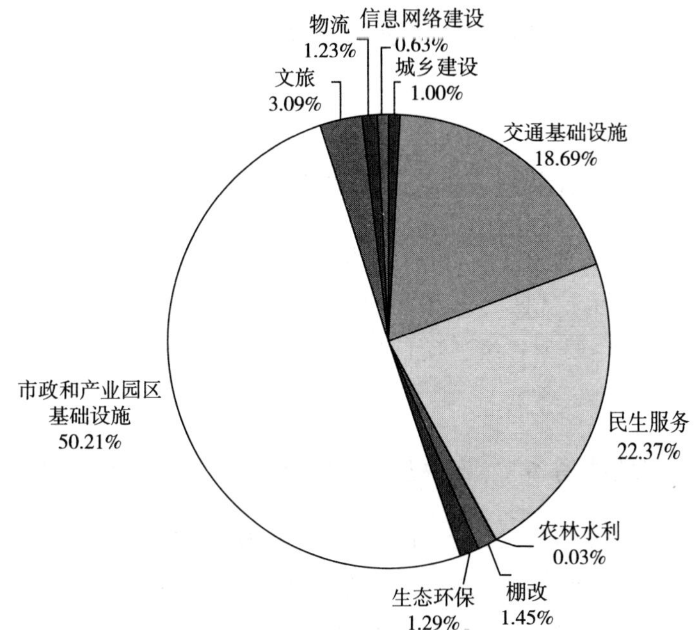

图 12　2021 年 1～9 月广西新增项目收益专项债募投领域分布

资料来源：Wind 数据库，中诚信国际整理计算。

① 如无特别说明，本报告中引用的专项债募投项目的相关数据均来自地方政府新增专项债信息披露文件，并由中诚信国际整理计算。由于数据的获取问题，数据可能来自不同募投项目文件、项目实施方案、信息披露模板等，这可能导致数据分析出现一定偏差，但不会对分析结论产生实质上的影响。

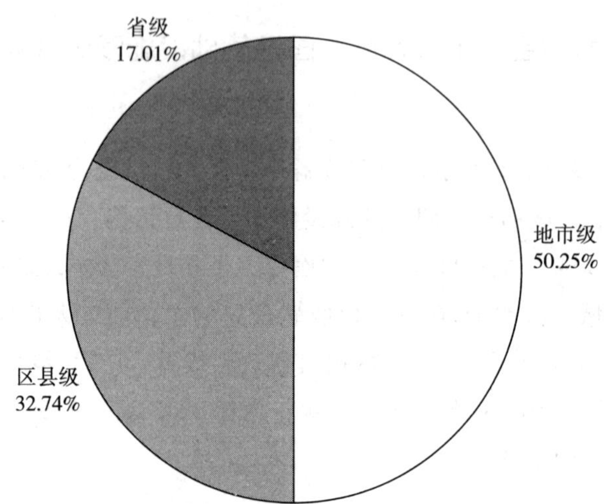

图 13　2021 年 1～9 月广西新增项目收益专项债行政层级分布（按发行规模统计）

资料来源：Wind 数据库，中诚信国际整理计算。

（三）专项债资金约一成用作资本金，全部为交通基础设施类项目

截至 2021 年 9 月，广西项目收益专项债用作资本金规模为 87.08 亿元，规模较小，占发行总规模的比重为 12.96%，涉及的项目全部为交通基础设施类，行政层级主要为省级，项目收入来源主要为通行费收入和铁路运输收入。

（四）专项债资本金撬动杠杆[①]水平较高，在全国处于上游

通过测算，2021 年 1～9 月，广西新增项目收益专项债用作资本金和配套融资的撬动杠杆分别为 5.05 倍和 1.71 倍，撬动倍数在全国范围内处于上游水平，合计撬动基建投资规模为 1441.77 亿元，其中专项债作为资本金撬动基建投资规模 440.19 亿元，作为配套融资撬动基建投资规模 1001.58 亿元，但实际效果可能受较多因素限制，如资金到位情况、项目建设进度、配套设施建设情况等。

① 专项债撬动基建投资方法参见袁海霞、汪苑晖、卞欢《专项债兼顾扩容提效，助力基建托底稳增长——地方政府专项债 2019 年回顾与 2020 年展望》，《财政科学》2020 年第 1 期。

三　广西偿债能力分析

（一）地方政府债务余额[①]居全国中游水平，2023年为未来几年偿债最高峰

截至2020年，广西地方政府债务余额为7615.12亿元，债务余额规模在全国31个省（区、市）中居中游，同期末债务限额为7946.25亿元，未使用债务限额331.13亿元，未使用的额度较小（见图14）。

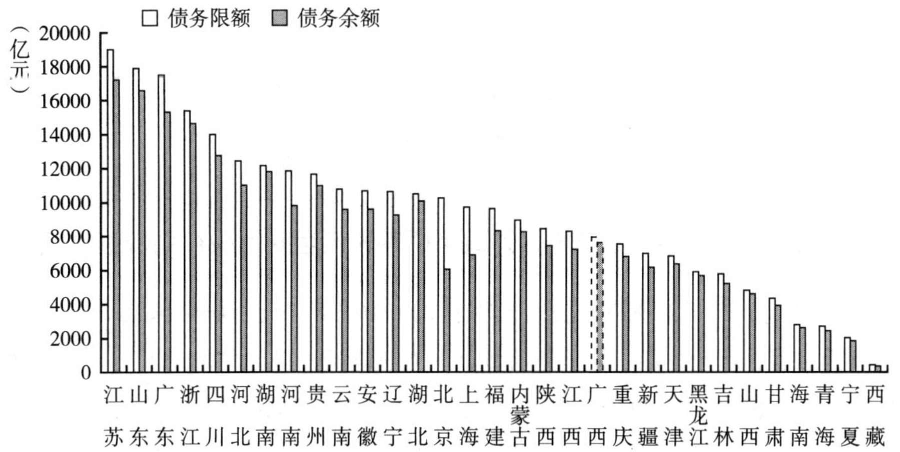

图14　2020年全国31个省（区、市）地方政府债务限额及余额

资料来源：全国31个省（区、市）财政预算执行及决算报告，中诚信国际整理计算。

从存量地方政府债券规模来看，截至2021年9月，广西存量地方政府债券余额为8344.76亿元，其中专项债占比48.61%，一般债占比51.39%。从未来几年到期情况来看，2023年为地方债到期高峰，其到期规模为1383.42亿元（见图15）。

---

① 如无特别说明，本报告中引用的广西壮族自治区政府债务限额、余额，一般公共预算收入、支出，财政平衡率，债务率、负债率等财政相关数据均来自广西壮族自治区财政预算执行及决算报告，并由中诚信国际整理计算。

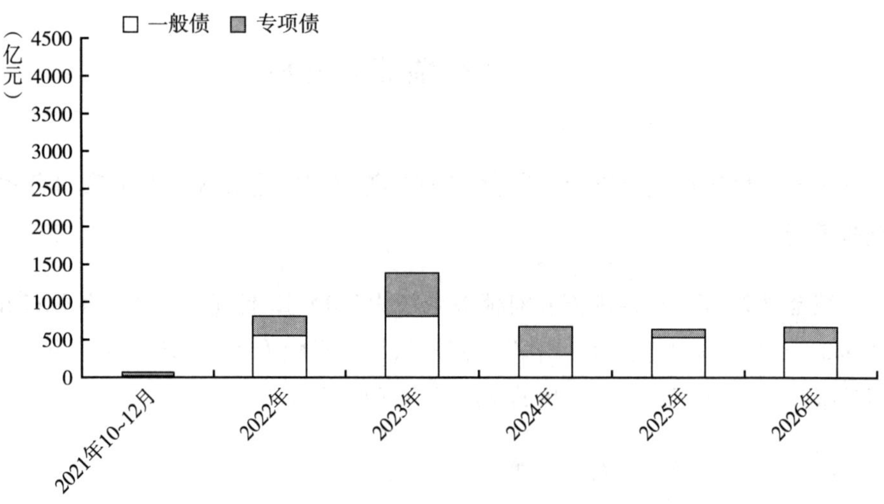

图 15　截至 2021 年 9 月广西地方债到期分布

资料来源：广西财政预算执行及决算报告，中诚信国际整理计算。

（二）财政实力有所减弱，财政平衡率较低且对上级补助依赖性较强

2020 年，广西实现一般公共预算收入 1716. 94 亿元，居全国第 23 位，排名较为靠后；增速方面，同比下降 5. 2%，增速低于全国平均水平；一般公共预算收入中税收收入 1113. 22 亿元，占一般公共预算收入的比重为 64. 84%。一般公共预算支出为 6179. 47 亿元，较 2019 年增长 5. 65%。财政平衡方面，2020 年广西财政平衡率为 27. 78%，财政平衡能力较弱，资金缺口较大，收支平衡较为依赖上级补助（见图 16）。

综合财力方面，2020 年广西实现综合财力 7226. 79 亿元（见图 17），虽受疫情影响，但得益于上级补助收入的增加，较 2019 年增长 8. 81%。其中，上级补助收入占比 48. 17%，为广西综合财力的最大来源。

（三）负债率和债务率居全国前列，正逐步有序化解政府性债务风险

2020 年广西债务率为 102. 23%，居全国第 15 位，超过 100% 国际警戒标准，处于较高水平；负债率为 34. 37%，居全国第 13 位（见图 18），债务压力

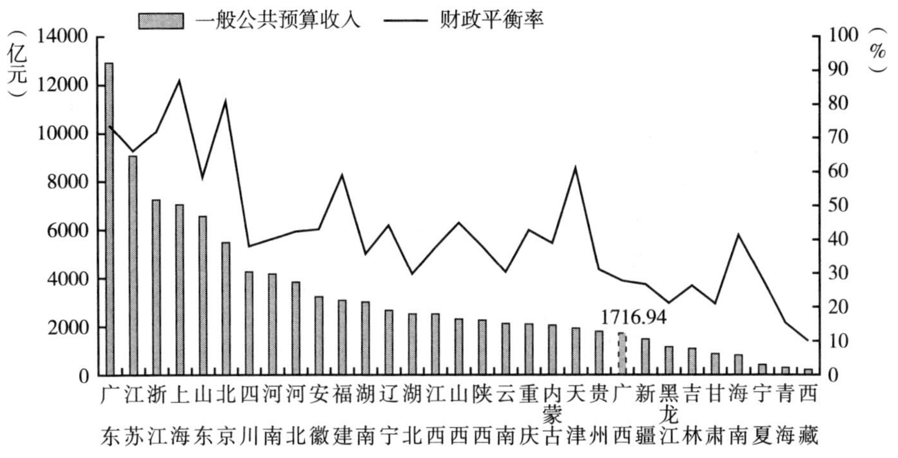

图 16　2020 年全国 31 个省（区、市）一般公共预算收入和财政平衡率

资料来源：全国 31 个省（区、市）财政预算执行及决算报告，中诚信国际整理计算。

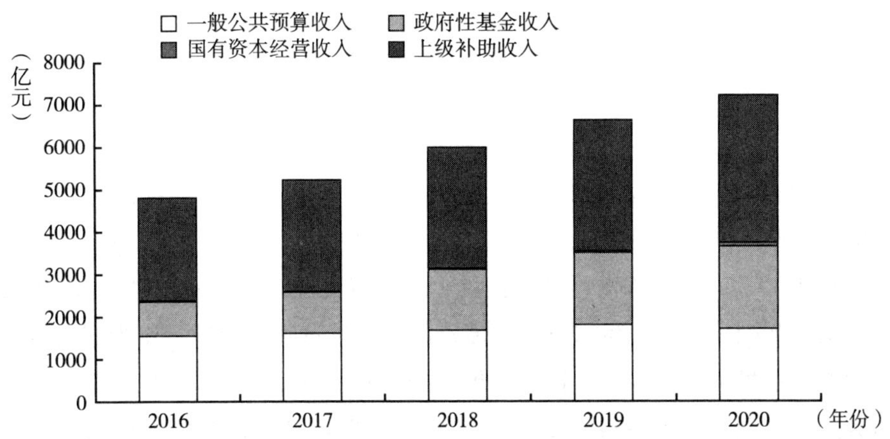

图 17　2016～2020 年广西综合财力及其构成

资料来源：广西财政预算执行及决算报告，中诚信国际整理计算。

相对较大。从全国来看，广西经济和财政实力偏弱，财政平衡较为依赖政府补助，2020 年 GDP 和一般公共预算收入下降，经济及财政体量对债务的承载能力有所下滑。

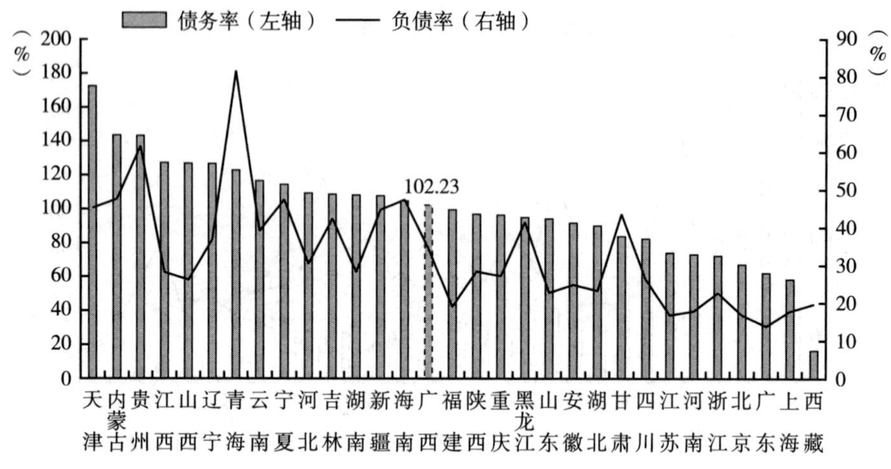

图 18　2020 年全国 31 个省（区、市）债务率及负债率

资料来源：全国 31 个省（区、市）财政预算执行及决算报告，中诚信国际整理计算。

四　小结

2021 年 1～9 月，广西地方债发行规模已达 2020 年全年发行规模的 80%，债券发行期限以长期为主，20 年期占比最大。受债券期限较长因素影响，广西地方债发行成本较高，居全国前列。项目收益专项债方面，发行规模自 2018 年以来持续以较快速度扩大，主要投向市政和产业园区基础设施、交通基础设施及民生服务等领域；同时，项目收益专项债作为配套融资对地方基建投资起到较好的拉动效果。从地方政府偿债压力来看，广西政府债务余额在全国处于中游水平，2023 年进入偿债高峰期，鉴于广西经济财政实力相对较弱，财政平衡率较低，对上级政府的转移支付依赖性较强，未来面临一定的偿付压力；但广西近年来地方债发行以长期为主，与基础设施建设类项目的周期相匹配，在一定程度上减轻了逐年到期的偿还压力。

针对以上广西地方债运行特点，建议从以下几个方面对债务风险进行防控。第一，进一步提高新增地方政府债券中中长期限的比重，与长期限的基建类项目周期相匹配，优化债务到期分布。第二，相较于省级、地市级政府，区县级政府通常要承担更高的融资成本，新增地方政府债券可考虑对区县级项目进行更进一步的倾斜，从而缓解区县级政府的债务压力；但同时，应加强对区县级政府债务风险的实时监管，严格把控区县级项目在审批前的相关测算，规范后续贷款资金使用及管理。第三，疫情防控常态化时期在地方发挥政府债券扩大有效投资和促进经济社会发展作用的同时，需提高资金使用效率、提升项目收益质量，并且关注政府债务规模快速扩大等带来的系统性风险。

B.27
2021年西藏自治区地方政府债券分析报告

李春辉　陈　涛　徐星宇*

摘　要： 截至2021年9月，西藏自治区地方债余额较小，债券期限以中长期为主；新发行的地方债均为长期债券，发行规模缩小，发行利率降低，二级市场规模较小但增速较快；地方政府项目收益专项债发行规模同比明显缩小，主要投向市政和产业园区基础设施、文旅等领域，项目整体偿债能力较强；暂无专项债用作项目资本金，对投资的拉动作用有限。债务管理方面，西藏债务规模总体较小，整体债务风险可控，但存在过度依赖中央补助、一般公共预算收入负增长的偿债风险。未来西藏应利用政策和区位优势大力发展地方经济，谨慎规划地方债发行节奏，合理安排债券期限结构，并充分发挥专项债资金的撬动作用。

关键词： 地方债　专项债　西藏自治区

一　西藏自治区地方债运行情况分析

截至2021年9月，西藏自治区地方债存量规模为438.30亿元①，占全国

* 李春辉，中诚信国际政府公共评级一部高级分析师，主要研究领域为地方政府债券、基础设施投融资行业等；陈涛，中诚信国际政府公共评级一部分析师，主要研究领域为地方政府债券、基础设施投融资行业等；徐星宇，中诚信国际政府公共评级一部助理分析师，主要研究领域为地方政府债券、基础设施投融资行业等。

① 如无特别说明，本报告中引用的地方债存量、发行量、发行利率、发行利差、交易量、到期收益率等债券相关数据均来自截至2021年9月的Wind数据库，并由中诚信国际整理计算。

总规模的0.15%，在全国31个省（区、市）中排在末位（见图1）。在西藏存续债券中，2018年后所发行债券余额为386.59亿元。从券种结构①来看，西藏地方债以一般债为主，余额为311.39亿元，占比为71.04%；专项债余额为126.91亿元，占比为28.96%。从发行期限来看，西藏目前存续的所有地方债中，以长期债券为主，其规模达222.09亿元，占比50.67%；中期债券的规模为216.21亿元，占比49.33%；无短期债券。

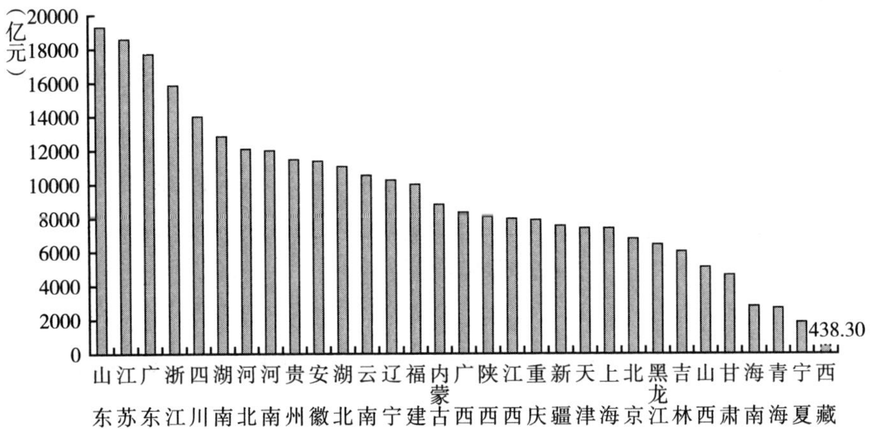

图1　截至2021年9月全国31个省（区、市）地方债存量规模

资料来源：Wind数据库，中诚信国际整理计算。

（一）发行规模有所缩小，集中发行时间有所提前

2021年1～9月，西藏地方债发行规模缩小至92.59亿元，在全国31个省（区、市）中居于末位，同比下降23.48%。从月度发行规模来看，2020年西藏地方债发行集中于8月，发行规模为88亿元，占比达62.86%，发行较为集中；剩余债券则于3月、6月和10月发行，发行规模合计为52亿元，占比为37.14%。2021年1～9月，西藏地方债发行集中于6月，发行规模为43亿元，占比为46.44%，集中发行时间有所提前；其次分别为8月（23.59亿元）、3月（22亿元）和9月（4亿元）（见图2）。

---

① 存量地方债种类结构以存量地方债中2018年以来发行的样本进行统计。

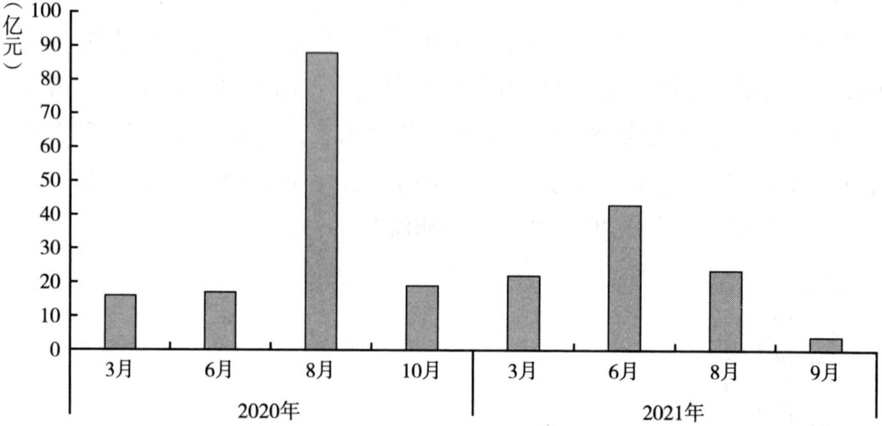

图2　2020年1月~2021年9月西藏地方债月度发行规模

注：西藏部分月份无地方债发行，故图中无显示。
资料来源：Wind数据库，中诚信国际整理计算。

（二）发行结构以再融资一般债为主，长期限占比有所下降

2021年1~9月，西藏新发行的地方债中，再融资一般债规模为38.59亿元，占比达41.68%，再融资一般债取代2020年同期的新增一般债成为占比最大的债券种类；其次分别为新增一般债（24亿元）、新增专项债（20亿元）和再融资专项债（10亿元）。从债券发行期限来看，2021年1~9月，西藏地方债以中长期债券为主，发行期限整体有所下移。具体来看，2021年1~9月，西藏地方债发行期限在10年及以上的规模占比为57.87%，较2020年同期下降41.55个百分点；中期债券占比由2020年同期的0.58%上升至42.13%，并新增3年债券品种（见图3）。

（三）发行成本同比有所下降，但发行利差同比有所提高

2018年以来，西藏地方债发行利率及利差①整体有所波动。其中，2021年1~9月，西藏地方债发行利率为3.39%，较2020年同期下降0.04个百分点；发

① 如无特别说明，本报告中发行利率、利差为根据发行额计算的加权平均发行利率、利差，发行利差计算公式：债券发行利率－对应期限国债收益率。

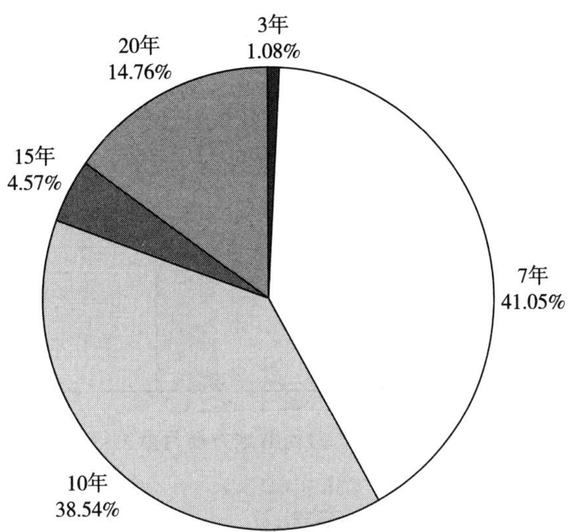

图3　2021 年 1 ~9 月西藏新发行地方债期限分布

资料来源：Wind 数据库，中诚信国际整理计算。

行利差为 27.27BP，较 2020 年同期走高 2.63BP（见图 4）。从月度发行情况来看，2021 年 1 ~9 月，西藏地方债发行利率呈先升后降的趋势，并于 6 月达到最高点，为 3.54%；发行利差整体呈波动态势（见图 4）。从全国范围内看，2021 年1 ~9 月，西藏地方债的发行利率与利差均稍高于国内平均水平（见图6）。

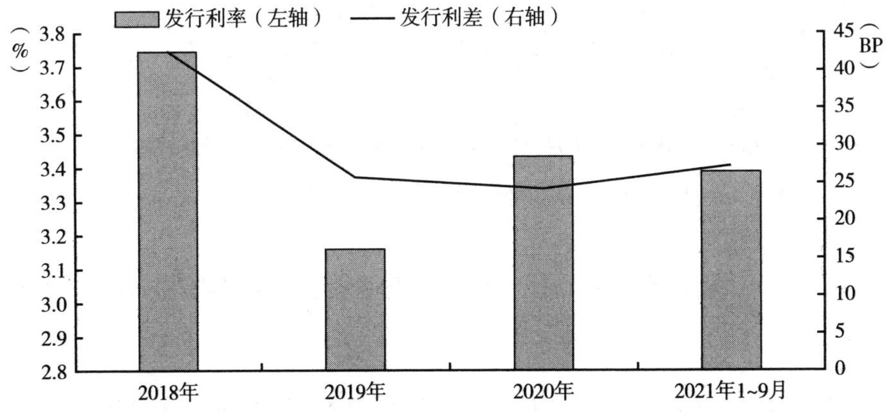

图4　2018 ~2020 年及 2021 年 1 ~9 月西藏地方债发行成本

资料来源：Wind 数据库，中诚信国际整理计算。

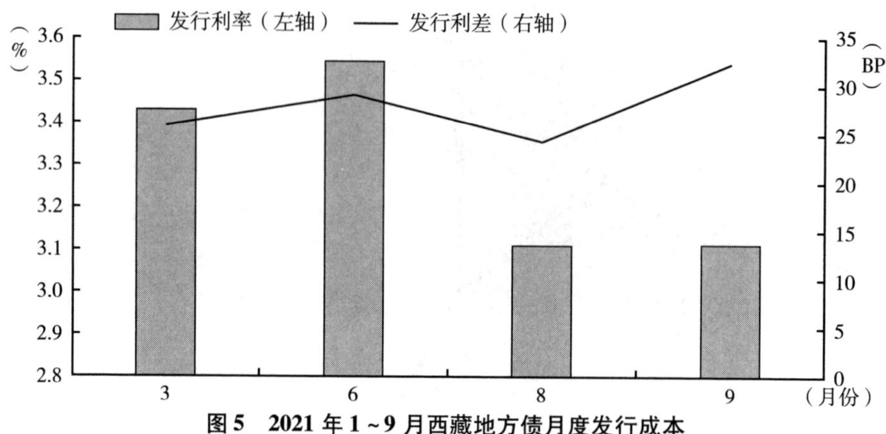

图5　2021年1～9月西藏地方债月度发行成本

注：西藏部分月份无地方债发行，故图中无显示。

资料来源：Wind数据库，中诚信国际整理计算。

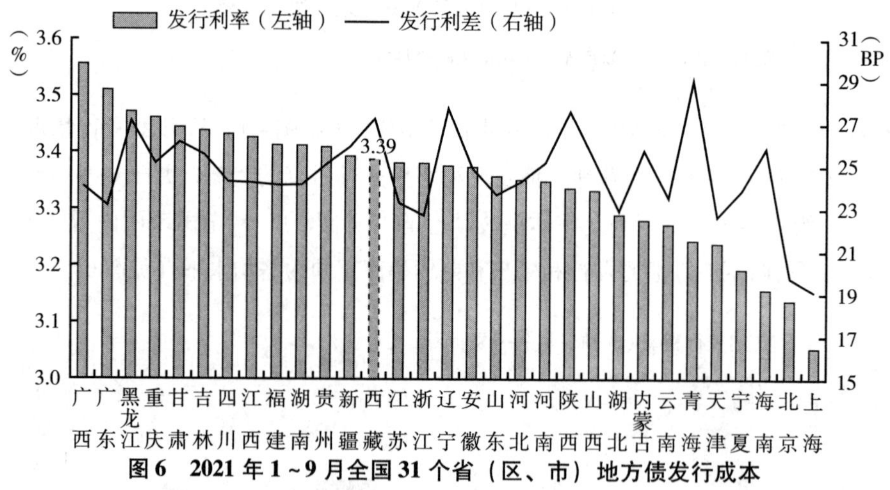

图6　2021年1～9月全国31个省（区、市）地方债发行成本

资料来源：Wind数据库，中诚信国际整理计算。

（四）二级市场交易规模[①]较小但增速较快，到期收益率整体有所波动

2021年1～9月，西藏地方债交易规模为87.23亿元，在全国31个省

① 交易统计包含回购交易、现券交易等部分。

（区、市）中处于末位，规模同比扩大60.86%。从到期收益率来看，西藏地方债到期收益率与剩余期限呈现正相关关系，即剩余期限越长，到期收益率越高。从同一剩余期限的地方债到期收益率走势来看，2020年，西藏各期限地方债到期收益率均值整体呈先降后升的趋势，并于2020年4月到达最低点；2021年1~9月，西藏各期限地方债到期收益率均值整体保持缓慢下降趋势（见图7）。

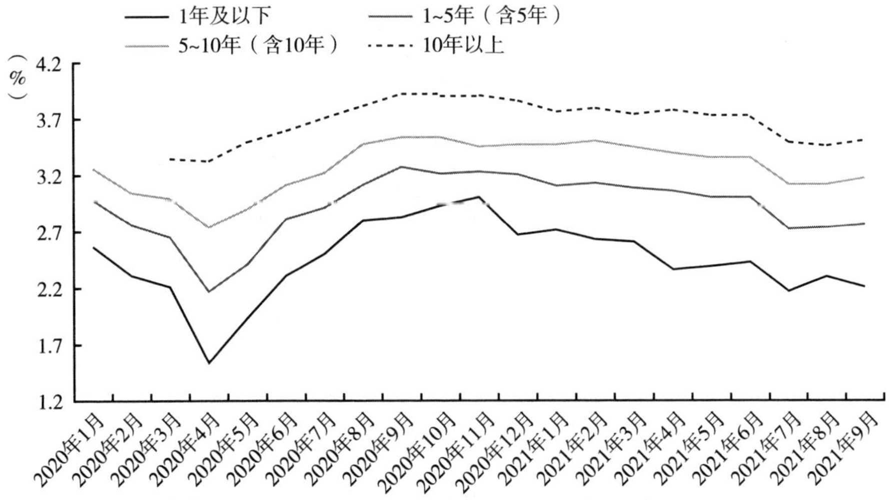

图7　2020年1月~2021年9月西藏地方债到期收益率走势

资料来源：Wind数据库，中诚信国际整理计算。

二　西藏地方政府专项债分析①

截至2021年9月，西藏项目收益专项债余额为86亿元。从剩余期限来

① 根据2017年财政部关于项目收益专项债的描述，项目收益专项债是项目收益与融资自求平衡的地方政府专项债；2020年7月29日财政部《关于加快地方政府专项债券发行使用有关工作的通知》（财预〔2020〕94号）明确2020年新增专项债必须保证融资规模与项目收益相平衡，因此2020年新增专项债均为项目收益专项债；本部分项目收益专项债的统计样本为2019~2020年项目收益专项债与2021年1~9月的新增专项债。

看，剩余期限为5年及以下、5～10年（含10年）、10年以上的项目收益专项债余额分别为7.0亿元、26.3亿元和52.7亿元，占项目收益专项债余额的比重分别为8.14%、30.58%和61.28%（见图8），整体仍以长期债券为主。在募投领域方面，西藏项目收益专项债投向的领域主要包括市政和产业园区基础设施、文旅及农林水利等。

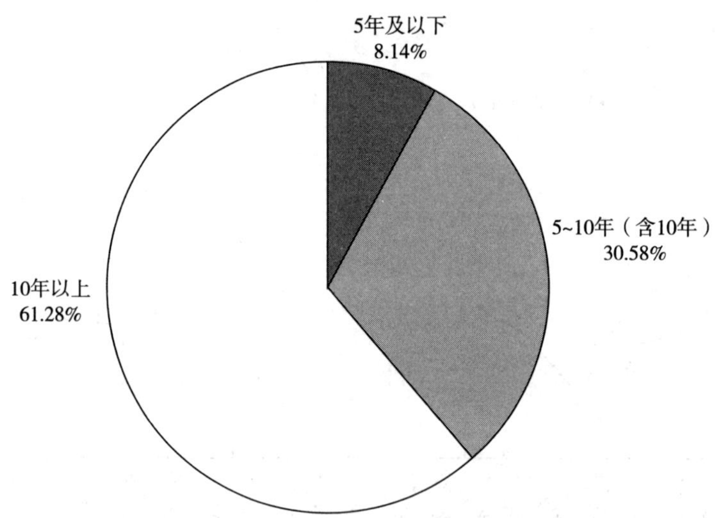

图8　截至2021年9月西藏存量项目收益专项债余额剩余期限结构

资料来源：Wind数据库，中诚信国际整理计算。

（一）发行规模同比显著缩小，发行成本上升，期限以长期为主

自2017年财政部发布《关于试点发展项目收益与融资自求平衡的地方政府专项债券品种的通知》① 以来，西藏共发行项目收益专项债86亿元。2021年1～9月，西藏项目收益专项债发行规模为20亿元（见图9），在全国31个省（区、市）中居末位，同比缩小66.10%。从发行成本来看，2021年1～9月西藏项目收益专项债发行利率与发行利差分别为3.76%与

① 《关于试点发展项目收益与融资自求平衡的地方政府专项债券品种的通知》（财预〔2017〕89号），财政部网站，2017年7月21日，http：//yss.mof.gov.cn/zhuantilanmu/dfzgl/zcfg/201707/t20170724_2656632.htm。

29.55BP（见图10），均高于2020年同期。从期限结构来看，2021年1～9月，发行期限为20年、15年、10年的项目收益专项债规模分别为13.67亿元、4.23亿元和2.10亿元，占项目收益专项债总规模的比重分别为68.35%、21.15%和10.50%，均为长期债券（见图11）。

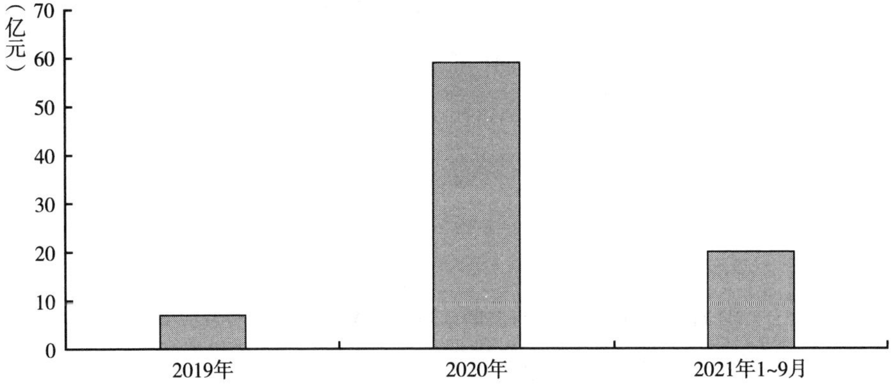

图9　2019～2020年及2021年1～9月西藏项目收益专项债发行规模

资料来源：Wind数据库，中诚信国际整理计算。

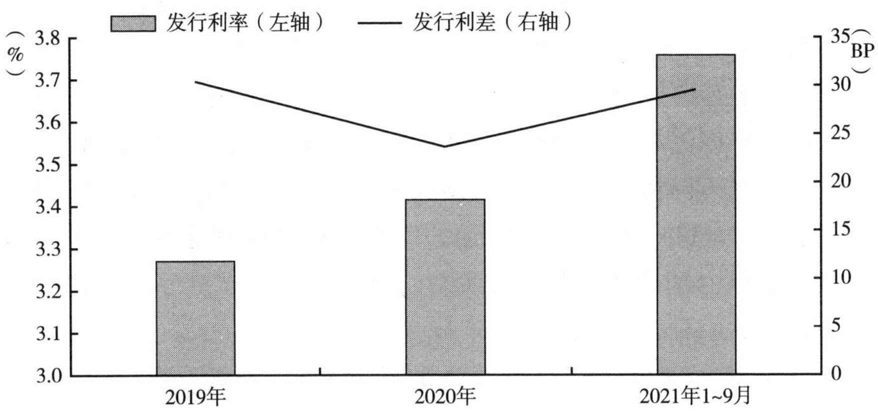

图10　2019～2020年及2021年1～9月西藏项目收益专项债发行成本

资料来源：Wind数据库，中诚信国际整理计算。

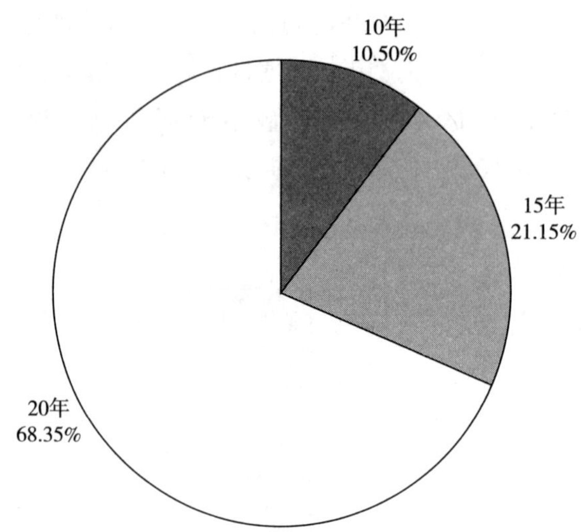

图 11　2021 年 1～9 月西藏项目收益专项债发行期限结构

资料来源：Wind 数据库，中诚信国际整理计算。

（二）主要投向市政和产业园区基础设施及文旅领域，项目偿债能力整体较强

在募投项目领域方面，2021 年 1～9 月，西藏发行的项目收益专项债投向领域包括市政和产业园区基础设施、农林水利、民生服务、棚改、交通基础设施、生态环保及文旅 7 类（见图 12），投入资金的规模分别为 7.89 亿元①、1.40 亿元、0.98 亿元、0.17 亿元、0.95 亿元、0.86 亿元及 7.75 亿元。细分来看，市政和产业园区基础设施领域投向产业园建设（1.14 亿元）、市政建设（5.66 亿元）和气热管网（1.09 亿元）；民生服务领域系医疗卫生项目；交通基础设施领域为城市停车场建设项目；生态环境领域为城镇污水垃圾处理项目；文旅方面主要投资于文旅基建项目。

从项目行政层级分布来看，募投项目分为省级和区县级两类，其中省级项目使用专项债金额为 0.98 亿元，区县级项目使用专项债金额为 19.02 亿元，

① 如无特别说明，本报告中引用的专项债募投项目的相关数据均来自地方政府新增专项债信息披露文件，并由中诚信国际整理计算。由于数据的获取问题，数据可能来自不同募投项目文件、项目实施方案、项目披露模板等，这可能导致数据分析出现一定偏差，但不会对分析结论产生实质上的影响。

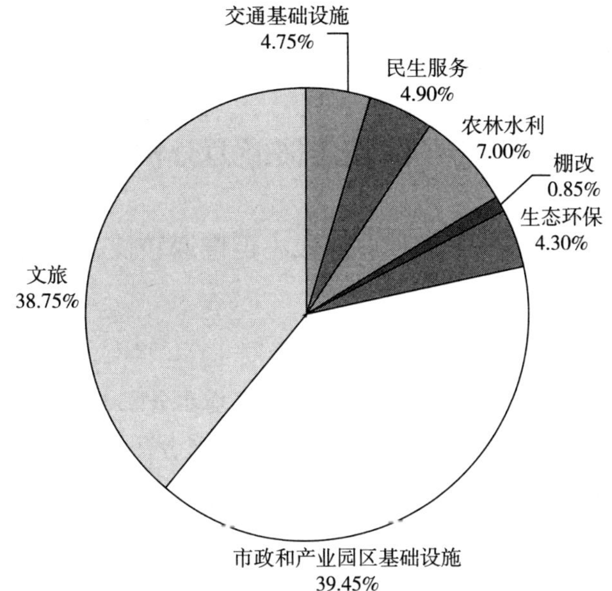

图 12　2021 年 1～9 月西藏新增项目收益专项债募投领域分布

资料来源：西藏政府新增专项债信息披露文件，中诚信国际整理计算。

暂无地市级项目。在项目融资本息覆盖倍数方面，倍数均大于 1 倍，募投项目的偿债来源较有保障。

（三）暂无专项债用作项目资本金，项目储备或不足

截至 2021 年 9 月，暂无专项债用作项目资本金，或与专项债项目储备不足、整体发行规模不大有关。但考虑到专项债用作项目资本金的撬动作用强于用作配套融资，在稳增长背景下仍需合理推进资本金应用以放大对基建投资的拉动效果。

（四）受发行规模限制，专项债对投资的拉动效果有限

因专项债未用作项目资本金，故 2021 年 1～9 月西藏项目收益专项债资本金撬动杠杆①为 0 倍。经测算，2021 年 1～9 月西藏专项债配套融资撬动杠杆

① 专项债撬动基建投资方法参见袁海霞、汪苑晖、卞欢《专项债兼顾扩容提效，助力基建托底稳增长——地方政府专项债 2019 年回顾与 2020 年展望》，《财政科学》2020 年第 1 期。

为1.60倍，在全国范围内居第7位；专项债作为配套融资撬动基建投资规模为32.08亿元，受项目收益专项债发行规模限制，实际撬动效果有限。

三 西藏偿债能力分析

（一）地方政府债务规模总体较小但增速较快，2022年地方债到期规模较大

截至2020年，西藏地方政府债务余额[①] 374.98亿元，较2019年增长49.16%，低于债务限额454.00亿元，且二者均在全国31个省（区、市）中居于末位（见图13）。以西藏2021年9月存量地方债为样本进行分析，2021年10～12月及2022～2027年的地方债到期规模分别为15.01亿元、53.43亿元、21.89亿元、40.55亿元、14.39亿元、35.28亿元和19.86亿元，其中2022年到期债务规模最大。从到期券种分布来看，2021年10～12月和2026年到期的券种全部为一般债，2022～2025年及2027年到期的债券既有一般债也有专项债，但超半数为一般债（见图14）。

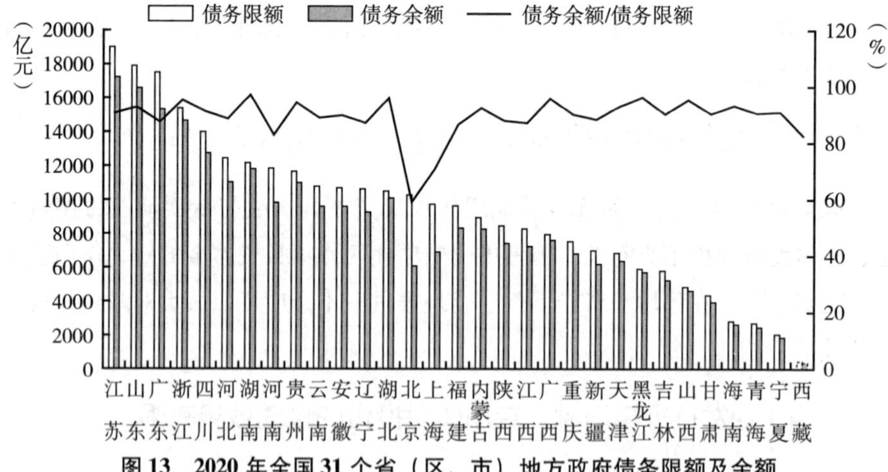

图13 2020年全国31个省（区、市）地方政府债务限额及余额

资料来源：全国31个省（区、市）财政预算执行及决算报告，中诚信国际整理计算。

① 如无特别说明，本报告中引用的西藏自治区政府债务限额、余额，一般公共预算收入、支出，财政平衡率，债务率、负债率等财政相关数据均来自西藏自治区财政预算执行及决算报告，并由中诚信国际整理计算。

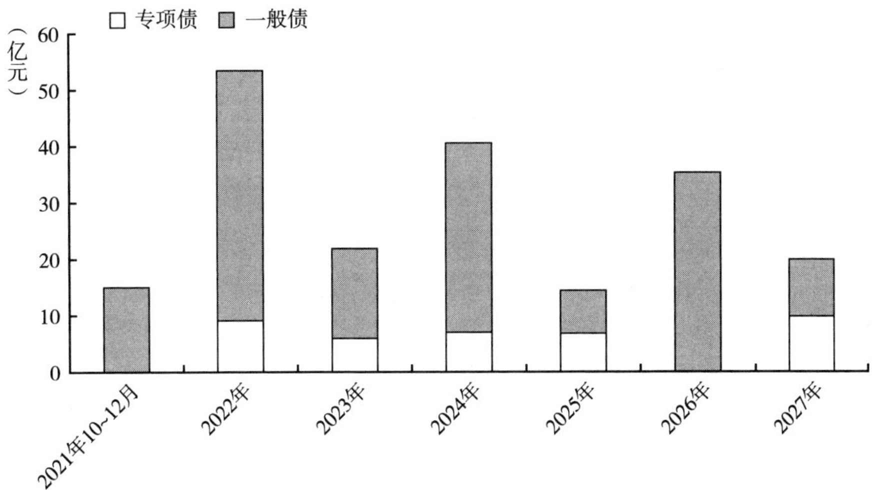

图 14　截至 2021 年 9 月西藏存量地方债到期分布

资料来源：西藏财政预算执行及决算报告，中诚信国际整理计算。

（二）经济总量较小但增速位居前列，财政平衡基本依赖中央补助

西藏经济总量较小，在全国 31 个省（区、市）中居末位，但得益于政策支持及自身资源优势，经济快速增长，2020 年地区生产总值（GDP）[①] 增速位居全国前列。2020 年，西藏实现地区生产总值 1902.74 亿元，按可比价格计算，同比增长 7.8%，增速较全国平均水平高 5.5 个百分点。西藏拥有独具特色的矿产、生物等多种资源，依托丰富的自然资源，西藏已初步形成高原生物产业、文化旅游产业、清洁能源产业、绿色工业、现代服务业、高新数字产业、边贸物流业七大支柱产业，产业结构以第三产业为主。2020 年，西藏第一产业增加值 150.65 亿元，增长 7.7%；第二产业增加值 798.25 亿元，增长 18.3%；第三产业增加值 953.84 亿元，增长 1.4%；三次产业结构为7.92∶41.95∶50.13。

① 如无特别说明，本报告引用的宏观经济数据均来自历年《西藏自治区国民经济和社会发展统计公报》，由中诚信国际整理计算。

西藏经济发展水平相对较低，自身财政收入规模较小，财政平衡基本依赖中央政府补助支持，2020 年财政平衡率仅为 10.01%。2020 年，西藏实现财政总收入 2273.6 亿元，其中一般公共预算收入和政府性基金收入占比很小，分别占财政收入的 9.72% 和 3.87%。具体来看，一般公共预算收入规模为 221 亿元（见图 15），同比下降 0.45%；政府性基金收入规模为 88 亿元，同比上升 16.62%。财政收入基本依靠转移性收入支撑，2020 年西藏收到上级补助收入 1959.6 亿元，其占财政收入的比重达到 86.19%。

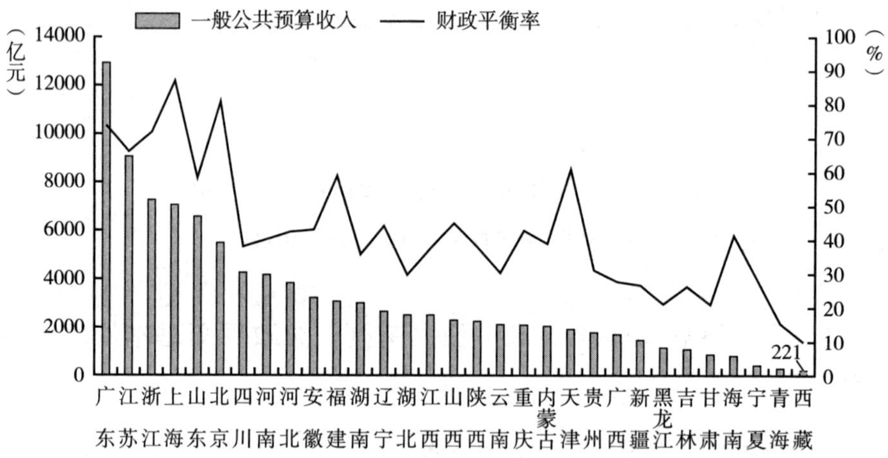

图 15　2020 年全国 31 个省（区、市）一般公共预算收入与财政平衡率

资料来源：全国 31 个省（区、市）财政预算执行及决算报告，中诚信国际整理计算。

（三）地方债务以一般债务为主，整体债务压力较小

2020 年西藏地方债务余额为 374.98 亿元，其中一般债务余额为 278.07 亿元，专项债务余额为 96.91 亿元。2020 年西藏负债率和债务率分别为 19.71% 与 16.49%，在全国范围内处于较低水平，地方政府债务压力较小（见图 16）。

四　小结

通过对西藏地方债运行和发展的分析，可以总结出以下要点：一是西藏地方债总体规模较小，债券类型以一般债为主，债券期限以中长期为主；二是

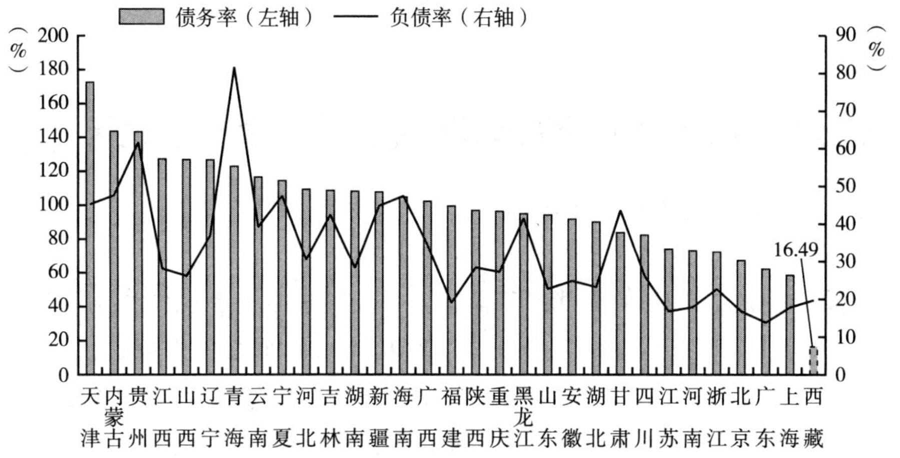

图 16　2020 年全国 31 个省（区、市）债务率及负债率

资料来源：全国 31 个省（区、市）财政预算执行及决算报告，中诚信国际整理计算。

2021 年 1 ~9 月西藏地方债的发行规模同比有所下降，债券期限下移明显，虽然发行利率有所下降，但发行利差有所上升，到期收益率整体呈波动态势；三是西藏地方政府项目收益专项债发行规模同比亦下降明显，但均为长期债券，主要投向市政和产业园区基础设施、文旅领域，涉及募集资金占比合计超过 70%；四是西藏地方政府债务规模总体较小且未超过债务限额，财政收入可覆盖债务支出，整体偿债压力较小。

目前来看，西藏地方债管理及运用仍存在以下不足：一是西藏地方财政运行过度依赖上级补助收入，地方政府自身财政实力较弱，这是潜在的偿债风险点；二是 2020 年西藏政府债务余额增长速度较快，但一般公共预算收入略有下降；三是西藏项目收益专项债未用作项目资本金，对投资的撬动效应弱。针对以上问题，本报告建议：第一，利用政策和区位优势大力发展地方经济，增加地方财政收入；第二，客观评判地方政府偿债能力，谨慎规划地方债发行节奏；第三，合理安排债券期限结构，适当增加债券期限种类；第四，应充分发挥专项债用作项目资本金等优惠政策，发挥资金撬动作用，减轻财政压力。

B.28
2021年云南省地方政府债券分析报告

袁 野　王靖允　赵轶群　马家瑶*

摘　要： 截至2021年9月，云南省地方政府债券存量规模在全国各省（区、市）中处于中上游，2020年以来地方债发行速度加快，2021年1~9月发行节奏有所放缓，债务风险管控的重要性日益凸显。本报告首先对云南省地方债市场运行情况进行阐述，并详细分析项目收益专项债资金使用情况及对区域投资的拉动效果，最后围绕云南省地方债务整体情况及财政表现对区域债务风险进行剖析，并提出云南省未来的基建应当继续加大对专项债的利用力度，同时继续深化国企改革，自上而下地梳理完善债务化解通道的观点。

关键词： 地方债　专项债　云南省

一　云南省地方债运行情况分析

统计数据显示，截至2021年9月，云南省地方政府债券存量规模为10522.54亿元①，在全国31个省（区、市）中列第12位（见图1）。从券种

* 袁野，中诚信国际政府公共评级一部助理总监，主要研究领域为地方政府债券、基础设施投融资行业等；王靖允，中诚信国际政府公共评级一部高级分析师，主要研究领域为地方政府债券、基础设施投融资行业等；赵轶群，中诚信国际政府公共评级一部助理分析师，主要研究领域为地方政府债券、基础设施投融资行业等；马家瑶，中诚信国际政府公共评级一部助理分析师，主要研究领域为地方政府债券、基础设施投融资行业等。

① 如无特别说明，本报告中引用的地方债存量、发行量、发行利率、发行利差、交易量、到期收益率等债券相关数据均来自截至2021年9月的Wind数据库，并由中诚信国际整理计算。

结构①来看，一般债和专项债的规模分别为5645.65亿元和4876.89亿元，分别占存量地方债的53.65%和46.35%。从发行期限来看，截至2021年9月，云南省存量地方债期限以7年、5年和10年为主，分别占总规模的32.51%、26.03%和25.16%。

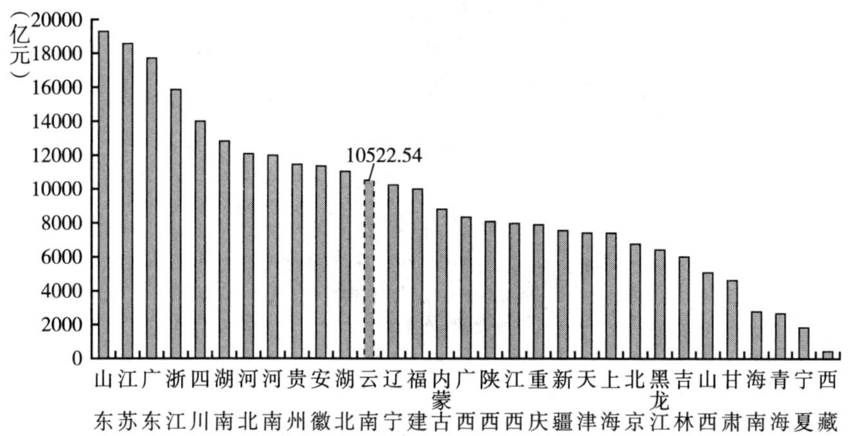

图1　截至2021年9月全国31个省（区、市）地方债存量规模

资料来源：Wind数据库，中诚信国际整理计算。

（一）发行节奏同比放缓，5~10年期占比高，新增专项债规模同比缩小

2021年1~9月，云南省共发行地方债30只，发行规模合计1726.33亿元，较2020年同期下降18.94%，但仍超过2019年全年发行规模。从期限结构来看，2021年1~9月，云南省新发行的地方债以5年期、7年期和10年期为主，分别占发行总量的29.47%、28.30%和25.93%（见图2）。从债券种类来看，2021年1~9月，云南省发行新增地方债1061.56亿元，占当期新发行地方债总量的61.49%，相较上年同期2129.57亿元的规模明显缩小。其中新增专项债发行额为842亿元，占当期新增地方债发行总量的79.32%，仅为上年同期发行规模1490亿元的56.51%。1~9月，发行再融资地方债664.77亿元，约为上年同期337.69亿元的两倍（见图3）。

① 存量地方债种类结构以存量地方债中2018年以来发行的样本进行统计。

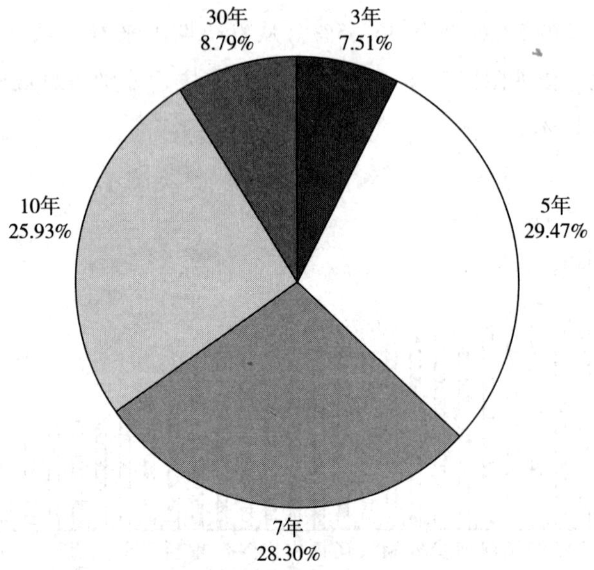

图 2　2021 年 1～9 月云南省新发行地方债期限分布

资料来源：Wind 数据库，中诚信国际整理计算。

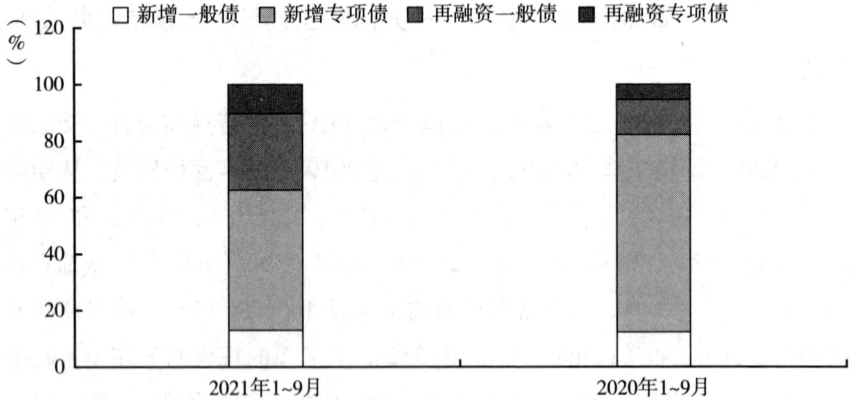

图 3　2020 年 1 月～2021 年 9 月云南省新发行地方债券种结构

资料来源：Wind 数据库，中诚信国际整理计算。

（二）发行利率及利差[①]相对较低，发行成本波动幅度变小

2021 年 1 ~9 月，云南省地方债发行利率和利差在全国 31 个省（区、市）中相对较低（见图4），各省（区、市）之间地方债发行利差的总体差异较大。

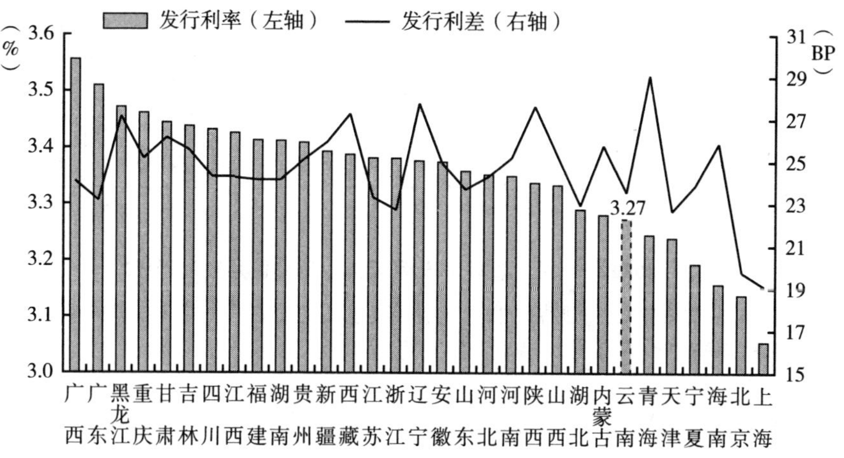

图4　2021 年 1 ~9 月全国 31 个省（区、市）地方债发行成本

资料来源：Wind 数据库，中诚信国际整理计算。

分月来看，2021 年 1 ~9 月各月发行利率较 2020 年同期波动幅度变小，6 月的发行利率最高。3 月和 6 月，云南省地方债发行利率均同比明显上升，1 月、8 月和 9 月发行利率均同比下降。同期，云南省地方债发行利差亦呈波动状态，5 月和 8 月明显高于上年同期水平（见图 5）。

（三）二级市场交易规模[②]同比大幅下降，到期收益率先降后升，长期债表现相对平稳

2021 年 1 ~9 月，云南省地方债二级市场交易规模为 1706. 21 亿元，同比下降 58. 92%，在全国 31 个省（区、市）中居第 14 位，较上年同期下降 3 位。到

① 如无特别说明，本报告中发行利率、利差为根据发行额计算的加权平均发行利率、利差，发行利差计算公式：债券发行利率 – 对应期限国债收益率。

② 交易统计包含回购交易、现券交易等部分。

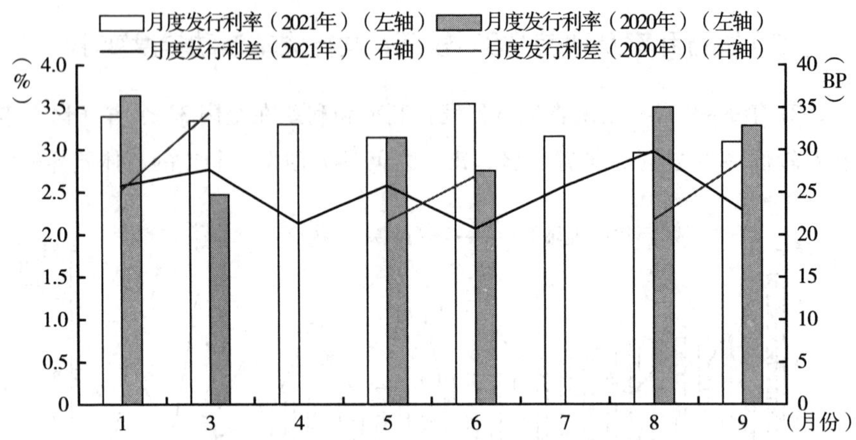

图5　2020年1月~2021年9月云南省地方债月度发行成本

注：云南省部分月份无地方债发行，故图中无显示。

资料来源：Wind数据库，中诚信国际整理计算。

期收益率方面，2020年4月，云南地方债到期收益率迎来低谷，2020年4月以来，国内疫情控制得当，货币政策趋于稳健，云南省地方债到期收益率触底回升，2021年1~9月，云南省地方债到期收益率总体波动不大（见图6）。

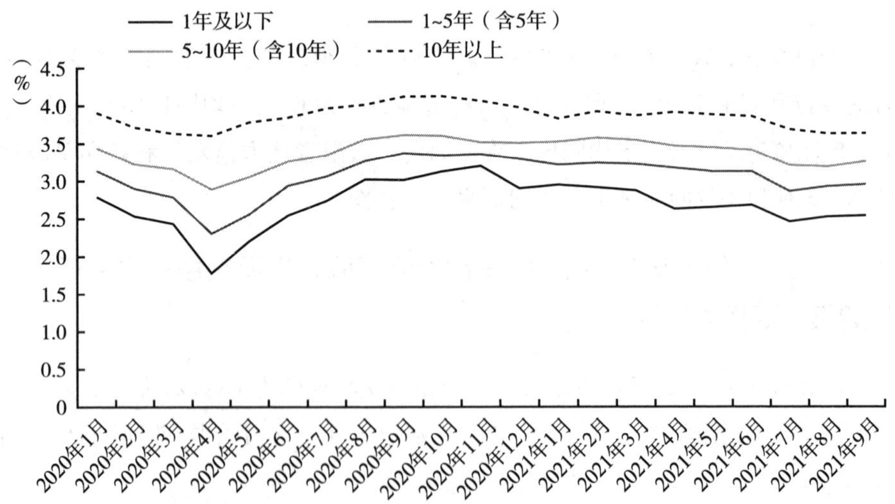

图6　2020年1月~2021年9月云南省地方债到期收益率走势

资料来源：Wind数据库，中诚信国际整理计算。

二　云南省地方政府专项债分析①

截至2021年9月，云南省存量项目收益专项债共计61只，余额合计3056亿元，债券剩余期限以5~10年（含10年）为主。

（一）发行规模波动增长，发行成本趋向全国平均水平，全部为新增专项债

2018~2020年及2021年1~9月，云南省项目收益专项债发行规模呈波动增长趋势，2020年为近年来的峰值，占全国发行总量的比重整体呈上升趋势，发行利率呈波动下降趋势（见图7），发行利差先升后降，发行利率与全国平均水平基本持平，2020年发行利差与全国平均水平的差值处于近年来高位，2021年以来发行利差与全国平均水平趋同（见图8），债券类型全部为新增专项债。

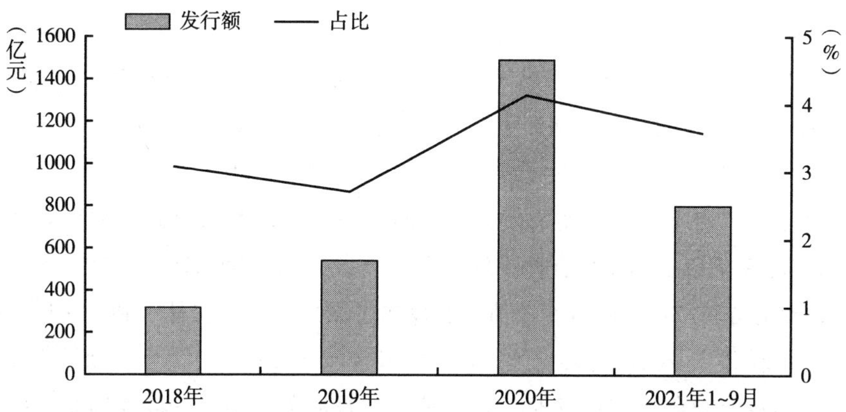

图7　2018~2020年及2021年1~9月云南省项目收益专项债发行规模走势

资料来源：Wind数据库，中诚信国际整理计算。

① 根据2017年财政部关于项目收益专项债的描述，项目收益专项债是项目收益与融资自求平衡的地方政府专项债；2020年7月29日财政部《关于加快地方政府专项债券发行使用有关工作的通知》（财预〔2020〕94号）明确2020年新增专项债必须保证融资规模与项目收益相平衡，因此2020年新增专项债均为项目收益专项债，本部分项目收益专项债的统计样本为2018~2020年项目收益专项债与2021年1~9月的新增专项债。

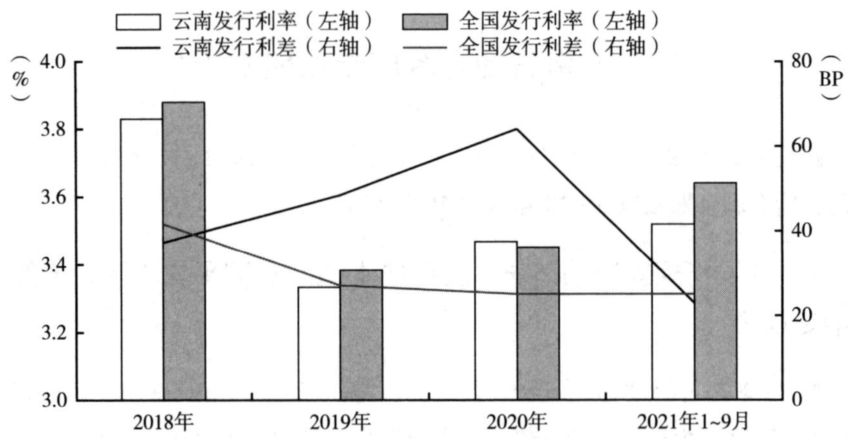

图 8　2018～2020 年及 2021 年 1～9 月云南省与全国项目收益专项债发行成本走势

资料来源：Wind 数据库，中诚信国际整理计算。

（二）期限以中长期为主，多投向民生服务、农林水利等，以区县级项目为主

2021 年 1～9 月，云南省新发行 16 只项目收益专项债，合计 798.00 亿元，发行期限以 10 年期和 7 年期为主，分别占发行总数的 43.75% 和 37.50%（见图 9），涉及十一大领域，共投向 458 个募投项目，其中第 6、7、12、13、16 期债券投向了多个领域，其余债券均投向单一领域，本息覆盖倍数为 1.06～17.78 倍，2 倍以下的项目合计投放债券金额占比达到 95.41%①。2021 年 1～9 月，云南省新增项目收益专项债主要投向了民生服务、农林水利、交通基础设施、市政和产业园区基础设施以及文旅等领域（见图 10），五大领域募投项目使用债券金额合计 641.47 亿元，占债券拟投向募投项目总额度的 80.38%，其中民生服务类项目使用的债券资金额度比例最大，为 20.37%，农林水利、交通基础设施以及市政和产业园区基础设施使用债券资金的额度比例分别为 19.97%、17.44% 和 13.46%，专项债资金使用分布相对均衡。

① 如无特别说明，本报告中引用的专项债募投项目的相关数据均来自地方政府新增专项债信息披露文件，并由中诚信国际整理计算。由于数据的获取问题，数据可能来自不同募投项目文件、项目实施方案、信息披露模板等，这可能导致数据分析出现一定偏差，但不会对分析结论产生实质上的影响。

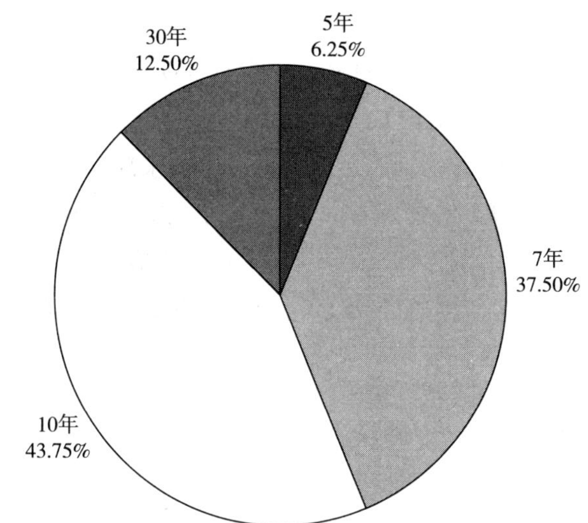

图9　2021 年 1～9 月云南省项目收益专项债发行期限结构

资料来源：Wind 数据库，中诚信国际整理计算。

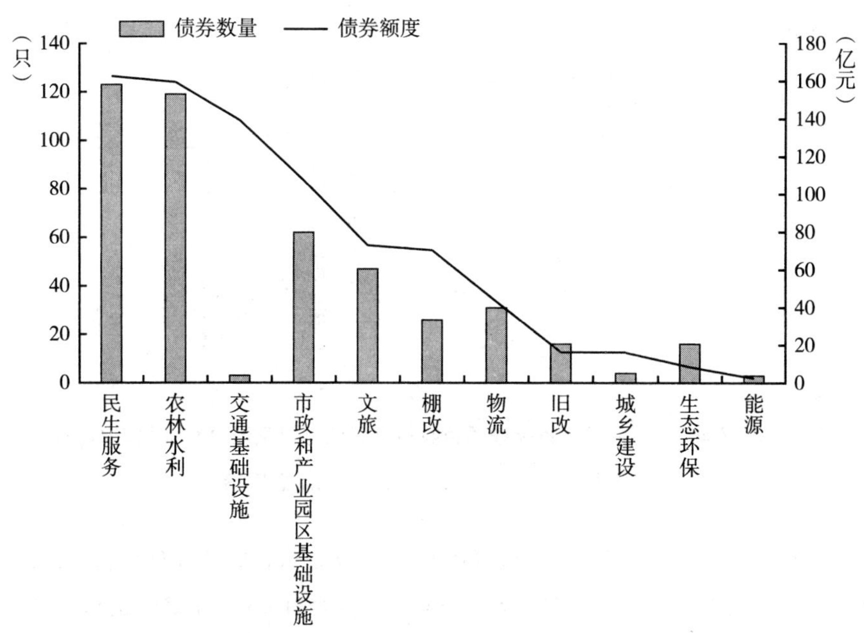

图10　2021 年 1～9 月云南省新增项目收益专项债募投领域分布（按一级分类）

资料来源：云南省政府新增专项债信息披露文件，中诚信国际整理计算。

从投资细分领域来看，水利工程、医疗卫生和收费公路领域发行规模最大，使用债券资金规模均超过100亿元，合计365.91亿元（见图11），占总发行规模的45.85%，投向的177个项目涉及总投资2564.75亿元，含项目资本金1180.41亿元，其中：水利工程项目收入主要来源为供水灌溉、污水处理等收入，对融资本息覆盖倍数为1.06~2.01倍；医疗卫生项目收入主要来源为医疗收入、门诊及住院收入等，对融资本息覆盖倍数为1.10~6.15倍；收费公路收入主要来源为车辆通行费收入、附属设施营业收入等，对融资本息覆盖倍数为1.14~2.15倍。

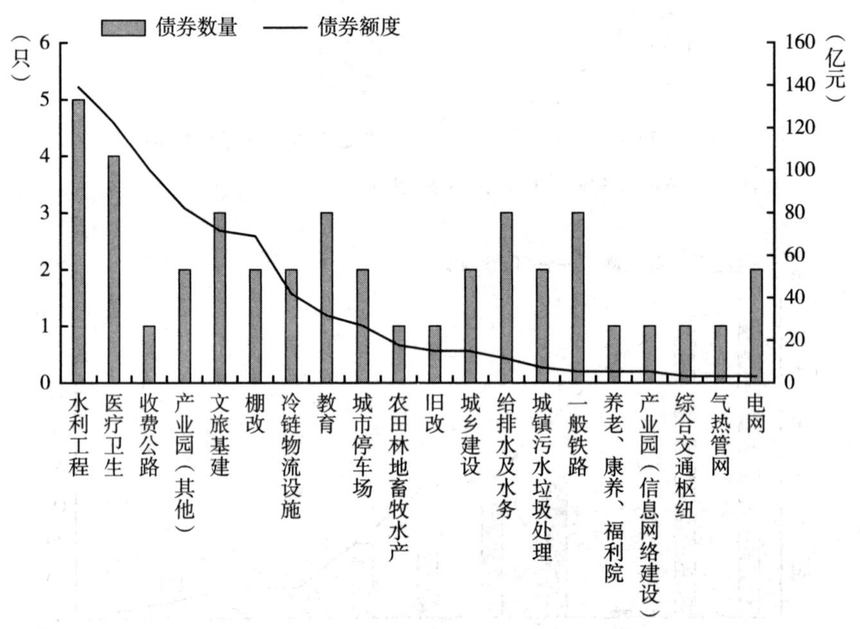

图11　2021年1~9月云南省新增项目收益专项债募投领域分布（按二级分类）

资料来源：云南省政府新增专项债信息披露文件，中诚信国际整理计算。

从行政层级分布来看，云南省2021年1~9月项目收益专项债资金继续保持较大幅度的下沉。区县级项目获得14只债券合计457.24亿元的资金支持，地市级项目获得11只债券合计282.66亿元的资金支持，省级项目获得3只债券合计58.10亿元的资金支持（见图12）。省级项目主要集中在农林水利和民生服务两个领域，地市级项目主要集中在交通基础设施、民生服务和农林水利

3 个领域，区县级项目在地市级项目基础上，还加大了对市政和产业园区基础设施、棚改和文旅的项目投入。

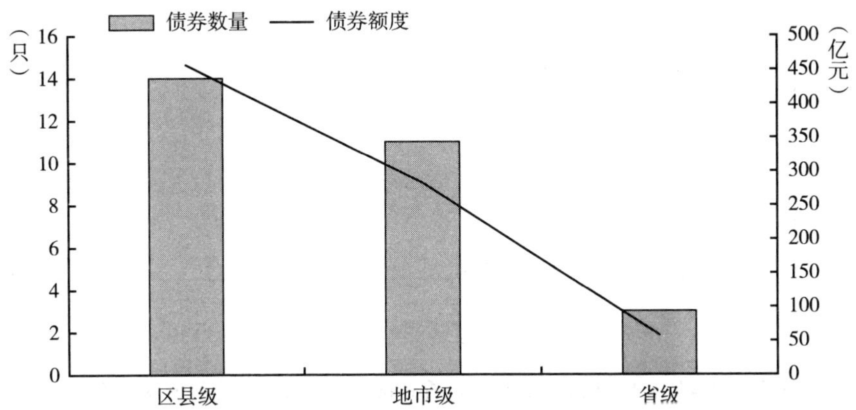

图 12　2021 年 1～9 月云南省新增项目收益专项债项目行政层级分布

资料来源：云南省政府新增专项债信息披露文件，中诚信国际整理计算。

（三）专项债用作项目资本金的比例不高，主要投向农林水利领域

2021 年 1～9 月，云南省新发行项目收益专项债中的部分资金用作募投项目资本金，额度合计 53.40 亿元，占债券用于项目总额度的 90.54%，专项债用作配套融资的金额合计 7.16 亿元，共涉及 10 个募投项目，涵盖农林水利和交通基础设施等 4 个领域（见图 13），项目总投资额为 872.67 亿元，项目资本金合计 524.02 亿元，用作资本金的债券资金占涉及项目资本金总量的 10.19%，上述用作募投项目资本金中 97.27% 用于农林水利项目（见图 14），其中，用作滇中引水一期工程项目资本金的专项债金额为 50.00 亿元，占用作资本金总额的 93.63%，其他领域使用资本金较少。

（四）理论上可撬动近1700亿元基建投资，但实际效果仍受限制

2021 年 1～9 月，云南省发行的专项债资金用作项目资本金及配套融资的规模分别为 53.40 亿元、744.60 亿元，专项债资本金项目中资本金比例均值约为 62%，其余非专项债资本金项目中配套融资比例均值为 46%，估算对应

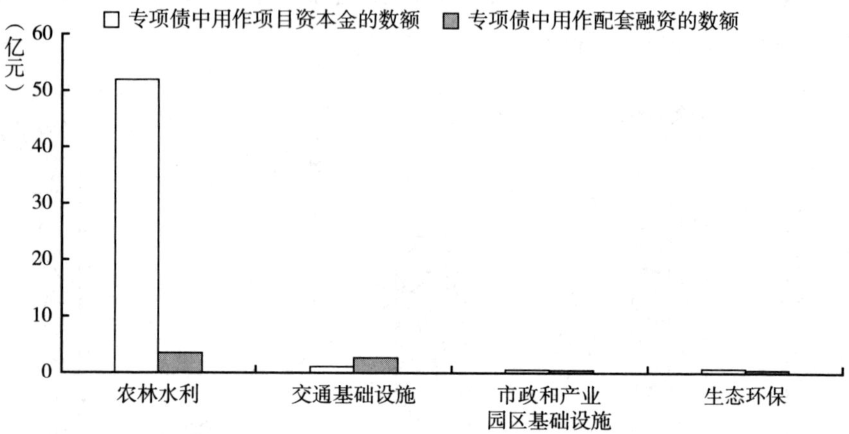

图 13　2021 年 1～9 月云南省新增项目收益专项债用作项目资本金情况

资料来源：云南省政府新增专项债信息披露文件，中诚信国际整理计算。

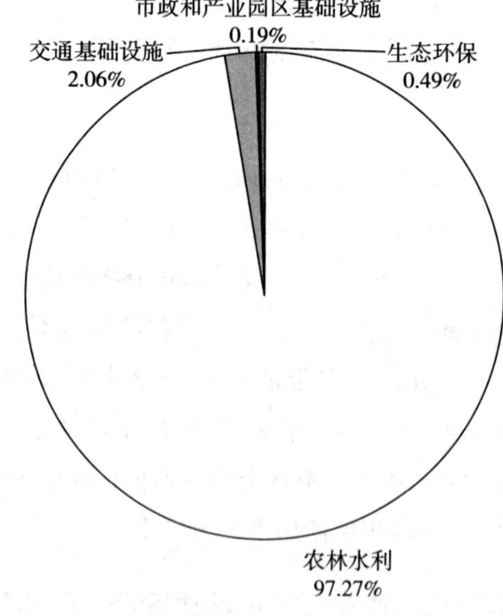

图 14　2021 年 1～9 月云南省新增项目收益专项债用作项目资本金的分布情况

资料来源：云南省政府新增专项债信息披露文件，中诚信国际整理计算。

撬动杠杆①约为 1.62 倍、2.16 倍，因此，理论上可撬动的基建投资规模为 1678.03 亿元，在各省（区、市）中排名靠前，但实际效果仍受资金到位情况、项目建设进度等限制。

三　云南省偿债能力分析

（一）2022～2026年均为偿债高峰期，项目收益专项债主要于2023年后到期

截至 2021 年 9 月，云南省存量地方债余额为 10522.54 亿元，按到期时间来看，2021 年 10 月至 2026 年到期的规模约占地方债存续总量的 2/3，2022～2026 年均为偿债高峰期，每年的债务到期规模均在 1000 亿元以上。其中，一般债的偿债高峰为 2022 年和 2026 年，专项债的偿债高峰为 2023 年（见图 15）。2021 年 10 月至 2026 年到期的地方专项债中，项目收益专项债到期时间均集中在 2023～2026 年（见图 16）。

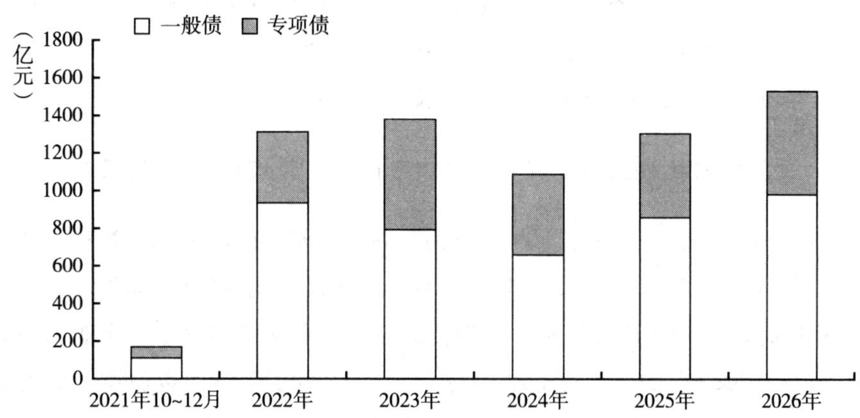

图 15　截至 2021 年 9 月云南省存量地方债到期分布

资料来源：云南省财政预算执行及决算报告，中诚信国际整理计算。

① 专项债撬动基建投资方法参见袁海霞、汪苑晖、卞欢《专项债兼顾扩容提效，助力基建托底稳增长——地方政府专项债 2019 年回顾与 2020 年展望》，《财政科学》2020 年第 1 期。

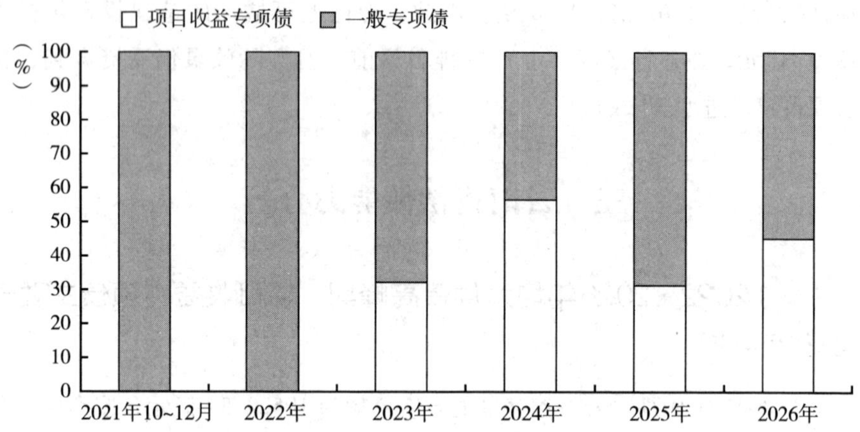

图 16　截至 2021 年 9 月云南省专项债到期结构

资料来源：云南省财政预算执行及决算报告，中诚信国际整理计算。

2018～2020 年，云南省地方政府债务余额①逐年上升，2020 年地方政府债务余额为 9591.90 亿元，同比增加 18.30%，债务余额在全国 31 个省（区、市）中列第 12 位，债务压力相对较大，同期的政府债务限额为 10784.10 亿元，在全国 31 个省（区、市）中列第 10 位（见图 17）。2018～2020 年，云南省地方政府债务限额与债务余额均呈增长趋势。

（二）经济和财政实力处于全国中下游，财政自给能力较弱

2018～2020 年，云南省经济实力逐年增强，2020 年实现 GDP 24521.90 亿元，在全国 31 个省（区、市）中排第 18 名；同口径增速为 4.00%，受新冠肺炎疫情的影响，GDP 增速显著下降，但仍高于全国平均水平。产业结构方面，云南省 2020 年的三次产业结构为 13.08∶34.28∶52.64，以旅游业为代表的第三产业在云南省经济中占有最大份额。财政方面，2018～2020 年，云南省的一般公共预算收入逐年增长，2020 年为 2116.69 亿元，在全国 31 个省（区、市）中排第 18 位，同比增长 2.10%，增速较上年有所放缓，略低于全

① 如无特别说明，本报告中引用的云南省政府债务限额、余额，一般公共预算收入、支出，财政平衡率，债务率、负债率等财政相关数据均来自云南省财政预算执行及决算报告，并由中诚信国际整理计算。

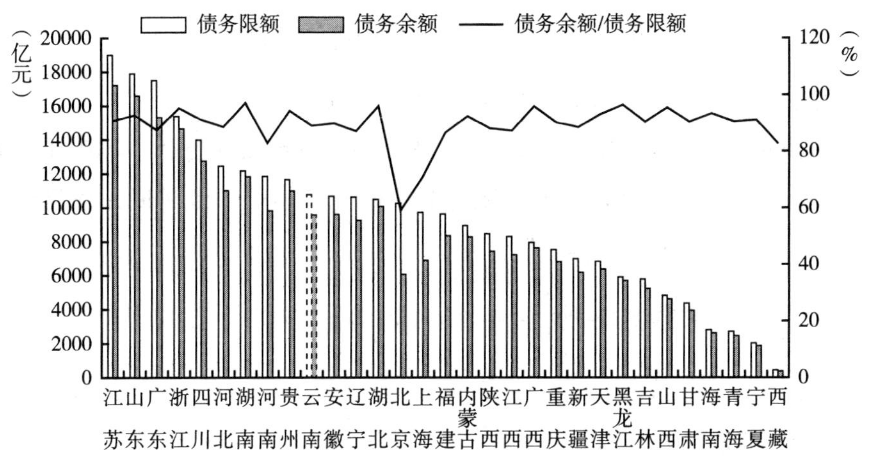

图 17　2020 年全国 31 个省（区、市）地方政府债务限额及余额情况

资料来源：全国 31 个省（区、市）财政预算执行及决算报告，中诚信国际整理计算。

国平均水平。2018～2020 年，云南省政府性基金收入规模波动增长，2020 年政府性基金收入实现 1558.46 亿元，较 2019 年略有下降，但省内土地市场活跃度仍维持在较高水平。受刚性支出增速较高的影响，2020 年云南省财政平衡率仅为 30.35%，在全国 31 个省（区、市）中排第 22 位，财政自给能力较弱，财政平衡对转移支付收入的依赖程度较高（见图 18）。

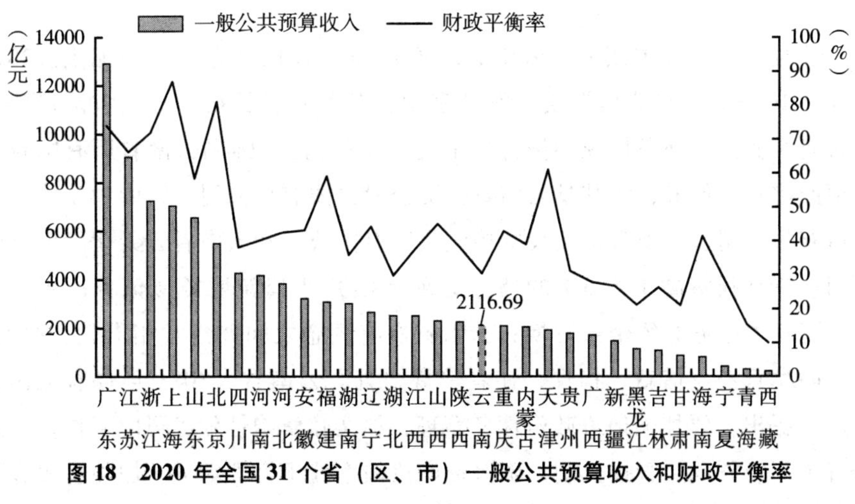

图 18　2020 年全国 31 个省（区、市）一般公共预算收入和财政平衡率

资料来源：全国 31 个省（区、市）财政预算执行及决算报告，中诚信国际整理计算。

（三）区域债务压力较大，地方政府债务管理方式趋严

2020 年，云南省政府债务余额是一般公共预算收入的 4.53 倍，仅低于青海、贵州两省，区域债务压力较大。云南省的债务率和负债率在全国 31 个省（区、市）中均处于较高水平，且较上年进一步提高，当期债务率仍超过 100% 的国际警戒标准（见图 19）。

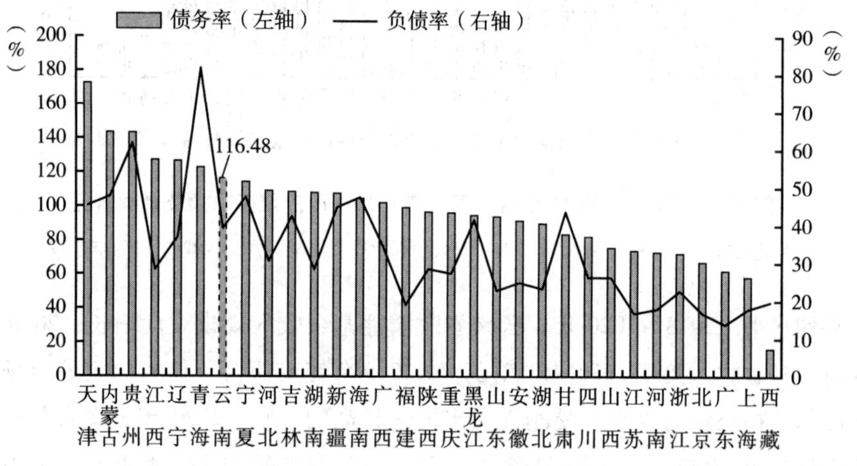

图 19　2020 年全国 31 个省（区、市）债务率及负债率

资料来源：全国 31 个省（区、市）财政预算执行及决算报告，中诚信国际整理计算。

针对高企的区域债务，云南省政府对债务管控的力度日益加大。2020 年 6 月 16 日，云南省国资委印发《宗国英常务副省长在〈云南省国资委关于省属企业到期债务情况的报告〉上的批示抄清》，强调云南省所有国企均必须严控新增债务，尤其是云南省投资控股集团有限公司、云南省城投置业股份有限公司、云南省建设投资控股集团有限公司和云南省云天化股份有限公司；所有利率高于 6.5% 的债务必须置换并严禁新增类似债务；所有信托、资管类债务必须全部置换；云南省所有国企之间严禁互相借款、担保，严禁向私营企业借款、担保，违者依规严处。云南省《2021 年政府工作报告》中提出，要加强地方政府债务管理，抓实化解隐性债务风险工作，完善国有企业债务风险管控机制，确保资产负债率处于合理水平，加强重大金融风险清单制动态管理，有效防范金融风险。此外，云南省在全国率先成立省

政府性债务管理委员会，建立地方政府债务实时动态监控平台和预警检测机制，从而控制和减少政府隐性债务。

四　小结

云南省地方经济和财政实力处于全国中下游水平，但存量政府债务规模相对较大，区域债务压力较大。近年来，云南省地方政府专项债发行量逐年增加，债券用于民生服务等领域的比重较大。2020 年以来，云南省地方债提速发行，专项债发行量同比大幅提升，其中项目收益专项债比重较大，期限较长，资金下沉力度较大，2021 年以来在防控债务风险的总体要求下，专项债发行有所放缓，云南省专项债对民生服务、农林水利和交通基础设施等领域投资的撬动效应相对突出。在防风险和基建补短板并举的基调下，云南省近年来从政策发布和深化国企改革等方面多举措并行，以防范和化解债务风险，严控隐性债务增长。

综合来看，近年来云南省部分区域频发债务风险事件，省内债务化解及国资改革推进情况广受社会关注，区域整体债务风险相对较大，为满足防风险和基建补短板并举的要求，应继续增加专项债用作资本金的重大项目储备，进一步发挥专项债对基建投资的撬动作用，同时深化国企改革，自上而下梳理完善债务化解通道。

B.29
2021年贵州省地方政府债券分析报告

李 文 陈小鹏 王雨晴*

摘 要： 贵州省地方债存量规模在全国31个省（区、市）中处于相对较高水平，但财政经济实力整体较弱，近年来负债率和债务率高企，债务风险日益凸显。本报告首先对贵州省地方债市场运行情况进行阐述，并详细分析项目收益专项债资金的使用情况及其对区域投资的拉动效果，最后围绕着贵州省地方政府债务整体情况及经济财政表现对区域债务风险进行剖析，并就贵州省地方债市场下阶段发展提出建议。

关键词： 地方债 专项债 贵州省

一 贵州省地方债运行情况分析

贵州省地方债存量规模较大，在全国处于相对较高水平，且以一般债为主，发行期限集中于中期。截至2021年9月，贵州省地方债存量规模为11457.92亿元①，占全国总规模的3.99%，在全国31个省（区、市）中排第9名（见图1）。从券种结构②看，一般债与专项债规模分别为6421.70亿元和

* 李文，中诚信国际政府公共评级一部高级分析师，主要研究领域为地方政府债券、基础设施投融资行业等；陈小鹏，中诚信国际政府公共评级一部分析师，主要研究领域为地方政府债券、基础设施投融资行业等；王雨晴，中诚信国际政府公共评级一部助理分析师，主要研究领域为地方政府债券、基础设施投融资行业等。

① 如无特别说明，本报告中引用的地方债存量、发行量、发行利率、发行利差、交易量、到期收益率等债券相关数据均来自截至2021年9月的Wind数据库，并由中诚信国际整理计算。

② 存量地方债种类结构以存量地方债中2018年以来发行的样本进行统计。

5036.22亿元。从期限结构看，5年期、7年期和10年期地方债存量规模排名前三，合计占比为72.49%。

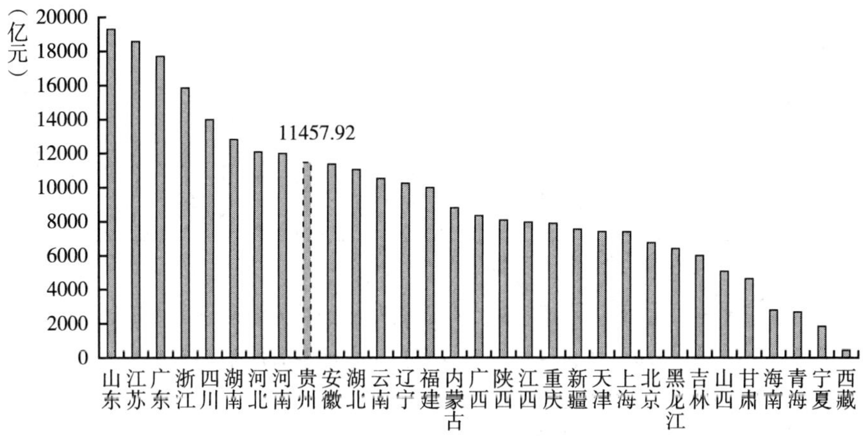

图1　截至2021年9月全国31个省（区、市）地方债存量规模

资料来源：Wind数据库，中诚信国际整理计算。

（一）发行规模同比有所增长，并整体集中于第二、三季度发行

2021年1～9月，贵州省地方债发行规模全国居中，且同比有所增长，发行增速高于全国平均增速。2021年，伴随新冠肺炎疫情防控措施和稳增长政策的逐步落实，我国经济逐步修复。政策方面，《2021年政府工作报告》[①]明确提出，2021年拟安排地方政府专项债3.65万亿元，优先支持在建工程，合理扩大使用范围。在此背景下，2021年1～9月，贵州省地方债发行规模为2036.19亿元，在全国31个省（区、市）中居第11位；较2020年同期增加75.49亿元，增速为3.85%，显著低于2020年同期增速，但仍高于全国平均增速。从月度发行规模走势来看，贵州省2021年1～9月发行规模呈波动趋势，发行高峰主要集中在4～5月和8～9月，与2020年同期相比发行节奏较为平稳（见图2）。

① 《2021年政府工作报告》，中国政府网，2021年3月5日，http://www.gov.cn/guowuyuan/zfgzbg.htm。

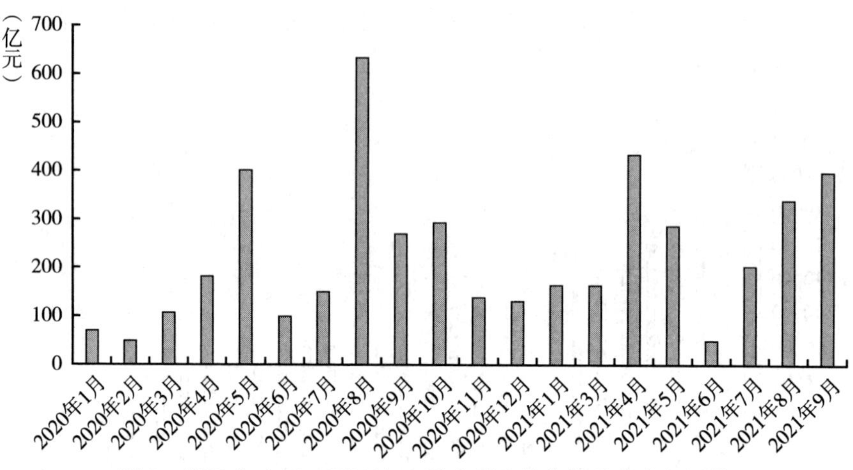

图2　2020 年 1 月 ~2021 年 9 月贵州省地方债月度发行规模

注：贵州省 2021 年 2 月无地方债发行，故图中无显示。

资料来源：Wind 数据库，中诚信国际整理计算。

（二）发行结构以再融资债为主，中期限地方债占比显著上升

2021 年 1 ~9 月，贵州省地方债发行以再融资债为主，中期限地方债占比较 2020 年同期显著增长。从券种结构看，2021 年 1 ~9 月，债券发行结构较为均衡，一般债与专项债比例分别为 49. 42%、50. 58%。其中，专项债发行规模为 1029. 90 亿元，较 2020 年同期下降 11. 23%，占比亦由 59. 17% 下降至 50. 58%。从债券类型看，2021 年 1 ~9 月，贵州省地方债发行以再融资债为主，再融资债规模为 1425. 51 亿元，较 2020 年同期增长 83. 54%，占比为 70. 01%；剩余债券为新增债，暂无置换债发行。从期限结构看，2021 年 1 ~9 月，贵州省地方债发行加权平均期限为 11. 53 年，较 2020 年同期有所缩短；其中，发行期限在 10 年以下的地方债规模占比同比增长 33. 71 个百分点至 37. 96%（见图 3）。

（三）发行利率①有所下降，但利差有所上升，均在全国处于中上游水平

2021 年 1 ~9 月，贵州省地方债发行利率较 2020 年同期有所下降，但发行

① 如无特别说明，本报告中发行利率、利差为根据发行额计算的加权平均发行利率、利差，发行利差计算公式：债券发行利率 - 对应期限国债收益率。

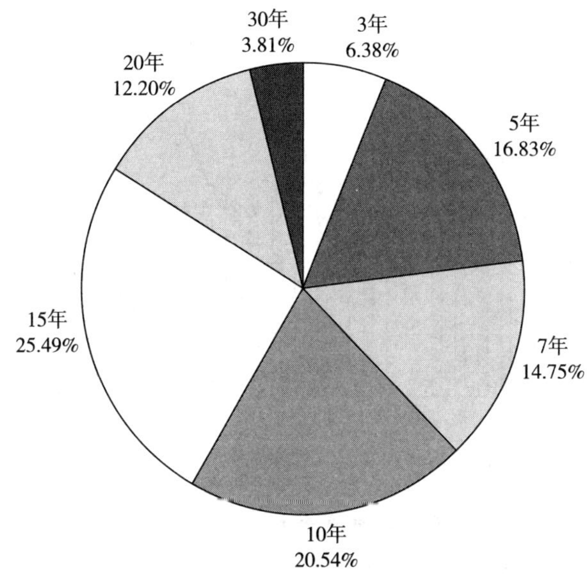

图 3　2021 年 1 ~ 9 月贵州省新发行地方债期限分布

资料来源：Wind 数据库，中诚信国际整理计算。

利差有所上升，且均处于全国中上游水平。具体来看，2021 年 1 ~ 9 月，贵州省地方债发行利率为 3.41%，较 2020 年同期下降 0.09 个百分点，在全国 31 个省（区、市）中居第 11 位；发行利差为 25.11BP，较 2020 年同期上升 1.18BP，在全国 31 个省（区、市）中居第 14 位（见图 4）。从变化趋势来看，2021 年 1 ~ 9 月，贵州省地方债发行利率整体呈先升后降的趋势，同期发行利差变化趋势基本一致。在此期间，6 月发行利率和利差均达到最高值，与最低值分别相差 0.62 个百分点和 8.57BP（见图 5）。

（四）交易规模[①]大幅缩小，到期收益率[②]波动下降

2021 年 1 ~ 9 月贵州省地方债二级市场交易规模显著缩小，到期收益率波动下降。从二级市场交易规模看，2021 年 1 ~ 9 月，贵州省 227 只存续债券中

① 交易统计包含回购交易、现券交易等部分。

② 到期收益率通过算术平均值得到。

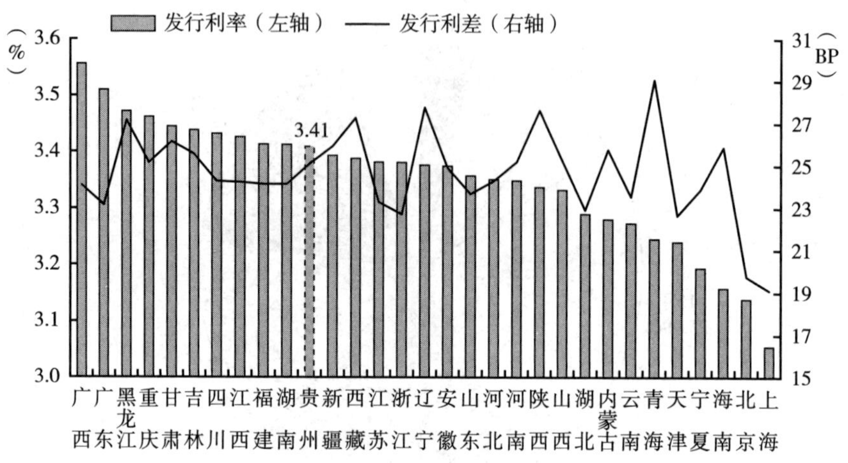

图4　2021 年 1 ~ 9 月全国 31 个省（区、市）地方债发行成本

资料来源：Wind 数据库，中诚信国际整理计算。

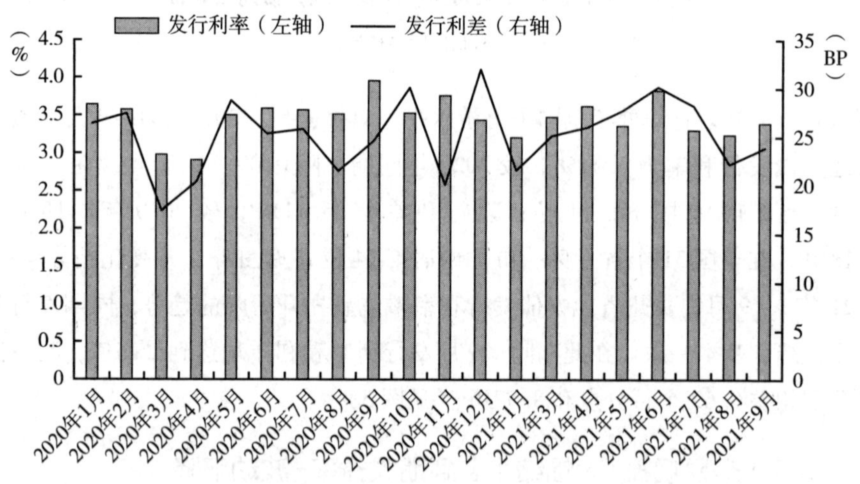

图5　2020 年 1 月 ~2021 年 9 月贵州省地方债月度发行成本

注：贵州省 2021 年 2 月无地方债发行，故图中无显示。

资料来源：Wind 数据库，中诚信国际整理计算。

有交易额的有 112 只，交易规模达 1653.11 亿元，较 2020 年同期下降 84.87%；交易规模在全国 31 个省（区、市）中居第 16 位，较 2020 年同期排名下降 13 位。从各期限到期收益率走势看，贵州省地方债到期收益率和剩余期限正相关，即剩余期限越长，到期收益率越高；到期收益率波动幅度与剩余期限负相关，即剩余期限越长，波动幅度越小。从同一剩余期限区间内地方债到期收益率走势来看，2020 年第一季度，受新冠肺炎疫情影响，各期限到期收益率均呈下降趋势，且于 2020 年 4 月达到最低点，但下降幅度因期限不同而有所差异，2020 年 5 月以来，随着复工复产的有效推进，各期限到期收益率有所回升；2021 年 1 ~ 9 月，贵州省各期限地方债到期收益率均呈波动下降趋势，但下降幅度较小（见图 6）。

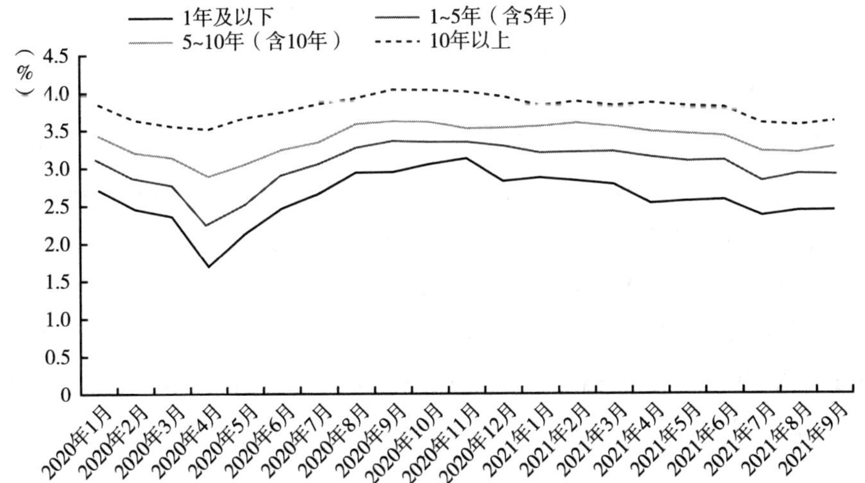

图 6　2020 年 1 月 ~ 2021 年 9 月贵州省地方债到期收益率走势

资料来源：Wind 数据库，中诚信国际整理计算。

二　贵州省地方政府专项债分析①

截至 2021 年 9 月，贵州省存续项目收益专项债共 78 只，存量规模为

① 2020 年 7 月 29 日财政部《关于加快地方政府专项债券发行使用有关工作的通知》（财预〔2020〕94 号）明确 2020 年新增专项债必须保证融资规模与项目收益相平衡，因此 2020 年新增专项债均为项目收益专项债；本部分项目收益专项债的统计样本为 2018 ~ 2020 年项目收益专项债与 2021 年 1 ~ 9 月的新增专项债。

1164.89 亿元，发行期限以长期限为主，剩余期限在 10 年及以上的债券占比高达 82.71%。

（一）发行规模明显缩小，发行成本有所下降，发行期限均为长期

2021 年 1 ~9 月，贵州省项目收益专项债发行规模显著缩小，发行成本有所下降，发行期限均为长期。从发行规模看，2020 年新冠肺炎疫情冲击下，宏观政策加强逆周期调节，政府采用积极的财政政策加大地方债发行力度，贵州省项目收益专项债发行规模呈爆发式增长，较 2019 年增长 972 亿元（见图 7）；2021 年 1 ~9 月，在稳增长及存量项目资金接续需求下，项目收益专项债发行规模仍保持高位，但受提前额度下达较晚、审核趋严等影响，项目收益专项债发行进度滞后，发行规模较 2020 年同期缩小 53.92%。从项目投向看，募集资金主要投向棚改、交通基础设施、市政和产业园区基础设施等领域。从发行成本看，2018 年以来，发行利率整体呈波动下降趋势，同期发行利差不断下降（见图 8），其中 2021 年 1 ~9 月发行利率和发行利差分别较 2020 年同期下降 0.07 个百分点和 0.92BP。从期限结构看，2021 年 1 ~9 月，贵州省新发行项目收益专项债发行期限均在 10 年及以上，发行期限均为长期（见图 9）。

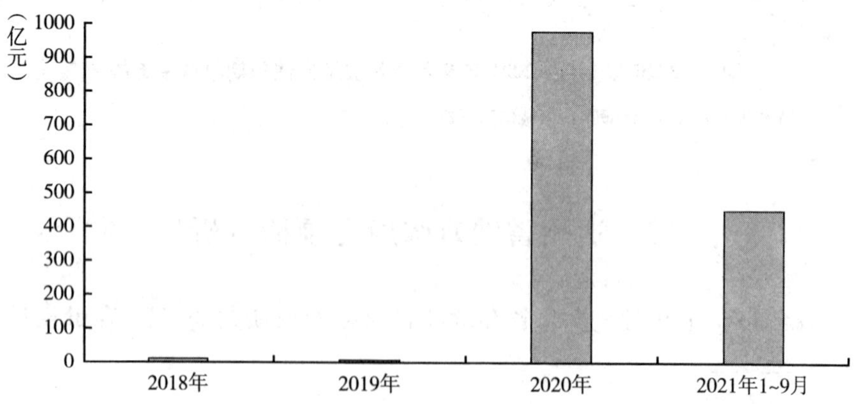

图 7　2018 ~2020 年及 2021 年 1 ~9 月贵州省项目收益专项债发行规模

资料来源：Wind 数据库，中诚信国际整理计算。

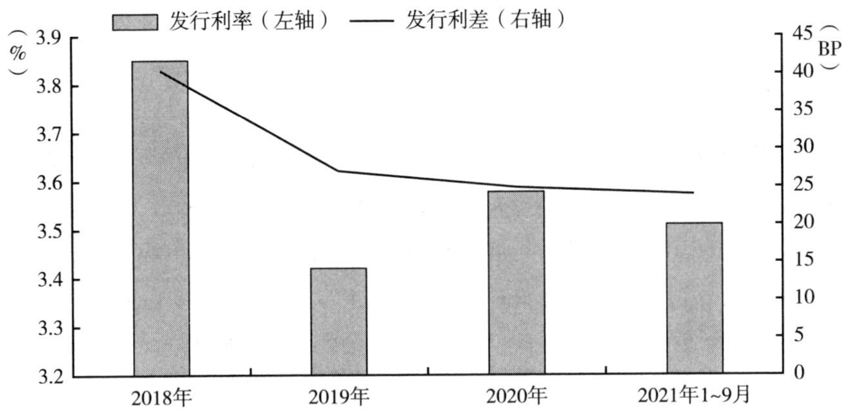

图8　2018～2020年及2021年1～9月贵州省项目收益专项债发行成本

资料来源：Wind数据库，中诚信国际整理计算。

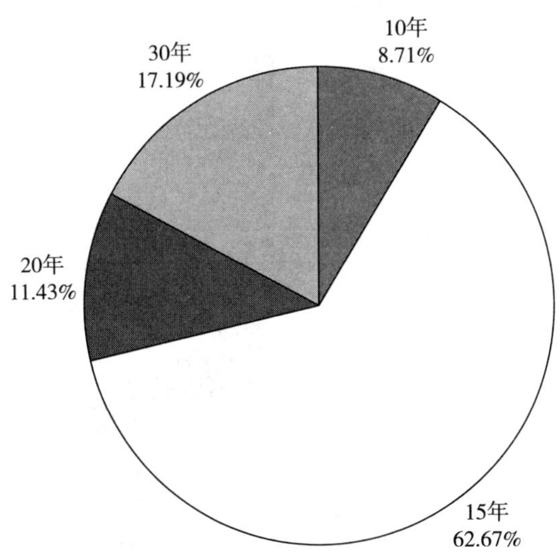

图9　2021年1～9月贵州省存量项目收益专项债余额剩余期限结构

资料来源：Wind数据库，中诚信国际整理计算。

（二）募投领域以棚改、交通基础设施为主，项目偿债保障有一定差异

2021年1～9月，贵州省新增项目收益专项债的募集资金主要投向棚改、

交通基础设施、市政和产业园区基础设施等领域，多分布于区县级，不同类型项目融资本息覆盖倍数有一定差异。2021 年 1 ~9 月，贵州省新增项目收益专项债 36 只，共募集资金 451.12 亿元，用于项目建设的资金额度为 418.99 亿元。从募投领域看，投向棚改、交通基础设施、市政和产业园区基础设施领域的募集资金规模占比分别为 24.75%、22.85% 和 17.27%，三者合计占比 64.87%[①]（见图 10）。从项目行政层级分布来看，省级、地市级和区县级募集资金规模占比分别为 1.69%、23.14% 和 75.18%，以区县级为主。从项目融资本息覆盖倍数看，新增项目收益专项债募投项目未来现金流入均可覆盖本息支出，但覆盖能力因项目差异而有所不同，其中旧改项目的平均融资本息覆盖倍数最高，达到 2.42 倍，市政和产业园区基础设施项目平均覆盖倍数最低，仅为 1.42 倍（见图 11），不同类型项目偿债保障有一定差异。

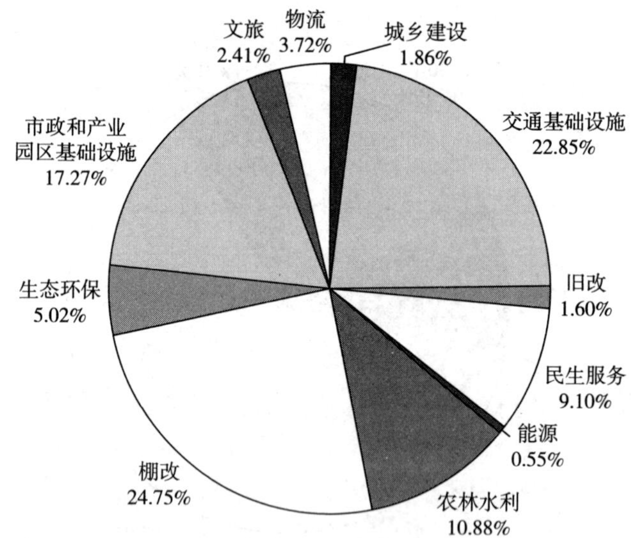

图 10　2021 年 1 ~9 月贵州省新增项目收益专项债募投领域分布

资料来源：贵州省政府新增专项债信息披露文件，中诚信国际整理计算。

① 如无特别说明，本报告中引用的专项债募投项目的相关数据均来自地方政府新增专项债信息披露文件，并由中诚信国际整理计算。由于数据的获取问题，数据可能来自不同募投项目文件、项目实施方案、信息披露模板等，这可能导致数据分析出现一定偏差，但不会对分析结论产生实质上的影响。

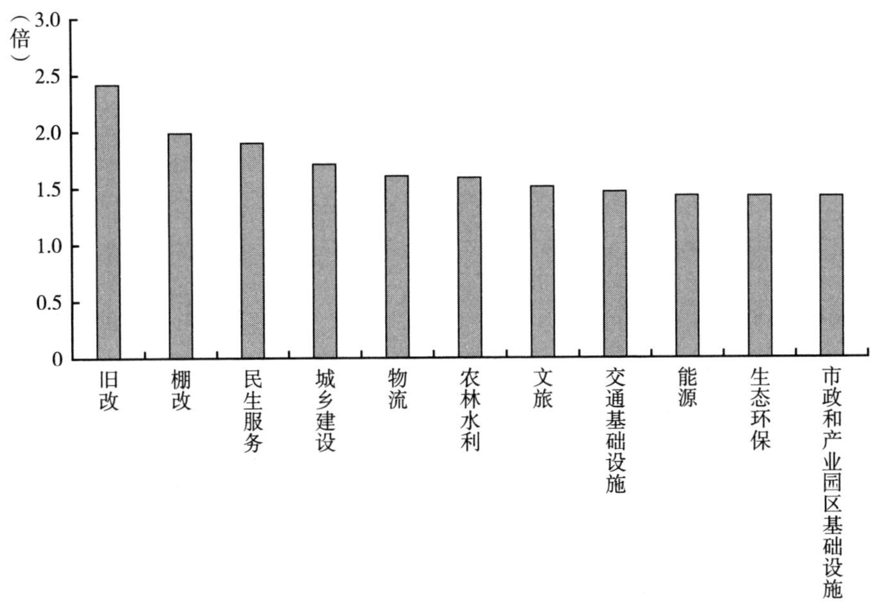

图 11　2021 年 1～9 月贵州省新增项目收益专项债投向的融资本息覆盖倍数

资料来源：贵州省政府新增专项债信息披露文件，中诚信国际整理计算。

（三）专项债用作资本金的比例较低，主要投向交通基础设施和农林水利领域

2021 年 1～9 月，贵州省新发行的项目收益专项债中，资金用作资本金的比例较低。2021 年 1～9 月，贵州省新增项目收益专项债中共有 12 只用作项目资本金，可用作资本金的规模为 95.08 亿元，对应募投项目 23 个，占总项目数的 4.44%，对应项目总投资额 837.72 亿元，项目资本金合计 320.64 亿元，用作项目资本金的专项债资金占资本金总额的比例为 29.65%。从项目投向看，专项债用作资本金的项目主要投向交通基础设施和农林水利等领域（见图 12）。其中，交通基础设施项目的收入来源主要为客运服务收入和停车收入，农林水利项目的收入来源主要为供水收入。

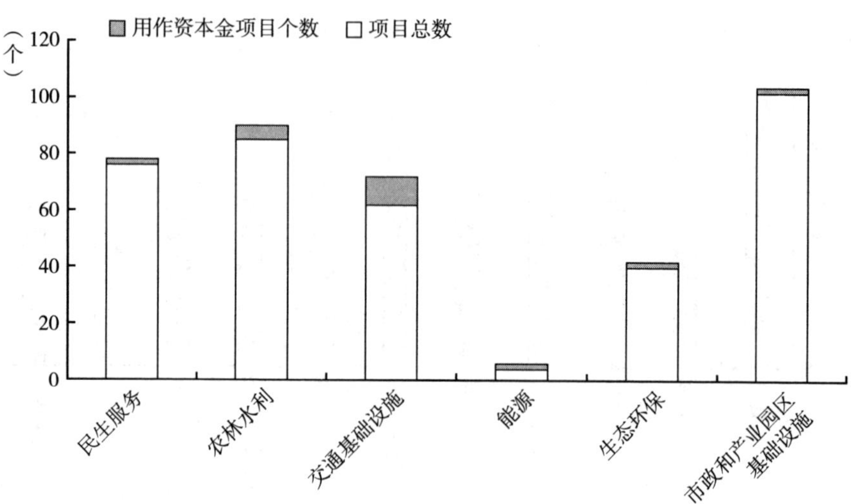

图12　2021年1～9月贵州省新增项目收益专项债用作资本金所投领域

资料来源：贵州省政府新增专项债信息披露文件，中诚信国际整理计算。

（四）专项债用作资本金的撬动能力高于用作配套融资，但整体对基建投资拉动作用有限

2021年1～9月，贵州省新增项目收益专项债可撬动一定规模的基建投资，但撬动效果不显著。2021年1～9月，贵州省新增项目收益专项债以451.12亿元的规模撬动了813.53亿元的基建投资。其中，用作资本金的专项债规模为95.08亿元，对应专项债资本金撬动杠杆①为2.13倍，撬动基建投资规模为202.22亿元，在全国31个省（区、市）中居第6位；专项债作为项目配套融资的撬动杠杆为1.74倍，对基建投资的撬动规模为611.31亿元，在全国31个省（区、市）中居第25位。整体而言，贵州省项目收益专项债用作资本金对基建投资的拉动效果不显著。

① 专项债撬动基建投资方法参见袁海霞、汪苑晖、卞欢《专项债兼顾扩容提效，助力基建托底稳增长——地方政府专项债2019年回顾与2020年展望》，《财政科学》2020年第1期。

三　贵州省偿债能力分析

（一）存量地方债规模较大且存在集中偿付压力，可用债务空间有所扩大，但仍相对不足

贵州省存量地方债规模较大且存在集中偿付压力。截至2021年9月，贵州省存量地方债余额为11457.92亿元，2021年10月至2026年到期规模占存量总规模的55.98%。其中，2022年和2023年为偿债高峰期，到期债务规模均超过1400亿元，偿债压力较大；2024~2026年到期债务规模有所缩小，但2024年和2025年到期规模仍均超过1000亿元。从到期券种分布看，2022~2026年，一般债到期规模均超过专项债，且偿债高峰期出现在2022年和2023年，规模分别达938.86亿元和942.67亿元，2024~2026年一般债到期规模有所缩小，但每年需偿还债务规模仍均超过600亿元，债务压力凸显（见图13）。

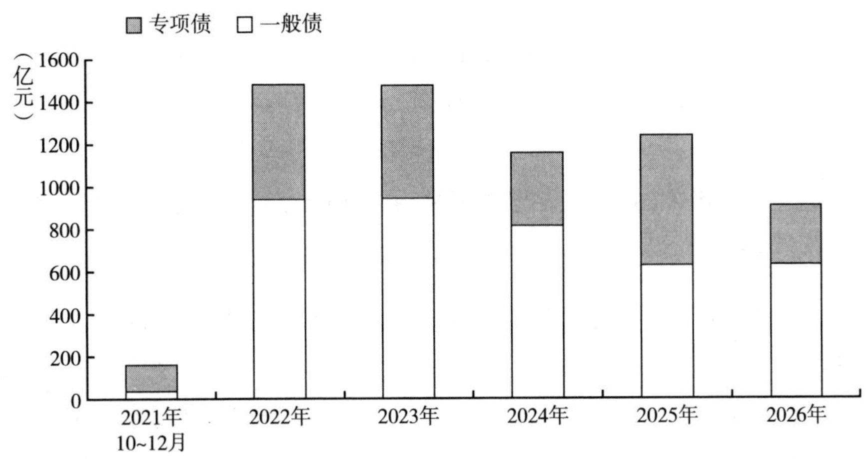

图13　截至2021年9月贵州省存量地方债到期分布

资料来源：贵州省财政预算执行及决算报告，中诚信国际整理计算。

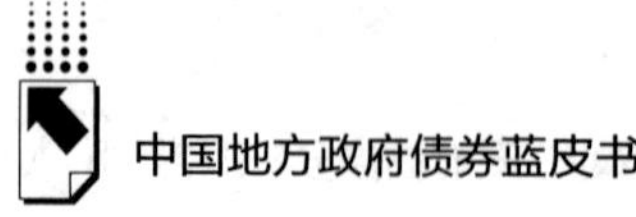

2018～2020 年，贵州省可用债务空间有所扩大，但相对于规模较大的存续债而言，可用债务空间不足。截至 2020 年，贵州省地方政府债务余额①为 10990.64 亿元，债务限额为 11658.35 亿元，在全国 31 个省（区、市）中分别居第 8 位和第 9 位，排名较为靠前。2018～2020 年，贵州省地方政府债务余额和限额逐年上升，二者之间的差额亦自 2018 年的 511.69 亿元上升至 667.71 亿元，可用债务空间有所扩大，债务余额/债务限额略有降低，但仍处于 94% 以上的水平，债务空间相对不足（见图 14、图 15）。

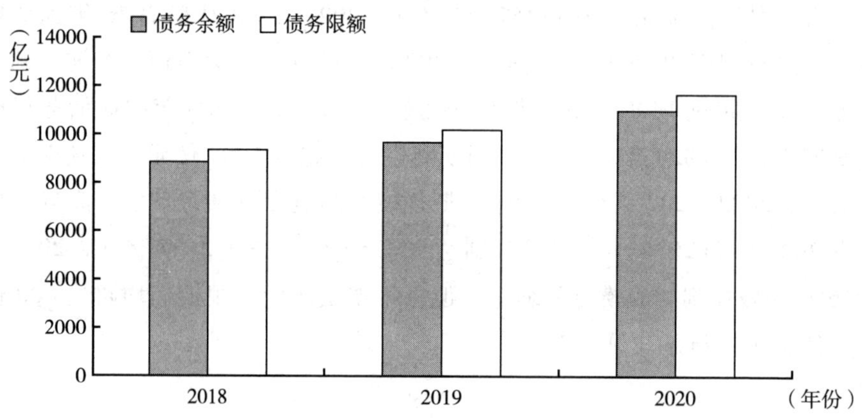

图 14　2018～2020 年贵州省地方政府债务限额及余额

资料来源：贵州省财政预算执行及决算报告，中诚信国际整理计算。

（二）经济体量处于全国中等水平，财政自给能力弱，对上级补助依赖性强

贵州省经济体量处于全国中等水平，但经济增速居全国前列。2020 年，贵州省实现地区生产总值 17826.57 亿元，在全国 31 个省（区、市）中居第 15 位；增速达 4.5%，在全国 31 个省（区、市）中居第 2 位。按产业划分，第一产业增加值 2539.88 亿元，增长 6.3%；第二产业增加值 6211.62 亿元，

① 如无特别说明，本报告中引用的贵州省政府债务限额、余额，一般公共预算收入、支出，财政平衡率，债务率、负债率等财政相关数据均来自贵州省财政预算执行及决算报告，并由中诚信国际整理计算。

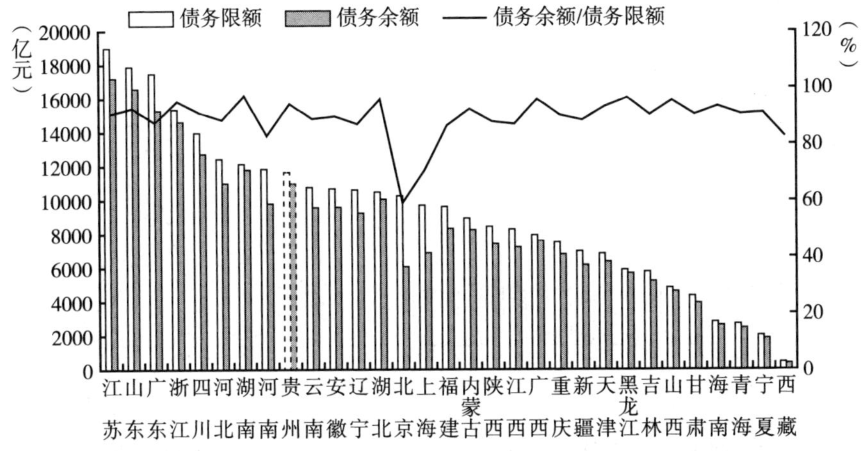

图 15　2020 年全国 31 个省（区、市）地方政府债务限额及余额

资料来源：全国 31 个省（区、市）财政预算执行及决算报告，中诚信国际整理计算。

增长 4.3%；第三产业增加值 9075.07 亿元，增长 4.1%。第一产业增加值占地区生产总值的比重为 14.2%，比上年提高 0.6 个百分点；第二产业增加值占地区生产总值的比重为 34.8%，比上年下降 0.8 个百分点；第三产业增加值占地区生产总值的比重为 50.9%，比上年提高 0.1 个百分点。产业结构以第三产业为主。从经济发展驱动力看，贵州省 2020 年全年固定资产投资总额较 2019 年增长 3.2%，增速较 2019 年下降 14.8%；其中，工业投资增长 11.8%，制造业投资下降 0.8%。

贵州省财政实力较弱，一般公共预算收入增速持续放缓，财政平衡对上级补助的依赖程度较高。2018～2020 年，受宏观经济下行、减税降费及新冠肺炎疫情等多因素影响，贵州省一般公共预算收入增速持续放缓。2020 年贵州省一般公共预算收入为 1786.80 亿元，在全国 31 个省（区、市）中居第 22 位（见图 16），同比增长 1.1%，增速较 2019 年下降 1.3 个百分点，其中税收收入为 1086.04 亿元，占比 60.8%，较 2019 年下降 7.3 个百分点。财政平衡方面，2018～2020 年，贵州省财政平衡率呈先降后升趋势，其中，2019 年降幅较大，主要系当期贵州省被纳入第一批交通强国建设试点范围，省内加大基础设施建设支出力度所致，2020 年有所上升但仍处于较低水平。此外，2018～2020 年，贵州省政府性基金收入持续增长，2020 年政府性基金收入为 2047.23 亿元（见图 17）。

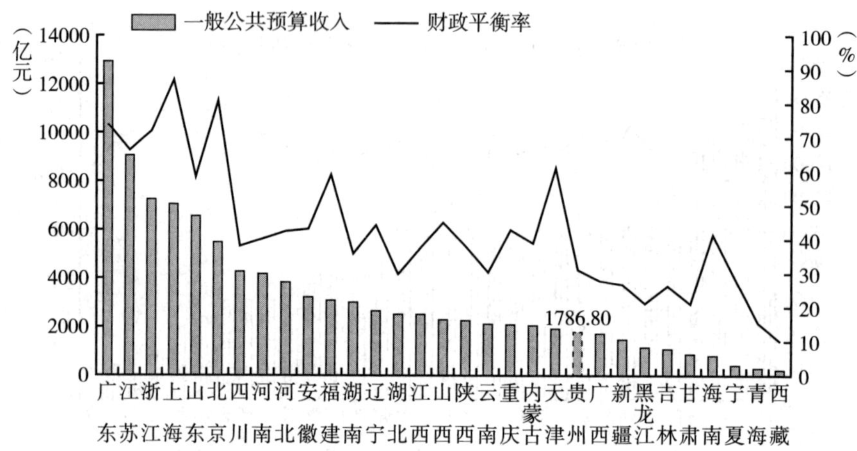

图 16　2020 年全国 31 个省（区、市）一般公共预算收入与财政平衡率

资料来源：全国 31 个省（区、市）财政预算执行及决算报告，中诚信国际整理计算。

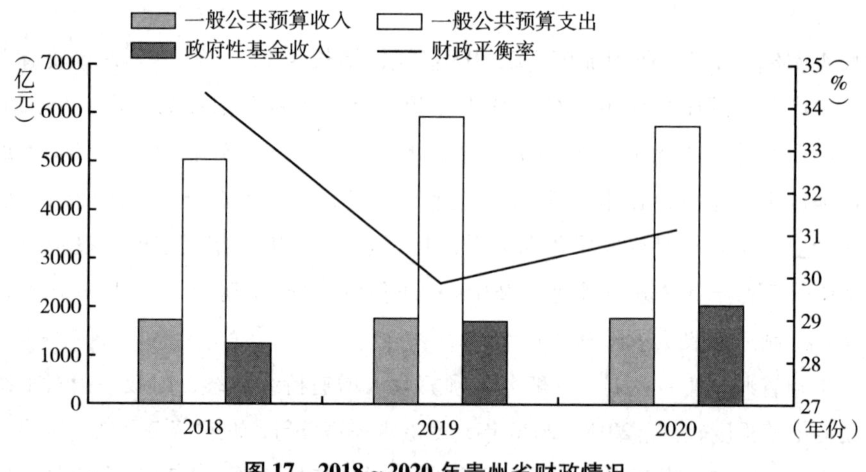

图 17　2018～2020 年贵州省财政情况

资料来源：贵州省财政预算执行及决算报告，中诚信国际整理计算。

（三）负债率和债务率居全国前三，偿债能力持续下降，债务风险不容小觑

2018～2020 年，贵州省负债率持续上升，债务率整体呈波动上升趋势，债务余额与一般公共预算收入的比值增长较快，债务风险加剧（见图 18）。

2020 年，贵州省负债率和债务率在全国 31 个省（区、市）中分别居第 2 位和第 3 位，且债务率已超过国际警戒 100% 的安全标准，债务风险不容小觑。债务化解方面，贵州省政府高度重视政府性债务管理工作。近年来，贵州省出台了一系列政府文件防范与化解地方政府性债务风险（见表 1）。通过加强对政府性债务的存量化解和新增管理，贵州省严格把控债务风险，但考虑到贵州省 2022 ~ 2023 年到期债务规模较大、一般公共预算收入增速放缓、财政自给能力较弱以及偿债指标持续走弱等因素，贵州省整体偿债能力较弱，未来仍需高度重视债务风险。

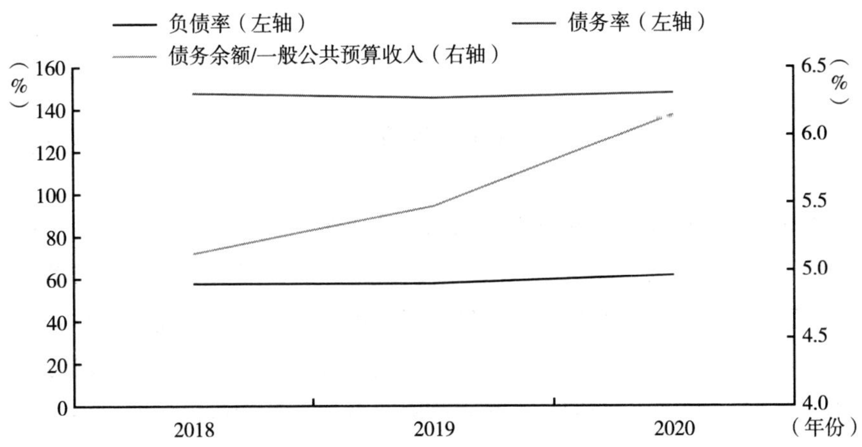

图 18　2018 ~ 2020 年贵州省偿债能力

资料来源：贵州省财政预算执行及决算报告，中诚信国际整理计算。

表 1　2017 ~ 2021 年贵州省债务化解相关文件

时间	文件	主要内容
2017 年 5 月	《贵州省政府性债务风险应急处置预案》	高风险地区要通过控制项目规模、压缩公用经费、处置存量资产、债务重评估等方式，多渠道筹集资金偿还债务，努力避免债务风险
2019 年 12 月	《省人民政府办公厅关于促进贵州资本市场健康发展的意见》	促进地区债转股业务的发展，积极培育省内地方资产管理公司，并引导各类基金参与债转股

续表

时间	文件	主要内容
2021 年 10 月	《贵州省政府投资项目管理办法》	明确划分国有企业与政府的关系，取消国有企业的政府性融资职能，国有企业在举债融资时需主动声明不承担政府融资职能、所举债务是企业债务，政府不承担偿债责任

资料来源：《省人民政府办公厅关于印发贵州省政府性债务风险应急处置预案的通知》，龙里县政府网站，2017 年 6 月 2 日，http：//www. longli. gov. cn/zwgk/xxgkml/jcxxgk/yjgl/yjya/201706/t20170602_ 5662642. html；《省人民政府办公厅关于促进贵州资本市场健康发展的意见》（黔府办发〔2019〕32 号），南明区政府网站，2020 年 1 月 9 日，http：//www. nanming. gov. cn/zwgk/zfxxgk/fdzdgknr/lzyj/gzsflfg/202107/t20210721_ 69178995. html；《贵州省政府投资项目管理办法》，铜仁市政府网站，2021 年 9 月 13 日，http：//www. trs. gov. cn/zwgk/zfxxgkzl/fdzdgknr/zcwj/flfg/202109/t20210913_ 70085121. html。

四　小结

贵州省地方债存量规模较大，期限结构以中期为主，经济增长速度明显滞后于债务增长速度。2021 年 1 ~9 月，地方债发行规模同比有所增长，主要集中于第二、三季度发行，发行结构以再融资债为主，中期限地方债占比显著上升，发行利率有所下降，但发行利差有所上升，交易规模大幅缩小，到期收益率波动下降。同期，贵州省项目收益专项债发行规模明显缩小，发行成本有所下降，发行期限均为长期，募投领域以棚改、交通基础设施为主，所投项目的收益均能覆盖本息支出，项目收益专项债用作资本金的比例较低，且主要投向交通基础设施和农林水利等领域，项目收益专项债用作资本金的撬动能力高于用作配套融资，但整体对基建投资的拉动效果不显著。贵州省地方债务余额在全国排名靠前，且存在集中偿付压力，可用债务空间有所扩大，但仍相对不足。财政情况方面，贵州省经济体量处于全国中等水平，财政自给能力弱，对上级补助依赖性强，偿债指标近年来有所下降，未来仍需高度重视债务风险。

对此，本报告提出以下建议。第一，平衡好地方经济发展速度与债务风险防范之间的关系，适当控制投资力度，并通过部分债务置换后移债务偿还时间，为地方政府消化债务留足时间；同时，进一步调整债务期限结构，通过以长换短、用时间换空间等途径减轻债务集中偿还压力。第二，建立债务风险应急处置机制，充分利用信息化手段加强债务风险预测、分析债务风险状况；同时，建立债务风险资金池，推动省内各市州比照省级建立债务风险资金池，完善省市资金池联动机制。第三，合理安排资金投向，在考虑地方实际发展需求的基础上，在政策允许的范围内，将项目收益专项债向国家允许将募集资金用作资本金的重大项目倾斜，以发挥更大的撬动作用。

B.30
2021年广东省地方政府债券分析报告

贺文俊　程 成*

摘　要： 广东省地方债存量规模位列全国第三，2021年第二季度以来发行明显提速，发行总规模同比扩大；发行结构以新增专项债为主，长期债占比有所下降。广东省项目收益专项债持续扩容，其募投领域向市政和产业园区基础设施、交通基础设施、民生服务和生态环保倾斜，但募集资金较少用作项目资本金，对基建投资的实际撬动效果仍受到多因素限制。整体看，广东省地方政府债务限额仍有一定的空间，其财政实力和债务偿付能力较强，债务风险整体可控。展望下一阶段，本报告建议广东省地方政府进一步丰富资金投向，可将地方债资金聚焦科研领域和公共治理领域。

关键词： 地方债　专项债　广东省

一　广东省地方债运行情况分析

广东省地方债存量规模位于全国前列，以新增专项债为主。从规模看，截至2021年9月，广东省地方债存量规模为17708.44亿元①，占全国总规模的

---

* 贺文俊，中诚信国际政府公共评级一部副总监、高级分析师，主要研究领域为地方债与城投行业；程成，金融学博士，中诚信国际政府公共评级一部分析师，主要研究领域为地方债与城投行业。

① 如无特别说明，本报告中引用的地方债存量、发行量、发行利率、发行利差、交易量、到期收益率等债券相关数据均来自截至2021年9月的Wind数据库，并由中诚信国际整理计算。

6.17%，在全国31个省（区、市）中排第3名（见图1）。从券种结构①看，存量地方债中有11803.36亿元专项债、5835.48亿元一般债以及69.60亿元未分类债券②，其中专项债规模占比为66.65%，规模在全国排第2名。从期限分布看，5~15年期的存量地方债占全省地方债总规模的90.48%。

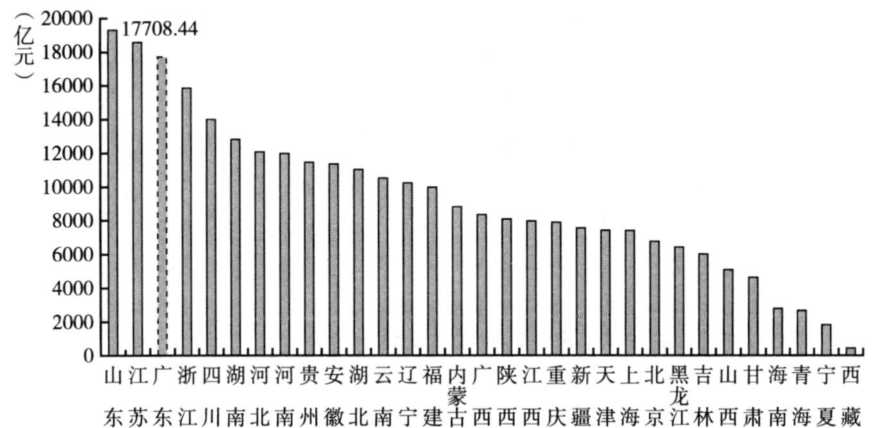

图1　截至2021年9月全国31个省（区、市）地方债存量规模

资料来源：Wind数据库，中诚信国际整理计算。

（一）发行规模扩容，发行集中于4月、6月和8月，第二季度以来提速明显

受提前额度下达较晚、审核力度加大等影响，2021年第一季度广东省地方债发行进度有所滞后，但4月以来明显提速，2021年1~9月广东省共计发行地方债4101.49亿元，较2020年同期发行规模高出80亿元。从月度发行规模看，地方债发行时间集中于4月、6月和8月（见图2）。

（二）发行结构以新增专项债为主，长期限占比有所下降

2021年1~9月，广东省发行的地方债以新增专项债为主，期限以10年为主，长期限地方债占比有所下降。从券种结构看，新增专项债发行规模为2404.36亿元，占比达到58.62%，另外发行了再融资专项债（872.79亿元）、

---

① 存量地方债种类结构以存量地方债中2018年以来发行的样本进行统计。

② 2015年以前发行的地方债未区分一般债、专项债。

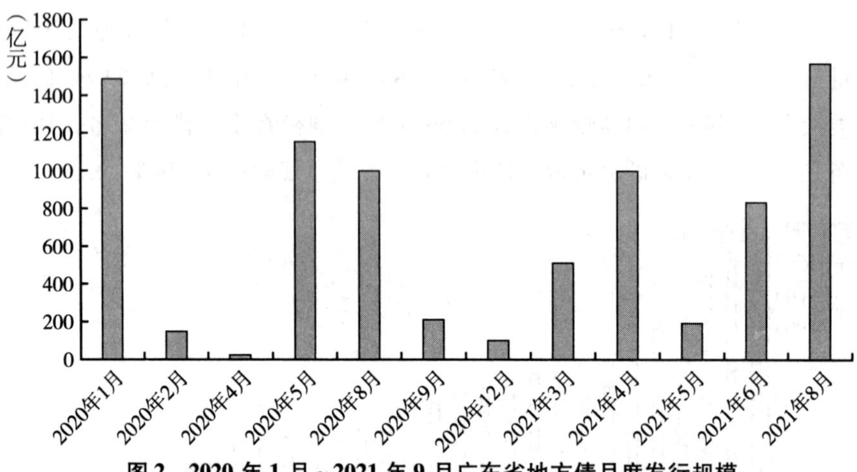

图2　2020 年 1 月～2021 年 9 月广东省地方债月度发行规模

注：广东省部分月份无地方债发行，故图中无显示。

资料来源：Wind 数据库，中诚信国际整理计算。

再融资一般债（553.32 亿元）以及新增一般债（271.02 亿元）；期限结构以 10 年为主，占比达到 41.31%，同比下降约 14.80 个百分点，期限品种较 2020 年增加了 3 年的短期品种，但其规模较小（6.96 亿元）；10 年及以上期限所占比例为 81.18%（见图 3），较 2020 年下降 5.40 个百分点。

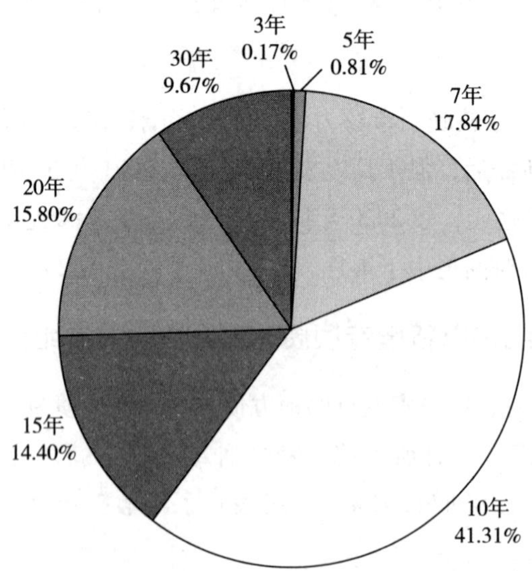

图3　2021 年 1～9 月广东省新发行地方债期限分布

资料来源：Wind 数据库，中诚信国际整理计算。

（三）10年期发行利率[①]显著上升，带动发行成本整体上浮

2021 年 1 ~ 9 月，广东省地方债发行利率较 2020 年有所上升，达到 3.51%，发行利差较 2020 年收窄 1.16BP 至 23.15BP（见图 4）。从月度分布看，发行利率在 4 月到达当年高点 3.55%，5 月以来开始回落，8 月达到低点 3.32%（见图 5）。从期限分布看，与 2020 年同期对应期限的地方债相比，10 年期发行利率显著上升至 3.35%，15 年及以上期限保持 2020 年以来长端发行利率回落的趋势；除 10 年期小幅走阔以外，同期限发行利差以收窄为主，5 年期发行利差收窄幅度最大，为 8.46BP。从券种分布看，一般债、专项债发行利率较 2020 年同期分别上升至 3.32% 和 3.46%，发行利差分别收窄至 21.52BP 和 22.95BP。与其他省（区、市）相比，广东省发行利率在全国排第 2 名，但发行利差较低，在全国排第 26 名（见图 6）。

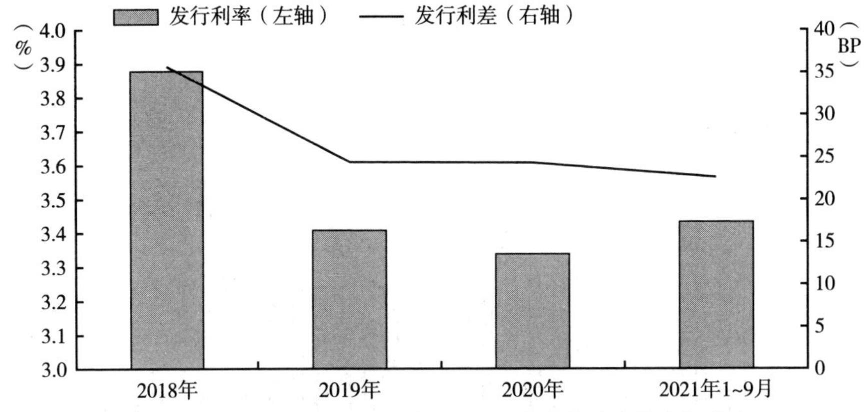

图 4　2018 ~ 2020 年及 2021 年 1 ~ 9 月广东省地方债发行成本

资料来源：Wind 数据库，中诚信国际整理计算。

（四）交易规模[②]较2020年同期大幅回落，到期收益率回升

从二级市场交易规模看，2021 年 1 ~ 9 月，受利率债活跃度整体下降影

① 如无特别说明，本报告中发行利率、利差为根据发行额计算的加权平均发行利率、利差，发行利差计算公式：债券发行利率 - 对应期限国债收益率。

② 交易统计包含回购交易、现券交易等部分。

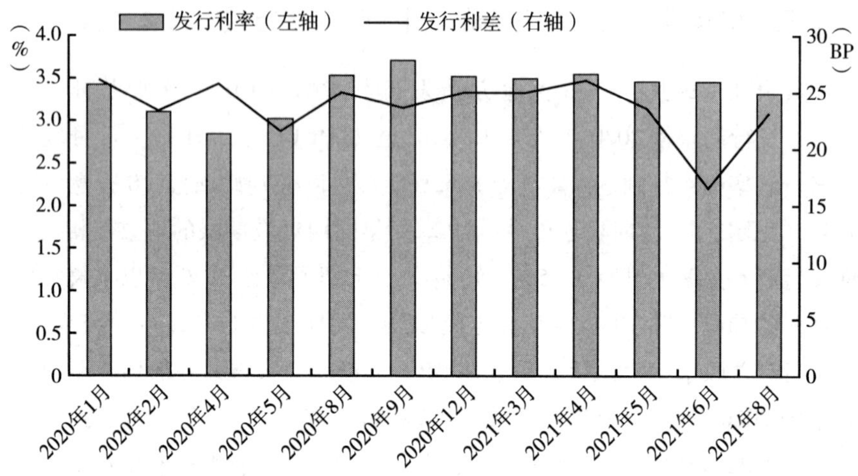

图5　2020年1月～2021年9月广东省地方债月度发行成本

注：广东省部分月份无地方债发行，故图中无显示。

资料来源：Wind数据库，中诚信国际整理计算。

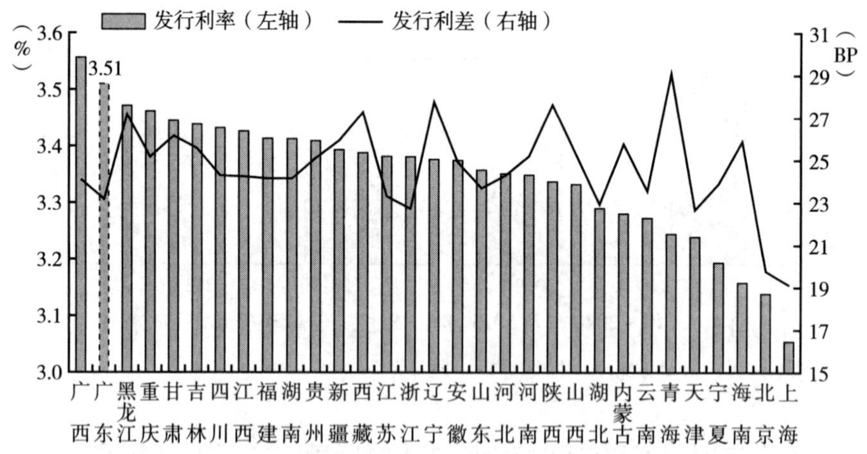

图6　2021年1～9月全国31个省（区、市）地方债发行成本

资料来源：Wind数据库，中诚信国际整理计算。

响，广东省地方债交易规模同比大幅回落31.14%至4435.90亿元，但其全国排名上升至第2位。从到期收益率走势看，2020年1月至2021年9月，广东省各期限地方债到期收益率均值[①]于2020年4月底到达低点后，整体呈波动攀升趋势（见图7）。

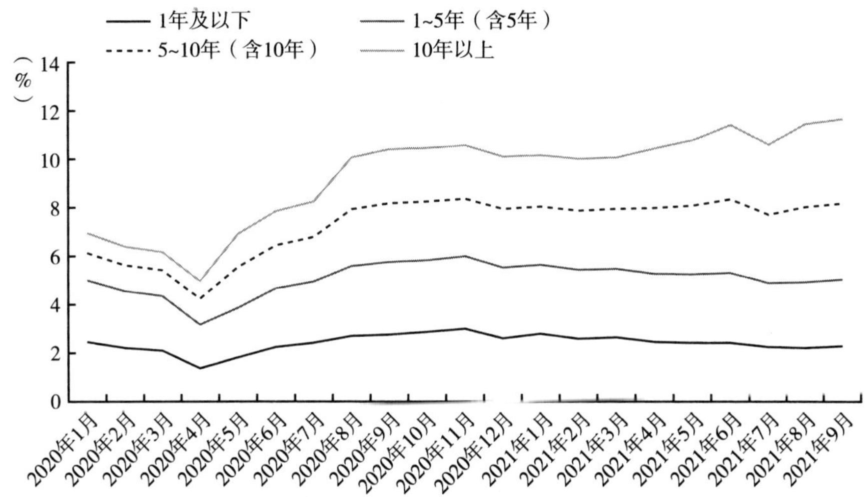

图7　2020年1月~2021年9月广东省地方债到期收益率走势

资料来源：Wind数据库，中诚信国际整理计算。

二　广东省地方政府专项债分析[②]

广东省项目收益专项债存量规模居全国首位，截至2021年9月，存量规模超8000亿元；投向领域向市政和产业园区基础设施、交通基础设施、民生服务和生态环保倾斜；期限结构以10年期为主，15年及以上超长期占比已超过30%。值得注意的是，广东省专项债资本金模式应用规模仍较小，理论上专项债以项目资本金形式和项目配套融资形式能撬动基建投资约4712亿元，稳增长背景下需进一步发挥专项债用作资本金的杠杆优势。

① 此处到期收益率均值采用的是算术平均值。

② 2020年7月29日财政部《关于加快地方政府专项债券发行使用有关工作的通知》（财预〔2020〕94号）明确2020年新增专项债必须保证融资规模与项目收益相平衡，因此2020年新增专项债均为项目收益专项债；本部分项目收益专项债的统计样本为2018~2020年项目收益专项债与2021年1~9月的新增专项债。

（一）发行规模逐年扩大，以10年期为主，15年及以上超长期限品种占比已超过30%

2017 年，广东省启动项目收益专项债的发行，并发行 273 亿元；自 2019 年起，经济下行压力持续显现，且伴随前期债务置换工作收尾，项目收益专项债快速扩容；2020 年以来，疫情防控和稳增长背景下广东省项目收益专项债加快扩容。从债券期限看，广东省存量项目收益专项债以 10 年期为主，2019 年首次出现 20 年期品种，2020 年首次出现 30 年期品种，截至 2021 年 9 月，超长期限品种项目收益专项债（15 年及以上）占比已超过 30%（见图 8），与专项债项目期限更为匹配。从发行成本看，2021 年 1 ~9 月广东省项目收益专项债发行利率上升至 3. 44%，但发行利差持续回落至 22. 85BP。

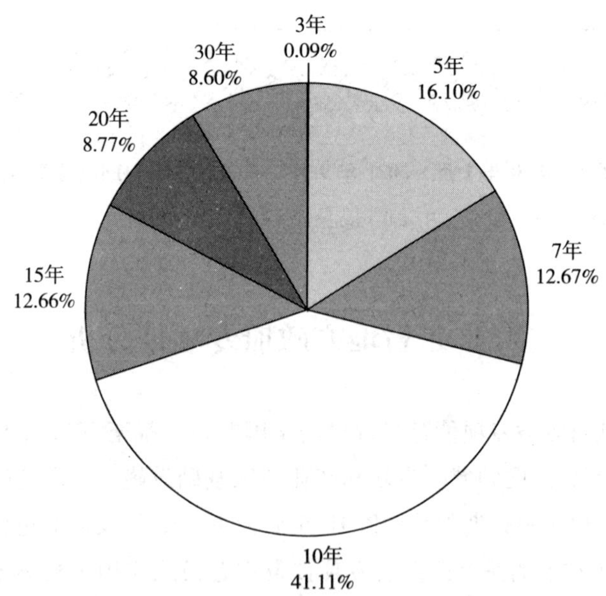

图 8　截至 2021 年 9 月广东省项目收益专项债余额剩余期限结构

资料来源：Wind 数据库，中诚信国际整理计算。

（二）募投领域向市政和产业园区基础设施、交通基础设施、民生服务和生态环保倾斜，项目融资本息覆盖情况较好

2021 年 3 月，广东省财政厅提出科学合理分配新增债券额度，“结合项目分阶段资金需求，分批次滚动发行，推动实现‘发行一批、建设一批、接续

一批'"①。从募投领域看，2021 年 1 ~ 9 月广东发行的新增专项债主要向市政和产业园区基础设施、交通基础设施、民生服务和生态环保领域倾斜（见图 9），具体看：投向市政和产业园区基础设施领域 809.73 亿元，各类产业园建设占比较高；交通基础设施领域合计 688.07 亿元，以轨道交通、城际铁路和一般铁路建设为主；投向民生服务领域 386.59 亿元，以医疗卫生、教育为主；投向生态环保 209.22 亿元，主要系城镇污水垃圾处理②。从项目行政层级看，广东省专项债项目以区县级为主，其资金额度占比和项目个数占比分别为 55.05% 和 74.66%，省级项目占比很小，其资金额度占比为 8%，项目个数占比不到 3%。从募投项目资本金比例看，省级项目资本金比例均值为 32.21%，

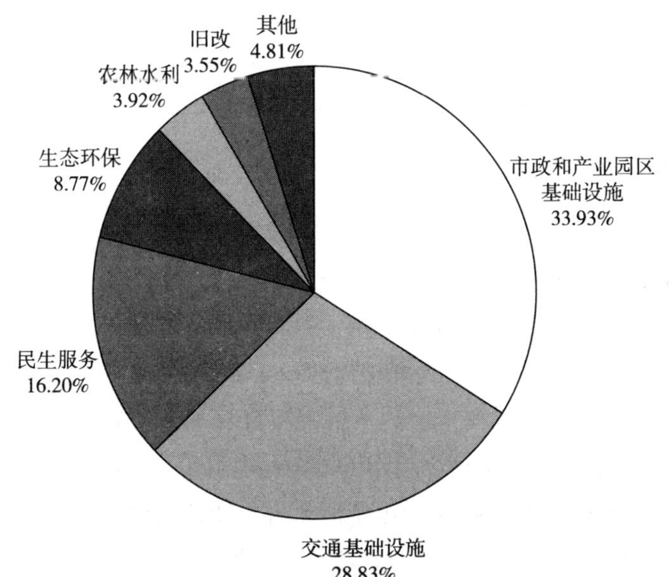

图 9　2021 年 1 ~ 9 月广东省新增项目收益专项债募投领域分布

资料来源：广东省政府新增专项债信息披露文件，中诚信国际整理计算。

① 《关于 2021 年省级财政预算调整方案的报告》，广东省财政厅网站，2021 年 3 月 29 日，http://czt.gd.gov.cn/czysjs/content/post_3250774.html。

② 如无特别说明，本报告中引用的专项债募投项目的相关数据均来自地方政府新增专项债信息披露文件，并由中诚信国际整理计算。由于数据的获取问题，数据可能来自不同募投项目文件、项目实施方案、信息披露模板等，这可能导致数据分析出现一定偏差，但不会对分析结论产生实质上的影响。

地市级项目为48.79%，区县级项目为50.29%，区县级和地市级项目对财政资金的需求相对更大。从项目偿债情况看，偿债来源较为多元化，项目融资本息覆盖倍数均值为3.05倍，覆盖情况较好。

（三）近80%的项目资本金来自财政，专项债资金用作资本金的比例很小

资本金情况方面，广东省财政实力很强，项目资本金比例均值在50%左右，且主要为财政资金或由建设单位自筹解决，项目建设资金压力相对较小，项目收益专项债资金用作资本金的比例也较小。2021年1～9月，广东省新发项目收益专项债的募投项目中，接近80%的项目资本金构成为财政资金，仅有48个项目使用专项债用作项目资本金，占项目总数的比例不到2%。

（四）理论上可撬动基建投资约4712亿元[①]，但实际效果仍受多因素限制

2021年1～9月广东经济运行保持恢复态势，受益于低基数效应和产需修复，广东固定资产投资同比增长9.8%，两年平均增长7.3%。民间投资意愿较强，2021年1～9月完成投资同比增长13.8%[②]。在科学统筹疫情防控和经济社会发展的背景下，专项债是积极财政政策的重要抓手，对基建投资具有一定拉动效果。专项债用作资本金的项目中项目资本金比例均值为49%，对应撬动杠杆约1.95倍，专项债不用作资本金的项目中项目配套融资比例均值为51%，对应撬动杠杆约1.97倍。由于广东省专项债用作项目资本金的比例较低，专项债对基建投资的撬动主要以项目配套融资的形式体现，理论上专项债以项目资本金形式和项目配套融资形式能撬动基建投资约4712亿元，但实际效果仍受资金到位情况、项目建设进度、配套设施建设情况等因素限制。

---

① 理论上撬动基建投资规模＝专项债用作资本金规模×专项债资本金撬动杠杆＋非专项债资本金项目中专项债用作配套融资规模×专项债配套融资撬动杠杆；若某项目中既有专项债资本金又有专项债配套融资，则作为配套融资部分的专项债撬动效应将被抵消，仅考虑专项债资本金的撬动效应。

② 如无特别说明，本报告中引用的宏观经济数据均来自历年《广东省国民经济和社会发展统计公报》和广东省统计局网站公布的《2021年前三季度广东经济运行简况》，并由中诚信国际整理计算。

三 广东省偿债能力分析

广东省地方政府债务余额[①]居全国前3位，其中专项债占比超过60%，2022起进入地方债集中偿付期，2023年到期规模接近2000亿元。由于广东省财政实力较强，财政平衡率较高，因而整体债务压力不大，尽管2020年经济修复边际趋缓，广东省负债率及债务率水平边际抬升，但在全国范围内仍处于较低水平，债务风险可控。

（一）地方政府债务限额仍有一定空间，2022年起进入地方债集中偿付期

广东省地方政府债务余额整体呈逐年增长态势，债务限额仍有较大使用空间。截至2020年，广东省地方政府债务限额为17506.07亿元，较2016年增长79.01%，在全国31个省（区、市）中列第3位，债务余额为15316.19亿元，较2016年增长79.56%，在全国列第3位，未使用的债务限额为2189.88亿元，仍有一定的空间（见图10、图11）。从地方债存量结构看，债券形式债

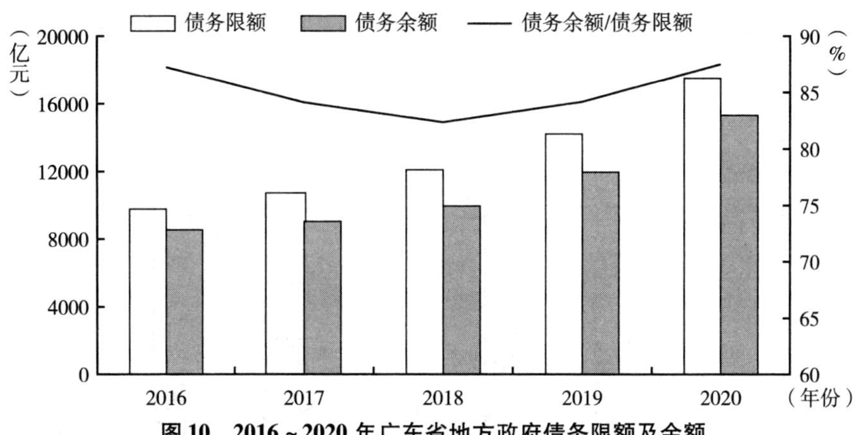

图10 2016~2020年广东省地方政府债务限额及余额

资料来源：广东省财政预算执行及决算报告，中诚信国际整理计算。

① 如无特别说明，本报告中引用的广东省政府债务限额、余额，一般公共预算收入、支出，财政平衡率，债务率、负债率等财政相关数据均来自广东省财政预算执行及决算报告，并由中诚信国际整理计算。

务占比超过99%，非政府债券形式债务规模很小。从地方债到期分布看，2021年10~12月中，12月到期规模较大，达到79.96亿元。2022~2026年各期债务到期规模均超过1200亿元，其中2023年到期规模达1991.46亿元，当年到期一般债占比44.52%，到期专项债占比55.48%（见图12）。

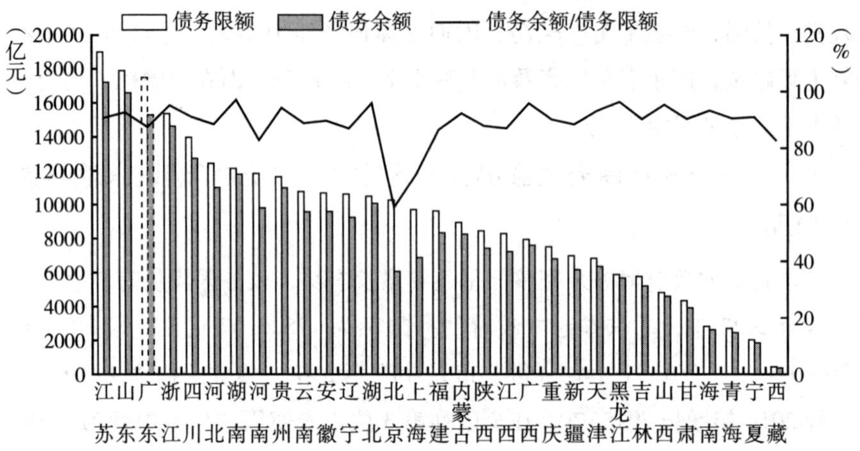

图11　2020年全国31个省（区、市）地方政府债务限额及余额

资料来源：全国31个省（区、市）财政预算执行及决算报告，中诚信国际整理计算。

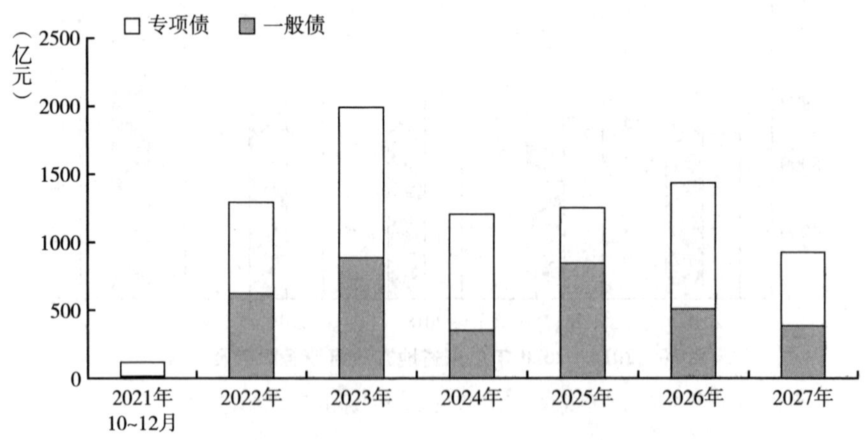

图12　截至2021年9月广东省存量地方债到期分布

资料来源：广东省财政预算执行及决算报告，中诚信国际整理计算。

（二）财政实力居全国前列，财政自给能力较好

广东省财政实力居全国前列，财政自给能力较好。2020 年广东省一般公共预算收入为 12921.97 亿元，在全国 31 个省（区、市）中列第 1 位（见图 13），较 2019 年增长 2.1%，增速较 2019 年回落 2.4 个百分点，其中主体税种收入受新冠肺炎疫情和落实减税政策影响同比回落 3.5%；为应对疫情影响，各级采取措施盘活政府资源（资产），国有资源（资产）有偿使用收入增长 62.9%，因此同期非税收入增长 17.4%。广东省财政平衡率为 73.91%，较 2019 年小幅增加 0.84 个百分点，在全国列第 3 位，财政自给能力良好。综合财力方面，2020 年广东省综合财力为 2.46 万亿元，较 2019 年增长 16.71%（见图 14）。其中，政府性基金收入占比达 35.09%，较 2019 年上升 6.13 个百分点；上级补助收入占比为 11.19%，上升 1.45 个百分点；国有资本经营收入占比达 1.26%，小幅下降 0.09 个百分点。

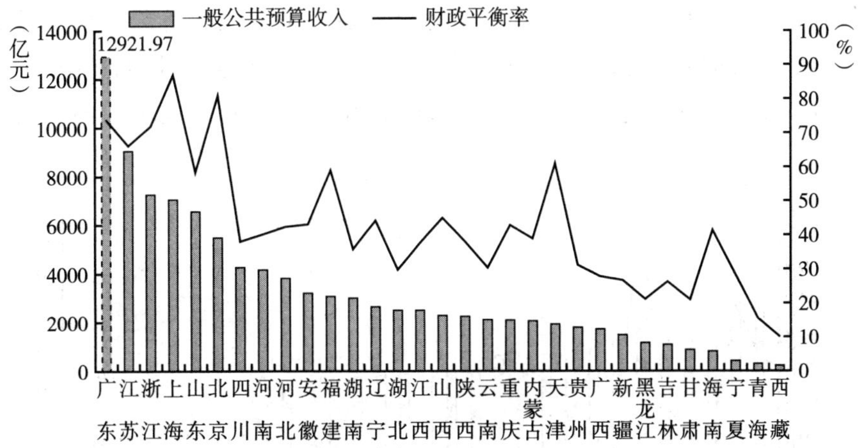

图 13　2020 年全国 31 个省（区、市）一般公共预算收入与财政平衡率

资料来源：全国 31 个省（区、市）财政预算执行及决算报告，中诚信国际整理计算。

（三）债务偿付能力较强，债务风险整体可控

广东省偿债能力较强，债务风险整体可控。截至 2020 年，广东省债务率及负债率分别为 62.18% 和 13.83%，分别较前值回升 5.57 和 2.73 个百分点，

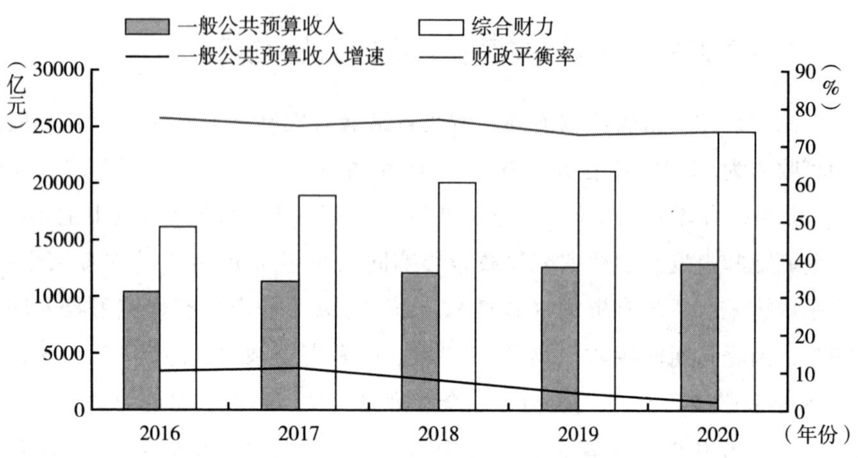

图 14　2016～2020 年广东省财政情况

资料来源：广东省财政预算执行及决算报告，中诚信国际整理计算。

债务率及负债率在全国 31 个省（区、市）中分别位列倒数第三和倒数第一（见图 15），整体债务风险较小；债务余额占一般公共预算收入的比重为 118.54%，较前值上升 24.09 个百分点（见图 16），尽管偿债能力较 2019 年有所弱化，但在全国仍处于较高水平。围绕政府债务管理，广东省出台多项举

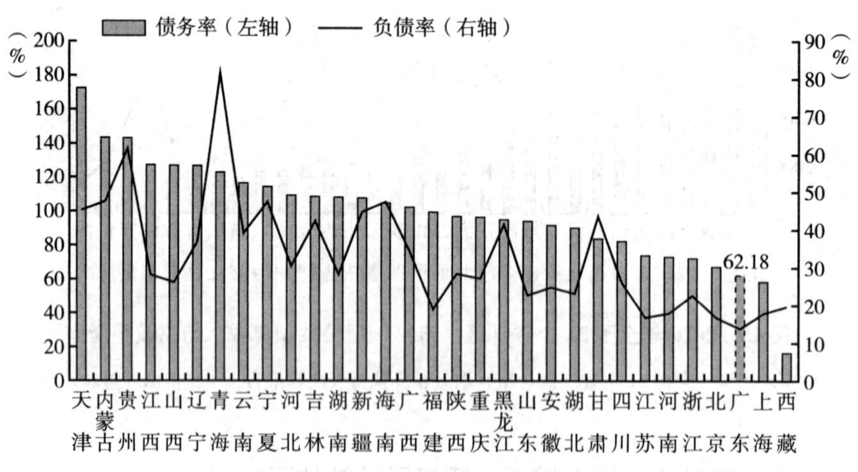

图 15　2020 年全国 31 个省（区、市）债务率及负债率

资料来源：全国 31 个省（区、市）财政预算执行及决算报告，中诚信国际整理计算。

措，按照明确责任、规范管理、疏堵结合、防范风险、公开透明的管理原则，构建举借有度、偿还有方、管理有序、监管有力的政府性债务监管体制，加强偿债压力论证，明确债务偿还计划，并开展日常监测与风险预警，严守区域性、系统性风险底线。此外，经国务院批准，广东省于2021年10月正式启动全域无隐性债务试点工作，将切实提高政治站位，健全机制，统筹推进，依法依规全面清理存量隐性债务，确保按期完成试点任务。

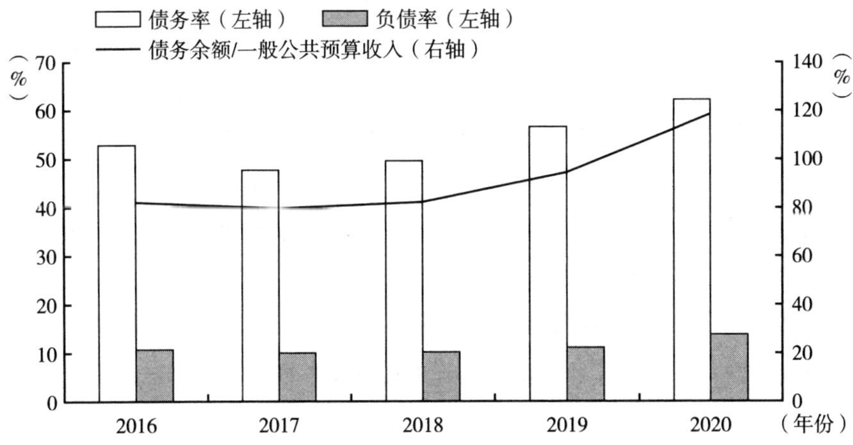

图16　2016～2020年广东省债务率及负债率

资料来源：广东省财政预算执行及决算报告，中诚信国际整理计算。

四　小结

2021年，广东省地方债发行时点有所延迟，但第二季度以来提速明显，发行规模同比有所扩容。新发行地方债以新增专项债为主，长期债占比有所下降。从发行成本看，10年期发行利率显著上升，带动整体发行成本上浮；除10年期小幅走阔以外，同期限发行利差以收窄为主。受利率债活跃度整体下降影响，二级市场交易规模显著回落，各期限到期收益率于2020年4月底到达低点后呈波动攀升趋势。从项目收益专项债情况看，广东省存量规模居全国首位，发行节奏明显加快，新增专项债投向较为多元，向市政和产业园区基础设施、交通基础设施、民生服务和生态环保倾斜，专项债对基建投资的撬动主

要以项目配套融资的形式体现。

总体来看，广东省财政实力较强，现阶段债务限额仍有一定使用空间，因而债务风险总体可控。但当前经济恢复仍不稳固、不均衡，若经济修复持续趋缓，财政收支矛盾或将有所显现。同时，鉴于粤港澳大湾区战略实施对基建投资的需求增加，且广东省将于2022年进入政府债券集中偿付期，全域无隐债试点工作或将占用一部分再融资债额度，建议合理利用地方政府债务限额剩余空间，将地方债的投资拉动作用主要发挥在有重大投资项目且政府预算相对紧张的区域，运用各区域的长处实现平衡发展。比如，在产业园项目中开展园区对园区的精准帮扶，募投资金和政策优惠优先倾向互帮互扶的园区项目，逐步建立珠三角与粤东西北对口帮扶机制和产业转移机制。此外，有效配置募集资金，提高专项债对经营性项目的资本金的投向比例，将政府预算资金多用在公益性项目或其他地方债投向受限的领域，同时最大限度地引入社会资本，进一步促进广东省民营经济的发展，提高市场经济的自我造血能力，减轻财政压力。最后，建议做好项目收益专项债募投项目投资和经营情况的监测工作，保障项目收益专项债的首要还款来源，提前做好债务风险防控。

B.31
2021年江西省地方政府债券分析报告

桂兰杰　陈依婷*

摘　要： 江西省2021年1~9月地方债发行规模同比大幅缩小，发行结构以新增专项债为主，中长期债券占比下降，募投领域以民生服务、市政和产业园区基础设施为主。此外，江西省项目收益专项债撬动基建投资作用有限，主要通过用作配套融资来起作用。整体看，尽管江西省财政实力和债务偿付能力一般，但其地方政府债务负担在全国处于中等偏低水平，尚有一定的债务融资空间，债务风险整体可控。本报告建议江西省未来应优化债券期限结构、加强对区县级政府债务风险的监管。

关键词： 地方债　专项债　江西省

一　江西省地方债运行情况分析

截至2021年9月，江西省地方债存量规模7968.47亿元①，期限以5~10年为主。从券种结构②看，存量地方债中专项债占比54.42%，规模4336.53亿元，一般债占比45.04%，规模3589.04亿元；另有未分类债券42.90亿

* 桂兰杰，中诚信国际政府公共评级一部高级分析师，主要研究领域为地方政府债券、基础设施投融资行业等；陈依婷，中诚信国际政府公共评级一部助理分析师，主要研究领域为地方政府债券、基础设施投融资行业等。

① 如无特别说明，本报告中引用的地方债存量、发行量、发行利率、发行利差、交易量、到期收益率等债券相关数据均来自截至2021年9月的Wind数据库，并由中诚信国际整理计算。

② 存量地方债种类结构以存量地方债中2018年以来发行的样本进行统计。

元①。江西省地方债存量规模在全国31个省（区、市）中处于中游偏下的水平，低于湖南、河南、安徽等中部省份，与重庆、陕西规模相近（见图1）。

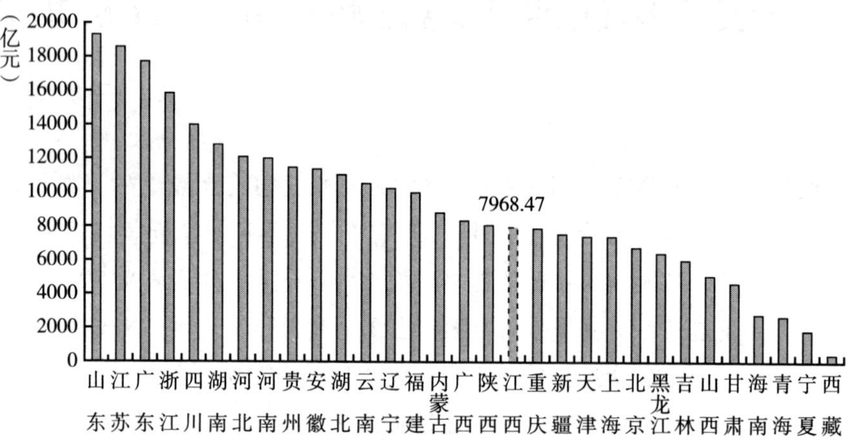

图1　截至2021年9月全国31个省（区、市）地方债存量规模

资料来源：Wind数据库，中诚信国际整理计算。

（一）地方债发行规模同比大幅缩小

随着疫情防控效果巩固，经济增长进入正常轨道，2021年以来财政支出逐步趋于正常化；2021年1~9月江西省地方债发行规模为1288.05亿元，较2020年同期大幅减少38.47%，其中新增专项地方债为主要券种。江西省2021年6月地方债发行规模相对较大，且均为新增专项地方债和再融资一般地方债（见图2）。

（二）发行结构以新增专项地方债为主，期限以5年和7年为主

2021年1~9月，江西省地方债发行规模为1288.05亿元，其中，新增专项地方债、新增一般地方债、再融资一般地方债、再融资专项地方债的占比分别为43.84%、16.26%、28.03%和11.87%（见图3），新增专项地方债是发行规模最大的券种，其次是再融资一般地方债。从期限结构来看，5年和7年

① 2015年以前发行的地方债未区分一般债、专项债。

的地方债占比相对较大，占发行规模的比例分别为 26.92% 和 23.08%（见图 4）。

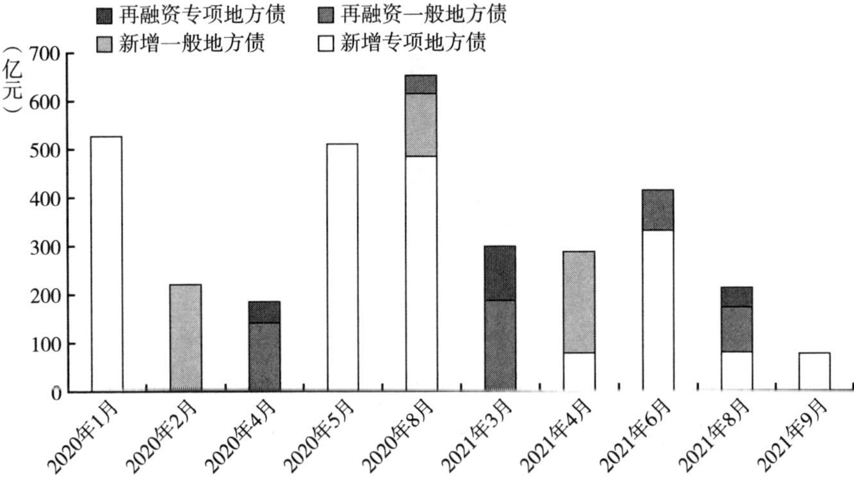

图 2　2020 年 1 月 ~ 2021 年 9 月江西省地方债月度发行规模

注：江西省部分月份无地方债发行，故图中无显示。

资料来源：Wind 数据库，中诚信国际整理计算。

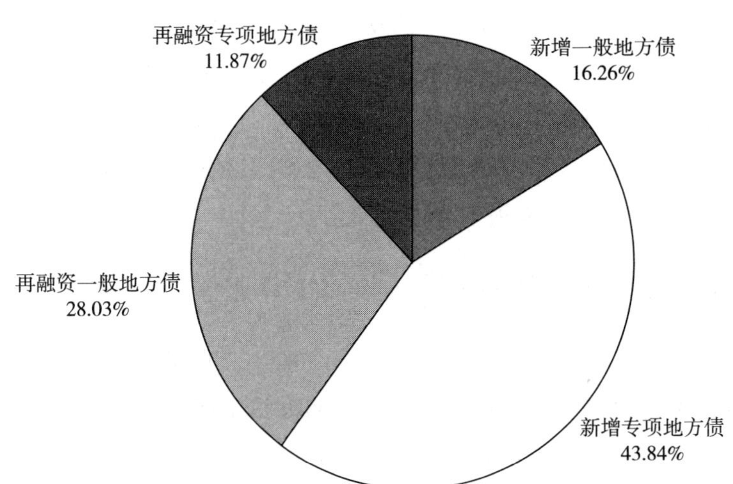

图 3　2021 年 1 ~ 9 月江西省新发行地方债券种结构

资料来源：Wind 数据库，中诚信国际整理计算。

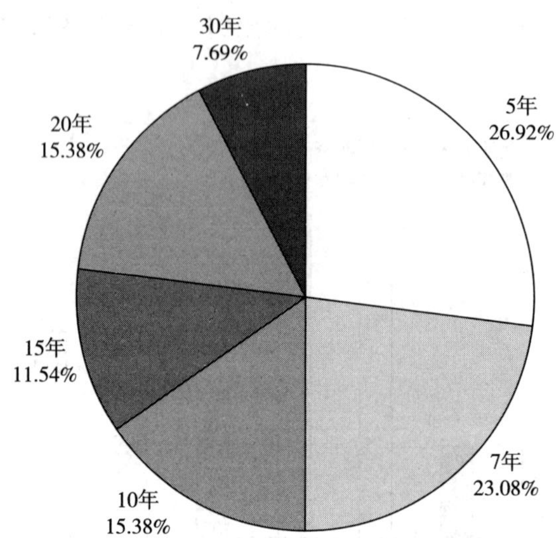

图 4　2021 年 1 ~ 9 月江西省新发行地方债期限分布

资料来源：Wind 数据库，中诚信国际整理计算。

（三）发行成本在全国处于上游水平，与四川、福建等省份相近

2021 年 1 ~ 9 月，江西省地方债发行利率和发行利差①分别为 3.43% 和 24.23BP，发行利率在全国 31 个省（区、市）中处于上游水平，与四川、福建等省份相近（见图 5）。2021 年 3 ~ 4 月江西省地方债发行利率较为稳定，6 月及 8 ~ 9 月波动较大，其中 8 月发行利率有所下降；同期江西省地方债发行利差整体波动较小，9 月有所下降（见图 6）。

（四）交易规模②大幅缩小，到期收益率整体回落

从交易规模来看，2021 年 1 ~ 9 月，江西省地方债交易规模为 1333.52 亿元，上年同期为 9037.62 亿元，较上年同期大幅下降。从到期收益率来看，2020 年江西省地方债到期收益率整体呈现先下降后回升的态势。其中，2020

① 如无特别说明，本报告中发行利率、利差为根据发行额计算的加权平均发行利率、利差，发行利差计算公式：债券发行利率 - 对应期限国债收益率。

② 交易统计包含回购交易、现券交易等部分。

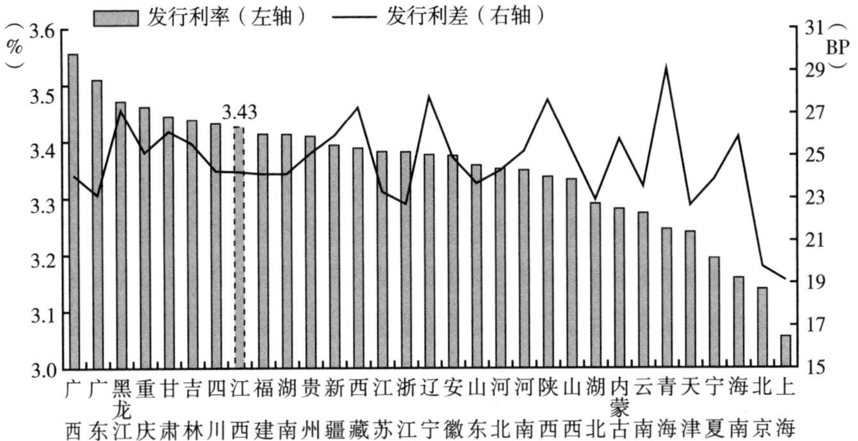

图5　2021 年 1 ~ 9 月全国 31 个省（区、市）地方债发行成本

资料来源：Wind 数据库，中诚信国际整理计算。

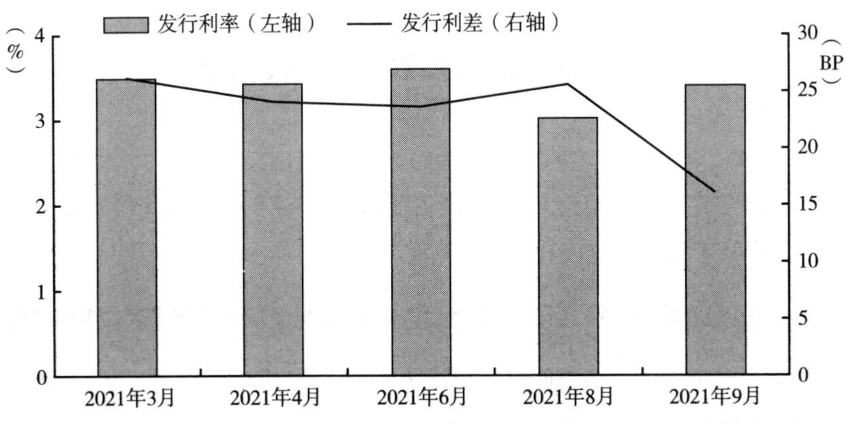

图6　2021 年 1 ~ 9 月江西省地方债月度发行成本

注：江西省部分月份无地方债发行，故图中无显示。

资料来源：Wind 数据库，中诚信国际整理计算。

年1 ~ 4 月下降幅度较大，2020 年 4 月到期收益率降到最低点，2020 年 5 ~ 12 月整体大幅回升。2021 年 1 ~ 9 月，江西省地方债到期收益率整体呈小幅下降趋势；各剩余期限的地方债到期收益率基本处于 2. 13% 至 3. 69% 之间（见图 7）。

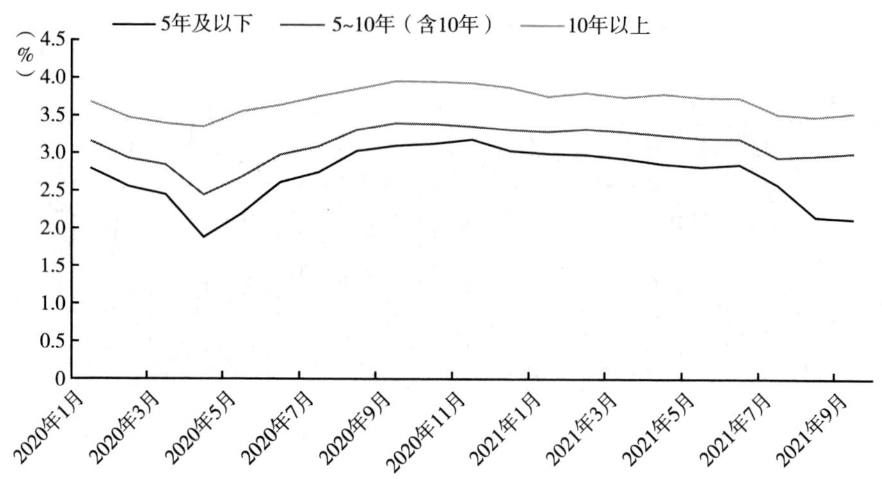

图7　2020年1月～2021年9月江西省地方债到期收益率走势

资料来源：Wind数据库，中诚信国际整理计算。

二　江西省地方政府专项债分析①

截至2021年9月，江西省存量项目收益专项债余额为4336.53亿元，其中剩余期限为5～10年（含10年）的占比最高，1～5年（含5年）的占比排第2名，达到35.57%（见图8）。

（一）2018年以来江西省项目收益专项债发行规模整体快速增长

2018年以来江西省项目收益专项债发行规模整体快速增长，其中2020年发行规模远超2019年（见图9），主要系在新冠肺炎疫情冲击下，为保障地方重大项目资金需求，国常会提前下达专项债额度及扩大地方政府专项债规模以促进经济修复所致。从发行利率及利差来看，2018～2020年及2021年1～9月，江西省项目收益专项债发行利率有所波动，其中2019年发行利率达到最低

① 2020年7月29日财政部《关于加快地方政府专项债券发行使用有关工作的通知》（财预〔2020〕94号）明确2020年新增专项债必须保证融资规模与项目收益相平衡，因此2020年新增专项债均为项目收益专项债；本部分项目收益专项债的统计样本为2018～2020年项目收益专项债与2021年1～9月的新增专项债。

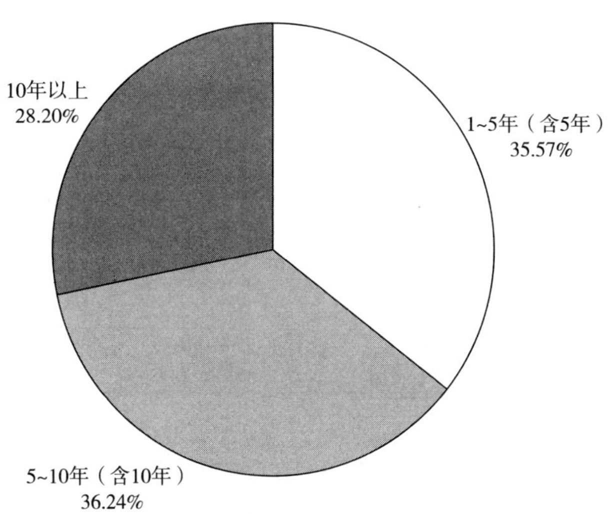

图 8　截至 2021 年 9 月江西省存量项目收益专项债余额剩余期限结构

资料来源：Wind 数据库，中诚信国际整理计算。

点，2020 年起有所回升；同期，江西省项目收益专项债发行利差有所收窄，但在 2021 年 1 ~9 月略有回升（见图 10）。从发行期限来看，2018 年新增项目收益专项债的发行期限均为 5 年；2019 年新增项目收益专项债中发行期限为 5 年期的占比下降至 83. 25%，另外新增 10 年期及以上券种；2021 年1 ~9 月，江西

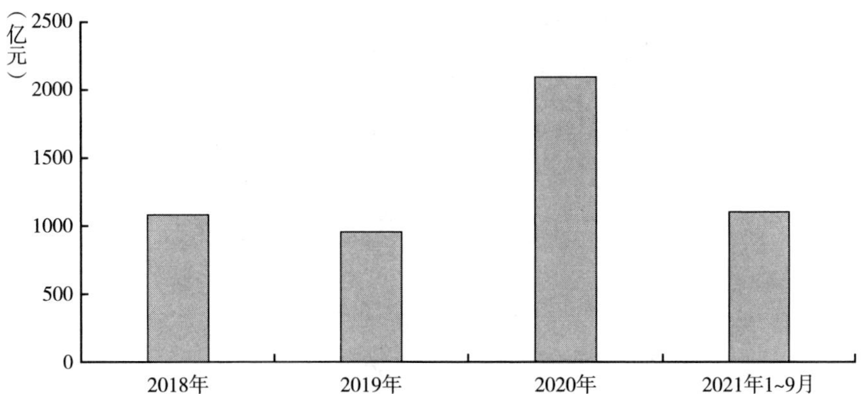

图 9　2018 ~2020 年及 2021 年 1 ~9 月江西省项目收益专项债发行规模

资料来源：Wind 数据库，中诚信国际整理计算。

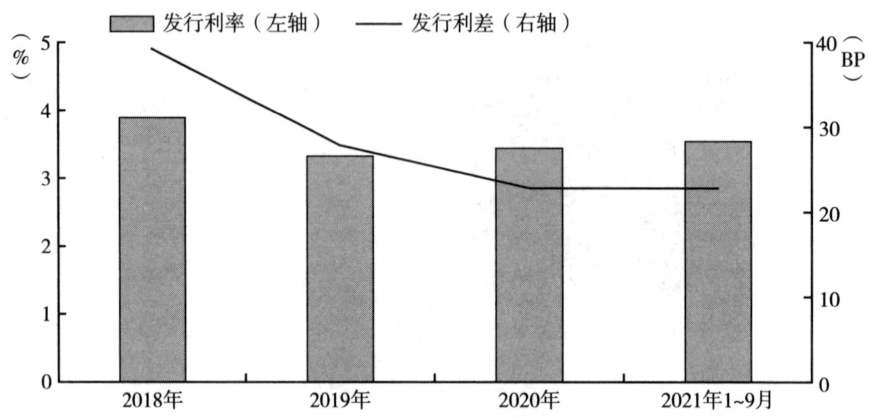

图10　2018～2020年及2021年1～9月江西省项目收益专项债发行成本走势

资料来源：Wind数据库，中诚信国际整理计算。

省发行期限为10年期及以上的项目收益专项债占比显著提升，合计占总额的比重超过60%（见图11），期限更加合理，与项目实际期限更加匹配。

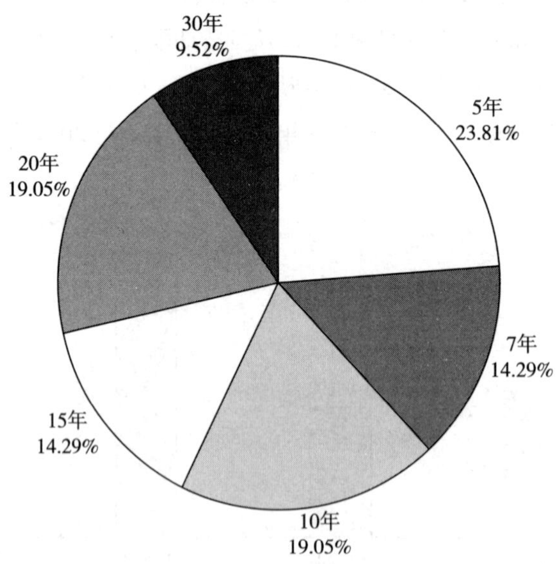

图11　2021年1～9月江西省项目收益专项债发行期限结构

资料来源：Wind数据库，中诚信国际整理计算。

（二）新增项目收益专项债资金多向民生服务倾斜

2021 年 1～9 月，江西省新增项目收益专项债发行规模为 564.67 亿元，资金流向主要包括民生服务、市政和产业园区基础设施及农林水利，占比分别为 25.22%、24.87% 和 15.21%①（见图 12），信息网络建设、土地储备和能源专项债在当期均未发行。

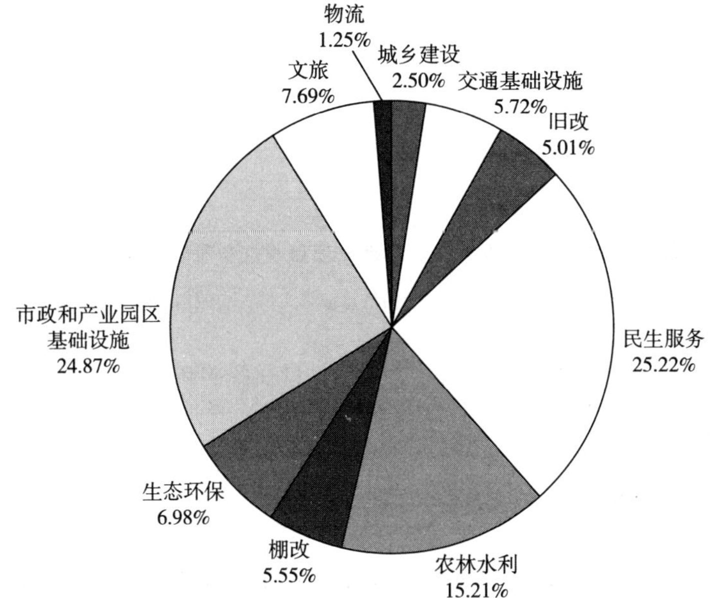

图 12　2021 年 1～9 月江西省新增项目收益专项债募投领域分布

资料来源：江西省政府新增专项债信息披露文件，中诚信国际整理计算。

从项目行政层级分布情况来看，2021 年 1～9 月，用于区县级政府项目的项目收益专项债发行规模占比达 70% 以上（见图 13）；从项目本息覆盖倍数情况来看，2021 年 1～9 月，省级、地市级及区县级的加权平均项目融资本息覆盖倍数分别为 1.42 倍、1.67 倍和 1.64 倍，其中地市级专项债项目融资本息覆

① 如无特别说明，本报告中引用的专项债募投项目的相关数据均来自地方政府新增专项债信息披露文件，并由中诚信国际整理计算。由于数据的获取问题，数据可能来自不同募投项目文件、项目实施方案、信息披露模板等，这可能导致数据分析出现一定偏差，但不会对分析结论产生实质上的影响。

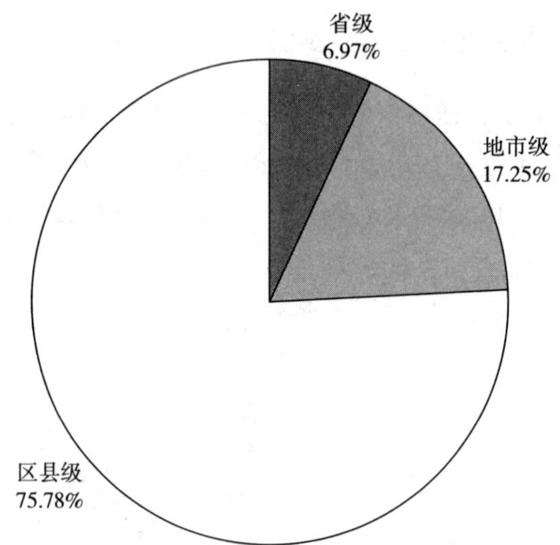

图 13　2021 年 1～9 月江西省新增项目收益专项债行政层级分布

资料来源：江西省政府新增专项债信息披露文件，中诚信国际整理计算。

盖倍数最高，主要系受经济及财政实力、区域风险影响，对项目收益性的要求更高所致。

（三）专项债用作资本金规模较小

截至 2021 年 9 月，江西省专项债用作资本金规模为 7.45 亿元，规模较小，或与专项债用作资本金的项目审批手续较为繁杂及专项债用作资本金项目收益性要求较高有关。

（四）新增项目收益专项债对基建投资有一定撬动作用

2021 年 1～9 月，江西省共发行 485.68 亿元项目收益专项债（不含 79 亿元支持中小银行补充资本金额度），其中有 7.45 亿元用作项目资本金，撬动杠杆[①]为 1.62 倍，撬动基建投资规模为 12.07 亿元，其余 478.23 亿元专项债用作项目配套融资，撬动杠杆为 1.74 倍，撬动基建投资规模为 827.57 亿元，合

① 专项债撬动基建投资方法参见袁海霞、汪苑晖、卞欢《专项债兼顾扩容提效，助力基建托底稳增长——地方政府专项债 2019 年回顾与 2020 年展望》，《财政科学》2020 年第 1 期。

计撬动规模为839.64亿元。整体来看，专项债通过项目资本金来撬动基建投资的力度仍不足，主要通过作为配套融资来发挥作用。

三　江西省偿债能力分析

（一）政府债务规模在全国属中等偏低水平

2016~2020年江西省政府债务余额①逐年递增，2020年达到7227亿元，2018~2020年债务余额增速分别为9.32%、11.94%和35.08%，增速逐年递增，在疫情冲击下，2020年债务余额大幅增长；另外，2020年提前下达的江西省债务限额为8163.44亿元，较2019年增长25.99%。在全国31个省（区、市）中，江西省政府债务规模处于中下游水平（见图14），近年来债务规模虽增长较快，但整体债务风险仍可控，未来还有一定的债务融资空间。

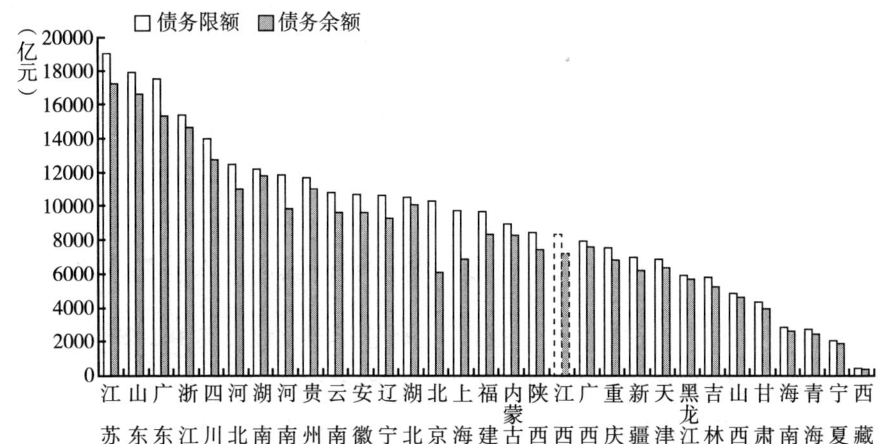

图14　2020年全国31个省（区、市）债务限额及余额

资料来源：全国31个省（区、市）财政预算执行及决算报告，中诚信国际整理计算。

---

① 如无特别说明，本报告中引用的江西省政府债务限额、余额，一般公共预算收入、支出，财政平衡率，债务率、负债率等财政相关数据均来自江西省财政预算执行及决算报告，并由中诚信国际整理计算。

截至2021年9月，江西存量地方债于2022年至2026年的到期规模呈波动态势，其中2024年系到期高峰期，达到1077.57亿元，2027年及以后的到期规模占比为49.22%，远期仍存在一定债务压力。从到期券种分布来看，一般债的到期分布较为均匀；专项债到期高峰期在2023年和2024年，到期规模分别为531.87亿元和732.89亿元（见图15）。

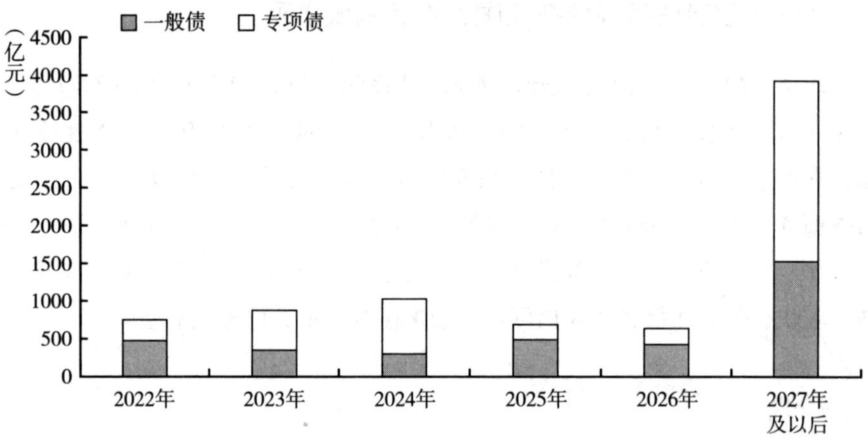

图15　截至2021年江西省存量地方债到期分布

资料来源：江西省财政预算执行及决算报告，中诚信国际整理计算。

（二）综合财力对上级补助收入及政府性基金收入较为依赖

近年来江西省经济实力持续增强，但增速逐年放缓，其中2020年受疫情影响，增速大幅下滑；同时，第三产业比重逐年递增（见图16）。

江西省公共财政预算实现收支平衡对上级补助的依赖程度较高，2020年的一般公共预算收入和财政平衡率在全国31个省（区、市）中处于中等水平（见图17）。

2016～2020年江西省综合财力逐年增长（见图18），同期上级补助收入一直是江西省综合财力的重要构成部分，一般公共预算收入占综合财力的比重呈波动下降趋势，政府性基金收入的比重则波动上升且2016～2020年的占比均超过20%。

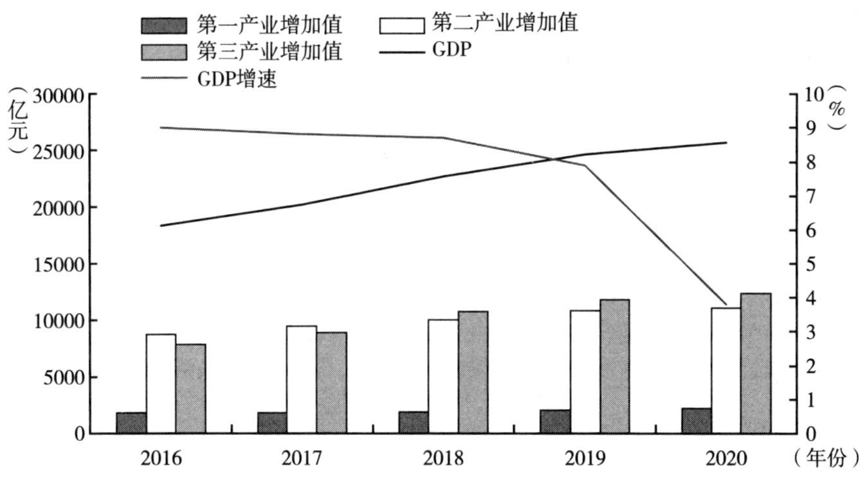

图 16　2016～2020 年江西省 GDP 走势及产业结构

资料来源：历年《江西省国民经济和社会发展统计公报》，中诚信国际整理计算。

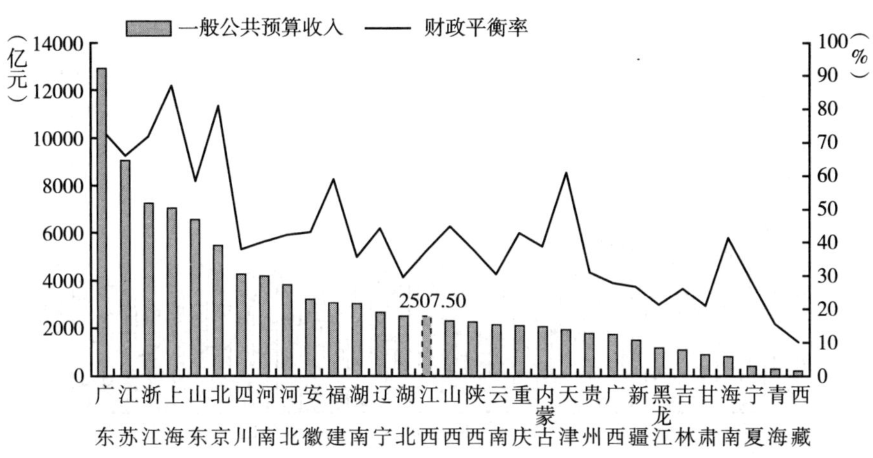

图 17　2020 年全国 31 个省（区、市）一般公共预算收入和财政平衡率

资料来源：全国 31 个省（区、市）财政预算执行及决算报告，中诚信国际整理计算。

（三）债务规模增长较快，但负债率和债务率指标基本稳定

2020 年江西省负债率和债务率分别为 28.13% 和 127.22%，负债率指标在

全国31个省（区、市）中处于较低水平，而债务率指标在全国31个省（区、市）中处于较高水平（见图19）。

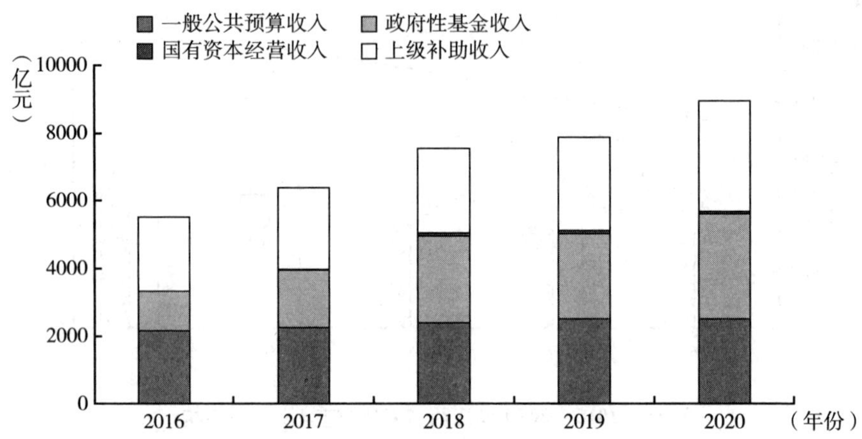

图18　2016～2020年江西省综合财力及其构成

资料来源：江西省财政预算执行及决算报告，中诚信国际整理计算。

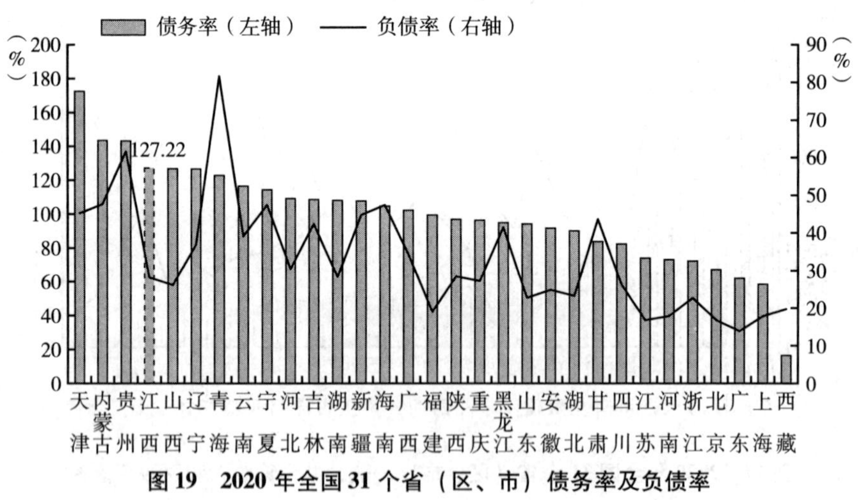

图19　2020年全国31个省（区、市）债务率及负债率

资料来源：全国31个省（区、市）财政预算执行及决算报告，中诚信国际整理计算。

2016～2020年江西省债务规模逐年增长。在疫情的冲击下，2020年债务规模大幅增长35.08%，江西省的负债率和债务率较2019年均增长（见图20），经济及财政体量对债务的承载能力有所下滑。

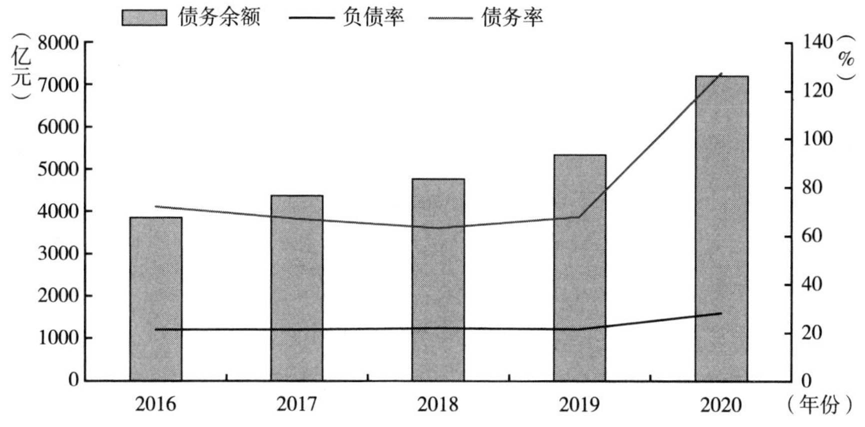

图 20　2016～2020 年江西省债务余额、债务率及负债率

资料来源：江西省财政预算执行及决算报告，中诚信国际整理计算。

近年来江西省政府一直在积极采取措施防范债务风险，主要从以下方面着手[①]：将各设区市的融资平台公司整合为 2～3 家，各县（市、区）限定在 2 家以内，逐渐减弱平台公司的政府融资职能；对政府债务进行动态监控，尤其掌握各地隐性债务的动态变化情况；完善专项债风险管控，保证项目收益有效平衡；对于债务风险化解情况较好地区进行一定的奖励，而对被列入债务风险预警名单及风险提示名单的地区，限制其增加债务规模。

四　小结

2021 年 1～9 月，江西省地方债发行规模较 2020 年同期大幅缩小，以专项地方债为主，5 年期和 7 年期的地方债合计占比达到 50%；同期，江西省地方债发行利率为 3.43%，在全国 31 个省（区、市）中处于较高水平。受新冠肺炎疫情影响，江西省地方债到期收益率在 2020 年波动幅度较大，于 2020 年 4 月降至 2020 年 1 月至 2021 年 9 月期间的最低点。江西省地方政府项目收益专

① 《江西省人民政府关于落实省人大常委会对 2019 年省级一般公共预算和政府性基金预算调整方案（草案）以及 2019 年地方政府债务限额审议意见情况的报告（书面）》，江西省人大新闻网，2020 年 4 月 13 日，http：//jxrd. jxnews. com. cn/system/2020/04/13/018847827. shtml。

项债方面，其发行规模自2018年以来持续以较快速度增长，募投项目流向对国家战略发展政策的敏感程度较高；同时，项目收益专项债作为配套融资对地方基建投资起到较好的拉动效果。近年来，江西省政府债务规模增长较快，但债务余额在全国31个省（区、市）中仍处于中等偏低水平；2020年，在疫情冲击下，江西省债务余额大幅增长，负债率和债务率较上年均有所提升。

综上，针对以上江西省地方债运行特点，建议从以下几个方面对债务风险进行防控。第一，新增地方政府债券中可逐步增加中长期限比重，与基础设施建设类、民生服务类等建设时间较长的项目周期相匹配，通过拉长期限来摊薄未来逐年到期的债务偿还压力。第二，截至2021年9月，江西省政府专项债用作项目资本金规模较小，未来可积极响应国家对地方政府专项债的相关政策，做好符合政府专项债用作资本金条件的重大项目储备，增加专项债用作资本金的比重，从而更好地撬动社会资本投资。第三，相较于省级、地市级政府，区县级政府通常要承担更高的融资成本，新增地方政府债券中可考虑对区县级项目进行更进一步的倾斜，从而缓解区县级政府的债务压力；但同时，应加强对区县级政府债务风险的实时监管，严格把控区县级项目在审批前的相关测算，规范后续贷款资金使用及管理。第四，疫情防控常态化时期地方在发挥政府债券促进扩大有效投资和经济社会发展作用的同时，需提高资金使用效率、提升项目收益质量，并且关注政府债务规模快速扩大等因素带来的系统性风险。

B.32

2021年江苏省地方政府债券分析报告

曹梅芳*

摘　要： 江苏省自2009年发行首只地方政府债券以来，地方政府债券累计发行规模已近19000亿元。2021年受新增债提前额度下达较晚及专项债项目审核趋严等因素影响，江苏省地方债发行节奏有所放缓，发行结构仍以专项债为主导，发行期限延长。江苏省项目收益专项债发行滞后，且未来对基建投资的实际撬动效果仍受到多种因素限制。但整体看，江苏省拥有较强的经济基础及财政实力，偿债风险整体可控。展望下一阶段，本报告建议鼓励江苏省专项债作为符合条件的重大项目资本金，进一步发挥地方债资金聚力增效的作用。

关键词： 地方债　专项债　江苏省

一　江苏省地方债运行情况分析

江苏省地方债存量规模居于全国前列，以新增专项债为主，债券期限以5～10年为主。从规模看，截至2021年9月末，江苏省地方债存量规模为18577.27亿元①，占全国规模的6.47%，在全国31个省（区、市）中排名第2（见图1）。从结构看，地方一般债券和专项债券余额分别为7196.26亿元和

---

* 曹梅芳，中诚信国际政府公共评级二部副总监，主要研究领域为地方政府债券、基础设施投融资行业等。

① 如无特别说明，本报告中引用的地方债存量、发行量、发行利率、发行利差、交易量、到期收益率等债券相关数据均来自截至2021年9月底的Wind数据库，并由中诚信国际整理计算。

11328.82 亿元，还有未分类债券 52.20 亿元[①]，其中专项债规模在全国排名第3。从期限看，江苏省地方政府债券集中于 5 年期、7 年期、10 年期，以中长期为主的发行期限结构有助于债务管理。

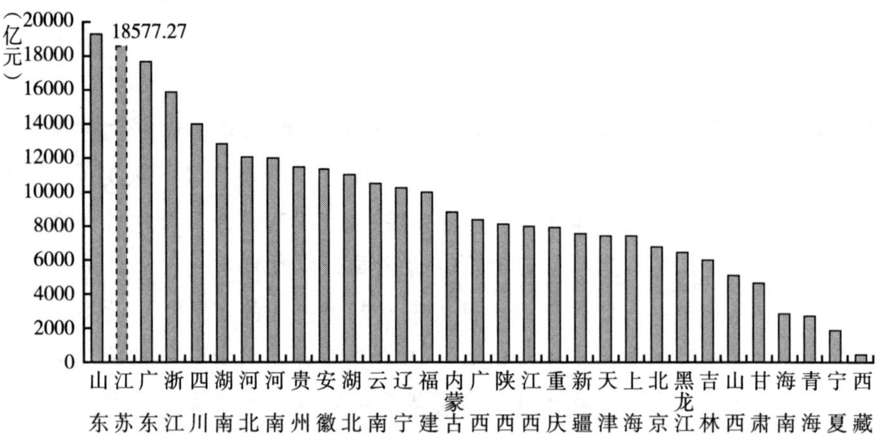

图 1　截至 2021 年 9 月全国 31 个省（区、市）地方债存量规模

资料来源：Wind 数据库，中诚信国际整理计算。

（一）地方债发行进度滞后，发行规模同比有所回落

2021 年以来受新增额度下达较晚、稳增长压力边际放缓及审核趋严影响，1～9 月地方债发行进度较上年有所滞后。2021 年 1～9 月，江苏省发行 21 期地方债，合计 3011.03 亿元，同比下降 4.93%，占到 2020 年全年发行规模的 72.01%。从月度发行情况看，2021 年 1～9 月发行时间集中于 7 月，较 2020 年的 5 月明显滞后（见图 2）。

（二）以专项债发行为主导，发行期限延长

2021 年 1～9 月，江苏省新发行的地方政府债券以专项债为主导，新发行专项债规模为 1774.02 亿元，占比为 58.92%。从资金用途来看，2020 年 1～9 月，新增和再融资地方债分别为 1096.18 亿元和 1914.85 亿元，以再融资地方债为主，包括再融资一般债 1019.01 亿元和再融资专项债 895.84 亿元。从期

① 2015 年以前发行的地方债未区分一般债、专项债。

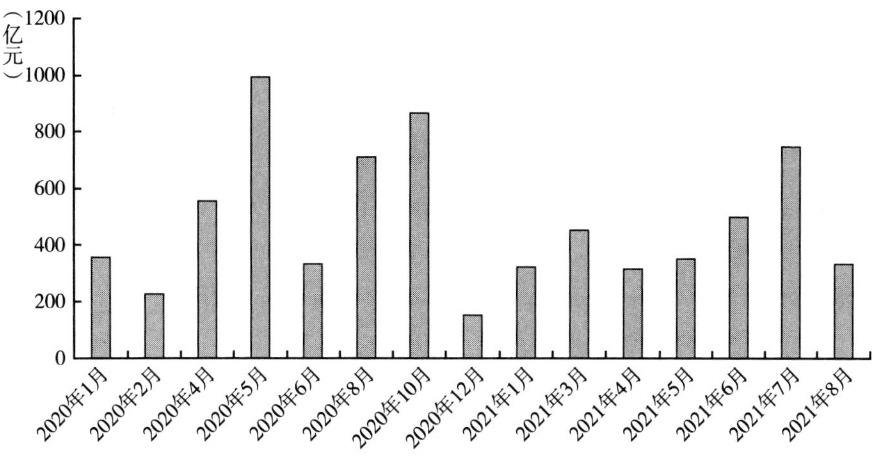

图2　2020年1月～2021年9月江苏省地方债月度发行规模

注：江苏省部分月份无地方债发行，故图中无显示。

资料来源：Wind数据库，中诚信国际整理计算。

限结构看，2021年发行地方债期限以7年和10年为主（见图3），7年及以上期限地方债所占比例为98.66%，较2020年全年上升10.46个百分点，发行期限进一步延长，以中长期为主的发行期限有助于优化债务期限结构。

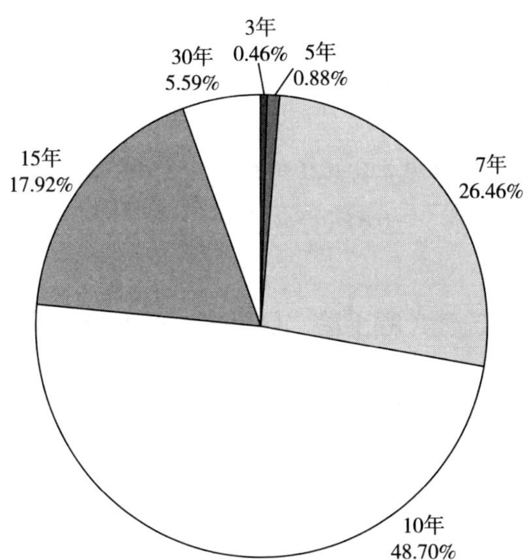

图3　2021年1～9月江苏省新发行地方债期限分布

资料来源：Wind数据库，中诚信国际整理计算。

（三）发行成本基本保持稳定，利差小幅收窄

2021 年 1～9 月，江苏省地方债发行利率①延续 2020 年回落趋势，回落 0.07 个百分点至 3.37%，发行利差同比收窄 0.55BP 至 24.29BP（见图 4），发行利率和发行利差在全国按升序分别排第 18 位和第 7 位（见图 5）。从月度分布看，发行利率呈现波动走势，在 8 月达到低点 3.26%。发行利差呈现波动收窄趋势，8 月发行利差较 1 月下降 6.73BP（见图 6）。从券种分布看，一般债、专项债发行利率和发行利差较 2020 年同期变动较小，发行利率分别为 3.39% 和 3.39%，发行利差分别为 24.83BP 和 24.81BP。

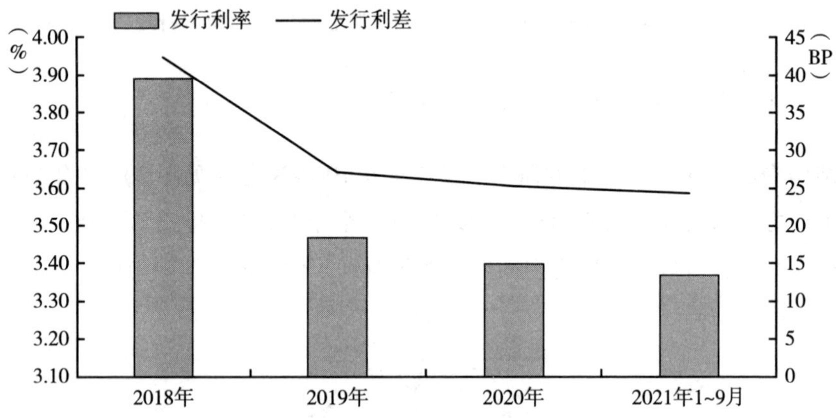

图 4　2018～2020 年及 2021 年 1～9 月江苏省地方债发行成本

资料来源：Wind 数据库，中诚信国际整理计算。

（四）交易活跃度大幅下降，到期收益率波动下行

从二级市场交易②规模看，2021 年 1～9 月江苏省地方债交易规模由 2020 年同期的 6277.85 亿元减少至 3094.56 亿元，交易活跃度大幅下降，在全国地

① 如无特别说明，本报告中发行利率、利差为根据发行额计算的加权平均发行利率、利差，发行利差计算公式：债券发行利率 - 对应期限国债收益率。

② 交易统计包含回购交易、现券交易等部分。

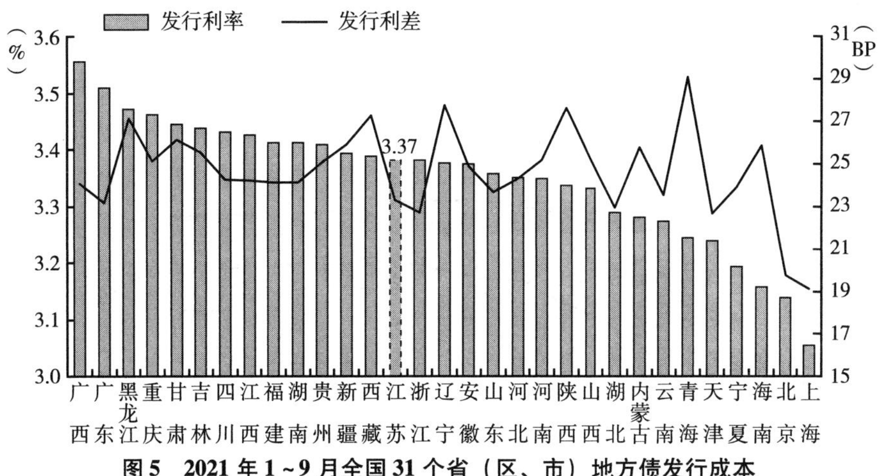

图5　2021 年 1～9 月全国 31 个省（区、市）地方债发行成本

资料来源：Wind 数据库，中诚信国际整理计算。

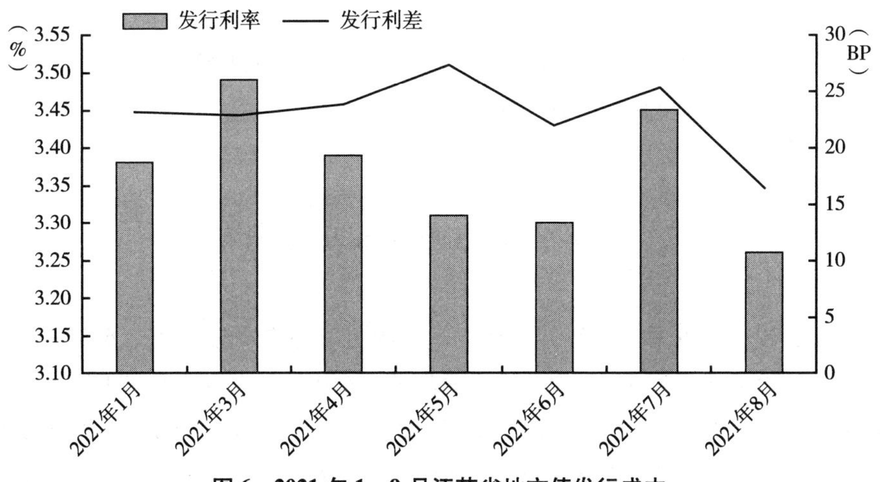

图6　2021 年 1～9 月江苏省地方债发行成本

注：江苏省部分月份无地方债发行，故图中无显示。

资料来源：Wind 数据库，中诚信国际整理计算。

方债交易中排第 5 位。从到期收益率①走势看，2020 年 1 月～2021 年 9 月，江苏省各期限地方债到期收益率呈现波动态势，2020 年 1 月逐步下行，并于当年 4

① 此处到期收益率均值采用的是算术平均值。

月到达低点后触底回升，而后1年以上各期限地方债于当年9月达到高点后回落，1年及以下期限地方债于11月达到高点后回落（见图7）。

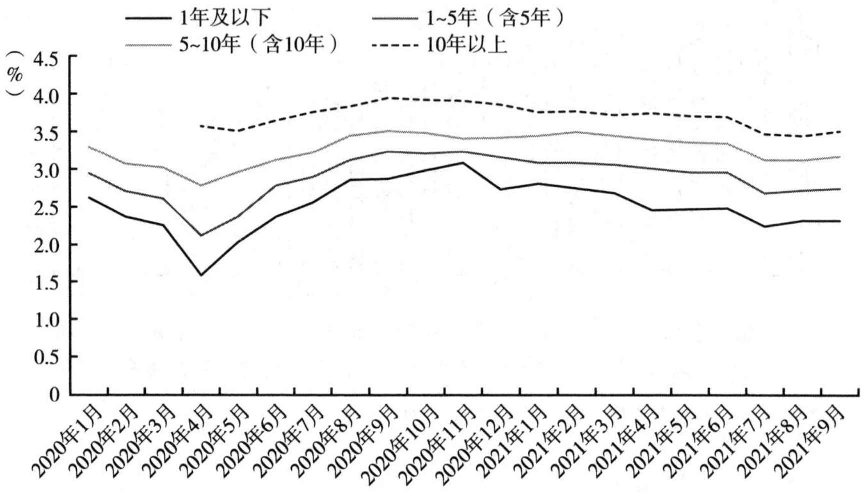

图7　2020年1月~2021年9月江苏省地方债到期收益率走势

资料来源：Wind数据库，中诚信国际整理计算。

二　江苏省地方政府专项债分析①

截至2021年9月末，江苏省地方政府项目收益专项债余额为6235.98亿元，较2020年末增长16.39%，呈进一步扩容态势，但发行节奏有所放缓。从券种看，均为新增专项债，余额占全国的6.63%，排名全国第3，投向领域以交通基础设施建设和民生服务为主。从期限结构看，期限为5年以上的专项债余额占比近70%，与专项债项目期限匹配程度尚可。理论上看，专项债或能撬动基建投资约1364.40亿元，但实际撬动效果仍有待观察。

① 2020年7月29日财政部《关于加快地方政府专项债券发行使用有关工作的通知》（财预〔2020〕94号）明确2020年新增专项债必须保证融资规模与项目收益相平衡，因此2020年新增专项债均为项目收益专项债；本部分项目收益专项债的统计样本为2018~2020年项目收益专项债与2021年1~9月的新增专项债。

（一）发行进度滞后，期限结构基本稳定，发行成本小幅上升、利差略有扩大

自2017年财政部发布《关于试点发展项目收益与融资自求平衡的地方政府专项债券品种的通知》[①] 以来，江苏省项目收益专项债发行量逐步增大，2020年达到2213亿元，同比增长31.88%；2021年1～9月发行规模为878亿元，占全国的3.78%，发行排名全国第8，当期发行额仅为2020年的39.67%，发行进度明显滞后。从发行期限看，2021年1～9月江苏省项目收益专项债发行期限较2020年新增30年期，仍以10年期和15年期为主。从发行成本看，2019年江苏省项目收益专项债发行成本回落较为明显，自2020年起发行成本略微上升，2021年1～9月发行利率为3.43%。2018年发行利差为39.50BP，处于近几年高位，2020年和2021年1～9月发行利差分别为24.66BP和25.38BP，发行利差略有走阔（见图8）。

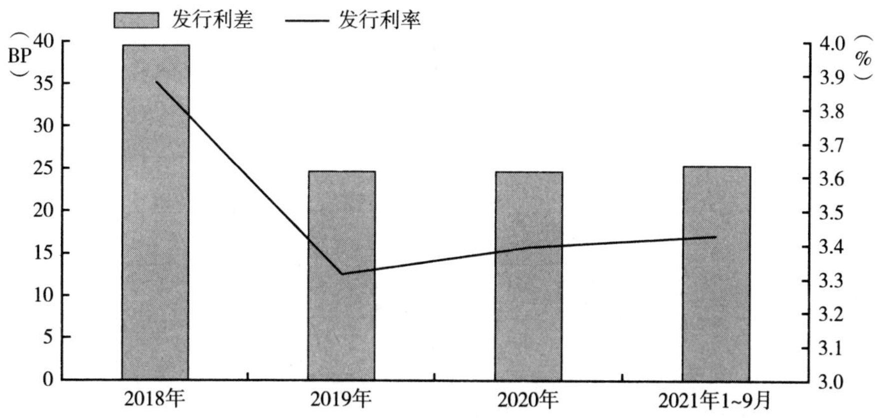

图8　2018～2020年及2021年1～9月江苏省项目收益专项债发行利率及利差走势

资料来源：Wind数据库，中诚信国际整理计算。

① 《关于试点发展项目收益与融资自求平衡的地方政府专项债券品种的通知》（财预〔2017〕89号），财政部网站，2017年7月21日，http：//yss. mof. gov. cn/zhuantilanmu/dfzgl/zcfg/201707/t20170724_ 2656632. htm。

（二）发行以地市级项目为主导，投向领域集中度较高，融资规模与项目收益基本能够实现平衡

2021 年 1 ~9 月，江苏省共计发行 7 期政府项目收益专项债，投向领域趋于丰富，涉及 11 个领域（见图 9）。具体看，前五大领域分别为交通基础设施（223.57 亿元）、民生服务（188.04 亿元）、棚改（131.54 亿元）、城乡建设（98.03 亿元）和生态环保（75.79 亿元），发行额占比分别为 25.45%、21.41%、14.98%、11.16% 和 8.63%，前五大领域合计占比为 81.64%，集中度较高。① 从项目行政层级看，地市级、区县级和省级项目发行额占比分别为 65.22%、28.06% 和 6.72%，项目数占比分别为 61.67%、34.84% 和 3.48%，发行额和涉及项目均集中于地市

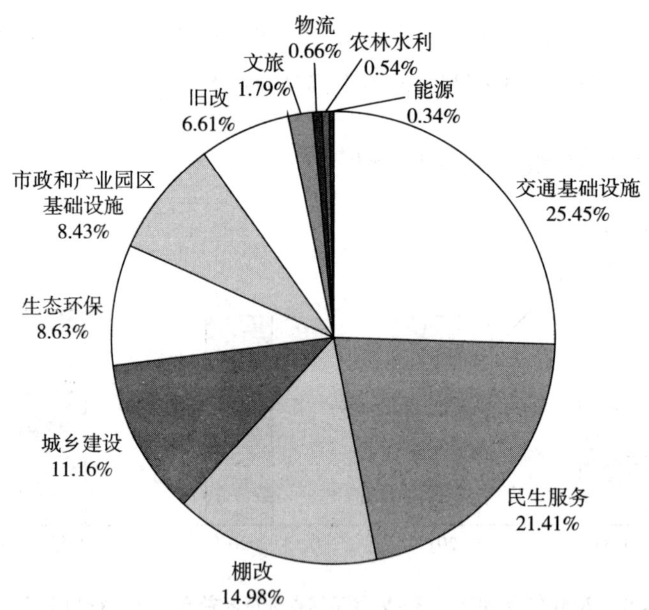

图 9　2021 年 1 ~9 月江苏省新增项目收益专项债募投领域分布

资料来源：Wind 数据库，中诚信国际整理计算。

---

① 如无特别说明，本报告中引用的专项债募投项目的相关数据均来自地方政府新增专项债信息披露文件，并由中诚信国际整理计算。由于数据的获取问题，数据可能来自不同募投项目文件、项目实施方案、信息披露模板等，这可能导致数据分析出现一定偏差，但不会对分析结论产生实质影响。

级。从资本金比例看，地市级项目资本金比例均值为41%，区县级项目为39%，省级项目为45%，省级项目对财政资金的需求相对更大。从项目偿债情况看，项目融资本息覆盖倍数均值为2.27倍，融资规模与项目收益基本能够实现平衡。

（三）专项债用作资本金的项目较少，集中于交通基础设施领域，项目收入来源较广泛

2021年1～9月，江苏省项目收益专项债涉及575个项目，其中43个项目的专项债资金用作项目资本金，项目占比为7.48%，用作资本金的项目较少；用作资本金的总额度为147.74亿元，占当期发行规模的16.82%，涉及交通基础设施、市政和产业园基础设施两个领域，占比分别为97.89%和2.11%，交通基础设施项目中收费公路、城际铁路和轨道交通为重点投向领域；单个项目中专项债用作项目资本金的比例跨度大，最低为6.02%，最高为100%。从项目收入来源看，专项债用作资本金的项目收入主要来自车辆通行费收入、广告收入、油品经营收入、运营收入和政府性基金收入，收入来源较广泛。

（四）江苏省固定资产投资保持增长，但项目收益专项债发行进度滞后，且对基建投资的撬动效果存在不确定性

2021年1～9月，江苏省固定资产投资同比增长6.7%①，其中项目投资同比增长7.4%，但受专项债发行进度滞后等因素影响，基建投资托底对固定资产投资的支撑作用弱化。通过测算，2021年1～9月，江苏省新增项目收益专项债用作资本金和配套融资的撬动杠杆分别为1.35倍和1.61倍，合计撬动基建投资规模为1364.40亿元，其中专项债作为资本金撬动基建投资规模199.82亿元，作为配套融资撬动基建投资规模1164.58亿元，② 但实际效果可能受较多因素限制，如资金到位情况、项目建设进度、配套设施建设情况等。

---

① 如无特别说明，本报告中引用的宏观经济数据均来自《江苏省国民经济和社会发展统计公报》，并由中诚信国际整理计算。

② 专项债撬动基建投资方法参见袁海霞、汪苑晖、卞欢《专项债兼顾扩容提效，助力基建托底稳增长——地方政府专项债2019年回顾与2020年展望》，《财政科学》2020年第1期。

三 江苏省偿债能力分析

江苏省地方政府债务余额在全国居于首位，呈现逐步增长态势，但债务水平相对较低，债务期限结构合理。近年来江苏省经济和财政实力稳步增强，财政自给水平高，同时区域内债务管理规范性较强，整体债务风险可控。

（一）债务余额逐步增长，债务期限结构合理，不存在集中到期支付压力

近年来江苏省地方政府债务余额呈逐年增长态势，2020 年债务限额为 19007.14 亿元（见图 10），较 2019 年增加 2482.20 亿元，主要来自新增专项债务限额；另江苏省财政厅提前下达 2021 年地方政府新增债务限额 1546 亿元，其中一般债务 218 亿元，专项债务 1328 亿元。截至 2020 年末，江苏省地方政府债务余额为 17227.69 亿元，同比增长 15.79%，债务余额全国最高（见图 11），但相较于债务限额而言，尚存在一定的债务融资空间。就债务资金结构而言，江苏省经过债务置换后，政府债务余额以地方政府债券为主。从债务到期分布来看，截至 2021 年 9 月末，江苏省地方债 2021 年 10 ~ 12 月及未来 5 年到期金额分别为 323.60 亿元、2079.78 亿元、2535.48 亿元、1658.34

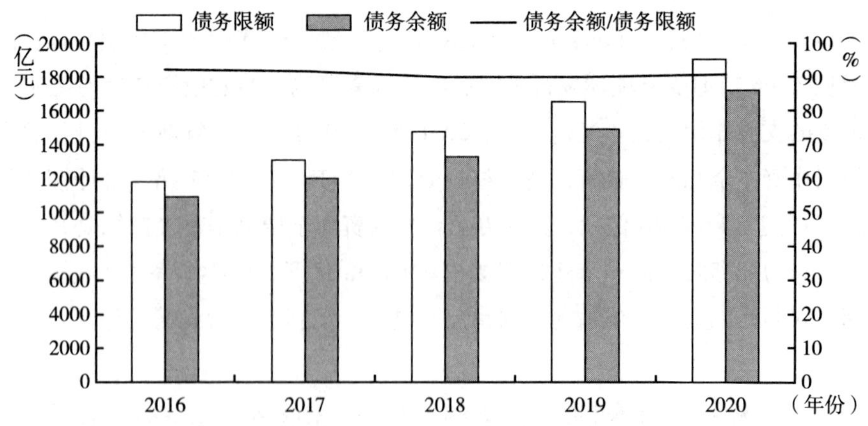

图 10 2016 ~ 2020 年江苏省地方政府债务限额及余额

资料来源：江苏省财政预算执行及决算报告，中诚信国际整理计算。

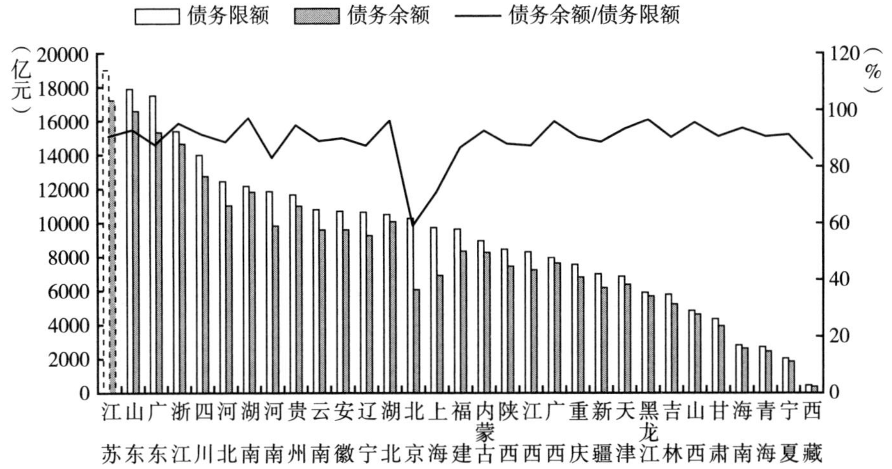

图11　2020年全国31个省（区、市）债务限额及余额

资料来源：全国31个省（区、市）财政预算执行及决算报告，中诚信国际整理计算。

亿元、1628.50亿元和1385.77亿元（见图12），到期金额呈现先增大后减小的趋势，期限结构合理，不存在集中偿付压力。

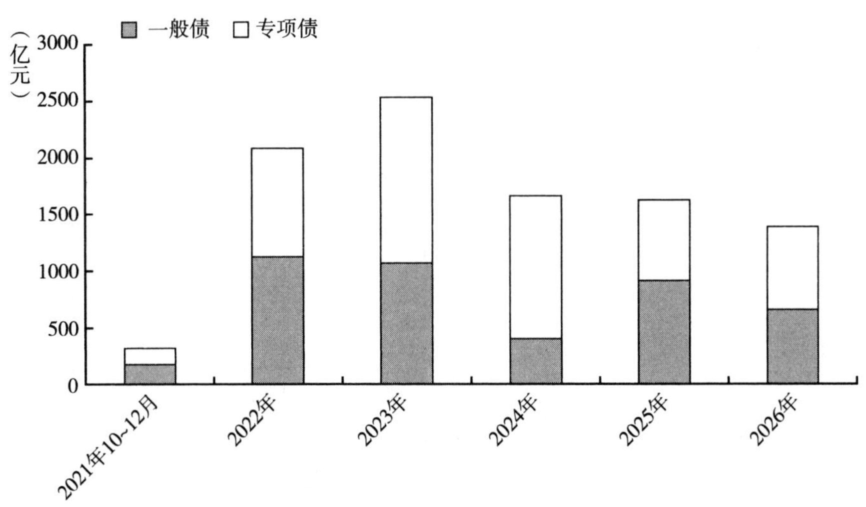

图12　截至2021年9月江苏省地方债到期分布

资料来源：Wind数据库，中诚信国际整理计算。

（二）经济和财政实力保持增长，财政自给能力强

江苏省是中国经济最发达的省份之一，主要经济指标处于全国 31 个省（区、市）前列。2020 年江苏省实现地区生产总值（GDP）102719 亿元，成为全国第二个 GDP 超过 10 万亿元的省份，同比增长 3.7%，受新冠肺炎疫情的影响，增速较 2019 年回落 2.4 个百分点，但仍高于全国 1.4 个百分点。江苏省经济结构不断优化，三次产业结构由 2019 年的 4.3∶44.4∶51.3 调整至 2020 年的 4.4∶43.1∶52.5，最终消费对经济增长的贡献率不断提升，区域经济稳定性增强。目前江苏省形成了传统产业和现代服务业并举的产业结构，区域创新能力较强。未来，江苏省将深入推动“一带一路”倡议、长江经济带发展和长三角区域一体化发展，持续推动经济健康发展。

2020 年江苏省综合财力为 23269.70 亿元（见图 13），位列全国第 2，其中一般公共预算收入和政府性基金收入占比分别为 38.93% 和 48.82%。2020 年江苏省实现一般公共预算收入 9058.99 亿元（见图 14），在疫情因素影响下仍较 2019 年增长 2.92%。江苏省产业多元化程度较高，税源丰富，税收收入占比较高且稳定性较强，2020 年税收占比为 81.84%。同时，江苏省房地产市场较为发达，以国有土地使用权出让收入为主的政府性基金收入规模较大，

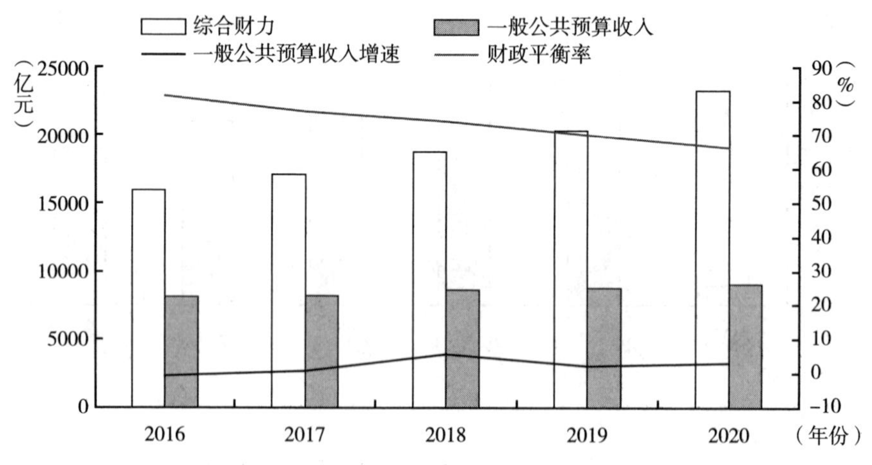

图 13　2016～2020 年江苏省财政情况

资料来源：2016～2020 年江苏省财政预算执行及决算报告，中诚信国际整理计算。

2020 年全省实现政府性基金收入 11359. 39 亿元，为江苏省财力提供了有力保障。2020 年江苏省财政平衡率为 66. 21%，虽较 2019 年下降 3. 80 个百分点，但在全国仍处于较高水平。

2021 年 1 ~9 月，江苏省实现 GDP 84895. 7 亿元，同比增长 10. 2%，三次产业结构为 3. 0∶43. 9∶53. 1。2021 年 1 ~9 月，江苏省完成一般公共预算收入 7811. 4 亿元，同比增长 13. 1%。其中税收收入 6430. 3 亿元，同比增长 13. 4%，税收占比为 82. 3%，比上年同期提高 0. 2 个百分点。2021 年 1 ~9 月，江苏省经济运行延续稳健复苏的良好态势，结构调整持续推进，发展质效稳步提升。

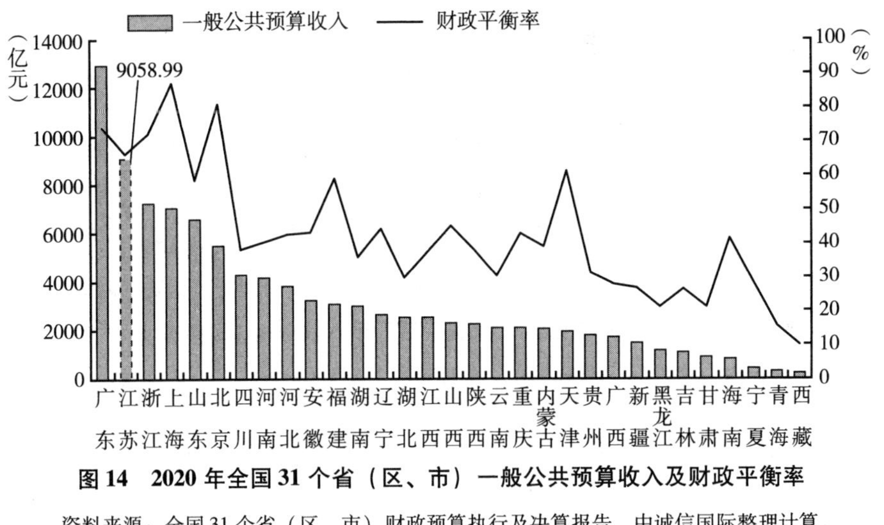

图 14　2020 年全国 31 个省（区、市）一般公共预算收入及财政平衡率

资料来源：全国 31 个省（区、市）财政预算执行及决算报告，中诚信国际整理计算。

（三）债务管理较规范，债务压力相对较轻，区域整体债务风险可控

2018 年以来江苏省强化债务限额管理，举债机制逐步细化，并不断完善政府性债务管理制度体系，切实规范政府举债融资行为。截至 2020 年末，江苏省债务率和负债率分别为 74. 03% 和 16. 77%（见图 15、图 16），均未超国际警戒线 100% 和 60% 的标准，债务水平相对较低，不存在集中到期支付压力。江苏省政府债务主要用于基础设施建设和公益性项目，相应债务也形成了大量资产，且大多能够产生经营性收入，在一定程度上可以保障相关债务偿还。2021 年 1 ~9

月，江苏省国有企业实现利润总额934.94亿元，同比增长39.15%。此外，以2021年9月30日收盘价测算，江苏省各级政府控制的67家上市公司总市值为12865.55亿元，按照持股比例计算，持股市值为4632.45亿元。拥有大量的优质资产，能为政府债务偿还提供流动性支持。未来，伴随着债务管理制度进一步落实，江苏省债务管理成效有望继续提升，区域总体债务风险可控。

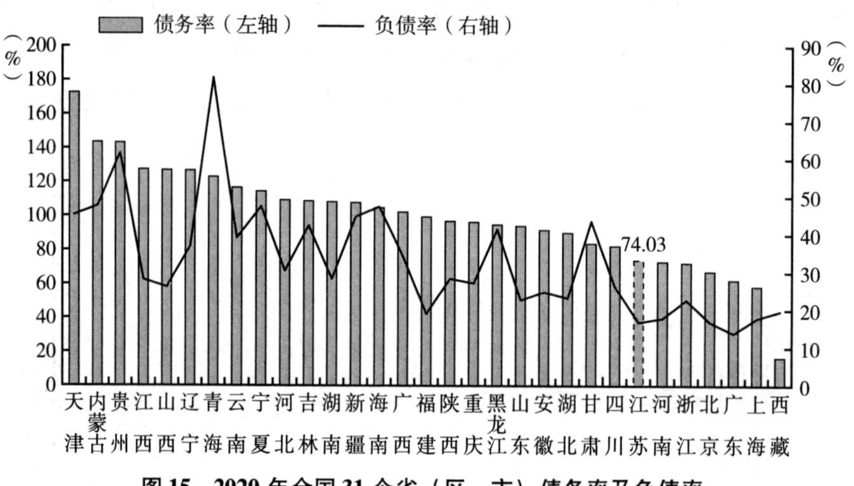

图15　2020年全国31个省（区、市）债务率及负债率

资料来源：全国31个省（区、市）财政预算执行及决算报告，中诚信国际整理计算。

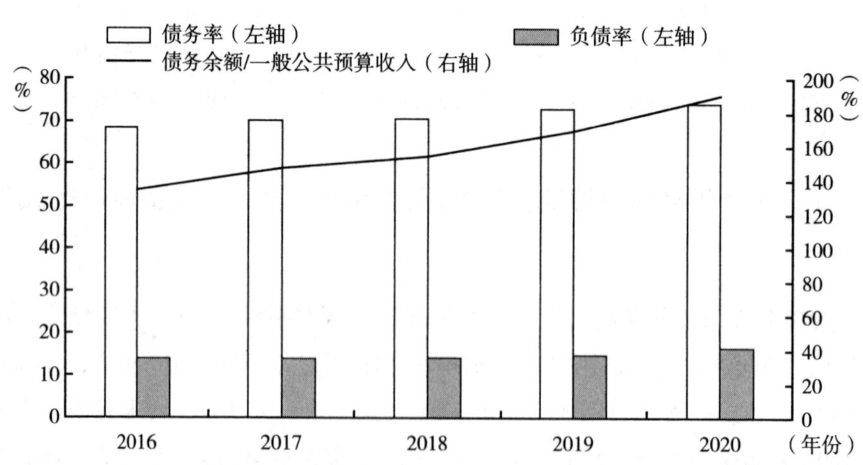

图16　2016～2020年江苏省债务率及负债率

资料来源：2016～2020年江苏省财政预算执行及决算报告，中诚信国际整理计算。

四　小结

江苏省地方债存量规模高企，2021 年以来新增发行进度滞后，发行规模同比回落，发行期限延长，发行结构仍以专项债为主，发行成本基本保持稳定，利差小幅收窄，交易活跃度大幅下降，到期收益率波动下行。江苏省项目收益专项债发行进度滞后，对基建投资的撬动效应延迟。

总体来看，江苏省政府债务限额尚余一定的使用空间，债务以地方政府债券为主，债务期限结构合理，不存在集中到期支付压力，同时区域综合财力雄厚，债务管理较规范，区域整体债务风险可控。2020 年，在严峻的疫情形势下，江苏省坚持稳中求进工作总基调，扎实推进“六稳”工作，全面落实“六保”任务，统筹疫情防控和经济社会发展取得显著成效，未来随着“强富美高”新江苏建设的持续推进，区域经济将保持健康发展。建议下一阶段江苏省继续用好地方债务限额，丰富资金投向，鼓励专项债作为符合条件的重大项目资本金，提升专项债撬动基金投资的效果，减轻财政压力。在发挥地方债资金聚力增效作用的同时，须合理统筹安排一般公共预算及政府性基金资金，加强债务风险监测，妥善应对地方债到期偿还。

B.33
2021年浙江省地方政府债券分析报告

李龙泉　马蕙桐　唐庶田　秦羽璇*

摘　要： 浙江省作为全国经济财政实力较强的省份，其地方债存量规模远大于全国平均水平，地方债发行以新增专项债为主，发行成本明显回落。本报告将从浙江省地方债运行情况、地方政府项目收益专项债以及浙江省政府偿债能力等方面对浙江省地方债的发展状况进行分析与总结。总的来看，浙江省地方政府债券在稳经济、稳增长中发挥了重要作用；此外，浙江省大部分专项债资金投入基建项目，在一定程度上撬动了浙江省基建投资。建议继续充分发挥政府投资优势，利用专项债作为资本金的撬动作用，减轻财政压力。

关键词： 地方债　专项债　浙江省

一　浙江省地方债运行情况分析

浙江省地方债存量规模远大于全国平均水平，以新增专项债为主，债券期限以5~10年为主。从规模看，截至2021年9月，浙江省地方债存量规模为15851.96亿元①，占全国规模的5.52%，在全国31个省（区、市）中排第4

---

* 李龙泉，中诚信国际政府公共评级二部高级分析师，主要研究领域为地方政府债券、基础设施投融资行业等；马蕙桐，中诚信国际政府公共评级二部高级分析师，主要研究领域为地方政府债券、基础设施投融资行业等；唐庶田，中诚信国际政府公共评级二部分析师，主要研究领域为地方政府债券、基础设施投融资行业等；秦羽璇，中诚信国际政府公共评级二部分析师，主要研究领域为地方政府债券、基础设施投融资行业等。

① 如无特别说明，本报告中引用的地方债存量、发行量、发行利率、发行利差、交易量、到期收益率等债券相关数据均来自截至2021年9月的Wind数据库，并由中诚信国际整理计算。存量地方债种类结构以存量地方债中2018年以来发行的样本进行统计。

名（见图1）。从结构看，存量地方债中有8932.78亿元专项债、6878.08亿元一般债以及41.10亿元未分类债券①，其中专项债占比在55%以上，在全国亦排第4名。从期限看，存量地方债主要为5~10年期债券，该期限的债券规模约占全省地方债总规模的82%。

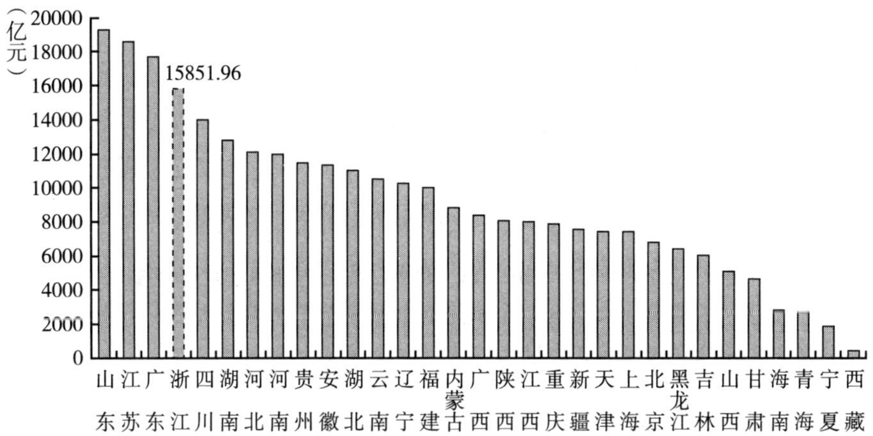

图1　截至2021年9月全国31个省（区、市）地方债存量规模

资料来源：Wind数据库，中诚信国际整理计算。

（一）发行规模有所下降且进度滞后

受新增额度下达较晚、稳增长压力边际放缓及审核趋严等影响，2021年1~9月，浙江省地方债发行规模有所下降，发行进度滞后，尽管第二季度发行加速，但整体明显滞后。2021年1~9月，浙江省发行地方债共计2739.87亿元，较2020年同期减少220.86亿元。从月度发行规模看，2020年发行时间集中于1月、3月、5月和8月，2021年1~9月发行时间集中于4月、5月和9月，相对迟滞（见图2）。

（二）发行结构以新增专项债为主，发行期限有短期化趋势

2021年1~9月，浙江省发行的地方债以新增专项债为主，期限以10年为主，但发行期限整体呈短期化趋势。从券种结构看，2021年1~9月，浙江省以发行新增专项债为主导，发行规模为1286.6亿元，占比为46.96%，另外发行了

① 2015年以前发行的地方债未区分一般债、专项债。

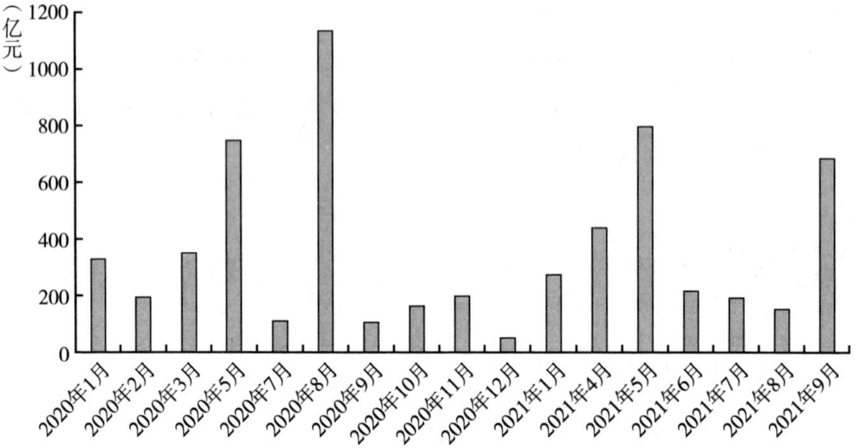

图2　2020年1月～2021年9月浙江省地方债月度发行规模

注：浙江省部分月份无地方债发行，故图中无显示。

资料来源：Wind数据库，中诚信国际整理计算。

再融资一般债（711.30亿元）、再融资专项债（395.97亿元）以及新增一般债（346.00亿元）；期限以10年为主，占比为44.47%，较2020年上升逾7个百分点。由于期限相对较长的新增债发行迟滞，发行期限整体短期化，10年及以上期限地方债所占比例为76.71%（见图3），较2020年下降超过8个百分点。

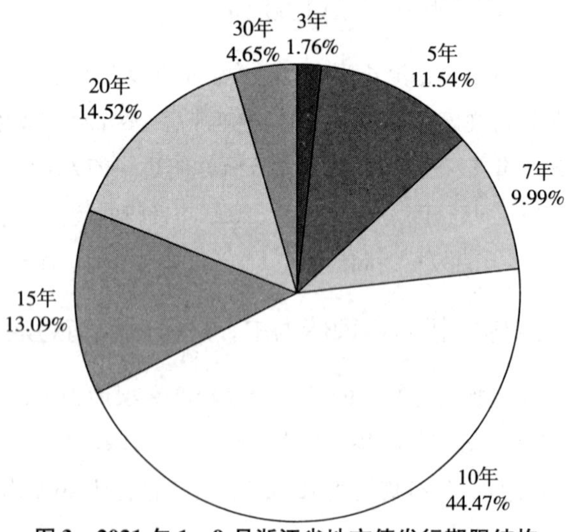

图3　2021年1～9月浙江省地方债发行期限结构

资料来源：Wind数据库，中诚信国际整理计算。

（三）发行成本整体下降，长端发行利率回落幅度较大

2021 年 1 ~9 月，浙江省地方债发行利率①延续 2020 年回落趋势，回落至 3.38%，发行利差较 2020 年收窄 3.07BP 至 22.71BP（见图 4）。从月度分布看，发行利率在 7 月到达高点 3.57%，8 月、9 月明显回落（见图 5）。从期限分布看，与 2020 年对应期限的地方债相比，10 年及以下期限的地方债发行利率整体略有上升，10 年以上期限的地方债发行利率明显回落；同期限发行利差以收窄为主，30 年期限的地方债发行利差收窄幅度最大，为 7.53BP。从券种分布看，一般债、专项债发行利率分别回落至 3.31% 和 3.43%，发行利差分别回落至 24.17BP 和 21.79BP。与其他省（区、市）相比，浙江省发行利率处于中等水平，在全国排名第 15（见图 6）。

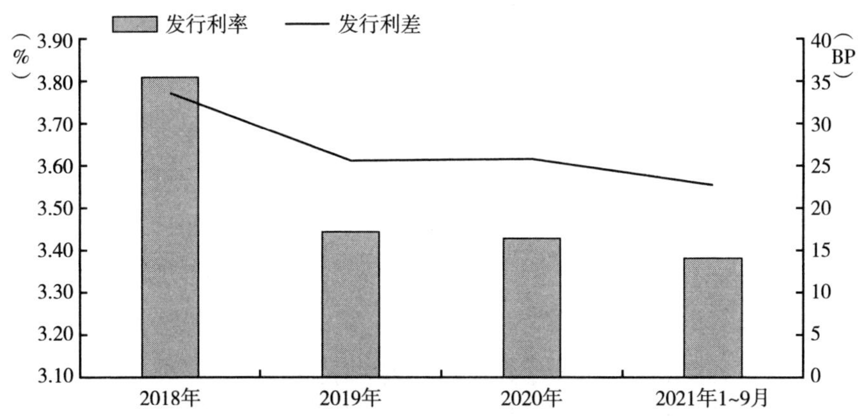

图 4　2018 ~2020 年及 2021 年 1 ~9 月浙江省地方债发行成本

资料来源：Wind 数据库，中诚信国际整理计算。

（四）交易规模小于2020年同期，到期收益率小幅波动

从二级市场交易②规模看，2021 年 1 ~9 月，浙江省地方债交易规模同比

① 如无特别说明，本报告中发行利率、利差为根据发行额计算的加权平均发行利率、利差，发行利差计算公式：债券发行利率 - 对应期限国债收益率。

② 交易统计包含回购交易、现券交易等部分。

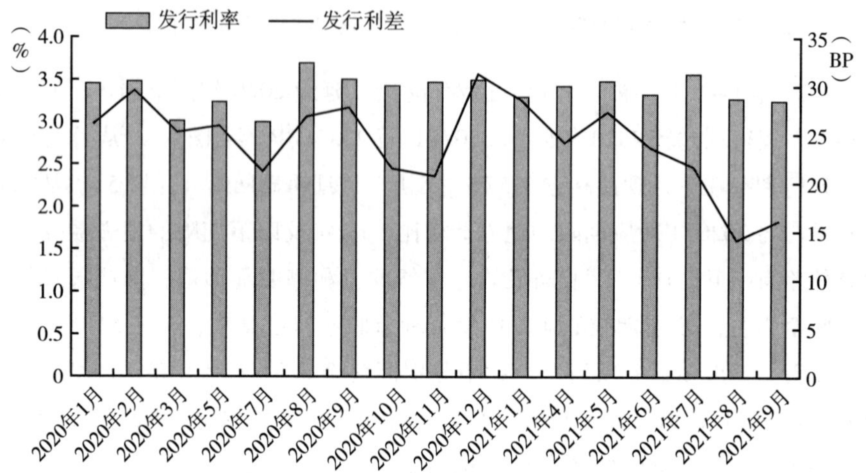

图5　2020 年 1 月 ~2021 年 9 月浙江省地方债月度发行成本

注：浙江省部分月份无地方债发行，故图中无显示。

资料来源：Wind 数据库，中诚信国际整理计算。

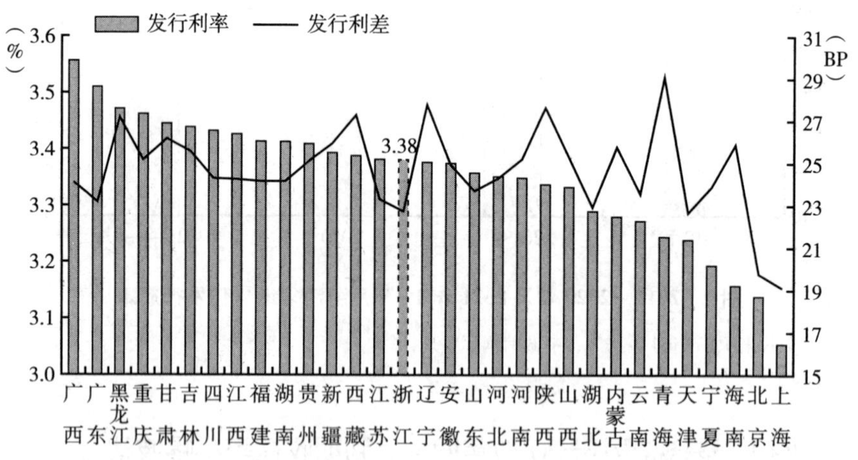

图6　2021 年 1 ~9 月全国 31 个省（区、市）地方债发行成本

资料来源：Wind 数据库，中诚信国际整理计算。

下降 56.96% 至 3433.36 亿元，但因存量地方债体量较大，交易规模仍排第 4 名。从到期收益率走势看，2020 年 1 月 ~2021 年 9 月，浙江省各期限地方债到期收益率均值[①]整体呈先降后升再降的态势，并于2020年4月到达低点，2021年1～9月，到期收益率整体呈小幅波动（见图7）。

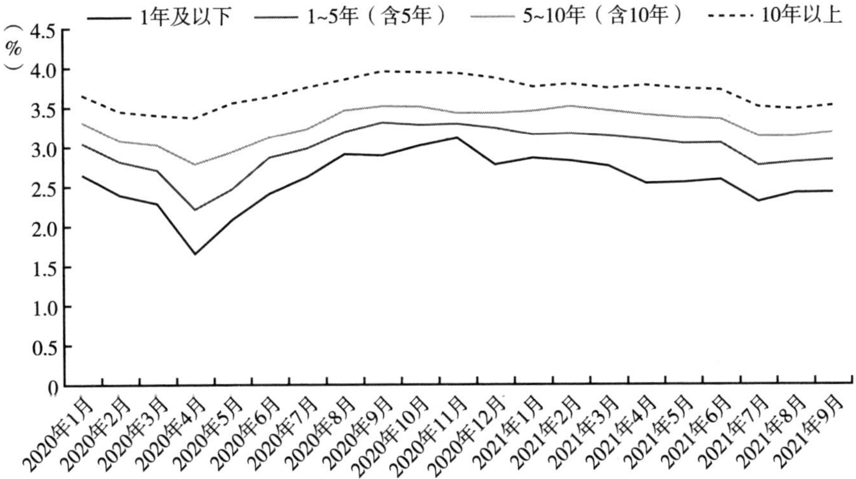

图7　2020年1月～2021年9月浙江省地方债到期收益率走势

资料来源：Wind数据库，中诚信国际整理计算。

二　浙江省地方政府专项债分析[②]

截至2021年9月末，浙江省存量专项债共计226只，合计8932.78亿元，其中以5年期、7年期和10年期的债券为主。2021年1～9月新增专项债的投向以交通基础设施、市政和产业园区基础设施为主。

（一）发行规模逐年扩大，目前存续的专项债以5年期、7年期和10年期为主

自2017年财政部发布《关于试点发展项目收益与融资自求平衡的地方政

① 此处到期收益率均值采用的是算术平均值。

② 2020年7月29日财政部《关于加快地方政府专项债券发行使用有关工作的通知》（财预〔2020〕94号）明确2020年新增专项债必须保证融资规模与项目收益相平衡，因此2020年新增专项债均为项目收益专项债；本部分项目收益专项债的统计样本为2018～2020年项目收益专项债与2021年1～9月的新增专项债。

府专项债券品种的通知》① 以来，浙江省发行的项目收益专项债规模呈现逐年扩大的态势。2018～2020 年以及 2021 年 1～9 月，浙江省共计发行项目收益专项债 163 只，规模为 6553.20 亿元，其中 2021 年 1～9 月发行 1682.57 亿元（见图 8）。

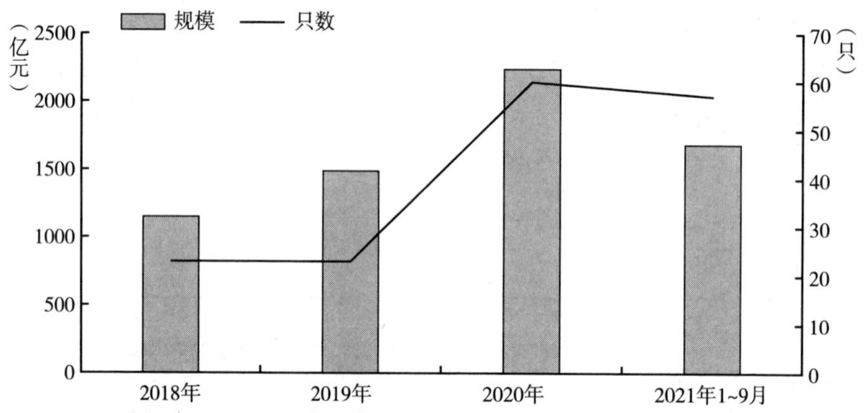

图 8　2018～2020 年及 2021 年 1～9 月浙江省项目收益专项债发行规模

资料来源：浙江省地方政府新增专项债信息披露文件，中诚信国际整理计算。

在发行利率方面，2018 年以来浙江省发行的项目收益专项债的利率呈现波动下降的趋势，其中 2018 年为 2018～2020 年发行利率最高的年份，2019 年发行利率明显下降。发行利差呈现波动下行的趋势，2021 年 1～9 月，发行利率和利差分别为 3.43% 和 21.79BP（见图 9）。

在发行期限方面，2021 年 1～9 月浙江省共发行 57 只项目收益专项债，主要为新增专项债，其中以 10 年期和 15 年期为主，其次为 5 年期和 20 年期。整体而言，截至 2021 年 9 月，目前存续的专项债以 5 年期、7 年期和 10 年期为主（见图 10），但是 2020 年以来发行的专项债期限相对较长。

① 《关于试点发展项目收益与融资自求平衡的地方政府专项债券品种的通知》（财预〔2017〕89 号），财政部网站，2017 年 7 月 21 日，http：//yss. mof. gov. cn/zhuantilanmu/dfzgl/zcfg/201707/t20170724_ 2656632. htm。

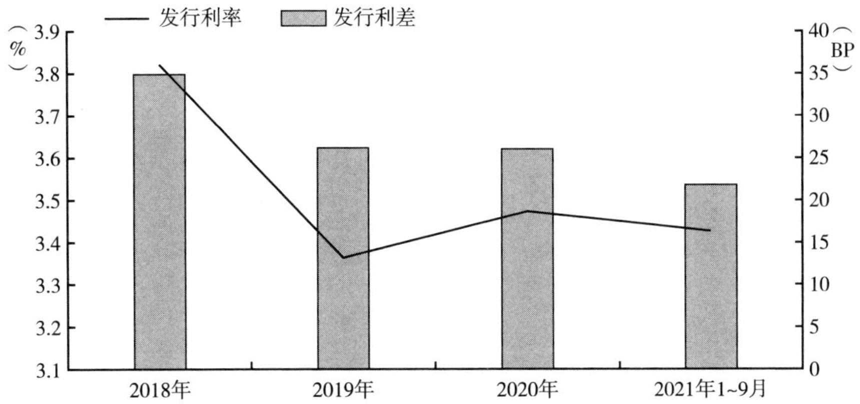

图9　2018～2020年及2021年1～9月浙江省项目收益专项债发行利率及利差

资料来源：浙江省地方政府新增专项债信息披露文件，中诚信国际整理计算。

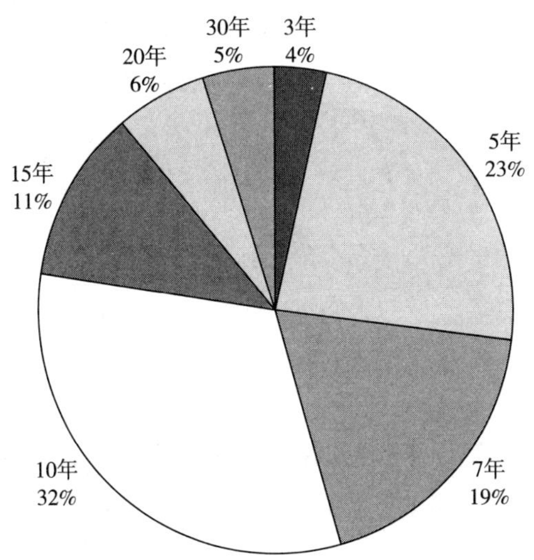

图10　截至2021年9月浙江省项目收益专项债期限结构

资料来源：浙江省地方政府新增专项债信息披露文件，中诚信国际整理计算。

（二）募投领域以交通基础设施、市政和产业园区基础设施为主，项目预期现金流均可覆盖债券本息

2021年1～9月，浙江省共发行57只项目收益专项债券，募集资金1682.57

亿元，其中新增专项债46只，募集资金1286.60亿元。从新增专项债募集资金投向来看，29.29%的资金投向交通基础设施，24.49%的资金投向市政和产业园区基础设施，15.16%的资金投向棚改，14.18%的资金投向民生服务。[①]从二级细分投向来看，棚改投资资金最多，占比为15.16%；其次为交通基础设施下的轨道交通、市政和产业园区基础设施下的产业园（其他），占比分别为13.92%和11.41%，其余资金投向占比均小于10%（见图11）。

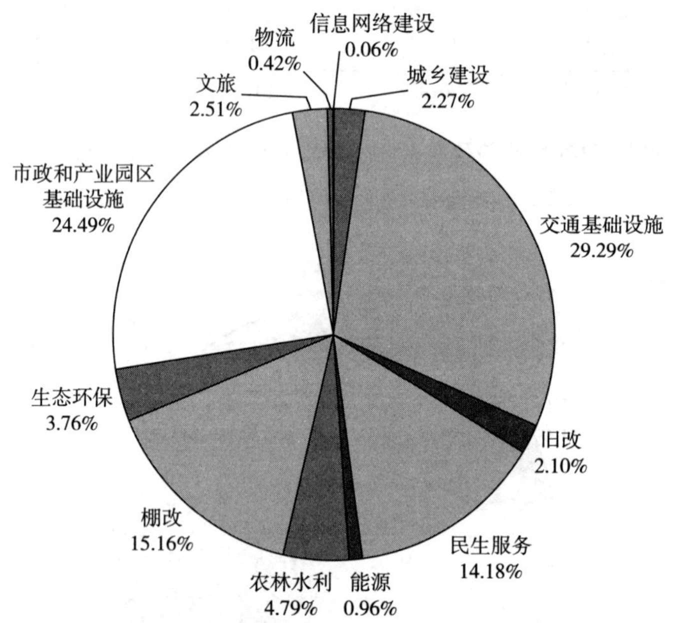

图11　2021年1～9月浙江省新增项目收益专项债募投领域分布

资料来源：浙江省地方政府新增专项债信息披露文件，中诚信国际整理计算。

在募投项目行政层级方面，2021年1～9月发行的新增专项债资金中，0.06%投向省级项目，39.93%投向地市级项目，60.01%投向区县级项目。其中，省级和地市级项目主要为交通基础设施、市政和产业园区基础设施以及民

① 如无特别说明，本报告中引用的专项债募投项目的相关数据均来自地方政府新增专项债信息披露文件，并由中诚信国际整理计算。由于数据的获取问题，数据可能来自不同募投项目文件、项目实施方案、信息披露模板等，这可能导致数据分析出现一定偏差，但不会对分析结论产生实质影响。

生服务项目，区县级项目中最多的则为市政和产业园区基础设施、棚改、民生服务项目。这或许表明在浙江省建设交通强省中，省和地级市承担了更多的责任，而区县则更为注重地方经济发展。

在项目本息覆盖倍数方面，所有募投项目的收入均能覆盖项目融资本息。其中，79.54%的项目本息覆盖倍数为1～2倍，13.28%的项目本息覆盖倍数为2～3倍。募投项目资金主要来源于项目本身产生的现金流以及部分财政支持资金（包括补助以及基金收入等）。项目本息覆盖倍数良好，加上浙江省财政实力较强，整体偿债风险可控。

（三）专项债资金用作资本金规模不大，主要为交通基础设施项目

2021年1～9月，浙江省发行的项目收益专项债中共计11.05亿元用作项目资本金，主要集中于交通基础设施项目。这些项目的总资本金金额为98.49亿元（占项目总投资的22.26%），用作资本金的专项债资金占总资本金的比例为11.22%。由于这些项目集中在交通基础设施领域，项目收益来源以交通设施运营收入为主，其余少量项目收益来源为供水收入、污水处理收入等。

（四）新增专项债能够发挥乘数效应撬动有效投资，支持地方经济高质量发展

2021年1～9月，浙江省投资稳步回升，固定资产投资同比增长13.1%。1286.60亿元专项债共撬动基建投资规模2213.78亿元，其中作为资本金的撬动杠杆为3.79倍，撬动规模为41.84亿元；作为配套融资的撬动杠杆为1.71倍，撬动规模为2171.93亿元。[①] 浙江省资本金撬动作用大于配套融资，但用作配套融资的专项债规模远大于用作资本金的部分。整体来看，专项债能够发挥乘数效应、拉动有效投资。

三　浙江省偿债能力分析

浙江省地方政府债务余额在全国位列上游，整体呈现增长态势，地方债中

① 专项债撬动基建投资方法参见袁海霞、汪苑晖、卞欢《专项债兼顾扩容提效，助力基建托底稳增长——地方政府专项债2019年回顾与2020年展望》，《财政科学》2020年第1期。

专项债占比超过五成，2022～2023年以及2026年将迎来到期高峰。由于浙江省财政实力较强，财政平衡率较高，财政自给水平较高，整体债务压力不大，尽管2020年受新冠肺炎疫情影响，经济下行压力增大，浙江省负债率及债务率水平边际有所抬升，但在全国范围内处于较低水平，债务风险可控。

（一）债务规模较大，在债务限额内未使用的空间不大，到期债务多集中于2022～2023年以及2026年

浙江省地方政府债务余额年度规模整体呈增长态势，但债务限额可使用空间一般。截至2020年末，浙江省地方政府债务限额为15380.35亿元（见图12），在全国31个省（区、市）中位列第4，债务余额为14641.63亿元，在全国位列第4（见图13），未使用的债务限额为738.72亿元，可使用空间一般。

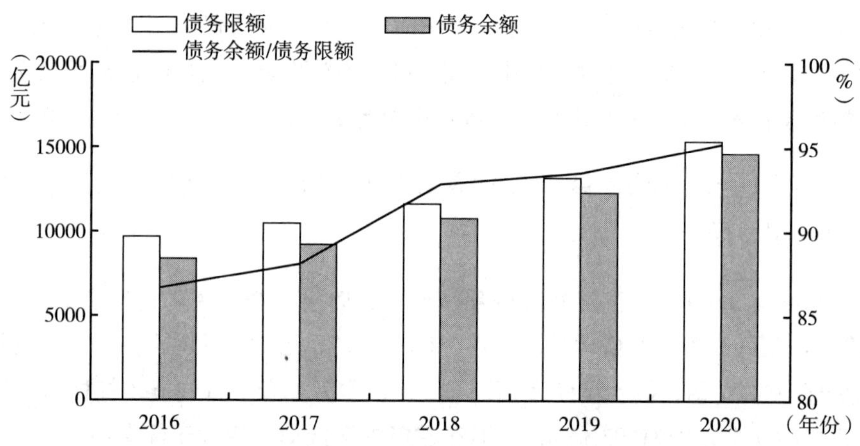

图12　2016～2020年浙江省地方政府债务限额及余额

资料来源：浙江省财政预算执行及决算报告，中诚信国际整理计算。

在债务到期分布方面，截至2021年9月末，浙江省地方债债务余额为15851.96亿元，其中一般债券余额为5306.35亿元、专项债券余额为8932.78亿元。2021年10～12月，浙江省到期债务规模为126.60亿元，2022～2027年到期债务规模分别为1535.73亿元、1829.92亿元、1134.01亿元、1226.40亿元、1845.60亿元、849.32亿元（见图14）。2022～2023年以及2026年为地方债到期高峰，其中2026年到期地方债务中专项债占比为55.05%。

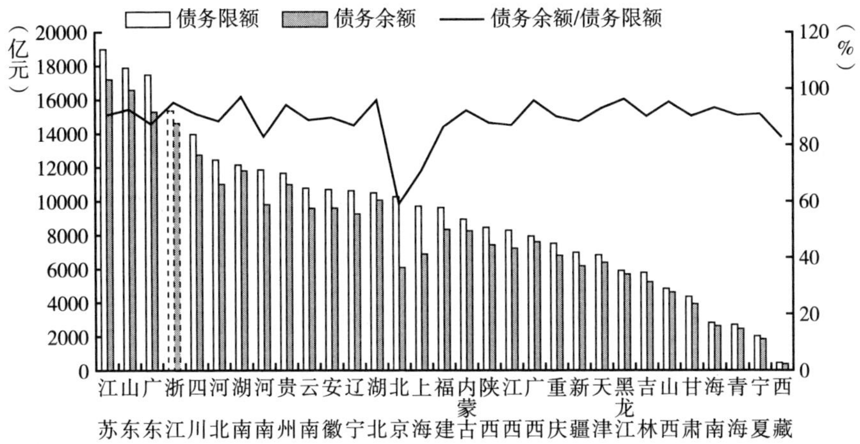

图 13　2020 年全国 31 个省（区、市）地方政府债务限额及余额

资料来源：全国 31 个省（区、市）财政预算执行及决算报告，中诚信国际整理计算。

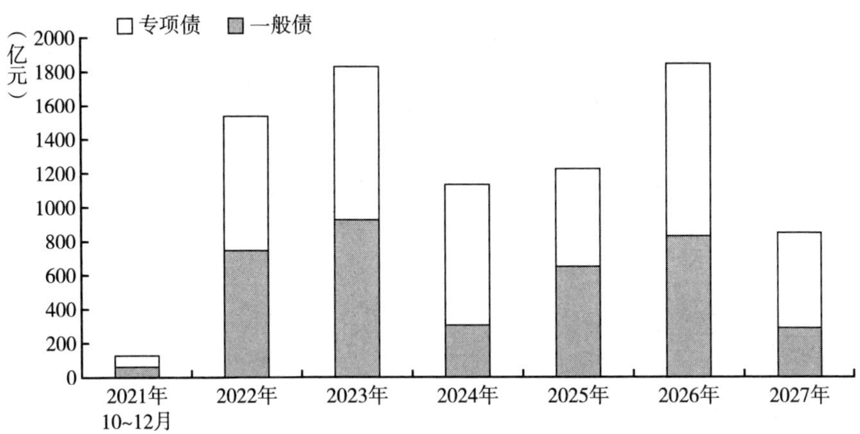

图 14　截至 2021 年 9 月浙江省地方债到期分布

资料来源：Wind 数据库，中诚信国际整理计算。

（二）财政实力较强，财政自给能力较好

浙江省财政实力较强，财政自给能力较好，但受新冠肺炎疫情影响，财政收入增速有所下降。2020 年，浙江省一般公共预算收入为 7248.24 亿元（见图 15），在全国排名第 3，同比增长 2.8%，增速较 2019 年回落 4 个百分点。

其中，税收收入为6261.51亿元，占比为86.39%；一般公共预算支出为10082.01亿元。在财政平衡方面，浙江省财政平衡能力较好，2020年浙江省财政平衡率（一般公共预算收入/一般公共预算支出）为71.89%，和上年基本持平（见图16）。在综合财力方面，2020年浙江省综合财力为2.02万亿元，其中政府性基金收入占比达56.09%，上级补助收入占比为7.53%，国有资本经营收入占比为0.56%。

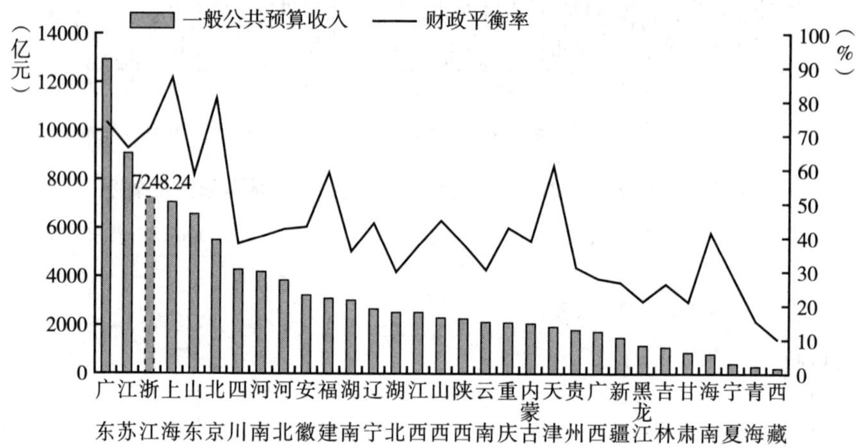

图15　2020年全国31个省（区、市）一般公共预算收入与财政平衡率

资料来源：全国31个省（区、市）财政预算执行及决算报告，中诚信国际整理计算。

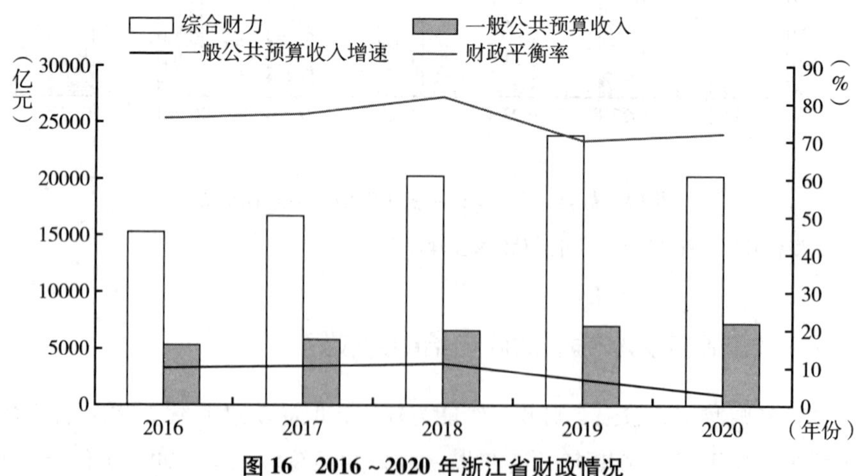

图16　2016～2020年浙江省财政情况

资料来源：浙江省财政预算执行及决算报告，中诚信国际整理计算。

（三）债务风险较小，债务偿付能力较强

浙江省经济和财政实力较强，虽然地方债务规模较大，但负债率和债务率较低。截至2020年末，浙江省债务率及负债率分别为72.34%和22.66%（见图17）。其中债务率在全国31个省（区、市）中位列倒数第5，明显低于全国水平，整体债务风险较小；债务余额占一般公共预算收入的比重为202.00%，较上年增加27.34个百分点（见图18），偿债能力较2019年有所弱化。围绕

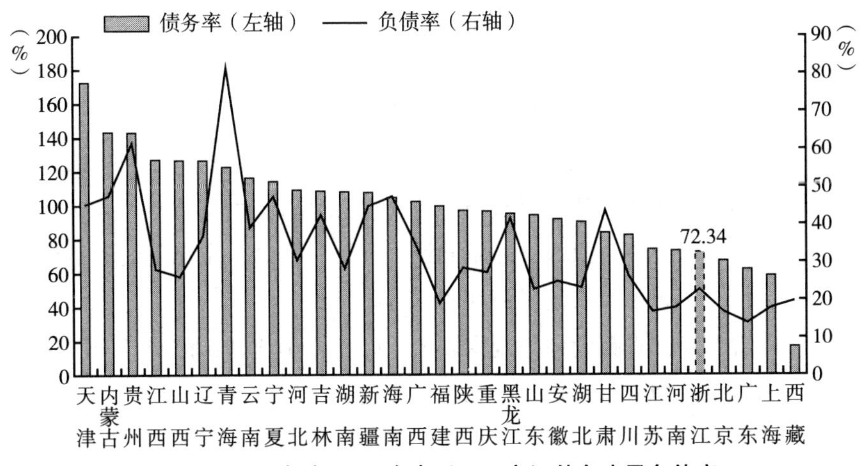

图17　2020年全国31个省（区、市）债务率及负债率

资料来源：全国31个省（区、市）财政预算执行及决算报告，中诚信国际整理计算。

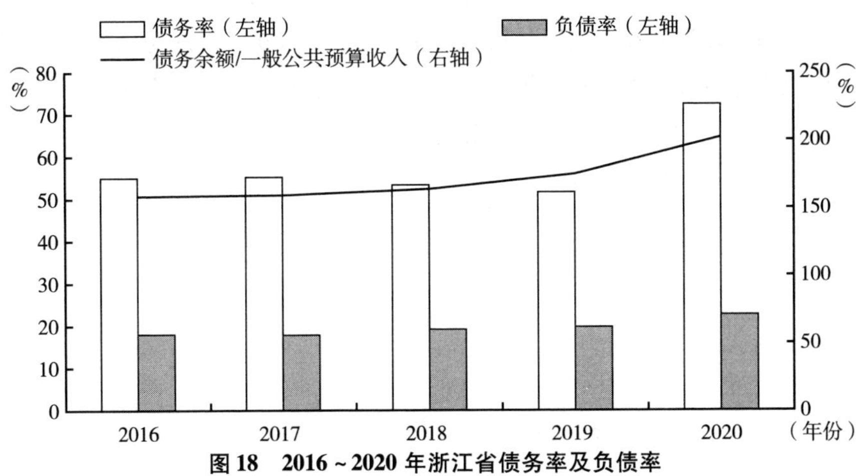

图18　2016～2020年浙江省债务率及负债率

资料来源：浙江省财政预算执行及决算报告，中诚信国际整理计算。

地方债务管理，浙江省以“适度举债、讲求效益、加强管理、规避风险”为总体要求，要求政府债务规模与地方国民经济发展和政府财力相适应，并落实好还款的资金来源。在还本付息的实际操作中，一方面，将各期债券到期偿还金额分解到具体市县，对市县缴款情况进行考核；另一方面，对新增债券资金使用进度进行实时监测，并将还本付息情况、使用进度作为以后年度债券额度的分配依据。

四 小结

近年来地方债发行在一定程度上已成为地方经济发展的重要推手，从近期的发行情况来看，浙江省地方债发行规模较为平稳，多以新增专项债的形式发行，期限结构不断优化。从项目收益专项债情况来看，为支持浙江省交通强省建设，大部分专项债资金投入交通基础设施项目，加之一定比例的资金作为项目资本金，在一定程度上撬动了浙江省基建投资。

总体来看，浙江省目前债务规模较大，处于全国前列，但受益于浙江省较强的经济和财政实力，整体负债率和债务率均处于较低水平，浙江省整体地方债债务率的控制情况较好。首先，从浙江省存量地方债情况来看，2022～2023年和2026年是偿债高峰，建议关注这些年份政府的资金安排，并充分利用地方政府预算及债务限额。其次，随着专项债发行规模的扩大，建议监控好专项债募投项目的投资和经营情况，从而确保第一还款来源，以规避债务风险。最后，建议充分发挥政府投资优势，引导更多的社会资本投入政府项目，利用专项债作为资本金的撬动作用，减轻财政压力。

B.34

2021年重庆市地方政府债券分析报告

张逸菲　师浩然　张　敏*

摘　要：　2021年以来，伴随经济逐步修复，规模型财政政策有所收缩，但积极财政政策基调仍未改变，重庆市地方政府债券发行节奏相对平稳，发行规模小幅增长，但发行成本仍处于全国高位；同期，各期限地方债到期收益率波动下行，二级市场交易规模有所下降。从地方政府项目收益专项债情况来看，重庆市地方政府项目收益专项债发行量增大、期限延长，募集资金多投向基础设施建设、民生服务及生态环保项目，对基建投资的撬动杠杆居于全国前列，但用作资本金的比例较小，未来仍有较大释放空间。重庆市政府显性债务相对可控，债务率和负债率均位于全国中下游，但近年来举债空间不断收窄，财政收支平衡主要依赖上级补助，各区县偿债能力呈现明显的两极分化。

关键词：　地方债　专项债　重庆市

一　重庆市地方债运行情况分析

截至2021年9月末，重庆市地方债存量规模为7894.53亿元（见图1），[①]

---

* 张逸菲，中诚信国际政府公共评级一部分析师，主要研究领域为地方政府债券、基础设施投融资行业等；师浩然，中诚信国际政府公共评级一部分析师，主要研究领域为地方政府债券、基础设施投融资行业等；张敏，中诚信国际政府公共评级一部副总监，主要研究领域为地方政府债券、基础设施投融资行业等。

① 如无特别说明，本报告中引用的地方债存量、发行量、发行利率、发行利差、交易量、到期收益率等债券相关数据均来自截至2021年9月的Wind数据库，并由中诚信国际整理计算。

在全国 31 个省（区、市）中排第 19 位，占全国地方债存量总规模的 2.75%。从债券种类来看，重庆市地方债以专项债为主，截至 2021 年 9 月末，专项债余额为 4904.16 亿元，占存量地方债的比重为 62.12%；从债券期限结构来看，5~10 年（含 10 年）期限的债券存量规模最大，存量规模合计 5318.02 亿元，占比为 67.36%。

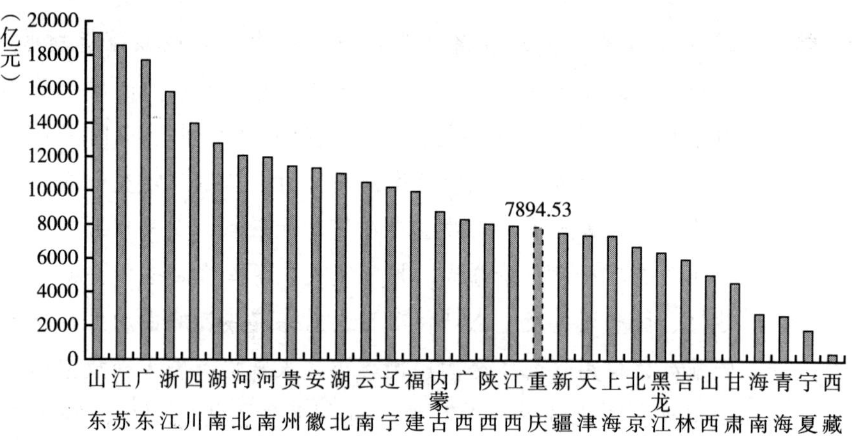

图 1　截至 2021 年 9 月全国 31 个省（区、市）地方债存量规模

资料来源：Wind 数据库，中诚信国际整理计算。

（一）发行节奏相对平稳，发行规模小幅增长

2021 年以来，伴随经济逐步修复，规模型财政政策有所收缩，但积极财政政策基调仍未改变。重庆市地方政府债券发行节奏相对平稳，2021 年 1~9 月累计发行 12 只地方债，发行规模达 1759.01 亿元，较上年同期增长 3.72%；发行金额排全国中位（见图 2）。具体来看，2021 年第一季度重庆市仅发行 1 只再融资一般债，发行规模为 276.00 亿元，同期，重庆市无专项债发行，主要系新增专项债额度下达较晚（较上年推迟 1 个季度）以及专项债审核趋严等因素所致；第二季度共发行 4 只地方债，发行规模为 734.67 亿元，主要集中在 4 月、5 月；第三季度发行 7 只地方债，发行规模为 748.34 亿元，较第二季度稍有增长（见图 3）。

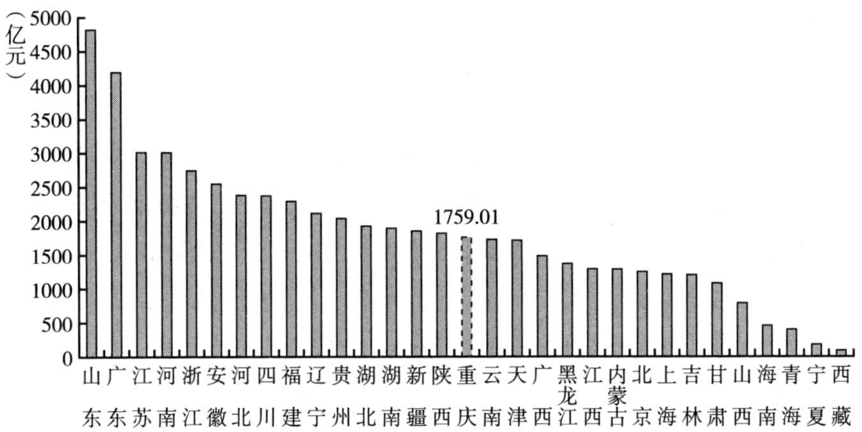

图 2　2021 年 1～9 月全国 31 个省（区、市）地方债发行规模

资料来源：Wind 数据库，中诚信国际整理计算。

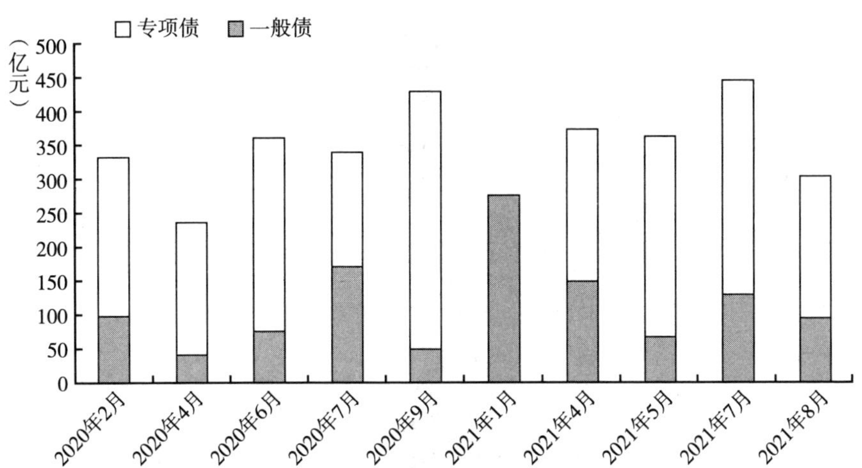

图 3　2020 年 1 月～2021 年 9 月重庆市地方债月度发行规模

注：重庆市部分月份无地方债发行，故图中无显示。

资料来源：Wind 数据库，中诚信国际整理计算。

（二）专项债发行规模大于一般债，发行期限以中长期为主但有所缩短

在债项品种方面，2021 年 1～9 月专项债的发行规模大于一般债，占比分别为 59.34% 和 40.66%，受专项债下达额度较晚以及审核趋严等因素影响，专项

债发行规模占比同比有所下降。2021 年 1～9 月，重庆市专项债发行只数为 7 只，发行规模为 1043.76 亿元，较 2020 年同期减少 17.29%；同期，重庆市发行的专项债中新增债券和再融资债券规模基本持平，占比分别为 49.38% 和 50.62%。在期限结构方面，2020 年 7 月，财政部发布《关于加快地方政府专项债券发行使用有关工作的通知》①，提出既要鼓励发行长期专项债券，支持重大项目建设，更好匹配项目资金需求和期限，又要综合评估分年到期专项债券本息、可偿债财力以及融资成本等情况，合理确定专项债券期限，避免人为将偿债责任后移。2020 年 1～9 月，重庆市发行的地方债期限以 30 年为主，占比为 73.17%，5 年次之，占比为 20.45%；而 2021 年 1～9 月，重庆市地方债的发行期限以 5 年、20 年和 30 年为主，占比分别为 37.61%、24.31% 和 21.99%（见图 4）。2021 年 1～9 月，地方债尤其是专项债券的期限与 2020 年同期相比有所缩短。

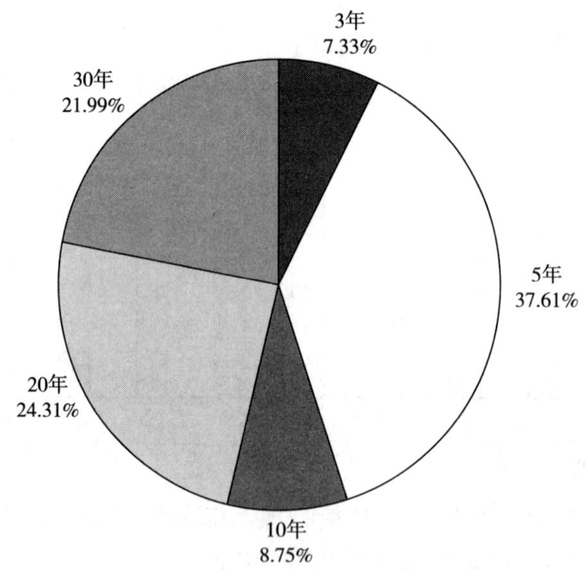

图 4　2021 年 1～9 月重庆市地方债发行期限结构

资料来源：Wind 数据库，中诚信国际整理计算。

① 《关于加快地方政府专项债券发行使用有关工作的通知》（财预〔2020〕94 号），中国政府网，2020 年 7 月 29 日，http://www.gov.cn/zhengce/zhengceku/2020-07/29/content_5530987.htm。

（三）发行成本略有降低，但在全国各省（区、市）中仍居高位

从地方债发行成本来看，受新冠肺炎疫情防控常态化阶段经济实现较快恢复、投资领域大幅扩展、资金面风险整体增加等影响，2021 年 1～9 月，重庆市地方债发行利率为 3.46%，较上年下降 0.12 个百分点，但在全国 31 个省（区、市）排名中仍处于上游水平，并由 2020 年的第 5 位升至第 4 位；同期，发行利差由 2020 年的 24.77BP 升至 25.15BP，位列全国 31 个省（区、市）第 13（见图 5）。从单月走势情况来看，2021 年以来重庆市地方债发行利率有所波动，在 5 月和 7 月处于相对高位，在 1 月、4 月和 8 月处于相对低位；发行利差于 2021 年 7 月达到最高值，为 29.39BP（见图 6）。

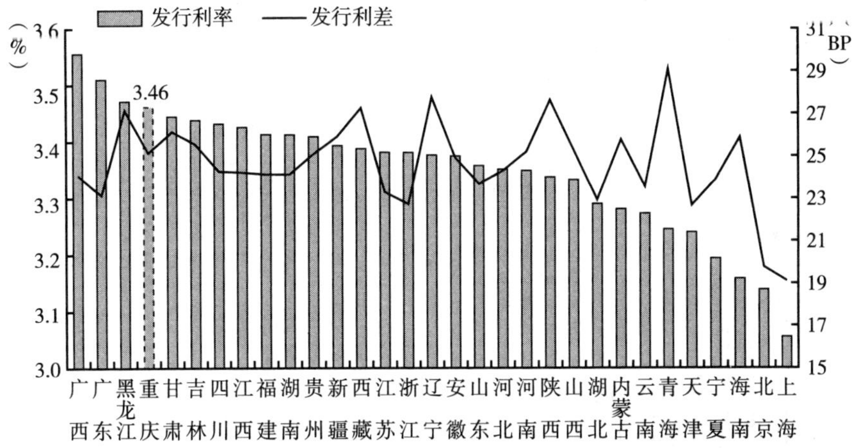

图 5　2021 年 1～9 月全国 31 个省（区、市）地方债发行成本

资料来源：Wind 数据库，中诚信国际整理计算。

（四）二级市场交易活跃度有所下降，到期收益率波动下行

2021 年以来，重庆市地方债二级市场活跃度有所下降，1～9 月交易规模为 2370.58 亿元，仅系上年同期交易规模的 61.22%，但在全国 31 个省（区、市）的交易量排名由 2020 年的第 12 名上升至第 8 名（见图 7）。从地方债到期收益率走势来看，2021 年以来，地方债与国债交易利差维持窄幅振荡趋势，重庆各期限地方债到期收益率波动下行（见图 8）。

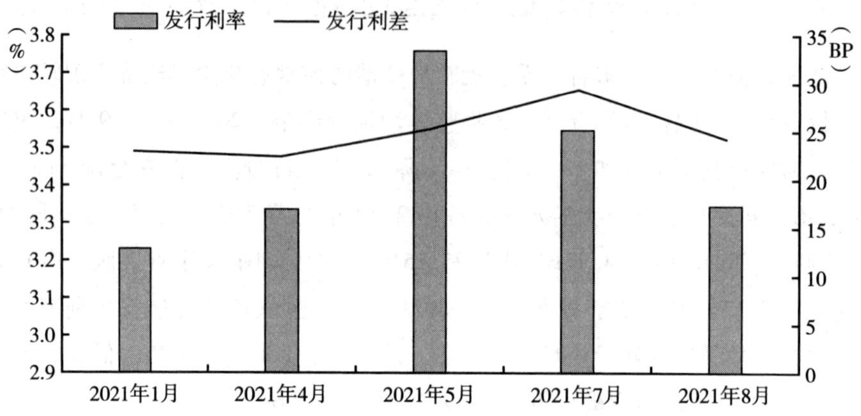

图 6　2021 年 1 ~9 月重庆市地方债月度发行成本

注：重庆市部分月份无地方债发行，故图中无显示。

资料来源：Wind 数据库，中诚信国际整理计算。

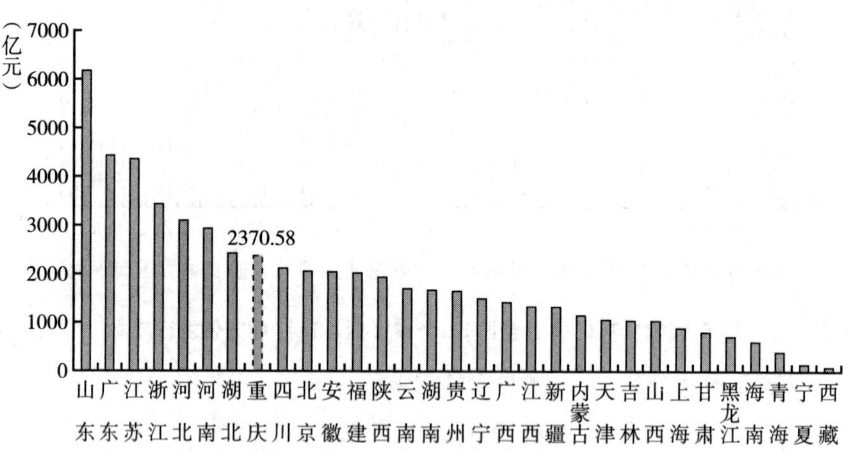

图 7　2021 年 1 ~9 月全国 31 个省（区、市）地方债交易规模

资料来源：Wind 数据库，中诚信国际整理计算。

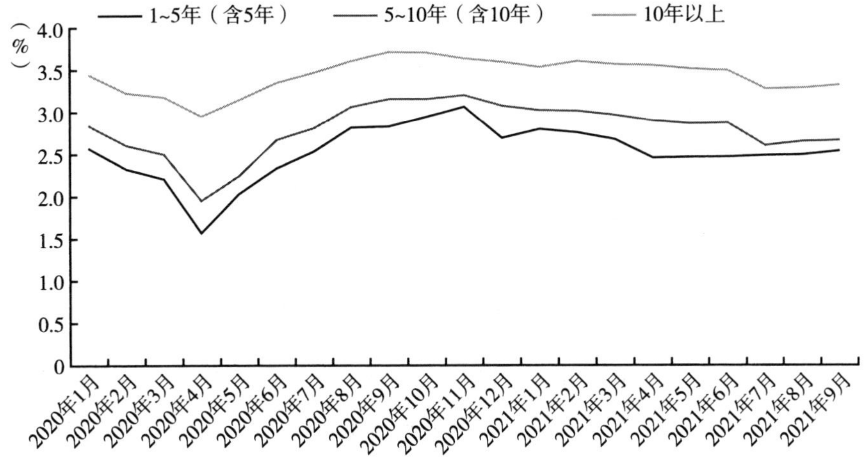

图8　2020年1月~2021年9月重庆市地方债到期收益率走势

资料来源：Wind数据库，中诚信国际整理计算。

二　重庆市地方政府专项债分析①

截至2021年9月末，重庆市地方政府项目收益专项债余额为2639.38亿元。从债券期限来看，存量地方政府项目收益专项债中，六成以上为5年期债券，其余大多为10年期和30年期债券。从到期情况来看，近5年来的偿债高峰在2022年和2024年，偿债压力整体尚可。

（一）发行量增大、期限较长且发行成本仍处于高位

2018~2020年，重庆市发行的地方政府项目收益专项债总量分别为350亿元、595亿元和1054亿元，2020年的发行量继续增大。

2021年1~9月，重庆市发行的地方政府项目收益专项债期限普遍较长。2018年和2019年，重庆市发行的地方政府项目收益专项债均为5年期债券，

① 2020年7月29日财政部《关于加快地方政府专项债券发行使用有关工作的通知》（财预〔2020〕94号）明确2020年新增专项债必须保证融资规模与项目收益相平衡，因此2020年新增专项债均为项目收益专项债；本部分项目收益专项债的统计样本为2018~2020年项目收益专项债与2021年1~9月的新增专项债。

2020 年以来期限普遍在 10 年及以上；2021 年 1 ~9 月发行的地方政府项目收益专项债中，期限为 30 年的债券占比为 75.06%。从发行成本来看，2021 年 1 ~9 月，重庆市地方政府项目收益专项债的发行利率①达 3.79%，较 2020 年小幅上升；发行利差为 26.02BP，处于较高水平且较上年进一步上升。总体而言，2021 年以来重庆市地方政府项目收益专项债发行成本较 2020 年有所上升，且处于国内高位。

（二）募集资金多投向基础设施建设、民生服务及生态环保项目

2021 年 1 ~9 月，重庆市发行的地方政府项目收益专项债资金用于交通基础设施项目、市政和产业园区基础设施项目的额度分别为 288.80 亿元、203.14 亿元，合计占地方政府项目收益专项债发行总量的 74.95%；其余地方政府项目收益专项债的主要投资领域为民生服务、文旅、生态环保等（见图 9）。从募投项目所属行政层级来看，2021 年 1 ~9 月，重庆市发行的地方政府项目收益专项债募集资金中，投向省级项目的占比有所下降，地方政府项目收益专项债募集资金用途向区县级和地市级项目有所倾斜（见图 10）。

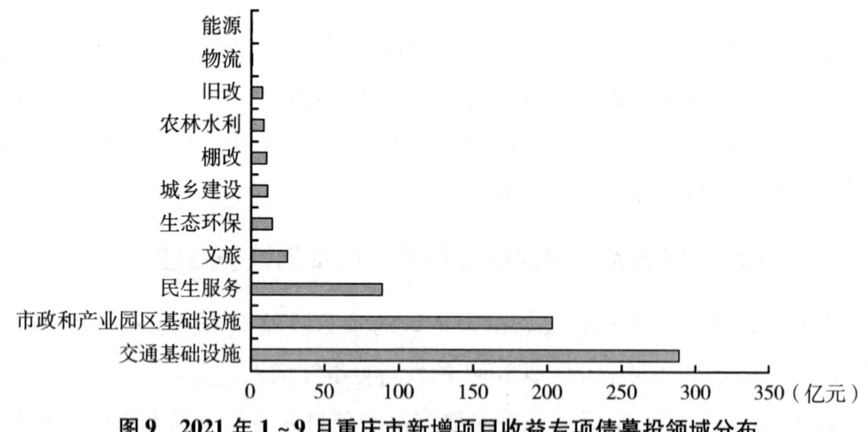

图 9　2021 年 1 ~9 月重庆市新增项目收益专项债募投领域分布

资料来源：重庆市地方政府新增专项债信息披露文件，中诚信国际整理计算。

① 如无特别说明，本报告中发行利率、利差为根据发行额计算的加权平均发行利率、利差，发行利差计算公式：债券发行利率 - 对应期限国债收益率。

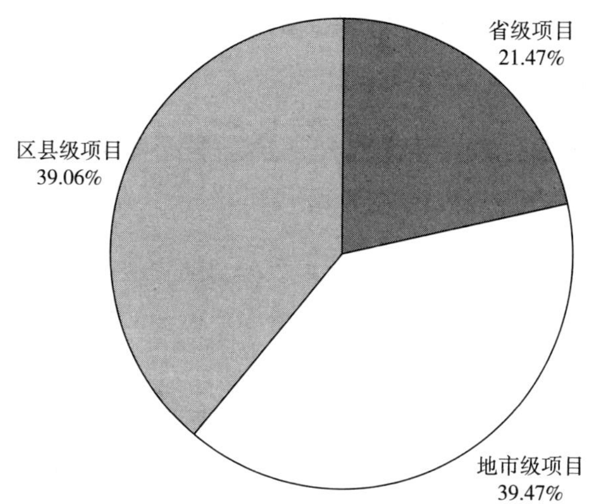

图10　2021 年 1 ~ 9 月重庆市新增项目收益专项债行政层级分布

资料来源：重庆市地方政府新增专项债信息披露文件，中诚信国际整理计算。

（三）多以配套融资的形式投向市政项目，募投项目多样、收入来源充裕

2021 年 1 ~ 9 月，重庆市地方政府项目收益专项债投向领域较为广泛，涉及交通枢纽及轨道交通建设、医疗卫生、教育、环保和文旅等。2021 年 1 ~ 9 月，重庆市的四期地方政府项目收益专项债中，除第四期募得资金以项目资本金的形式向“重庆江北国际机场 T3B 航站楼及第四跑道工程项目”投资 33. 86 亿元外，其余全部以配套融资的形式投向基础设施建设、民生服务及生态环保等领域的项目。①

在偿债资金来源方面，2021 年 1 ~ 9 月重庆市地方政府项目收益专项债的偿债依托相应项目的运营收入，涵盖教育收入、科研收入、医疗收入、土地出让收入、租赁收入等，收入来源充裕。从项目偿债情况来看，项目融资本息覆盖倍数均值为 2. 22 倍，其中省级、地市级和区县级项目融资本息覆盖倍数均

① 如无特别说明，本报告中引用的专项债募投项目的相关数据均来自地方政府新增专项债信息披露文件，并由中诚信国际整理计算。由于数据的获取问题，数据可能来自不同募投项目文件、项目实施方案、信息披露模板等，这可能导致数据分析出现一定偏差，但不会对分析结论产生实质影响。

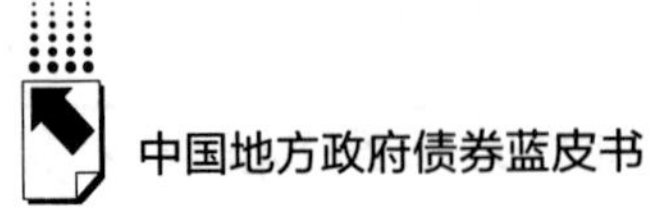

值分别为2.34倍、2.25倍和2.20倍，重庆市地方政府项目收益专项债还本付息来源较有保障。

（四）对基建投资的撬动杠杆在全国居于前列，但用作资本金的比例较小，未来仍有较大释放空间

重庆市地方政府项目收益专项债多以配套融资的形式投入项目。2021年1~9月，重庆市共发行地方政府项目收益专项债515.38亿元，其中用作项目资本金的比例不足7%，占比较低，主要系地方政府项目收益专项债用作资本金的审核流程烦琐、投资领域存在局限且存在潜在政策风险所致。

重庆市地方政府项目收益专项债作为资本金对基建投资的撬动效应较好，2021年1~9月撬动基建投资84.65亿元，撬动杠杆为2.50，[①] 居全国前列。而专项债作为配套融资共撬动基建投资1052.03亿元，撬动杠杆为2.26倍，由于1~9月发债规模较小，虽绝对撬动量排位居中，但撬动杠杆居前列。

三　重庆市偿债能力分析

（一）债务余额逐年增长，2024年将迎地方债到期高峰

重庆市地方政府债务余额年度规模整体呈增长态势，且债务限额使用空间较小。截至2020年，重庆市地方政府债务限额为7542.40亿元，在全国31个省（区、市）中位列第21（见图11）；债务余额为6799.20亿元，较上年增长21.33%；其中一般债为2678.8亿元，专项债为4120.4亿元，存量规模在全国位列第20。从地方债存量结构看，债券形式债务占比超过95%，非政府债券形式债务规模较小。截至2021年9月末，重庆市地方政府债券余额为7894.53亿元，其中2021年内剩余到期规模为99.20亿元，以专项债到期为主；2024年为近5年的偿债高峰，到期债券规模达1089.92亿元，其中专项债占比为72.94%（见图12）。

---

① 专项债撬动基建投资方法参见袁海霞、汪苑晖、卞欢《专项债兼顾扩容提效，助力基建托底稳增长——地方政府专项债2019年回顾与2020年展望》，《财政科学》2020年第1期。

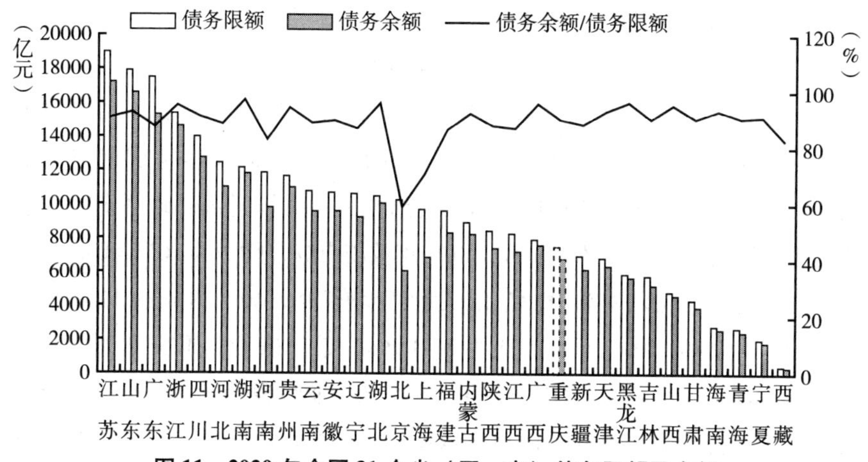

图 11　2020 年全国 31 个省（区、市）债务限额及余额

资料来源：全国 31 个省（区、市）财政预算执行及决算报告，中诚信国际整理计算。

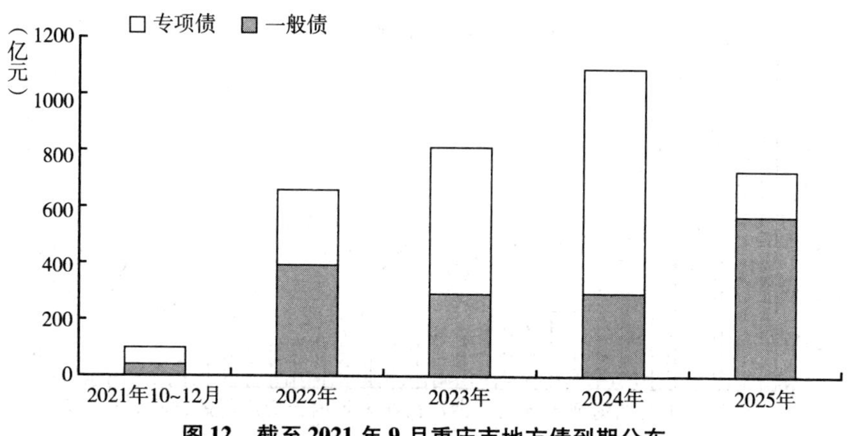

图 12　截至 2021 年 9 月重庆市地方债到期分布

资料来源：Wind 数据库，中诚信国际整理计算。

（二）财政实力处于全国中下游，财政收支平衡依赖上级补助

从经济发展水平来看，2020 年重庆市完成 GDP 25002.79 亿元，较上年增长 3.90%，受疫情影响增速有所放缓；同期，三次产业结构比调整为 7.2∶40.0∶52.8。近年来重庆市继续加快投资转型升级、推动产业结构调整，2020 年高技术产业和战略性新兴产业对工业增长的贡献率分别达到 37.90%、

55.70%。从财政实力来看，2020 年，重庆市一般公共预算收入为 2095.00 亿元，在全国 31 个省（区、市）中位列第 19（见图 13），其中，税收收入为 1431.00 亿元，占比为 68.31%，财政收入结构较为稳健；同期，受疫情等因素影响，重庆市一般公共预算收入增速为 -1.90%。2020 年重庆市财政平衡率为 42.81%，在全国位列第 12，财政自给能力相对较弱，财政平衡对政府补助依赖程度较高。在综合财力方面，2020 年重庆市综合财力为 7058.00 亿元，其中，政府性基金收入为 2458.00 亿元，较上年增长 9.34%，占比达 34.83%；上级补助收入为 2406.00 亿元，占比为 34.09%。整体来看，重庆作为中西部地区唯一的直辖市，综合经济实力较强；近年来产业转型升级持续推进，全市经济延续复苏态势；国家推动成渝地区双城经济圈建设的战略部署，给重庆改革开放和高质量发展带来历史性机遇，预计未来的财政支出力度将进一步加大，对中央补助的依赖还将持续。

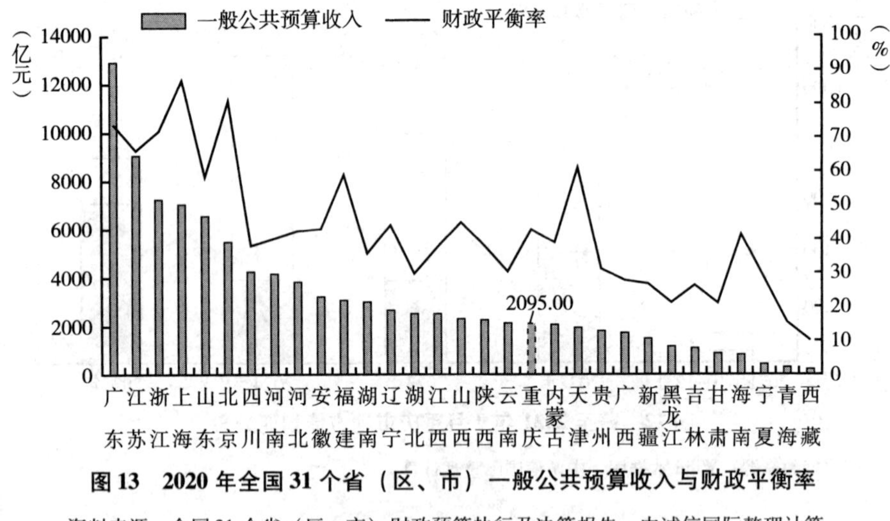

图 13　2020 年全国 31 个省（区、市）一般公共预算收入与财政平衡率

资料来源：全国 31 个省（区、市）财政预算执行及决算报告，中诚信国际整理计算。

（三）显性债务相对可控，地区间偿债能力存在明显的分化

重庆市政府显性债务相对可控，但近年来举债空间不断收窄，地方债偿债高峰期为 2024 年，短期偿债压力可控。截至 2020 年末，重庆市地方政府债务率和负债率分别为 96.33% 和 27.19%，在全国 31 个省（区、市）排名中均处

于第18位（见图14）。具体至重庆市下辖各片区，地区间经济财政发展及政府债务负担则呈现明显的分化。渝东北片区及渝东南片区经济、财务、债务指标均处于劣势地位，主城区偿债能力强于其他片区。近年来，重庆市积极响应国家号召，持续推进地方政府债务风险化解工作，助力降低区域债务风险。

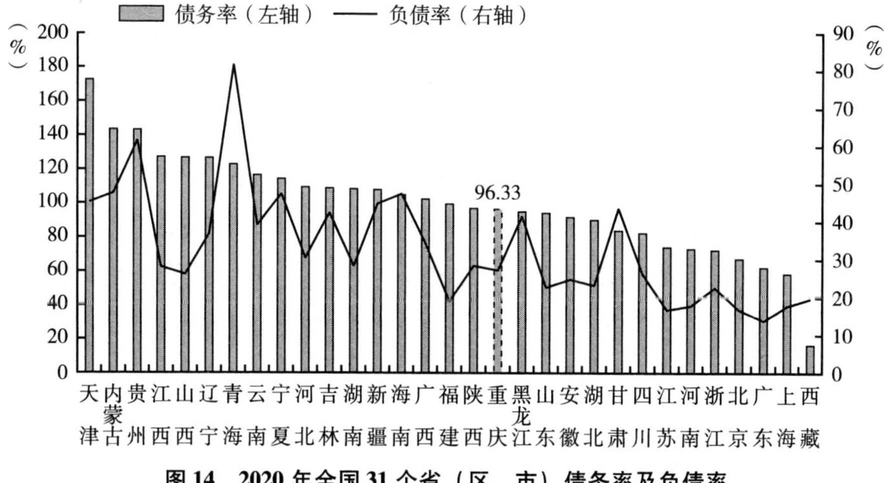

图14　2020年全国31个省（区、市）债务率及负债率

资料来源：全国31个省（区、市）财政预算执行及决算报告，中诚信国际整理计算。

四　小结

2021年以来，伴随经济逐步修复，规模型财政政策有所收缩，但积极财政政策基调仍未改变，重庆市地方政府债券发行节奏相对平稳，发行规模小幅增长。新发行地方债以新增专项债为主，但受专项债额度下达较晚以及专项债审核趋严等因素的影响，专项债发行规模有所下降。从发行成本来看，发行利率小幅回落，但仍处于全国高位，各期限地方债到期收益率波动下行，二级市场交易规模有所下降。从地方政府项目收益专项债情况看，重庆市地方政府项目收益专项债发行量增大、期限延长但发行成本仍处于高位，募集资金多投向基础设施、民生服务及生态环保项目，对基建投资的撬动杠杆居于全国前列，但用作资本金的比例较小，未来仍有较大释放空间。重庆市政府显性债务相对可控，债务率和负债率均位于全国中下游，但近年来举债空间不断收窄，2024

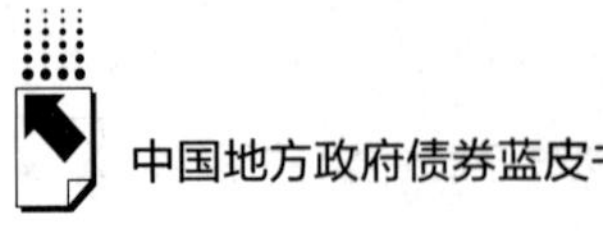

年将迎来近5年的偿债高峰，财政收支平衡依赖上级补助，各区县经济发展水平及财政实力呈现明显的两极分化。针对上述问题，提出政策建议如下：第一，重庆市可发挥其主城核心区域在经济发展等方面的带动作用，进一步加大地方政府项目收益专项债券向区县尤其是渝东北片区和渝东南片区的倾斜力度，并合理开发渝东北片区及渝东南片区在生态、文旅等领域的资源优势，充分利用专项债对投资的拉动作用，推动辖区内各区县均衡、稳定发展；第二，进一步优化专项债投向领域，加大对“两新一重”项目以及新型基础设施建设等的投资力度；第三，灵活决策地方政府项目收益专项债的使用方式，充分发挥专项债资金作为项目资本金撬动基建投资的优势；第四，由于重庆新增债券发行量较大，发行成本较高，应合理安排期限结构，推进高息债务置换，并积极尝试“提前偿还、分期偿还、等本金偿还”方式，缓解债务集中兑付压力。

B.35

2021年安徽省地方政府债券分析报告

王少强 全晓燕*

摘 要： 2021年1~9月，安徽省地方债发行规模居全国前列，发行结构以新增专项债为主，长期债券占比较高，发行成本略有下降。其中，项目收益专项债发行规模逐年扩大，募投领域从棚改向基建倾斜，基础设施类专项债成发行重点，新型品种频出。截至2021年9月末，安徽省地方债存量规模居全国中上游，2023年进入偿债高峰期，但安徽省财政实力较强，债务水平不高，信用风险整体可控。

关键词： 地方债 专项债 安徽省

一 安徽省地方债运行情况分析

安徽省地方债存量规模大于全国平均水平，以新增专项债为主，债券期限以5~10年为主。从规模看，截至2021年9月，安徽省地方债存量规模为11359.58亿元，① 占全国规模的2.5%，在全国31个省（区、市）中排第10位（见图1）。从结构看，存量地方债中64.65%为专项债，规模达7343.59亿元，在全国排名第5。从期限看，安徽省存量地方债以中长期为主，5年期、7年期和10年期占比分别为31.46%、29.10%和23.19%。

---

* 王少强，中诚信国际信用评级有限责任公司政府公共评级一部分析师、项目经理，主要研究领域为地方政府债券、基础设施投融资行业等；全晓燕，中诚信国际信用评级有限责任公司政府公共评级一部分析师，主要研究领域为地方政府债券、基础设施投融资行业等。

① 如无特别说明，本报告中引用的地方债存量、发行量、发行利率、发行利差、交易量、到期收益率等债券相关数据均来自截至2021年9月的Wind数据库，并由中诚信国际整理计算。

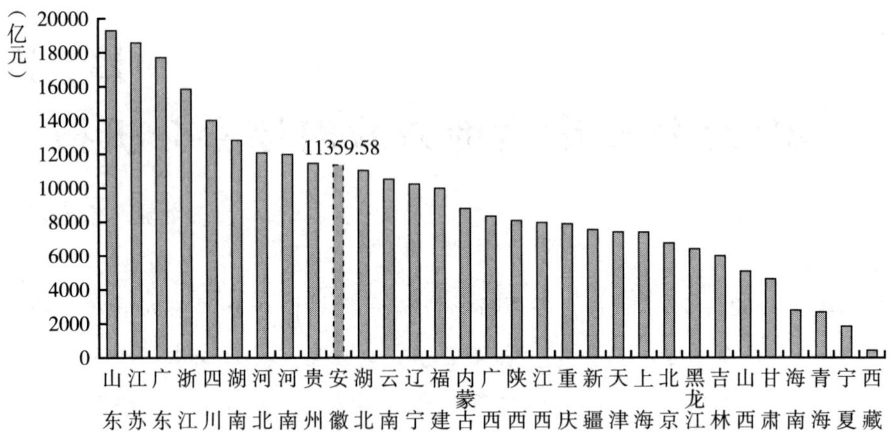

图1　截至2021年9月全国31个省（区、市）地方债存量规模

资料来源：Wind数据库，中诚信国际整理计算。

（一）发行整体呈现前慢后快的节奏，发行规模持续扩大

2021年1~9月，安徽省地方债发行整体呈现前慢后快的节奏，发行地方债共计2544.46亿元，约为2020年发行总规模的109.25%，居于全国31个省（区、市）第6位，发行规模持续扩大。从月度发行规模看，受新增额度下达较晚、稳增长压力边际放缓及审核趋严影响，安徽省2021年1~4月新增专项债较少，发行进度较往年明显落后，2021年5~9月发行规模扩大，其中发行时间集中于9月（见图2）。

（二）发行结构以新增专项债为主，长期限债券占比较高

2021年1~9月，安徽省发行的地方债以新增专项债为主，期限以10年为主。从券种结构看，新增专项债发行最多但占比有所下滑，发行规模为1394.48亿元，占比为54.80%，另外发行了再融资专项债（420.04亿元）、再融资一般债（585.85亿元）以及新增一般债（144.10亿元）。从期限结构看，安徽省新增地方债以10年期为主，占比达40.23%，较上年有所下降；其次是7年期、5年期及15年期，占比分别为16.40%、14.98%和14.97%（见图3）。

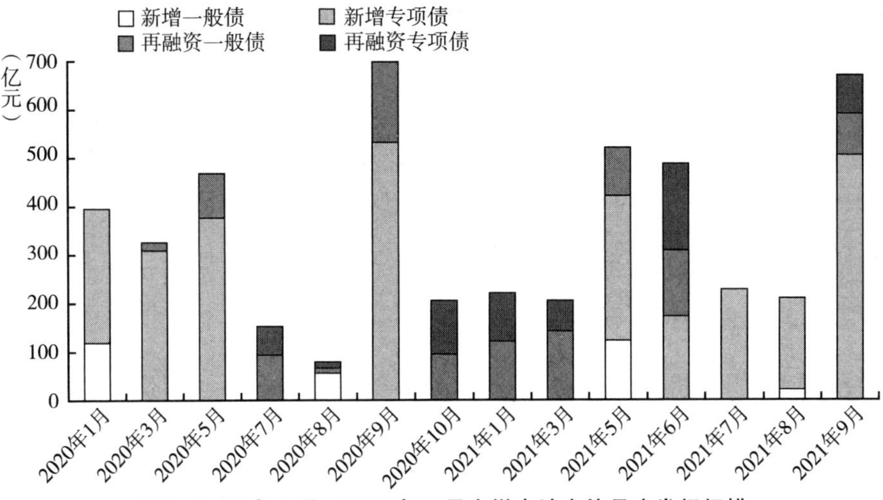

图 2　2020 年 1 月 ~ 2020 年 9 月安徽省地方债月度发行规模

注：安徽省部分月份无地方债发行，故图中无显示。

资料来源：Wind 数据库，中诚信国际整理计算。

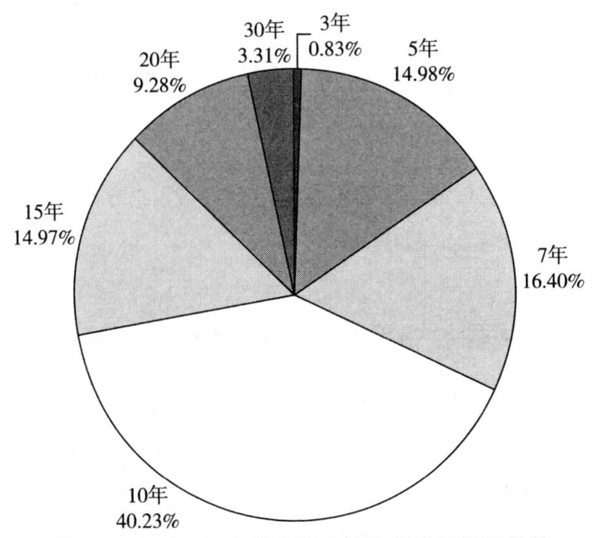

图 3　2021 年 1 ~ 9 月安徽省地方债发行期限结构

资料来源：Wind 数据库，中诚信国际整理计算。

（三）发行成本略有下降，月度发行利差呈波动趋势

在货币政策宏观调控影响下，市场流动性合理充裕、无风险收益率走低，

安徽省地方债发行利率①较上年有所回落。2021 年 1 ~9 月，安徽省地方债发行利率区间为 2.82% ~3.89%，平均发行利率为 3.37%，由低到高居全国 31 个省（区、市）第 15 位，发行成本总体处于中等水平（见图 4）。从月度分布看，发行利率在 6 月降至低点 3.29%，7 月、8 月略有回升，9 月回落至 3.27%。2021 年 1 ~9 月，安徽省地方债月度发行利差呈波动趋势，其中 8 月发行利差最低，为 18.36 BP（见图 5）。

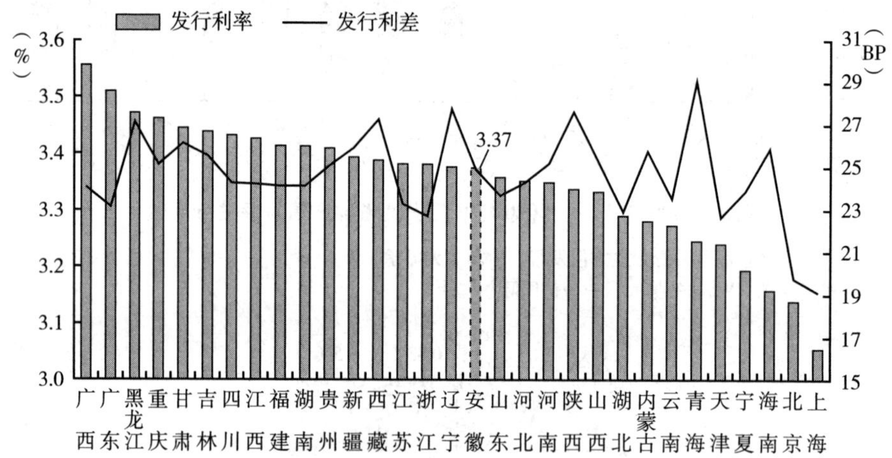

图 4　2021 年 1 ~9 月全国 31 个省（区、市）地方债发行成本

资料来源：Wind 数据库，中诚信国际整理计算。

（四）交易规模同比大幅缩小，到期收益率回落

从二级市场交易②规模看，2020 年安徽省地方债二级市场交易规模达 13655.42 亿元，居全国 31 个省（区、市）首位；2021 年 1 ~9 月，安徽省地方债二级市场交易规模为 2048.29 亿元，同比下降 84.25%，居全国 31 个省（区、市）第 11 位，仍然处于上游水平。

从到期收益率走势看③，2020 年 4 ~12 月，安徽省各期限地方债到期收益

① 如无特别说明，本报告中发行利率、利差为根据发行额计算的加权平均发行利率、利差，发行利差计算公式：债券发行利率 - 对应期限国债收益率。

② 交易统计包含回购交易、现券交易等部分。

③ 到期收益率走势统计以 2021 年 9 月末安徽省存续地方债为样本。

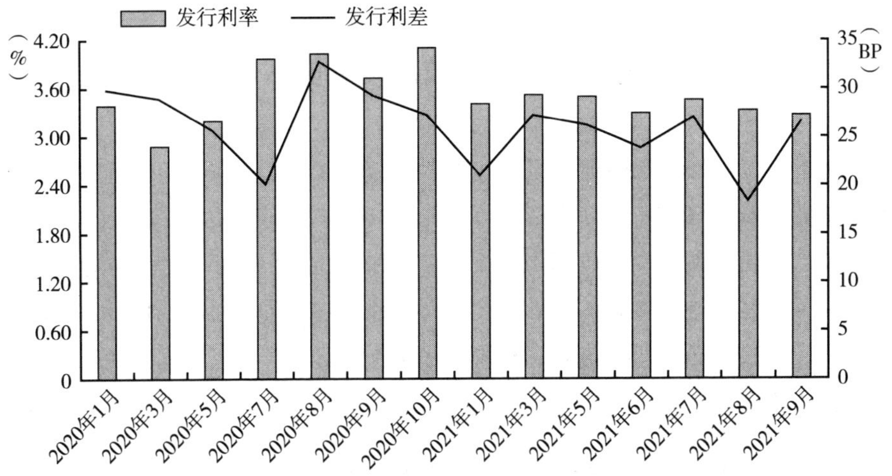

图5　2020 年 1 月 ~ 2021 年 9 月安徽省地方债月度发行成本

注：安徽省部分月份无地方债发行，故图中无显示。

资料来源：Wind 数据库，中诚信国际整理计算。

率均值[①]整体呈现上升态势；2021 年 1 ~ 9 月，安徽省各期限地方债到期收益率均值整体有所回落，并于 2021 年 7 月底到达低点（见图 6）。

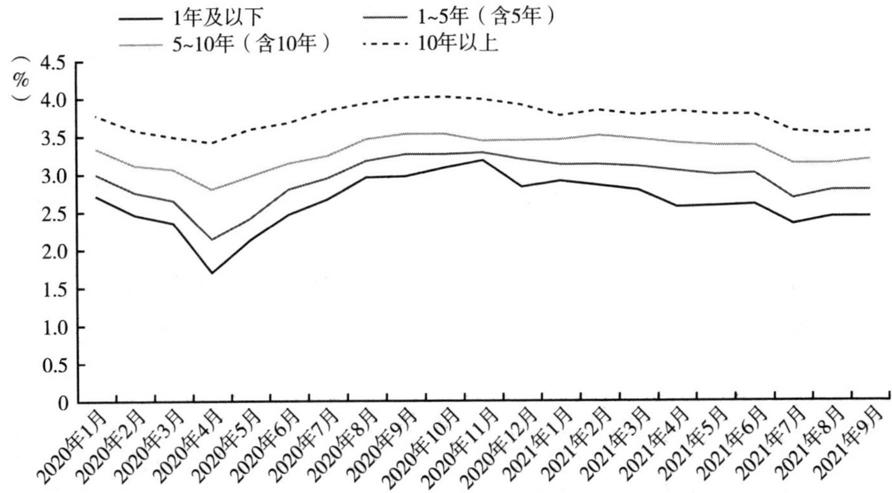

图6　2020 年 1 月 ~ 2021 年 9 月安徽省地方债到期收益率走势

资料来源：Wind 数据库，中诚信国际整理计算。

① 此处到期收益率均值采用的是算术平均值。

二　安徽省地方政府专项债分析①

安徽省项目收益专项债存量规模在全国范围内位于前列，截至2021年9月，存量规模近5000亿元；2020年以前投向领域以土储和棚改为主，2020年起向基建领域倾斜；从发行期限看，5年期和10年期占比较高，与专项债项目期限匹配程度仍有待提高。安徽省新增项目收益专项债用作项目资本金的比例较小，项目融资本息覆盖水平偏低；此外，其用于资本金和配套融资，理论上可撬动基建投资约2106.10亿元，但实际效果可能受多种因素限制。

（一）发行规模逐年扩大，以5年期和10年期为主，募投领域从棚改向基建倾斜

安徽省项目收益专项债发行规模逐年扩大，2017～2020年发行规模分别为140.09亿元、782.57亿元、1036.42亿元和1496.00亿元，复合增长率高达120%；2021年1～9月，全省项目收益专项债发行规模为1394.48亿元，在全国排第4位，已接近2020年安徽省全年发行规模。

截至2021年9月末，安徽省项目收益专项债存量规模共计4958.03亿元，在全国排第5位。从债券期限看，以5年期及10年期为主（见图7），与专项债募投项目期限匹配程度仍有待提高。从投向领域看，近几年安徽省专项债募投领域较为集中，2020年以前主要投向土储及棚改领域，2020年起向基建领域倾斜（见图8）。具体看，截至2021年9月，安徽省存量项目收益专项债投向土储515.51亿元；投向棚改1853.52亿元；投向基础设施2367.80亿元（包含投向交通基础设施159.14亿元），占比达47.76%（见图9）。②

---

① 2020年7月29日财政部《关于加快地方政府专项债券发行使用有关工作的通知》（财预〔2020〕94号）明确2020年新增专项债必须保证融资规模与项目收益相平衡，因此2020年新增专项债均为项目收益专项债；本部分项目收益专项债的统计样本为2017～2020年项目收益专项债与2021年1～9月的新增专项债。

② 如无特别说明，本报告中引用的专项债募投项目的相关数据均来自地方政府新增专项债信息披露文件，并由中诚信国际整理计算。由于数据的获取问题，数据可能来自不同募投项目文件、项目实施方案、信息披露模板等，这可能导致数据分析出现一定偏差，但不会对分析结论产生实质影响。

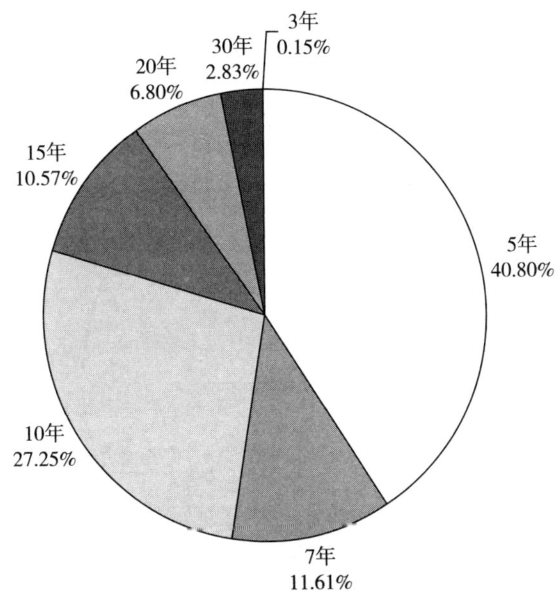

图7 截至2021年9月安徽省存量项目收益专项债发行期限结构

资料来源：Wind 数据库，中诚信国际整理计算。

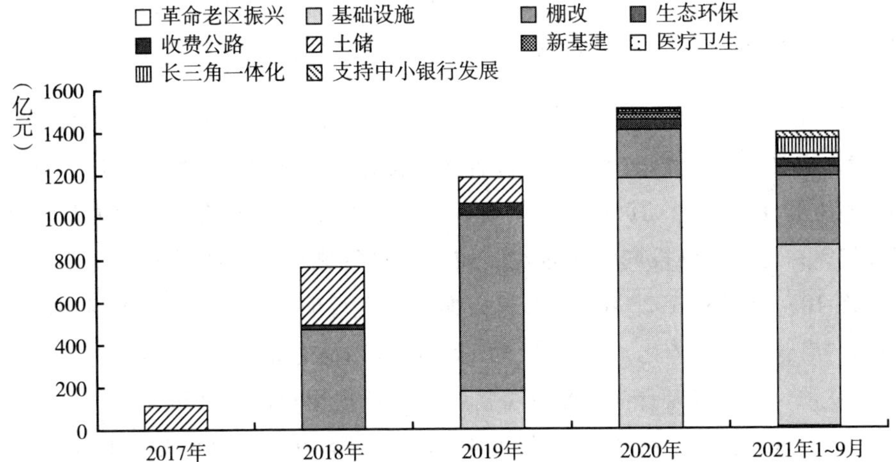

图8 2017~2020年及2021年1~9月安徽省项目收益专项债发行品种变化趋势

资料来源：Wind 数据库，中诚信国际整理计算。

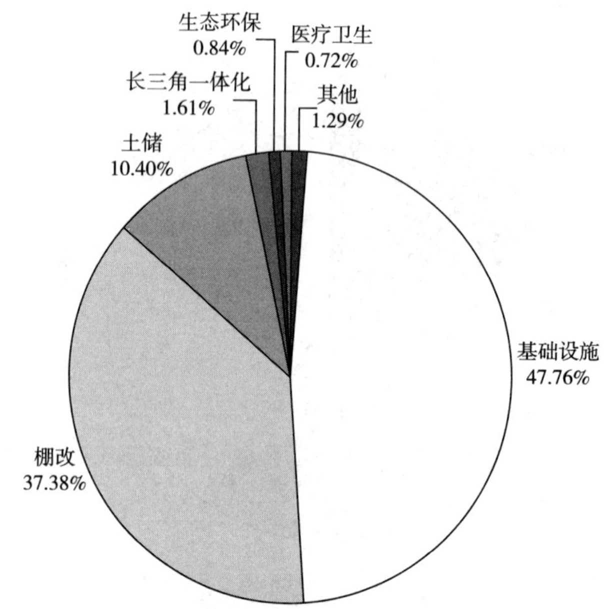

图 9 截至 2021 年 9 月安徽省存量项目收益专项债募投领域分布

资料来源：Wind 数据库，中诚信国际整理计算。

（二）基础设施类专项债成发行重点，新型品种频出，专项债项目行政层级趋于下沉，专项债对省内经济欠发达地区扶持力度不够

2021 年 1 ~9 月，安徽省新增项目收益专项债 1394. 48 亿元。从募投领域来看，主要投向市政和产业园区基础设施及交通基础设施领域，占比分别达 31. 99% 和 15. 04%；其次为民生服务和棚改领域，占比分别为 19. 79% 和 14. 12%；还有部分投向农林水利、城乡建设等领域，存续规模占比均较小（见图 10）。此外，2020 年 9 月以来安徽省新发行项目收益专项债中新型品种频出，有长三角一体化、新基建、革命老区振兴及支持中小银行发展等。

从项目行政层级看，安徽省项目收益专项债项目以区县级为主，占比达 76. 64%；省级项目占比较少，仅占 4. 16%。从募投项目地级市分布情况看，安徽省项目收益专项债主要向合肥、滁州、阜阳、六安等地倾斜，对池州、淮北、黄山、铜陵等省内经济欠发达地区扶持力度不够（见图 11）。前 5 名和倒数 5 名合计占比分别为 53. 72% 和 14. 21%，两极分化较为严重。

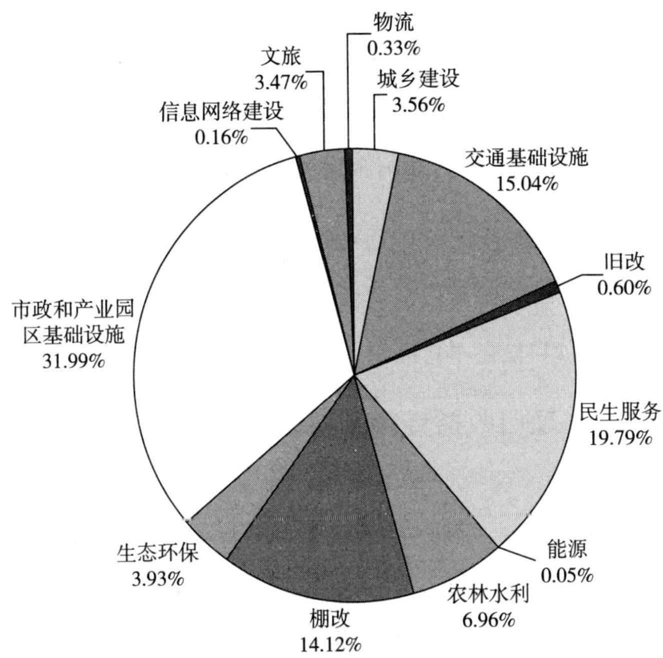

图10　2021年1～9月安徽省新增项目收益专项债募投领域分布

资料来源：Wind数据库，中诚信国际整理计算。

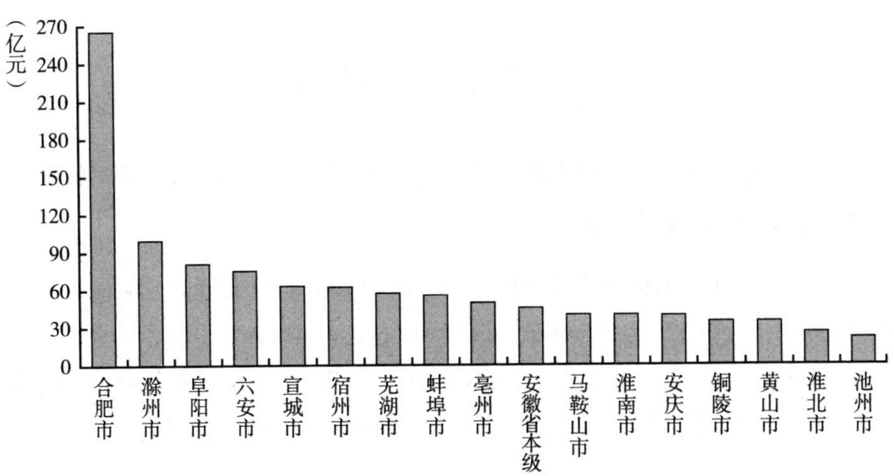

图11　2021年1～9月安徽省新增项目收益专项债省本级和各地市分布

资料来源：Wind数据库，中诚信国际整理计算。

（三）用作项目资本金比例较小，项目融资本息覆盖水平偏低

从资本金比例看，2021 年 1 ~9 月安徽省新增项目收益专项债规模为 1394.48 亿元，其中仅 55.20 亿元用作项目资本金，项目收益专项债用作资本金的比例为 3.96%，处于较低水平。从项目偿债情况看，项目融资本息覆盖倍数均值为 1.55 倍，覆盖水平偏低，且近 1/4 的项目仅以土地出让收入为还款来源。由于土地出让具有不确定性较大且收入一次性实现的特点，需关注对应土地出让进度及项目偿还本息的潜在风险。

（四）安徽省项目收益专项债对投资的拉动能力处于全国偏下水平

通过测算，2021 年 1 ~9 月，安徽省新增项目收益专项债用作资本金和配套融资的撬动杠杆分别为 1.71 倍和 1.54 倍，该撬动杠杆在全国范围内处于偏下水平，合计撬动基建投资规模 2106.10 亿元，其中专项债作为资本金撬动基建投资规模 94.38 亿元，作为配套融资撬动基建投资规模 2011.71 亿元，但实际效果可能受多种因素限制，如资金到位情况、项目建设进度、配套设施建设情况等。

三　安徽省偿债能力分析

（一）地方债存量规模居全国中上游，2023年进入偿债高峰期，到期债券以专项债券为主

截至 2020 年，安徽省地方政府债务限额为 10690.99 亿元，[①] 较 2016 年增长 81.38%（见图 12），在全国 31 个省（区、市）中列第 11 位，债务余额为 9600.14 亿元，较 2016 年增长 81.32%，在全国列第 12 位，未使用的债务限额为 1090.85 亿元，未使用的额度较小（见图 13）。从地方债到期分布看，未

① 如无特别说明，本报告中引用的安徽省政府债务限额、余额，一般公共预算收入、支出，财政平衡率，债务率，负债率等财政相关数据均来自安徽省财政预算执行及决算报告，并由中诚信国际整理计算。

来几年中，2023 年为地方债到期高峰，到期规模达2078.69 亿元，其中到期一般债占 32.20%，到期专项债占 67.80%，2024～2026 年到期地方债规模也较大，均在 1000 亿元以上（见图 14）。

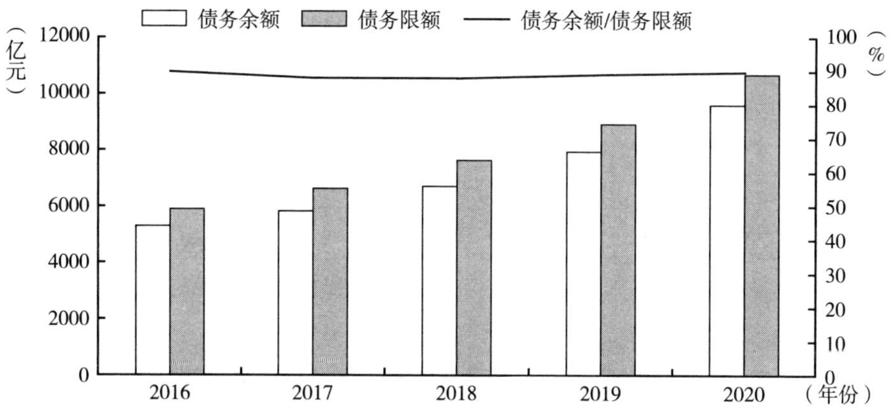

图 12　2016～2020 年安徽省地方政府债务限额及余额

资料来源：安徽省财政预算执行及决算报告，中诚信国际整理计算。

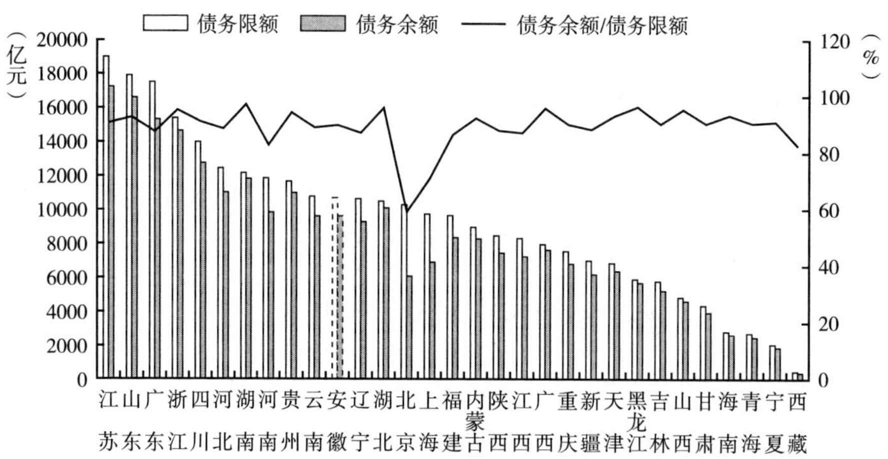

图 13　2020 年全国 31 个省（区、市）地方政府债务限额及余额

资料来源：全国 31 个省（区、市）财政预算执行及决算报告，中诚信国际整理计算。

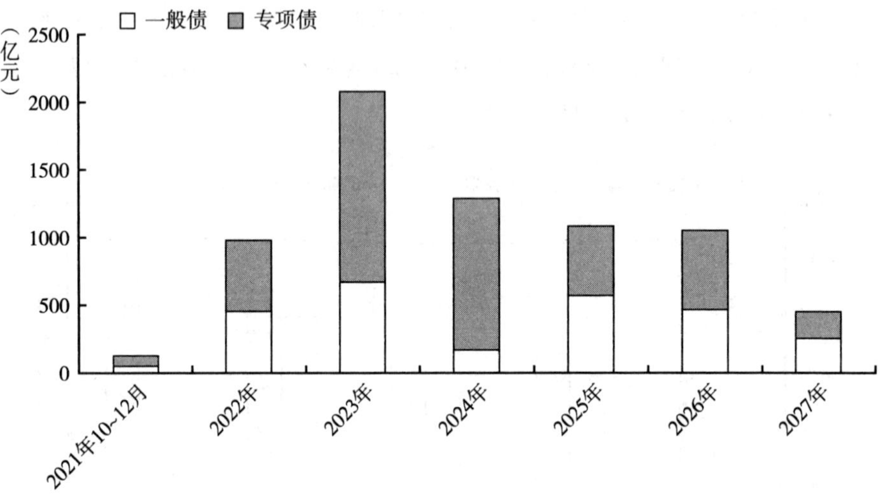

图 14　截至 2021 年 9 月安徽省地方债到期分布

资料来源：Wind 数据库，中诚信国际整理计算。

（二）财政实力较强，财政平衡率居全国中上游

安徽省财政实力较强。2020 年，安徽省一般公共预算收入为 3216.00 亿元，在全国 31 个省（区、市）中列第 10 位，较 2019 年增长 1.00%；同期末，财政平衡率为 43.05%，与 2019 年基本持平，在全国列第 11 位（见图 15）。在综合财力方面，2020 年安徽省综合财力为 10468.60 亿元（见图 16），较 2019 年增长 3.88%。其中，一般公共预算收入占 30.70%，政府性基金收入占 30.04%，上级补助收入占 38.55%，均是综合财力的重要组成部分。

（三）债务水平不高，信用风险整体可控

安徽省债务水平不高，信用风险整体可控。截至 2020 年，安徽省债务率及负债率分别为 91.70% 和 24.82%，分别较上年上升 12.89 个和 3.44 个百分点。安徽省债务率及负债率均在全国 31 个省（区、市）中列第 21 位，低于全国平均水平，整体债务风险可控（见图 17）。债务余额占一般公共预算收入的比重为 298.51%，较上年上升 49.15 个百分点（见图 18），在全国处于中游水平。

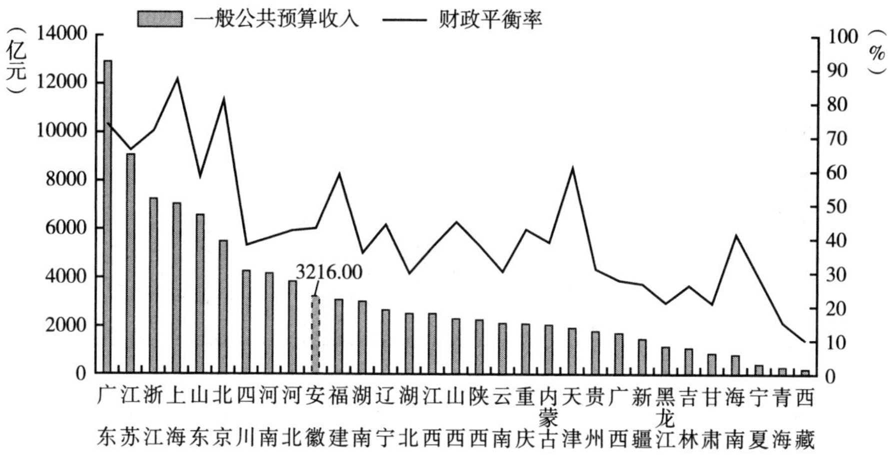

图 15　2020 年全国 31 个省（区、市）一般公共预算收入与财政平衡率

资料来源：全国 31 个省（区、市）财政预算执行及决算报告，中诚信国际整理计算。

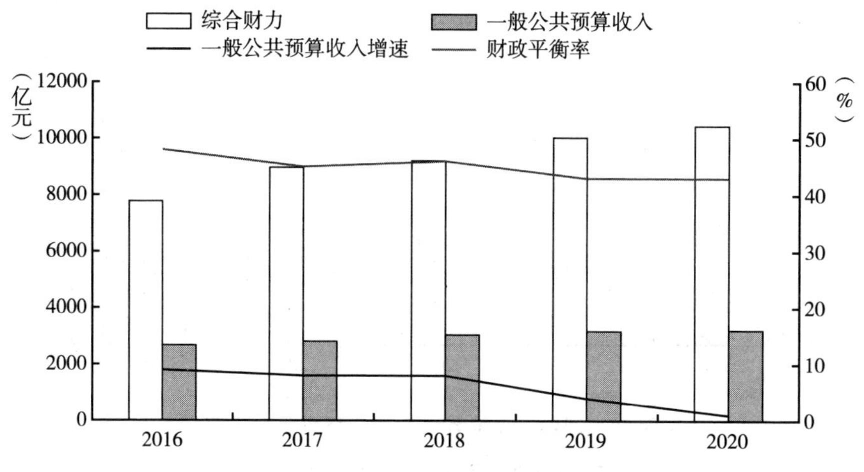

图 16　2016～2020 年安徽省财政情况

资料来源：2016～2020 年安徽省财政预算执行及决算报告，中诚信国际整理计算。

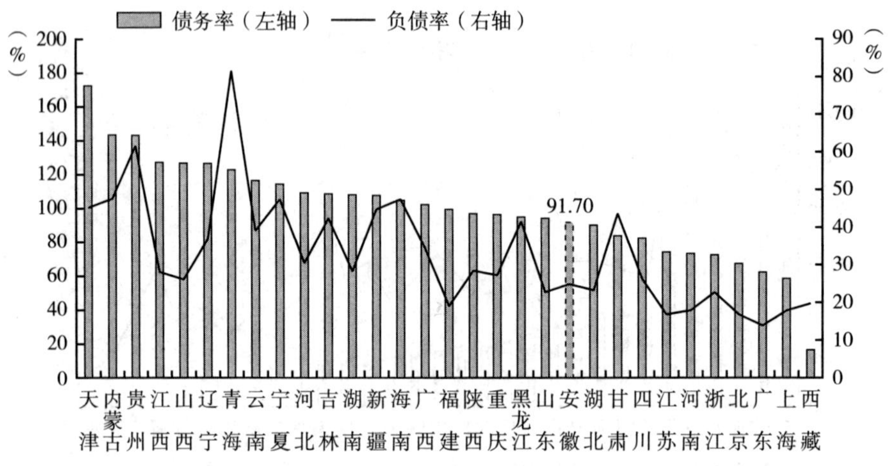

图 17　2020 年全国 31 个省（区、市）债务率及负债率

资料来源：全国 31 个省（区、市）财政预算执行及决算报告，中诚信国际整理计算。

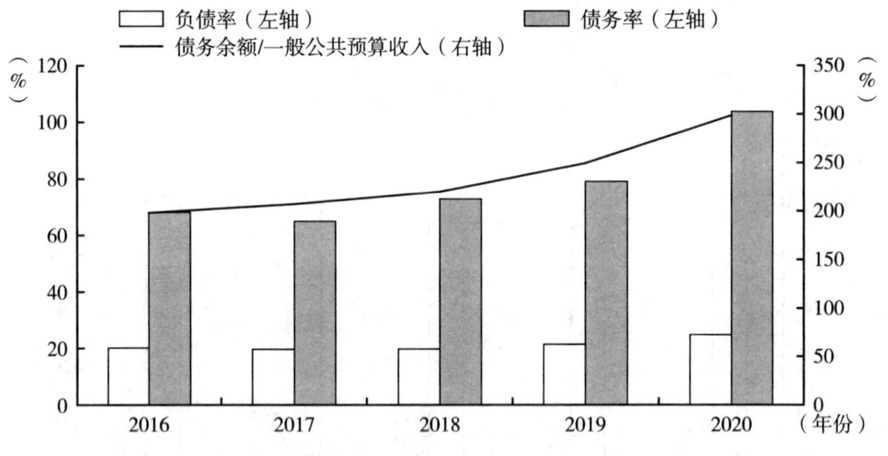

图 18　2016～2020 年安徽省债务率及负债率

资料来源：2016～2020 年安徽省财政预算执行及决算报告，中诚信国际整理计算。

四　小结

2021 年 1～9 月，安徽省地方债发行规模居全国前列，发行规模持续扩大；发行结构以新增专项债为主，长期债券占比较高，发行成本略有下降。其中，项目收益专项债发行规模逐年扩大，募投领域从棚改向基建倾斜，基础设施类专项债成发行重点，新型品种频出。同时，项目收益专项债用作项目资本金比例较小，项目融资本息覆盖水平偏低，项目收益专项债对投资的拉动能力处于全国偏下水平。截至 2021 年 9 月末，安徽省地方债存量规模居全国中上游，2023 年进入偿债高峰期，但安徽省财政实力较强，财政平衡率较高，债务水平不高，信用风险整体可控。

B.36
2021年山东省地方政府债券分析报告

邵新惠 胡玲雅 成 铮 王 飞*

摘　要： 本报告从山东省地方债运行情况、项目收益专项债情况和偿债能力等三个方面，分析山东省地方政府债券发展情况，并为其下一阶段的发展提供对策建议。2021年以来，新冠肺炎疫情持续演变，经济仍面临下行压力，山东省地方债发行规模大幅增长；发行结构以新增专项债为主，短期债券占比提升。山东省项目收益专项债持续扩容，其募投领域向基建倾斜，但用作项目资本金占比相对较小，且对基建投资的实际撬动效果仍受到多种因素限制。整体看，山东省地方债规模位居全国第1，其财政实力和债务偿付能力较强，债务风险整体可控。基于上述情况，本报告建议加强债务风险监测，妥善应对下一阶段地方债到期高峰；同时有效配置资金投向，合理安排期限结构，充分发挥专项债作为项目资本金的撬动作用；用好地方债务限额，丰富资金投向，积极创新专项债用途，促进产业转型升级。

关键词： 地方债　专项债　山东省

一　山东省地方债运行情况分析

山东省地方债存量规模位居全国第1，以新增专项债为主，债券期限以

---

* 邵新惠，中诚信国际政府公共评级二部高级分析师，主要研究领域为地方政府债券、基础设施投融资行业等；胡玲雅，中诚信国际政府公共评级二部分析师，主要研究领域为地方政府债券、基础设施投融资行业等；成铮，中诚信国际政府公共评级二部分析师，主要研究领域为地方政府债券、基础设施投融资行业等；王飞，中诚信国际政府公共评级二部分析师，主要研究领域为地方政府债券、基础设施投融资行业等。

5～10年为主。从规模看，截至2021年9月，山东省地方债存量规模为19299.14亿元，[①] 占全国规模的6.7%，在全国31个省（区、市）中排名第1（见图1）。从结构看，存量债券中有12070.81亿元专项债、7179.73亿元一般债以及48.60亿元未分类债券，[②] 其中超过六成为专项债，在全国排名第1。从期限看，存量地方债期限主要为5～10年，约占全省地方债存量规模的80%。

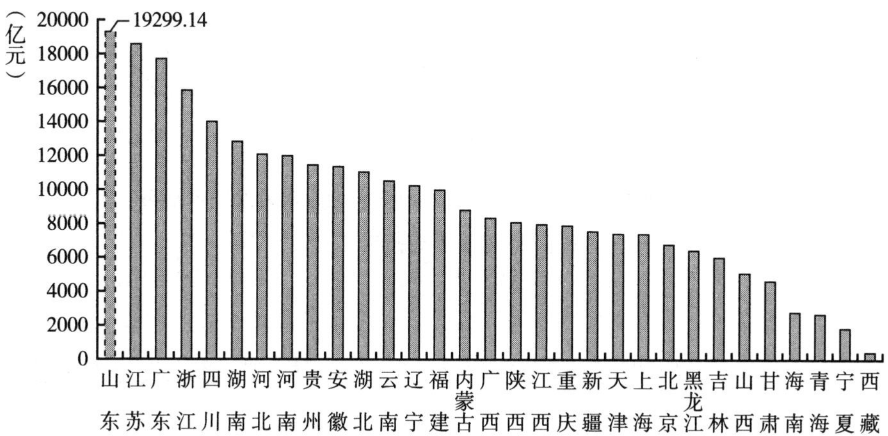

图1 截至2021年9月全国31个省（区、市）地方债存量规模

资料来源：Wind数据库，中诚信国际整理计算。

（一）发行规模持续扩大，发行集中度较高，发行进度提前

2021年以来随着复工复产的逐步推进、经济的逐步复苏，2021年1～9月我国财政收入呈现恢复性增长态势。在疫情持续演变、经济面临下行压力、土地出让市场遇冷的背景下，地方债的积极作用较2020年仍较为突出。2021年1～9月，山东省发行地方债共计4818.92亿元，约为2020年发行总规模的107%。从月度发行规模看，地方债发行仍较为集中且进度提前，2021年1～9月发行时间集中于4月和8月（见图2），较2020年的5月和8月有所提前。

① 如无特别说明，本报告中引用的地方债存量、发行量、发行利率、发行利差、交易量、到期收益率等债券相关数据均来自截至2021年9月的Wind数据库，并由中诚信国际整理计算。

② 2015年以前发行的地方债未区分一般债、专项债。

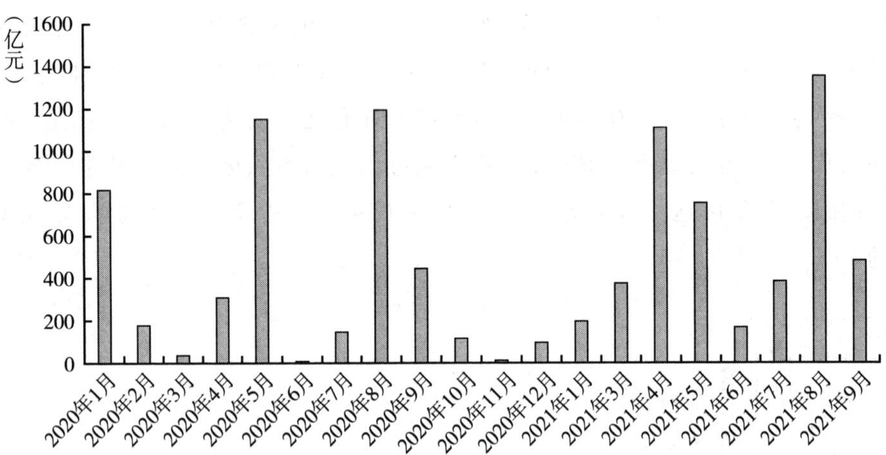

图2　2020 年 1 月 ~2021 年 9 月山东省地方债月度发行规模

注：山东省部分月份无地方债发行，故图中无显示。

资料来源：Wind 数据库，中诚信国际整理计算。

（二）发行结构以新增专项债为主，短期限地方债占比明显提升

2021 年 1 ~9 月，山东省发行的地方债以新增专项债为主，期限以 7 年为主，且占比有所提升。从券种结构看，新增专项债比例较高，发行规模为 2372. 37 亿元，占比达到 49. 23%；同时，再融资债比例大幅提升，再融资一般债和再融资专项债发行规模分别为 1286. 01 亿元和 973. 54 亿元，占比分别为 26. 69% 和 20. 20%；另外发行了新增一般债（187 亿元）。期限以 7 年为主，占比达到 40. 88%，较 2020 年上升约 30 个百分点，期限品种较 2020 年增加了 3 年期品种，10 年及以下期限地方债所占比例为 74. 41%（见图 3），较 2020 年提高超过 20 个百分点。

（三）发行成本整体下降，短端发行利率回落幅度较大

2021 年 1 ~9 月，山东省地方债发行利率[①]呈现震荡下行态势，总体回落至 3. 36%，发行利差同比走阔 1. 29BP，至 23. 68BP（见图 4）。从月度分布

① 如无特别说明，本报告中发行利率、利差为根据发行额计算的加权平均发行利率、利差，发行利差计算公式：债券发行利率 – 对应期限国债收益率。

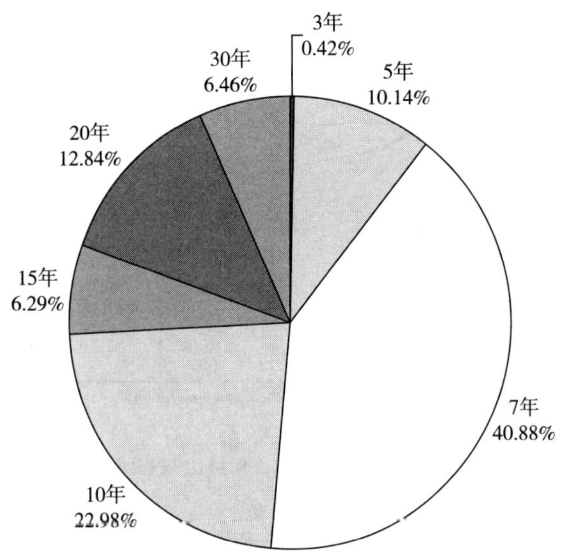

图 3　2021 年 1～9 月山东省地方债发行期限结构

资料来源：Wind 数据库，中诚信国际整理计算。

看，发行利率在 8 月到达低点 3.11%，9 月略有回升（见图 5）。从期限分布看，与 2020 年同期相比，7 年期以下的地方债发行利率有所回落，但 10～20 年期地方债发行利率有所回升；同期限发行利差以走阔为主，10 年期发行利差走阔幅度最大，为 2.24BP，但 5 年期发行利差收窄且收窄幅度最大，为 7.38BP。从券种分布看，2021 年 1～9 月，一般债、专项债发行利率分别回落至 3.23% 和 3.41%，发行利差分别回升至 24.50BP 和 23.32BP。与其他省（区、市）相比，山东省发行利率位于中游，在全国排名第 18（见图 6）。

（四）交易规模大于2020年同期，到期收益率回落

从二级市场交易[①]规模看，2021 年 1～9 月，山东省地方债交易规模同比增长 8.56% 至 6174.10 亿元，在全国排名第 1。从到期收益率走势看，2020 年

① 交易统计包含回购交易、现券交易等部分。

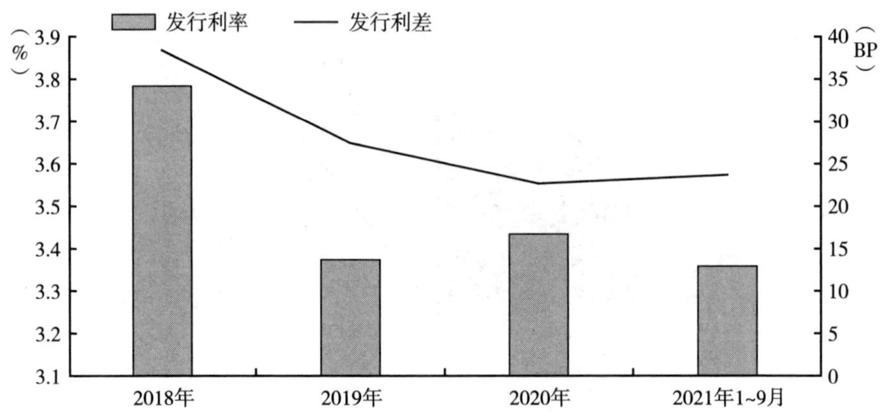

图4　2018～2020 年及 2021 年 1～9 月山东省地方债发行成本

资料来源：Wind 数据库，中诚信国际整理计算。

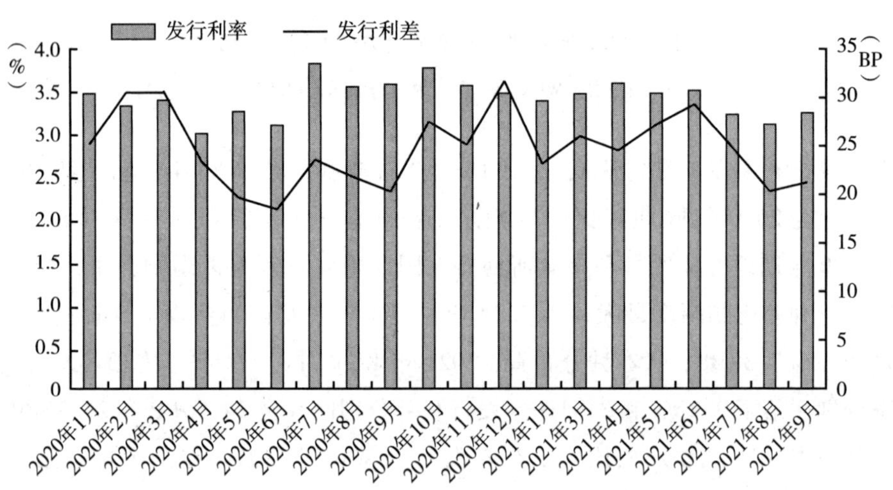

图5　2020 年 1 月～2021 年 9 月山东省地方债月度发行成本

注：山东省部分月份无地方债发行，故图中无显示。

资料来源：Wind 数据库，中诚信国际整理计算。

1 月～2021 年 9 月，山东省各期限地方债到期收益率均值①呈现整体先降、后升、再震荡下行的态势，并于 2020 年 4 月底到达低点（见图 7）。

① 此处到期收益率均值采用的是算术平均值。

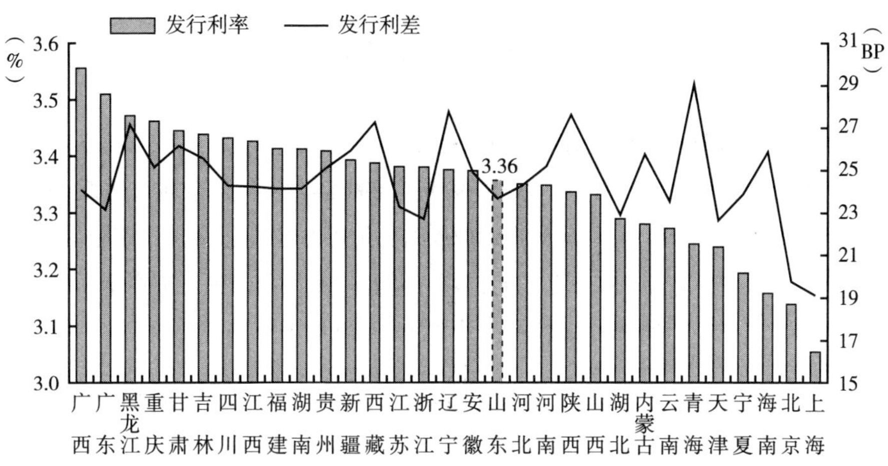

图6　2021年1~9月全国31个省（区、市）地方债发行成本

资料来源：Wind数据库，中诚信国际整理计算。

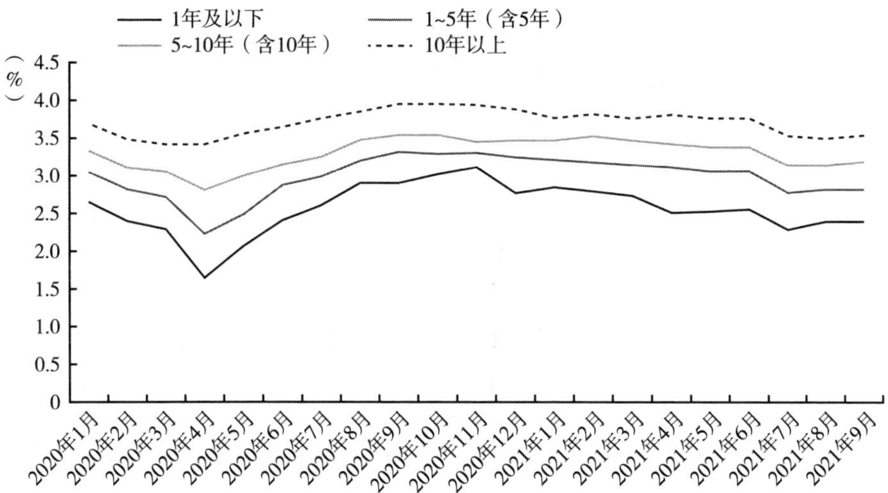

图7　2020年1月~2021年9月山东省地方债到期收益率走势

资料来源：Wind数据库，中诚信国际整理计算。

二　山东省地方政府专项债分析①

山东省项目收益专项债存量规模在全国各省（区、市）项目收益专项债中居于前列，截至2021年9月，存量规模超10000亿元；投向领域以市政和产业园区基础设施、棚改、民生服务、交通基础设施等基建领域为主；期限以5年、7年、10年为主。此外，山东省发行的项目收益专项债用作项目资本金占比相对较低，仍需进一步合理推进资本金应用以放大对基建投资的拉动效果。

（一）发行规模逐年扩大，期限以5~10年为主，投向以基建领域为主

自2017年财政部发布《关于试点发展项目收益与融资自求平衡的地方政府专项债券品种的通知》② 以来，山东省项目收益专项债发行数量和规模稳步提升，截至2021年9月底，山东省项目收益专项债存量规模为12070.81亿元。其中，2021年1~9月，山东省专项债加快扩容，共发行新增专项债2372.37亿元，进一步补齐基础设施建设短板，聚焦民生领域投资。从债券期限看，山东省存量项目收益专项债以5年、7年、10年为主（见图8）。从投向领域看，近年来山东省专项债主要投向市政和产业园区基础设施、棚改、交通基础设施、民生服务领域。从发行成本看，2021年1~9月发行利率及利差分别为3.49%、23.32BP，与上年同期基本持平。

（二）募投领域向基建倾斜，项目偿债保障有待加强

2021年1~9月，山东省共发行新增项目收益专项债券57只。具体来看，投向较为广泛，其中市政和产业园区基础设施、棚改、民生服务、交通基础设

---

① 2020年7月29日财政部《关于加快地方政府专项债券发行使用有关工作的通知》（财预〔2020〕94号）明确2020年新增专项债必须保证融资规模与项目收益相平衡，因此2020年新增专项债均为项目收益专项债；本部分项目收益专项债的统计样本为2017~2020年项目收益专项债与2021年1~9月的新增专项债。

② 《关于试点发展项目收益与融资自求平衡的地方政府专项债券品种的通知》（财预〔2017〕89号），财政部网站，2017年7月21日，http://yss.mof.gov.cn/zhuan tilanmu/dfzgl/zcfg/201707/t20170724_ 2656632.htm。

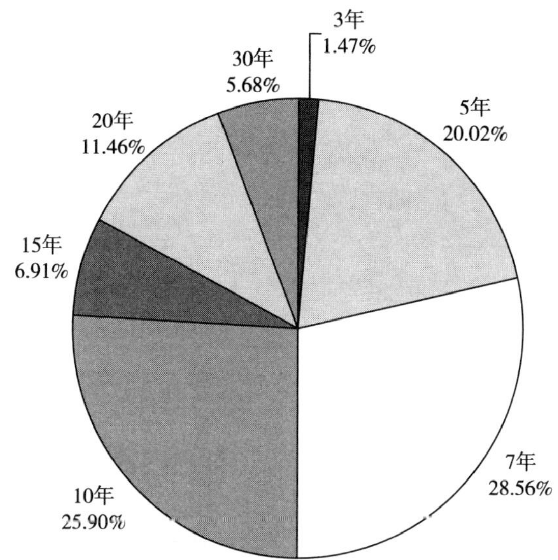

图8　截至2021年9月山东省项目收益专项债发行期限结构

资料来源：Wind数据库，中诚信国际整理计算。

施领域的募集资金占比分别为34.30%、22.57%、13.75%和11.39%（见图9）。[①] 从项目行政层级看，山东省专项债项目以区县级和地市级为主，分别占63.14%和29.60%；从资本金比例看，省级项目资本金比例均值为46%，地市级项目为44%，区县级项目为43%，各行政层级项目对财政资金的需求均较大；从项目偿债情况看，项目融资本息覆盖倍数均值为1.62倍，偿债风险不大，但约1/3的项目以厂房租赁收入作为还款来源之一，需关注项目建设及运营情况。

（三）项目收益专项债用作项目资本金占比相对较小

2021年1~9月，山东省发行的项目收益专项债中共计137.66亿元用作项目资本金，用作项目资本金占比相对较小。但考虑到专项债用作项目资本金对

① 如无特别说明，本报告中引用的专项债募投项目的相关数据均来自地方政府新增专项债信息披露文件，并由中诚信国际整理计算。由于数据的获取问题，数据可能来自不同募投项目文件、项目实施方案、信息披露模板等，这可能导致数据分析出现一定偏差，但不会对分析结论产生实质影响。

基建投资的撬动作用，在稳增长背景下仍需合理推进资本金应用以放大对基建投资的拉动效果。

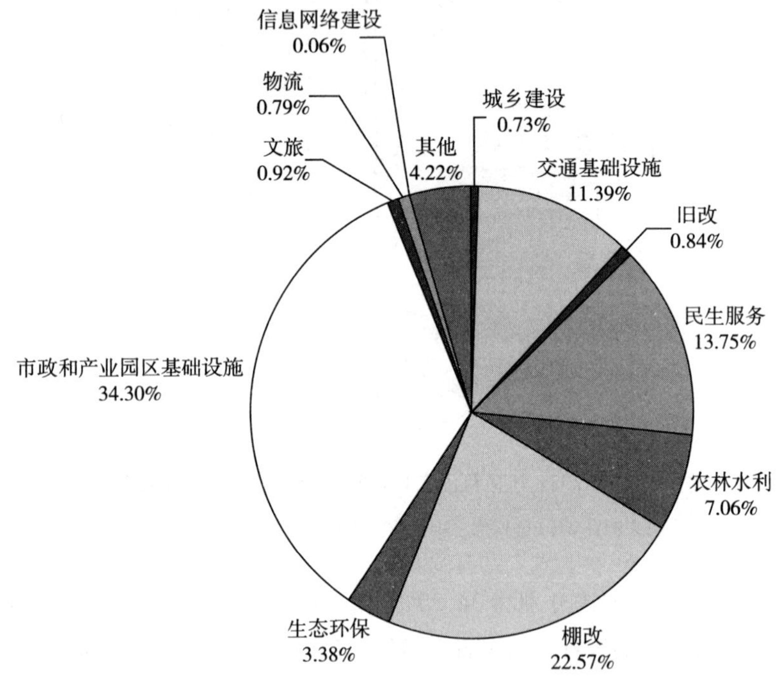

图 9　2021 年 1～9 月山东省新增项目收益专项债募投领域分布

资料来源：山东省政府新增专项债信息披露文件，中诚信国际整理计算。

（四）理论上可撬动基建投资约4002.20亿元，实际效果仍受多种因素限制

“十四五”时期，山东省突出重大规划、重大战略和重大工程，重点推进实施补短板强弱项项目。专项债作为积极财政政策的重要抓手，2021 年 1～9 月，山东省新增项目收益专项债 2272.37 亿元，① 理论上可撬动基建投资规模约 4002.20 亿元，撬动规模尚可。其中，专项债用作资本金项目中，项目资本金比例均值为 51%，专项债用作资本金的撬动杠杆为 1.96 倍，专项债作

① 此处剔除 2021 年山东省政府支持中小银行发展专项债券发行规模。

为资本金理论上约能撬动基建投资269.65亿元,[①] 但实际效果仍受多种因素限制，如资金到位情况、项目建设进度、配套设施建设情况等；专项债不作资本金项目中，项目资本金比例均值为43%，项目配套融资比例均值为57%，专项债配套融资撬动杠杆为1.76倍，专项债作为配套融资撬动基建投资3732.55亿元。整体来看，项目收益专项债对基建投资具有拉动效果。

三　山东省偿债能力分析

山东省地方政府债务余额在全国位居前列，且近年来政府债务余额增长很快，地方债中专项债占比超过六成，2023年将迎来到期高峰。山东省财政实力较强，但财政平衡率一般，政府性基金收入和上级转移收入在山东省综合财力中占比较高，负债率及债务率水平较上年有所抬升，但在全国范围内仍处于较低水平，山东省整体债务压力不大，债务风险可控。

（一）地方政府债务余额增长很快且2023年将迎地方债到期高峰

山东省地方政府债务余额增长很快，债务限额/债务余额处于较高水平，融资空间相对较小。截至2020年，山东省地方政府债务限额为17899.60亿元[②]（见图10），较2016年增长74.82%；债务余额为16591.80亿元，较2016年增长75.68%。近年来，山东省债务限额及债务余额增长很快，债务限额及债务余额在全国31个省（区、市）中均位列第2（见图11）。2020年，山东省债务余额/债务限额达到92.69%，未使用的债务限额仅为1307.80亿元，融资空间相对较小。从地方债存量结构看，债券形式债务占比超过95%，非政府债券形式债务规模较小。从地方债到期分布看，2021年10～12月，山东省地方债到期规模为168.52亿元，到期规模相对较小。未来5年中，2023年为

① 专项债撬动基建投资方法参见袁海霞、汪苑晖、卞欢《专项债兼顾扩容提效，助力基建托底稳增长——地方政府专项债2019年回顾与2020年展望》，《财政科学》2020年第1期。

② 如无特别说明，本报告中引用的山东省政府债务限额、余额，一般公共预算收入、支出，财政平衡率，债务率、负债率等财政相关数据均来自山东省财政预算执行及决算报告，并由中诚信国际整理计算。

地方债到期高峰，到期规模达 2379.41 亿元，其中到期一般债占 42.98%，到期专项债占 57.02%（见图 12）。

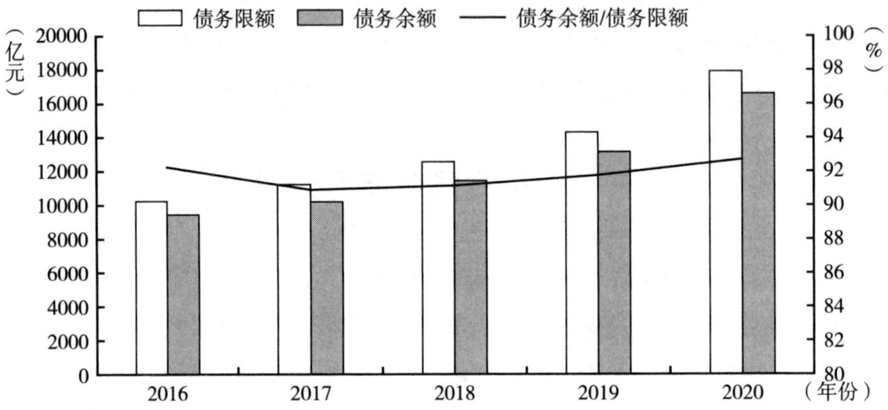

图 10　2016～2020 年山东省地方政府债务限额及余额

资料来源：山东省财政预算执行及决算报告，中诚信国际整理计算。

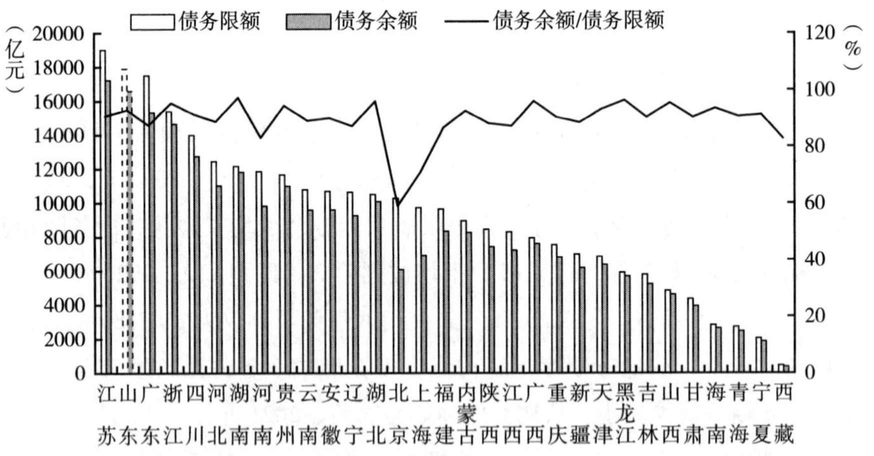

图 11　2020 年全国 31 个省（区、市）地方政府债务限额及余额

资料来源：全国 31 个省（区、市）财政预算执行及决算报告，中诚信国际整理计算。

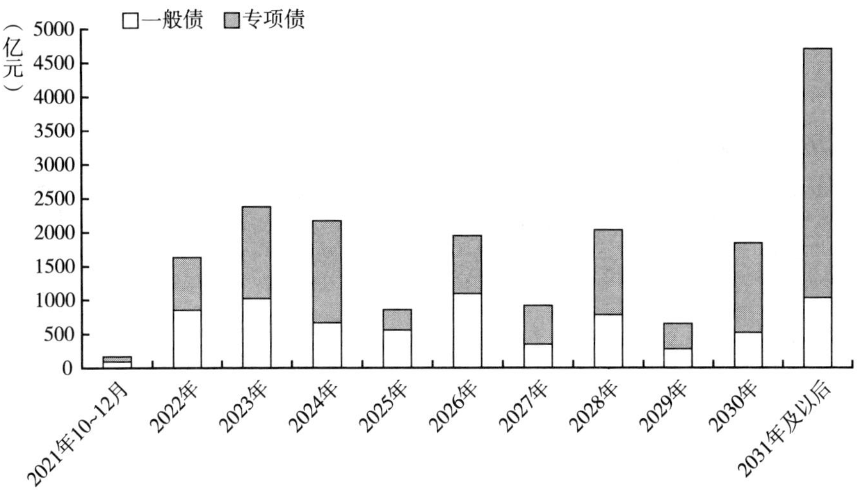

图12　截至2021年9月山东省地方债到期分布

资料来源：Wind数据库，中诚信国际整理计算。

（二）财政实力较强，但财政自给能力一般

山东省财政实力较强，但财政自给能力一般。2020年，山东省一般公共预算收入为6559.93亿元，在全国31个省（区、市）中位列第5（见图13），较2019年增长0.5%，增速与上年基本持平，仍然处于较低增长水平；财政平衡率为58.40%，较2019年减少2.38个百分点，在全国列第8位，财政自给能力一般。在综合财力方面，2020年山东省综合财力为1.76万亿元（见图14），较2019年增长7.71%，综合财力增速良好。其中，政府性基金收入占比达41.30%，收入规模较上年增加7.95%；上级补助收入占比为20.61%，收入规模较上年增加20.45%；国有资本经营收入占比达0.88%，收入规模较上年增加94.89%。

（三）山东省整体债务规模处于全国前列，但债务风险整体可控

山东省整体债务规模处于全国前列，但债务率及负债率在全国处于较低水平，债务风险整体可控。截至2020年末，山东省债务率及负债率分别为94.13%和22.69%，分别较上年提升13.91个和4.22个百分点（见图15），

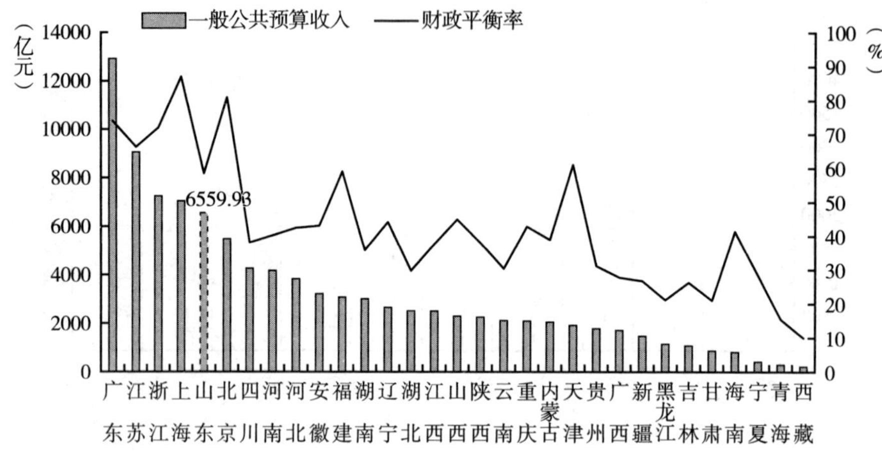

图 13　2020 年全国 31 个省（区、市）一般公共预算收入与财政平衡率

资料来源：全国 31 个省（区、市）财政预算执行及决算报告，中诚信国际整理计算。

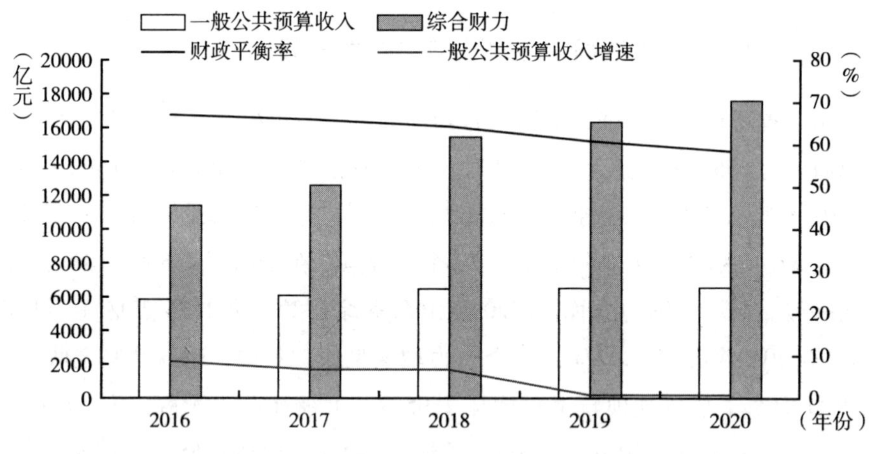

图 14　2016～2020 年山东省财政情况

资料来源：2016～2020 年山东省财政预算执行及决算报告，中诚信国际整理计算。

债务率及负债率在全国 31 个省（区、市）中分别列第 20 位和第 23 位，明显低于全国平均水平，整体债务风险较小；债务余额占一般公共预算收入的比重为 252.93%，较上年增加 51.79 个百分点，一般公共预算收入对债务余额的覆盖水平较 2019 年有所降低，但在全国仍处于较好水平。山东省应强化政府债务管理，规范政府和社会资本合作及政府购买服务行为，纠正违法违规举债融资担保行为，结合各地区经济发展情况良性举债，积极化解政府性存量债务，严控政府债务风险。

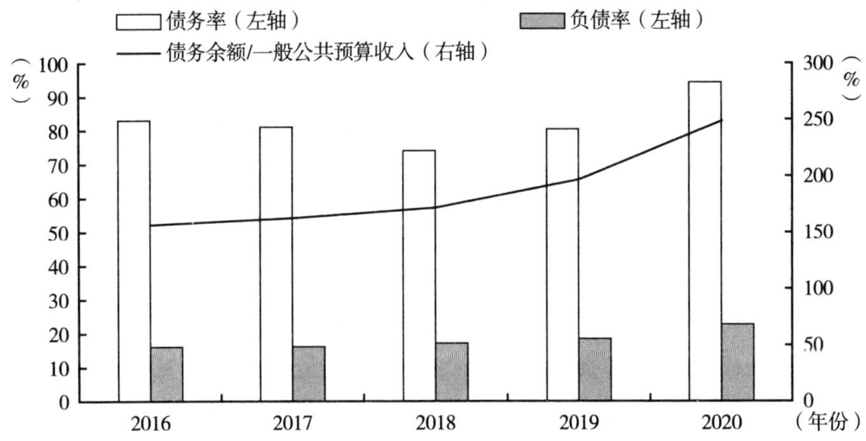

图 15　2016～2020 年山东省债务率及负债率

资料来源：2016～2020 年山东省财政预算执行及决算报告，中诚信国际整理计算。

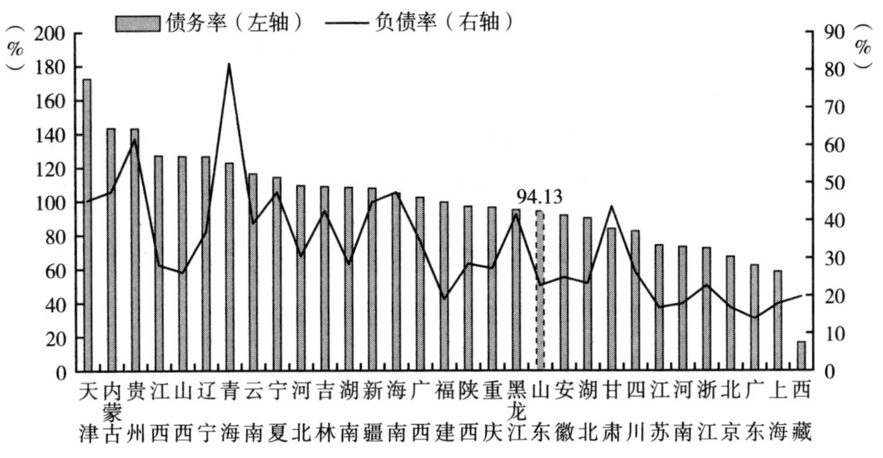

图 16　2020 年全国 31 个省（区、市）债务率及负债率

资料来源：全国 31 个省（区、市）财政预算执行及决算报告，中诚信国际整理计算。

四 小结

2021 年，山东省地方债发行规模同比大幅增长，且发行进度有所提前。新发行地方债以新增专项债为主，且短期债券占比明显上升。从发行成本看，发行利率持续回落，发行利差小幅抬升，二级市场交易规模小幅增长，各期限地方债到期收益率整体震荡下行，且短端回落幅度较大。从项目收益专项债情况看，山东省项目收益专项债加快扩容，存量投向以基建领域为主，对投资的拉动效应尚可。

总体来看，山东省现阶段地方债存量规模位居全国第 1，债务限额使用空间相对较小。虽然复工复产逐步推进，经济呈现恢复性增长态势，但仍然面临下行压力，财政收支矛盾进一步加剧。总体来看，山东省财政实力较强，负债率和债务率均处于相对合理水平，债务风险总体可控。鉴于山东省将于2022～2024 年进入偿债高峰期，建议加强债务风险监测，尤其是重点监测项目收益专项债募投项目的投资和经营情况，保障项目收益专项债的首要还款来源，并合理统筹安排一般公共预算及政府性基金预算资金，妥善应对下一阶段地方债到期高峰；同时，有效配置资金投向，合理安排期限结构，并充分发挥专项债作为项目资本金的撬动作用，尤其是在市政和产业园区基础设施及交通基础设施等领域最大限度地引入社会资本，加快基础设施建设，减轻财政压力；此外，持续贯彻落实黄河流域生态保护和高质量发展及新旧动能转换等战略，用好地方债务限额，丰富资金投向，积极创新专项债用途，促进产业转型升级，加快发展数字经济，发挥地方债聚力增效功能。

B.37

2021年海南省地方政府债券分析报告

鄢红　朱航园　钟秋　林瀚*

摘　要： 2021年以来，海南省地方政府债券发行规模有所下降，地方债存量规模较小，截至2021年9月末，海南省地方债存量规模为2796.94亿元；债券发行成本较低，发行期限以中长期为主；地方债二级市场活跃度低。海南省地方政府项目收益专项债扩容，募投领域向市政和产业园区基础设施倾斜。海南省无新增专项债用作资本金。海南省的债务余额相对较低，债务率逐年快速增长，全省债务压力相对较大，但债务风险整体可控。未来海南省应注重提高专项债的使用效率，合理推进资本金应用以放大对基建投资的拉动效果，合理安排期限结构，加强地方政府债券使用管理和债务风险防控。

关键词： 地方债　专项债　海南省

一　海南省地方债运行情况分析

海南省地方债存量规模较小，以一般债为主，期限一般为5~10年。从规

* 鄢红，中诚信国际政府公共评级一部高级分析师，主要研究领域为地方政府债券、基础设施投融资行业等；朱航园，中诚信国际政府公共评级一部助理分析师，主要研究领域为地方政府债券、基础设施投融资行业等；钟秋，中诚信国际政府公共评级一部助理分析师，主要研究领域为地方政府债券、基础设施投融资行业等；林瀚，中诚信国际政府公共评级一部助理分析师，主要研究领域为地方政府债券、基础设施投融资行业等。

模来看，截至2021年9月末，海南省地方债存量规模为2796.94亿元，[①] 占全国地方债存量规模的0.97%，在全国31个省（区、市）中排第28位（见图1）。从结构来看，存量一般债为1539.99亿元，占比为55.06%；存量专项债为1256.96亿元，占比为44.94%。从期限来看，以5年、7年及10年为主，存量规模分别为880.83亿元、831.33亿元和810.92亿元，合计占90.21%。

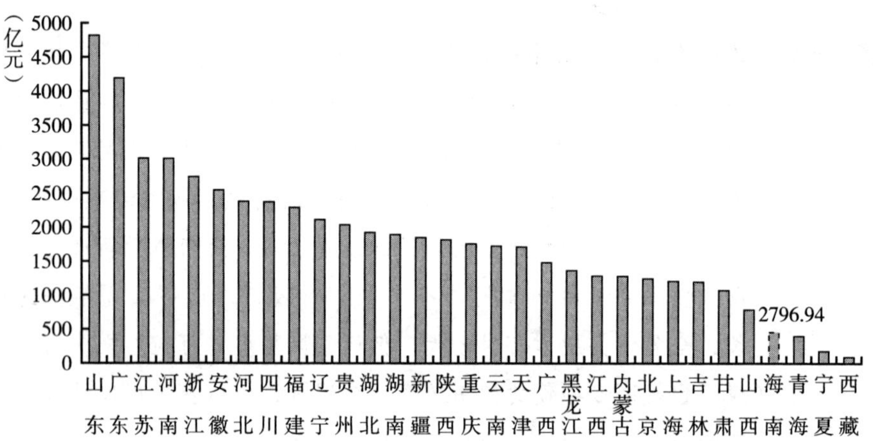

图1　截至2021年9月全国31个省（区、市）地方债存量规模

资料来源：Wind数据库，中诚信国际整理计算。

（一）发行规模有所下降，发行集中度提高且节奏放缓

2020年，为加快海南自贸港建设、应对新冠肺炎疫情影响，海南省地方债发行规模大幅增加。2021年，在稳增长和地方财政支出压力较大的背景下，地方债依然是积极财政政策的重要着力点。2021年1~9月，海南省共发行地方债456.58亿元，较2020年同期减少16.61%，为2020年发行总规模的80.61%。从月度发行规模来看，第一季度未发行，第三季度发行加速，发行集中度提高且节奏放缓，发行时间集中于2021年8~9月，晚于2020年的集中发行时间（2020年5月）（见图2）。

---

① 如无特别说明，本报告中引用的地方债存量、发行量、发行利率、发行利差、交易量、到期收益率等债券相关数据均来自截至2021年9月的Wind数据库，并由中诚信国际整理计算。

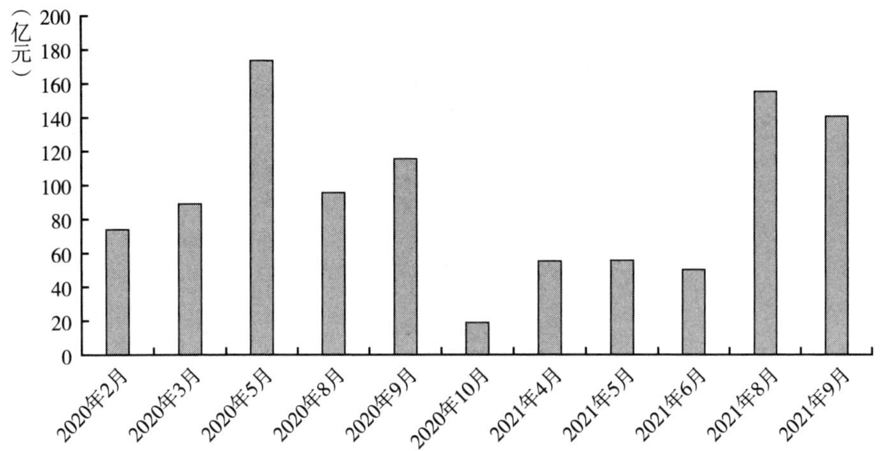

图2　2020 年 1 月 ~2021 年 9 月海南省地方债月度发行规模

注：海南省部分月份无地方债发行，故图中无显示。

资料来源：Wind 数据库，中诚信国际整理计算。

（二）新发行的地方债以再融资一般债为主，期限结构以中长期限为主

2021 年 1 ~9 月，海南省发行的地方债以再融资一般债为主，期限以 5 年及以上为主。从券种结构看，再融资一般债发行规模为 174.35 亿元，占比为 38.19%，发行规模比 2020 年全年增长 58.90 亿元；另外发行了新增专项债（164.75 亿元）、新增一般债（105.21 亿元）和再融资专项债（12.27 亿元）。从期限结构看，2021 年 1 ~9 月，海南省共计发行地方债 20 只，其中 5 年及以上期限的债券发行数量为 19 只，发行规模占当期债券发行总规模的 88.04%（见图 3），期限结构仍以中长期限为主。

（三）发行成本小幅上升，在全国处于较低水平

2021 年 1 ~ 9 月，海南省地方债发行利率及利差①分别为 3.16% 和

① 如无特别说明，本报告中发行利率、利差为根据发行额计算的加权平均发行利率、利差，发行利差计算公式：债券发行利率 - 对应期限国债收益率。

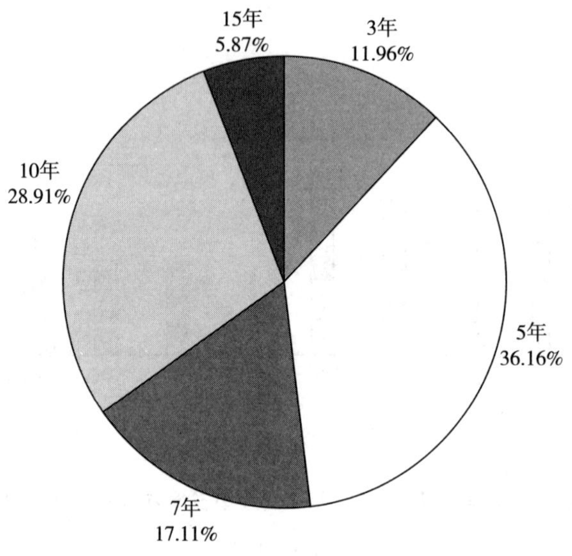

图3　2021 年 1 ~ 9 月海南省地方债发行期限结构

资料来源：Wind 数据库，中诚信国际整理计算。

25.87BP，分别较 2020 年的 3.15% 和 24.35BP 有小幅上升（见图 4），但总体来看，发行成本有所下降，在全国 31 个省（区、市）中处于较低水平（见图 5）。从月度发行成本看，发行利率整体呈现波动态势，在 5 月达到高点，为 3.40%；发行利差呈波动态势，2021 年 9 月升至 27.50BP，较 2020 年最低水平（18.45BP）高 9.05BP（见图 6）。

（四）交易规模较小，到期收益率于2020年第二季度触底回升

从二级市场交易①规模看，海南省由于存续地方债规模较小，二级市场交易规模处于较低水平。2021 年 1 ~ 9 月市场资金面整体较宽松，地方债二级市场表现活跃，全国 31 个省（区、市）累计交易规模为 12.35 万亿元，为 2020 全年交易规模的 91.48%，其中海南省地方债二级市场交易规模共计 606.09 亿元，在全国 31 个省（区、市）中排第 28 位，较 2020 年全年交易量排名下降

① 交易统计包含回购交易、现券交易等部分。

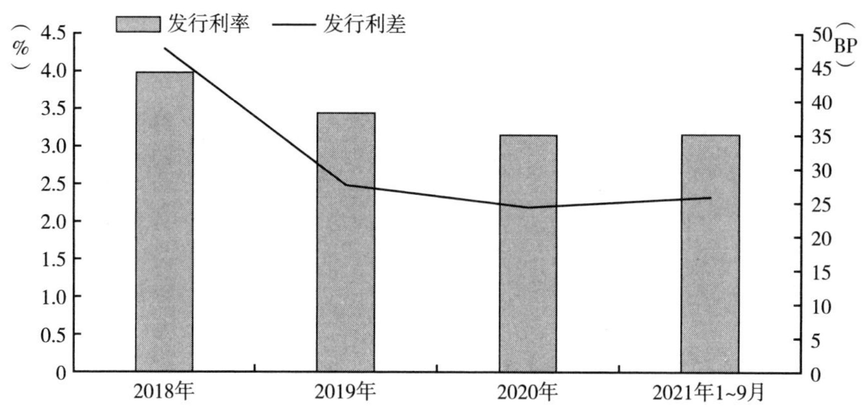

图 4 2018～2020 年及 2021 年 1～9 月海南省地方债发行成本

资料来源：Wind 数据库，中诚信国际整理计算。

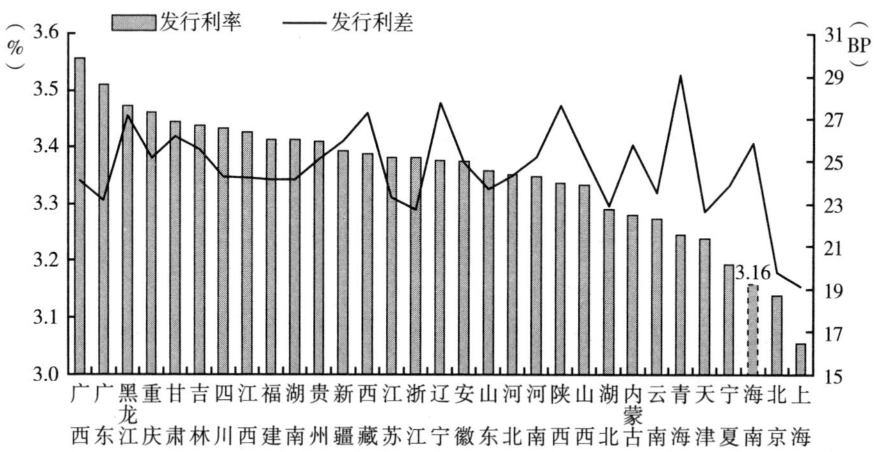

图 5 2021 年 1～9 月全国 31 个省（区、市）地方债发行成本

资料来源：Wind 数据库，中诚信国际整理计算。

1 位。从到期收益率走势看，2020 年，海南省各期限地方债到期收益率[①]呈现先降后升再降的态势，于 2020 年 4 月到达低点；2021 年 1～9 月，海南省各期限地方债到期收益率呈震荡下降态势（见图 7）。

① 此处到期收益率均值采用的是算术平均值。

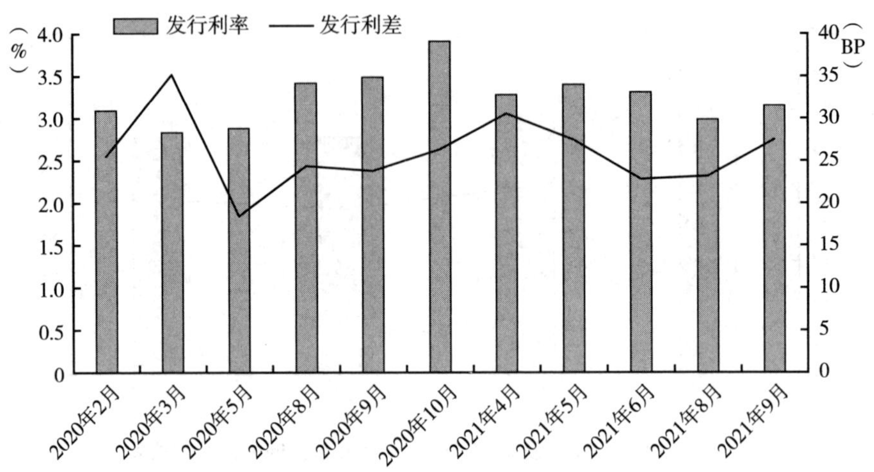

图 6　2020 年 1 月 ~2021 年 9 月海南省地方债月度发行成本

注：海南省部分月份无地方债发行，故图中无显示。

资料来源：Wind 数据库，中诚信国际整理计算。

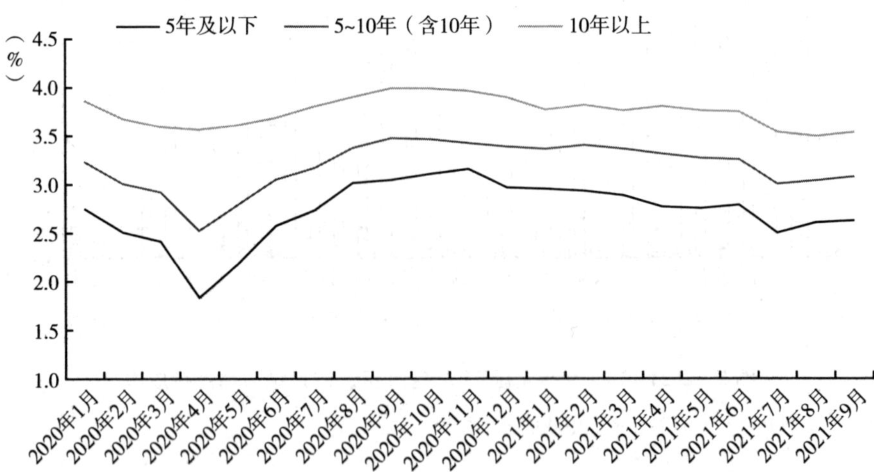

图 7　2020 年 1 月 ~2021 年 9 月海南省地方债到期收益率走势

资料来源：Choice 数据库，中诚信国际整理计算。

二 海南省地方政府专项债分析[①]

海南省项目收益专项债存量规模在全国31个省（区、市）中排名相对靠后。截至2021年9月，海南省存量专项债为86只，存量规模为1256.96亿元，占海南存量地方债余额的比重为73.41%，期限以中期为主，2021年起投向领域向市政和产业园区基础设施倾斜。值得注意的是，2021年1~9月，海南省未启用专项债资本金模式，单从目前用作项目配套融资看，理论上或能撬动基建投资约411.19亿元，稳增长背景下需进一步发挥专项债用作资本金的杠杆优势。

（一）发行规模逐年增长，发行期限以中期为主

自2017年财政部发布《关于试点发展项目收益与融资自求平衡的地方政府专项债券品种的通知》[②]以来，2018~2020年及2021年1~9月，海南省共发行项目收益专项债48只，分别为108.00亿元（3只）、210.00亿元（15只）、265.00亿元（19只）和164.75亿元（11只）。2020年在抗疫情、稳增长背景下，海南省专项债发行规模大幅增长。从发行利率及利差来看，2021年1~9月发行利率及利差分别为3.16%、25.87BP，较2020年有所上升。从发行期限来看，2019年发行期限以5年为主，发行规模占当期发行总规模的比重为59.19%；2020年首次出现15年期、20年期、30年期品种，且2020年与2021年1~9月发行期限均以10年为主（见图8），发行规模占当期发行总规模的比重分别为42.30%和64.94%，债券发行期限拉长，债券期限结构更加分散与合理。

---

① 2020年7月29日财政部《关于加快地方政府专项债券发行使用有关工作的通知》（财预〔2020〕94号）明确2020年新增专项债必须保证融资规模与项目收益相平衡，因此2020年新增专项债均为项目收益专项债；本部分项目收益专项债的统计样本为2018~2020年项目收益专项债与2021年1~9月的新增专项债。

② 《关于试点发展项目收益与融资自求平衡的地方政府专项债券品种的通知》（财预〔2017〕89号），财政部网站，2017年7月21日，http://yss.mof.gov.cn/zhuantilanmu/dfzgl/zcfg/201707/t20170724_2656632.htm。

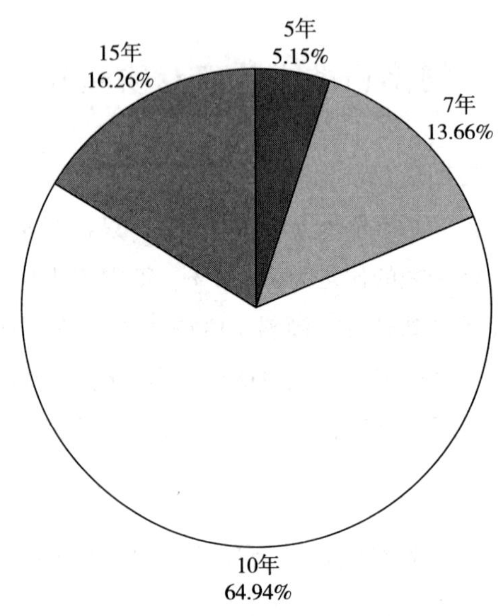

图8　2021 年 1～9 月海南省项目收益专项债发行期限结构

资料来源：Wind 数据库，中诚信国际整理计算。

（二）募投领域向市政和产业园区基础设施倾斜，项目偿债保障较好

海南省项目收益专项债募投项目覆盖了市政和产业园区基础设施、民生服务、交通基础设施、棚改、生态环保和城乡建设等多领域，覆盖范围较广。2021 年 1～9 月，从募投项目分类来看，海南省项目收益专项债募集资金投入规模最大的是市政和产业园区基础设施项目，占比为 41.26%，其次为民生服务和交通基础设施项目，占比分别为 23.84% 和 19.33%①（见图 9）；从募投项目行政层级来看，地市级项目和区县级项目使用的募集资金占比分别为 73.77% 和 23.50%；从募投项目区域分布来看，项目收益专项债募集资金投

① 如无特别说明，本报告中引用的专项债募投项目的相关数据均来自地方政府新增专项债信息披露文件，并由中诚信国际整理计算。由于数据的获取问题，数据可能来自不同募投项目文件、项目实施方案、信息披露模板等，这可能导致数据分析出现一定偏差，但不会对分析结论产生实质影响。

入最多的是海口市，占比为34.29%，其次是三亚市和海南省本级，占比分别为16.77%和13.63%，再次是洋浦经济开发区和文昌市，占比分别为8.06%和7.45%，其他市州所用海南省项目收益专项债规模较小；从项目偿债情况看，项目融资本息覆盖倍数均值为1.74倍，偿债风险不大，融资本息覆盖倍数最低为1.13倍，项目偿债保障较好。

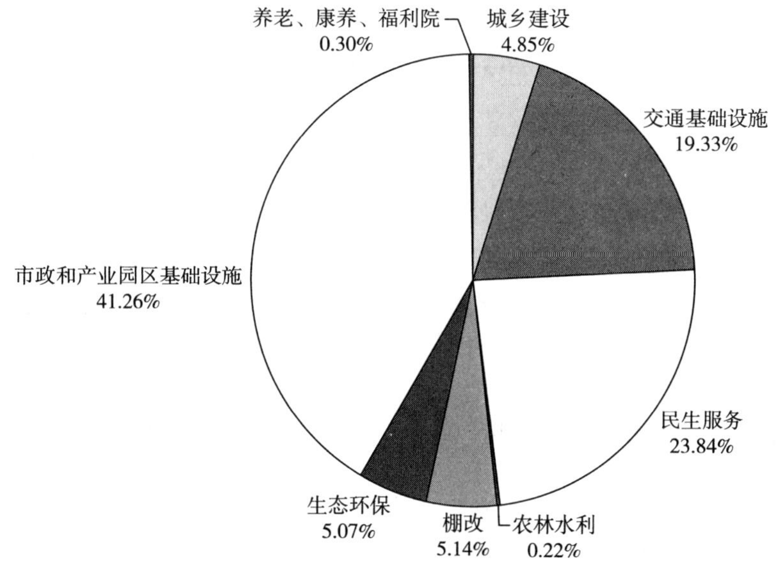

图9　2021年1~9月海南省新增项目收益专项债募投领域分布

资料来源：海南省政府新增专项债信息披露文件，中诚信国际整理计算。

（三）暂无新增专项债用作项目资本金，需合理推进资本金应用

2021年1~9月，全国31个省（区、市）中新增专项债用作资本金的省市共24个，但海南省无专项债用作项目资本金，专项债对基建投资的撬动以项目配套融资的形式体现，这在一定程度上表明项目资本金到位压力可能较小。考虑到专项债用作项目资本金的撬动作用强于用作配套融资，在稳增长背景下仍需合理推进资本金应用以放大对基建投资的拉动效果。

（四）新增项目收益专项债可撬动基建投资规模411.19亿元

2021年1~9月，海南省新增专项债的规模为164.75亿元，专项债资本金

撬动杠杆为2.5倍，合计撬动基建投资规模411.19亿元。① 当期海南省新增专项债均用于非专项债资本金项目中的配套融资，此类项目的资本金和配套融资比例均值分别为60%和40%。2021年1~9月，海南省新增专项债规模及撬动基建投资规模处于全国下游水平，但专项债配套融资撬动杠杆位列全国第1，这在一定程度上表明专项债投资拉动效果显著。

三 海南省偿债能力分析

海南省地方政府债务余额处于全国较低水平，但整体呈现增长态势，未来5年债务到期分布较为平均。海南省财政实力较弱，财政自给水平一般，但随着自贸区建设的不断推进，经济发展质量和效益或将明显改善。海南省债务率增幅较大，债务压力加大，近年来海南省政府出台多项规定，严控政府债务风险，政府债务风险整体可控。

（一）整体政府债务规模较小，未来5年债务到期分布较为平均

在政府债务方面，海南省地方政府债务规模处于全国较低水平，整体呈增长态势。截至2020年末，海南省地方政府债务余额为2622.81亿元②，居于全国31个省（区、市）第28位（见图10），较2019年末增长17.59%，债务压力有所上升。截至2020年末，海南省地方政府债务限额为2811.40亿元，未使用的债务限额达188.59亿元，剩余空间较小。

截至2021年9月末，海南省地方债存量规模为2796.94亿元，在全国各省（区、市）中排第28位，债务规模不大。从券种分布来看，存量一般债为1539.99亿元，占比为55.06%；存量专项债为1256.96亿元，占比为44.94%，券种分布较为平均。从地方债到期分布看，2022~2026年到期债务

① 专项债撬动基建投资方法参见袁海霞、汪苑晖、卞欢《专项债兼顾扩容提效，助力基建托底稳增长——地方政府专项债2019年回顾与2020年展望》，《财政科学》2020年第1期。

② 如无特别说明，本报告中引用的海南省政府债务限额、余额，一般公共预算收入、支出，财政平衡率，债务率，负债率等财政相关数据均来自海南省财政预算执行及决算报告，并由中诚信国际整理计算。

规模分别为 291.82 亿元、308.32 亿元、366.22 亿元、345.97 亿元和 381.23 亿元，债务到期分布较为平均（见图 11）。

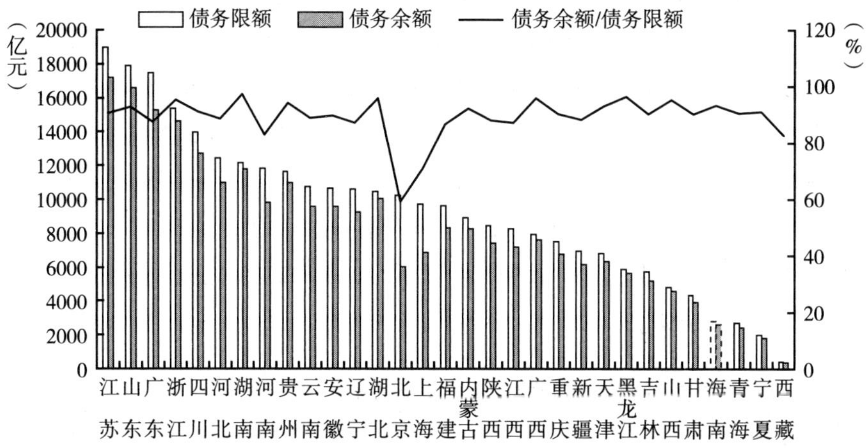

图 10 2020 年全国 31 个省（区、市）债务限额及余额

资料来源：全国 31 个省（区、市）财政预算执行及决算报告，中诚信国际整理计算。

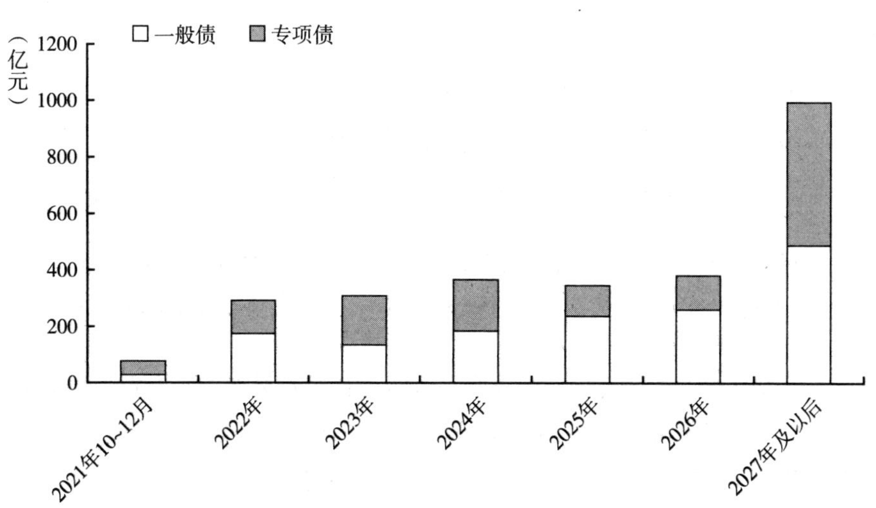

图 11 截至 2021 年 9 月海南省地方债到期分布

资料来源：Wind 数据库，中诚信国际整理计算。

（二）财政实力较弱，财政自给能力一般

海南省成立时间较短，我国1988年4月撤销广东省海南行政区，设立海南省和海南经济特区，海南经济特区是我国最大的经济特区。在财政实力方面，2020年，海南省一般公共预算收入为816.06亿元，在全国31个省（区、市）中列第28位（见图12），较2019年增长0.24%，财政实力较弱；2020年，海南省财政平衡率为41.37%，较2019年下降2.42个百分点，财政自给能力尚可。在综合财力①方面，2020年，海南省综合财力为2504.82亿元，与2019年基本保持一致，其中政府性基金收入为522.55亿元（见图13），较2019年增长14.64%。

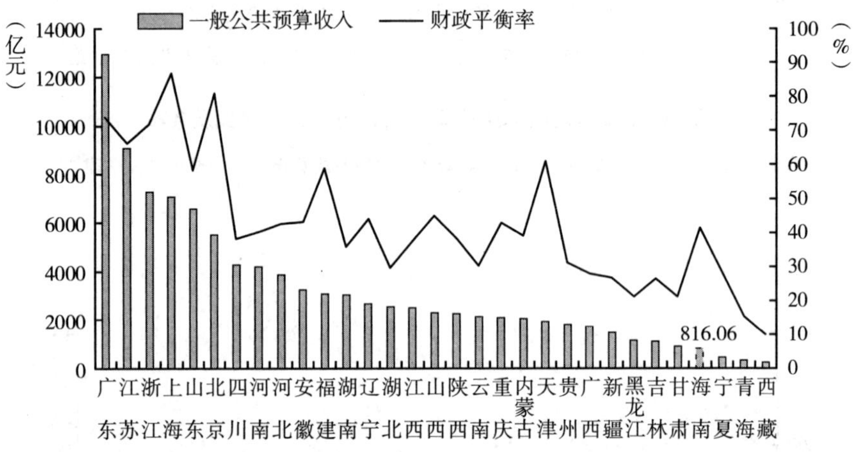

图12　2020年全国31个省（区、市）一般公共预算收入和财政平衡率

资料来源：全国31个省（区、市）财政预算执行及决算报告，中诚信国际整理计算。

在政策支持方面，随着海南省全岛升级为自由贸易港，海南省战略地位的提升将为其发展带来新的机遇。2018年4月，党中央决定支持海南全岛建设海南自贸区。2018年6月，经海南省委、省政府深入调研、统筹规划，决定设立海口江东新区，将其作为建设海南自贸区的重点先行区域。2018年10

① 综合财力＝一般公共预算收入＋政府性基金收入＋国有资本经营收入＋上级补助/转移支付等收入。

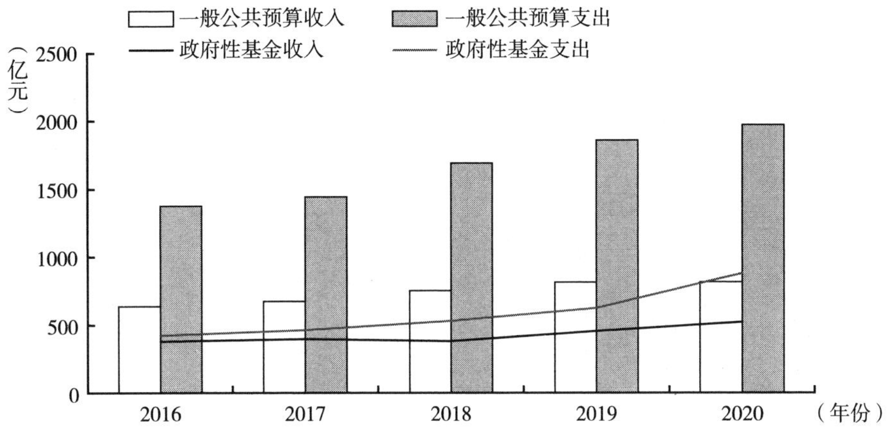

图 13　2016～2020 年海南省一般公共预算收支以及政府性基金收支

资料来源：2016～2020 年海南省财政预算执行及决算报告，中诚信国际整理计算。

月，国务院批复同意设立海南自贸区并印发《中国（海南）自由贸易试验区总体方案》①。2020 年 6 月，中共中央、国务院印发了《海南自由贸易港建设总体方案》②。

（三）债务率增幅较大，债务压力相对较大，但债务风险整体可控

截至 2020 年末，海南省负债率为 47.41%，较上年末增长 5.39 个百分点；债务率为 104.71%，较上年末增长 15.59 个百分点，增幅较大，债务率居全国 31 个省（区、市）第 14 位，且超过 100% 国际警戒标准（见图 14），全省的债务压力相对较大。在债务管理及债务风险防控方面，近年来海南省政府出台多项规定，对严控政府债务风险、规范政府举债行为、新增债券资金使用、置换债券政策利用、筹集资金偿还存量债务、建立政府债务公开风险预警应急机制、规范使用 PPP 模式、政府购买服务、禁止形成隐性政府债务等方面进行了规范，整体债务风险可控。

---

① 《国务院关于印发中国（海南）自由贸易试验区总体方案的通知》（国发〔2018〕34 号），中国政府网，2018 年 10 月 16 日，http：//www. gov. cn/zhengce/content/2018 - 10/16/content_ 5331180. htm。

② 《中共中央　国务院印发海南自由贸易港建设总体方案》，中国政府网，2020 年 6 月 1 日，http：//www. gov. cn/zhengce/2020 - 06/01/content_ 5516608. htm。

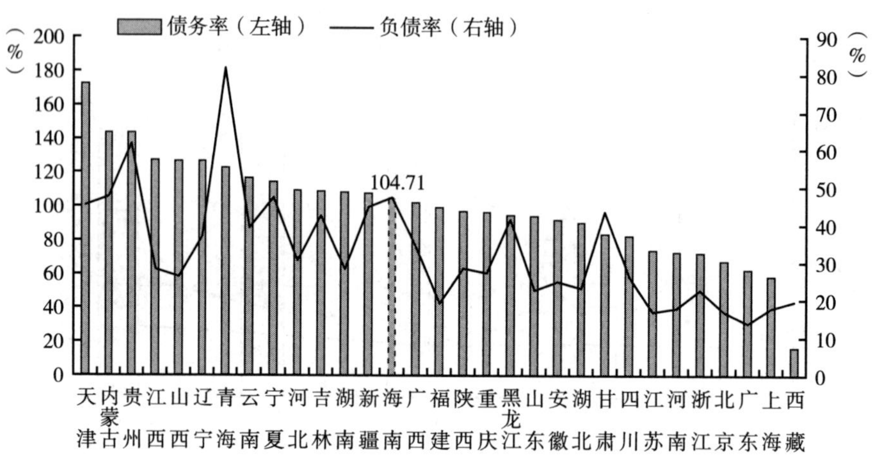

图 14　2020 年全国 31 个省（区、市）债务率及负债率

资料来源：全国 31 个省（区、市）财政预算执行及决算报告，中诚信国际整理计算。

四　小结

总体来看，受区域发展条件等因素影响，海南省整体经济及财政实力在全国排名相对靠后，但政府债务风险总体可控。从地方债运行情况看，2021 年，在疫情防控常态化、稳增长和地方财政支出压力较大的背景下，地方债依然是积极财政政策的重要着力点；发行地方债以再融资一般债为主，期限结构中中长期占比较高；在发行成本方面，海南省地方债发行利率及利差在全国均处于较低水平，2021 年发行利率较 2020 年同期小幅上升。在项目收益专项债方面，海南省项目收益债规模持续扩大，发行期限以中期为主；新增项目收益专项债资金主要投向市政和产业园区基础设施、交通基础设施和民生服务等项目。近年来受益于国家政策支持，海南省全岛升级为自由贸易港，战略地位的提升将为其后续发展带来新的机遇。鉴于目前海南省地方债务规模相对较小，建议继续加强对地方隐性债务的约束，继续完善地方政府债务风险预警机制，强化风险预警及处置，加快政府债券发行使用进度，发挥政府债券资金效能，全力支持海南自贸港建设，为当地经济可持续发展提供保障。

B.38

2021年上海市地方政府债券分析报告

江林燕　吴江珊　杨 成　汤爱萍*

摘　要： 上海市作为全国经济、财政实力很强的直辖市，地方政府债券的发行情况良好。2021 年以来受额度下达时间推迟影响，上海市发行规模稍有缩减且进度滞后。近年来发行规模增幅较大的系专项债，以新增为主，投向主要系交通基础设施，且期限进一步拉长。本报告将从上海市地方债运行情况、地方政府专项债券以及上海市政府偿债能力等方面对上海市地方债的发展状况进行分析与总结。2021 年 10 月，上海市正式启动“全域无隐性债务”试点工作，将进一步降低区域债务风险。

关键词： 地方债　专项债　上海市

一　上海市地方债运行情况分析

由于地方政府债券限额管理，加之提前偿还了部分债券，上海市目前地方政府债务存量规模不大。截至 2021 年 9 月，上海市地方债存量①规模为 7404 亿元，占全国规模的 2.58%，在全国 31 个省（区、市）中排第 22 名（见

* 江林燕，中诚信国际政府公共评级二部高级分析师，主要研究领域为地方政府债券、基础设施投融资行业等；吴江珊，中诚信国际政府公共评级二部分析师，主要研究领域为地方政府债券、基础设施投融资行业等；杨成，中诚信国际政府公共评级二部分析师，主要研究领域为地方政府债券、基础设施投融资行业等；汤爱萍，中诚信国际政府公共评级二部分析师，主要研究领域为地方政府债券、基础设施投融资行业等。

① 如无特别说明，本报告中引用的地方债存量、发行量、发行利率、发行利差、交易量、到期收益率等债券相关数据均来自截至 2021 年 9 月的 Wind 数据库，并由中诚信国际整理计算。

图1），在直辖市中排第3名。从结构看，存量地方债中有4236.5亿元专项债、3129.7亿元一般债以及37.8亿元未分类债券①，其中以专项债为主，规模在全国排第18名。从期限看，存量地方债期限主要为5～10年，占全市地方债存量规模的89.41%。

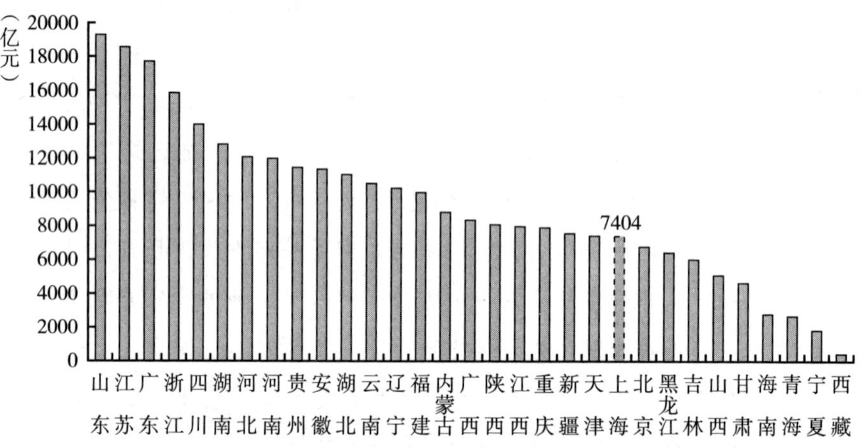

图1　截至2021年9月全国31个省（区、市）地方债存量规模

资料来源：Wind数据库，中诚信国际整理计算。

（一）发行规模稍有缩减且进度滞后，发行集中度提高

受提前额度下达较晚、审核趋严等影响，2021年上海市地方债发行进度滞后，发行时间集中在第三季度。2021年1～9月，上海市共发行19只地方债，规模共计1211.1亿元；2020年1～9月，共发行24只，规模共计1676.1亿元（见图2）。2021年1～9月发行时间集中在7月和9月，而2020年1～9月发行时间主要集中在2月、5月、8月、9月。

（二）发行结构以新增专项债为主，发行期限以5年、7年和10年为主

2021年1～9月，上海市发行的地方政府债券以新增债券为主，期限以10年为主，但占比有所下降。从券种结构看，新增专项债比例较高，发行规模为625亿

① 2015年以前发行的地方债未区分一般债、专项债。

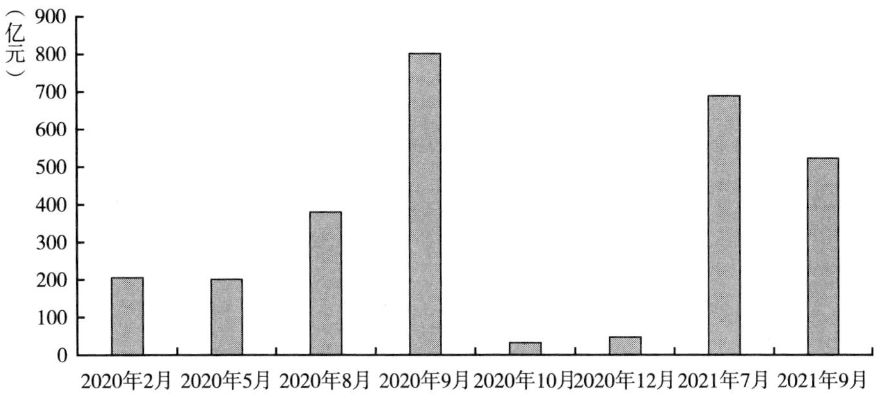

图 2　2020 年 1 月 ~2021 年 9 月上海市地方债月度发行规模

注：上海市部分月份无地方债发行，故图中无显示。

资料来源：Wind 数据库，中诚信国际整理计算。

元，占比达到 51.61%，另外发行了新增一般债（242 亿元）、再融资一般债（201.1 亿元）以及再融资专项债（143 亿元）。期限结构以 5 年、7 年和 10 年为主，占比分别为 22.91%、28.04%、30.88%，较 2020 年减少了 20 年期限品种，10 年及以上期限的地方债所占比例为 43.68%（见图 3），较 2020 年下降 28.65 个百分点。

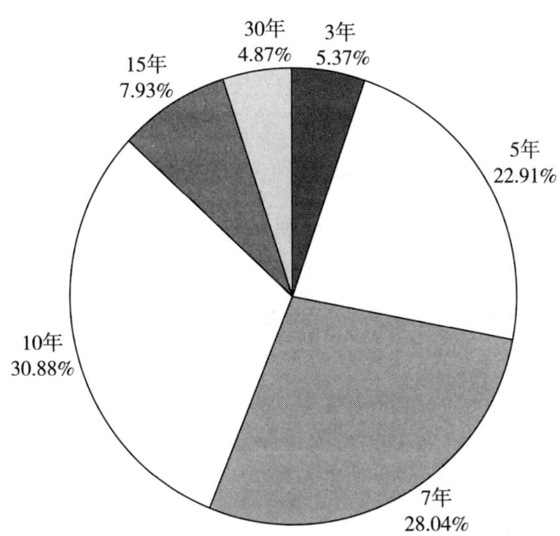

图 3　2021 年 1 ~9 月上海市地方债发行期限结构

资料来源：Wind 数据库，中诚信国际整理计算。

（三）发行成本整体下降，长端发行利率回落幅度较大

在发行利率方面，近年来上海市地方债发行利率①整体呈下降趋势，2018～2020 年及 2021 年 1～9 月发行利率分别为 3.69%、3.28%、3.34% 和 3.05%（见图 4）。从月度分布看，发行利率在 9 月到达低点，为 3.01%（见图 5）。从期限分布看，与 2020 年同期对应期限的地方债相比，发行利率明显回落；同期限发行利差以收窄为主，7 年期债券发行利差收窄幅度最大，为 7.69BP。从券种分布看，一般债、专项债发行利率分别回落至 3.03% 和 3.07%，且发行利差分别回落至 19.11BP 和 19.10BP。与其他省（区、市）相比，上海市发行利率在全国处于最低水平（见图 6）。

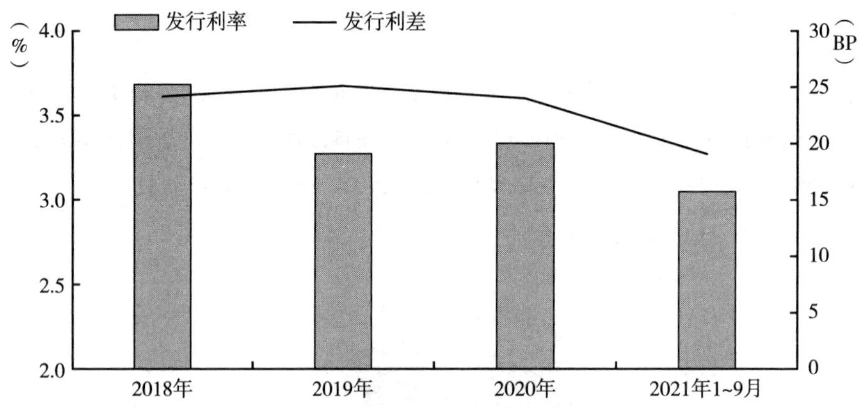

图 4　2018～2020 年及 2021 年 1～9 月上海市地方债发行成本

资料来源：Wind 数据库，中诚信国际整理计算。

（四）交易规模小于2020年同期，到期收益率小幅波动

从二级市场交易规模②看，2021 年 1～9 月，上海市地方债交易规模同比回落 70.14% 至 883.52 亿元，在全国排第 25 名。从到期收益率走势看，2020

① 如无特别说明，本报告中发行利率、利差为根据发行额计算的加权平均发行利率、利差，发行利差计算公式：债券发行利率－对应期限国债收益率。

② 交易统计包含回购交易、现券交易等部分。

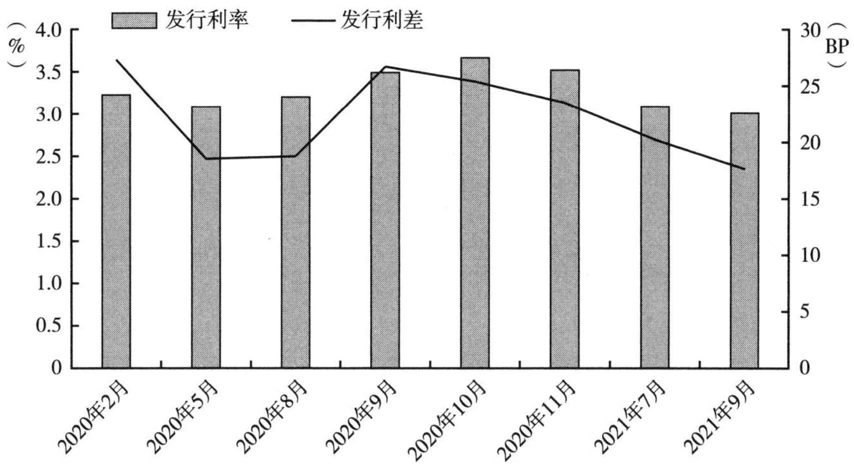

图5　2020年1月～2021年9月上海市地方债月度发行成本

注：上海市部分月份无地方债发行，故图中无显示

资料来源：Wind数据库，中诚信国际整理计算。

年1月～2021年9月，上海市各期限地方债到期收益率均值[①]呈现整体先降后升再降的态势，并于2020年4月到达低点，2021年以来到期收益率小幅波动、稳中有降（见图7）。

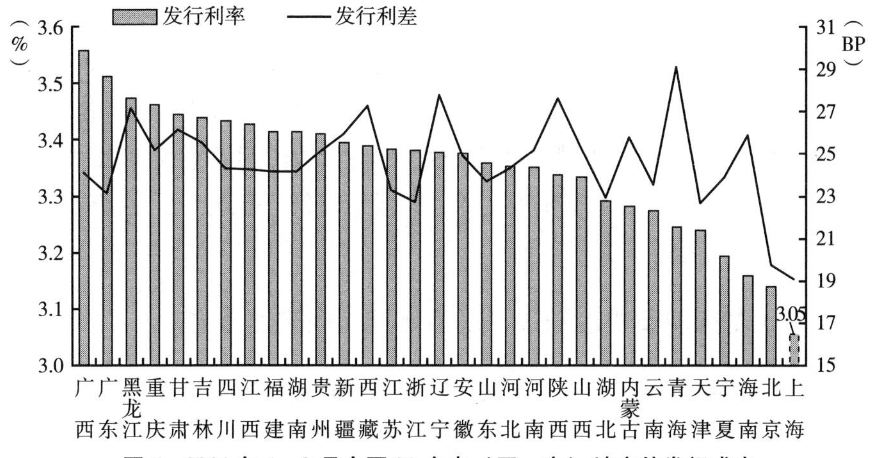

图6　2021年1～9月全国31个省（区、市）地方债发行成本

资料来源：Wind数据库，中诚信国际整理计算。

① 此处到期收益率均值采用的是算术平均值。

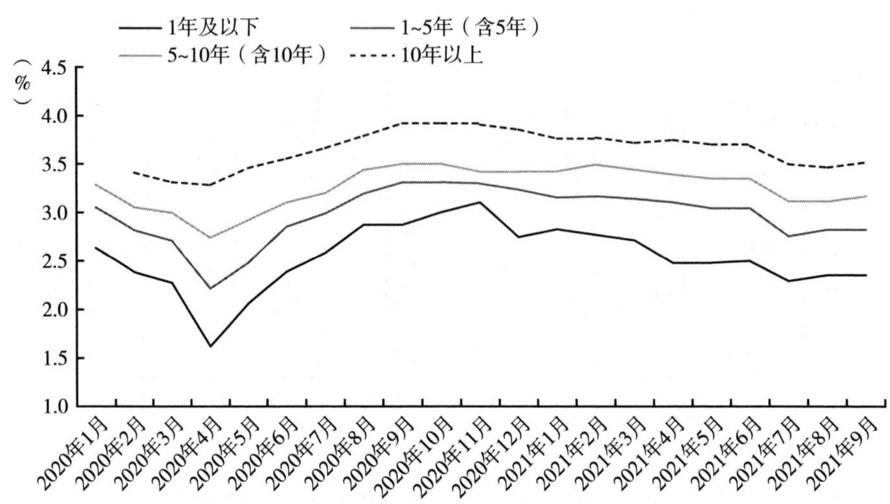

图7　2020 年 1 月 ~2021 年 9 月上海市地方债到期收益率走势

资料来源：Wind 数据库，中诚信国际整理计算。

二　上海市地方政府专项债分析①

上海市项目收益专项债存量规模在全国范围内处于中游水平，截至 2021 年 9 月，存量规模达到 2532.3 亿元；投向领域以棚改为主，2020 年起向交通基础设施领域倾斜；总体期限结构居中，10 年期地方债占比较高。值得注意的是，上海市仍未启用专项债资本金模式，单从目前用作项目配套融资看，理论上或能撬动基建投资约 1221.1 亿元，稳增长背景下需进一步发挥专项债用作资本金的杠杆优势。

（一）发行规模快速增长，以10年期、棚改类为主

自 2017 年财政部发布《关于试点发展项目收益与融资自求平衡的地方政

① 2020 年 7 月 29 日财政部《关于加快地方政府专项债券发行使用有关工作的通知》（财预〔2020〕94 号）明确 2020 年新增专项债必须保证融资规模与项目收益相平衡，因此 2020 年新增专项债均为项目收益专项债；本部分项目收益专项债的统计样本为 2017 ~2020 年项目收益专项债与 2021 年 1 ~9 月的新增专项债。

府专项债券品种的通知》① 以来，全国开始启动项目收益专项债的发行。2017～2020 年以及 2021 年 1～9 月，上海市分别发行项目收益专项债 47.4 亿元、265 亿元、672 亿元、1041 亿元和 625 亿元，特别是 2020 年受疫情影响，专项债迅速扩容，2021 年稍有回落。从债券期限看，上海市存量项目收益专项债期限居中，以 10 年为主，且 2021 年延续了 2020 年的期限特点，新发行的专项债券期限较之前更长（见图 8）。从投向领域看，2021 年上海市新增专项债募投领域仍然以棚改为主，募集资金金额占比达 66.72%，但 2020 年起逐步向交通基础设施、民生服务以及生态环保等领域倾斜。从发行成本看，2018 年起上海市项目收益专项债发行成本出现明显回落，2021 年 1～9 月发行利率为 3.09%，发行利差为 19.43BP，较 2020 年均有所下降。

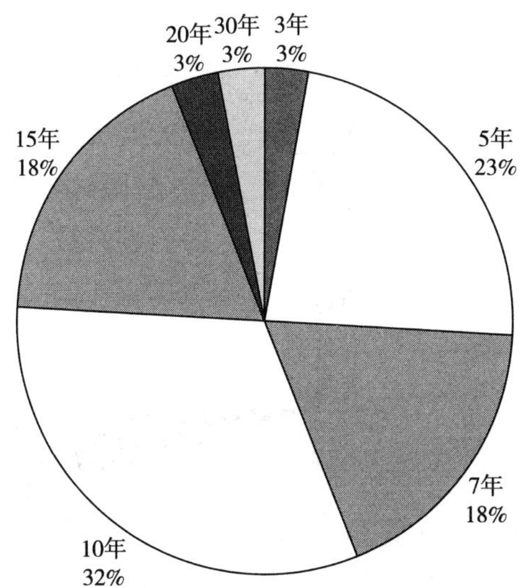

图 8　2021 年 1～9 月上海市项目收益专项债发行期限结构

资料来源：Wind 数据库，中诚信国际整理计算。

① 《关于试点发展项目收益与融资自求平衡的地方政府专项债券品种的通知》（财预〔2017〕89 号），财政部网站，2017 年 7 月 21 日，http://yss.mof.gov.cn/zhuantilanmu/dfzgl/zcfg/201707/t20170724_2656632.htm。

（二）募投领域向交通基础设施倾斜，项目偿债保障有待加强

2020 年以来，上海市项目收益专项债向交通基础设施领域倾斜，较此前品种（仅土储和棚改）有所创新（见图 9）。具体看，2021 年 1～9 月，投向棚改领域 417.00 亿元；投向交通基础设施领域 159.10 亿元，以轨道交通为主；投向民生服务领域 22.83 亿元，以医疗卫生和教育为主；投向生态环保领域 13.35 亿元，全部用于城镇污水垃圾处理。① 从项目行政层级看，上海市专项债项目以市级为主，占比为 63.15%，区县级项目占比较少。从项目偿债情况看，项目融资本息覆盖倍数均值为 1.41 倍，整体偿债风险不大，但仍有少量项目无法实现本息覆盖，且近 1/4 的项目仅以土地出让收入为还款来源。由于土地出让具有一定的不确定性，需关注对应土地出让进度及项目偿还本息的潜在风险。

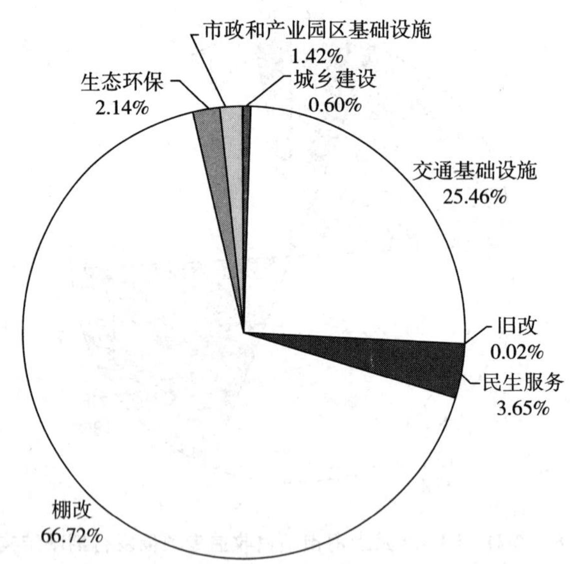

图 9　2021 年 1～9 月上海市新增项目收益专项债募投领域分布

资料来源：上海市政府新增专项债信息披露文件，中诚信国际整理计算。

---

① 如无特别说明，本报告中引用的专项债募投项目的相关数据均来自地方政府新增专项债信息披露文件，并由中诚信国际整理计算。由于数据的获取问题，数据可能来自不同募投项目文件、项目实施方案、信息披露模板等，这可能导致数据分析出现一定偏差，但不会对分析结论产生实质影响。

（三）暂未用作项目资本金，或与项目储备不足、资本金压力小有关

截至2021年9月，上海市仍无专项债用作项目资本金，这在一定程度上表明上海市财政实力很强、无项目资本金到位压力，在专项债不作资本金的项目中，上海市项目资本金比例达48.48%，在全国处于较好的水平。但考虑到专项债用作项目资本金的撬动作用强于用作配套融资，在稳增长背景下仍需合理推进资本金应用以放大对基建投资的拉动效果。

（四）理论上可撬动基建投资约1221.1亿元，但实际效果仍受多种因素限制

2021年1~9月，上海市固定资产投资较上年同期增长9.4%，三大领域中，城市基础设施投资比上年同期增长9.8%，工业投资增长8.1%，房地产开发投资增长9.4%。专项债的扩容对固定资产投资的增长起到一定作用。由于上海市暂无专项债用作项目资本金，专项债对基建投资的撬动以项目配套融资的形式体现，上海市专项债项目配套融资比例中位数为51.18%，对应撬动杠杆约为1.95倍，理论上约能撬动基建投资1221.1亿元，但实际效果仍受多种因素限制，如资金到位情况、项目建设进度、配套设施建设情况等。

三　上海市偿债能力分析

（一）债务规模适度，尚有一定的融资空间，且债务期限分布相对均衡

在政府债务方面，上海市地方政府债务余额年度规模整体呈增长态势。截至2020年末，上海市地方政府债务余额为6891.5亿元（见图10），比2019年末增长1169.4亿元。2020年末，上海市地方政府债务限额为9723.1亿元，列全国31个省（区、市）第15位（见图11），剩余额度较大主要系前期偿还的部分额度尚未获得使用。截至2021年9月末，上海市地方政府债务余额为7404.0亿元。

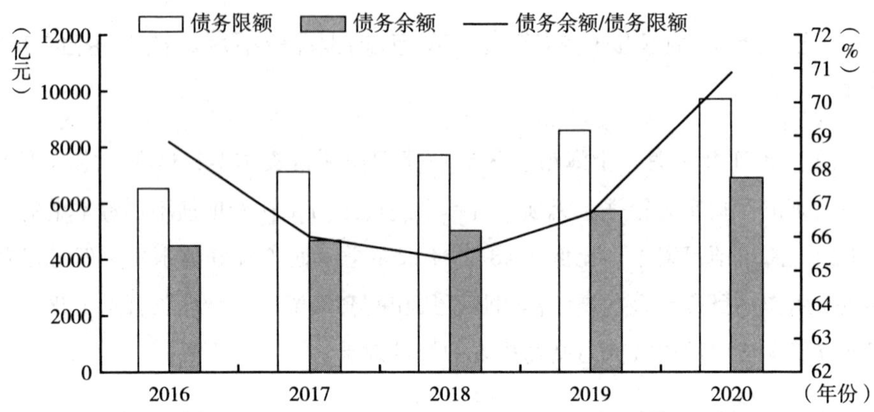

图 10　2016～2020 年上海市地方政府债务限额及余额

资料来源：上海市财政预算执行及决算报告，中诚信国际整理计算。

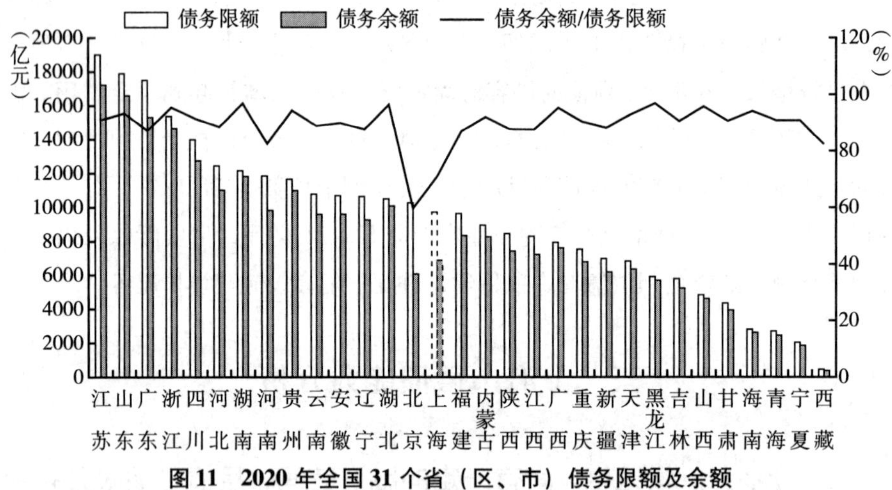

图 11　2020 年全国 31 个省（区、市）债务限额及余额

资料来源：全国 31 个省（区、市）财政预算执行及决算报告，中诚信国际整理计算。

在债务到期分布方面，截至 2021 年 9 月末，上海市地方债债务余额为 7404.0 亿元，其中一般债债务余额 3129.7 亿元、专项债债务余额 4274.3 亿元。2021 年 10～12 月，上海市到期债务规模为 60.0 亿元，2022～2026 年到期债务规模分别为 608.8 亿元、825.8 亿元、1095.2 亿元、836.4 亿元和 952.5 亿元，其中 2024 年到期债务规模较大（见图 12）。2024 年到期债务中一般债占 34.45%，专项债占 65.55%。

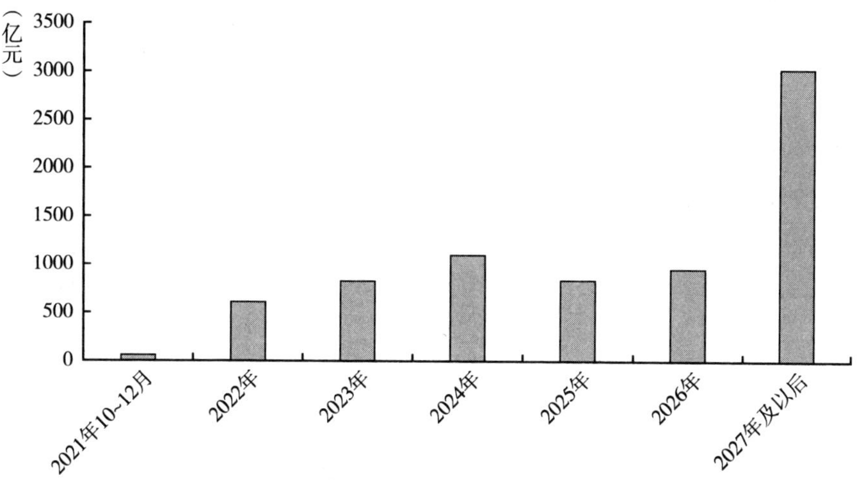

图 12　截至 2021 年 9 月上海市地方债到期分布

资料来源：Wind 数据库，中诚信国际整理计算。

（二）上海市经济、财政实力很强，综合竞争实力位于全国前列

上海市经济实力很强，是中国最大的经济中心、重要的国际航运中心，在全国经济建设和社会发展中具有十分重要的地位和作用。2020 年，上海市实现地区生产总值（GDP）38700.58 亿元，比上年增长 1.7%。在产业结构方面，上海市产业结构以第三产业为主，2020 年三次产业占比分别为 0.3%、26.6%、73.1%。其中，2020 年第一产业增加值为 103.57 亿元，下降 8.2%；第二产业增加值为 10289.47 亿元，增长 1.3%；第三产业增加值为 28307.54 亿元，增长 1.8%。

在固定资产投资方面，2017 年上海市完成全社会固定资产投资总额 7246.60 亿元，同比增长 7.3%。2018 ~2020 年全社会固定资产投资总额分别增长 5.2%、5.1% 和 10.3%，其中，2020 年第一产业同比增长 109.8%，第二产业同比增长 16.5%，第三产业同比增长 9.0%。

在财政实力方面，2020 年上海市一般公共预算收入在全国 31 个省（区、市）中排第 4 位，在直辖市中排第 1 位，财政实力较强（见图 13）。2020 年，上海市一般公共预算收入为 7046.3 亿元，在减税降费情况下同比降低 1.7%，其中，税收收入为 5841.9 亿元，占 82.91%；一般公共预算支出为 8102.1 亿

元。在财政平衡方面，上海市财政平衡能力较强，财政平衡率（一般公共预算收入/一般公共预算支出）为86.97%，较2020年降低0.63个百分点。

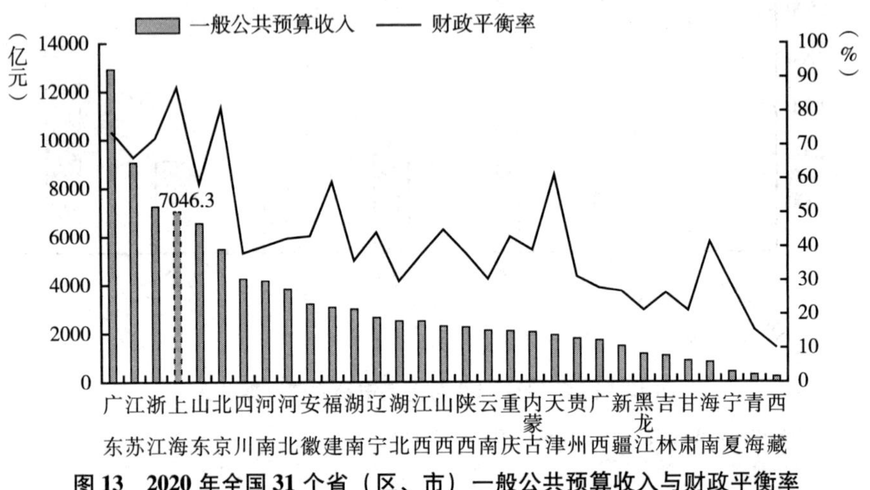

图13　2020年全国31个省（区、市）一般公共预算收入与财政平衡率

资料来源：全国31个省（区、市）财政预算执行及决算报告，中诚信国际整理计算。

在政府性基金收支方面，2020年，上海市政府性基金收入为3175.0亿元，占全国政府性基金收入的3.4%，同期政府性基金支出为3697.8亿元（见图14）。近年来上海市政府性基金收支呈增长态势，且规模较大。

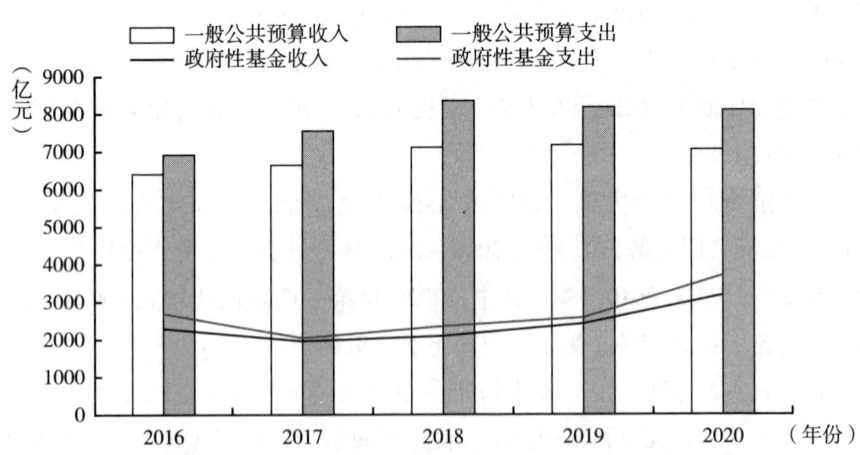

图14　2016～2020年上海市一般公共预算收支以及政府性基金收支

资料来源：上海市财政预算执行及决算报告，中诚信国际整理计算。

（三）负债率和债务率相对较低，债务率远低于国际警戒标准

上海市经济、财政实力很强，地方债务规模不大，负债率和债务率相对较低。2020 年上海市负债率为 17.81%，负债率在全国 31 个省（区、市）中列第 28 位，低于欧盟 60% 的警戒线；债务率为 58.47%，债务率在全国 31 个省（区、市）中列第 30 位，远低于 100% 的国际警戒标准（见图 15），债务偿付风险较低。

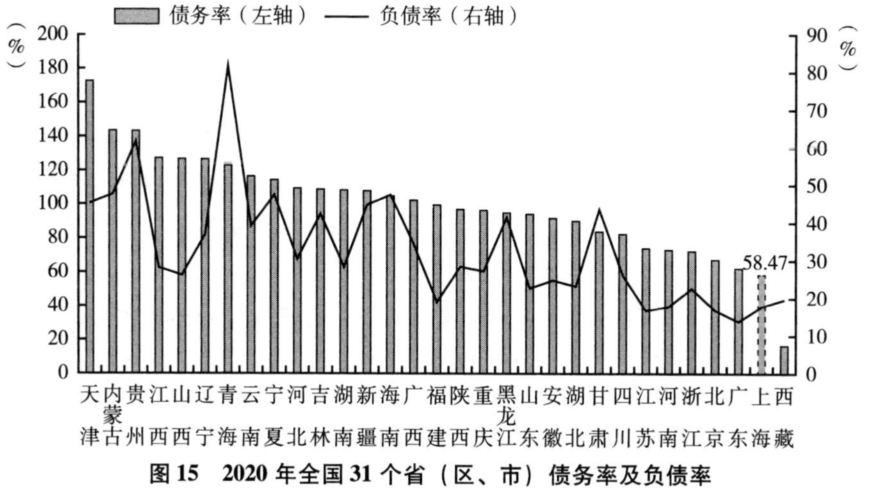

图 15　2020 年全国 31 个省（区、市）债务率及负债率

资料来源：全国 31 个省（区、市）财政预算执行及决算报告，中诚信国际整理计算。

在债务管理及债务风险防控方面，上海市委、市政府按照国务院的部署和中央有关部委的要求，高度重视政府性债务管理工作，积极采取有效措施，不断完善政府性债务管理制度，着力控制债务规模，有效防范和化解财政金融风险。一是健全完善政府性债务管理制度，严格政府性债务管理；二是落实债务限额管理和债券额度分配方案，组织实施债券发行工作；三是加强对政府债务的动态监控，严格实行政府债务月报制度，实时跟踪分析本市政府债务到期和变动情况；四是建立政府债务风险预警和应急处置机制，明确应急组织机构、预警和预防机制、应急响应、后期处理和保障措施，切实防范和化解财政金融风险。2021 年 10 月，上海市正式启动“全域无隐性债务”试点工作，未来有望统筹推进债务管控，进一步降低区域债务风险。

四 小结

上海市2021年地方政府债券的发行呈现规模稍有缩减、节奏紧凑、发行成本下降、发行期限持续拉长等特点。从目前存量地方政府债券到期分布来看，上海市地方政府债券每年到期规模较平均，且到期压力较小。受益于上海市殷实的财政实力，上海市政府主导的项目资本金比例在全国处于较好的水平，专项债未直接用作资本金，均用作配套融资。

总体来看，上海市经济及财政实力很强，各项指标在全国排名靠前，且负债率和债务率均处于较低的水平，现阶段债务限额仍有一定的使用空间，且上海市作为“全域无隐形债务”试点区域，未来将会进一步降低区域债务风险。针对存量地方债，建议及时做好债务的动态管理，包括及时监控募投项目的投资进度、运营状况、项目还款来源等，预防债务风险的发生。对于新增以及投向方面，建议上海市充分结合城市发展规划及行业定位，用好地方政府债务额度、丰富资金投向，特别是在稳增长大背景下，合理推进专项债作为资本金的应用，以放大对基建投资的撬动作用。

B.39

2021年福建省地方政府债券分析报告

孟一波　刘凯　宋航　段斌*

摘　要： 2021年，福建省地方债发行规模有所增长，且发行进度略有滞后。新发行地方债以新增专项债为主，且中长期债券占比仍然较高。发行利率略有下降，专项债发行利差小幅抬升，二级市场交易规模受疫情影响明显回落，各期限地方债到期收益率小幅波动、稳中有降。福建省项目收益专项债发行数量和规模稳步提升，存量投向较为多元，对基建投资具有一定的拉动效果。总体来看，福建省现阶段债务限额仍有一定空间，债务风险总体可控。下一阶段应充分结合经济高质量发展及地方债务风险可控要求，提高资金使用效率，严控债务风险。

关键词： 地方债　专项债　福建省

一　福建省地方债运行情况分析

福建省地方债存量规模略大于全国平均水平，以新增专项债为主，债券期限集中于7~20年。从规模看，截至2021年9月，福建省地方债存量规模为

* 孟一波，中诚信国际政府公共评级二部总监，主要研究领域为地方政府债券、基础设施投融资行业等；刘凯，中诚信国际政府公共评级二部高级分析师，主要研究领域为地方政府债券、基础设施投融资行业等；宋航，中诚信国际政府公共评级二部分析师，主要研究领域为地方政府债券、基础设施投融资行业等；段斌，中诚信国际政府公共评级二部分析师，主要研究领域为地方政府债券、基础设施投融资行业等。

9985.97 亿元,① 占全国规模的 3.48%，在全国 31 个省（区、市）中排第 14 名（见图 1）。从结构看，存量地方债以专项债为主，规模达 6502.24 亿元，在全国排第 8 名。从期限看，存量地方债期限主要为 7 ~20 年，占全省地方债存量规模的 98.07%。

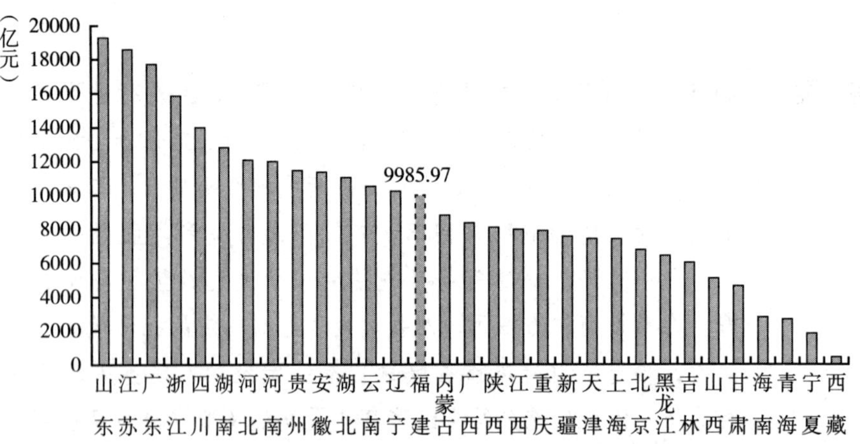

图 1　截至 2021 年 9 月全国 31 个省（区、市）地方债存量规模

资料来源：Wind 数据库，中诚信国际整理计算。

（一）发行规模有所增长但进度略有滞后，发行集中度提高

受提前额度下达较晚、审核趋严等影响，2021 年福建省地方债上半年发行进度滞后，第二季度末提速发行。2021 年 1 ~9 月，福建省共发行 19 只地方政府债券，规模共计 2289.28 亿元，2020 年 1 ~9 月共发行 65 只，规模共计 1964.92 亿元（见图 2）。2021 年 1 ~9 月发行时间主要集中在 6 月和 9 月，而 2020 年 1 ~9 月发行时间主要集中在 1 月、5 月、9 月。

（二）发行结构以新增专项债为主，长期限占比较高

2021 年 1 ~9 月，福建省发行的地方政府债券以新增债券为主，10 年期债

① 如无特别说明，本报告中引用的地方债存量、发行量、发行利率、发行利差、交易量、到期收益率等债券相关数据均来自截至 2021 年 9 月的 Wind 数据库，并由中诚信国际整理计算。存量地方债种类结构以存量地方债中 2018 年以来发行的样本进行统计。

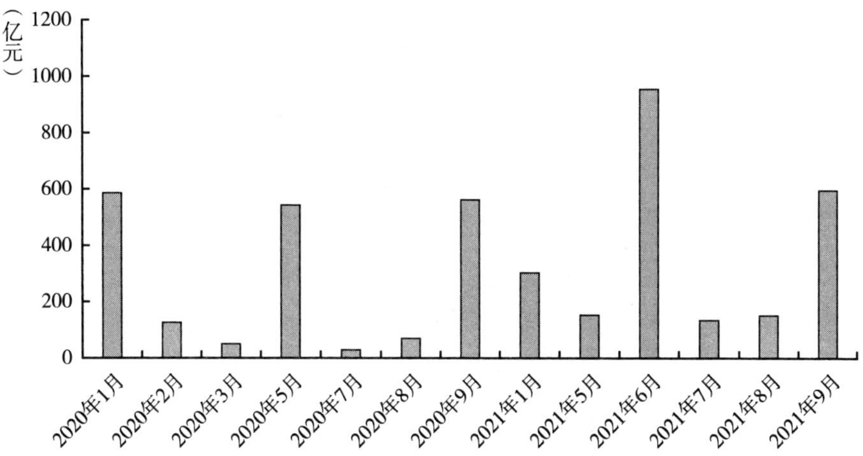

图2　2020年1月~2021年9月福建省地方债月度发行规模

注：福建省部分月份无地方债发行，故图中无显示。

资料来源：Wind数据库，中诚信国际整理计算。

券占比最大，且10年及以上期限债券占比明显下降。从券种结构看，新增专项债占比较高，发行规模为1278.29亿元，占比达到55.84%，另外发行了新增一般债（186.88亿元）、再融资一般债（389.56亿元）以及再融资专项债（434.55亿元）；期限以10年为主，占比达到35.84%，与上年基本持平，较2020年增加了3年期品种，10年及以上期限所占比例为71.52%（见图3），较2020年下降23.33个百分点。

（三）发行成本略有下降，利率整体回落幅度较小

在发行利率方面，近年来福建省地方债发行利率[①]整体呈下降趋势，2018~2020年及2021年1~9月发行利率分别为3.84%、3.47%、3.47%和3.41%（见图4）。从月度分布看，2021年发行利率在8月到达低点，为3.12%（见图5）。从期限分布看，与2020年同期对应期限的地方债相比，发行利率略有波动；同期限发行利差呈现收窄趋势，但收窄幅度整体不大，其中

① 如无特别说明，本报告中发行利率、利差为根据发行额计算的加权平均发行利率、利差，发行利差计算公式：债券发行利率－对应期限国债收益率。

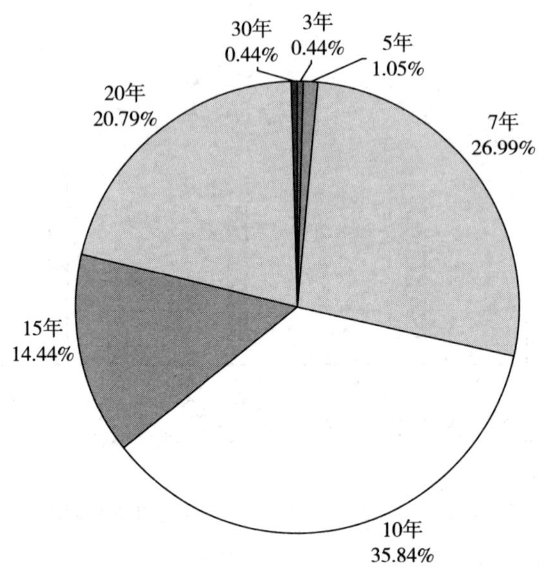

图 3　2021 年 1～9 月福建省地方债发行期限结构

资料来源：Wind 数据库，中诚信国际整理计算。

5 年期债券发行利差收窄幅度最大，为 2. 37BP。从券种分布看，2021 年一般债、专项债发行利率分别回落至 3. 31% 和 3. 45%，且一般债发行利差回落至 24. 24BP，但是专项债发行利差回升至 24. 09BP。福建省发行利率在全国处于中等以上水平（见图 6）。

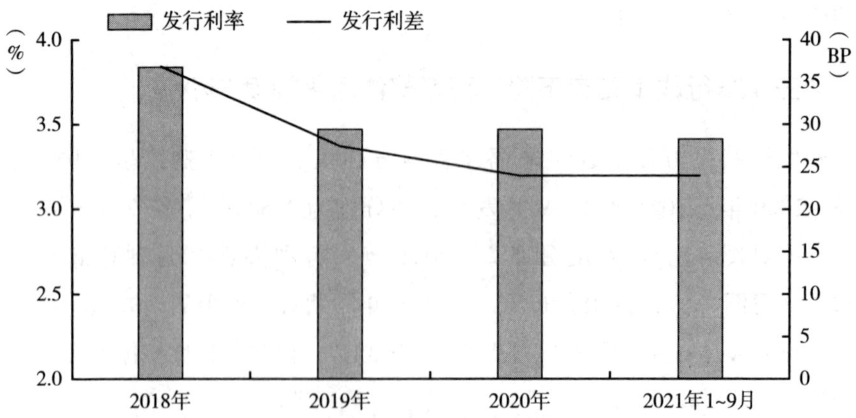

图 4　2018～2020 年及 2021 年 1～9 月福建省地方债发行成本

资料来源：Wind 数据库，中诚信国际整理计算。

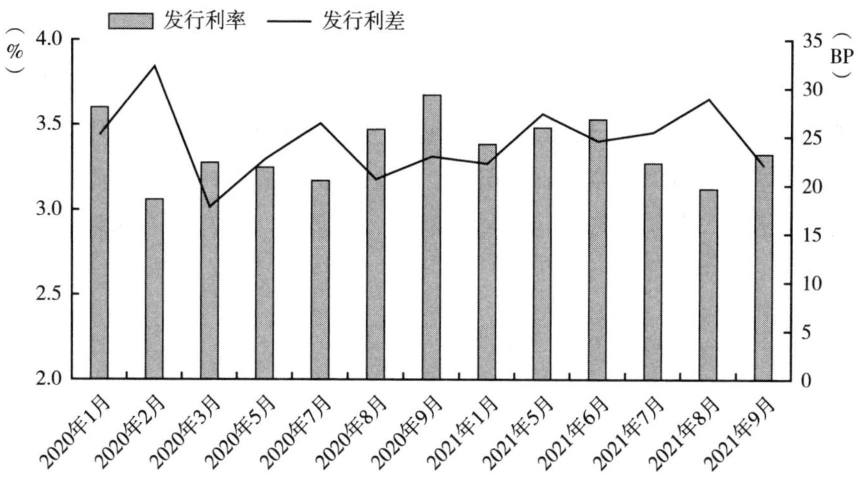

图5　2020年1月~2021年9月福建省地方债月度发行成本

注：福建省部分月份无地方债发行，故图中无显示。

资料来源：Wind数据库，中诚信国际整理计算。

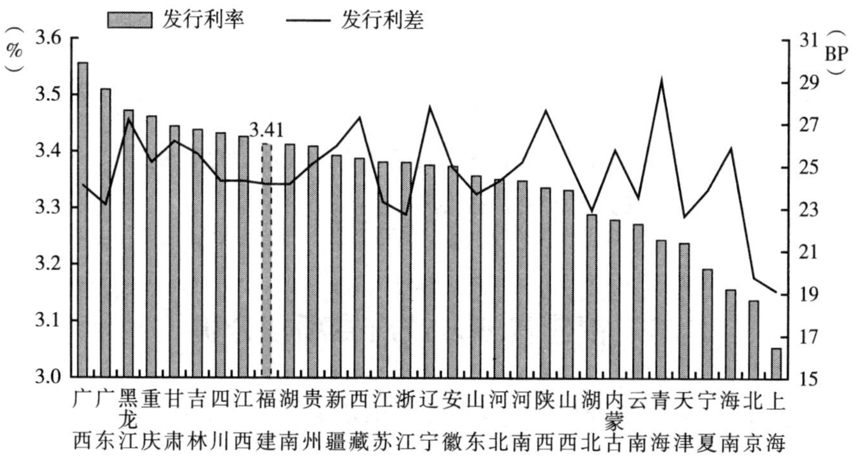

图6　2021年1~9月全国31个省（区、市）地方债发行成本

资料来源：Wind数据库，中诚信国际整理计算。

（四）交易规模小于2020年同期，到期收益率小幅波动

从二级市场交易规模①看，2021 年 1 ~9 月，福建省地方债交易规模同比回落 33.69% 至 2022.11 亿元，在全国排第 7 名。从到期收益率走势看，2020 年 1 月 ~2021 年 9 月，福建省各期限地方债到期收益率均值②呈现整体先降后升再降的态势，并于 2020 年 4 月到达低点（见图 7），2021 年以来到期收益率小幅波动、稳中有降。

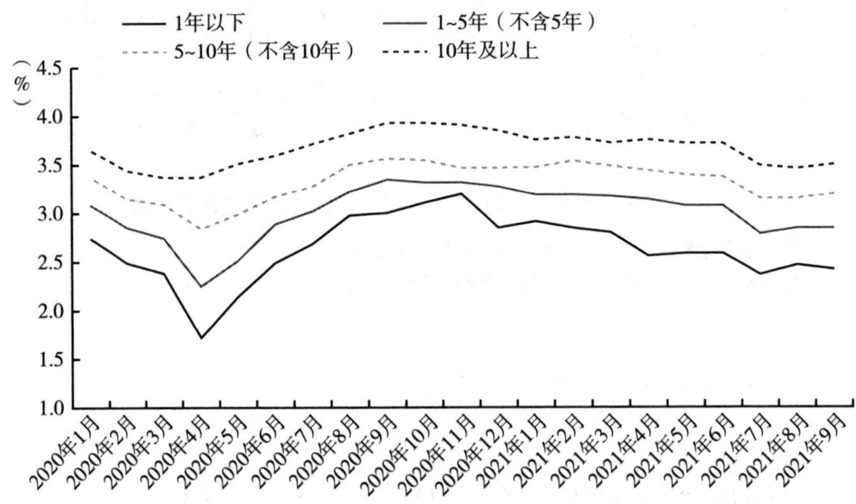

图 7　2020 年 1 月 ~2021 年 9 月福建省地方债到期收益率走势

资料来源：Wind 数据库，中诚信国际整理计算。

二　福建省地方政府专项债分析③

福建省项目收益专项债存量规模在全国范围内排名靠前，截至 2021 年 9

① 交易统计包含回购交易、现券交易等部分。

② 此处到期收益率均值采用的是算术平均值。

③ 2020 年 7 月 29 日财政部《关于加快地方政府专项债券发行使用有关工作的通知》（财预〔2020〕94 号）明确 2020 年新增专项债必须保证融资规模与项目收益相平衡，因此 2020 年新增专项债均为项目收益专项债；本部分项目收益专项债的统计样本为 2018 ~2020 年项目收益专项债与 2021 年 1 ~9 月的新增专项债。

月末，项目收益专项债存量规模为6502亿元；投向领域以市政和产业园区基础设施、交通基础设施以及民生服务为主；期限主要为5年、10年、15年及以上；此外，福建省发行的项目收益专项债用作项目资本金的相对较少，仍需进一步合理推进资本金应用以放大对基建投资的拉动效果。

（一）发行规模逐年增长且长期债券占比提升

自2017年财政部发布《关于试点发展项目收益与融资自求平衡的地方政府专项债券品种的通知》以来，福建省项目收益专项债发行数量和规模稳步增长。2018～2020年及2021年1～9月福建省项目收益专项债分别发行419亿元、812亿元、1541.51亿元和1712.84亿元。2021年以来在抗疫情、稳增长背景下福建省专项债加快扩容，截至2021年9月底，福建省项目收益专项债存量规模为6502.24亿元。从债券期限看，福建省存量项目收益专项债以5年、10年、15年及以上为主（见图8），2020年以来15年及以上债券发行规模占比有所提升，与专项债项目期限更为匹配。从发行成本看，2021年1～9月发行利率及利差分别为3.51%、23.90BP。

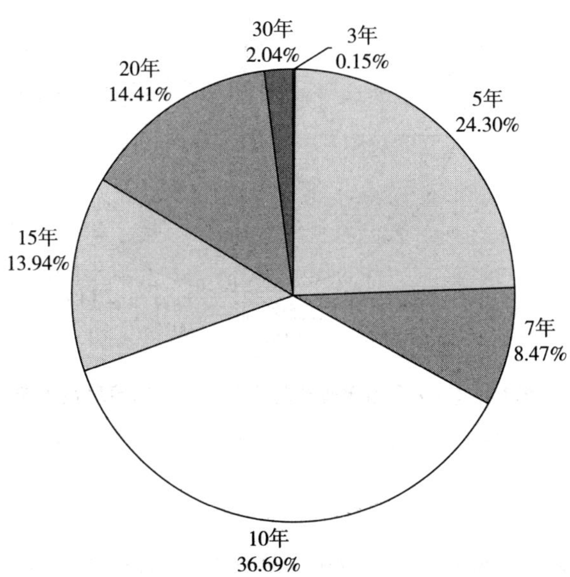

图8　截至2021年9月福建省项目收益专项债发行期限结构

资料来源：福建省地方政府新增专项债信息披露文件，中诚信国际整理计算。

（二）募投领域以基础设施为主，募投项目整体偿债能力很强

2021 年 1 ~ 9 月，福建省共发行 56 只项目收益专项债券，募集资金 1712.84 亿元，其中新增专项债 51 只，募集资金 1278.29 亿元。从新增专项债投向来看，主要投向市政和产业园区基础设施、交通基础设施、民生服务和棚改领域，其募集资金占比分别为 45.92%、26.14%、10.02% 和 7.01%①（见图 9）；从项目行政层级看，福建省专项债项目以区县级和地市级为主，分别占 60.64% 和 37.26%；从资本金比例看，省级项目资本金比例均值为 65%，地市级项目资本金比例均值为 52%，区县级项目资本金比例均值为 48%，行

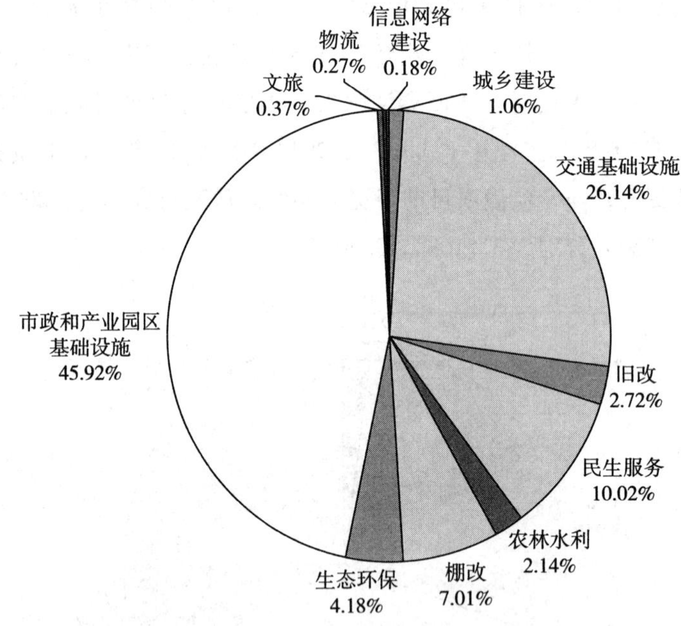

图 9　2021 年 1 ~ 9 月福建省新增项目收益专项债募投领域分布

资料来源：福建省地方政府新增专项债信息披露文件，中诚信国际整理计算。

① 如无特别说明，本报告中引用的专项债募投项目的相关数据均来自地方政府新增专项债信息披露文件，并由中诚信国际整理计算。由于数据的获取问题，数据可能来自不同募投项目文件、项目实施方案、信息披露模板等，这可能导致数据分析出现一定偏差，但不会对分析结论产生实质影响。

政层级越高，对财政资金的需求越大；从项目偿债情况看，项目融资本息覆盖倍数均值为1.80倍，其中，71.66%的项目融资本息覆盖倍数为1~2倍。募投项目收入主要来源于项目本身产生的经营性现金流和土地出让收入，项目本身融资本息覆盖倍数良好，加上福建省良好的经济发展状况，募投项目的偿债能力整体很强。

（三）项目收益专项债用作项目资本金的相对较少

2021年1~9月，福建省发行的项目收益专项债中共计121.22亿元用作项目资本金，主要集中于交通基础设施和农林水利项目，这些项目的总资本金金额为1409.19亿元。整体而言，福建省项目收益专项债募集资金充当资本金的部分只是起到了局部补充作用，项目建设的主要资本金来源依然是地方财政资金拨付和建设单位自筹。从偿还资金来源来看，主要为通行费收入，其余为供水收入、污水处理收入和沿线土地开发收入等。

（四）理论上可撬动基建投资2382亿元，但实际效果仍受多种因素限制

2021年1~9月，福建省固定资产投资同比增长4.9%，其中基础设施投资同比增长1.8%，专项债作为积极财政政策的重要抓手，对基建投资具有一定的拉动效果。2021年1~9月，福建省发行的新增项目收益专项债为1228.29亿元（不含50亿元支持中小银行补充资本金额度），其中近一成用作项目资本金。据中诚信国际测算，福建省专项债资本金撬动杠杆为2.45倍，专项债配套融资撬动杠杆为1.96倍，理论上基建投资撬动规模为2382.03亿元（包含专项债作为资本金撬动基建投资规模296.56亿元和专项债作为配套融资撬动基建投资规模2085.47亿元），[①] 但实际效果仍受多种因素限制，如资金到位情况、项目建设进度、配套设施建设情况等。

---

① 专项债撬动基建投资方法参见袁海霞、汪苑晖、卞欢《专项债兼顾扩容提效，助力基建托底稳增长——地方政府专项债2019年回顾与2020年展望》，《财政科学》2020年第1期。

三 福建省偿债能力分析

福建省地方政府债务余额在全国位列中游，整体呈现增长态势，地方债中专项债占比超过六成，债务期限结构较为合理，不存在较大的债务集中到期偿付压力。福建省财政实力位于全国31个省（区、市）中上游水平，同时财政自给水平较高，整体债务压力不大，尽管2020年经济增长放缓，福建省负债率及债务率水平边际有所抬升，但债务风险可控。

（一）地方政府债务限额仍有一定空间，地方债到期分布较为均衡

福建省地方政府债务余额年度规模呈加速增长态势，且债务限额仍有较大使用空间。截至2020年末，福建省地方政府债务余额为8338.66亿元（一般债务3211.3亿元，专项债务5127.36亿元）（见图10），较2019年增长18.5%，在全国31个省（区、市）中列第14位（见图11），未使用的债务限额达1300.53亿元，仍有一定空间。

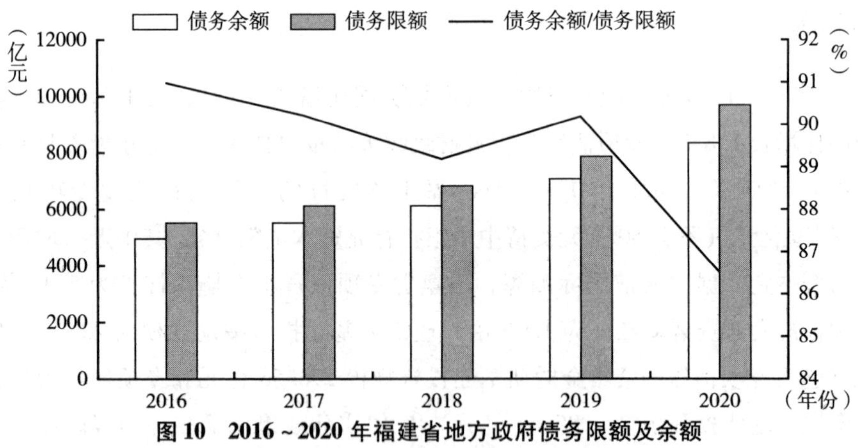

图10 2016～2020年福建省地方政府债务限额及余额

资料来源：福建省财政预算执行及决算报告，中诚信国际整理计算。

从地方政府债券到期分布来看，截至2021年9月底，存续地方政府债余额为9985.97亿元，其中，一般债债务余额3483.73亿元、专项债债务余额6502.24亿元。在2021年10～12月及2022～2026年到期分布当中，2023年、2024年和2026年偿还债务规模较大，分别需偿还932.17亿元、997.44亿元

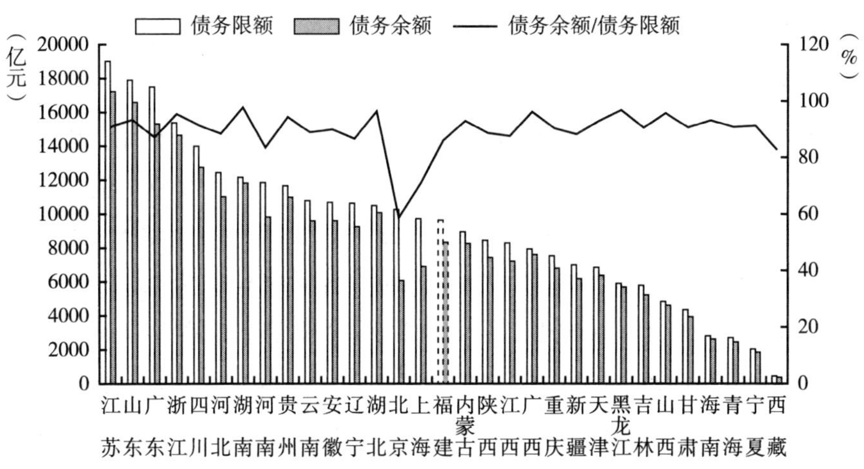

图11　2020年全国31个省（区、市）地方政府债务限额及余额

资料来源：全国31个省（区、市）财政预算执行及决算报告，中诚信国际整理计算。

和918.74亿元。从2022～2026年到期债券种类分布来看，2024～2026年到期债券以专项债为主，均超60%（见图12）。总体来看，福建省仍存在一定的债务融资空间，地方债到期分布较为均衡，债务期限结构较为合理，不存在较大的债务集中到期偿付压力。

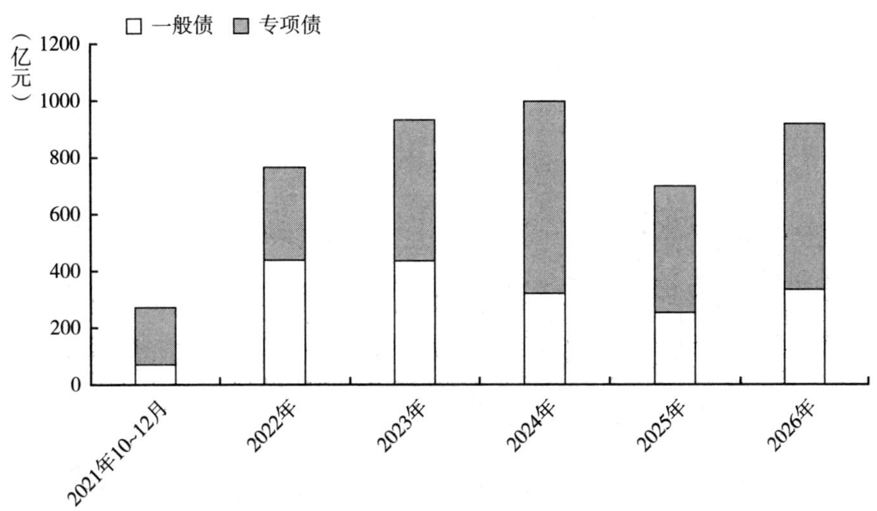

图12　截至2021年9月福建省地方债到期分布

资料来源：Wind数据库，中诚信国际整理计算。

（二）经济保持增长，但增速下滑；财政实力处于全国中上游，财政自给能力较好

近年来，福建省经济保持增长，但增速有所下滑。2020 年福建省地区生产总值（GDP）为 4.39 万亿元，在全国各省（区、市）中排第 7 位，较上年排名上升 1 位。按可比价格计算，当年 GDP 增速为 3.3%，增速较 2019 年降幅较大，但仍高于全国平均水平。2020 年福建省人均 GDP 为 10.58 万元，较 2019 年增长 3.01%。福建省逐渐优化形成第二产业和第三产业并重的产业格局。从产业结构来看，2020 年第一产业增加值为 2732.32 亿元，增长 3.1%；第二产业增加值为 20328.80 亿元，增长 2.5%；第三产业增加值为 20842.78 亿元，增长 4.1%。2020 年三次产业结构由 2019 年的 6.1∶48.6∶45.3 调整为 6.2∶46.3∶47.5。

近年来，福建省财政实力不断增强，2020 年，福建省一般公共预算收入为 3079.04 亿元，在全国处于第 11 位（见图 13），同比增长 0.9%，其中税收收入为 2184.72 亿元，占比为 70.95%；2020 年一般公共预算支出为 5216.10 亿元。2020 年福建政府性基金收入为 3429.71 亿元，较 2019 年增长 33.5%，主要是国有土地使用权出让收入增加。在财政平衡方面，2020 年福建省财政平衡率为 59.03%（见图 13），较 2019 年下降 1.09 个百分点，但仍处于全国前列。

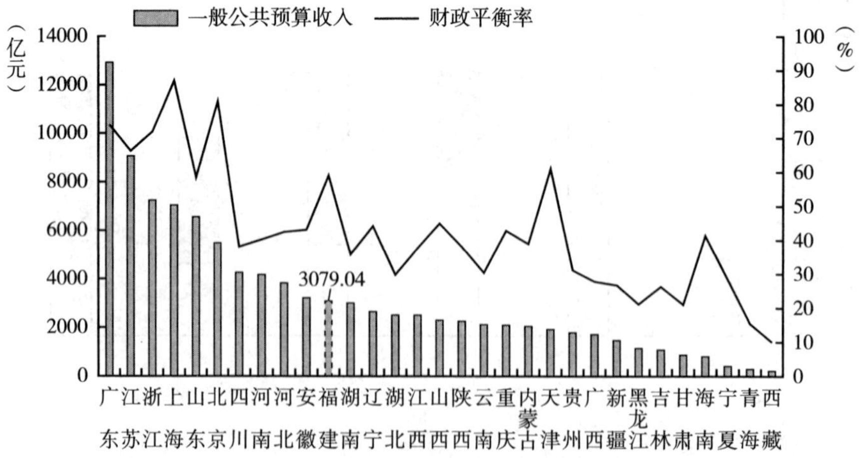

图 13　2020 年全国 31 个省（区、市）一般公共预算收入与财政平衡率

资料来源：全国 31 个省（区、市）财政预算执行及决算报告，中诚信国际整理计算。

（三）债务压力一般，债务风险可控

截至2020年，福建省债务率及负债率分别为99.41%和18.99%，分别较前值上升2.22个和2.40个百分点（见图14），福建省债务率处于全国31个省（区、市）中游水平，但负债率在全国位列倒数第6，整体债务压力一般。2020年债务余额是一般公共预算收入的2.71倍，较前值有所提高，尽管偿债能力较2019年有所弱化，但整体债务风险可控。为全面落实国家对防风险的要求并持续推进省内地方债务风险化解，福建省从加强地方政府债务管理、防范化解地方政府债务风险等方面着手，出台了一系列控制债务风险的政策。根据《国务院关于加强地方政府性债务管理的意见》[①] 等文件，福建省政府出台了《福建省人民政府关于加强政府性债务管理的实施意见》[②]，构建了福建省政府性债务管理的制度框架。2017年7月福建省出台《福建省政府性债务风

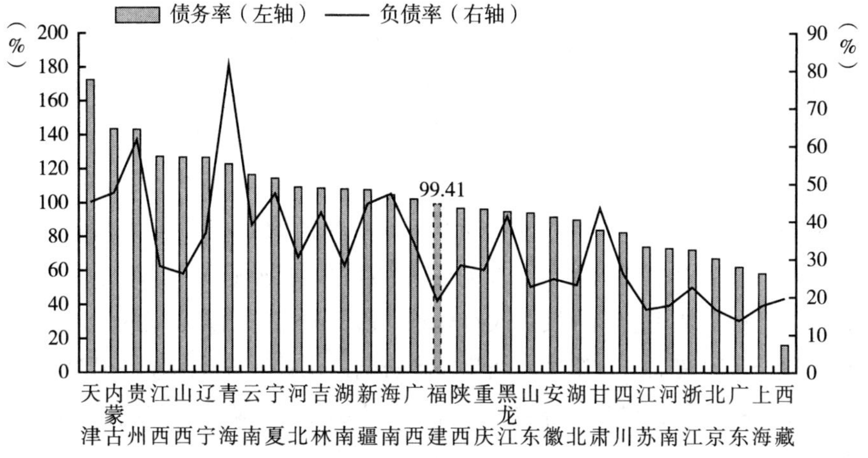

图14　2020年全国31个省（区、市）债务率及负债率

资料来源：全国31个省（区、市）财政预算执行及决算报告，中诚信国际整理计算。

① 《国务院关于加强地方政府性债务管理的意见》（国发〔2014〕43号），中国政府网，2014年10月2日，http：//www. gov. cn/zhengce/content/2014 –10/02/content_ 9111. htm。

② 《福建省人民政府关于加强政府性债务管理的实施意见》（闽政〔2015〕55号），福建省政府网站，2015年12月16日，http：//www. fujian. gov. cn/zwgk/zxwj/szfwj/201512/t20151216_ 1469400. htm。

险应急处置预案》①，完善预警和预防机制，明确了债务风险事件等级，分类制定应急处置措施等。

四 小结

2021 年，福建省地方债发行规模有所增长，且发行进度略有滞后。新发行地方债以新增专项债为主，且中长期债券占比仍然较高。从发行成本看，发行利率略有下降，专项债发行利差小幅抬升，二级市场交易规模受疫情影响明显下降，各期限地方债到期收益率小幅波动、稳中有降。从项目收益专项债情况看，福建省项目收益专项债发行数量和规模稳步增长，存量投向较为多元，包括市政和产业园区基础设施、交通基础设施、民生服务和棚改领域等，对基建投资具有一定的拉动效果。

总体来看，福建省现阶段债务限额仍有一定空间，且福建省整体财政实力不断增强，债务风险总体可控。但在新冠肺炎疫情冲击下，经济下行压力增大，存在一定的财政收支矛盾，下一阶段福建省应充分结合经济高质量发展及地方债务风险可控要求，提高资金使用效率，严控债务风险。

值得关注的是，近年来福建省地方债务持续增长，一般公共预算收入对地方债务的覆盖能力有所减弱。针对以上问题，本报告建议：第一，加强债务管理，健全地方政府举债机制，稳步推进专项债券管理改革，创新专项债券品种，拓展专项债使用领域，发挥政府规范举债促进经济社会发展的作用，保障重点领域合理融资需求；第二，强化风险防范，化解地方政府债务风险，建立健全组织指挥体系，完善预警和预防机制，明确债务风险事件等级，分类制定应急处置措施等，进一步加强政府性债务风险防控。

---

① 《福建省政府办公厅关于印发福建省政府性债务风险应急处置预案的通知》（闽政办〔2017〕85 号），法律法规网，2017 年 7 月 27 日，http：//www. lc123. net/laws/2017 - 07 - 27/312275. html。

B.40

2021年四川省地方政府债券分析报告

郑远航　柴文丽　张 敏*

摘　要： 截至2021年9月末，四川省存量地方政府债券规模在全国各省（区、市）中排第5位。2021年1~9月，四川省地方债发行明显降速，新发行地方债以新增专项债为主，但占比大幅下降，债券期限仍以中长期为主，整体发债成本有所波动，二级市场流动性不高。从专项债使用情况来看，新增项目收益专项债主要投向市政和产业园区基础设施领域及交通基础设施领域，专项债所募资金多以配套融资的形式投资，用作项目资本金的比例很低。此外，四川省经济实力、财政实力均较强，但财政自给能力较弱；四川省政府显性债务存量规模较大，但债务率和负债率处于较低水平，且地方债的到期分布相对平均，同时四川省内债务化解及国资改革工作稳步推进，整体显性债务压力相对可控。

关键词： 地方债　专项债　四川省

一　四川省地方债运行情况分析

截至2021年9月末，四川省地方债存量规模为13994.26亿元（见

* 郑远航，中诚信国际政府公共评级一部高级分析师，主要研究领域为地方政府债券、基础设施投融资平台等；柴文丽，中诚信国际政府公共评级一部助理分析师，主要研究领域为地方政府债券、基础设施投融资行业等；张敏，中诚信国际政府公共评级一部副总监，主要研究领域为地方政府债券、基础设施投融资行业等。

图1），① 在全国31个省（区、市）中排第5位。从债券种类看，专项债和一般债存量规模分别为7309.96亿元和6684.30亿元，分别占全省地方债存量的52.24%和47.76%。从期限看，存量地方债期限以5~10年为主，占地方债存量规模的80.93%。

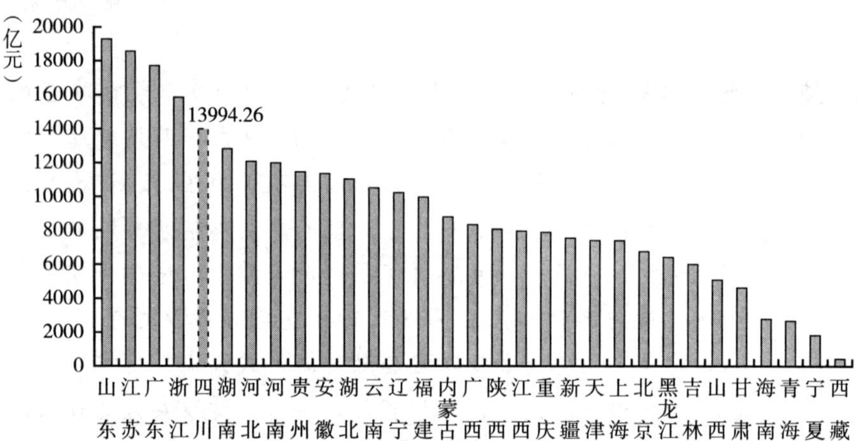

图1　截至2021年9月全国31个省（区、市）地方债存量规模

资料来源：Wind数据库，中诚信国际整理计算。

（一）发行规模同比下降较多，6月形成发债高峰

2021年1~9月，四川省共发行地方政府债2370.34亿元，较上年同期减少958.96亿元，降幅为28.80%。分月份来看，2021年1~6月四川省有地方债发行的月份，发行规模不断增长，并在2021年6月形成发债高峰，而2021年7月发行规模则大幅回落（见图2）。从全国31个省（区、市）来看，北京市、天津市、安徽省、福建省、浙江省、云南省等部分省（市）在2021年7~8月出现了较为明显的发债低谷。

（二）新发行地方债以新增专项地方债为主，期限结构基本与2020年同期保持一致

从券种结构看，2021年1~9月，四川省新发行地方债以新增专项地方债为

① 如无特别说明，本报告中引用的地方债存量、发行量、发行利率、发行利差、交易量、到期收益率等债券相关数据均来自截至2021年9月的Wind数据库，并由中诚信国际整理计算。

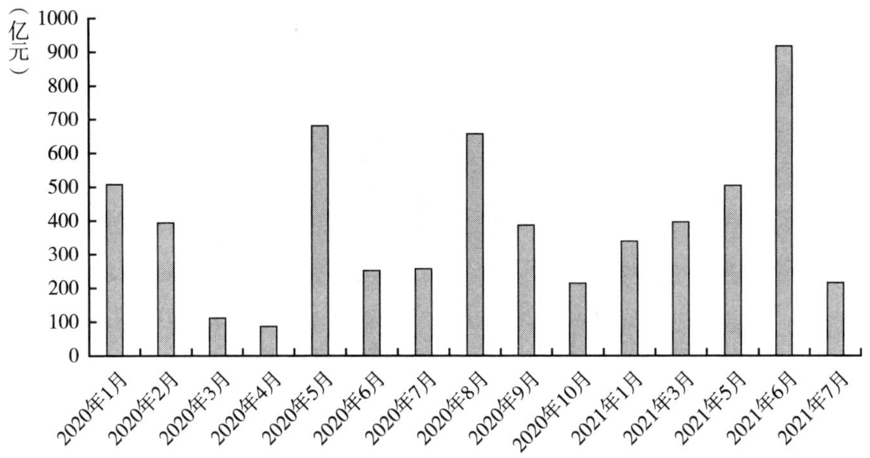

图 2　2020 年 1 月 ~2021 年 9 月四川省地方债月度发行规模

注：四川省部分月份无地方债发行，故图中无显示。

资料来源：Wind 数据库，中诚信国际整理计算。

主，新增专项地方债、再融资一般地方债、再融资专项地方债和新增一般地方债的发行规模占当期发行总规模的比重分别为 36.91%、33.69%、17.83% 和 11.56%（见图 3）。受偿债压力增加以及提前额度下达较晚、项目审核趋严等的影响，2021 年 1 ~9 月，四川省新增专项地方债规模占比与 2020 年同期相比大幅下降，而再融资一般地方债和再融资专项地方债的占比则出现较大的提升。从期限结构看，与 2020 年同期相比，四川省新发行地方债的期限结构未发生大的变化，期限仍以 7 年和 10 年为主，占比分别为 25% 和 30%（见图 4）。

（三）地方债发行利率和利差整体有所波动，并在7月出现大幅下降和收窄

2021 年 1 ~9 月，四川省地方债发行利率①为 3.43%，与 2020 年同期相比有所上升；从全国范围来看，2020 年四川省地方债发行利率在全国 31 个省（区、市）中排第 19 名，处于中下游水平，而 2021 年 1 ~9 月排第 7 名，处于

① 如无特别说明，本报告中发行利率、利差为根据发行额计算的加权平均发行利率、利差，发行利差计算公式：债券发行利率 - 对应期限国债收益率。

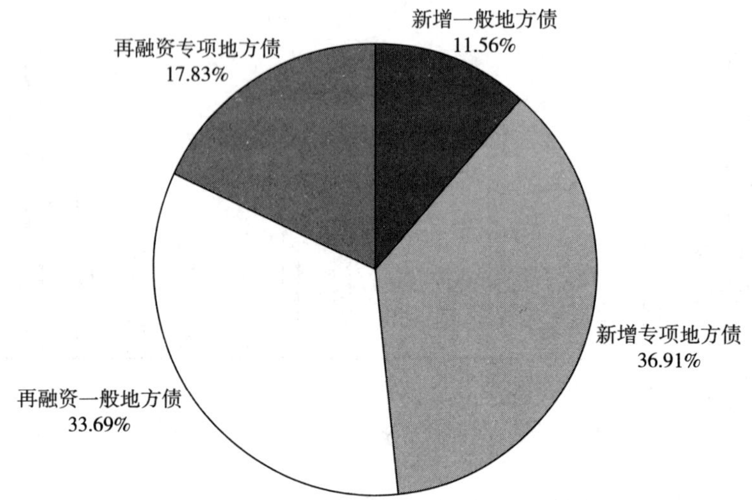

图3　2021年1～9月四川省地方债发行券种结构（发行额度占比）

资料来源：Wind数据库，中诚信国际整理计算。

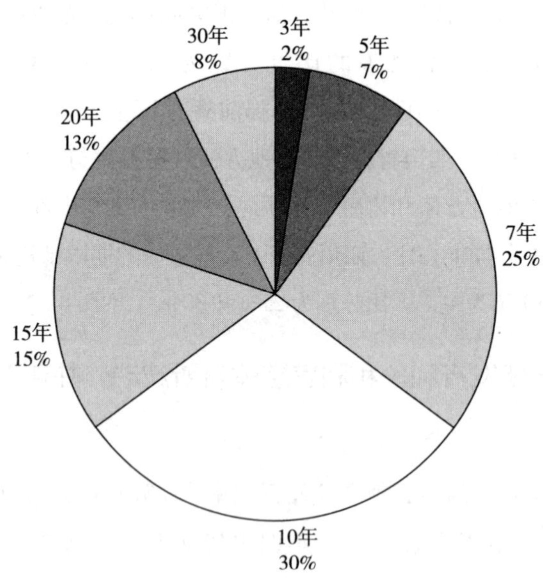

图4　2021年1～9月四川省地方债发行期限结构

资料来源：Wind数据库，中诚信国际整理计算。

较高水平。2021年1~9月，四川省地方债发行利差为24.28BP，在全国31个省（区、市）中处于中等水平（见图5），发行利差较2020年有所扩大。整体来看，2021年1~9月四川省地方债发行成本有所提高。从月度分布来看，2021年四川省地方债发行集中在3~6月，其间地方债发行利率和发行利差均有所波动，但整体变化不大；2021年7月，四川省地方债的发行利率和发行利差均出现较大幅度的下降和收窄（见图6）。

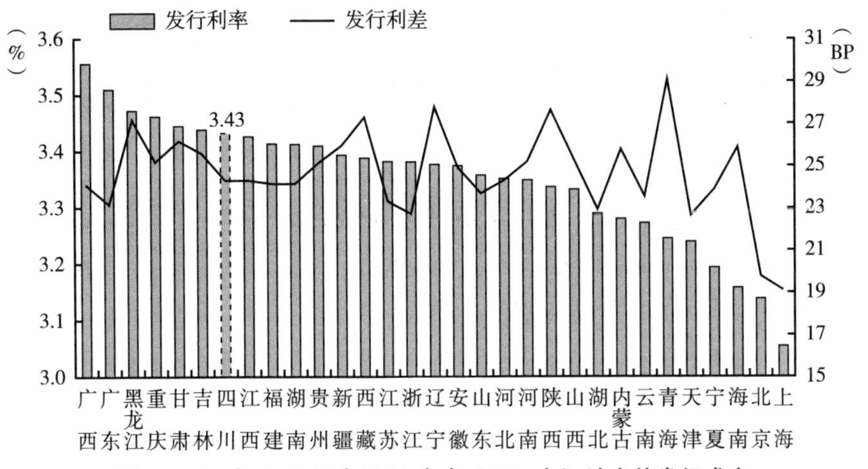

图5　2021年1~9月全国31个省（区、市）地方债发行成本

资料来源：Wind数据库，中诚信国际整理计算。

（四）地方债二级市场交易活跃度大幅下降，各期限地方债到期收益率波动下滑

2021年1~9月，受资金面上行的影响，四川省地方债交易规模为2122.45亿元，较2020年1~9月下降76.71%；交易规模在全国31个省（区、市）中排第9名，较2020年同期下降5名。在到期收益率方面，2020年1~4月，四川省各期限地方债到期收益率整体呈下降趋势，2020年5月开始有所回升；2021年以来，四川省各期限地方债到期收益率呈现波动下滑趋势但总体变化幅度不大，2021年7月出现较为明显的下降，后又趋于稳定（见图7）。分期限来看，2020年1月~2021年9月，1年及以下期限的地方债到期收益率波动幅度相对较大，而5年以上期限的地方债到期收益率则相对平稳。

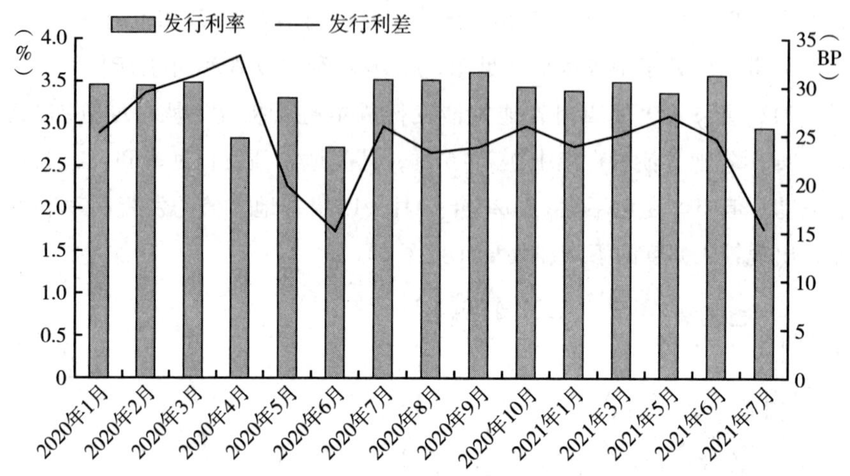

图 6　2021 年 1～9 月四川省地方债月度发行成本

注：四川省部分月份无地方债发行，故图中无显示。

资料来源：Wind 数据库，中诚信国际整理计算。

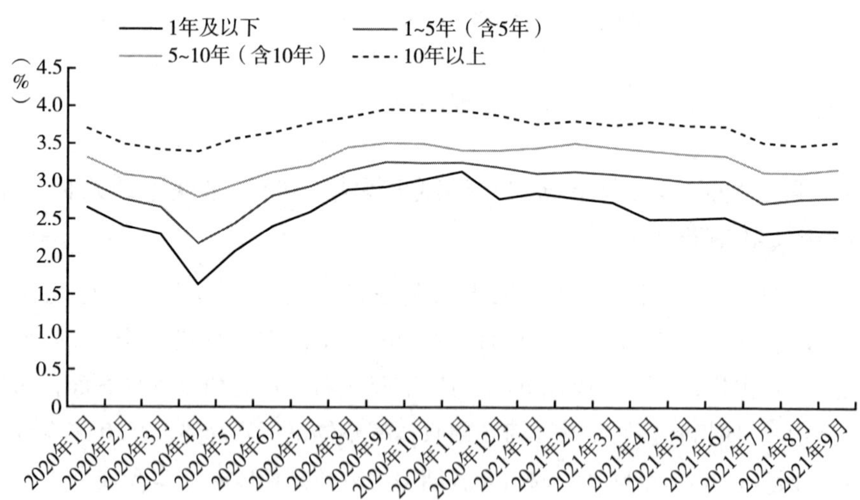

图 7　2020 年 1 月～2021 年 9 月四川省地方债到期收益率走势

资料来源：Wind 数据库，中诚信国际整理计算。

二　四川省地方政府专项债分析

截至2021年9月末，四川省存量项目收益专项债[①]有268只，存量余额为4294.28亿元。从期限结构来看，2021年9月，四川省存量项目收益专项债的剩余期限以5～10年（含10年）和10年以上为主，占四川省存量项目收益专项债总余额的比重分别为41.59%和30.75%（见图8）。

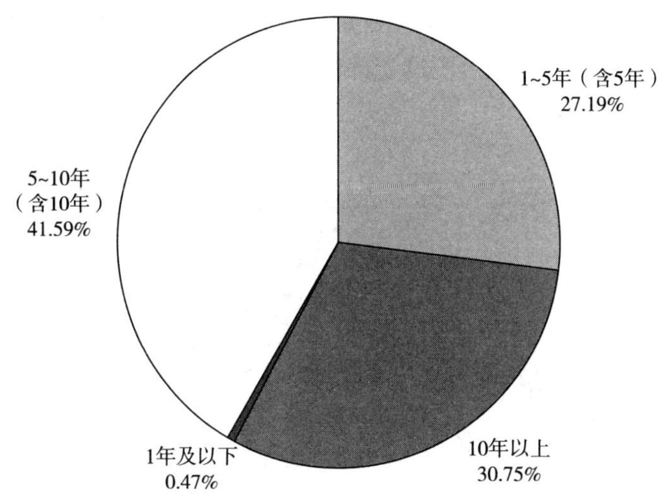

图8　截至2021年9月四川省存量项目收益专项债剩余期限结构（债券余额占比）

资料来源：Wind数据库，中诚信国际整理计算。

（一）项目收益专项债6月集中发行，期限以10年和15年居多

2021年1～9月，四川省新增项目收益专项债24只，发行总规模为761.00亿元。在发行节奏方面，24只项目收益专项债全部在2021年6月发

① 2020年7月29日财政部《关于加快地方政府专项债券发行使用有关工作的通知》（财预〔2020〕94号）明确2020年新增专项债必须保证融资规模与项目收益相平衡，因此2020年新增专项债均为项目收益专项债；本部分项目收益专项债的统计样本为2017～2020年项目收益专项债与2021年1～9月的新增专项债。

行，是2021年四川省首批发行的用于项目建设的新增专项债券，发行集中度较高。此前在2021年3月9日，四川省第一批新增专项债券为支持中小银行发展专项债券。

在债券期限方面，从发行只数来看，2021年1~9月四川省新增项目收益专项债期限分布较为均匀，5年、7年、10年、15年、20年和30年期限的项目收益专项债分别为2只、4只、5只、5只、5只和3只（见图9）；从发行规模来看，10年和15年期限的项目收益专项债居多，发行规模分别占到发行总规模的32%和23%（见图10），与2020年同期相比，10年期限的项目收益专项债发行规模占比有所下降，而15年期限的项目收益专项债发行规模占比有所上升。

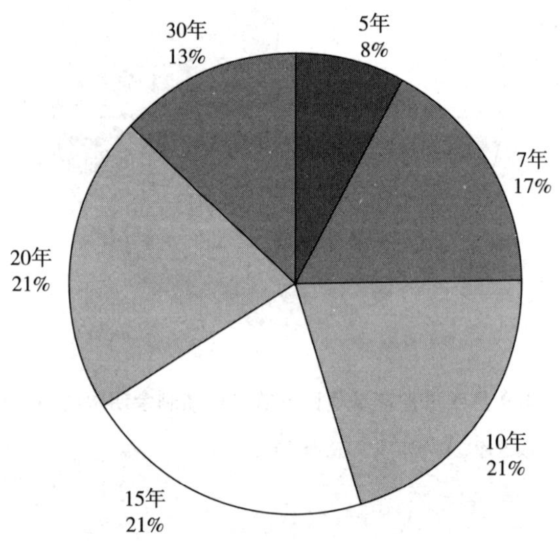

图9　2021年1~9月四川省新增项目收益专项债期限结构（债券只数占比）

资料来源：Wind数据库，中诚信国际整理计算。

（二）主要投向市政和产业园区基础设施、交通基础设施领域，以区县级为主，融资本息覆盖倍数较高

从募投领域来看，2021年1~9月，四川省新增项目收益专项债主要投向市政和产业园区基础设施及交通基础设施领域（见图11）。在一级分类方面，投向市政和产业园区基础设施领域的项目资本金数额为2064.69亿元，占项目

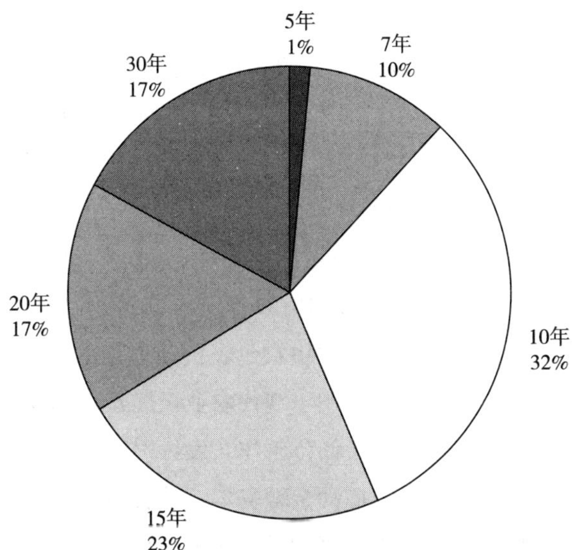

图 10　2021 年 1～9 月四川省新增项目收益专项债期限结构（债券规模占比）

资料来源：Wind 数据库，中诚信国际整理计算。

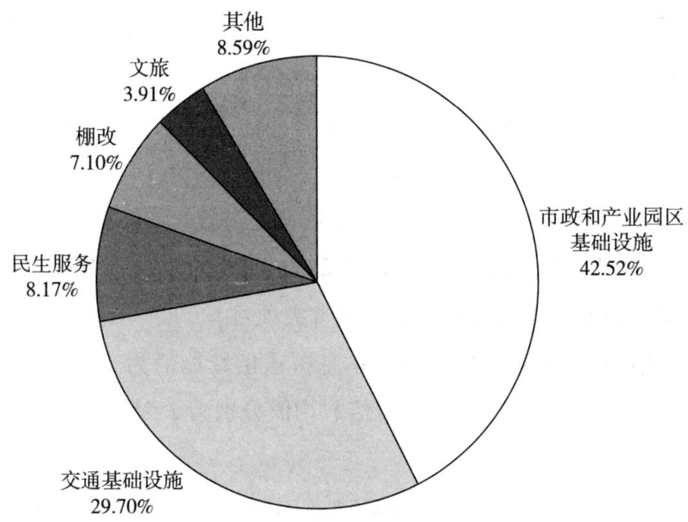

图 11　2021 年 1～9 月四川省新增项目收益专项债募投领域分布

资料来源：Wind 数据库，中诚信国际整理计算。

资本金总数的42.52%；投向交通基础设施领域的项目资本金数额为1442.39亿元，占项目资本金总数的29.70%；投向民生服务领域和棚改领域的项目资本金数额相当，占比分别为8.17%和7.10%；此外，还有一部分项目资本金投向了文旅、城乡建设、生态环保、农林水利等领域，但是规模整体较小。[①] 在二级分类方面，与一级分类对应，2021年1~9月四川省新增项目收益专项债主要投向产业园（其他）领域及城际高速铁路和城际轨道交通领域，项目资本金数额分别为1066.02亿元和846.39亿元。2021年1月4日，《中共中央 国务院关于全面推进乡村振兴加快农业农村现代化的意见》[②] 指出，支持地方政府发行一般债券和专项债券用于现代农业设施建设和乡村建设行动，制定出台操作指引，做好高质量项目储备工作，发挥财政投入引领作用，支持以市场化方式设立乡村振兴基金，撬动金融资本、社会力量参与，重点支持乡村产业发展。但是整体来看，四川省2021年1~9月新增项目收益专项债投向乡村振兴和生态环保领域的规模较小，未来应持续关注新增项目收益专项债的募投方向。

长期以来，四川省存在区域发展不平衡的问题，成都市与其他市（州）的经济体量相差较大。因此，四川省应致力于推动区域协同发展，破解发展不平衡不充分的问题。2021年7月27日，四川省第十三届人民代表大会常务委员会第二十九次会议提出，四川省政府拟在地方政府专项债务限额内，将2021年拟新增举借专项债务1093亿元并全部转贷市县。在项目行政层级上，2021年1~9月，四川省新增项目收益专项债的募投项目以区县级为主，区县级项目数占项目总数的比重高达75.28%；其次为地市级项目，占比为24.09%；地级市和市本级项目较少，无省级项目。

从项目偿债情况来看，项目融资本息覆盖倍数均值为2.21倍，其中区县级项目和地市级项目的融资本息覆盖倍数均值分别为2.25倍和2.11倍，整体

① 如无特别说明，本报告中引用的专项债募投项目的相关数据均来自地方政府新增专项债信息披露文件，并由中诚信国际整理计算。由于数据的获取问题，数据可能来自不同募投项目文件、项目实施方案、信息披露模板等，这可能导致数据分析出现一定偏差，但不会对分析结论产生实质影响。

② 《中共中央 国务院关于全面推进乡村振兴加快农业农村现代化的意见》，农业农村部网站，2021年1月4日，http：//www.moa.gov.cn/xw/zwdt/202102/t20210221_6361863.htm。

偿债风险不大。但是项目收入来源多与土地出让挂钩，由于土地出让具有不确定性较大且收入一次性实现的特点，需关注对应土地出让进度及项目偿还本息的潜在风险。

（三）新增项目收益专项债用作项目资本金的项目占比低，多以配套融资形式投向市政项目

2021 年 1 ~9 月，四川省新增项目收益专项债用作项目资本金的募投项目共 17 个，占总项目数量的 2. 13%。其中，市政和产业园区基础设施领域的募投项目有 9 个，专项债用作项目资本金的平均比例为 93. 33%；交通基础设施领域的募投项目有 7 个，专项债用作项目资本金的平均比例为 100. 00%。

（四）专项债用作项目资本金撬动基建投资的能力高于用作配套融资，但前者占比较小

2020 年，四川省全社会固定资产投资比上年增长 9. 9%，较全国平均水平高 7. 2 个百分点。其中第一产业投资比上年增长 35. 6%；第二产业投资增长 10. 7%，其中工业投资增长 10. 7%；第三产业投资增长 8. 3%。2021 年 1 ~9 月，四川省全社会固定资产投资增速为 11. 5%。2021 年 1 ~9 月，四川省新增项目收益专项债规模为 761. 00 亿元，新增项目收益专项债用作资本金的规模占总规模的比例不足 4%，尽管专项债作为资本金的撬动效应强于配套融资，但四川省新增专项债用作资本金的规模仍较小，撬动效应有限。具体来看，专项债用作资本金的撬动杠杆为 2. 05 倍，撬动基建投资规模为 55. 11 亿元；专项债用作项目配套融资的撬动杠杆为 1. 65 倍，撬动基建投资规模为 1214. 06 亿元；[①] 两条途径合计撬动基建投资 1269. 17 亿元，在全国 31 个省（区、市）中撬动规模居第 11 位。

三　四川省偿债能力分析

（一）债务总量和各期偿债金额均较大，2023年为偿债高峰

截至 2020 年末，四川省地方政府债务余额为 12673 亿元，地方政府债务

① 专项债撬动基建投资方法参见袁海霞、汪苑晖、卞欢《专项债兼顾扩容提效，助力基建托底稳增长——地方政府专项债 2019 年回顾与 2020 年展望》，《财政科学》2020 年第 1 期。

限额为13987亿元，债务总量在全国31个省（区、市）中处于较高水平（见图12），与其较大的经济体量和较大力度的固定资产投资相适应。2021年10～12月四川省到期的地方债余额为117.09亿元，2022～2025年四川省需偿还的地方债余额均超过千亿元，整体存在一定偿债压力。2023年是四川省的偿债高峰，当年需偿还地方债1908.15亿元，其中需偿还专项债券925.17亿元（见图13）。2025年及以后，四川省需偿还地方债9261.44亿元。

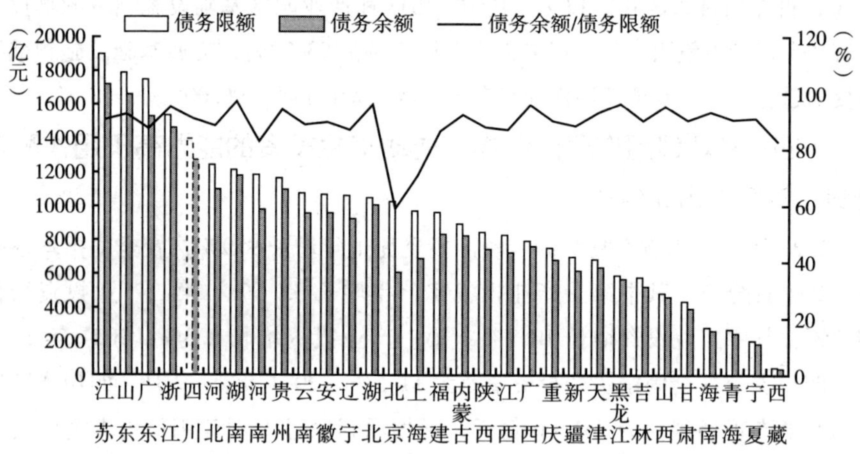

图12　2020年全国31个省（区、市）地方政府债务限额及余额

资料来源：Wind数据库，中诚信国际整理计算。

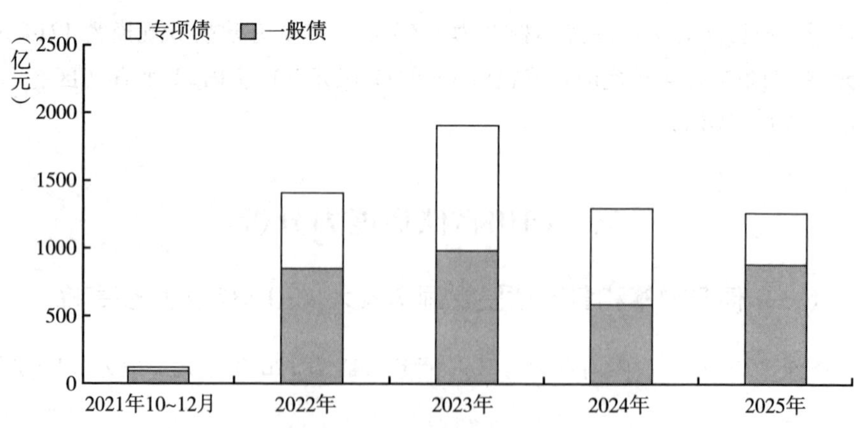

图13　截至2021年9月四川省地方债到期分布

资料来源：四川省财政预算执行及决算报告，中诚信国际整理计算。

（二）经济实力、财政实力均较强，但财政自给能力较弱

总体来看，四川省长期以来存在区域经济发展不平衡的问题，虽然四川省经济实力、财政实力均较强，但财政自给能力较弱，财政支出规模较大，财政收支平衡主要依赖上级补助。具体来看，2020 年，四川省实现地区生产总值（GDP）48598.8 亿元，按可比价格计算，比上年增长 3.8%。其中，第一产业增加值为 5556.6 亿元，增长 5.2%；第二产业增加值为 17571.1 亿元，增长 3.8%；第三产业增加值为 25471.1 亿元，增长 3.4%。三次产业对经济增长的贡献率分别为 14.1%、43.4%和 42.5%。三次产业结构由上年的 10.4∶37.1∶52.5 调整为 11.4∶36.2∶52.4。财政实力方面，2020 年四川省一般公共预算收入为 4260.89 亿元，在全国 31 个省（区、市）中排第 7 名（见图 14），受新冠肺炎疫情影响，一般公共预算收入增速有所下降，为 4.6%，税收收入占比为 69.64%，财政收入质量良好；得益于土地市场的良好表现，政府性基金收入继续呈现上升趋势，为 4782.78 亿元；2020 年，四川省一般公共预算支出为 11198.54 亿元，同比增长 8.2%，财政平衡率仅为 38.05%，财政自给能力较低，收支平衡主要依赖上级补助。未来，在持续破解区域发展不平衡不充分问题和建设成渝地区双城经济圈的过程中，四川省可能仍将继续加大举债规模和财政支出，仍需进一步关注财政平衡情况。

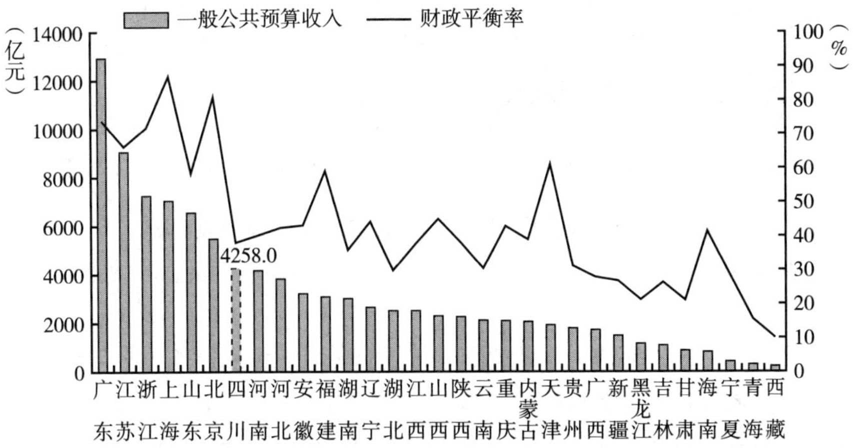

图 14　2020 年全国 31 个省（区、市）一般公共预算收入与财政平衡率

资料来源：全国 31 个省（区、市）财政预算执行及决算报告，中诚信国际整理计算。

（三）显性债务规模较大，但债务率和负债率较低，地方政府债务的到期分布相对平均

四川省显性债务规模持续增长，债务水平居全国前列。2020 年末四川省地方政府债务余额为 12743 亿元，在全国 31 个省（区、市）中排第 5 名，债务余额相比 2019 年末增加 2095 亿元，但债务余额仍保持在债务限额内。2020 年末四川省债务率为 82.36%，较 2019 年上升 9.01 个百分点；负债率为 26.22%，较 2019 年上升 3.53 个百分点。四川省的债务率和负债率在全国 31 个省（区、市）中处于较低水平（见图 15）。受疫情影响及基于推进重大战略项目建设的考虑，2020 年末四川省债务余额较 2019 年末增加较多，当期末四川省债务余额/一般公共预算收入为 2.99，较 2019 年末的 2.58 有所上升，债务增速高于一般公共预算收入增速。

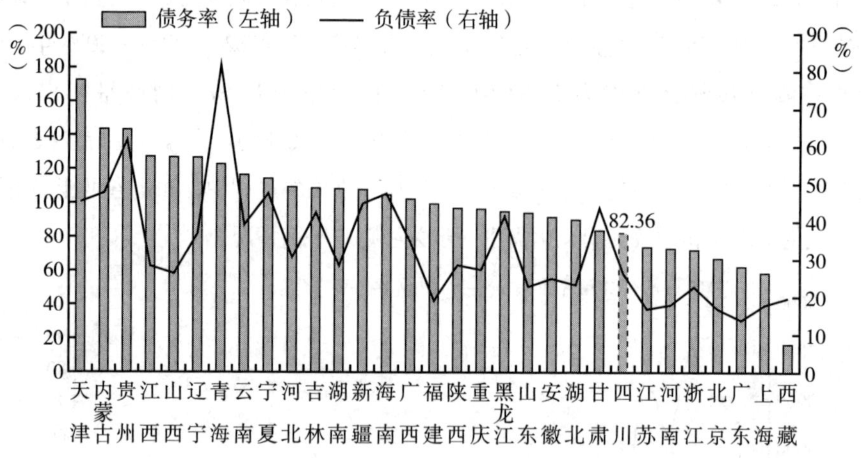

图 15　2020 年全国 31 个省（区、市）债务率及负债率

资料来源：全国 31 个省（区、市）财政预算执行及决算报告，中诚信国际整理计算。

为全面落实国家对防风险的要求并持续推进省内地方债务风险化解，四川省出台了一系列控制债务风险的政策，加强债务管理。2016 年 7 月 21 日，四川省连发四文，将政府债务分类纳入预算管理，提出有序高效处置政府债务风险突发事件的措施，针对存量债务，提出了化解期限和化解方案，并对债务进行分级分类管理；2017 年 2 月，下发通知规范政府举债担保行为，对新型融

资模式加以规范，对平台企业转型提出指导，定期监测债务风险，出台相应的问责制度；2017 年 9 月，印发《四川省政府性债务风险应急处置预案》，明确风险等级分类及认定标准，并对相应责任人依法认定责任；2018 年 6 月，发文制止和纠正违规以地融资行为，进一步规范土地融资管理，进一步清理不合规的土地融资行为，对土地抵押融资提出明确标准，对平台企业和土储机构的土地业务开展提出指导；2019 年 3 月，印发《四川省加快重点项目建设开展基础设施等重点领域补短板三年行动实施方案的通知》，基建补短板与防范和化解隐性债务并举；2021 年 1 月，四川省财政厅在《四川省 2020 年预算执行情况和 2021 年预算草案的报告和相关表格》① 中指出，部分市县“三保”压力较大，防范化解债务风险需要持续用力；2021 年 4 月，四川省正式印发实施全国首个省级政府出台的专项债券全生命周期管理办法，健全地方专项债券“借、用、管、还”全生命周期管理。总体来看，四川省经济体量较大，地方债的到期分布相对平均，全省显性债务压力相对可控，但是未来仍需持续关注部分市县的债务风险和偿债压力。

四 小结

整体来看，四川省经济和财政实力较强，但是仍存在一些问题。第一，2021 年 1 ~9 月，四川省地方债发行成本上行，地方债二级市场流动性不高，融资环境有待进一步改善；第二，四川省 2021 年 1 ~9 月新增项目收益专项债投向乡村振兴和生态环保领域的规模较小，未来应持续关注新增项目收益专项债的募投方向；第三，虽然四川省专项债资本金撬动杠杆较高，但能撬动的基建投资规模较小，而专项债配套融资撬动杠杆在全国 31 个省（区、市）中处于较低水平；第四，四川省债务总量规模较大，财政自给能力较弱，财政收支平衡依赖上级补助。

未来，在持续破解区域发展不平衡不充分问题和建设成渝地区双城经济圈的过程中，四川省仍存在较大的融资需求，应重点关注以下两点：第一，项目收

① 《四川省 2020 年预算执行情况和 2021 年预算草案的报告和相关表格》，四川省财政厅，2021 年 2 月 9 日，http：//czt. sc. gov. cn/scczt/c102371/2021/2/9/a3b048d9b07d4aa084dfe78c276a8d82. shtml。

益专项债募投项目和募投方向的科学性和合理性，要优先保障在建项目、专项债用作资本金项目、组合使用专项债和市场化融资项目以及成渝地区双城经济圈建设等重大项目融资需求，同时要加大对乡村振兴、生态环保等领域的投资；第二，债券期限结构的合理性，考虑到地方债发行成本较高，四川省应当合理安排期限结构，推进高息债务置换，加强本息兑付管理以缓解资金本息集中兑付压力。

专题篇

Special Reports

B.41
2021年地方政府债券管理制度研究

鲁璐　袁海霞*

摘　要： "十四五"规划明确提出"健全政府债务管理制度"，《国务院关于进一步深化预算管理制度改革的意见》要求从限额确定、专项债管理、风险评估、信息公开等方面健全地方政府依法适度举债机制。在以上文件精神的指导下，2021 年我国地方政府债券制度建设取得了积极进展，从政策延续性来看，我国对 2020 年出台的政策进行了细化与落实；从政策发力点来看，与 2020 年的诸多具体规定相比，更加侧重于监管和风险防控，制度建设趋于完善和深化。本报告对此进行了详细梳理和总结，并提出了保持地方债严审核与严监管、倒逼新增专项债提质增效，以及进一步优化信息披露机制、创设离岸地方债信息披露模板等建议，以期助力地方债市场高质量发展。

* 鲁璐，中诚信国际研究院研究员，主要研究领域为地方债与城投行业、财政政策等；袁海霞，经济学博士，高级经济师，中诚信国际研究院副院长，中国人民大学国发院政府债务研究中心联席主任，主要研究领域为宏观经济、债券市场、地方债与城投行业等。

关键词： 地方债 专项债 政府债务管理

一 地方政府债券[①]发行使用制度建设

（一）地方债预算管理更深化，债务限额确定机制进一步健全

财政部于2015年明确规定对地方政府债务余额实行限额管理，要求省级政府严格按照限额举借地方政府债务，合理安排地方债的品种、结构、期限和时点。以此为基础，近年来地方债预算管理制度不断丰富和完善，2021年3月，《国务院关于进一步深化预算管理制度改革的意见》[②] 强调要“健全地方政府债务限额确定机制，一般债务限额与一般公共预算收入相匹配，专项债务限额与政府性基金预算收入及项目收益相匹配”，这是我国首次以国务院文件形式对地方债预算管理和债务限额确定机制进行部署。此外，2021年以来政策层面开始将债务限额的确定与债券资金既往使用情况挂钩，限额确定机制进一步健全。7月，财政部印发的《地方政府专项债券项目资金绩效管理办法》[③] 提出“将专项债券项目资金绩效管理结果作为专项债券额度分配的重要测算因素，并与有关管理措施和政策试点等挂钩”；9月，财政部印发的《地方政府专项债券用途调整操作指引》[④] 提出，专项债资金已安排的项目调整规模大、频次多的地区或部门，省级财政部门可适当扣减下一年度新增债券额度。以上规定将引导地方政府提高专项债资金使用效率，提升专项债项目储备和安排的精准性、规范性。

---

① 除政策文件名称外，后文中的“地方政府债券”均简称为“地方债”，“地方政府专项债券”简称为“专项债”，“地方政府一般债券”简称为“一般债”。

② 《国务院关于进一步深化预算管理制度改革的意见》（国发〔2021〕5号），中国政府网，2021年4月13日，http：//www. gov. cn/zhengce/content/2021 -04/13/content_ 5599346. htm。

③ 《关于印发〈地方政府专项债券项目资金绩效管理办法〉的通知》（财预〔2021〕61号），财政部网站，2021年7月1日，http：//www. mof. gov. cn/jrttts/202107/t20210702 _ 3729620. htm。

④ 《广西壮族自治区财政厅转发财政部关于地方政府专项债券用途调整操作指引的通知》（桂财债〔2021〕89号），广西壮族自治区财政厅网站，2021年10月22日，http：//czt. gxzf. gov. cn/xwdt/tzgg/t10510328. shtml。

（二）新增债务限额保持高位，助力“十四五”开局稳投资稳增长

2021 年是“十四五”规划开局之年，也是我国迈向 2035 年远景目标的新起点，2021 年《政府工作报告》① 提出要“坚持稳中求进工作总基调”，“保持宏观政策连续性稳定性可持续性，促进经济运行在合理区间”。2021 年，在新冠肺炎疫情较为稳定、经济较上年明显修复的背景下，规模型财政政策有所收缩，如赤字率回调、抗疫特别国债不再发行等，但积极财政政策基调未变，地方政府新增债务限额保持高位。具体来看，地方政府新增债务限额为 4.47 万亿元，较上年下降 0.26 万亿元；其中专项债 3.65 万亿元，虽较 2020 年下降 0.1 万亿元，但较 2019 年仍增加了 1.5 万亿元。较为充足的新增地方债限额可为“六稳”“六保”提供重要支持，其中新增专项债限额占比超过 85%，其作为基础设施建设的重要资金来源，可为扩大有效投资、补齐发展短板、稳定经济增长提供重要支持，从而助力“十四五”规划开好局、起好步。

（三）发行更注重跨周期调节，因地制宜灵活调整新增债节奏

2021 年地方债尤其是新增专项债的发行呈现“前慢后快”的特征，政策层面对新增债发行节奏和时点的把握更为灵活，体现了跨周期调节的理念。由于 2020 年新增债发行结束时点较晚，出于对各地项目储备不足、难以快速衔接的考虑，2021 年新增地方债提前额度延迟至 3 月下达，叠加专项债审核力度加大等影响，上半年地方债尤其是专项债发行进度偏慢，新增专项债发行规模仅为上年同期的 45%，完成全年额度的 28%。下半年支持地方债加速发行的政策频出，7 月中央政治局会议提出“合理把握预算内投资和地方政府债券发行进度，推动今年底明年初形成实物工作量”；10 月财政部明确“2021 年新增专项债券额度尽量在 11 月底前发行完毕”。7 月以来专项债发行放量，截至 9 月末新增专项债发行规模已达上年同期七成，完成全年额度的 65%，预计项目落地后将拉动 2022 年上半年经济增长，从而实现“统筹做好今明两年宏观政策衔接，保持经济运行在合理区间”的跨周期调节政策意图。

---

① 《政府工作报告》，中国政府网，2021 年 3 月 5 日，http：//www. gov. cn/guowuyuan/zfgzbg. htm。

（四）债券募集用途持续拓宽，合理匹配建设需求

根据2021年全国财政工作会议精神，地方政府专项债券要“合理扩大使用范围，提高债券资金使用绩效”，将“债券资金主要用于党中央、国务院确定的重点领域项目”。2021年2月，《关于梳理2021年新增专项债券项目资金需求的通知》① 指出“新增专项债券重点用于交通基础设施，能源项目、农林水利、生态环保项目、社会事业、城乡冷链物流设施，市政和产业园区基础设施，国家重大战略项目，保障性安居工程等领域”，比2020年新增了国家重大战略项目②、保障性安居工程③两项，合理匹配建设需求。此外，支持中小银行类专项债、乡村振兴类专项债发行力度加大，1~9月支持中小银行类专项债共发行1594亿元，占已发行总规模的76%；乡村振兴类专项债发行规模超过2018~2020年的总和。值得注意的是，2020年12月以来部分地区再融资债券的资金用途表述由“偿还到期地方政府债券本金”变为“偿还政府存量债务”，此类偿还政府存量债务的再融资债券或已被用于置换建制区县隐性债务，缓释地方政府债务风险。

二　地方政府债券市场基础设施制度建设

（一）离岸人民币地方债首发，地方债国际化正式开局

长期以来，地方债的对外开放程度较低，开放途径主要为放宽外资金融机

---

① 《关于梳理2021年新增专项债券项目资金需求的通知》（财办预〔2021〕29号），福建省泉州市泉港区政府网站，2021年7月2日，http://www.qg.gov.cn/zwgk/zcfg/sjfgwj/202107/t20210702_2582004.htm。

② 国家重大战略项目具体包括京津冀协同发展、长江经济带发展、“一带一路”建设、粤港澳大湾区建设、长三角一体化发展、推进海南全面深化改革开放、黄河流域生态保护和高质量发展。

③ 保障性安居工程包括城镇老旧小区改造、保障性租赁住房、棚户区改造三项。其中，城镇老旧小区改造延续了2020年的投资领域；关于保障性租赁住房，指出不安排用于租赁住房建设以外的土地储备项目，不安排一般房地产项目，不安排产业项目；棚户区改造主要支持在建收尾项目，适度支持新开工项目。

构参与地方债发行承销和分销工作，截至 2021 年 9 月，境外机构仅持有 111 亿元地方债，占其持有我国债券总规模的 0.29%，而伴随离岸人民币地方债发行通道的打开，这一局面有望得到明显改善。2020 年 10 月发布的《深圳建设中国特色社会主义先行示范区综合改革试点首批授权事项清单》[①] 提出“授权深圳在国家核定地方债额度内自主发行。创新地方政府举债机制，允许深圳到境外发行离岸人民币地方政府债券”。2021 年 10 月，深圳市政府在香港联交所发行 50 亿元离岸人民币地方债，广东省人民政府在澳门金交所发行 22 亿元离岸人民币地方债，标志着地方债国际化进程正式开局。未来离岸人民币地方债规模的扩容，将有利于地方政府开拓融资渠道、降低融资成本，促进建立地方债发行、交易的国际化规则体系，提升地方债透明度与市场化水平。

（二）地方债发行定价更为市场化，合理反映区域与项目差异

地方债作为市场化融资工具，其发行定价机制在一定程度上受非市场化因素影响，财政部曾明确禁止地方政府通过“指导投标”“商定利率”等方式干预定价、调整投标利率区间下限，但依然存在发行利率差异化程度低的问题。2020 年 11 月，财政部发布《关于进一步做好地方政府债券发行工作的意见》[②]，提出“鼓励具备条件的地区参考地方债收益率曲线合理设定投标区间，不断提升地方债发行市场化水平”。6 月，北京、广东、江苏、浙江、河北 5 省（市）地方债发行利率率先突破“较招投标前 5 日同期限国债上浮 25BP”的隐性限制，截至 9 月底，31 个省（区、市）均突破此限制，地方债发行利率市场化进程势头良好，部分资质较好的区域或能适当降低融资成本，同时能更准确地反映区域经济财政水平差异和专项债募投项目风险差异。

---

① 《深圳建设中国特色社会主义先行示范区综合改革试点首批授权事项清单》，国家发展和改革委员会网站，2020 年 10 月 18 日，https：//www. ndrc. gov. cn/xwdt/xwfb/202010/t20201018_1248311. html？code =&state =123。

② 《关于进一步做好地方政府债券发行工作的意见》（财库〔2020〕36 号），财政部网站，2020 年 11 月 11 日，http：//gks. mof. gov. cn/ztztz/guozaiguanli/difangzheng fuzhaiquan/202011/t20201111_3621046. htm。

（三）地方债信息披露进一步加强，协助投资者全面识别风险

信息披露制度是地方债市场基础设施的重要组成部分，也是近年来的政策着力点。2020 年 4 月，财政部启用“专项债券项目信息披露模板”，要求新增专项债发行时须以表格形式展现项目核心信息，存续期内须每年披露项目实际收益、最新预期收益等信息。2020 年 7 月，财政部印发《关于加快地方政府专项债券发行使用有关工作的通知》①，要求发挥“全国统一的地方政府债务信息公开平台作用，全面详细公开发行专项债券对应项目信息”。在此基础上，2021 年 2 月，财政部印发《地方政府债券信息公开平台管理办法》②，就规范地方政府债券信息公开平台管理、做好地方政府债务相关信息公开做出详细规定，要求地方财政部门须“在公开平台相应栏目及时公开地方政府债务限额、余额，地方政府债券发行、项目、还本付息、重大事项、存续期管理，以及经济社会发展指标、财政状况等相关信息”。信息披露工作的进一步加强和完善，对于提升地方债市场透明度，协助投资者全面识别风险具有重要意义。

（四）地方债信用评级管理更规范，推动地方债市场健康发展

2021 年 1 月，财政部印发《地方政府债券信用评级管理暂行办法》③，汇总细化了上年 3 月《地方政府债券信用评级业务自律规范指引》④、11 月《关于进一步做好地方政府债券发行工作的意见》和 12 月《地方政府债券发行管

---

① 《关于加快地方政府专项债券发行使用有关工作的通知》（财预〔2020〕94 号），财政部网站，2020 年 7 月 29 日，http：//yss. mof. gov. cn/zhuantilanmu/dfzgl/zcfg/202007/t20200729_3558515. htm。

② 《关于印发〈地方政府债券信息公开平台管理办法〉的通知》（财预〔2021〕5 号），财政部网站，2021 年 2 月 9 日，http：//yss. mof. gov. cn/zhengceguizhang/202102/t20210209_3656874. htm。

③ 《财政部关于印发〈地方政府债券信用评级管理暂行办法〉的通知》（财库〔2021〕8 号），财政部网站，2021 年 1 月 29 日，http：//gks. mof. gov. cn/ztztz/guozaiguanli/difangzhengfuzhaiquan/202101/t20210129_3651651. htm。

④ 《关于印发〈地方政府债券信用评级业务自律规范指引〉的通知》（财债协〔2020〕6 号），财政部网站，2020 年 3 月 3 日，http：//gks. mof. gov. cn/ztztz/guozaiguanli/difangzhengfuzhaiquan/202003/t20200303_3477245. htm。

理办法》[①] 中对于地方债信用评级管理的相关规定，进一步完善了地方债信用评级管理体系。该办法从市场秩序、业务程序、行业监管等多个维度对地方债信用评级进行了规范说明。在市场秩序方面，要求地方财政部门引导信用评级机构合理设定评级费用标准，评级机构不得通过恶意价格竞争、评级级别竞争等方式干扰市场秩序。在业务程序方面，要求评级机构结合一般债、专项债的特点，客观公正地出具评级意见，合理反映项目差异性。在行业监管方面，要求评级机构遵守行业自律规范，积极接受自律管理，同时财政部将健全守信联合激励和失信联合惩戒机制，推动协同监管。

三　地方政府债券风险防控制度建设

（一）积极探索分批分期发行机制，规避地方债资金闲置风险

2021 年全国财政工作会议倡导“资金跟着项目走”“避免钱等项目”，部分地方政府不断创新发行机制，规避债券资金闲置风险。3 月，广东省发布省级财政预算调整方案[②]，提出新增债券额度“结合项目分阶段资金需求，分批次滚动发行，推动实现‘发行一批、建设一批、接续一批’”。北京市的市级预算调整方案[③]提出“探索建立新增政府债券分批分期发行机制，将债券发行时间、发行规模精准匹配项目建设进度和资金需求”。相较于此前地方政府按募投项目整体周期估算债券融资需求总量，分批分期发行机制结合债券管理特点与项目进展，动态监控、灵活调整，一方面，可降低专项债资金募集后因项目前期准备不充分而发生闲置的可能；另一方面，对于部分建设规

① 《关于印发〈地方政府债券发行管理办法〉的通知》（财库〔2020〕43 号），财政部网站，2020 年 12 月 18 日，http：//gks. mof. gov. cn/ztztz/guozaiguanli/difangzheng fuzhaiquan/202012/t20201217_ 3635347. htm。

② 《关于 2021 年省级财政预算调整方案的报告》，广东省财政厅网站，2021 年 3 月 29 日，http：//czt. gd. gov. cn/czysjs/content/post_ 3250774. html。

③ 《北京市人民政府关于提请审议批准北京市 2021 年新增地方政府债务限额及市级预算调整方案议案的说明》，北京市政府网站，2021 年 6 月 15 日，http：//www. beijing. gov. cn/gongkai/caizheng/czbg/dfzfzj/202106/t20210617_ 2415301. html。

模大、建设周期长的项目，分阶段安排债券资金既能保障各阶段项目融资需求，又能避免专项债资金过早到位、“趴”在账上，从而进一步提升地方债资金使用效率。

（二）推进专项债项目穿透式监测，全面防范建设及运营风险

在2020年底中央经济工作会议和中央政治局会议强调防风险的背景下，2021年2月，监管部门要求各地通过完善信息化手段，对专项债项目实行穿透式监测，重点聚焦专项债项目建设与运营情况。项目建设情况监测主要关注项目运营单位招投标情况、专项债安排、配套融资规模以及项目建设进度、实物工作量情况等；项目运营情况监测重点关注专项债项目资产登记管理单位在项目全生命周期内，实施项目运营涉及的财务收支核算等，包括项目自身经营收入、项目营业成本、项目形成资产等。[①] 穿透式监测是对《地方政府债券发行管理办法》中要求加强专项债项目收益与融资平衡监管的具体落实，也可与《地方政府债券信息公开平台管理办法》中的信息披露要求相互配合，通过锁定每一笔专项债券项目风险，实现防控专项债务总体风险的目标。

（三）落实专项债项目绩效管理，开展全链条常态化风险防控

2021年6月，财政部印发《地方政府专项债券项目资金绩效管理办法》[②]，对专项债券支持项目进行事前绩效评估、绩效目标管理、绩效运行监控、绩效评价管理、评价结果应用。具体来看，第一，事前环节强化绩效评估。要求对专项债项目资金来源和到位可行性、收入成本预测合理性、项目偿债计划可行性和偿债风险点等方面进行重点论证，将评估结果作为是否获得专项债资金的重要参考依据。第二，事中环节加强运行监控。提出在专项债资金使用中对预算执行进度和绩效目标实现情况进行“双监控”，对严重偏离绩效目标的项目暂缓或停止拨款，项目无法实施或存在严重问题的即时追回专项债资金并调整

① 《监管拟对专项债项目实施穿透式监测，涉及四大内容》，21财经网，2021年2月22日，https：//m.21jingji.com/article/20210222/herald/24c9b9a10c988750f7df0ca18faefc06.html。

② 《关于印发〈地方政府专项债券项目资金绩效管理办法〉的通知》（财预〔2021〕61号），财政部网站，2021年7月1日，http：//yss.mof.gov.cn/zhuantilanmu/dfzgl/zcfg/202106/t20210628_3725972.htm。

用途。第三，事后环节强化绩效评价。指出绩效评价要反映项目决策、管理、产出和效益，健全全生命周期跟踪问效机制，并对项目绩效评价结果进行公开。伴随此办法实施，我国已就地方政府专项债构建了全链条常态化风险监控体系，可进一步推动债券资金配置效率和使用效益的提升。

（四）加强地方人大审查监督力度，压实地方债管理主体责任

2021 年 7 月，中共中央办公厅印发了《关于加强地方人大对政府债务审查监督的意见》，就推动完善政府预决算草案和报告中有关政府债务的内容、规范人大审查监督政府债务的内容和程序、加强人大对政府债务风险管控的监督、加强组织保障等做出了明确规定。该意见提出要高度重视政府债务风险防范化解工作，依法推动政府严格规范债务管理，建立健全向人大报告政府债务机制，明确人大审查监督的程序和方法，深入开展全过程监管，强化违法违规举债责任追究。此举对加强地方人大对政府债务的审查监督，压实地方政府债务管理主体责任，打好防范化解重大风险攻坚战具有重要意义。

四　总结与建议

2021 年是“十四五”规划开局之年，在“健全政府债务管理制度”的政策要求下，我国地方债管理制度建设取得了积极进展，从政策延续性来看，对 2020 年出台的政策进行了细化与落实；从政策发力点来看，与 2020 年的诸多具体规定相比，更加侧重于规范监管和风险防控，制度建设趋于完善和深化。具体而言，发行使用制度方面，根据稳增长需求合理确定地方债务新增限额，新增地方债限额保持高位，发行节奏更注重跨周期调节，债券资金用途持续拓宽；基础设施制度方面，离岸地方债在港、澳首发，发行利率市场化进程势头良好，信息披露机制和信用评级管理更加规范；风险防控制度方面，专项债绩效管理和项目穿透式监测机制深入落实，地方政府探索分批分期发行机制，地方人大对政府债务的审查监督责任得以压实。

当前新冠肺炎疫情仍有反复，国内宏观经济运行依然承压，作为积极财政政策的重要组成部分，新增地方债将持续扩容，继续发挥稳投资、扩内需、补短板的重要作用。未来，地方债管理制度建设工作将不断深入推进，建议在以

下两方面加以优化。第一，保持严审核与严监管，倒逼新增专项债提高项目收益能力。2021 年 1 ~9 月有超七成专项债项目融资本息覆盖倍数不足 2 倍，部分项目到期偿付对土地出让收入有一定的依赖性。建议保持严审核与严监管，控制土地出让收入在还款来源中的比重，倒逼专项债进一步提质增效。第二，进一步优化信息披露机制，创设离岸地方债信息披露模板。当前地方债信息披露已有规可循，未来还需进一步具体化、专业化，并体现项目间合理的差异性，真正为投资者提供有参考价值的信息。此外，地方债“走出去”进程已开启，有必要针对离岸地方债建立专门的信息披露模板，与国际标准接轨。

B.42

2021年地方政府债券募投特点分析

闫彦明　袁海霞*

摘　要： 2021年，专项债投向领域更加精准，以基建领域为主的同时，持续向“两新一重”领域倾斜，并继续注资中小银行，支持乡村振兴等国家重大战略。各地也因地制宜，聚焦地方经济发展，投向领域各有侧重。2021年1~9月，超七成新增专项债投向存量项目，且项目层级逐步下沉，但仍存在项目收益能力偏低、市场化配套融资欠缺等问题。后续来看，专项债募投领域将更加精准，各地也将因地制宜确定具体投向，同时募投项目管理将更加严格，募投项目将更加注重收益质量。

关键词： 地方债　专项债　专项债募投

一　地方政府债券重点募投领域梳理[①]

作为积极财政政策的重要抓手，地方债尤其是专项债已逐步成为稳定经济增长的着力点之一。2021年，在财政政策提质增效的导向下，专项债投向更为精准且结构持续优化，投向传统基建领域的同时持续聚焦“两新一重”，棚

* 闫彦明，中诚信国际研究院助理研究员，主要研究领域为财政政策、地方债与城投行业等；袁海霞，经济学博士，高级经济师，中诚信国际研究院副院长，中国人民大学国发院政府债务研究中心联席主任，主要研究领域为宏观经济、债券市场、地方债与城投行业等。

① 本报告地方政府债券募投领域主要涉及新增专项债募投领域。若无特殊说明，涉及专项债募投领域规模、占比等数据均为中诚信国际根据2021年1~9月专项债所有募投项目统计所得，募投项目信息来自专项债信息披露文件。由于数据的获取问题，数据可能来自不同募投项目文件、项目实施方案、信息披露模板等，这可能导致数据分析出现一定偏差，但不会对分析结论产生实质影响。

改类专项债继续发行且占比回升，同时继续支持中小银行发展，紧扣乡村振兴等国家重大战略，发挥稳增长及补短板的重要功效。

（一）投向仍以基建领域为主，持续聚焦“两新一重”

在稳增长压力及存量项目资金接续需求下，专项债依然是积极财政政策的重要抓手。根据2021年《政府工作报告》① 要求，专项债资金继续聚焦经济发展及短板，继续支持促进区域协调发展的重大工程，推进“两新一重”建设，实施一批交通、能源、水利等重大工程项目。2021年1～9月，专项债投向仍以基建领域为主，资金规模占比过半数，与2020年同期基本持平。具体看，新增专项债中约7000亿元投向市政和产业园区基础设施建设，占全部规模的31%；投向交通基础设施约4000亿元，占全部规模的19%（见图1），占比较2020年回落5个百分点，其中近八成用于铁路、轨道交通及公路等建设，除去纳入新基建的城际高铁和城际轨道交通后，剩余一般铁路及公路合计占比超60%。在重视传统基建的同时，专项债仍向“两新一重”领域聚焦。2021年1～9月，超四成专项债投向“两新一重”建设，占比与2020年同期基本持平，较2021年上半年的近三成明显提高，“一重”领域仍占主要地位，“两新”领域持续向新型城镇化建设倾斜，新型基础设施建设仍待发力。

（二）继续支持棚户区改造项目，棚改类专项债发行提速

2020年5月下旬，财政部办公厅、国家发展和改革委员会办公厅、住房和城乡建设部办公厅联合印发《关于梳理新增专项债券棚户区改造项目资金需求的通知》②，明确2020年支持地方依法合规发行专项债券用于符合条件的棚户区改造项目建设，此后，棚改类专项债恢复发行。2021年延续了相关要求，专项债继续支持棚户区改造项目，且主要支持在建收尾项目，适度支持新

① 《政府工作报告》，中国政府网，2021年3月5日，http：//www. gov. cn/guowuyuan/zfgzbg. htm。

② 《财政部对十三届全国人大三次会议第4606号建议的回复》（财预函〔2020〕89号），财政部网站，2020年10月22日，http：//yss. mof. gov. cn/jytafwgk_ 8379/2017jytafwgk_ 14529/2018rddbjyfwgk/202010/t20201022_ 3609264. htm。

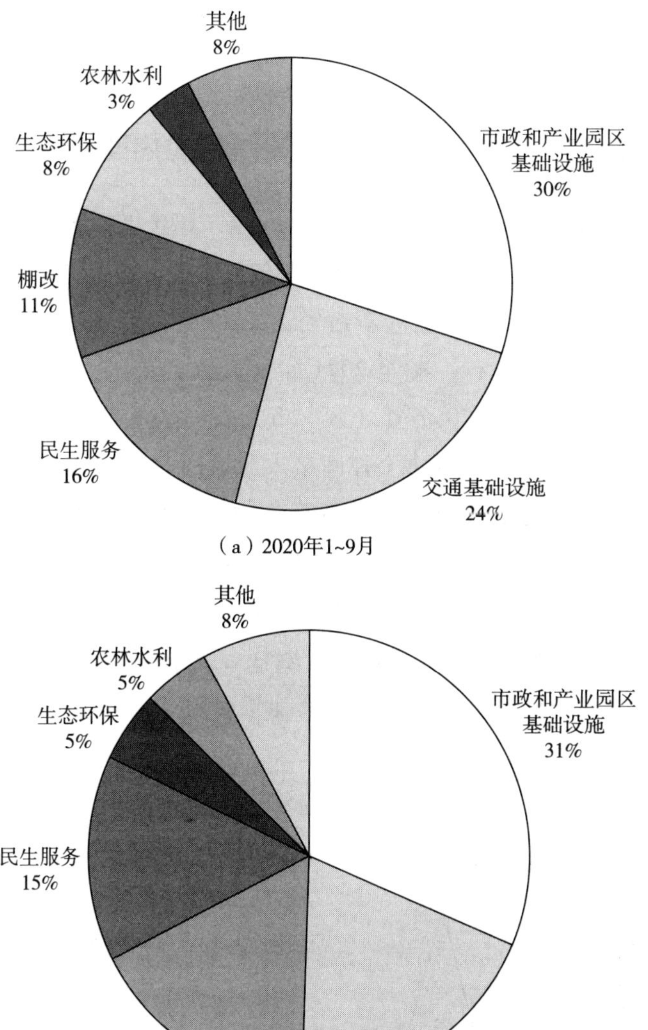

（b）2021年1~9月

图1　2020 年 1 ~ 9 月和 2021 年 1 ~ 9 月新增项目收益专项债募投领域分布

资料来源：全国 31 个省（区、市）地方政府新增专项债信息披露文件，中诚信国际整理计算。

开工项目。2021 年 1 ~ 9 月，在优质项目储备不足及存量棚改项目较多的背景下，棚改类专项债作为较为成熟的专项债品种，发行规模较大，超 3800 亿元，投向约 2600 个项目，较 2020 年大幅回升；超九成项目为已开工项目，且过半数为此前发行过专项债的项目。

（三）继续注资中小银行，“一行一策”有序推进

2020 年 7 月 1 日，国务院常务会议决定在 2020 年新增地方政府专项债限额中安排一定额度，允许地方政府依法依规通过认购可转换债券等方式，探索合理补充中小银行资本金的新途径。2020 年下半年以来，支持中小银行发展类专项债陆续发行，截至 2021 年 9 月末，该类专项债全部发行完毕，共计 2100 亿元，共 20 个省（区、市）发行该类专项债，投向 315 家中小银行（见图 2），通过地方金控间接入股及财政部门转股协议存款两种方式进行注资。各地结合当地金融发展需求，采取不同的额度分配方式，黑龙江、甘肃等省将额度分配至数量较多的农村商业银行、农村合作银行及农村信用社，发挥金融支持农业发展作用；山西、辽宁等省将额度集中用于组建新的大型城商行，增强地方金融核心竞争力。不同银行因地制宜，制定了相应的市场化退出方式，通过其他银行承接、转为普通股等方式及时退出。

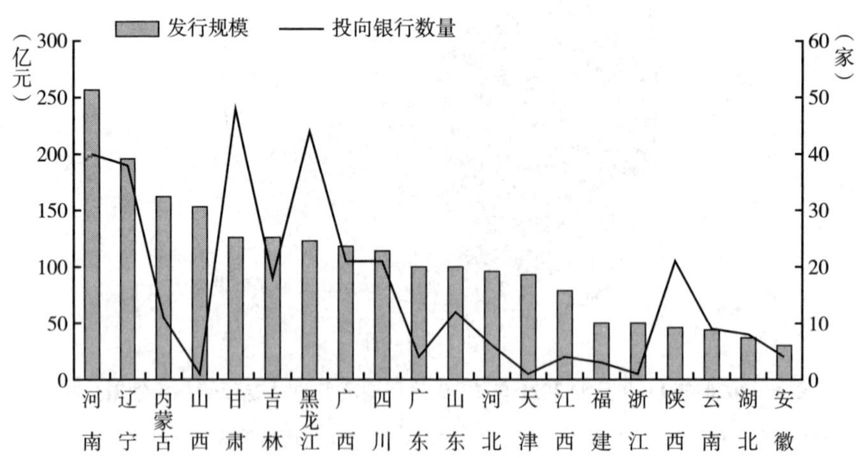

图 2　截至 2021 年 9 月部分省（区、市）支持中小银行发展类专项债发行规模及投向银行数量

资料来源：Wind 数据库，中诚信国际整理计算。

（四）紧扣乡村振兴战略，对其支持力度进一步加大

“十四五”规划明确提出全面实施乡村振兴战略，加快农业农村现代化；2021 年中央一号文件再次明确“把全面推进乡村振兴加快农业农村现代化作为实现中华民族伟大复兴的一项重大任务”①。乡村振兴专项债②自 2018 年发行以来，规模逐年增长（见图 3）。2021 年 1 ~ 9 月，全国共发行 11 只乡村振兴专项债，合计 265.31 亿元，发行规模较 2020 年全年增加一倍，主要投向高标准农田建设、乡村振兴示范片区建设、集中居住项目建设及社会民生等领域。从发行省（区）来看，江苏、江西、山东、四川、西藏 5 省（区）发行了乡村振兴专项债，其中江苏省发行规模居首位，达 151.76 亿元。此外，其他各类投向农业农村领域的专项债规模超 450 亿元，较 2020 年有所增加。伴随乡村振兴战略深入实施，未来投向乡村振兴的专项债规模或将进一步扩大，以巩固拓展脱贫攻坚成果同乡村振兴有效衔接，加快农业农村现代化。

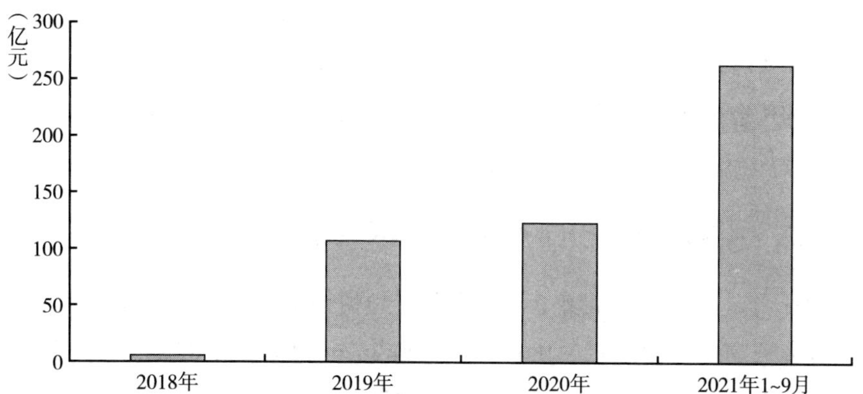

图 3　2018 ~ 2020 年及 2021 年 1 ~ 9 月全国乡村振兴专项债发行规模

资料来源：Wind 数据库，中诚信国际整理计算。

① 《中共中央　国务院关于全面推进乡村振兴加快农业农村现代化的意见》，中国政府网，2021 年 1 月 4 日，http://www.gov.cn/zhengce/2021 - 02/21/content_5588098.htm。

② 本报告中“乡村振兴专项债”指地方政府发行的名称中带有“乡村振兴”的新增专项债。

二　地方政府债券区域募投重点研究

专项债是地方基础设施建设的重要抓手，各地在使用专项债重点支持市政和产业园区基础设施建设及交通基础设施建设的同时，因地制宜，结合当地经济发展需求，各有侧重地投向不同领域。

（一）东部地区[①]优先开展城市更新相关建设

2021 年 1 ~ 9 月，东部地区发行新增专项债 11377 亿元，在主要投向市政和产业园区基础设施、交通基础设施领域的同时，仍保持对城乡建设及生态环保领域的支持。东部地区城镇化水平高，城市更新需求较大，与其他地区相比，投向城乡建设、老旧小区改造等领域的专项债资金占比较大。2021 年 1 ~ 9 月，东部地区发行的专项债约有 1.97% 投向城乡建设领域，约有 2.21% 投向老旧小区改造领域，而西部地区和东北地区两类投资合计占比不足 3%。与此同时，东部地区经济发展水平较高，伴随产业转型升级不断加快，其对生态环境保护的重视程度日益提高。2021 年 1 ~ 9 月，东部地区发行的专项债中约有 6.26% 的资金投向生态环保领域，重点用于城镇污水、垃圾处理项目，发挥改善生态环境和满足民生需求的双重效益。

（二）中部地区多投向棚改及存量民生医疗类项目

2021 年 1 ~ 9 月，中部地区发行新增专项债 5164 亿元，其中投向棚改及民生服务领域的专项债规模占比较大，分别为 26.10%、16.85%，远超其他地区。具体来看，河南棚改工作积极主动、成效明显，连续 3 年受到国务院督查激励，河南用于棚改领域的专项债规模约为 800 亿元，投向近 1000 个棚改项目，带动中部地区棚改类专项债占比较 2020 年同期提升 15.43 个百分点。此外，2020 年湖北等中部地区省份受新冠肺炎疫情冲击明显，医疗卫生等民生

① 本报告中，“东部地区”指北京、天津、河北、上海、江苏、浙江、福建、山东、广东和海南；“中部地区”指山西、安徽、江西、河南、湖北和湖南；“西部地区”指内蒙古、广西、重庆、四川、贵州、云南、西藏、陕西、甘肃、青海、宁夏和新疆；“东北地区”指辽宁、吉林和黑龙江。

领域重振需求较大，当年新开工建设了一批医疗卫生补短板项目，存量项目较多。2021 年 1 ~9 月，中部地区专项债资金投向近 800 个医疗卫生项目，其中超七成为存量项目。

（三）西部地区更多向农林水利及文旅领域倾斜

2021 年 1 ~9 月，西部地区发行新增专项债 5668 亿元，在持续投向市政和产业园区基础设施、交通基础设施和民生服务领域的同时，向农林水利及文旅领域倾斜。西部地区受自然条件限制，部分地区水资源较为匮乏，农业高质量发展需求较大。2021 年，西部地区发行的专项债中，约 6.45% 投向农林水利建设项目，占比高于其他地区，且较 2020 年同期提升 2.12 个百分点。此外，西部地区自然风光壮美，待开发的旅游资源丰富，在文旅融合发展的导向下，西部地区约 5.38% 的专项债资金投向文旅领域，占比远高于其他地区。

（四）东北地区市政和产业园区基础设施类专项债占比较高

2021 年 1 ~9 月，东北地区发行新增专项债 1452 亿元，主要募投领域仍集中在市政和产业园区基础设施、交通基础设施领域。为加快传统产业转型升级，以产业振兴助推东北振兴，市政和产业园区基础设施类专项债占比较高，占专项债发行规模的 43%，高于其他地区 30% 左右的平均水平。此外，东北地区能源资源丰富，投向能源领域的专项债资金占比较高，约 1.45% 的专项债资金投向能源项目，而其他三大地区该领域的专项债资金占比均不足 0.30%。

三　地方政府债券募投项目特点分析

2020 年专项债放量发行，存量项目数量众多，为保障存量项目资金接续，2021 年 1 ~9 月超七成新增专项债投向存量项目，主要集中在交通基础设施及棚改领域，且项目行政层级逐步下沉，重点支持基层基础设施建设。

（一）保障存量项目资金接续，新开工项目占比较低

在抗疫情、稳增长的背景下，2020 年专项债放量发行，共投向超过 2.5 万个项目。为保障存量项目资金接续，2021 年政策要求优先安排在建项目，

叠加专项债审核趋严、优质项目储备不足影响，2021 年 1～9 月超七成专项债投向约 1.3 万个已开工项目，其中过半数项目为此前已发行专项债的存量项目，新开工项目占比较低。从募投领域看，交通基础设施及棚改领域投向存量项目的专项债规模较大，交通基础设施领域专项债近九成投向已开工项目；在“主要支持在建收尾项目，适度支持新开工项目”的要求下，棚改领域专项债约 83% 的资金投向存量项目；而物流领域专项债投向存量项目的资金占比较低，约 56% 的资金投向存量项目（见图 4）。

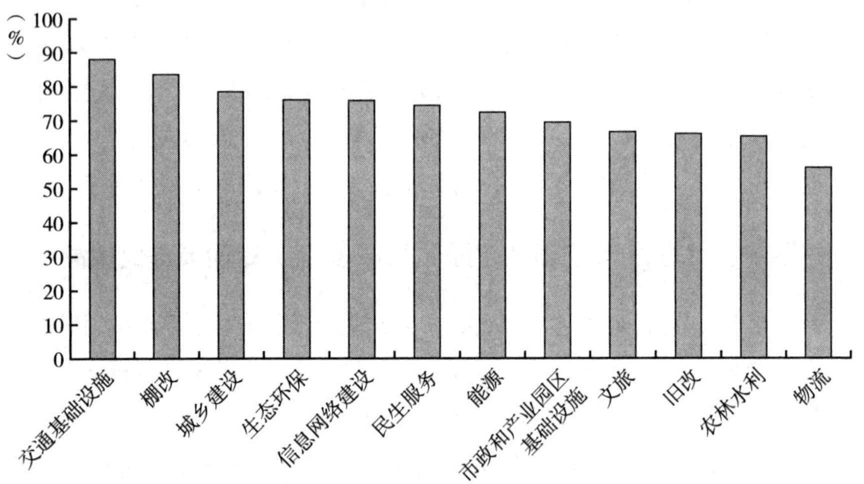

图 4　2021 年 1～9 月部分领域新增专项债投向存量项目占比

资料来源：全国 31 个省（区、市）地方政府新增专项债信息披露文件，中诚信国际整理计算。

（二）项目行政层级逐步下沉，市县级项目占比较高

市县级政府尤其是区县政府是地方项目建设的主体，但其自身财力较弱，项目资金缺口较大，对专项债额度需求较大。2021 年 1～9 月，专项债项目行政层级逐步下沉，市县级项目占比不断提高。具体来看，省级项目占比为 7.72%，较 2020 年回落约 1.5 个百分点；地市级项目占比为 32.09%，较 2020 年回落约 1.8 个百分点；区县级项目占比为 60.20%，较 2020 年回升约 3.3 个百分点（见图 5）。从投向领域看，省级项目主要集中在交通基础设施、棚改及民生服务领域，其中交通基础设施规模最大，占比超过 50%，主要投向省

际铁路及公路建设。地市级项目主要集中在交通基础设施、市政和产业园区基础设施领域，占比分别为33%、27%。区县级项目主要集中在市政和产业园区基础设施、棚改领域，其中棚改领域占比约为21%，显著高于省级及地市级项目棚改领域占比。

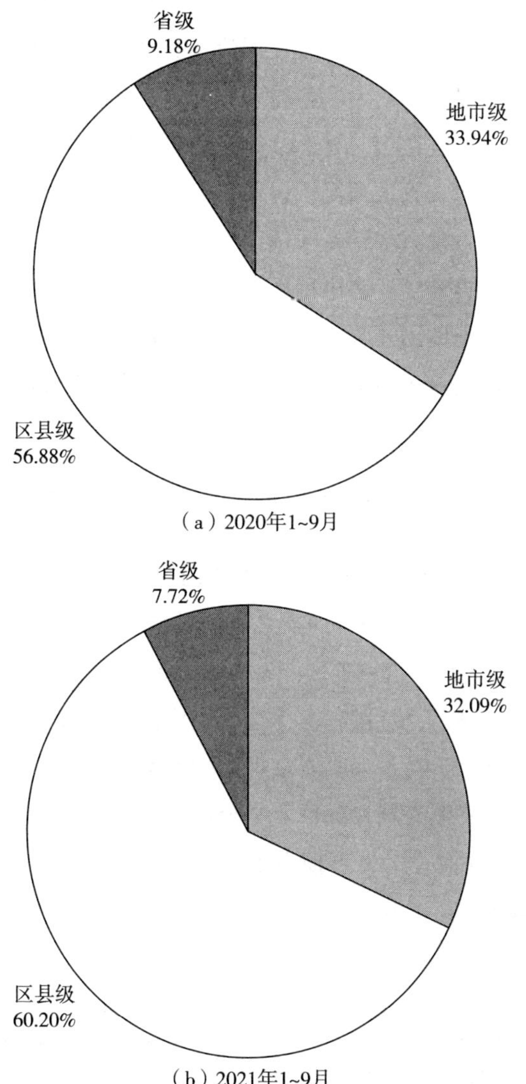

图5 2020年1~9月和2021年1~9月新增专项债项目层级占比

资料来源：全国31个省（区、市）地方政府新增专项债信息披露文件，中诚信国际整理计算。

（三）项目收益能力整体偏低，部分仍依赖土地偿还

自2017年项目收益专项债创设以来[①]，地方债募投项目收益质量进一步提高。近年来，伴随总量持续扩容，专项债资金明显向收益相对更高、融资自求平衡的公益性项目倾斜。从项目收益对融资本息覆盖倍数来看，2021年1～9月所发行的新增专项债项目覆盖倍数均值约为2.25倍，覆盖倍数介于1～2倍的项目数量占比约为75%，覆盖倍数介于2～10倍的项目数量占比约为23%，其余项目覆盖倍数在10倍以上。整体看覆盖倍数仍然偏低，且存在计算标准不统一、不同地区收入预测假设条件存在差异、部分项目偿债收益仍存在高估等问题。从收入来源看，专项债偿债收益来源较为多元，主要包括土地出让收入、项目经营收入、厂房出租出售收入、广告费收入、停车费收入、污水处理收入等，其中土地出让收入为重要收入来源，棚改、旧改、市政和产业园区基础设施领域的项目较为依赖土地出让收入，部分项目以土地出让收入为单一收入来源，项目收益能力仍待提升。

（四）专项债作为资本金比例低，市场化配套融资欠缺

自2019年6月《关于做好地方政府专项债券发行及项目配套融资工作的通知》[②] 允许专项债作为符合条件的重大项目资本金以来，专项债作为资本金的模式得以不断推广。2021年1～9月，约有3亿元专项债作为项目资本金投向430余个项目，资金规模及项目数量均较上年同期有所回落。值得注意的是，专项债作为项目资本金的规模占专项债总规模的比例不足10%，远低于财政部允许的“地方政府专项债作为重大项目资本金比例可高于20%”的比例标准。在专项债作为资本金的项目中，专项债占项目资本金比例的均值为83%，较2020年同期的35%大幅增加，或表明专项债资金的撬动作用有所减弱。此外，在专

① 《关于试点发展项目收益与融资自求平衡的地方政府专项债券品种的通知》（财预〔2017〕89号），财政部网站，2017年7月21日，http：//yss. mof. gov. cn/zhuantilanmu/dfzgl/zcfg/201707/t20170724_ 2656632. htm。

② 《中共中央办公厅　国务院办公厅印发〈关于做好地方政府专项债券发行及项目配套融资工作的通知〉》，中国政府网，2019年6月10日，http：//www. gov. cn/zhengce/2019－06/10/content_ 5398949. htm。

项债作为资本金比例较低的情况下，专项债主要作为配套融资使用，而市场化配套融资规模较小且以银行贷款为主，市场化配套融资种类仍然欠缺。

四　地方政府债券募投方向展望

专项债是积极财政政策的重要组成部分，在经济下行压力加大、地方政府债务风险防控力度不减的背景下，专项债募投领域或将更为精准，并结合国家宏观政策持续创新，各地也将统筹化债压力和地方经济发展需求，因地制宜确定具体投向。

（一）募投领域更为精准，结合国家宏观政策持续创新

在深入实施“十四五”规划的背景下，未来专项债募投领域或将更加精准，并结合“十四五”规划及各类宏观政策持续创新募投领域，切实发挥专项债对重大规划和战略的支撑作用。其一，针对社会基本公共服务质量不高、发展不均衡等问题，专项债将继续支持民生类项目，投向卫生健康、教育、养老、文化旅游等领域，补齐基本公共服务短板，提升基本公共服务质量和水平。其二，在政府相关部门多次强调适度超前部署数字经济基础设施建设、加快新型基础设施建设的要求下，以信息网络、人工智能等为主的新型基础设施建设将加速推进，专项债或将持续向该领域倾斜，推动数字经济健康发展。其三，伴随乡村振兴战略深入实施、城市更新行动有序进行，投向新型城镇化建设的专项债占比或将稳步提升，不断优化城乡区域发展格局。其四，为适应“充分发挥政府投资引导作用，构建与碳达峰、碳中和相适应的投融资体系”①的政策要求，扎实做好碳达峰、碳中和各项工作，专项债或结合碳达峰、碳中和目标，探索生态环保类新品种，推动地方经济绿色发展。

（二）区域募投因地制宜，统筹考虑化债压力及发展需求

在经济下行压力加大、政府债务风险防控力度不减的背景下，各地区将因

① 《中共中央　国务院关于完整准确全面贯彻新发展理念做好碳达峰碳中和工作的意见》，中国政府网，2021 年 9 月 22 日，http：//www. gov. cn/zhengce/2021 – 10/24/content_ 5644613. htm。

地制宜，统筹考虑化债压力及经济发展需求，合理确定专项债资金投向，在切实防范风险的前提下，发挥好专项债带动扩大有效投资、促进地方经济发展的作用。东部地区城乡建设、旧改等相关领域或将继续发力；中部地区在保障存量医疗项目资金接续的同时，或将向市政、交通等基建领域倾斜；西部地区或将充分发挥特色，不断完善文旅基础设施建设，并加强冷链物流、交通基础设施建设；东北地区将继续支持产业园区建设，并持续加大民生服务领域投入，大力保障和改善民生。此外，部分债务负担较重、化债压力较大的省份或将统筹考虑地区财力水平和债务风险水平，严格落实专项债投向领域禁止类项目清单要求，避免债务风险持续累积。

（三）项目管理严格细化，募投项目将更注重收益质量

为更好解决地方债尤其是专项债“重发行轻管理”① 问题，2021 年，财政部从信用评级、信息公开、绩效管理、资金用途调整等方面入手出台多项文件，持续强化管理。伴随专项债管理不断细化，专项债项目管理将更加严格。在专项债管理进一步趋严的态势下，专项债资金使用效率低下的问题将逐步改善，同时，在地产严监管持续、“土地财政”有所弱化的背景下，依赖土地出让收入偿还的专项债项目将面临一定压力，但也将促使募投项目更注重自身收益质量，防范收益不及预期风险。

---

① 《国务院关于 2020 年度中央预算执行和其他财政收支的审计工作报告》，审计署网站，2021 年 6 月 7 日，http：//www. audit. gov. cn/n5/n26/c145346/part/75586. pdf。

B.43
地方政府专项债券支持中小银行发展研究

张 堃 袁海霞*

摘 要： 支持中小银行发展类专项债通过向中小银行注资补充资本金，提升其服务实体经济的能力。在国家积极政策引导下，中小银行专项债发行规模达到2100亿元，共支持20个省（区、市）315家中小银行补充资本金。未来，可持续关注中小银行专项债的偿还与及时退出机制，充分发挥专项债对推动中小银行完善治理、提升可持续经营能力的积极作用。

关键词： 地方债 专项债 中小银行

2020年7月，国务院常务会议着眼增强金融服务中小微企业能力，决定在地方政府专项债限额中安排一定额度，允许地方政府依法依规通过认购可转换债券等方式，探索合理补充中小银行资本金的新途径。截至2021年9月，支持中小银行发展类专项债已全部发行完毕，发行规模达到2100亿元，有效拓宽了补充中小银行资本金的渠道，对支持区域实体经济发展具有重要意义。未来，还可从严格筛选募投对象、加强全过程监管、探索并完善市场化的专项债到期及时退出机制等方面，进一步优化专项债支持中小银行发展的作用机制。

---

* 张堃，经济学博士，中诚信国际研究院分析师，主要研究领域为评级监管、地方政府债券等；袁海霞，经济学博士，高级经济师，中诚信国际研究院副院长，中国人民大学国发院政府债务研究中心联席主任，主要研究领域为宏观经济、债券市场、地方债与城投行业等。

一　创新专项债支持中小银行发展的背景

（一）中小银行加大信贷投放力度支持实体经济恢复，资本金压力进一步加大

为应对新冠肺炎疫情的冲击，银行业金融机构加大信贷投放力度支持实体经济恢复，而信贷投放的扩张自然会加大对银行资本金的消耗，这让资本充足水平本就不高的中小银行面临越来越大的资本金压力。从商业银行资本充足率看，2019 年以来，中小银行资本充足情况始终低于大型商业银行和股份制商业银行，截至 2021 年第二季度末，我国商业银行的整体资本充足率为 14.48%，大型商业银行、股份制银行、城市商业银行和农村商业银行的资本充足率分别为 16.27%、13.35%、12.91% 和 12.14%,[①] 其中后两者的资本充足率距离监管红线（10.5%）的安全边际较小，进一步说明中小银行对资本补充的需求更为迫切。

（二）内源性资本补充能力略显不足，亟须拓展外源性资本补充渠道

在国家鼓励金融系统向实体经济让利的背景下，银行盈利能力有所下滑，叠加前期积累的风险集中暴露，银行依靠自身盈利补充资本金的空间在逐步收窄，拓展外源性资本补充渠道显得更为重要。银行外源性资本补充方式主要包括上市融资，定向增发，发行优先股、可转债、永续债、二级资本债等资本补充工具，对于未上市的中小银行而言，融资渠道更为受限，且发行资本补充工具对银行资产规模、盈利能力、公司治理等方面要求较高，部分中小银行难以通过传统的资本补充工具获取资本金，需要创新资本补充渠道保证中小银行可持续经营能力。

（三）中小银行公司治理运作机制不完善，地方政府欠缺对其的管控机制

近年来，中小银行公司治理风险事件频发，暴露出中小银行股权结构不清晰、组织结构失衡等问题。中小银行股权结构较为复杂，既有地方政府、国有

① 数据来自截至 2021 年 9 月 30 日的 Wind 数据库，并由中诚信国际整理计算。

企业，也有民营企业，部分民营资本通过违规的资本运作及股权安排获取控制权，直接干预中小银行日常经营、利润分配等，造成治理失误和严重的道德风险。此外，部分银行还面临来自地方政府的直接行政干预，而地方政府行政目标与中小银行经营目标的不一致导致中小银行公司治理运作机制复杂化，这需要合理的途径推动地方政府由行政干预转向公司治理框架内的股东管理模式，明晰地方政府对中小银行管理的权责边界。

（四）中小银行金融支持有限，中小微企业仍面临一定经营压力

中小银行的信贷投放大都集中于中小微企业，但受限于资本金不足、放贷能力有限，中小银行对中小微企业的金融支持难以完全满足中小微企业经营需求，特别是在新冠肺炎疫情冲击下，国内经济下行压力持续加大，中小微企业经营恶化，补充营运资本需求较大，仅靠中小银行的金融支持难以满足流动性需求。同时，中小微企业经营恶化也会导致中小银行的资产质量和盈利能力承压，进一步降低和削弱中小银行对中小微企业的支持意愿和支持能力。要想摆脱当前困境，需要加强对中小银行的支持，特别是在资本补充方面，提高中小银行进一步服务中小微企业的能力。

二　支持中小银行发展类专项债发行概况

（一）额度分配：与区域经济财力关系弱化，聚焦当地中小银行实际情况

2021 年 9 月 3 日，中国人民银行发布的《中国金融稳定报告（2021）》①指出，财政部安排了 2000 亿元专项债额度，支持 20 个省（区、市）的中小银行补充资本。但从实际发行情况来看，中小银行专项债总额度较预期小幅扩容。截至 2021 年 9 月，支持中小银行发展类专项债已全部发行完毕，发行规模达到 2100 亿元。此外，中小银行专项债额度分配和普通专项债的分配方式

① 《中国人民银行发布〈中国金融稳定报告（2021）〉》，中国人民银行网站，2021 年 9 月 3 日，http：//www. pbc. gov. cn/goutong jiaoliu/113456/113469/4332768/index. html。

出现明显变化。《新增地方政府债务限额分配管理暂行办法》① 要求，“新增限额分配应当体现正向激励原则，财政实力强、举债空间大、债务风险低、债务管理绩效好的地区多安排，财政实力弱、举债空间小、债务风险高、债务管理绩效差的地区少安排或不安排”，这意味着财政实力较强的地区容易获得更多的新增专项债额度。而中小银行专项债获得额度最多的省份为河南（257 亿元），其次是辽宁（196 亿元）和内蒙古（162 亿元），获得额度较少的省份依次是安徽（30 亿元）、湖北（37 亿元）和云南（44 亿元）（见图 1），这说明中小银行专项债额度分配与地区经济、财政实力关系弱，更注重当地中小银行的实际经营状况、风险水平以及注资需求等。

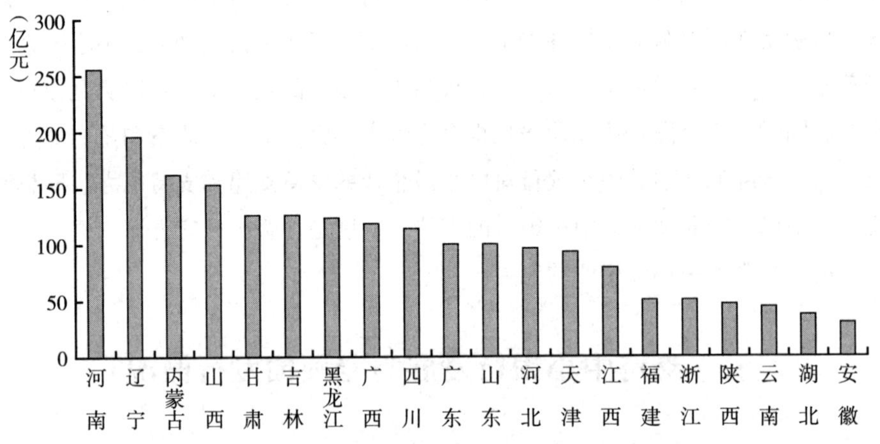

图 1　我国 20 个省（区、市）中小银行专项债发行规模

资料来源：Wind 数据库，中诚信国际整理。

（二）发行结构：期限固定、发行成本差异不大，注资银行数量分布不均

2021 年以来，中小银行专项债发行持续提速，前三个季度共发行 1207

---

① 《关于印发〈新增地方政府债务限额分配管理暂行办法〉的通知》（财预〔2017〕35 号），财政部网站，2017 年 3 月 23 日，http：//yss. mof. gov. cn/zhengceguizhang/201704/t20170401_2574290. htm。

亿元，其中9月发行规模最高，达到912亿元。从发行期限看，中小银行专项债全部为10年期，还本宽限期集中在5～8年；从发行票面利率看，不同省（区、市）专项债发行成本差异较小，其中广西发行票面利率最高，为3.65%，天津最低，为3.07%，最高利率与最低利率之差为58BP；从注资银行数量看，中小银行专项债共支持315家中小银行补充资本金，其中甘肃注资银行数量最多，为48家，其次是黑龙江（44家）、河南（40家）和辽宁（38家），山西、浙江和天津注资银行数量最少，皆为1家（见图2）。

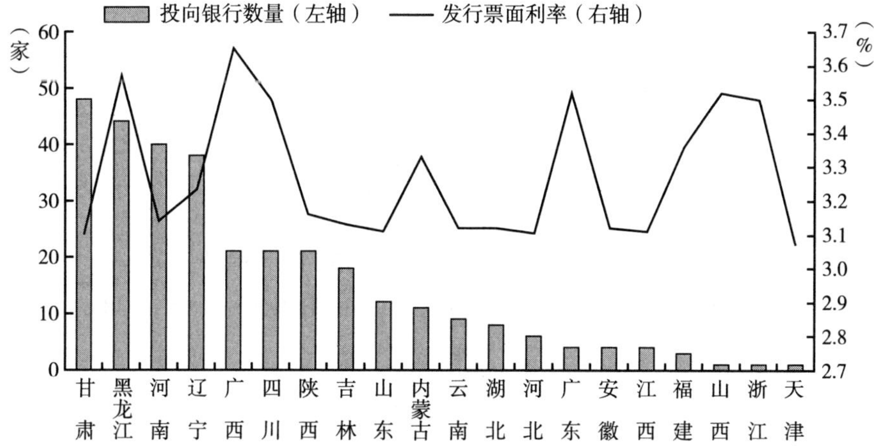

图2　我国20个省（区、市）中小银行专项债发行票面利率与注资银行数量

资料来源：Wind数据库，中诚信国际整理。

（三）募投对象：以区县级中小银行、农信系统银行为主，资质相对较低

从注资银行类型看，农村信用社数量占比最高，为51%，其次是农村商业银行，占38%，城市商业银行和农村合作银行分别占9%和2%（见图3）；从注资银行行政层级看，区县级占比最高，达到77%，其次是地市级，占19%（见图4）。但从注资额度看，用于补充城市商业银行资本金的规模最高，为766.33亿元，其次是农村商业银行，补充额度为695.52亿元。从补充资本金类型看，用于补充其他一级资本的占比高于补充核心一级资本的占比。总的

来说，募集资金投向银行资质相对较低，专项债注资使银行资本补充门槛有所降低，资本补充层级明显提高。

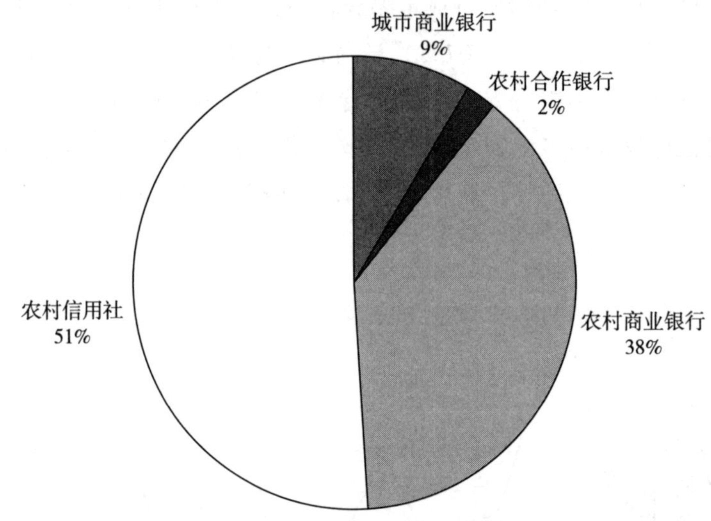

图 3　中小银行专项债注资银行不同类型占比

资料来源：我国 20 个省（区、市）地方政府新增专项债信息披露文件，中诚信国际整理。

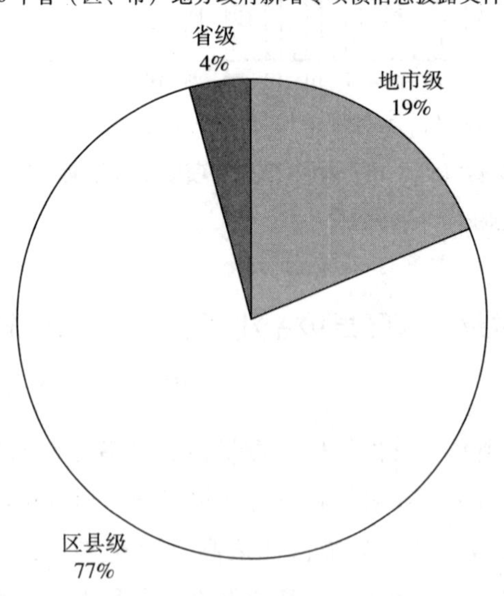

图 4　中小银行专项债注资银行不同行政层级占比

资料来源：我国 20 个省（区、市）地方政府新增专项债信息披露文件，中诚信国际整理。

三　专项债补充中小银行资本金机制分析

（一）注资方式：以转股协议存款为主，暂无对发行主体资质要求较高的可转债及二级资本债认购方式

按照财政部要求，专项债注资中小银行的方式主要有四种：认购转股协议存款、金融控股公司间接入股、认购可转债和二级资本债。但从实际发行情况看，专项债补充中小银行资本主要采用地市级财政部门认购转股协议存款和通过地方金融控股公司间接入股两种方式，其中前者占比超过50%。由于发行可转债和二级资本债对发行主体资质要求较高，大部分中小银行难以达到发债要求，因此，暂无专项债通过认购可转债和二级资本债的方式对中小银行注资。

1. 认购转股协议存款

认购转股协议存款是指各地区财政局将募集资金用于认购注资银行的可转股协议存款，以补充注资银行其他一级资本。目前，甘肃、四川、黑龙江、广西等地区发行的中小银行专项债主要采用此方式。以甘肃发行的中小银行专项债为例，皋兰县财政局作为认购主体，以转股协议存款方式向皋兰县农村信用合作联社注资补充其他一级资本，其他区县级财政局以同样的方式向当地中小银行注资，实现对48家中小银行注资补充资本金。

2. 金融控股公司间接入股

间接入股是指由地方金控平台作为资金运营主体，通过间接入股等方式向地方中小银行注资补充资本金。目前，辽宁、广东、河南等地区发行的专项债属于此类型。以广东发行的中小银行专项债为例，广东粤财投资控股有限公司（省级金融控股公司）作为资金运营主体，通过间接入股方式分别向普宁农商行、郁南农信社、揭东农商行和罗定农商行四家中小银行注资补充资本金37亿元、40亿元、14亿元和9亿元。

3. 认购可转债和二级资本债（暂无）

可转债主要用于补充商业银行核心一级资本，二级资本债主要用于补充二级资本。目前，商业银行可转债发行主体均是上市银行，评级一般在AA+级

以上，且发行耗时较长；二级资本债发行主体资质要求虽然没有可转债高，但仍需达到一定评级。因此，已发行专项债尚无上述两种注资方式。

（二）偿还方式：城市商业银行收益能力相对较高，以运营期贷款利息偿还为主

1. 收益情况：不同主体收益能力分化明显，城市商业银行收益能力相对较高

从可偿债收益看，不同类型注资银行收益能力差异较大，城市商业银行平均可偿债收益超过134.38亿元，农村商业银行平均可偿债收益为35.71亿元，农村信用社平均可偿债收益最低，仅为10.53亿元；从利息覆盖倍数看，城市商业银行偿债能力明显高于农信系统银行，城市商业银行平均利息覆盖倍数超过10倍，其次是农村商业银行，平均覆盖倍数为5倍，而农村信用社覆盖倍数不足2倍。

2. 偿债来源：以运营期贷款利息收入为主，部分通过股权转让收益偿还

中小银行专项债偿债资金来源多样，主要包含贷款利息收入、手续费及佣金收入、金融机构往来收入、股权转让所得、股利分红、投资收益及其他业务收入等。经统计，超过38%的中小银行将运营期贷款利息收入以及手续费和佣金收入作为主要偿债资金来源，说明中小银行偿债仍主要依靠日常业务经营收入。此外，约24%的中小银行偿债资金来源包含股权转让收益，这与其分期偿还方式有关。

（三）到期退出机制：以市场化转让股份为主，以财政部门回收为辅

目前，发行的中小银行专项债均设置了退出条款，主要退出方式包含按期偿还、财政部门回收资金、转化为普通股、股权市场化转让等。从退出条款看，70%左右的中小银行专项债采用市场化转让股份的退出方式，少部分专项债由财政部门回收资金退出。

1. 市场化转让股份

市场化转让股份包含多种方式，一是先按照转股协议转化为普通股，再按照市场化要求将股份转让变现，以四川发行的专项债为例，转股协议存款实施5年后将全部转为长城华西银行的普通股，在债券存续期第6～10年，按照市场化、法治化要求，逐年转让一定股份变现用以偿还专项债本息，且转让价格

不低于转让时每股净资产，最终实现专项债资金全部退出；二是多途径扩大股东范围，从而将股份转让变现，以浙江发行的专项债为例，温州市国有金融资本管理有限公司通过间接入股方式向温州银行注资，在专项债到期前可通过现有股东收购股份、引入战略投资者收购股份、IPO 后公开出售股份或温州银行以自有资金回购等方式筹集专项债还本付息资金；三是指定市场化转让战略合作单位，由其他中小银行承接转让股份，以广东发行的专项债为例，还本宽限期后，郁南农商银行由广东南海农商银行参与、普宁农商银行由广东省农村信用社联合社组织全省农商银行参与、罗定农商银行由珠海农商银行参与、揭东农商银行由广东顺德农村商业银行参与市场化转让，保证专项债券本息顺利回收。

2. 财政部门回收资金

通过财政部门回收资金退出的专项债较少，以广西发行的专项债为例，专项债募集资金均由各区县财政局向注资银行认购转股协议存款补充资本金，专项债期限与可转股协议期限相同。虽然三期专项债还本宽限期不同，但在宽限期到期后，均由各区县财政局回收资金偿还专项债券本息。如第一期专项债中，南宁市财政局通过认购南宁市区农村信用合作联社转股协议存款，向其注资 29 亿元，银行按照约定每年提留资金存放资金管理专户用于偿还债券利息，7 年还本宽限期过后，从第 8 年开始财政局回收资金偿还专项债券本息。

四　推进专项债支持中小银行发展的建议

（一）严格筛选募投对象，优先支持可持续市场化经营、内控机制完善的中小银行

专项债为中小银行补充资本金拓宽渠道，但要严防中小银行对地方政府补充资本金形成依赖。为提高资金使用效率，应严格筛选募集资金投向银行，优先支持具有持续经营能力的中小银行，鼓励其通过完善公司治理和业务结构转型，提升公司治理水平、风险管理能力、可持续发展能力，以保证资金运用效应最大化。

（二）加强全过程监管，严格保障本息偿还，警惕发债滚动接续风险

中小银行专项债作为特殊券种，应将按时偿还本息作为管理目标之一。为此，需要加强全过程监管和审计监督，防止资金空转、违规挪用等现象发生，警惕债务滚动接续造成债务负担过重以及违约引发信用风险蔓延。一方面，政府部门应持续关注中小银行经营稳健性，评估其还款能力，从风险水平、服务实体经济质效、流动性安全等方面对注资银行进行持续监测；另一方面，注资银行也要根据还款周期做好资金调度和头寸安排，保障专项债的按期兑付。

（三）探索并完善市场化的专项债到期及时退出机制，严防道德风险

通过专项债补充中小银行资本金是阶段性政策，为防止地方政府对中小银行承担无限责任，增加政府负担，需要完善专项债到期及时退出机制。可通过搭建股份转让平台，适度增加市场化转让股份的渠道和方式，对于股份转让存在困难的中小银行，探索资产重组、鼓励兼并等方式保证资金及时退出，同时倒逼中小银行加强内部公司治理，提高经营的自主性和责任性。

附　　录

Appendixes

B.44
2021年地方政府债券政策汇编

表1　2021年地方政府债券政策汇编

政策名称	出台时间	出台机构	政策要点
《中共中央　国务院关于全面推进乡村振兴加快农业农村现代化的意见》	2021年1月4日	中共中央、国务院	该意见提出，大力实施乡村建设行动，加强乡村公共基础设施建设，继续通过地方政府债券等渠道按规定支持农村道路发展；强化农业农村优先发展投入保障，支持地方政府发行一般债券和专项债券用于现代农业设施建设和乡村建设行动，制定出台操作指引，做好高质量项目储备工作
《关于印发〈地方政府债券信用评级管理暂行办法〉的通知》（财库〔2021〕8号）	2021年1月29日	财政部	该办法从市场秩序、业务程序、行业监管等多个维度进行规范说明，以进一步规范地方政府债券信用评级工作，促进地方政府债券市场健康发展
《关于梳理2021年新增专项债券项目资金需求的通知》（财办预〔2021〕29号）	2021年2月1日	财政部办公厅、国家发展和改革委员会办公厅	该通知对新增专项债的项目安排、投向领域、资本金比例等方面做了具体要求，并要求各省（区、市）在2021年2月21日前上报2021年新增专项债券项目资金需求

续表

政策名称	出台时间	出台机构	政策要点
《关于印发〈地方政府债券信息公开平台管理办法〉的通知》(财预〔2021〕5号)	2021年2月9日	财政部	该办法贯彻落实党中央、国务院关于推进地方政府债务信息公开的要求,规范地方政府债券信息公开平台管理,就规范地方政府债券信息公开平台管理、做好地方政府债务相关信息公开做出详细规定;该办法提出财政部组织建设全国统一的地方政府债务信息公开官方平台(www. celma. org. cn),各地通过公开平台公开地方政府债务数据等信息
《政府工作报告》	2021年3月5日	国务院	该报告提出,2021年赤字率拟按3.2%左右安排,比上年有所下调,不再发行抗疫特别国债;2021年拟安排地方政府专项债券3.65万亿元,优先支持在建工程,合理扩大使用范围
《2020年中国财政政策执行情况报告》	2021年3月6日	财政部	该报告对2020年中国财政政策执行情况进行了回顾并对2021年财政政策进行了展望,该报告强调,2021年将按照"资金跟着项目走"的原则,用好地方政府专项债券,提高债券资金使用绩效,避免"钱等项目"
《中华人民共和国国民经济和社会发展第十四个五年规划和2035年远景目标纲要》	2021年3月12日	/	该纲要提出,建立健全规范的政府举债融资机制;完善市场化债券发行机制,稳步扩大债券市场规模,丰富债券品种,发行长期国债和基础设施长期债券;健全农业农村投入保障制度,加大中央财政转移支付、土地出让收入、地方政府债券支持农业农村力度;完善债务风险识别、评估预警和有效防控机制,健全债券市场违约处置机制,推动债券市场统一执法,稳妥化解地方政府隐性债务,严惩逃废债行为
《关于2020年中央和地方预算执行情况与2021年中央和地方预算草案的报告》	2021年3月14日	财政部	该报告指出,2020年违法违规新增地方政府隐性债务情况仍然存在,有的地方政府债务负担较重;2021年将加强地方政府债务管理,科学安排地方政府专项债券规模,积极防范地方政府债务风险;用好地方政府专项债券,加强高质量项目储备,按照"资金跟着项目走"的原则,适当放宽发行时间限制,优化债券发行期限结构,合理扩大使用范围,优先支持在建工程,不得盲目举债"铺摊子"

续表

政策名称	出台时间	出台机构	政策要点
《关于进一步深化预算管理制度改革的意见》(国发〔2021〕5号)	2021年4月13日	国务院	该意见进一步细化了预算管理制度,并对新阶段财税制度深化改革进行了部署,强调健全地方政府依法适度举债机制,该意见指出,健全地方政府债务限额确定机制,使一般债务限额与一般公共预算收入相匹配、专项债务限额与政府性基金预算收入及项目收益相匹配;完善专项债券管理机制,专项债券必须用于有一定收益的公益性建设项目,建立健全专项债券项目全生命周期收支平衡机制,实现融资规模与项目收益相平衡,专项债券期限要与项目期限相匹配,专项债券项目对应的政府性基金收入、专项收入应当及时足额缴入国库,保障专项债券到期本息偿付;完善以债务率为主的政府债务风险评估指标体系,建立健全政府债务与项目资产、收益相对应的制度,综合评估政府偿债能力;加强风险评估预警结果应用,有效前移风险防控关口;依法落实到期法定债券偿还责任;健全地方政府债务信息公开及债券信息披露机制,发挥全国统一的地方政府债务信息公开平台作用,全面覆盖债券参与主体和机构,打通地方政府债务管理全链条,促进形成市场化融资自律约束机制
《关于将国有土地使用权出让收入、矿产资源专项收入、海域使用金、无居民海岛使用金四项政府非税收入划转税务部门征收有关问题的通知》(财综〔2021〕19号)	2021年6月4日	财政部、自然资源部、国家税务总局、中国人民银行	该通知决定将由自然资源部门负责征收的国有土地使用权出让收入、矿产资源专项收入、海域使用金、无居民海岛使用金四项政府非税收入,全部划转给税务部门负责征收,进一步落实深化国家机构改革、非税收入征管职责划转的要求
《北京市人民政府关于提请审议批准北京市2021年新增地方政府债务限额及市级预算调整方案议案》	2021年6月15日	北京市财政局	该议案提出,从2021年起探索建立新增政府债券分批分期发行机制,将债券发行时间、发行规模精准匹配项目建设进度和资金需求,减少债券资金闲置浪费

续表

政策名称	出台时间	出台机构	政策要点
《关于印发〈地方政府专项债券项目资金绩效管理办法〉的通知》（财预〔2021〕61号）	2021年7月1日	财政部	该办法从事前绩效评估、绩效目标管理、绩效运行监控、绩效评价管理、评价结果运用等方面对地方政府专项债资金管理提出进一步要求，加强地方政府专项债券项目资金绩效管理，有利于提高专项债项目质量及资金使用效率
《关于加强地方人大对政府债务审查监督的意见》	2021年7月22日	中共中央办公厅	该意见在推动完善政府预算决算编制工作、加强政府债务限额审查监督、强化专项债务的审查监督等方面做出了具体规定；该意见提出，要高度重视政府债务风险防范化解工作，依法推动政府严格规范债务管理，建立健全向人大报告政府债务机制，明确人大审查监督的程序和方法，深入开展全过程监管，强化违法违规举债责任追究
《〈中华人民共和国国民经济和社会发展第十三个五年规划纲要〉实施总结评估报告》	2021年7月28日	国家发展和改革委员会	该报告在“全面深化改革篇”中指出，“十三五”时期，一批重大风险隐患“精准拆弹”，经济发展韧性不断提升；结构性去杠杆有序推进，宏观杠杆率过快上升势头得到遏制；地方政府违法违规举债行为得到初步遏制，地方政府债务风险总体可控
《关于2021年省级财政第二次预算调整方案的报告》	2021年8月6日	广东省财政厅	该报告提出，结合项目分阶段资金需求，分批次滚动发行新增债券，推动实现“发行一批、建设一批、接续一批”
《2021年上半年中国财政政策执行情况报告》	2021年8月27日	财政部	该报告提出，适度提速地方政府专项债券发行，用好地方政府专项债券资金，指导地方加强项目储备，推动2021年底2022年初形成实物工作量；强化专项债券项目资金绩效管理，提升债券资金配置和使用效率
《关于印发〈地方政府专项债券用途调整操作指引〉的通知》（财预〔2021〕110号）	2021年11月11日	财政部	该指引进一步细化和明确了专项债用途调整的范围、时限和程序，有利于防范专项债资金闲置引发的风险，提高资金使用绩效，同时，适应“跨周期调节”要求，挖掘存量专项债资金潜力，加快财政支出进度、助力稳增长。

资料来源：各政府部门网站，中诚信国际整理。

B.45
2021年影响中国地方政府债券发展十大事件

2021 年是我国地方政府债券全面实行自发自还的第六年，地方政府债券市场配套制度体系持续完善，各项创新不断涌现。本报告立足地方政府债券长期发展视角，选取 2021 年推进地方政府债券市场高质量发展，以及在地方政府债券发展历程中具有重要意义的标志性十大事件，按时间顺序予以排列，具体如下所示。

第一件：财政部发布《关于印发〈地方政府债券信用评级管理暂行办法〉的通知》，进一步规范地方债信用评级管理。

2021 年 1 月 29 日，财政部发布《关于印发〈地方政府债券信用评级管理暂行办法〉的通知》（财库〔2021〕8 号），延续《地方政府债券信用评级业务自律规范指引》（财债协〔2020〕6 号）、《关于进一步做好地方政府债券发行工作的意见》（财库〔2020〕36 号）、《关于印发〈地方政府债券发行管理办法〉的通知》（财库〔2020〕43 号）对于地方债信用评级管理的相关规定，并对其进行了汇总细化，从市场秩序、业务程序、行业监管等多个维度对地方债信用评级进行了规范说明，进一步规范地方政府债券信用评级管理，推动地方政府债券市场健康发展。

第二件：财政部办公厅、国家发展和改革委员会办公厅联合下达《关于梳理 2021 年新增专项债券项目资金需求的通知》，要求各地尽快上报新增专项债项目资金需求，明确资金投向并优先支持在建项目。

2021 年 2 月 1 日，财政部办公厅、国家发展和改革委员会办公厅联合下达了《关于梳理 2021 年新增专项债券项目资金需求的通知》（财办预〔2021〕29 号），要求各省（区、市）在 2 月 21 日前上报 2021 年新增专项债券项目资金需求，同时对新增专项债的发行启动时点、项目安排、投向领域、资本金比例等方面做了具体要求，为各地储备及申报专项债项目提供了明确方向。

第三件：财政部发布《关于印发〈地方政府债券信息公开平台管理办法〉的通知》，完善地方债信息公开制度。

完善地方债信息公开平台建设是深化重点领域信息公开、提升政务公开质量的重要举措，财政部于2021年2月9日发布《关于印发〈地方政府债券信息公开平台管理办法〉的通知》（财预〔2021〕5号），进一步贯彻落实党中央、国务院关于推进地方政府债务信息公开的要求，在披露内容、披露时间、评估通报等方面对地方政府债务信息公开进行了明确，有助于形成及时有效的社会监督，同时规范地方债务管理，防范地方债务重大风险，严守不发生系统性风险的底线。

第四件：2021年3月15日，国务院常务会议要求降低政府杠杆率。

2021年3月15日，国务院总理李克强主持召开国务院常务会议，会议提出，保持宏观杠杆率基本稳定，政府杠杆率要有所降低。在新冠肺炎疫情冲击后地方政府偿债压力加大、区域债务风险分化加剧的背景下，前期以地方政府为主要推动力的政府部门杠杆率将稳中有降。由于显性债务进一步压缩的空间有限，降杠杆或更多聚焦于隐性债务，未来政府部门或将采取结构性、渐进式的降杠杆方式，结合重点区域债务情况有序推进地方政府债务尤其是隐性债务的化解，压降含隐性债务的广义政府部门杠杆率。

第五件：国务院发布《关于进一步深化预算管理制度改革的意见》。

2021年4月13日，国务院发布《关于进一步深化预算管理制度改革的意见》（国发〔2021〕5号），从加大预算收入统筹力度、规范预算支出管理、严格预算编制管理、强化预算执行和绩效管理、加强风险防控以及增强财政透明度方面进一步细化了预算管理制度，对新阶段财税制度深化改革进行部署。该意见指出要健全地方政府依法适度举债机制，提出了健全地方政府债务限额确定机制，完善专项债券管理机制，完善以债务率为主的政府债务风险评估指标体系，加强风险评估预警结果应用，依法落实到期法定债券偿还责任，健全地方政府债务信息公开及债券信息披露机制等措施，有利于加强风险防控，增强财政可持续性。

第六件：《政府工作报告》提出2021年拟安排新增地方政府债务限额44700亿元，一般债务限额8200亿元，专项债务限额36500亿元；财政部于6月下达2021年新增地方政府债务限额42676亿元，一般债务限额8000亿元，

专项债务限额 34676 亿元。

《政府工作报告》提出 2021 年拟安排地方政府专项债券 36500 亿元，优先支持在建工程，合理扩大使用范围；经全国人大批准，2021 年预算安排新增地方政府债务限额 44700 亿元，其中，一般债务限额 8200 亿元，专项债务限额 36500 亿元。2021 年 6 月 4 日，财政部政府债务研究和评估中心披露，经国务院批准，财政部已下达 2021 年新增地方政府债务限额 42676 亿元，其中，一般债务限额 8000 亿元，专项债务限额 34676 亿元。

第七件：北京市、广东省探索建立新增政府债券分批分期发行机制。

北京市、广东省发布 2021 年预算调整方案，提出探索新增地方债分批分期发行，提高年内新增债的使用效率，避免债券资金沉淀等问题机制，相较于此前地方政府按募投项目整体周期估算债券融资需求总量，探索建立分批分期发行机制，结合债券管理特点与项目进展动态监控灵活调整，有利于提高对募投项目全周期债券融资需求的估算准确度，同时以项目分阶段实际资金需求倒推地方债融资安排，能有效避免专项债投资与项目实际开工建设进度不匹配，一方面降低专项债资金募集后因项目前期准备不充分而发生闲置的可能，另一方面，对于部分建设规模较大、建设周期较长的项目，分阶段安排债券资金既有利于满足各阶段项目融资需求，也能避免项目未来建设阶段需使用的专项债资金“早早到位”“趴在账上”的可能，进一步提升地方债资金的使用效率；对于地方政府而言，也有助于基于项目实际科学确定债券发行额度及期限，保障地方政府债务长期偿付安全。

第八件：《地方政府专项债券项目资金绩效管理办法》出台，全流程提高专项债资金使用效率。

2021 年 7 月 1 日，财政部发布《关于印发〈地方政府专项债券项目资金绩效管理办法〉的通知》（财预〔2021〕61 号）（以下简称《办法》），从事前绩效评估、绩效目标管理、绩效运行监控、绩效评价管理、评价结果运用等方面对地方政府专项债资金管理提出进一步要求，加强地方政府专项债券项目资金绩效管理。《办法》提出利用信息化手段对专项债项目实行“穿透式”监管，对严重偏离绩效目标的项目暂缓或停止拨款，项目无法实施或存在严重问题的即时追回专项债资金并调整用途，或有助于减少专项债使用中资金闲置、资金挪用等问题，提高专项债资金使用效益与质量，有效防范政府债务风险。

《办法》将绩效评价与新分配专项债额度和运营期补助资金挂钩，弱化了对区域基本面的考量，更多关注专项债项目质量、资金使用效率、项目全周期开展情况等。后续专项债资金能真正用好用足、产生效益的地区或将争取更多额度倾斜；部分确有举债需求但债务水平不低的省份也能在加强项目绩效管理的基础上争取到所需额度，适当弱化债务水平在限额分配中的影响。

第九件：2021 年 10 月 12 日，广东省政府在澳门特别行政区成功发行 22 亿元离岸人民币地方政府债券，深圳市政府在香港特别行政区发行 50 亿元地方政府债券，这是我国地方政府首次发行离岸人民币债券，正式开启了我国地方债的国际化进程。

2021 年 10 月 12 日，深圳市政府在香港联交所发行 50 亿元离岸人民币地方债，分别为 2 年期 11 亿元、3 年期 15 亿元、5 年期 24 亿元，发行利率分别为 2.6%、2.7% 和 2.9%，其中 3 年期、5 年期为绿色专项债券，其余资金投向包括普通公办高中建设、城市轨道交通和水治理项目。同日，广东省政府在澳门金交所发行 22 亿元离岸人民币地方债，为 3 年期一般债券，发行利率为 2.68%。这是我国地方政府首次发行离岸人民币债券，开拓了地方政府融资新渠道，填补了离岸地方债的发行空白，正式开启了我国地方债的国际化进程，有利于建立长期可持续的地方政府举债融资机制，推动政府债券市场有序对外开放，提升我国债券市场双向开放水平，助推人民币国际化进程。

第十件：财政部发布《关于印发〈地方政府专项债券用途调整操作指引〉的通知》，细化和明确专项债用途调整的范围、时限和程序。

2021 年 11 月 11 日，财政部发布《关于印发〈地方政府专项债券用途调整操作指引〉的通知》（财预〔2021〕110 号）提出，专项债券资金已安排的项目，可申请用途调整的四类情形：项目实施过程中发生重大变化，确无专项债资金需求或需求少于预期；项目竣工后专项债资金发生结余；财政、审计等发现专项债使用存在违规问题，按照监督检查意见或审计等意见确需调整；其他需要调整的。该指引的出台有利于提高专项债资金使用绩效，避免专项债资金闲置浪费，同时，有利于规范专项债管理机制和地方政府行为，防范地方政府债务风险。此外，在“跨周期调节”背景下，有利于挖掘存量专项债资金的作用，加快财政支出进度、助力稳增长。

B.46
2021年31个省（区、市）地方政府债券发行情况

表1　2021年1～9月全国31个省（区、市）地方政府债券发行规模

单位：亿元，年

排序	省（区、市）	地方政府债券发行规模	地方政府一般债券发行规模	地方政府专项债券发行规模	加权平均期限
1	山　东	4818.92	1473.01	3345.91	11.13
2	广　东	4101.49	824.34	3277.15	13.65
3	江　苏	3011.03	1237.01	1774.02	11.14
4	河　南	3006.54	1096.81	1909.73	9.89
5	浙　江	2739.87	1057.30	1682.57	12.04
6	安　徽	2544.46	729.94	1814.52	11.04
7	河　北	2378.18	1116.41	1261.77	11.80
8	四　川	2370.34	1072.63	1297.71	10.87
9	福　建	2289.28	576.44	1712.84	12.00
10	辽　宁	2111.57	1146.85	964.72	10.08
11	贵　州	2036.19	1006.29	1029.90	11.53
12	湖　北	1923.58	805.57	1118.01	9.83
13	湖　南	1892.53	1081.75	810.78	13.23
14	新　疆	1850.40	805.29	1045.11	10.84
15	陕　西	1818.21	850.38	967.83	10.22
16	重　庆	1759.01	715.25	1043.76	14.44
17	云　南	1726.33	678.99	1047.34	8.91
18	天　津	1713.50	462.44	1251.06	8.97
19	广　西	1483.57	572.06	911.51	15.95
20	黑龙江	1366.48	770.10	596.38	12.49
21	江　西	1288.05	570.48	717.57	10.74
22	内蒙古	1283.59	931.66	351.93	8.64
23	北　京	1246.89	409.04	837.85	7.18

续表

排序	省(区、市)	地方政府债券发行规模	地方政府一般债券发行规模	地方政府专项债券发行规模	加权平均期限
24	上　海	1211.10	443.10	768.00	9.01
25	吉　林	1200.32	487.36	712.97	14.53
26	甘　肃	1076.85	310.66	766.19	13.52
27	山　西	786.57	369.09	417.48	10.92
28	海　南	456.58	279.56	177.02	7.14
29	青　海	399.02	296.50	102.52	8.30
30	宁　夏	178.85	152.97	25.88	6.87
31	西　藏	92.59	62.59	30.00	10.40

注：本表依据2021年1~9月全国31个省（区、市）地方债发行规模进行排序。
资料来源：Wind数据库，中诚信国际整理计算。

Abstract

The local government bond market has maintained rapid development since its full launch in 2015. Up to November of 2021, the existing scale of China's local government bond has reached RMB 29. 80 trillion, accounting for 23% of the bond market, and it continues to be the largest in terms of volume in the bond market. In recent years, as an important tool of fiscal policy, local government bonds have focused on key areas and major projects, and have given full play to the role of stabilizing investment, making up for weaknesses, benefiting people's livelihoods, promoting consumption, expanding domestic demands and preventing risks. In 2021, the proactive fiscal policy remained strong, the local debt was further expanded and more efficiency. The special bonds focused on post-epidemic economic development and shortcomings, gave priority to supporting the construction of existing projects, actively promoted the instruction of new infrastructure, new urbanization initiatives and major projects, and provided benefits of a wide range of people's livelihood. It also has continued to be innovatively applied to support and supplement the capital of small and medium-sized banks, rural vitalization, green and low carbon and other fields. At the same time, the construction of China's local bonds management system has tended to improve and deepen, which has made major progress in budget management, marketization process, infrastructure construction, risk prevention and control. The local bonds market has significantly developed in high quality.

At present, China has entered the "14th Five-Year Plan" period, as well as a new stage of high-quality development. Maintaining stable economic growth and preventing risks is still of top priority. In the past development, China's local bonds market still faces many problems such as insufficient capital use efficiency, insufficient supporting market infrastructure, and the need to fully standardize the whole process of "borrowing, using, managing and repaying". In 2022, local government bonds

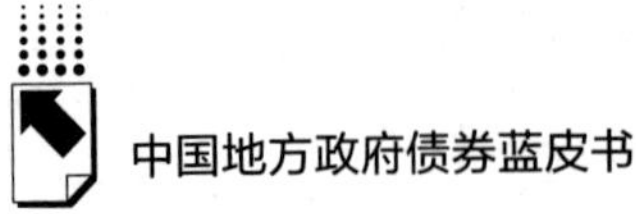

need to pay more attention to high-quality development, firmly adhere to national strategies and development needs, take into account both economic growth and risk prevention, optimize capital investment, accelerate the improvement in market infrastructure, maintain a normalized pattern of strict supervision, and improve full-cycle capital efficiency, in order to help the implementation of the "14th Five-Year Plan" to be effective and promote the steady growth of the macro economy while realizing its own development.

Keywords: Local Government Bonds; Special Bonds; Bond Management; High-quality Development

Contents

I General Report

Abstract: As an important tool of fiscal policy, local government bonds have fully played the role of stabilizing investment, shoring up weak spots, benefiting people's livelihood, promoting consumption, expanding domestic demand and preventing risks in recent years. This report summarizes the new changes in China's local government bonds policy environment in 2021, systematically combs and analyzes the operation situation and existing problems of the local government bonds market, and forecasts the development of local government bonds in 2022. At present, China has entered a new stage of the "14th Five-Year Plan", where it faces a series of new situations and problems in stabilizing growth and preventing risks. In 2021, China's local government bonds has made positive progress in budget management, marketization process, risk prevention and control. In the future, local government bonds will continue to expand and pay more attention to high-quality development. They will go further in optimizing the allocation of funds, improving the efficiency of funds, improving infrastructure, and normalizing strict oversight.

Keywords: Local Government Bonds; Special Bonds; Growth Stabilization; Risk Prevention

Ⅱ Topical Reports

B.2 Report on Analysis of Local Government Project Income Special Bonds for Transportation Infrastructure in 2021

Abstract: The investment field for transportation infrastructure local government project income special bonds has gradually expanded from toll road to railway, metro and other mass transportation infrastructure. The issuing period is characterized by long-term, debt service coverage ratios are good. However, we should pay attention to regional credit risk. Local government project income special bonds for transportation infrastructure can play an active role in promoting investment and stabilizing growth in means of capital investment. With more regulation on the use and management of local government special bonds, funds will be used more efficiently and effectively.

Keywords: Local Government Special Bonds; Special Bonds; Transportation Infrastructure

B.3 Report on Analysis of Local Government Project Income Special Bonds for Energy in 2021

Abstract: At present, local government project income special bonds in energy field are still in the early stage of development, and its issuance is a little bit lower. In 2021, the issuance period of energy project income special bonds is mainly medium and long term, the aggregate type of energy special bonds is in the majority. Among the fund raising projects, gas storage facilities and transformer substation have a large investment demand and long investment time, electrical projects account for a large proportion, and the energy projects belonging to new infrastructure have emerged gradually. From the credit characteristics of the project, the electrical or gas pipe network projects are franchise, with stable cash flow and good profitability, the LNG peak station projects have the nature of public welfare, and its investment can be balanced by its own income and government subsidies. In the future, benefiting from the relaxed environment created by policies and the demand for construction funds, the issuance of special energy bonds is expected to continue to grow, and local governments can make full use of the advantage of special bonds as project capital to strengthen the leverage effect on investment.

Keywords: Local Government Bonds; Special Bonds; Energy Field

B.4 Report on Analysis of Local Government Project Income Special Bonds for the Eco-environmental Protection in 2020

Sun Xiaoman / 042

Abstract: Driven by the concept of green development, China's efforts in preventing and controlling of pollution continue to increase. In the first three quarters of 2021, although the issuance scale of ecological and environmental projects income special bonds remains regionally differentiated, the total amount issued is more than 100 billion RMB, the issuance period is mainly medium and long-term, and the issuance rate is slightly increased. The ecological and environmental protection special bonds financing projects are mainly at the district level, the proportion of special bonds to capital in such projects is relatively high, but the scale of special bonds used as capital is not large. Overall, ecological and environmental special bond project financing has a good coverage of principal and interest, and relevant local governments can provide strong credit support. In the future, benefited from the policy and the need for funds, the issuance scale of ecological and environmental special bonds shall be further expanded.

Keywords: Local Government Bonds; Special Bonds; Eco-environmental Protection

Abstract: The local government project income special bonds for shantytown renovation began to be issued in 2018, and has become an important way to finance shantytown renovation projects in various places. The repayment fund of shantytown renovation special bonds' principal and interests are mainly based on the income from the transfer of state-owned land use rights, debt service coverage ratios were good, and relevant local government can provide strong credit support. However, under the background of stricter regulation policy of real estate industry and the declining prosperity of the land market, it is necessary to improve scientificity and rationality of land transfer price prediction and selection of pressure coefficient, focus on the judgment of solvency.

Keywords: **Local Government Bonds; Special Bonds; Shantytown Renovation**

Abstract: Health care is a crucial aspect of ensuring people's livelihood, and an important foundation to ensure social stability and promote economic development. In recent years, the country has been strengthening the support to the development of the health care sector, the special bonds issued by local government for health care have developed rapidly. In the first nine months of 2021, the health care local government project income special bonds are mostly issued in collective form, with the issuance periods mostly over 10 years. In addition, the targeting investment projects mainly focus on district level, accompanied by a short construction cycle. The project income mainly comes from the hospital operation income. Overall, the balance between project income and external financing works well, resulting a lower debt repayment risk. However, it is also necessary to pay attention to the debt repayment risk caused by the unexpected delay in construction progress and the deviation in the calculation of the expected income. Going forward from the perspective of improving the selection level of projects, standardizing the calculation system of project income and optimizing the investment structure of special debt. Local government project income special bond for health care should continue enhancing the service capacity and facilitating the upgrade of medical resources to improve its important role in stabilizing residents' livelihood.

Keywords: Local Government Bonds; Special Bonds; Health Care

Abstract: According to the report on the work of the government 2021, priority continues to be given to "new infrastructure, new urbanization initiatives and major projects", which provides powerful policy support for the development of water conservancy projects. Special bonds for water conservancy continued to expand in 2021, and the issuance size from January to September reached 713.337 billion RMB. Water conservancy projects are mainly invested at the district and county levels, and the project revenue is mainly derived from water supply revenue with a good balance of revenue and financing. The overall quality of water projects is good, and the project construction risk can be controlled. The report puts forward some suggestions on the development of the special bond market of water conservancy projects, such as standardizing the project revenue cost measurement, rationalizing the maturity structure of special water resources debt, and giving full play to the role of special debt capital.

Keywords: Local Government Bonds; Special Bonds; Water Conservancy

Abstract: Information infrastructure is an important part of national infrastructure and the core of new infrastructure. Under the active guidance of national policies, local governments have accelerated the deployment of information infrastructure industries, and such projects have gradually become an important investment area for the funds of local government project revenue special bonds. From January to September of 2021, this type of newly-added special bonds presents the characteristics of long-term issuance period and uneven distribution of issuance scale among regions. This type of projects which are mainly based on industrial parks have diversified sources of project income and the project cycles are relatively short. From the perspective of project credit characteristics, projects based on industrial parks construction are greatly affected by economic cycles and social risks; the quality of supporting facilities may affect project revenues, and the speed of technological updates may increase operational uncertainty; the availability of special funds and fiscal funds, and the smoothness of the financing channels of the project subject will affect the cash flow of the project. In the future, in order to achieve the further development of special bond for information infrastructure projects, it is necessary to strengthen the screening of fund-raising projects, refine project information disclosure requirements, standardize project revenue cost calculations, and rationally arrange the term structure.

Keywords: Local Government Bonds; Special Bonds; Information Infrastructure

Abstract: Rural Revitalization local government project income special bonds are an important measure to implement the "Rural Revitalization Strategy". Most of them have a long issuance period. At present, they are mostly issued in central provinces, and the proportion of project capital is generally high. However, we should pay attention to the problems such as the coverage ratio of project financing principal and interest still has room to improve. In order to expand the issuance scale of relevant bonds and strengthen the use effect of funds, it is suggested that on the one hand, the amount of special bonds can be reasonably allocated to give full play to the advantage that special bonds can be used as project capital; On the other hand, we can actively broaden the source of project income and improve the qualification of fund-raising projects of special bonds projects.

Keywords: Local Government Bonds; Special Bonds; Rural Revitalization

Ⅲ Regional Reports

Abstract: Since Beijing issued the first local government bond in 2009, the cumulative scale of local government bond issuance has exceeded 670 billion RMB. The concentration of local government bond issuance increased slightly in 2021. The issuance structure is dominated by newly added special bonds and the proportion of long-term bonds is decreased. Besides, the issuance scale of special bond funds is decreased. Its investment is skewed towards infrastructure but not used as project capital, the actual leveraging effect is still limited by many factors. On the whole, Beijing's local government debt ceiling still has a large use space, its debt solvency is strong and the debt risk is under control. Looking forward to the next stage, this report suggests that Beijing local governments should invest funds in various fields and focus local debt funds on scientific research and public governance.

Keywords: Local Government Bonds; Special Bonds; Beijing

Abstract: Since 2021, the issuance scale of local bonds in Tianjin has remained high, the supply is backward and tends to be short-term. Under the pressure of debt repayment, refinancing bonds have increased significantly year-on-year, the issuance of new bonds has been centralized, the field of raising and investment is still mainly inclined to infrastructure and people's livelihood, and special bond capital has been used for the first time, but there is still much room to release the actual crowding effect of infrastructure investment. Under the impact of the COVID-19 epidemic, in 2020, Tianjin's fiscal revenue will be under pressure, and the debt level increased significantly. In the future, it is still necessary to enhance financial sustainability and strengthen the normalization management of local debt to effectively prevent debt risks.

Keywords: Local Government Bonds; Special Bonds; Tianjin

Abstract: With the of formidable task of combating the COVID-19 epidemic while stabilizing the economy, the issuance scale of local government bonds in Liaoning has still expanded rapidly, and the pace of issuing local government bonds has been descending. The issuance structure is dominated by general bonds and the proportion of long-term bonds has increased. Besides, the newly added special bonds is continuing to increasing, the proportion of bonds which are used for project capital regarding infrastructure has further increased, however the impact on the leverage was not significant. On the whole, Liaoning province has been facing the problems of population outflow and slow economic development. At the same time, the high ratio of government debt and the low debt-paying ability restrict the government investment. However, the local government debt ceiling still has a large space, with the government taking the liquidity of government debt seriously, the debt risk is under control. Looking forward to the next stage, this report suggests that Liaoning province local governments should invest funds in various areas and focus local debt funds on the optimizing of industrial structure.

Keywords: Local Government Bonds; Special Bonds; Liaoning

Abstract: The stock scale of local gonvernment bonds in Jilin is lower than average scale in China, but the issuing scale increases by years. In 2021, the issuing pace of local gonvernment bonds is behind schedule than 2020, the issuance structure is dominated by newly added special bonds, the proportion of long-term bonds is increased. The special bonds of Jilin continue to scale up, and the investment more focuses on municipal construction and infrastructure construction in industrail parks and transportation. However, the special bonds are not widely used as project capital fund, and the actual leveraging effect is still limited by many factors. As a whole, there are spaces for Jinlin local government in terms of debt ceiling. Nonetheless, it also requires more attention to debt risk in long-term in consideration of low financial strength and increasing debt ratio. Looking forward to the next stage, this report suggests that Jilin local government maintains current investment orientation. Meanwhile, focuses on adventageous fields in Jilin in order to drive industrial and economic development.

Keywords: Local Government Bonds; Special Bonds; Jilin

Abstract: From January to September of 2021, the issuing pace of local government bonds in Hebei is slow before and fast after, and the issuing scale is basically flat compared with the same period in 2020. The issuance scale of newly added special bonds has declined while the issuance scale of refinancing bonds has increased significantly. The newly added special bonds are still mainly used for infrastructure construction, but highly concentrated in supporting financing rather than capital base. The debt-ratio of Hebei is relatively higher than the others, and the local debt maturity peak will be met in 2023. It is suggested that the government of Hebei province continuously optimize the maturity structure of local bonds, reduce financing costs, and make greater use of the leverage of newly added special bonds.

Keywords: Local Government Bonds; Special Bonds; Hebei

B.15 Report on the Analysis of Local Government Bonds in Heilongjiang of Year 2021

He Wenjun, Zhang Lei and Zhang Saiyi / 179

Abstract: Since 2021, the scale of government bond issuance in Heilongjiang has continued to increase, and the capacity of special bonds has been significantly expanded, the issuance cost is still high but generally declined, the issuance period has been longer, and the activity of the local government bond secondary market has declined significantly. The project income special bond funds in Heilongjiang have expanded, mainly to traditional infrastructure. However, there is only a small proportion of special bonds to be used as capital, so the leveraging effect of capital on investment growth has not been fully released. Heilongjiang's debt balance and debt ratio are relatively low, and its debt risks are basically controllable. In the future, Heilongjiang should improve the use efficiency and profitable investment of special bonds, rationally arrange the term structure, strengthen the use management of local government bonds and control debt risks.

Keywords: Local Government Bonds; Special Bonds; Heilongjiang

Abstract: The balance of local government bonds in Inner Mongolia is at a middle level in the country. In the first three quarters of 2021, the scale of newly issued local government bonds has decreased, the cost has increased, and the newly issued bonds are mainly general bonds. Most of the debt is invested in areas such as transportation infrastructure, municipal and industrial park infrastructure, and people's livelihood services. Inner Mongolia's overall economic and financial strength is relatively average, the ratio on revenue and the ratio on GDP are high, and the debt repayment pressure is significant. In summary, this report suggests that Inner Mongolia can appropriately extend the term of local government bonds, give full play to the advantages of special bonds as project capital, and accelerate the high-quality development of the regional economy.

Keywords: Local Government Bonds; Special Bonds; Inner Mongolia

Abstract: The scale of local government bonds in Xinjiang is lower than the national average, and the maturity structure is mainly long-term. From January to September of 2021, the scale of newly issued local government bonds rose year-on-year and was dominated by special bonds, the issuance cost continued to decline, and the activity of secondary market transactions increased. The newly issued project revenue special bonds were mainly invested in municipal and industrial park infrastructure, livelihood services and other areas of people's livelihood, and were partially used as project capital. Under the background of COVID-19 epidemic situation, Xinjiang's economic growth has slowed down. At the same time, increasing investment to counteract the downward pressure of the economy in the face of its own weak financial strength has made the debt side to show a significant increase in debt ratio. In the future, the matching degree between local government debt level and economic and financial strength needs to be improved.

Keywords: Local Government Bonds; Special Bonds; Xinjiang

B.18 Report on the Analysis of Local Government Bonds in Shaanxi of Year 2021 *Liu Chuntian, Xu Hang and Wu Yuying* / 225

Abstract: The scale of local government existing bonds in Shaanxi is at the middle level in the country, and the new bonds contribute the largest proportion of the existing bonds. In the first three quarters of 2021, the scale of newly issued local government bonds in Shaanxi has increased year-on-year, which is mainly contributed by long-term bonds with decreasing cost. The issuance of bonds is dominated by refinanced bonds, the special bonds for project income in Shaanxi are mainly concentrated in the areas of municipal and industrial park infrastructure, transportation infrastructure, and reconstruction. The investment of special bonds can have a certain pulling effect on investment, the economic and financial strength of Shaanxi is in the middle reaches of the country. The scale of local government debt matches the level of economic development, and the debt risk is relatively controllable.

Keywords: Local Government Bonds; Special Bonds; Shaanxi

B.19 Report on the Analysis of Local Government Bonds in Shanxi of Year 2021 *Zhang Min, Li Hao and Zhao Yiqun* / 241

Abstract: Since 2021, the COVID-19 epidemic has been basically controlled, the pressure of financial hedging risks has been eased, combined with factors such as the late issuance of special debt quota and the stricter examination of special debt, the overall pace of local government bond issuance in Shanxi has slowed down, and the issuance scale has decreased compared with the same period last year. With the gradual restoration of Shanxi's credit environment, the cost of issuing local bonds tends to decline, and the issuing period is shortened. Project revenue special bonds are still mainly invested in municipal and industrial park infrastructure construction, rundown renovation, people's livelihood services and other areas. The coverage of principal and interest of projects is adequate, and there is still much room for the leveraging effect of special bonds on investment growth. From the macro point of view, Shanxi's debt to local government financial resources ratio and debt to GDP ratio are acceptable, the distribution of debt maturity is relatively smooth, and the debt repayment pressure is relatively controllable, but we still need to pay attention to cost control and the sustainability of finance and debt.

Keywords: Local Government Bonds; Special Bonds; Shanxi

Abstract: From January to September of 2021, the issuance scale of local bonds in Gansu ranks the lower of the country, and the issuance structure is mainly new special bonds, with short maturities accounting for a relatively high proportion, and the issuance cost decreases slightly. Among them, the issuance scale of special bonds for project income is increasing year by year, and the fund-raising field is inclined to infrastructure construction. The proportion of capital used for projects is small, and the actual leverage effect on infrastructure investment is still limited by multiple factors. By the end of September 2021, the scale of local debt stock in Gansu ranks in the lower reaches of China, and it will enter the peak of debt repayment in 2023. Gansu's financial strength is weak, and its fiscal balance rate ranks in the lower reaches of China, so it faces great debt repayment pressure.

Keywords: Local Government Bonds; Special Bonds; Gansu

Abstract: The local government existing bonds of Qinghai ranks low in China. From January to September of 2021, the newly added project income special bond is of a small scale and will be invested mainly in municipal and industrial park infrastructure, transportation infrastructure and livelihood services, etc. The project covers a wide range of fields, but the issuance cost is relatively high. Affected by the regional economic and financial strength, the overall quality of fiscal revenue is not high, the financial balance ability is weak, and the dependence on the superior subsidy is strong. In addition, the debt ratio of Qinghai by the end of 2020 exceeds the international warning standard, and local debt maturities are relatively concentrated, so there may be a great debt pressure in the future.

Keywords: Local Government Bonds; Special Bonds; Qinghai

Abstract: Ningxia Hui Autonomous Region (hereinafter referred to as "Ningxia") has a relatively small stock of local government existing bonds and ranks at the bottom of the country. From January to September of 2021, the issuance of local government bonds in Ningxia slowed down as a whole, and the maturity was shortened compared with last year, with five-year and ten-year periods as the main ones. The issuance cost and issuance spreads decreased. Specifically, from the perspective of project income special bonds, there will be no new project income special bonds in Ningxia from January to September of 2021, and the issuance of project income special bonds in 2020 will also decrease significantly. The investment mainly includes transportation infrastructure, municipal and industrial park infrastructure. And people's livelihood services and other fields, covering a wide range and reasonable income coverage, but limited leverage on the scale of infrastru-cture. Affected by the weak economic and financial strength of the region, Ningxia's financial balance ability is weak, and it is highly dependent on superior subsidies. In addition, at the end of 2020, the debt ratio of Ningxia has increased significantly compared with previous years and exceeded the international warning standard. Ningxia may have certain debt pressure in the future, but the local government debt has relatively good borrowing space, and the overall risk is controllable.

Keywords: Local Government Bonds; Special Bonds; Ningxia

Abstract: The balance of local government bonds in Henan is at an upper-middle level in the nationwide. In the first three quarters of 2021, the scale of newly issued local government bonds kept growing trend, the issuing cost has fallen, the proportion of long-term bonds was decreased, and newly issued bonds are mainly special bonds. Besides, the project income special bond funds continue to increase, and most of special bond funds are used as project supporting financing capital, which leads to the better actual leveraging result. Henan's overall economic and financial strength is relatively high, the liability ratio and debt ratio are not high, and the debt risk is under control. In summary, this report suggests that Henan can appropriately extend the term of local government bonds, increase the investment of local debt funds in the public domain and improve the capabilities of debt risk prevention.

Keywords: Local Government Bonds; Special Bonds; Henan

Abstract: The stock scale of local government bonds in Hubei ranks among the upper middle in China, the pace of issuing local government bonds in Hubei is relatively active and the scale of issuance increases yearly, while the issuance costs are

decreasing. Due to the outbreak of COVID-19 epidemic, local bond issuance in Hubei slowed down in 2020. The issue time is mainly concentrated in the second and third quarters. Since 2021, the pace of local bond issuance has been advanced. The issuance structure was dominated by the new-added special bonds, and the proportion of long-term bonds increased. The project income special bonds in Hubei continues to expand, and its raised investment field is inclined to renovation of shanty towns, but it is not used as project capital. On the whole, there is still some space for the debt limit of local governments in Hubei, but the general public budget revenue cannot fully cover the debt balance, facing certain debt repayment pressure. From the perspective of long-term sustainable development, this report suggests that Hubei local government could enrich their investment diversification, and focus on the refinancing capacity in the province in the meantime in terms of controlling the debt-risks.

Keywords: Local Government Bonds; Special Bonds; Hubei

B.25 Report on the Analysis of Local Government Bonds in Hunan of Year 2021

Yan Hong, Hu Juan, Huang Yu and He Huimin / 328

Abstract: By the end of September of 2021, the scale of local government bond has reached 1282 billion and ranked 6th in China. In 2021, under the background of steady economic growth and great pressure on local fiscal expenditure, the issuance scale of local government bonds in Hunan continued to increase, and the proportion of long-term bonds increased. Compared with the same period in 2020, the project income special bond funds in Hunan local government decreased. Its investment was skewed towards infrastructure, but used as project capital was small. The debt scale of Hunan is big, debt ratio of Hunan were relatively high, and the debt repayment pressure was relatively large. In the future, Hunan needs to strictly implement related debt policies, and strengthen debt risks prevention and control.

Keywords: Local Government Bonds; Special Bonds; Hunan

B. 26 Report on the Analysis of Local Government Bonds in Guangxi of Year 2021

Huang Wei, Zhao Zihe / 343

Abstract: From January to September of 2021, the local debt issuance scale of Guangxi Zhuang Autonomous Region (hereinafter referred to as "Guangxi" or "the Autonomous Region") ranked in the middle of the country, with the issuance structure dominated by new special bonds, the issuance term are long-term, and the issuance cost ranked in the forefront of the country. Among them, the scale of issuance of project revenue special bonds has been rising year by year, and the fund-raising field is inclined to infrastructure. As of the end of September of 2021, the scale of Guangxi's local government existing bonds ranked in the middle of the country, and entered the peak of debt service in 2023. Guangxi's financial strength is weak, the fiscal balance rate is low, the dependence on higher government subsidies is strong, and the local government debt burden is in the middle to upper level in the country, but the bond issuance period in recent years is mainly long-term, which can play a certain role in relieving the pressure of maturity year by year.

Keywords: Local Government Bonds; Special Bonds; Guangxi

B. 27 Report on the Analysis of Local Government Bonds in Tibet of Year 2021

Li Chunhui, Chen Tao and Xu Xingyu / 358

Abstract: As the end of September of 2021, the local government bonds balance of Tibet Autonomous Region (hereinafter referred as "Tibet") is relatively small, and the maturity of bonds is mainly contributed by medium and long-term debts. The newly issued local debts in Tibet are all long-term bonds. The secondary market scale is small but the growth rate is fast, the scale of the issuance of special bonds for local government project income has dropped significantly year-on-year, mainly in the areas of municipal and industrial park infrastructure, cultural and tourism construction, and the overall solvency from these projects is relatively strong. There is no special bonds used as project capital for the time being, resulting the driving effect on investment is limited. In terms of debt management, Tibet's debt scale is generally small and the overall debt risk is controllable, but there is still a debt solvency risk made by excessive reliance on central subsidies and negative growth in general public budget revenue. In the future, Tibet should make use of its policy and location advantages to vigorously develop the local economy, carefully plan the pace of local debt issuance, rationally arrange the bond maturity structure, and strengthen the leveraging effect of special debt funds.

Keywords: Local Government Bonds; Special bonds; Tibet

B.28 Report on Analysis of Local Government Bonds in Yunnan of Year 2021

Yuan Ye, Wang Jingyun, Zhao Yiqun and Ma Jiayao / 372

Abstract: As the end of September of 2021, the existing of local government bonds of Yunnan Province is at a mid-to-high level among all provinces in the country. Local government bond issuance has accelerated since 2020, while the pace of issuance has slowed down in the first three quarters of 2021, and the importance of debt risk control is becoming increasingly prominent. This report firstly introduces the present situation of the local bonds market in Yunnan; then, it analyzes the use of project income special bond funds and the effect of pulling regional investment in detail; finally analyzes the regional debt risk based on the overall situation and fiscal performance of Yunnan's local bonds. And put forward suggestions on the next stage of development of the local bonds market in Yunnan.

Keywords: Local Government Bonds; Special Bonds; Yunnan

B.29 Report on the Analysis of Local Government Bonds in Guizhou of Year 2021

Li Wen, Chen Xiaopeng and Wang Yuqing / 388

Abstract: The existing local bonds scale of Guizhou is at a relatively high level among 31 provinces (autonomous regions and municipalities) in China, but the overall financial and economic strength is weak. In recent years, the ratio on GDP and ratio on revenue are high, and the debt risk is increasingly prominent. The report firstly describes the operation of local bond market in Guizhou, and analyzes in detail the use of special bond funds for project income and its driving effect on regional investment. Finally, the report analyzes the regional debt risk around the overall situation of local government bonds and economic and financial performance of Guizhou, and puts forward suggestions on the development of local bond market in the next stage of Guizhou.

Keywords: Local Government Bonds; Special Bonds; Guizhou

Abstract: The scale of subsisting local government bond issued by Guangdong ranked third among all the provincial administrative regions in China. The bond issuance in Guangdong has been accelerated since the second quarter, while recording a year-on-year increase in scale. Newly added special bonds dominated the new issuance this year, while long-term bonds have decrease in proportion. Besides, the project income special bond funds continue to increase. Its investment was skewed towards infrastructure as well as education, health and social welfare, but only a small portion of the proceeds has been used as project capital, the actual leveraging result is still limited by many factors. On the whole, Guangdong's local government debt ceiling still has some space, its debt solvency is strong and the debt risk is under control. Looking forward to the next stage, this report suggests that Guangdong local governments should invest funds in various fields and focus local debt funds on scientific research and public governance.

Keywords: Local Government Bonds; Special Bonds; Guangdong

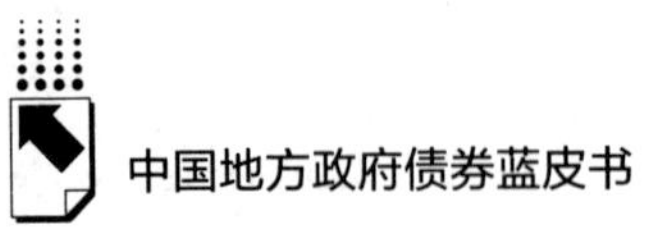

Abstract: From January to September of 2021, the scale of local bonds of Jiangxi have reduced significantly year-on-year. The issuance structure is dominated by newly added special bonds and the proportion of long-term bonds is going down. Its investment is skewed towards livelihood service and infrastructure, the actual leveraging result is generally efficient. On the whole, although Jiangxi's debt solvency is general, considering the scale of Jiangxi's local government debt is not too high in China and local government debt ceiling still has a decent space, its debt risk is under control. This report suggests that Jiangxi local government could increase the proportion of long-term bonds and reinforce the management of district and county government for risk prevention.

Keywords: Local Government Bonds; Special Bonds; Jiangxi

Abstract: Since Jiangsu issued its first local government bond in 2009, the cumulative issuance of local government bonds has reached nearly 190 billion RMB. In 2021, the issuance of local bonds in Jiangsu lags behind affected by various factors, for example, the advance quota of new bonds is issued late, and special bonds review tend to be stricter, while the issuance structure is still dominated by special bonds, and issuance period is being extended. In the meantime, the issuance of Jiangsu project income special bonds also lags behind, and the actual leveraging effect of infrastructure investment in the future will be still limited by multiple factors. But on the whole, Jiangsu has a strong economic foundation and financial strength, and debt repayment risks are generally controllable. Looking forward to the following stage, this report suggests that Jiangsu special bonds should be encouraged as the capital of eligible major projects, and further play the role of local bond funds in higher efficiency.

Keywords: Local Government Bonds; Special Bonds; Jiangsu

B. 33 Report on the Analysis of Local Government Bonds in Zhejiang of Year 2021

Abstract: As a province with strong economic and financial strength in China, Zhejiang Province's local bonds scale is much higher than the national average level. At the same time, the issuance of local bonds are mainly new special bonds, with the issuance cost falling significantly. This report will analyze and summarize the development of local debt in Zhejiang Province, from the points of operation of local government project, revenue special debt and solvency of Zhejiang government. In general, local government bonds of Zhejiang Province plays an important role in stabilizing economy and growth. In addition, most of the special bonds funds in Zhejiang Province are invested in transportation infrastructure projects, which to some extent, levered the scale of infrastructure investment in Zhejiang Province. This report suggest that the government should continue to give full play to its investment advantage and use special bonds as a leverage to reduce fiscal pressure.

Keywords: Local Government Bonds; Special Bonds; Zhejiang

B. 34 Report on the Analysis of Local Government Bonds in Chongqing of Year 2021

Abstract: Since 2021, with the gradual restoration of the economy, the scale-based fiscal policy has shrunk, but the tone of the proactive fiscal policy has not changed. The pace of local government bond issuance in Chongqing has been relatively stable, and the scale of issuance has increased slightly, but the issuance cost is still at a high level in the country. The yield to maturity of local bonds of various maturities fluctuated downward, and the scale of secondary market transactions declined. From the perspective of local government project income special bonds, the issuance of local government project income special bonds in Chongqing has increased and the term has beenextended. The raised funds are mostly invested in infrastructure construction, people's livelihood services and ecological environmental protection projects, leveraging infrastructure investment is in the forefront of the country, but the proportion used for capital is small, and there is still a lot of room for release in the future. The explicit debt of the Chongqing is relatively controllable. The debt ratio are located in the middle and lower reaches of the country. However, in recent years, the space for borrowing has been narrowing. The fiscal balance mainly relies on higher-level subsidies, and the solvency of the districts and counties is clearly polarized.

Keywords: Local Government Bonds; Special Bonds; Chongqing

B.35 Report on the Analysis of Local Government Bonds in Anhui of Year 2021

Abstract: From January to September of 2021, the issuance scale of local bonds in Anhui ranked top in the country, and the issuance structure is dominated by newly added special bonds. The long-term limit was relatively high, and the issuance cost decreased slightly. Among them, the issuance scale of the project income special bond funds has increased year by year, the field of raising and investment has changed from shantyfowns to infrastructure, the issuance of special bonds for infrastructure has become the focus, and new varieties appear frequently. By the end of September of 2021, the scale of local government bonds in Anhui ranks in the middle to upper of the country, and it will enter the peak of debt repayment in 2023. However, Anhui has strong financial strength, low debt level and controllable credit risk as a whole.

Keywords: Local Government Bonds; Special Bonds; Anhui

B.36 Report on the Analysis of Local Government Bonds in Shandong of Year 2021

Abstract: This report will analyze the development of local government bonds in Shandong from three aspects: the operation of local government bonds, the effect brought by the special bonds of project income and the solvency of Shandong, then provide some suggestions for its development of the next stage. With the continuous evolution of COVID-19 epidemic and the increasing downward pressure on the economy, the issuance scale of local government bonds in Shandong has risen rapidly since 2021. The issuance structure is dominated by newly added special bonds and the proportion of short-term bonds is increased. Besides, the project income special bond funds continue to increase. Its investment is skewed towards infrastructure but only a little used as project capital, the actual leveraging result is still limited by many factors. On the whole, Shandong's local government bonds scale ranks first in China, its financial solvency is strong and the debt risk is under control. Based on the above situation, this report suggests that it is necessary to strengthen debt risk monitoring and properly deal with the peak of local debt maturity in the next stage; at the same time, allocate capital investment effectively, arrange the maturity structure rationally, and make full of the leveraging role of special bonds as project capital; in addition, make the beat of the local debt limitation, diversify capital investment, and innovate the use of special debt actively, promote industrial transformation and upgrading.

Keywords: Local Government Bonds; Special Bonds; Shandong

Abstract: Since 2021, the issuance scale of local government bonds in Hainan province has decreased, and the existing scale of local government bonds is relatively low among all provinces. By the end of September of 2021, the stock scale of local government bonds in Hainan province is 2796. 94 billion RMB. The issuing cost of bonds is relatively low, and the issuing period is mainly medium and long term. The activity of the local government bond secondary market is low. The project income special bond funds in Hainan province have expanded, mainly to municipal constr-uction and industrial park infrastructure construction. There is no new special bonds to be used as capital in Hainan province. The debt balance of Hainan is relatively low, but the debt rate increases rapidly year by year. The debt pressure of Hainan is relatively large, but the overall debt risk is controllable. In the future, Hainan should pay attention to improving the use efficiency of special bonds, rationally promoting the application of capital to amplify the driving effect of infrastructure investment, rationally arrange the term structure, strengthen the use management of local government bonds and control debt risks.

Keywords: Local Government Bonds; Special Bonds; Hainan

Abstract: Shanghai, the municipality with strong economy and fiscal capability, has performed well in issuing local government bonds. Since annual quota allocated late in 2021, the issuance of Shanghai local government bonds slowed down and delayed. In recent years, the project specific bonds showed a high growth rate and longer duration, mainly new bonds and invested to transportation infrastructure. This report will analyze and summarize the development of Shanghai local government bonds, including the government bonds, the project specific bonds and debt paying ability of Shanghai government. October of 2021, the pilot program of "no local government hidden debt" was officially launched in Shanghai, which will help to reduce regional debt risk.

Keywords: Local Government Bonds; Special Bonds; Shanghai

Abstract: The scale of Fujian local bond issuance increased, and the pace of issuance lagged slightly in 2021. Newly-issued local bonds are mainly new special bonds, and the proportion of medium and long-term bonds is still relatively high. The issuance interest rate dropped slightly and the special bond issuance spread increased slightly. Besides, the secondary market transaction scale was significantly affected by the COVID-19 epidemic, and the yield to maturity of each maturity fluctuated slightly, with a steady decline. The number and scale of the issuance of Fujian special bonds for project income has steadily increased, and the stock investment is relatively diversified, which has a certain stimulating effect on infrastructure. Overall, there is still space for the debt limit in Fujian at this stage, and debt risks are generally controllable. The next stage we should fully integrate the high-quality economic development and the controllable requirements of local debt risks, improving the efficiency of fund use and strictly controlling debt risks

Keywords: Local Government Bonds; Special Bonds; Fujian

B. 40 Report on the Analysis of Local Government Bonds in Sichuan of Year 2021

Abstract: As the end of September of 2021, the scale of local government bonds in Sichuan ranked fifth among all provinces (autonomous regions and municipalities) in the country. From January to September of 2021, the issuance of local government bonds in Sichuan has slowed down significantly. Newly-issued local government bonds are mainly new special bonds, but their proportion has dropped sharply. The secondary market is not very liquid. From the perspective of the use of special bonds, new project income special bonds are mainly invested in municipal and industrial park infrastructure and transportation infrastructure fields. The funds raised from special bonds are mostly invested in the form of supporting financing, and the proportion of special bonds used as project capital is very low. In addition, Sichuan has strong economic and financial strength, but weak fiscal self-sufficiency; Sichuan has a relatively large amount of explicit government debt, but its debt ratio are at a low level, and the maturity distribution of local government bonds is relatively even. At the same time, the debt resolution and state-owned assets reform in Sichuan are progressing steadily, and the overall explicit debt pressure is relatively controllable.

Keywords: Local Government Bonds; Special Bonds; Sichuan

Ⅳ Special Reports

B.41 Research on Local Government Bonds Management System in 2021

Lu Lu, *Yuan Haixia* / 569

Abstract: The "14th Five-Year Plan" calls for "improving the government debt management system", and the No. 5 document of The State Council Proposes Improving the Local Government Appropriate Debt Mechanism in Accordance with the Law, which involves the determination of quotas, the management of special-purpose government bond, risk assessment, information disclosure and other aspects. The construction of local government bond system in 2021 has made positive progress. From the perspective of policy continuity, the policies introduced in 2020 have been refined and implemented. From the perspective of policy priorities, compared with many specific regulations in 2020, more emphasis is placed on supervision and risk prevention and control, and institutional construction is improving and deepening. This report makes a detailed review and summary, and puts forward suggestions to further improve the relevant system of local government bonds, so as to help the local government bond market to develop to a higher quality.

Keywords: Local Government Bonds; Special Bonds; The Government Debt Management

B.42 Research on the Characteristics of Local Government Bonds' Investment Fields of Year 2021

Yan Yanming, *Yuan Haixia* / 579

Abstract: The investment of special bonds in 2021 has become more precise, which will focusing on the infrastructure sector and getting more attention on new infrastructure construction, new urbanization construction and major projects construction. While continue to inject capital into small and medium-sized banks and support rural revitalization. All localities are also focusing on their respective fields base on their local economic development. From January to September of 2021, more than 70% of new special bonds will be invested in existing projects, and the project level will gradually sink, but there are still problems such as low project profitability and lack of market-oriented supporting financing. In the follow-up, the field of special bond fundraising and investment will be more precise, and localities will also determine specific investment directions according to local conditions. At the same time, the management of fundraising projects will be more stringent, and fundraising projects will pay more attention to the quality of returns.

Keywords: Local Government Bonds; Special Bonds; Special Bonds Investment Field

Abstract: Local Government Special Bonds used to support the development of small and medium-sized banks increase their ability to serve the real economy by injecting capital into banks. Under the guidance of the active policies, the scale of special bonds reached 210 billion RMB, supporting 315 small and medium-sized banks in 20 provinces (autonmous regions and municipalities) to supplement capital. In the future, we will continue to pay attention to the repayment and timely exit mechanism of special bonds used to support small and medium-sized banks development, and give full play to the positive role of special bonds in promoting the improvement of governance and enhancing the ability of sustainable operation of small and medium banks.

Keywords: Local Government Bonds; Special Bonds; Small and Medium Banks

V Appendixes

皮书

智库成果出版与传播平台

皮书定义

皮书是对中国与世界发展状况和热点问题进行年度监测，以专业的角度、专家的视野和实证研究方法，针对某一领域或区域现状与发展态势展开分析和预测，具备前沿性、原创性、实证性、连续性、时效性等特点的公开出版物，由一系列权威研究报告组成。

皮书作者

皮书系列报告作者以国内外一流研究机构、知名高校等重点智库的研究人员为主，多为相关领域一流专家学者，他们的观点代表了当下学界对中国与世界的现实和未来最高水平的解读与分析。截至 2021 年底，皮书研创机构逾千家，报告作者累计超过 10 万人。

皮书荣誉

皮书作为中国社会科学院基础理论研究与应用对策研究融合发展的代表性成果，不仅是哲学社会科学工作者服务中国特色社会主义现代化建设的重要成果，更是助力中国特色新型智库建设、构建中国特色哲学社会科学“三大体系”的重要平台。皮书系列先后被列入“十二五”“十三五”“十四五”时期国家重点出版物出版专项规划项目；2013~2022 年，重点皮书列入中国社会科学院国家哲学社会科学创新工程项目。

皮书网

（网址：www.pishu.cn）

发布皮书研创资讯，传播皮书精彩内容
引领皮书出版潮流，打造皮书服务平台

栏目设置

◆ **关于皮书**

何谓皮书、皮书分类、皮书大事记、皮书荣誉、皮书出版第一人、皮书编辑部

◆ **最新资讯**

通知公告、新闻动态、媒体聚焦、网站专题、视频直播、下载专区

◆ **皮书研创**

皮书规范、皮书选题、皮书出版、皮书研究、研创团队

◆ **皮书评奖评价**

指标体系、皮书评价、皮书评奖

◆ **皮书研究院理事会**

理事会章程、理事单位、个人理事、高级研究员、理事会秘书处、入会指南

所获荣誉

◆ 2008 年、2011 年、2014 年，皮书网均在全国新闻出版业网站荣誉评选中获得“最具商业价值网站”称号；

◆ 2012 年，获得“出版业网站百强”称号。

网库合一

2014年，皮书网与皮书数据库端口合一，实现资源共享，搭建智库成果融合创新平台。

皮书网

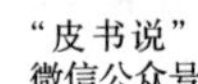

“皮书说”
微信公众号

皮书微博

S 基本子库
UB DATABASE

中国社会发展数据库（下设 12 个专题子库）

紧扣人口、政治、外交、法律、教育、医疗卫生、资源环境等 12 个社会发展领域的前沿和热点，全面整合专业著作、智库报告、学术资讯、调研数据等类型资源，帮助用户追踪中国社会发展动态、研究社会发展战略与政策、了解社会热点问题、分析社会发展趋势。

中国经济发展数据库（下设 12 专题子库）

内容涵盖宏观经济、产业经济、工业经济、农业经济、财政金融、房地产经济、城市经济、商业贸易等 12 个重点经济领域，为把握经济运行态势、洞察经济发展规律、研判经济发展趋势、进行经济调控决策提供参考和依据。

中国行业发展数据库（下设 17 个专题子库）

以中国国民经济行业分类为依据，覆盖金融业、旅游业、交通运输业、能源矿产业、制造业等 100 多个行业，跟踪分析国民经济相关行业市场运行状况和政策导向，汇集行业发展前沿资讯，为投资、从业及各种经济决策提供理论支撑和实践指导。

中国区域发展数据库（下设 4 个专题子库）

对中国特定区域内的经济、社会、文化等领域现状与发展情况进行深度分析和预测，涉及省级行政区、城市群、城市、农村等不同维度，研究层级至县及县以下行政区，为学者研究地方经济社会宏观态势、经验模式、发展案例提供支撑，为地方政府决策提供参考。

中国文化传媒数据库（下设 18 个专题子库）

内容覆盖文化产业、新闻传播、电影娱乐、文学艺术、群众文化、图书情报等 18 个重点研究领域，聚焦文化传媒领域发展前沿、热点话题、行业实践，服务用户的教学科研、文化投资、企业规划等需要。

世界经济与国际关系数据库（下设 6 个专题子库）

整合世界经济、国际政治、世界文化与科技、全球性问题、国际组织与国际法、区域研究 6 大领域研究成果，对世界经济形势、国际形势进行连续性深度分析，对年度热点问题进行专题解读，为研判全球发展趋势提供事实和数据支持。

法律声明